中国比较教育研究50年

总主编　顾明远　执行主编　曲恒昌

光荣与梦想

世界一流大学建设

本卷主编　刘宝存　刘　强

山东教育出版社

图书在版编目(CIP)数据

光荣与梦想/刘宝存,刘强主编.—济南:山东教育出版社,2015
(中国比较教育研究50年/顾明远,曲恒昌主编)
ISBN 978-7-5328-9159-7

Ⅰ.①光… Ⅱ.①刘… ②刘… Ⅲ.①比较教育学 Ⅳ.①G40-059.3

中国版本图书馆CIP数据核字(2015)第244017号

光荣与梦想

世界一流大学建设

本卷主编 刘宝存 刘强

主 管:山东出版传媒股份有限公司
出版者:山东教育出版社
(济南市纬一路321号 邮编:250001)
电 话:(0531)82092664 传真:(0531)82092625
网 址:www.sjs.com.cn
发行者:山东教育出版社
印 刷:天津兴湘印务有限公司
版 次:2015年11月第1版
印 次:2019年5月第2次印刷
规 格:710mm×1000mm 16开本
印 张:36.5印张
字 数:553千字
书 号:ISBN 978-7-5328-9159-7
定 价:59.00元

“中国比较教育研究50年”丛书编委会

总序

我国比较教育研究始于20世纪20年代，最早的研究著作是1929年商务印书馆出版的庄泽宣所著《各国教育比较论》。当时，各师范院校开设了比较教育课程，但新中国成立以后就中断了，外国教育研究只以苏联教育为对象，作为我国教育改革的样板。直到1964年，国务院外事办公室批准在高等学校设立外国研究机构，才开始研究其他国家的教育，但仍然没有把比较教育作为一门学科来研究，只是介绍一些外国教育的制度和动向。直到改革开放以后，1980年，教育部邀请美国哥伦比亚大学比较教育学者胡昌度来北京师范大学讲学，比较教育才在我国师范院校开始恢复。

1964年高等学校建立外国研究机构时，北京师范大学外国教育研究室就在原来的基础上扩建，并接受当时中宣部的委托编辑出版《外国教育动态》杂志，供地市级领导干部参阅。该刊经认真筹备于1965年正式出版。可惜好景不长，1966年"文化大革命"开始，杂志被迫停刊，研究人员下放劳动。1972年在周恩来总理对我国外事工作的关怀下，研究室开始恢复工作，《外国教育动态》以内部资料的形式又编辑了22期。改革开放以后，我国在拨乱反正、恢复教育秩序的时候，迫切希望了解世界教育发展的动向和经验，经国务院方毅副总理批准，《外国教育动态》得以复刊并在国内外公开发行，1992年该刊更名为《比较教育研究》。从1965年创刊至今，曲折坎坷地走过了50年。

应该说，《比较教育研究》及其前身《外国教育动态》在我国比较教育学科的建设以及国家教育改革中作出了不可磨灭的贡献。

改革开放30多年来，我国比较教育研究走过了几个阶段：

第一个阶段，1978年至1985年，是描述、介绍外国教育研究的阶段。这一时期主要是介绍美、英、法、西德、日、苏6个发达国家的教育制度和教育思想。介绍了在国际教育上有较大影响的四大流派，即：以皮亚杰、布鲁纳为代表的结构主义教育思想、布鲁姆的教育目标分类思想、赞可夫的发展教育思想和苏霍姆林斯基的和谐教育思想。1982年由王承绪、朱勃、顾明远主编的新中国第一本比较教育教材问世。

第二个阶段，1986年至1995年，是国别研究和专题研究阶段。进入20世纪80年代中期以后，比较教育界认识到，要借鉴外国教育的经验，必须对各个国家的教育发展进行深入系统的研究，才能把握各国教育的本质特点和发展脉络，于是开始了国别研究，对6个发达国家的教育作了较为系统的研究。除国别研究外，许多学者开始进行专题研究和专题比较，如各级各类教育比较、课程比较和各种教育思想流派的评介。

第三个阶段，1996年至本世纪初，是深入和扩展研究的时期。从上个世纪90年代中期开始，我国比较教育研究扩展到许多发展中国家，特别是我国周边国家的教育，研究内容也从教育制度发展到课程、教育思想观念、培养模式和方法、国际教育、环境教育、比较教育方法论等诸多方面。同时，比较教育关注到教育与国家发展及国家宏观教育发展战略的比较研究，以及各国民族文化传统关系的研究。如“巴西、俄罗斯、印度、中国四国教育发展与国家竞争力的比较研究”、“民族文化传统与教育现代化研究”等，重视教育与国家发展的研究；随着我国新一轮课程改革，研究介绍了各国课程改革的经验。

第四个阶段从本世纪初至今，进入全球化时代的国际比较教育研究。我国比较教育学者开展了国际问题的研究，关注国际组织有关教育的政策及其对世界教育的影响；开展了各国教育国际化的研究；更加深入地研究各国教育公平的政策和提高教育质量的改革和举措。

我国比较教育发展的这几个阶段的研究成果在《比较教育研究》刊物中均有反映。《比较教育研究》有几个特点：一是最早、最快、最新地反映国际教育改革的动向。例如，较早地介绍美国的《国防教育法》和拉开了世界教育改革序幕的1983年美国高质量教育委员会的《国家在危险中，教育改革势在必行》；最早介绍终身教育思想；最早地把文化研究引进比较教育；较早地研究国际组织的教育政策等。这些研究对我国的教育改革都起到了一定的借鉴作用。为此，借《比较教育研究》创刊50周年之际，我们选择刊物中的有价值有质量的文章编辑成册，它们是：《定位与发展：比较教育的理论、方法与范式》《博学与慎思：当代教育思想与理论》《均衡与优质：教育公平与质量》《问责与改进：高等教育评估与质量保障》《光荣与梦想：世界一流大学建设》《理念与制度：现代大学治理》《创新与创业：21世纪教育的新常态》《流动与融合：教育国际化的世界图景》《转型与提升：教师教育的改革与发展》《质量与权益：教师管理政策与实践》《传承与建构：课程与教学理论探索》《效率与公平：择校的理论、政策与实践》。

这既是一种历史的记忆，又为我国今后的教育改革保存一份有价值的遗产。我想，读者可以从中找到世界教育发展的痕迹，并得到某种启发。

是为序。

2015年10月

目　录

创建世界一流大学的政策与规划

世界一流大学的人才培养

世界一流大学的科学研究与社会服务

世界一流大学的教师和学生

世界一流大学的管理

导言

在20世纪末，随着知识经济的发展和国际竞争的加剧，建设世界一流大学逐渐成为一个世界性的改革趋势，先后有30多个国家和地区开启了政府主导的世界一流大学建设计划；与此同时，许多大学也把创建世界一流大学作为自己的发展目标。我国在20世纪90年代启动的旨在建设世界一流大学的"211工程""985工程"和著名学府创建世界一流大学的努力，既是我国大学主动适应知识经济发展和服务我国国家战略的行动，从世界范围看也是这种世界性大趋势的一个组成部分。于是，创建世界一流大学的现实需要和改革实践推动着教育研究，特别是比较教育研究，关于世界一流大学或者研究型大学、世界著名大学、世界知名大学、世界顶尖大学等的研究，成为一个十分活跃的领域。《比较教育研究》作为我国第一本反映国际教育改革与发展前沿的专业杂志，见证了创建世界一流大学运动的发展历程，刊登了许多关于世界一流大学建设的优秀成果，记载了这一研究领域的兴起与繁荣。

（一）知识经济和全球化的发展与世界一流大学建设运动的兴起

20世纪80年代以来，以现代科学技术特别是信息技术为基础的知识性产业逐渐取代传统的基础产业，成为全球产业体系中的主导产业，世界经济在经历了农业经济和工业经济之后，正在进入一种新的知识经济形态。知识经济是建立在知识和信息的生产、分配和使用基础之上的经济。在知识经济时代，知识、技术和信息成为推动经济发展的最重要的因素。知识、技术和信息发展靠创新、靠人才，归根结底要靠教育，特别是要靠肩负着高层次人才培养、科学研究和社会服务等多重使命的高水平大学。高水平大学逐渐由以往远离社会现实的“象牙塔”转变成为社会的“轴心机构”，成为社会经济发展的动力源和发动机，成为国家创新体系和创新型国家建设中的核心因素，从社会经济发展舞台的边缘走向舞台的中心。

与知识经济的发展交织在一起的是全球化进程的深入。全球化进程的主要推动力是经济的全球化与信息技术的发展。在知识经济时代，经济全球化呈现出新的特征。“知识经济条件下的经济全球化，与以往经济全球化的根本区别在于：经济全球化的内容从贸易全球化、生产全球化向科研全球化转变，科学技术知识与信息的全球交流成为当代经济全球化的核心。”①信息技术的发展则使科学技术知识与信息的全球交流速度更为迅捷，范围更为广泛，程度更为深入。在全球化的时代，“所有的机构都需要以全球性的竞争力作为策略上的目标，不论企业、大学、医院等等，除非它能与同业中世界级的领导者并驾齐驱，否则不会有存活的希望，更不用说成功了。”②因此，世界各国都把创建世界一流大学甚至创建世界一流的教育体系、提升教育的全球竞争力作为教育改革与发展的战略目标。

正是在这种背景下，先后有 30 多个国家和地区开启了政府主导的世界一流大学建设计划。其中既包括传统的高等教育强国德国、法国、俄罗斯，也包括后发的发达国家日本和韩国，还包括一些发展中国家如中国和印度等。

为了应对时代的挑战，我国于 1993 年开始实施“211 工程”，即面向 21 世纪，重点建设 100 所左右的高等学校和一批重点学科、专业，力争在 21 世纪初有一批高等学校和学科、专业接近或达到国际一流大学的水平，开启了我国创建世界一流大学的序幕。1998 年 5 月 4 日，江泽民同志在北京大学建校 100 周年庆祝大会上宣布：“为了实现现代化，我国要有若干所具有世界先进水平的一流大学。”1998 年 12 月 24 日教育部正式发布《面向 21 世纪教育振兴行动计划》，明确提出实施“985 工程”，“创建若干所具有世界先进水平的一流大学和

① 盛世豪. 知识经济与经济全球化的新特征[J]. 中共宁波市委党校学报，2001(5)：46.
② 于风雨. 知识经济时代企业人力资源管理发展趋势研究[J]. 商业研究，2008(12)：78.

一批一流学科"。2010 年出台的《国家中长期教育改革和发展规划纲要(2010～2020 年)》中明确指出:"以重点学科建设为基础,继续实施'985 工程'和优势学科创新平台建设,继续实施'211 工程'和启动特色重点学科项目。……加快创建世界一流大学和高水平大学的步伐,培养一批拔尖创新人才,形成一批世界一流学科,产生一批国际领先的原创性成果,为提升我国综合国力贡献力量。"

韩国于 1999 年启动"面向 21 世纪的智力韩国计划"(Brain Korea 21),通过培植一批具有世界水准的研究生院,建设世界一流的研究型大学,培养一大批知识经济时代所需要的富有创造性的研究与开发人才。2008 年 6 月,韩国教育科技部又公布了"建设世界一流大学计划"(The World Class University Program),简称 WCU 计划。该计划主要通过聘请国际知名的外国学者来韩国大学任教,提高韩国大学教学和科研水平,从而使一批韩国大学达到世界一流水平。

日本文部科学省于 2002 年出台了"21 世纪 COE 计划:为了形成世界性研究教育基地而实施的重点支援项目",通过建设具有世界最高水平的研究和教育中心,创建具有国际竞争力的、特色鲜明的世界最高水平的大学。在"21 世纪 COE 计划"取得积极成果的基础上,日本政府又于 2007 年启动了作为其后续计划的"全球 COE 计划"。

在法国,为了创建世界一流大学,改善法国大学在全球大学排名中的地位,法国在 2006 年开始筹建"高等教育与研究中心"(PRES),按照地域将大学和科研机构进行合理的资源整合,共同培养博士生等高端人才,合作开展科学研究。2008 年法国开始实施"校园行动计划"(Opération Campus 或 Plan Campus),旨在使法国高校重获魅力,吸引法国乃至国外最好的学生、最好的学者和最好的教授,建设能与美国的哈佛及英国的剑桥相媲美的大学。2011 年,该项目发展成为高等教育与研究"卓越计划"(Action Initiative d'Excellence-IDEX)。由于法国政府和教育部长更迭频繁,在不同的时期项目的名称不同,但创建世界一流大学的目标并没有改变。

德国在 2005 年 6 月 23 日通过了"联邦与各州促进德国高校科学与研究的卓越计划",简称"卓越计划"(Exaellenzinitiative),通过资助一些优秀的博士生培养项目，支持大学建立具备国际竞争力的卓越研究及培训机构，帮助德国顶级大学拓展各自强势学科的国际竞争力，从而最终奠定德国高校在国际竞争中的优势，重塑德国大学的辉煌。

俄罗斯在2005年9月提出“国家优先发展项目——教育工程”，把创新型大学(Innovation University of Russian Federation)的建设作为教育领域国家优先发展的重点项目。2006年2月俄罗斯第89号决议《关于国家对高校引进创新教育计划支持措施》，规定由俄罗斯联邦教育科学部负责制定和批准“创新型大学建设项目高校创新教育计划”选拔的程序和标准以及国家资助金分配工作。俄罗斯的创新型大学建设项目，实质上就是要求俄罗斯大学创建世界一流大学，在世界水平范围内取得最高成就。

印度作为一个发展中大国，近年来也开始重视世界一流大学的建设，在其“十一五”高等教育规划(2007～2012年)中，明确提出新建14所世界一流大学的计划。印度虽然后来在新建还是在原有高水平大学基础上建、中央政府主办还是公私合办、名称叫世界一流大学(World Class Universities)还是创新型大学(Innovation Universities)等方面有些摇摆不定，但毕竟已经把世界一流大学建设计划正式提上日程。

我国台湾地区于2004年提出“发展国际一流大学及顶尖研究中心计划”，2010年改称为“迈向顶尖大学计划”，希望在5年之内至少有10个顶尖研究中心或领域处于亚洲一流地位，10年内至少1所大学进入国际一流大学的行列。

在政府创建世界一流大学的政策推动下，许多大学也把创建世界一流大学作为自己的发展目标。他们参照哈佛大学、麻省理工学院、普林斯顿大学、牛津大学、剑桥大学等世界知名学府作为发展的标杆，制定建设世界一流大学发展规划和战略措施。各种世界大学排行榜也成为一些大学创建世界一流大学的参照系，如上海交通大学的世界大学学术排行榜、《美国新闻与世界报道》世界大学排行榜、《泰晤士报高等教育副刊》世界大学排行榜、QS世界大学排行榜等。它们根据自己的发展水平，把进入世界大学排行榜前100名、前50名甚至前10名作为奋斗目标，并制定相应的发展战略。

(二) 比较教育视野下的世界一流大学研究

在政府创建世界一流大学的政策和大学创建世界一流大学的实践的推动下，无论是在国际上还是在我国，世界一流大学成为教育研究的一个热点问题。由于现有的世界一流大学主要存在于美英等西方发达国家，而创建世界一流大学的大多是发展中国家和地区以及高等教育不是那么辉煌的部分发达国家，所以关于世界一流大学的研究主要是由发展中国家的学者和国际组织的专家进行的。关注的焦点是世界各国创建世界一流大学的政策和实践，特别是问题、挑战与策略。创建世界一流大学的研究，很多属于比较教育研究的范畴，是比较教育研究的一个重要研究领域，出版和发表了较为丰富的研究成果。

在国际上，世界银行教育专家杰米尔·萨尔米(Jamil Salmi)的著作《创建世界一流大学的挑战》(The Challenge of Establishing World-Class Universities)是一部有着广泛影响的研究世界一流大学的专著，该书被以《世界一流大学：挑战与途径》书名译成中文由上海交通大学出版社出版。他从人才汇集、资源丰富和管理规范三个方面分析了世界一流大学的特征，并从政府发挥的作用、其他参与者发挥的作用和学校层面的战略措施三个方面讨论了建设世界一流大学的途径。他指出："'创建'世界一流大学既没有通用窍门也没有万能公式可循。不同的国家有不同的国情，不同的学校也有不同的发展模式。因此，每个国家都必须从各种可能的途径中选择一个能发挥优势、整合资源的策略。国际经验已揭示了这些大学的主要特征——人才汇集、资源丰富及管理规范等，同时也提供了一些向世界一流大学迈进的成功经验，从择优建设现有大学、合并现有大学到完全创建新的大学。"①著名比较教育专家菲利普·G·阿尔特巴赫(Philip G. Altbach)主编或合作主编的《追求世界一流：重塑亚洲和拉美的研究型大学》(World Class Worldwide: Transforming Research Universities in Asia and Latin America)《走向学术卓越之路：世界一流研究型大学的创建》(The Road to Academic Excellence: The Making of World-class Research Universities)和《世界一流大学的领导：对发展中国家的挑战》

① Jamil Salmi. 世界一流大学：挑战与途径[M]. 上海：上海交通大学出版社，2009：59.

(Leadership for World-Class Universities：Challenges for Developing Countries)，也都是研究世界一流大学问题的力作。《追求世界一流：重塑亚洲和拉美的研究型大学》选择中国、印度、韩国、日本、巴西、墨西哥、智利、阿根廷为个案，分析了这些国家的高等教育政策和创建研究型大学甚至世界一流大学的实践、问题与挑战，并对发展中国家创建研究型大学提出了一些政策建议。《走向学术卓越之路：世界一流研究型大学的创建》一书首先讨论了研究型大学的过去、现在和未来发展，然后以中国大陆、中国香港、韩国、马来西亚、新加坡、印度、尼日利亚、墨西哥、智利、俄罗斯的大学为案例，分析其创建世界一流大学的措施，最后总结了创建世界一流大学、走向学术卓越之路的国际经验。《世界一流大学的领导：对发展中国家的挑战》从战略规划、管理体制、经费与筹资、使命责任、国际化、质量保证、招生与公平等方面分析了发展中国家大学领导在创建世界一流大学时所面临的挑战与应该具有的思维方式和策略。在发展中国家，也有一些学者研究世界一流大学建设问题。如印度的拉吉夫·V·达拉斯卡(Rajiv V. Dharaskar)在史罗夫出版与发行有限公司(Shroff Publishers & Distributors Pvt Ltd)近年出版了一系列关于世界一流大学建设的著作，包括《建设世界一流大学的113个困难》(113 Difficulties in Developing World Class Universities)、《世界知名大学的资助技巧》(Funding Techniques of World Renowned Universities)、《创建世界一流大学的策略》(Strategy to Develop World Class University)、《重新界定世界一流大学的技术风暴》(Technology-Storms Redefining World Class Universities)、《华盛顿协议与建设世界一流大学的多维目标综合模式》(Washington Accord & Multi-Objective Integrated Model for Developing WCU (World Class University))，也在国际学术界产生一定的影响。

在我国，比较教育界在改革开放以后就开始介绍世界著名大学的办学模式和办学经验，特别是美国的研究型大学开始进入人们的研究视野，但是关于世界一流大学的系统研究，还是1993年我国实施“211工程”，特别是1998年实施“985工程”以后的事情。1993年，上海交通大学陶爱珠教授出版了《世界一流大学研究：透视、借鉴、开创》，是为国内第一部系统研究世界一流大学的专著。后来，关于世界一流大学的研究不断增多。一些硕博士论文、博士后研究报告也纷纷选择世界一流大学或者研究型大学作为研究课题，如东北师范大学张春浩的硕士论文《中日韩建设世界一流大学政策比较研究》、浙江师范大学黄姗姗的硕士论文《印度理工学院创建世界一流大学的实践研究》、吉林大学朱天宇的硕士论文《台湾地区建设世界一流大学计划研究》、吉林大学王海燕的硕士论文《德国大学卓越计划研究》、黑龙江大学王明丽的硕士论文《俄罗斯创新型大学发展路径研究》、天津师范大学陈利达的硕士论文《中德世界一流大学建设政策的比较研究》、首都师范大学谭立的硕士论文《内地、台湾、香港三地建设世界一流大学政策比较研究》、湖南师范大学李铁林的博士论文《世界科学中心的转移与一流大学的崛起》等。此外，还有一些学位论文以研究型大学、世界著名大学为主要研究问题或者以世界知名大学为个案开展世界一流大学研究。一些学位论文和博士后报告后来以专著形式出版，如沈红的《美国研究型大学形成与发展》、刘宝存的《为未来培养领袖：美国研究型大学本科生教育重建》、张东海的《美国联邦科学政策与世界一流大学发展》、郄海霞的《美国研究型大学与城市互动机制研究》、郭鑫的《世界一流大学战略联盟》等等。同时也有一批以世界一流大学或者研究型大学为研究主题的译著出版。

值得一提的是，2002 年王英杰教授领衔申报的《世界一流大学的形成与发展》获批全国哲学社会科学“十五”规划国家重点项目，其研究成果《世界一流大学的形成与发展》2008 年由山西教育出版社出版，是有关世界一流大学比较研究的一部重要著作，先后获北京市第十一届哲学社会科学优秀成果一等奖、第四届全国教育科学研究优秀成果奖一等奖和第六届吴玉章人文社会科学奖优秀奖。全书分为上篇、下篇和结论三部分。上篇以美国、法国、英国、德国和印度等国家的 11 所世界一流大学为个案，对这些大学的发展历程、办学理念、发展模式和特色进行了深入的研究。它们分别是：哈佛大学、耶鲁大学、加州大学伯克利分校、约翰斯·霍普金斯大学、斯坦福大学、加州理工学院、芝加哥大学、剑桥大学、巴黎索邦大学、德国海德堡大学和印度理工学院。下篇则对影响世界一流大学形成与发展过程的一些重要因素进行专题研究，主要包括政府科研政策、中介机构、大学校长、教师管理制度、教师参与管理、教师文化、战略规划、筹资、本科生培养模式和课程体系等。在院校个案研究和专题研究的基础之上，本书得出结论：世界一流大学的形成与发展体现了共性与个性的统一；它们都遵循着一些共同的大学理念，将大学视为学者社团、探索和传播普遍和高深学问的场所、独立思想和批判的中心、社会发展的动力站和统一的有机体；都以各自不同的方式承担着培养人才、发展科学和服务社会这三大职能；在学科设置、教师队伍建设、人才培养、科学研究、社会服务、国际化、办学理念、管理机制等方面具有相似的基本特征，同时也具有各自鲜明的个性，遵循着不同的发展道路。

另外，2005年以上海交通大学高等教育研究所为基础成立了教育部战略研究基地世界一流大学研究中心，在世界一流大学研究方面产生了较大的影响。该中心每年发布“世界大学学术排名”(Academic Ranking of World Universities)，试图为大学的研究业绩和学术声誉的国际比较提供了一个客观的视角；每两年主办一次世界一流大学国际研讨会(International Conference on World-Class Universities)；完成了一批有影响的政府咨询报告，如《我国名牌大学离世界一流大学有多远》《完善国家创新体系加快世界一流大学建设》《从GDP角度预测我国建成世界一流大学的时间》；组织出版了《一流大学研究文库》丛书，包括《世界一流大学：特征·排名·建设》《世界一流大学：亚洲和拉美国家的实践》《世界一流大学：战略·创新·改革》《世界一流大学：挑战与途径》《世界一流大学：共同的目标》《世界一流大学：发展中国家和转型国家的大学案例研究》《世界一流大学：国家战略与大学实践》《世界一流大学：校长必须是科学家吗？》等。

（三）世界一流大学研究的发展脉络

《比较教育研究》是我国第一本专门研究比较教育问题的学术期刊，50年来在传播学术研究成果，引领比较教育学科发展，促进教师和学生成长，推动教育改革与发展等方面发挥了重要作用，在国内外学术界产生了重要影响。作为我国比较教育界最有影响的学术期刊，《比较教育研究》一直关注国外世界一流大学的发展，关注国外世界一流大学建设的政策举措，关注我国创建世界一流大学的改革实践，发表了一批关于世界一流大学的学术论文。我们以“世界一流大学”“研究型大学”“世界著名大学”“世界知名大学”“大学排行”以及主要世界一流大学的名称等为关键词，共搜索到论文161篇。有关世界一流大学的研究涉及世界一流大学的理念、特征、发展模式、政策规划、人才培养、科学研究、社会服务、教师与学生、评估与质量保障、排行与分类、管理与治理、创业与创新教育等主题。为了避免重复,我们与丛书其他各卷的主编进行了沟通,把有关评估与质量保障、排行与分类、治理体系、创业与创新教育等主题的论文,除保留个别论文外,大都放在其他专题分册。在剩余的论文中,虽然发表的时间跨度很长,从 1978 年到 2014 年,但是早期的论文大都是介绍世界知名大学的基本情况、人才培养方案、课程设置、教学方法、科研情况、组织结构等,很少有系统的研究。系统的研究主要出现在 20 世纪 90 年代以后,特别是进入新世纪以后。究其原因主要有二:一是我国关于创建高水平大学、研究型大学、世界一流大学的讨论与努力始于 20 世纪 90 年代初,特别是“211 工程”“985 工程”的实施把我国对世界一流大学的研究推向高潮;二是在世纪之交,世界上许多国家和地区相继启动了创建世界一流大学、研究型大学、精英大学、创新型大学、卓越大学的建设计划,世界一流大学研究也逐渐成为世界高等教育研究的热点。本卷按照世界一流大学的理念与特征、创建世界一流大学政策与规划、世界一流大学的人才培养、世界一流大学的科学研究与社会服务、世界一流大学的教师与学生、世界一流大学的管理等六个专题,共收录论文 58 篇。坦诚地讲,在众多的优秀论文中选出 58 篇是一个艰难的任务和痛苦的过程。由于篇幅所限,我们只能按照专题选择一些有代表性的论文。

创建世界一流大学,首先要弄清世界一流大学的理念、特征和发展规律。因此本卷设“世界一流大学的理念与特征”专题,收录论文 10 篇。王英杰教授的《规律与启示——关于建设世界一流大学的若干思考》主要探讨了发展中国家建设世界一流大学所必须研究的几个问题。他指出,发展中国家建设世界一流大学,首先要对大学精神、性质、功能和使命有深刻的认识,其次要把学术自治与学术自由作为大学的核心价值与制度,第三要选好校长,第四要以教师和学生为主体民主管理大学。8 篇论文分别选取耶鲁大学、哈佛大学、芝加哥大学、加州理工学院、巴黎索邦大学、牛津大学、加州大学伯克利分校为案例,探讨了每个大学的办学理念、发展道路和办学特色。李寿德、李垣的论文《研究型大学的特征分析》总结了研究型大学的五个基本特征:① 研究型大学是人才聚集中心;② 研究型大学是探索型人才培养的中心;③ 研究型大学是重大成果形成的中心；④ 研究型大学是新学科形成的中心；⑤ 研究型大学是科技与实业相结合的中心。该文所谓研究型大学，实指世界一流大学，论文所举的研究型大学的特征，也可以看作世界一流大学的基本特征。

在世纪之交，世界上许多国家和地区相继启动了创建世界一流大学计划，一些高水平大学也制定了自己的发展规划。因此本卷设“创建世界一流大学政策与规划”专题，收录论文10篇。其中5篇论文分别研究了德国的大学“卓越计划”、日本“21世纪COE计划”、中国台湾地区建设世界一流大学政策、俄罗斯《教育优先发展规划》框架下“联邦大学”的组建、韩国“智力韩国21工程”，分析了各个国家和地区创建世界一流大学的背景、意义、政策措施、实施效果与存在问题。3篇论文分别介绍了美国杜克大学发展战略规划、牛津大学的财务报表与发展战略、印度理工学院的国际化战略，对我国大学制定发展规划具有一定的借鉴意义。刘宝存的论文《世界一流大学发展模式的个性化选择》则指出，世界一流大学是一个比较性的群体概念，大家公认的世界一流大学并不都是按照一种模式发展起来的，而是经历了多样化、个性化的发展历程，它们探索着不同的发展模式，在学科门类比较齐全与重点发展有限学科、“巨无霸”与“小而精”、创新与保守、秉承传统与适时转型等发展模式间进行战略选择，实现着共性与个性的统一。

世界一流大学具有人才培养、科学研究和社会服务三种职能，其中人才培养是大学固有的最基本的职能。世界一流大学以其高水平的师资队伍和优越的办学条件，吸引了高质量的生源，培养一大批国际公认的优秀人才。“世界一流大学的人才培养”专题收录10篇文章，重点介绍了世界一流大学的本科生教育改革、课程设置、日常文化与创造力培养、PBL模式、实习。人才培养制度对于领袖人才的培养也至关重要。在《导师制·午后茶·住宿学院与一流大学的人才培养》一文中，谷贤林对导师制、午后茶和住宿学院对一流大学人才培养的影响进行了探讨，并指出研究世界一流大学不仅要关注有形的人才培养方式，更要关注蕴含在这些人才培养方式背后或之中的隐性力量对一流大学人才培养和一流大学形成与发展的影响。虽然人才培养是大学最核心的职能，但在世界一流大学中却普遍存在着重科研、轻教学的倾向，因此厄内斯特·博耶(Ernest Boyer)提出了“教学学术”的理念，以期加强大学的人才培养工作。王玉衡的《威斯康星大学实践美国大学教学学术思想述评》一文详细介绍了博耶的“教学学术”理念以及在其基础上形成的大学教学学术运动，并以威斯康星大学为个案分析了美国大学教学学术运动的实践举措。本科生教育是高层次人才培养的基础，博士生教育则是高层次人才培养的最高阶段。张秀峰、高益民的《美国教育博士培养“学术化”问题的改革和探索——以范德堡大学教育学院为例》一文则指出，美国教育博士(Ed. D)培养的“学术化”问题即教育博士与教育学哲学博士(Ph. D)在培养模式上趋同的问题比较突出，范德堡大学教育学院从培养目标、招生录取、课程设置、教学模式、教学师资、学位授予等方面改革了教育博士的培养模式。通过该文对其教育博士和教育学哲学博士培养模式的比较研究，我们可以进一步深入理解教育博士培养的专业学位特性。

世界一流大学都把科学研究作为大学的重要职能，把科学研究作为提高其办学水平和学术声誉的基石。他们凭借一流的教师队伍和充足的研究经费，开展高水平的科学研究，成为创造性的甚至划时代意义或影响本学科研究方向和研究趋势的重大科研成果的重要产床和摇篮，并以学术研究为基础开展社会服务，推动本国、本地区经济建设和社会发展。“世界一流大学的科学研究与社会服务”专题收录论文 9 篇。针对科学研究的跨学科趋势，耿益群的《美国研究型大学跨学科研究中心与大学创新力的发展——基于制度创新视角的分析》一文指出，现代科学的发展要求进行跨学科的合作与研究，美国研究型大学的跨学科研究中心应运而生，作为现代大学的一种制度创新跨学科研究中心在推动知识创新的同时，也促进了大学创新力的发展。“要么发表要么出局”的大学内部潜规则，使大学教师深深感受到科学研究和学术发表的压力，学术不端问题时有发生，成为世界一流大学的心头之痛。张银霞的《美国研究型大学科研不端行为——概念、特点及对策》一文介绍了美国研究型大学对科研不端的界定、科研不端的表现形式和特点以及科研管理机构所采取的主要应对措施。本专题收录了多篇关于大学与社会经济发展关系的论文。研究显示，世界一流大学通过人才培养、人员雇佣、人员消费、购买服务、科技研发、商业创新、社区服务、志愿服务等方式，推动地方社会经济发展，成为地方经济建设和社会发展的重要动力源，与社区形成良性互动。

哈佛大学前校长科南特(James Bryant Conant)曾指出：“大学者，大师荟萃之地也。如果一所大学聘任的终身教授是世界上最优秀的，那么这所大学必定是最优秀的大学。”①世界一流大学有赖于世界一流的学科，而世界一流的学科则有赖于世界一流的师资队伍。荟萃卓越的师资队伍和一批世界著名的大师级学者，既是世界一流大学形成的基础，也是世界一流大学的重要特征。世界一流大学所拥有的一流的教师和一流学生，是大学中两个最重要的要素。“世界一流大学的教师与学生”专题收录论文 9 篇。其中 3 篇讨论大学教师的遴选和大学教师作为一个学术职业的发展，4 篇讨论教师发展中心与教师发展，2 篇讨论学生群体和本科生学术规范管理制度。从教师队伍建设方面看，美国的世界一流大学按照职位需要招聘或晋升人员，面向社会公开竞争招聘，考察内容包括学历学位、学术能力、学缘结构、从业经历等条件，遴选的程序非常复杂，但是相当规范、制度化。这些大学在办学实践中，以选拔聘用中的竞争、职务晋升中的压力、“终身职”的引力为核心形成了一套卓有成效的作用力，对于教师的发展产生了极大的促进作用，并在此基础上通过科学研究中的合作，有力地推动了整个教师队伍的发展。为了帮助教师提高教学质量，解决工作中的问题和困惑，哈佛大学、密歇根大学、斯坦福大学等成立了教学中心、教学与学习中心、学习与教学研究中心、教师发展中心等机构。在学生管理方面，普林斯顿大学制定了严格而细化的学术规范管理规范、科学的管理程序与对学术失范行为实施公开惩处措施，使本科生从入校起就接受严格的学术规范教育，逐渐认同并自觉身体力行学术规范与要求，从而使优良的学术传统能在普林斯顿大学代代相传，成为后代学人学术不断产出的重要基础。

世界一流大学不仅要有一流的师资、一流的学生、一流的办学条件，而且具有一流的管理。一流的管理既是世界一流大学形成的重要条件，也是世界一流大学的重要特征。《世界一流大学的管理》专题收录论文 10 篇。世界一流大学需要一个科学的治理体系。赵丽娜的《弗吉尼亚大学的共同治理——一条追求卓越之路》一文指出，弗吉尼亚大学建校近两百年来，逐渐形成了颇具特色的董事会、校长、教师、学生共同参与大学治理的制度，正是共同治理制度，保障了弗

① M. Lipset, D. Riesman. Education and Politics at Harvard[M]. New York: Mcgraw-Hill Book Company, 1975:154—155.

吉尼亚大学的卓越。世界一流大学聘任一流的教育家担任大学的掌舵人，正是这些一流的教育家引领所在大学不断走向卓越，成为世界公认的一流大学，麻省理工学院和加州大学伯克利分校的经验充分说明了这一点。然而在当代，世界一流大学的校长面临着比其前辈们更多的问题、困难和挑战。李巧针的论文《美国研究型大学校长面临的形势及治校走向分析》在分析这些问题、困难和挑战的基础上，指出大学校长在治校中更加侧重劝导、说服和建议的方式，更加注重发挥专长权和参照权的作用，更加倾向于宏观管理和协调，更加重视对外关系的处理。实际上，在对外关系方面，拓展经费渠道一直是大学校长工作的重点。张云的论文《美国加州大学系统捐赠基金运作实践及启示》，洪成文、胡咏梅的论文《英国卡迪夫大学筹资策略及启示》以及燕凌、佟婧、洪成文的论文《美国一流大学捐赠基金管理的特征》等，都从不同的侧面反映了大学管理中的这一特点。

(四) 世界一流大学研究的困惑和走向

著名比较高等教育专家阿尔特巴赫在《世界一流大学的成本与效益》一文中曾经指出，世界一流大学是以优异的研究能力为支撑、获得同行的认可和推动知识创新的大学，其共同特征包括卓越的研究能力、顶尖的教授、学术自由、知识氛围、内部自治以及良好的硬件设施。但是，他进而指出："每个人都期待世界一流大学，但是没有人知道世界一流大学究竟是什么样，更没有人知道如何才能拥有一所世界一流大学。"①阿尔特巴赫的这句话既反映了世界各国对世界一流大学的渴望和创建世界一流大学的难度，也反映了世界一流大学研究的难处和困惑。

尽管"世界一流大学"这一概念在世界各国得到广泛使用，然而什么是"世界一流大学?"世界高等教育学术界和实践界对此并无统一的认识和界定，所用的术语也有一定的差异，如 World-Class University, Research University, Innovation University, World-renowned University 等等。"世界一流大学"是

① P. Altbach. The costs and benefits of world-class universities[J]. Academe, 2004, 90(1):20—23.

一个群体性、比较性和发展的概念，同时又具有很强的模糊性和个性化色彩，它只是指人们心目中的最好的或最有影响力的大学。因此，如果我们纠缠于世界一流大学的定义，或者世界一流大学的指标体系和评价标准，既难以达到预期的目的，于创建世界一流大学的实践也是无益的。

由于与创建世界一流大学的政策和实践有着密切的关系，有关世界一流大学研究自然也就带有很强的应用性。世界一流大学的理念基础是什么？世界一流大学有哪些不同的发展模式？世界一流大学是不是等于研究型大学？世界一流大学与世界一流高等教育体系之间的关系是什么？创建世界一流大学应该采用政府主导的俱乐部机制还是各个大学自由竞争的市场机制？创建世界一流大学应该以学校为单位还是以学科甚至项目为单位予以重点投入？应该以原来的大学为基础创建世界一流大学还是完全新建世界一流大学？创建世界一流大学需要什么样的制度环境？创建世界一流大学政策实施效果如何评价？如何建立创建世界一流大学政策的调整机制？如此等等的一系列问题正在困扰着创建世界一流大学政策的决策者们和大学校长，也应该成为世界一流大学研究应该重点关注的问题。

"路漫漫其修远兮，吾将上下而求索。"屈原名作《离骚》中的这句名言，既是对发展中国家创建世界一流大学之路的写照，也是世界一流大学建设研究道路的写照。我们期待着更多的学者加入到世界一流大学研究队伍中来，也希望有更多、更高水平的世界一流大学研究成果问世。

刘宝存

2015 年 10 月

于北京师范大学

世界一流大学的理念和特征

一、规律与启示

——关于建设世界一流大学的若干思考

建设世界一流大学是许多国家的梦想。特别是那些努力走上强国之路的发展中国家的梦想。它们把民族创新意识的培养、科技的新发现以及民族文化传统的高扬都寄希望于世界一流大学的建设。它们把建设世界一流大学作为科技发达时代国家总体发展战略的重要一环。于是,一流大学的建设成了国家行为,国家在财政预算十分紧张的情况下,特别是教育预算严重不足的情况下,仍拨出巨款建设世界一流大学。政府还出台一系列政策,政治领导人频繁发表讲话,敦促和指导一流大学的建设。被列入一流大学建设计划的学校背负重大的压力,制定了建设世界一流大学的时间表,争取在相对较短的时间内(例如十五年或二十年)建成"综合性、研究性和开放性"的国际公认的世界一流大学,为此迅速出台了各种改革措施。其他一些大学和所在地的政府机关也采取各种措施,争取列入世界一流大学建设计划中,即使一时不能被列入,也自定目标,争取建设成为世界一流大学。目前在我国高校内外,形成了建设世界一流大学的热烈气氛。但是,仅仅有高投入和强烈的主观意愿能否建成世界一流大学?答案应该说是不言而喻的。一些新兴的工业化国家或地区已经高投入近二十年建设它们的一流大学,但是它们距实现世界一流大学的目标恐怕还要有很长的路要走。这说明建设世界一流大学不能急功近利,我们必须认真研究世界一流大学有哪些共同特征,也就是说建设世界一流大学有哪些共同规律可循,以及发展中国家国内一流大学与世界一流大学主要有哪些差距,这是我们制定建设世界一流大学战略的逻辑起点。不从这里出发去思考建设世界一流大学的问题，恐怕高投入会付诸东流，意愿与热情也不会坚持长久。建设世界一流大学可能就会像一句口号或一场运动一样逐渐烟消云散。

（一）关于大学理念

大学理念是人们对大学精神、性质、功能和使命的基本认识，是对大学与外部世界诸元之间关系的规定，以及内部管理及运转的哲学基础。在现代大学发展的几百年历程中，伟大的大学先哲们以他们对大学深邃的认识塑造了大学，深刻地影响了大学的进程。

1873年，纽曼主教出版了《大学理念》，首次集中阐述了他对大学的认识。他认为大学是学生与教师的团体，是"教授普遍真理的地方"，大学是"学者的集合，他们热衷于自己的学科，互为对手，为了心智的平静而共同修订自己的研究发现和它们之间的关系，通过熟悉的交往走到一起来。他们学会相互尊重，互相探讨和帮助。这样就营造了一种纯净的思考空气，学生亦可呼吸得到……学生从这样一种智力传统中受益……"[1]总之，对于纽曼来说，大学是一种完全关注于智力发展的地方，学生通过与同学和教师的接触学习。可以说，纽曼的思想为英国大学注重学术气氛，学术熏陶，以导师制发展学生的心智和品格的传统奠定了哲学基础。

1809年，洪堡就任普鲁士内政部文化和公共教育司司长，提出了自己的大学理念，并在1810年创办的柏林大学中付诸实施。他认为，"国家决不应指望大学同政府的眼前利益直接联系起来；却应相信大学若能完成它们的真正使命，则不仅能为政府眼前的任务服务，而且还会使大学在学术上不断提高，从而不断地开创更广阔的事业基地，并使人力物力得以发挥更大的功用，其成效是远非政府近前部署所能意料的。"[2]在洪堡大学理念指导下，柏林大学明确把学术自由作为学校的基本指导思想。在大学与国家的关系上，大学具有自治权。在大学内部，师生有教与学的自由，把对真理的自由探索当作教师和学生的主要使命。洪堡所推动的大学教育改革深刻地改变了德国和世界大学的面貌，他的大学理念至今仍是人们认识大学本质特征的一个重要出发点，仍是世界一流大学办学理念的重要基础。

1904年，美国威斯康星大学在范海斯校长的领导下提出了"威斯康星思想”，赋予威斯康星大学两项重大使命——帮助州政府在全州各个领域开展技术推广和函授教育以帮助本州公民。这项计划被描述成“把整个州交给大学”，“大学对本州人民的作用就如同人的头脑对人的手、脚和眼的作用”，即“大学要给人民以信息，光明和指示。”[3]威斯康星大学的办学理念引领大学走出了古典大学的围墙，为大学增加了新的职能——服务，使大学获得了新的生命，成为与人民的生活和国家的发展息息相关的社会机构。

以上仅简单阐述了对现代大学理念有深刻和长远影响的三种大学理念。纽曼所代表的是一种经典的、传统的理念，它认为大学是教师和学生的团体，它注重的是教师和学生品格的养成。洪堡的大学理念关注的是科研和自由探索。威斯康星思想则带给大学服务职能。但是，我们不应该把它们割裂开来，应该从历史的和哲学的高度把它们联系起来。可以说，英国的学院模式、德国的研究型大学的理想和美国服务社会的观念共同构成了现代大学的理念。

现代大学在几百年漫长的发展历程中形成了自己鲜明的特色——本质特征。

国际性　现代大学产生的基本动力是满足探索真理和发现知识的需要，探索真理和发现知识是一项没有国界的事业，只有在不断的国际间的相互学习与借鉴当中才能取得进步。当今，世界经济联系日益紧密，全球知识网络不断延展，国际性成为世界一流大学的显性特征，它们处于国际知识系统的中心。它们跨越国界聘用一流教师，吸引优秀学生，跨越国界组织大规模的研究，研究影响人类生存的全球性问题，培养具有世界意识的人才。这对于急切建设世界一流大学的发展中国家无疑是一个重大挑战，使得这些国家的一流大学处于两难的境地。它们要建成世界一流大学，就只能按照美国等西方国家的标准不断提高办学质量，但是在一段相当长的时间范围内，它们越靠近西方国家的标准，质量越高，所培养的学生离开自己的国家到西方留学或就业的比例就越高。从这个意义上来说，这是不公平国际高等教育交流关系的延续和扩展。当然，我们不能因噎废食而拒绝国际交流，对这一问题只有以战略眼光来思考，从大学的基本理念出发，加强我们一流大学的国际性。国际性是大学的重要本质特征，缺乏国际性的大学是不可能成为世界一流大学的。

公开性　大学不同于企业，不追逐利润，因此不会因为保守商业秘密而关紧大门。大学不同于政府机关，不会因为国家安全而关紧大门。这里不是说，大学不应为国家的经济发展服务，也不是说大学不应关注国家的安全。而是说，大学与企业和政府的研究机构不同，在正常的情况下，它们主要是通过基础的研究，创造知识，从战略上为经济发展和国家安全服务。例如，世界一流大学美国的斯坦福大学和哈佛大学都从政府那里获得大量科研经费，前者所获政府科研经费占全校科研经费的90%以上，后者占70%以上，但它们都声明，学校不从事秘密科研。它们也都与企业签定了大量科研合同，但是它们都遵守一条共同的原则，即科研成果要公开发表。因为它们相信，只有在教师能够自由地与同事（包括非本专业的同事，校外和国外的同事）讨论和交流的情况下，才能发挥大学的优势，最好地履行大学的科研职能。公开性还体现在一流大学营造的一种无拘无束和开放的环境中，在那里，可以感受到比在任何其他社会机构中更多的平等、民主与自由，学生与教师、青年教师与资深教授、管理者和教师可以平等交流，自由地阐发个人的奇思妙想。甚至社会闲杂人等也可进入大学校园，利用大学的校园设施。当然，公开性还体现在大学的管理和决策过程的公开和透明上，上至校长的选聘，下至教师的聘用、晋升和福利待遇无不公开。公开性对于自由的探索和传播知识而言显然是举足轻重的。目前发展中国家大学的公开性应该说与世界一流大学还有较大的差距，它们由于制度更多地受政府政策和决定的影响，由于经费严重短缺更易受利益的驱动，同时在学校管理中长官意志常常占主导地位。那么，发展中国家建设世界一流大学的一个努力方向应该是逐步发展建设一种公开和开放的文化。

批判性　大学从本质上来讲是批判性的，因为创新孕育于批判之中。在人们用批判的眼光审视已有知识时，实际上已开始了创造新知识的过程。在人们开始挑战权威的观点时，在人们开始挑战约定俗成的传统时，实际上已开始了创造新知识的过程。与其他社会机构相比只有大学能给求异思维——批判以必需的宽松环境，大学内在的制度环境保证了这种宽松环境。大学从本质上来讲是批判性的，因为"'大学犹之海上之灯塔'，'大学是社会之光，不应随波逐流'，大学是社会精神文化的中心，作为精神文化领域里的一股持久的否定力量，引导大众在文明与野蛮、高尚与媚俗、进步与倒退之间作出正确的选择。"[4]世界一流大学都有较长的历史，它们在漫长的岁月中，为了生存、为了科学与中世纪的黑暗作过持久的、艰苦的斗争，曾与强大的宗教作过激烈的较量，以理性之光照亮人类精神文明之路，它们也曾批判过资本主义原始积累阶段的野蛮与残忍，它们在资本主义制度进入相对稳定时期之后，仍然是社会中最具批判性的机构，因为它们最具有创新性，也因为它们守望着西方文明。因此，我们可以说，世界一流大学是在批判中成长、成熟的，批判性已根植在世界一流大学中。而发展中国家独立的历史较短，国家需要稳定，只有稳定才能发展，于是稳定成为生存和发展的需要，新的制度对批判的承受力还有限。因此，社会和政府不由自主地期望社会一切机构都要成为稳定的力量。同时，在观念上，往往仅把“批判”作为一种否定和消极的力量，而不把它与创造和进步联系起来，因此在价值取向上更重视权威和传统。这样，发展中国家的大学与世界一流大学相比，其批判性较差。但是批判性毕竟是大学的重要本质特征之一，发展中国家应该随着社会的进步，对于大学的批判性给予更多的宽容和鼓励。

包容性　能包容者乃大，与其他任何社会机构相比，大学都具有更大的包容性。首先，它所包容的学科之多是无与伦比的，它不仅包容了传统的基础学科，还包容了不断产生的跨学科、边缘学科和应用学科，甚至还为那些可能已经失去了应用价值的、“过时”的和已很少有人问津的学科(例如古典语言)以及尚未获得广泛承认的学科与知识领域留有一席之地。其次，它不问政治信仰、宗教信仰、种族、性别和年龄，包容各种各样的学者和学生。它还为个别行为、个性和思想方法奇特的学者创造宽松的环境，使他们能够留在大学里，以他们自己习惯的方式从事追求真理的活动。在各种社会机构中惟有大学能够使被学科异化的具有支离破碎知识的专家们坐到一起。它还能包容个别在某一学科或知识领域非常早熟，而在其他学科成绩很差的学生，为他们创造发展的空间。当然，这种包容性具有相对性。即使世界一流大学也不能不受时代的局限和经费的局限，但是它们毕竟经费更充裕，由于历史更悠久，对于包容性对大学的重要性有更深刻的认识，同时在这个问题上也能得到更多的社会支持和认同，因此其包容性更大。而发展中国家的大学，恰恰相反，由于经费和观念，以及社会环境，其包容性要小得多。因此，发展中国家要不断创造条件，使大学具有更大的包容性。

以上仅列举了几个比较典型的大学所应共同尊崇的价值，从以上的阐述中可以看出，贯穿这几个价值的核心是学术自治与学术自由。

（二）关于学术自治与学术自由

学术自治是大学独享的特权。它源于西欧中世纪大学，历经几百年，仍被认为是处理大学与政府和社会关系应遵循的一个重要准则。一般来说，大学的质量与大学所享受的学术自治程度呈正相关，也就是说一流大学比其他高等教育机构享有更多的自治，这是因为大学是追求真理和传授高深学问的地方，只有学者才能真正理解如何最好地获取和传授这些学问，真正理解这些学问的内容及复杂性，“学习和研究的错综复杂性和不可预见性要求高度的自由，不受外界的干预与控制，高校才能有效地运转”。[5]因此，大学与政府和社会其他机构应达成谅解，维护大学的学术自治地位。

当然，仅有谅解还不能足以保证大学的自治，政府和决策者常常会不由自主地干预大学的内部事物，尽管干预可能出于高尚的目的，但最终的结果未必有利于大学的发展。因此，发达国家都通过立法来保证大学的自治地位，以法律的形式明确大学与政府的关系和各自的职责。

为了确保大学的自治地位，发达国家一般都在大学与政府之间建立中介机构，作为大学与政府之间的减压阀和润滑剂，例如美国大学联合会（AAU）由美国几十所一流大学组成，研究自己面对的共同问题，维护一流大学的学术标准，捍卫大学的学术自治，可以说，这类组织既具有中介组织的性质，又是大学的自律组织。此外还有大学或学科的质量评估和认可组织，由中介机构开展评价或认可，既可以做到公平、公正和公开，又可以保证大学自治地位不受伤害，同时使政府更超脱和免受压力。也许还可以把发达国家大学的董事会或管理理事会看作具有中介性质的机构，董事会在法律上拥有大学，对外代表大学的利益，同时由于其成员中有相当数量来自学术界以外（公立大学管理理事会还有政府的代表参加），对于大学来讲它又代表了外部世界，这样就可以从组织上避免外部世界对于大学的直接干预。

世界一流大学有学术自治的悠久传统，得到它们所在社会的认同，有法律的保障，有中介组织的支持。而发展中国家的大学由于历史的原因，缺少学术自治的传统，在殖民地时期，殖民当局不允许发展这样的传统，在独立以后，政府又急功近利仅把大学作为实现国家目标的工具，因此这一观念得不到广泛的理解，法律也不完备，亦缺少组织保障。要进入世界一流大学的行列，就要给大学以自己管理和作出内部决策的自治权，与此相关的是给教师以极高程度的学术自由。

学术自治与学术自由是两个密切相关但又包含不同内涵的概念，社会和政府保护和尊重大学的自治，肯定可以为教师创造比较自由的空间，但是并不能使教师自动享有学术自由。学术自由是“‘学者不受雇佣他们的院校的控制与限制，进行科研、教学和出版的权利。(哥伦比亚百科全书)没有学术自由，大学就不能履行其主要职能之一：成为新思想(包括那些可能不受欢迎的新思想)的催化剂和庇护所……学术自由承认学者确定自己的探究领域和以自己的方式追求真理的权利。学术自由可以对提高高校质量以及整个高等教育制度的质量作出重大贡献。但是，它既需要在高校内部得到理解和尊重，也需要高校的上级部门的理解与尊重’。”[6]美国斯坦福大学校长卡斯帕尔在北京大学百年校庆发表演讲时也指出，“学术自由也意味着摆脱大学内部要求一律的压力。洪堡甚至强调道，‘知识自由不但可能受到政府的威胁，而且可能受到来自知识机构本身的威胁。这些机构在它们开始之时即采取了某个特定的观点，然后就急于压制别的观点的兴起’。”[7]因此，他把斯坦福大学成为世界一流大学的一个公开的秘诀归于大学始终把学术自由作为“大学不可或缺的灵魂。”[8]据统计，从 1901 至 1999 年共有 258 人获得诺贝尔自然科学奖，其中有 203 人获奖时在大学中工作，这从一个侧面反映出大学为新思想的产生创造了无与伦比的环境，科学家在大学中可以获得比在任何其他机构更加宽松的自由探索真理的空间。

发达国家基于对学术自由的认识，建立了“终身聘用制”和教师投诉听证制等制度，从制度上保证了教师享有学术自由。而在发展中国家，尚缺乏对“学术自由”这一概念的必要理解与尊重，更缺少制度的保障。当前，在发达国家的一些大学中，由于决策权力趋于集中，而导致了对于学术自由的挑战；由于大量聘用部分时间制教师，使教师就业保障程度降低，而导致对学术自由的威胁。这一发展趋势已经引起这些国家的广泛注意和讨论，许多世界一流大学的校长和教师都重申了在当前注意效益的同时坚持学术自由的重要性。而一些发展中国家片面注意了这一趋势，所采取的改革措施大大削弱了学术自由，使本已非常集中的权力更加集中，使教师的就业失去保障，这显然与发展中国家建设世界一流大学的努力背道而驰。

当然，在指出学术自治和学术自由是大学发展的理性的同时，我们还必须指出，不存在绝对的学术自治和学术自由。大学必须为社会服务，满足社会通过政府表达的要求，大学“保持自我管理的最佳道路是出色的成绩——自治的代价就是永恒的自律。”[9]可以说，学术自治和学术自由与社会责任和自律是一个永恒的平衡问题，当前由于物质主义和商业文化笼罩着社会生活的方方面面，矛盾的主要方面应该是学术自治与学术自由，强调学术自治与学术自由有可能造成高等教育的无序状况，但是从一定意义上说，“高等教育的力量和优势植根于无序。”[10]

(三) 关于大学校长

在研究任何一所世界一流大学发展和成长的历史时，我们都不能不注意到这些大学发展的关键时刻都与某位成绩卓著的校长相连，大学校长对于一所大学发展的重要性是不言而喻的。在不同的国家，不同的历史时期，大学校长选聘的标准可能也不同。然而，只要我们对一些世界一流大学的校长作一点分析，仍然可以发现他们的一些共同之处。

首先，他们都毕业于一流大学，并且在这些大学担任过教授，都是各自学科的著名专家。例如，哈佛大学和耶鲁大学的历任校长都有这样的经历。这样的经历使他们对大学的理念、精神和文化有深刻的认识，了解大学是如何运转的。同时，这样的经历还使他们与教师和学生有共同的语言，了解他们是如何思考问题的，理解他们的感情，关注他们的利益。了解这一点在当前有特殊重要的意义，因为在商品经济极为发达的时代，商业价值和文化盛行，人们可能不由自主地把商业巨子、大企业经理视做英雄和救世主，同时大学由于收入和支出巨大，日益被社会一些人视做大企业，因此个别大学可能挡不住诱惑，聘用企业经理出任校长。此外，在缺少大学自治的国家，往往官本位盛行，大学很难抵挡政府派遣官员到大学出任校长。不管企业经理还是政府官员出任校长，都可能给大学带来一股清风，带来巨额经费，也可能提高大学的管理效率，但是都很难抵偿大学可能失去的大学精神与大学文化，那么就可能距离世界一流大学目标愈来愈远。

其次，仅仅是教授和学者还不能足以成为大学校长，他们还必须是出色的管理者，优秀的“规划者、评价者、招募者、革新家、鼓动家和企业家。”[11]许多一流大学规模宏大，学生上万，教师上千，年开支逾亿，没有出色的管理才能是不可能办好这样的大学的。在财政紧张的情况下，他们要善于游说政府更多地拨款，社会更多地捐款；在科技革命出现时，善于把握时机重点建设相关学科；在学生运动兴起时，善于引导学生，使他们认识到自己的根本利益所在；在学校各种利益集团出现冲突时，善于协调矛盾，以大学精神团结它们。

第三，他们都具有极强的事业心，鞠躬尽瘁，殚精竭虑，把校长的工作作为自己的首要职责。这在今天的大学管理中是极为重要的，因为当前校长在一所大学的平均任期不断缩短，例如哈佛大学的艾略特校长任职 40 年，在他以后的校长平均任职 21 年，而今天在美国大学校长平均任职不足 7 年，在其他许多国家还要短一些。于是，许多校长任职时一心二用，不能专注于校长工作，许多校长急功近利，注重轰动效应，给大学发展带来长久的伤害。

第四，他们都潜心研究高等教育，具有清晰的大学理念和明确的办学目标。芝加哥大学校长赫钦斯曾指出，“大学行政领导必须承担特殊的责任，来讨论、澄清、确认和宣布(大学的)目标。”[12]他还曾著书《高深学问》，反对功利主义，倡导博雅教育；加州大学校长克尔曾著《大学的功用》，首次提出了“巨型大学”的概念；哈佛大学校长博克曾著《超越象牙塔》，指出现代大学不能回避为社会的利益和国家的进步服务；耶鲁大学校长吉亚麦提曾著《大学和公众利益》，探讨大学的性质和在社会中的作用。由于他们有了明确的办学目标，因而不会随波逐流，坚持把大学办出特色来。例如加州理工学院院长杜布里奇在美国战后大学极度扩张的浪潮中，坚持“小而优”的办学方针，在他任职期间(1946～1968)，校园面积从 30 英亩扩大到 80 英亩，捐赠基金从 1 700 万美元增加到 1 亿美元，年度开支从 800 万美元上升到 3 000 万美元，但学生人数却基本保持不变，仅从 1 391 人增加到 1 492 人，直到今天该学院不过 2 000 多名学生，却是世界最优秀的大学之一。

当然，我们还可以列举出世界一流大学校长的许多其他品质，例如他们高瞻远瞩，审时度势，既了解时代的需求又放眼未来；既谙熟大学的历史又胸有国家乃至世界的大局；他们知人善任，既勇于承担责任，又不独断专行。他们既坚持真理，又勇于修正错误。世界一流大学校长的这些共同特征为我们提供了遴选校长的标准，但更为关键的是如何遴选出这样的校长。从世界一流大学遴选校长的经验来看遴选的关键是"公开"，"公开"有以下两层含义。首先是公开设立遴选委员会，委员会要有广泛的代表性，特别是要有教师代表参加；其次是公开遴选标准和要求，将它们登载在公开发行的有关高等教育的刊物上和大学的网页上，公开向校内外招聘。违反公开性的原则，由政府未经公开程序直接任命，有更大的可能使那些具有官场经历和渴望权力的人当选，当然也可能是另一个极端，使校长仅从本校产生，这样就会限制校长的视野，也不利于世界一流大学的建设。

最后还应该指出，尽管大学校长的作用重大，但是不能对校长寄予超出现实可能的期望——将大学一夜之间带入一流大学的行列。我们今天的时代是民主的时代和组织文化取胜的时代，"个人魅力和个人英雄主义的观念可能已经过时了，甚至是行不通的了。"[13] 因此，我们应该给校长以必要的空间和时间，使他有可能把自己的办学理念逐渐地渗透到大学的教师、职员和各种组织机构中去，使他有机会"构建一个可持续的机构"，[14] 进行民主管理，使各个组织机构发挥起作用。他则象驾驶一辆滑行的汽车一样，把握方向，既不匆忙踩刹车也不盲目加油门，汽车即可平滑稳定地前进，不要鼓励或逼着他去开英雄车，塑造伟大司机的形象，速度极快，但却离预定目标愈来愈远，甚至可能车毁人亡。

(四) 关于民主管理

大学从其基本性质上来讲，是社会中最民主的机构。首先从大学的组织结构来看，大学是由代表不同学科的系、所或院松散地连接在一起构成的，虽然在现代社会各个学科之间联系日益紧密，但是毕竟不同的学科有自己的语言、自己的思考问题的角度和方式、自己的文化及价值。这是与企业和政府完全不同的。在企业中各个车间或部门互为依存，任何一个环节不可或缺，它们以利润为中心目标密切地组织在一起。在政府中各个司、局、处、室织成一张围绕中心的严密的网,中心发出指令,整张网都要动作起来。而大学则不同,大学领导应依一种民主的方式,相互关联的领导风格,协调各院系的目标和利益,把它们有机地联系在一起。从大学的构成特点来看,决策基点越低,决策的理性越高,有效性越大,决策过程越民主,越可能为各院系所接受,越可能化为全校的行动。

其次,从大学工作的特点来看,教师不把自己看作是必须向大学校长或其他各级行政人员报告的雇员,作为特别的知识工作者,他们的基本责任在学生和真理。半个世纪以前,加州大学著名学者坎特罗维兹教授对这一观点做了出色的辩护,他认为,“有三种职业有资格穿袍子:法官、牧师和学者。袍子代表其穿着者头脑的成熟,他们判断的独立性,他们对其良知和上帝的直接责任”,“它意味着这三种相互关联的职业的内在主权:他们不应允许自己在胁迫和压力下行动……法官即法庭,牧师与信众即教会,教师加学生即大学……他们本身即机构,因此他们对他们的机构和在机构内享有特权。”[15]90 年代,哈佛大学文理学院院长又重申这一点,“我们教授拿公务员的收入,但享有艺术家的自由……我们的确把我们的工作看作一种职业,但是我们不把自己看作雇员,而是看作大学的持股人:一组所有者。”[16]从这一点出发大学在作出重大决策时,不能像企业那样,由经理作出,雇员执行,也不能象政府那样,由首长作出,下属执行。大学的决策过程必须更加民主,一切有关学术的决策都要通过教师,或代表他们的教授会、学术委员会或各种专门委员会。正是在这些论坛中,大学的文化、价值和标准被讨论和联系起来,并且受到尊重。有关学生的决策要与学生或其代表机构讨论,因为在大学中学生也是主体构成部分,他们与教师和行政人员亦不构成领导与被领导关系。

“教师加学生即大学”的观点有时并不被广泛认同或理解,甚至在大学内部亦常常被忽视和遗忘。特别是近些年来,大学的急剧扩展使大学成为更复杂和更官僚的机构,非学术人员的数量急剧增加,管理人员的权力不断膨胀,特别是高级行政人员在学术事物上行使了相当大的权力,传统的教授权力被不断加强的科层管理模式大大削弱了。由于片面强调竞争,引入企业的短期聘任制,企业的奖励机制,把教授分为三六九等,这样就极大地扩大了中高级行政人员的权力,把教师降到了实际上的雇员地位,从而使大学决策日趋官僚化。官僚化必然破坏大学文化,使教师自由追求真理的环境受到影响,距离世界一流大学的目标也就会更远了。可以说大学的质量与大学民主管理的程度呈正相关，与教师参与决策的程度呈正相关。因此，建设世界一流大学的一个重要举措就是从制度上保证民主管理，要制定大学宪章，明确规定大学决策的民主过程，要有教师手册和学生手册，明确规定他们的权利和义务。

以上所谈的四方面问题主要涉及的还是建设世界一流大学的一些观念和制度层面的问题。笔者这里无意贬低大规模资金投入的重要性，但世界一些国家和地区的经验告诉我们，仅有大量的资金投入还不能建成世界一流大学。这起码说明了两个问题，其一是建设世界一流大学是一个漫长的历史过程，不能急功近利，不能拔苗助长，不能靠新闻炒作；其二是仅有大量的经费还不足以建成世界一流大学，大师云集、人才辈出和科研创新不是仅靠经费就能实现的，而主要是一种制度文明的产物。建设世界一流大学的国家，在保证必要的资金投入的同时，主要应该研究和学习的是制度的改造和观念的更新，大学需要学习，政府也需要学习。

参考文献：

[1] Arthur Levine. Handbook on Undergraduate Curriculum[M]. San Francisco: Jossey-Bass, 1978.

[2] 滕大春.外国教育通史[M].济南：山东教育出版社，1992.

[3] 王英杰.美国高等教育的发展与改革[M].北京：人民教育出版社，1993.

[4] 余凯.大学普通教育的理论与实践，一个哲学的视角[D].北京：北京师范大学 1999.

[5][9][10] Philip, G. Altbach, etc. Higher Education in American Society[M]. New York: Prometheus Books, 1994.

[6] Peril, Promise. The Task Force on Higher Education and Society. Higher Education in Developing Countries [J]. Comparative Education Review, 2004(2).

[7][8] 21世纪的大学——北大百年校庆召开的高教论坛论文集

[C]. 1999.

[11] 威廉·拜伦. 我们需要主管学术的优秀人才[J]. 交流,1986(2).

[12] Clark Kerr. The Uses of the University[M]. Cambridge: Harvard University Press, 1964.

[13][14] Richard Chait. Illusions of a Leadership Vaccum Change[J]. The Magzine of Higer Learning, 1998(1).

[15] Jean Lipman Blueman. Connectire Leadership, Change, 1/2, 1998.

[16] Henry Rosovsky. The University: An Owner's Manual[M]. New York: W. W. Noron&Company, Inc, 1990.

(本文发表于《比较教育研究》2001 年第 7 期。作者王英杰,时属单位为北京师范大学国际与比较教育研究所)

二、研究型大学的特证分析

当今世界上的主要发达国家都有几所国际一流的研究型大学，例如：英国的牛津大学和剑桥大学、日本的东京大学、美国的哈佛大学和麻省理工学院、德国的慕尼黑工业大学、俄罗斯的莫斯科大学等。根据1994年美国卡内基基金会关于美国高校的分类标准，研究型大学可以分为两类。第一类研究型大学提供全部学士学位课程，承担直到博士生的研究生教育，并进行高级重点科学研究，每年授予50名以上的博士学位，每年接受联邦政府4 000万美元以上的资助；第二类研究型大学每年获得联邦政府的资助额为1 500～4 000万美元，其它指标与第一类相同。依卡内基基金会分类，研究型大学（Research University）有两个显著的特点：第一，以研究生教育为主。美国主要研究型大学的研究生和本科生的比例都接近或超过1∶1。例如，1980年斯坦福大学的研究生与本科生之比为1∶1.37；1992～1993学年，该比例为1∶1.16。第二，注重科学研究。绝大多数研究型大学都把科研置于重要地位，有些大学如加州伯克利大学甚至明确提倡"科研第一，教学第二"。

（一）研究型大学是人才聚集中心

创办研究型大学的关键在于看它是否具有一流的师资队伍。哈佛大学的前任校长柯南特认为："大学的荣誉不在于它的校舍和人数，而在于它一代又一代的教师质量。一个学校要站得住，教师一定要出名。"哈佛的现任校长博克也认为，教师是大学的核心，他们校准了学校的基调。前任加州伯克利大学的校长麦克·黑姆在1980年的就职演说中提出的第一个奋斗目标就是"保持极优秀的教师阵容——这是我们大学的核心”。

斯坦福大学创建之初，创始人斯坦福先生就意识到引进优秀人才作为教师的重要性。该校第一任校长乔丹回忆说：“斯坦福先生要我物色最优秀的教师。他坚决不要那种徒有虚名或游手好闲的人担任教授。”按照这一要求聚集到斯坦福大学的第一批教师人数虽少，但大都是优秀的人才，他们的献身精神成为后来者的表率。一百多年来，尤其是近四十年来，斯坦福大学在工程科学、物理及空间科学以及在社会科学、人文科学、文化艺术、医学和生物科学等领域都取得了令世人瞩目的成就，在为人类作出巨大贡献的同时，培养和造就了一大批业务素质很高的高校教师。目前，在斯坦福大学的 1 300 多名教师中，有 6 名获普利策奖、20 名获国家科学奖、3 名获国家技术奖、5 名获总统自由奖；自 1974 年以来，共有 125 名古根海姆奖获得者、5 名沃尔夫奖获得者、14 名麦克阿蒂尔基金会奖获得者。此外，斯坦福大学还有 89 名国家科学院院士、167 名国家文理科学院院士、65 名国家工程科学院院士、26 名国家哲学协会会员、20 名国家医学科学会会员。诺贝尔奖是世界科学界的最高荣誉，在今天看来，诺贝尔奖获得者的多寡，成了衡量研究型大学的成就和知名度的标尺之一，斯坦福大学共有 21 名诺贝尔奖获得者。同时，在斯坦福大学强大的教师队伍中，年轻教师的成长非常迅速，仅 1984 年以来，青年教师队伍中便有 53 人获得总统“年轻研究学者奖”的荣誉。在全美现有 100 名公认的才华出众的年轻科学家中，斯坦福大学就占 8 位，居全美高等学校之首。从上述这些数字，我们可以看出斯坦福大学强大的教师队伍非同一般，这是学校长期求贤若渴的结果，这些人才集聚在斯坦福大学，既是学校的骄傲，更是学校成为世界一流研究型大学的关键。

在美国的研究型大学中，人才集聚的现象十分普遍。如，在麻省理工学院的 1 700 多名教师中有科学院院士 76 人、工程科学院院士 53 人、诺贝尔奖获得者 8 人。加州(伯克利)大学在 1 500 多名教授、副教授中，有 11 人获诺贝尔奖，有 8 人成为美国科学院院士，有 9 人被选为 40 岁以下最杰出科学家，有 17 人获得“年轻研究者总统奖”，该校有“美国研究中心”之称。从科技发展史来看，在有重大贡献的著名学者中，大多也是高等学校的教授。如，经典力学创始人牛顿是剑桥大学教授；相对论创始人爱因斯坦曾在普林斯顿大学工作；“控制论之父"维纳是麻省理工学院的教授;数学家、哲学家罗素是哈佛大学教授;Po 和 Rn 发现者居里夫妇是巴黎大学教授;基因工程奠基人贝尔格是斯坦福大学教授,等等。毫无疑问,拥有世界学术权威和大师,是一流研究型大学的一个重要标志。这些研究型大学对世界产生了重大的影响,许多出自于这些大学的具有开创性的划时代研究成果改变了人类的历史进程。据统计,迄今为止,足以影响人类生活方式的重大科研成果有 70%诞生于世界一流的研究型大学。1946～1987 年,诺贝尔奖成果中的 70%是在世界一流的研究型大学中做出的,由此可见它们对于人类社会的非凡价值。而美国的一些顶尖研究型大学作为世界一流大学的主力军,其影响和作用是不言而喻的,它们是美国综合国力强盛的一个重要标志。

(二) 研究型大学是探索型人才培养的中心

哈佛大学自建校以来,在政治、经济、科技领域内培养和造就了许多探索型人才,这所世界著名的研究型大学不但培养了美国历史上的若干位总统,如,约翰・亚当斯、约翰・昆西・亚当斯、西奥多・罗斯福、富兰克林・罗斯福、约翰・肯尼迪等,而且,从 1944 年 T・W・理查兹由于确定一系列元素的原子量而获得诺贝尔化学奖,至 1984 年卡洛鲁比亚因发现新的亚原子粒子而获得诺贝尔物理奖的期间内,共有 29 名教授荣获诺贝尔奖。同时在不同历史时期还培养出了一大批著名的文学家、哲学家、科学家和享誉海内外的诗人、作家、评论家,如 C・S・皮尔斯、威廉・詹姆斯、乔治・帕尔默、爱默生素罗、华莱士・史帝文斯、约翰・里德等。

剑桥大学在长达八个世纪的建校史上,也为世界培养了一大批杰出的探索型人才,例如,著名物理学家牛顿、迈克斯韦、汤姆生、波尔、卢瑟福、布拉格;化学家托德;生物学家达尔文等;诗人和作家拜伦、尼丹尼生、华兹华斯、萨克雷等。从 1901 年开始颁发诺贝尔奖以来,剑桥毕业生已有 62 人名列榜中;1 000 余名毕业生成为英国皇家学会会员。一些英国人称,牛津大学以出首相、大臣而骄傲,剑桥大学以出诺贝尔奖获得者和英国皇家学会会员而自豪。世界著名的研究型大学所以能在国际上享有很高声誉,就在于它能培养出一批社会公认的探索型的优秀人才。

当今的麻省理工学院堪称世界一流水平的独特的研究型大学，它是美国高等工程教育的突出代表。麻省理工学院的发展道路反映了其不断造就和培养探索型人才的思想。曾经担任过麻省理工学院第九任院长的卡尔·康普顿在其任职期间，大大增强了基础科学的教学与研究。他刚刚上任时，就从哈佛大学请来了年龄刚 29 岁的物理学家斯莱特任物理系主任，斯莱特当了 27 年的物理系主任，共培养出 3 名诺贝尔奖获得者。康普顿还聘请了斯坦福大学的实验物理学家喻里森任实验物理研究室主任，从而大大加强了麻省理工学院理科的教学和研究力量。麻省理工学院之所以能在第二次世界大战期间对军事科学研究作出巨大贡献，就在于它培养和造就了一大批优秀的探索型人才。

伯克利加州大学常常是几百人中选聘一名教授，为了遴选一名优秀人才，往往采取高薪的办法，以极好的条件吸引拔尖人才；有时即使某一领域的第一把交椅空着，也绝不勉强凑和。同时，为了保持学术的高水平，无论是多么有名的教授，一旦发现不称职就会被辞退。伯克利加州大学光合作用的倡导者麦伦卡利曾获诺贝尔奖，创立了光合作用方面的研究所，但后来，随着他年龄的增大，思想有些保守，学术上没有新的进展，校方就让年轻的学者当了该研究所的所长，甚至连他的办公室也撤掉了，只是用他的名字命名该研究所，以表示记住他曾经做出的贡献。

(三) 研究型大学是重大成果形成的中心

研究型大学拥有取得创造性的甚至划时代重大科研成果的重要产床和摇篮。在美国历次“全美最佳十所大学”评比中，麻省理工学院(MIT)次次入选，被认为是全美最好的四所大学之一。MIT 为什么能获得这样高的声望？毫无疑问，这与其强大的科研能力以及不断涌现的重大的科研成果密切相关。电子技术特别是雷达的出现，影响了第二次世界大战的进程和战争力量的对比关系。在二战期间，美国花了 25 亿美元研制新型雷达，而在原子弹上才投 20 亿美元。1940 年 10 月，美国国防研究委员会在该校建立了第一个雷达研究中心——辐射实验室，调集了当时美国五分之一的物理学家从事该项研究工作。该辐射实验室在获得英国兰福尔发明的磁控管关键技术后，很快研究了 S 波段($\lambda=19.35\sim5.77$ cm)、X 波段($\lambda=5.77\sim2.75$ cm)和微波雷达。1943 年研制

出 λ=10 cm 的预警雷达,探程为 150 英里,可同时分辨几个目标。同时,该院的德雷珀实验室在 1950 年研制出了用于潜艇的自封式导航系统;在 1956 年研制出阿特拉斯兰洲际导弹、大力神洲际导弹、雷神中程导弹、北级星潜对地导弹的导航系统;在 1961 年又研制出阿波罗指挥和登月舱的导航系统,等等。

研究型大学都具有一流的实验室。据统计,在 1901～1979 年所授的诺贝尔奖中,实验室成果居多。例如,化学为 74.6%,物理为 68.4%,生物学为 90%。美国研制原子弹的曼哈顿计划领导小组的成员大多数是在一流实验室工作的大学教授。“原子弹之父”奥本哈默和对氢弹及核聚变技术作出重大贡献的劳伦斯都是加州大学教授,其研制工作是在加州大学洛斯·阿拉英斯实验室里进行的。1946～1981 年颁发的涉及重大科技成果的诺贝尔奖,有 70%是著名大学实验室教授的贡献,其中哈佛大学 29 人、剑桥大学 62 人、牛津大学 10 人、斯坦福大学 14 人、麻省理工学院 8 人、加州(伯克利)大学 12 人、哥伦比亚大学 9 人、康奈尔大学 9 人、东京大学 4 人。可见,研究型大学的一流实验室在取得科技成果方面具有重要意义,其重大科技成果的出现及科技成果的转化,对推动国家生产力的发展、社会的进步具有十分重要的作用。

一所大学要获得杰出的学术声望固然需要进行大量的科学研究,要获得崇高的社会地位也同样离不开科研。这是因为科研是大学向社会证明其有用性的重要途径。有一位学者曾这样评价麻省理工学院:“美国可以没有任何一所大学和学院,但决不能没有 MIT”,其社会地位之高可见一斑。分析其中缘由,笔者认为与它通过科研积极参与国家和地方经济建设有关。早在 20 世纪三十年代,MIT 就敏锐地察觉到科研应该和工业相结合。1962 年,MIT 建立了“麻省合作者计划”,主动地联络工业企业,为其服务。在 MIT 的支持下,波士顿 128 号公路周围建立了众多的高技术公司,形成了举世瞩目的高技术工业区。这给波士顿地区的经济带来了极大好处,MIT 被称为马萨诸塞州的经济救星。因此,MIT 得到那样高的评价毫不奇怪。

4. 研究型大学是新学科形成的中心

一所大学的教学、科研和社会服务三大功能发挥得如何,直接反映出该校的整体办学水平,而三大功能的基础则是学科建设。美国研究型大学往往具有一些世界一流的学科。例如,哈佛大学的商业管理、政治学、化学、哲学;斯坦福大学的心理学、电子工程、植物学、教育学;麻省理工学院的经济学、语言学、物理学、生物学;伯克利加州大学的原子物理学、化学、生理学、人类学;加州理工学院的航空学、天文学、应用数学、应用物理;康奈尔大学的农业及农业科学、医学、旅店管理、政治经济学;普林斯顿大学的数学、哲学、理论物理、天文学、化学。这些主要研究型大学之所以能办出自己一流的学科,主要是通过大量的科学研究,尤其是基础研究,为学科内容不断增添新的理论和方法。仅仅靠"现成"的理论或者利用已有的科研成果,则无法建立自身的一流学科。教师只有通过亲自进行科学研究,才有可能站在本学科领域的最前沿,不断获取新的知识,提出新的理论和科学思想。1982 年,在《美国新闻与世界报导》所做的"全美最佳大学院校评鉴"报告中,MIT 有 7 个学科被评为第一,数量居各高校之首。1991 年,在同类评比中,MIT 有 11 个学科领域被评为第一,又一次雄居全美高校之首。其领导者们在总结经验时,都强调这是大力开展科学研究,尤其是跨学科和基础研究的结果。

美国研究型大学拥有大量杰出的学者,其中包括许多科学界最权威的诺贝尔奖获得者。这些一流的人力资源再配合其它优越的科研条件,往往能在基础研究领域作出重大发现,从而成为学校学科建设的源泉。

(五) 研究型大学是科技与实业相结合的中心

闻名全球的"硅谷"的建立与发展,是斯坦福大学"教育"与"实业"结合的典范,也是美国的大学与工业界紧密联系的最为成功的实例之一。这个位于加利福尼亚州,集中了 4 000 多家工业公司(其中 1 700 多家是高技术公司)并以半导体和计算机工业为主的高技术产业中心——"硅谷",最初是以斯坦福大学为基础发展起来的。斯坦福大学之所以能成为世界一流大学,其重要原因之一在于它在 20 世纪 50 年代创办了科学园(硅谷是在此基础上发展起来的),从而壮大了学校的实力,扩充了学校的资金。"硅谷之父"——在战后曾担任斯坦福大学工程学院院长和副校长兼教务长的特曼,曾预见 20 世纪 50 年代和 60 年代联邦政府将会增加对大学研究的资助。在他领导下于 1944 年制定了斯坦福大学的 20 年规划,以便利用联邦政府资助把斯坦福大学从一所地区性大学变成全国著名大学。计划的要点包括使斯坦福大学成为工业研究和开发的核心,以便为该校毕业生提供在本地区就业的机会，以及使大学和工业界联合起来为地区性经济增长做出贡献。把大学的财力、物力集中起来吸引第一流的研究人员，而他们所从事的二级学科应当是将来能为“成长工业”作出贡献的。为了激发教师与工业界加强联系的兴趣，斯坦福大学制定了一套为这种关系提供强有力刺激的报酬制度，并且优先考虑让对大学学术目标作出贡献的企业进入科学园。他们把该大学的计划明确地建立在这样一种概念上:保持继续不断的大学—工业合作关系是大学的传统职责，是为学术的高水平和为公共服务努力的补充。

斯坦福科学园创建于1951年，园区的第一个客户是万利公司，这是一个由斯坦福大学派生出的公司。休利特—帕卡特(H—P,即“惠普”)公司是第一家落户于科学园的高科技公司。它是在特曼的劝导下，由斯坦福大学的两名研究生休利特和帕卡特创办的。特曼鼓励他们通力合作，将自己的研究成果转化成商品。该公司在1954年与园区签订了租约。惠普公司是目前世界上最大的电子设备生产厂家之一。著名的苹果计算机的创始人之一乔布斯，在1970年还是斯坦福大学学生的时候，与加州伯克利分校的学生奈克一起成功研制了第一台苹果机。到二十世纪八十年代，他俩创建的苹果计算机公司的产业超过一亿美元，在硅谷占据了25座建筑物。

斯坦福大学采取各种措施加速知识传播和技术转移。大学教师为硅谷居民开设各种专业课程，办夜校、当顾问、做董事，共同研究设施，开展联合研究，研究生参加非全时工作，聘请企业科研人员担任大学兼职教师或当论文评审委员会成员，并为就业于硅谷的企业人员提供继续教育机会。他们采用闭路电视，把电视课程传送到硅谷的几十家公司，允许企业人员在不离开工厂的情况下获得学位。对攻读硕士学位的企业职工不要求写论文或一定要住校学习一段时间。1983年，约有50家公司的350名学员攻读“斯坦福大学优等成绩合作计划”。雇主为其雇员的学习支付双倍于正规学生的学费。

1981年筹建的集成系统中心是斯坦福大学与工业界紧密结合的又一成功实例。该中心的建设费用极其可观，仅实验大楼(6 500 m^2)的基建费用即达1 500万美元。这些费用由20家公司共同承担，每家公司支付75万美元。中心的管理、教学和科研经费除由联邦政府各部门承担外，这些公司还每年提供

10万美元的资助。大楼内的仪器设备费用大部分由联邦政府各部门提供，一部分由制造商直接无偿赠予。大学对工业的帮助则体现在向公司提供高质量的人才。斯坦福集成系统中心每年培养30名博士和100余名硕士，其中有相当一部分人员将就业于这些公司。提供资助的公司各派常驻代表一名，与该校研究生和教授一起工作，以便随时把新思想和信息返回公司。这个中心的建设是大学与工业公司和政府紧密合作的集合体，是大学与工业界紧密结合的新进展。

参考文献：

[1] 唐斌. 国外以大学为依托建立科学园区的实践与启示[J]. 电力高等教育，1995(4).

[2] 马建国. 科研对于美国研究型大学之意义[J]. 清华大学教育研究，1996(2).

[3] 刘幼成等. 世界著名大学办学水平的共同特征分析[J]. 兰州大学学报，1996(1).

[4] 穆义生. 世界一流大学的主要特征及创办条件论析[J]. 电力高等教育，1994(2).

[5] 张风莲等. 从美国几所著名大学看世界一流大学的成因[J]. 中国高教研究，1994(1).

[6] 赵鹏程. 斯坦福大学给我们的启示[J]. 四川师范学院学报，1996(1).

（本文发表于《比较教育研究》1999年第1期。作者李寿德、李桓，时属单位为西安交通大学管理学院）

三、论大学的保守性

——美国耶鲁大学的文化品格

美国耶鲁大学成立于1701年，是美国最早成立的3所大学之一。耶鲁大学在2001年庆祝300周年华诞的时候，回顾往昔的成就，可以骄傲地宣称，它为美国社会的发展，人类社会的进步，作出了卓越的贡献。耶鲁大学有4位校友在美国《独立宣言》上签名。耶鲁大学培养了5位美国总统，其中最近3位（布什父子和克林顿）均毕业自耶鲁。耶鲁大学不仅是美国政界精英的摇篮，不仅培养了站在政治舞台上的指挥人物，更重要的是，还培养了这个金融帝国的统治基础，它所培养的美国大公司的领袖人物比其它任何大学都多。耶鲁大学是造就学术领袖的地方，美国许多著名大学和学院，诸如普林斯顿大学、哥伦比亚大学、约翰·霍普金斯大学、加州大学、威斯康星大学、芝加哥大学、达特姆斯学院和威廉姆斯学院等的第一任校长都是耶鲁的校友。耶鲁大学是美国文化和艺术教育的中心，培养出了许多大师级的人物，如第一部美国英语词典的编撰者韦伯斯特，创立了在美国甚至在世界都具有广泛影响的刊物《时代》、《幸福》和《生活》的亨利·卢斯，以执导《推销员之死》和《欲望号街车》等话剧闻名于世的伊利亚·卡赞，以及美式足球之父瓦尔特·坎普。耶鲁大学在科学研究和学术上也是硕果累累，共有20名校友和教师获得了诺贝尔奖。耶鲁大学拥有在美国科学发展史中有重大影响的科学家本杰明·西利曼和乔西亚·吉伯司，以及发明了电报的赛谬尔·莫尔斯和发明了无线电的李·福来斯特。

耶鲁大学的成绩举世公认，早已被广泛承认为世界一流大学。但是，其成为一流大学的道路却有独特之处。在耶鲁大学创建250周年的时候，美国《时代》周刊曾撰文指出，“耶鲁在传统上有意识或无意识地等待其他人去探路，观察他们的进程，然后选择一条中间道路。如果说它的进步不快，其进步却是有选择的和基本上正确的。如果它开拓了新疆界，它就迅速去坚持传统的、实实在在的原则。在最好的和最真正的意义上，耶鲁大学一直胜利坚持从创建就有的保守主义。”[1]在这里，《时代》周刊为我们勾勒了一条“不可思议”的耶鲁大学建设世界一流大学的道路，即：在保守中创新，在稳定中发展。保守和稳定是其灵魂，创新与发展是必然之结果。

(一) 耶鲁大学的建立及其保守文化品格的形成

17 世纪的新英格兰主要由自英格兰移民来的清教徒组成，他们的行为方式、文化生活和生活哲学都受卡尔文教义的巨大影响。在清教徒眼中，人皆是罪人，世界则是充满了罪恶和诱惑的地方，因此人活在世上就是要拯救自己的灵魂，同时他们还认为人是理性的动物，人能够认识自己的行为，对自己的行为负责。因此，他们坚持信仰与理性的和谐与统一，乐于接受科学知识，把科学知识作为信仰的补充与支撑。清教徒们强调勤俭持家、艰苦奋斗和工作不息的重要性，认为只有这样才能赎罪和拯救自己的灵魂。这样，清教徒们就把劳作和教育放在了至关重要的地位，认为通过教育和艰苦奋斗才能超越物质世界，使灵魂获得拯救。这种对知识的追求和对工作的重视正好适应了新英格兰地区经济生活的需要，在新英格兰的城镇中迅速形成了以商人和船主为主体的贵族阶层，他们与清教徒牧师结合起来，不断强化清教徒的价值观念，清教徒价值观念的广泛传播又反过来促进了经济的发展。这样，知识、信仰、财产和殖民政府在新英格兰有机地结合起来，为教育的发展提供了物质保障、制度保障和广泛的群众基础。

1701 年一些清教徒牧师发起在新英格兰康涅狄格殖民地的蛮荒之中建立一所学院。他们希望通过自己培养牧师来教化新移民，发展其教派，光大其教义。其实同属一个教派、设在马萨诸塞殖民地的哈佛学院就近在咫尺，早在 1636 年就成立，完全有能力培养足够的牧师。但是，康涅狄格的清教徒们感到哈佛正在偏离真正的、纯粹的卡尔文主义教义，因此，向康涅狄格议会提出建立一所真正属于自己教派的学院。1701 年 10 月 9 日，议会通过“自由建立一所学院法”。该法规定，在学院中，“可以教授年轻人文理科目，从而使他们在万能上帝的庇佑下可以从事教会和政府工作。”[2]1701年11月11日，学院依法建立。学院建立初期，议会每年补助相当于120英镑的拨款。1718年8月，学院从在东印度公司工作过的英格兰巨商艾里胡·耶鲁那里获得一大箱书、一幅乔治一世画像和东印度公司盘存的价值200英镑的货物，于是在1720年4月20日正式被称为“耶鲁学院”。这是一所在教会、政府和商界共同支持下建立的带有强烈宗教色彩并负载沉重宗教使命的大学。正如罗兰·白顿在《耶鲁与牧师》一书中所指出的，“耶鲁在未建立以前就具有了保守的品格。”[3]

耶鲁成立之后的近200年间基本上保持着教派学校的特点，学院的培养目标主要是“训练一代又一代的有知识的正统牧师”。[4]董事会、校长和教师都由牧师来充任；课程以古典文理科目为中心；教学完全依靠背诵；对学生的教育主要通过实施纪律制裁养成品格，学生的校园生活充斥了早晚祷告等宗教活动。随着社会的发展，宗教逐渐淡出校园，耶鲁也逐渐地改变其教派学校的特征，但是与其它美国非教派的一流大学相比，耶鲁始终更多地受宗教的影响：哈佛早在1708年就已经有了第一位世俗校长，而直至1899年5月耶鲁董事会才打破了近200年选举牧师任校长的传统，选举了第一位世俗者出任校长，而且这位世俗校长在上任前还要特别向董事会声名，“我是耶鲁学院基督教会的成员，我相信保持耶鲁基督教特性的基本重要性……我对经典著作学习持保守态度，我坚信在这一问题和其它问题上我们必须通过渐进而非革命取得进步。”[5]进入20世纪以后耶鲁虽然已不再是一所教派大学了，但是耶鲁大学仍然笃信大学负载道德使命，培养价值观念。1937年，新上任的塞默尔校长还公开表示对停止强制祷告感到遗憾，他认为，由于这一改革措施，耶鲁所应珍视的社会价值受到前所未有的伤害。

每当耶鲁出现改革激流时，都会出现保守的呼声。塞默尔校长上任伊始就呼吁耶鲁停下来，消化和思考已有的变化。他认为，一些学科“可能只有很少的学生学习，可能对普通公众几乎没有价值”，但是大学要保留它们，“这代表大学的职责，大学的这些活动的本身就是目的。”[6]当有人向他提出改革建议时，他总是任命一个委员会去研究这些建议，制定计划，但很少去执行这些计划，这种所谓的“受控进步”的对待改革的态度在耶鲁有一定的代表意义。

第二次世界大战以后，美国社会迅速发展变化，大学与社会之间联系日益密切，社会的价值观念（特别是市场价值）不断侵入大学校园，大学再也不能孤守一隅，象牙塔开始坍塌。而这时耶鲁大学并不随波逐流，它坚守自己的道德哲学。吉亚麦蒂校长不断呼吁耶鲁大学要坚决履行自己在1701年就与美国签定的“契约”，“要努力发展学术，提供服务和精神启蒙”。[7]他指出，大学与企业是完全不同的，大学的工作是一个负载价值的终生过程；“大学的目标不是扩张或者占有市场份额，而是学术的优异；不是利润或者所有权，而是免费的知识产品；不是运转的效率而是平等的对待；不是不断增长的经济效益而是不断思考我们是谁，我们如何生活以及我们周围的世界。”[8]他尖锐地批评学院的规章化，“规章取代了那些传统的学院价值，学院文化是一套共有的价值观，关于自由获取信息的价值，关于公开交流思想的价值，关于学术自由的价值，关于公开沟通和关爱的价值……学院文化应是所有院校共有的最可宝贵的价值。”[9]他还深刻地指出了对美国大学极为有害的另一个发展趋势，即大学的公司化。他认为“美国文化中的冲突之一是在私人的营利公司与传统的大学之间，前者的规范是竞争、效率和利润最大化，其目标是短期的；后者是非营利的，其目标是学术的、公民的和长远的。”[10]他进一步指出，“规章化和公司化对于学院文化都是破坏性的……造成教师与行政的分离。……教师越来越把自己看作价值的载体，而大学行政人员则把他们自己看作法律的载体。”[11]他力促耶鲁大学在变化纷繁的社会中继续捍卫大学共同的价值，发扬学院文化，坚持耶鲁大学的文化品格，使耶鲁大学成为社会精神启蒙的灯塔。

（二）耶鲁大学保守的管理

耶鲁大学保守的管理架构、管理思想和管理风格保证了其文化品格的形成、发展和传承。

耶鲁大学的法律上的所有者、决策者是董事会。董事会自建立之日起就打上了深深的保守的烙印，其全部成员均为康涅荻格殖民地公理会牧师，直到1902年才选举了一位康涅荻格州以外的牧师加入董事会，直到1905年才有一位世俗者被选入董事会。1917年非牧师的董事会成员达到一半，但是尽管如此，此后多年董事会仍是由牧师控制。

保守的董事会为了推行其保守的治校方针，在校长的选任上也显得格外保守与慎重。在耶鲁建校以来的22位校长中前12位都是牧师，直至1899年才有了第一位世俗者出任校长。前六位校长均毕业于哈佛，自1766年起，所有校长除一位外均毕业于耶鲁，其中仅有个别校长本科阶段没有在耶鲁就读而仅拥有耶鲁研究生学位。1918年在耶鲁获得文学士后来成为耶鲁董事会成员的维尔玛斯·刘易斯曾戏谑地总结了耶鲁大学选聘校长的标准："耶鲁校长必须是耶鲁人(即本科毕业自耶鲁的人，仅有耶鲁研究生学位的人很难被看作是耶鲁人而融入耶鲁文化)，必须有个性，有宗教信仰，必须是国际知名学者，如果他是人文学者，要深深地尊重科学，如果是科学家则要热爱艺术。他必须是现代人，但要了解过去并有远见。他绝对不能过右或过左，但也不能走中间道路"。[12]杰莱米·戴校长的离职和新校长的选聘可以充分说明耶鲁董事会在校长选聘问题上的保守。戴从1817年起至1846年止任校长29年，是耶鲁任职最长的一位校长。在任职的最后几年曾几次提出辞呈，但都没有被董事会所接受。1843年，他诚恳地致函董事会，"你们最好现在就让我辞职，我现在尚明智，还能这样做，以后我可能没有这样的智慧去做，我会认为我比你们都聪明，比自己以往更聪明"；这位被教授们视作集保守主义之大成者进一步指出，"变换校长的一个原因是，一个老人总是对事务保持原状感到满意。"[13]董事会终于受了他的辞呈，但又将其选为董事会成员，他在那里又任职21年，直至1867年95岁去世时为止。他在董事会中以保守著称，影响了其继任者的决策与行动的自由：董事会所选择的新校长齐奥多·沃斯里1820年毕业于耶鲁学院，是虔诚的公理会牧师，长期在耶鲁教授希腊语和文学，是耶鲁第八任校长的外甥，总之，是一位完全的、保守的耶鲁人。

在耶鲁发展历史上的几个重大关头，决定耶鲁发展方向的几次重大辩论中，董事会都明确坚定地站在保守者一方。例如，在1865年至1900年有两项伟大的改革运动——选修制的推广和大学的兴起——深刻地影响了美国高等教育的发展方向和校园文化。选修制在哈佛校长艾略特的大力推广和倡导下对美国学院的古典教育产生了巨大的冲击，不仅使课程发生了深刻的变化，还使校园生活根本改观。大学的兴起是美国学习德国的结果，约翰·霍普金斯大学首开风气之先，促进了研究型大学的初创。两个运动在耶鲁也掀起了轩然大波，引发了激烈的辩论。耶鲁的青年校友们首先对学院的管理提出了挑战，他们认为学院的管理过于保守和狭隘，董事会应该补充活跃的校友，从而在学院与真实世界之间建立联系。在教授中亦有人提出耶鲁的管理层在关注耶鲁学院的同时还必须支持学院中其它专业学院的发展，推动研究生系的建立和发展，也就是加入当时美国将学院发展成大学的洪流。在此关键时刻，董事会1871年选择了诺亚·波特任新校长。波特时年60岁，1831年毕业自耶鲁学院，曾任牧师10年，1846年起任耶鲁道德哲学和形而上学教授，其父曾任耶鲁校董近40年，其妻是耶鲁名教授之女，可以说是一名血液中都流淌着耶鲁保守文化的彻头彻尾的耶鲁人。波特捍卫古典课程，尖锐地批判选修制，他认为要对学生进行严格的心志训练，严肃的甚至强迫性的学习是打开智力之门和获取知识的惟一道路。选修制带有严重的邪恶，会使邪恶进入班级学习和学院的日常生活。他和校董们珍爱耶鲁学院的传统理念，认为把耶鲁按照德国的模式改造成大学会伤及学院的精髓，因此学院虽然已经具备了当时大学的基本形式，但迟至1887年波特卸任以后耶鲁学院才正式改称大学。我们不难看出董事会选择波特出任校长"就是要保证学院在所有热点教育问题上都继续持保守的态度；就是保证学院继续保持其作为基督教和所有正统学问的堡垒的个性(文化)特征。"[14]

耶鲁保守的管理层在大学的发展战略上坚持质量优先和规模控制的原则。在建设大学的过程中，耶鲁始终如一地反对盲目的综合化，坚持把耶鲁所要设置的一切学科都办成美国乃至世界一流的，达不到这一目标的就要坚决关掉。早在1891年耶鲁就开设了第一门教育学科课程，1920年就建立了教育系，但是该系由于在耶鲁没有得到必要的支持(几任校长都认为教学是一门不可能被科学传授的艺术)而达不到一流的标准，终于在1956年被关闭了。耶鲁大学于1923年在美国最早建立了护理学院，培养专业护士。为了尽快提高该院的学术水平，耶鲁于1934年开始将学士学位作为入学要求。到1958年，格里斯沃尔德校长明确提出大学的存在是为了探索而非应用，因此关闭了护理学院的护士培养计划，将护理学院提升为护理研究院，培养护理科学的研究人员，开展护理科学研究，从而使护理学院稳定地居于美国一流，为美国护理科学的发展作出了重大贡献。耶鲁的工学院最初建于1852年，但是由于耶鲁长期存在的反应用技术的文化环境，它始终时而合并于某所学院或某个系中，时而单独设立，不能取得独立的地位。时至今日，耶鲁仍没有工学院。现任校长刘文明确地制定了工程学的发展战略，“我们不打算在这些领域发展成麻省理工学院或斯坦福大学那样的规模，但是我们相信我们能在化学、电子和机械工程中的少数几个领域得到国际承认。”[15]他明确提出，耶鲁的专业计划的形成要更多地由争取优异而非强求综合性的理念来指导。他认为，“人类知识的范围是如此的广泛，变化是如此之丰富，即使一所伟大的大学也不能期望覆盖值得学习的每一个学科与其广泛覆盖所有学科，可能更明智的是建立少数几个出众的教师组，使他们能够在专门领域为争取科研经费和研究生与世界一流大学相竞争。”[15]

20世纪20年代，耶鲁处于极好的发展势头，学生趋之若骛。1921年到1931年，学生人数从3 820人上升到5 914人。耶鲁可以选择大规模扩招的政策，但是却决定放慢扩大规模的速度，坚持质量优先的原则，在一流大学中第一个选择了限制招生数量保证质量的发展战略。格里斯沃尔德校长在1955年年度校长报告中再次强调了这一发展战略。他提出，要尽可能提高教师和学生之比，而绝不要降低质量去规模生产。较低的学生与教师比和学生与教师积极的双向交流始终是耶鲁突出的特征。今天耶鲁共有学生11 039名，而各类教师达2 845人，生师比不足4比1，这在美国一流大学中是非常低的。

耶鲁保守的管理层在大学的变革中坚持渐进的和累积的方式，竭力避免否定过去的颠覆性的变化，亦无仓促的变革行动。耶鲁的课程改革最能反映其对待变革的保守态度。耶鲁自19世纪40年代开始改革课程，如果将1844～1845学年和1870～1871学年的课程相比较的话，就会发现，1870～1871学年的耶鲁学生仍然必须学拉定语，但可少学三分之一；在三年级可少学一学期的希腊语或拉定语，而增加两学期的微积分；在修辞、逻辑和精神与道德哲学课程的要求方面基本没有变化。其改革是稳步的。而与此同时，哈佛却发生了巨大的变化。1869年艾略特出任校长，适应国家工业化和现代化的需求，推动选修制，在1872年就取消了四年级的全部必修课，到1879年三年级的必修课也被全部取消。可以说哈佛对待变化的态度是与时俱进，而耶鲁则对自己的保守沾沾自喜。耶鲁的著名教授金斯利曾骄傲地说，“让坎布里奇的人们(哈佛人)去试验吧，我们将努力从他们的试验中获益，他们在试验方面比我们强。”[16]许多耶鲁人虽然没有这么公开说出来，但是对待变化的保守态度却是相同的。

耶鲁在管理中注重教授治校。美国当代最著名的高等教育学家克拉克·克尔曾指出，“在美国最早把大权交给教授的主要大学是耶鲁”。[17]耶鲁对美国高等教育最大的贡献之一是教授治校。耶鲁第八任校长德怀特首开了重大事件与教授协商的风气之先。他知人善任，聘任了三位后来成为著名科学家的优秀教授：西利曼、在德怀特之后出任校长的戴和语言教授金斯利，让他们负责各自学科的发展和建设。他们与德怀特一道开拓了耶鲁走上一流大学的道路，为耶鲁乃至美国的大学教授治校传统奠定了基础。戴在继任校长之后，待教授如平等的伙伴而非下属，他天性保守，在行动前与同事充分协商，教授们在管理学院方面被赋予了相当大的影响力。戴校长的继任者沃斯里把教授治校通过制度固定下来，教授成为大学的核心，大学的精髓，大学的“终身工作人员”(Permanent Officer)，而校长和管理人员则不是。耶鲁由于教授治校而使其保守文化至臻至善。耶鲁的教授们对外部世界时常持自由的甚至激进的主张，但作为整体对教育和大学内部问题却相当保守，以保守为自豪，不喜欢变化。在重大决策时，耶鲁最惯常的做法是组成相关的教授委员会，进行充分彻底的讨论，而在得出结论需要行动时，却可能踌躇不前。这样，耶鲁虽然有时对外界变化反映迟缓，但是其决策却往往是深思熟虑的，其行动是审慎的。

耶鲁在赋予教授权力的同时，坚定地捍卫教授的权利，捍卫学术自由。“耶鲁是一个开放的社区，它对新思想、不同意见、辩论、批评、不同观点和意见的相互碰撞、协作研究和原创性都持开放的态度，但是它现在和将来都不会宽容对于他人的尊严与自由的否定。”[18]1879～1980学年耶鲁的威廉姆·G·萨姆纳教授使用了斯宾塞的《社会学研究》作本科生教材，在校园引起轩然大波，时任校长的波特认为这本书攻击了每一种有神论哲学，与当时耶鲁的正统宗教思想完全背道而驰，下令禁止使用。于是萨姆纳致信董事会和学院所有终身聘用教授，声称，“我不承认校长对教科书的使用有最终决权”，这一问题“涉及任何正直教师都不应退让的权利和利益。”[19]当时虽然宗教在耶鲁仍有举足轻重的影响，但是校方仍不能不从学术自由大计出发放弃对教科书的审定，并且自那以后耶鲁再也没有出现过审定教科书的事件。后来的学者把萨姆纳的信作为美国有关学术自由的重要文件。耶鲁不畏权势捍卫学术自由，在美国大学中树立起一面旗帜。1951 年 6 月 11 日在耶鲁 250 周年纪念大会上，格里斯沃尔德校长亲自授予艾德华·托尔曼教授荣誉博士学位，而托尔曼教授刚刚由于拒绝在忠诚宣言上签字被加州大学解聘。耶鲁尊敬他，不仅由于他在心理学上的贡献，更出于他是一位“思想自由的勇敢捍卫者”。1958 年耶鲁退出联邦学生贷金计划，因为这一计划不仅包括忠诚誓言，而且还有一份否定性誓言，也就是说，学生在宣誓效忠之后，还要再声明，他不相信也不成为任何企图推翻美国政府的组织的成员。在格里斯沃尔德校长过世以后，纽约时报称，他的去世对国家的损失大于对耶鲁的损失，因为他不断引领美国大学反对自由的压制者。

（三）耶鲁大学保守的教育理念

耶鲁大学的现任校长刘文认为，耶鲁有两个有别于其它伟大研究型大学并为耶鲁教授所共同认可的特点，一为致力于本科教育，二为注重培养领袖。

美国历史悠久的大学都是从本科学院发展而来的，但是耶鲁的独特之处在于，它虽然在美国第一个颁发了哲学博士学位，比哈佛还早 25 年建立了研究生院，今天耶鲁已有 10 个专业学院和一个文理研究生院，研究生人数已超过本科生人数，但所有这些成绩的取得都是在保持本科生教育质量稳定地居于美国最前列的情况下取得的。1847 年，耶鲁设立研究生部的初衷是改进本科生教育，让研究生为本科生树立榜样，让新的课程或学科先进入研究生教学计划，进行实验，成熟后再纳入本科生教学。任何访问过耶鲁或读过有关耶鲁文献的人都会不约而同得出同样的结论：耶鲁学院（耶鲁大学的本科生院）是耶鲁大学的核心，本科生教学是耶鲁大学的中心工作。在耶鲁，教授们把教学作为大学的第一个感召，都认真投入到本科生教学工作中去，由研究生教的本科生课时数占本科生课时总数的比例在全美研究型大学中属最低之列，远远低于哈佛和斯坦福等校。从一定意义上可以说，耶鲁发展的历史就是耶鲁竭力保持耶鲁学院核心地位的历史，耶鲁建立后的 200 年中，几乎全部资源都用于耶鲁学院，而让其它专业学院或专业课程自谋出路，甚至自生自灭。时至今日，耶鲁大学各院仍有很强的自治性，而耶鲁学院仍占用大学最多的资源。我们可以毫不夸张地说，“耶鲁学院是耶鲁大学存在的理由。”[20]耶鲁大学可以没有任何一所专业学院，但不能没有耶鲁学院，否则就不能称其为耶鲁大学了。耶鲁对于本科教育的重视和对培养领袖的注重集中体现在它三百年如一日毫不动摇地坚持自由教育的理念上。耶鲁自成立以来就以自由教育为理念，以培养领袖为宗旨，到19世纪20年代学生所学的全部课程均为必修课，所设课程以古典课程为核心。但是，19世纪上半叶是美国产业革命的时代，工业迅速发展，社会剧烈动荡，深深地震撼了校园。1824年弗吉尼亚大学一建立就推行选修制，哈佛也在孕育改革，连最保守的耶鲁校园也开始不平静起来。1827年耶鲁校董，州参议员诺伊斯·达灵建议取消课程中的已死亡的语言，代之以其它课程。董事会迅速行动起来，组成专门委员会研讨这一问题，委员会于1828年发表报告，这就是对美国高等教育产生了长远影响的“耶鲁1828年报告”。报告对于批评作了针锋相对的回答，重申了耶鲁的自由教育理念。报告分为两篇，一篇由董事会撰写，一篇由教授撰写。后者又分为两部分，一部分是由戴校长写的关于学院的教育计划，另一部分是由金斯利教授写的关于坚持学习古典语言的策略。其中最重要的、最有持久影响的、被最为广泛引用的是戴校长所撰写的部分。戴校长认为，学院教育所要做的是“训练和武装(学生的)头脑，扩大头脑的能力和给头脑储存知识。或许前者更重要。因此学院课程的主要目标应该是每日积极地操练学生的能力。”[21]戴校长反对缩短课程，反对使课程更实用，反对取消已死亡的语言课程，反对以德国大学模式改造耶鲁。他要求，在学院教学过程中，要在文学和科学的各分支中保持平衡，从而培养具有平衡性格的未来领袖。他提出，学生“要从纯数学中学习论证推理的艺术；从物质科学中了解事实、归纳过程和可能证据的多重性；要在古典文学中发现一些最有品位的完美的典范；通过英语阅读学会运用自己语言讲与写的能力；通过逻辑和思想哲学学习思维的艺术；通过修辞和辩论术，学习讲话的艺术；通过不断地练习写作掌握准确表达的能力；通过即席的讨论，成为果断的、语言流畅的和朝气勃勃的人。”[22]戴校长在1828年报告中最为雄辩地论述了自由教育理念，为建设和发展具有美国特色的本科教育作出了无与伦比的贡献。美国著名高等教育史学家佛雷德利克·卢道尔夫高度评价耶鲁1828年报告，他指出，“耶鲁报告是一份辉煌的文件，它肯定了人文传统然而同时也给了那些希望学院保持不变的人令人信服的理论武器。”[23]

自1828年以后，耶鲁每一位新校长上任都会重申自由教育的理念，在耶鲁历史上每一个重大变化的关头，都会挺身而出，坚定地捍卫自由教育。19世纪70年代，在哈佛大力推进选修课进而威胁到自由教育时，波特校长著文指出，学院的职责是培养最高的智力和成就，在学院中“两个原则不容质疑：高等教育的目标应该是智力培养而非知识获取，应该尊重长远的而非眼前的结果。”[24] 1941年，就在美国即将卷入第二次世界大战之时，西摩尔校长作年度报告时还不忘强调自由教育的重要性，他指出，必须保护自由科目，“否则的话将不会有助于我们打赢这场战争，因为我们会失去对于国家灵魂不可或缺的价值。”[25]战后格里斯沃尔德校长于1955年重申耶鲁加强和支持自由教育的决心，他把自由教育视作“高等教育之源”。在当代美国社会极度商业化，商业价值弥漫到校园，自由教育受到威胁之时，吉亚麦蒂校长适应时代的要求，重新界定自由教育，在1984年对毕业生讲话时指出，“自由教育不是一种不现实的教育，它是一种自我塑造的紧张的实际行动，这种自我塑造在你跨越若干探索领域、方法和价值，发展自己的潜力和体力时就发生了。自我塑造的目的不是找到一份工作，而是发展自己，以便在日后不管你做什么，都不从狭隘的或地方的角度出发。这种自我塑造的更大的目标是学会如何从自我走出来，实现自我，超越自我，走向他人，从而塑造一个国家，使自己的国人生活得更美好。”[26]现任校长刘文在展望耶鲁新的百年之时也极力推崇自由教育。他认为，“自由教育陶冶智力，扩大推理与同情和理解的能力。其目标不是传递任何特定的内容，而是发展某种头脑的品质：筛选和提取有用的信息；超越偏见与迷信；批判和独立的思考。就像最大的社会利益来自广泛好奇心驱动的科研而非有着特定商业目标的科研那样，我认为，最大的社会利益来自扩大学生推理和创造性思考能力的教学而非对特定知识的掌握。”[27]

耶鲁笃信教育重于教学，因为教育重在思想的形成和品格的养成，教育不仅发生在课堂，大学的文化熏陶对于培养领袖具有不可替代的作用。耶鲁作为一流的研究型、综合性的大学具有美国数一数二的图书馆，图书馆设计极具艺术价值，晨曦照耀着大理石的墙壁，给人类千百年文明的积淀洒满阳光。学校美术馆和博物馆收藏之丰无与伦比、美伦美焕。耶鲁的美术学院、戏剧学院、音乐学院和建筑学院在全美均属顶尖之列。这一切为学生提供了小学院所无法比拟的文化环境。但是在大学中学生往往缺乏归属感，学生之间以及学生和教授之间往往趋于疏离，学生疲于在教室之间奔波，而无法使优美的文化环境转化为不可替代的教育资源。耶鲁在20世纪30年代规模较快扩张时意识到这一问题，仿效英国牛津大学建立了住宿学院，将本科生住宿学院建在大学老校园的中心区，将历史最悠久、设计最精美的建筑用于住宿学院。每所学院环绕一块绿草茵茵的庭院而建，占据一个街区。现在已有12所住宿学院，每所学院由来自不同院系和不同专业的400至450名学生组成。每所学院有一位院长和舍监和若干位住院教授，负责指导学生的生活和学术活动。住宿学院为学生提供一个同伴社区，学生在其中居住、进餐、社交以及从事多种多样的学术和课外活动。学院有自己的饭厅、图书馆、讨论课教室和娱乐室。卧室在美国大学学生宿舍中可能属最华美之列，有三人间和单人间，每间都有壁炉和护墙板。有的校友认为他们在耶鲁期间围炉夜话和在餐厅的橡木餐桌边轻声漫语是他们在一生中所获得的最好教育。每所学院有自己的报纸、运动队、兴趣俱乐部、戏剧组、歌咏队和特殊班。住宿学院之间的体育竞赛是大学的大事，在竞赛中培养美国人引以为豪的竞争精神和团队精神。大学不设置体育必修课，但是80％以上的学生都参加各种体育运动和比赛。耶鲁是常春藤校盟名校中校队最多的学校。住宿学院1968年开始开设讨论课，其目的在于开发创新型课程。在每所住宿学院由学生和教师组成委员会，负责评审由学生、教师、校外个人、系和专业计划提出的开课建议，每年开出大约36门，其中许多是跨学科的，艺术方面的课程占很大的比例。住宿学院讨论课不仅吸引了耶鲁学院的教师，而且还吸引了各专业学院的教师以及大学以外的学者、作家、艺术家、政府官员和传媒方面的专家。这些讨论课促进了教师和学生之间的对话，培养了学生的兴趣，陶冶了学生的情操。耶鲁要求大学一和二年级生必须在住宿学院生活和学习，在三、四年级可由学生选择。但实际上，80％以上的学生仍然选择留在他们的住宿学院中。耶鲁的住宿学院成为自由教育的重要场所，耶鲁学生的精神家园，美国未来领袖的诞生地。

从以上所述我们不难看出，耶鲁大学在培养目标上，坚持高起点，高定位，培养领袖人才；在教育上，坚持自由教育，坚持教学优先，本科学院第一；在管理上，坚持教授治校，大学内部分权，校友参与；在制度建设上，坚持学术自治与学术自由；在发展战略上，坚持优质第一，规模控制，累进变革。总之，耶鲁大学文化品格的核心是保守。

（四）大学保守文化品格的合理性

耶鲁大学坚持其保守的文化传统，稳步发展成为世界一流大学。那么，其经验是否具有普遍意义，大学的保守是否具有合理性？这是我们今天建设世界一流大学所必须回答的问题。我想，答案应该是肯定的。

首先，大学与生俱来地具有保守性，也可以说保守性是大学的遗传特征。英国著名高等教育学家阿什比曾经深刻地说过，任何大学都是遗传和环境的产物。大学的重要使命就是储存、传递和创造人类文明。所谓储存和传递人类文明就是保守人类文明。大学的这一使命赋予了大学保守的文化品格。大学要创造新的人类文明就要为了真理而追求真理，追求真理本身就是目的，因此它天然地反对功利，与社会即时的、功利的需要保持一定的距离。大学还要负载价值，守望社会精神文明，给人类以终极关怀。在社会商业价值甚嚣尘上之时，大学万万不可忘记自己的历史使命。

其次，大学的力量在于稳定。在各种社会机构中，大学最稳定，它的力量源于自信，永远的镇定自若，自尊，自贵。大学像湍流中的流速仪一样任凭水流变化，我自巍然不动，静静地行使自己的职能，测度着人世沧桑的剧烈动荡与悄然变化。如若它随波逐流，就会倾覆于激流之中，因此它必须坚持理念，保持自己的文化品格。大学引领科学技术的发展，不断创新，但是任何新的发现只有在经过大浪淘沙后的沉淀，才能镶嵌到大学学科和专业的桂冠上。大学需要稳定的制度环境，只有在这样的环境之中，教师才能集中精力与时间，以平静的心态面对纷繁躁动的社会，潜心钻研学问。学生们才能在这样的制度环境所营造的学术圣殿中一心向学。

第三，大学是社会中最为民主的机构。大学的组织框架和决策程序都保证了教授治校和分权管理。教授从不把自己看作大学的雇员，教授是大学永久的工作人员，而校长则不是。教授岗位代表思想的成熟。大学的重大决策必须得到教授的一致支持，这就决定了大学的行动必然是深思熟虑之后的行动。大学的触觉是敏锐的，分析是深刻的，但行动往往是迟缓的。因此，其变革方式是渐进的和累积的。

从某种意义上说，有了大学的保守，才会使得大学创新型人才辈出，创新成果不穷。认识大学的保守文化，小心呵护它，才会按规律办学，才会对大学的变革抱以合理的期待。

（五）结语

当我们沉下白日躁动之心，秉烛夜读耶鲁大学的发展史时，我们就会被耶鲁清新的文化品位，深厚的文化积淀所打动：它几百年来不为躁动的社会变迁所动，始终如一地坚持自己的社会职责，如同人类社会漫漫路上的一盏明灯，星光闪烁，为世人所瞩目。它在静谧中发展，在稳定中前进，以其保守的文化品格营造出一所循序渐进的世界一流大学，创新型人才和重大科研新发现如清泉从中汩汩流出，永不干涸，永不浑浊。

在今天躁动的社会之风中，在高等教育激烈变革的环境中，耶鲁大学成功的经验，难道不令我们的大学深思吗？

参考文献：

[1] Brooks Mather Kelly. Yale: A History [M]. New Haven: Yale University Press,1974:431.

[2] The Yale Corporation. Charter and Legislation [M]. New Haven: Yale University Press, 1976:7.

[3][4][5][6] Brooks Mather Kelly. Yale: A History [M]. New Haven: Yale University Press, 1974:4,55,316,395.

[7][8][9][10][11]12]13][16][18][19][21] A. Bartlett Giamatti. A Free and Ordered Space: the Real World of the University [M]. New York: W. W. Norton & Company, 1988:126,36,39,41,42,425,169,431,125,271, 162.

[14][15][27] Richard C. Levin. The University as An Engine of Economic Growth [M]. Beijing: Tsinghua University, May.

[17] Clark Kerr. The Uses of the University [M]. Cambrige: Harvard

University Press, 1964:22.

[20][22][23][24][25][26] The Yale Daily News. The Insider's Guide to the Colleges [N]. 1981(82):489,162—163,164,240,399,299.

（本文发表于《比较教育研究》2003 年第 3 期。作者王英杰，时属单位为教育部人文社会科学重点研究基地北京师范大学比较教育研究中心、北京师范大学国际与比较教育研究所）

四、自由教育理念成就世界一流大学
——浅析耶鲁大学的自由教育理念

世界一流大学发展的历史经验表明,要成为一流大学,必须具有独特的办学特色和理念。在这方面,世界著名的耶鲁大学为我们树立了榜样。耶鲁大学在其长达300余年的发展历程中,始终恪守自由教育的办学理念,注重本科教育,强调学院生活,以培养各行各业的领导者和有思想的公民为目标,自由教育的办学理念成就了耶鲁大学世界一流大学的领先地位。

(一)自由教育的内涵、作用与目的

耶鲁大学前校长A·巴特利特·吉亚迈蒂曾对自由教育进行了界定,他认为:"自由教育的根本意义来自于'liberal'一词的词根'liber'——'自由',自由教育就是自由地探究思想,自由地表达思想,在探究真理的过程中将自己的思想与其他思想和精神进行联系的教育。自由教育的目的是培养深谋远虑、灵活运用知识、意志坚定、心胸开阔的人;培养对新事物反应敏锐、对使人类进化的传统价值负责的人。自由教育教会我们用理智的判断和仁慈来对待不同的事物和新事物。自由教育是为自由的教育,自由地主张自由的思想,并使所珍爱的思想保持常新的自由。"[1]他认为,自由教育与那些政治设计者们所标榜的自由和保守的思想是毫不相干的。自由教育既不是灌输特定的宗教规则和正统政治思想的教育,也不是为立即从事一项职业做准备的教育。耶鲁学院所开展的教育就是纽曼思想中的那种"自由"教育。就像纽曼所强调的,自由教育不是根据所学习的课程内容或主题而定义的。吉亚迈蒂认为,将自由教育与所谓的

文理课程或人文学科等同起来是一个错误的认识。对文理课程或人文学科的学习并不就是自由教育,除非一个人以纽曼所强调的不追求即时结果、独立于职业效用的精神学习这些课程。他认为,自由教育是根据头脑对于所探索和生产的知识的态度来界定的。当你因受到经验的启发进行思考而获得知识时,这种自由教育就发生了。在耶鲁学院,这种自由教育体现为物理学、法语、激光、文学、社会科学、人体和生命科学、艺术和人文科学等学科的教育。自由教育是建立在这样一种假定之上的:对知识本身的追求促进了人性的发展,思想的发展和思维力的提高扩展了人类生活的范围,增加了生活的乐趣,提升了生活的价值。

关于自由教育的作用,耶鲁前校长小贝诺·施密德特认为:“自由教育解放了人的个性,培养了人独立自主的精神,它同时也增强了人的集体主义精神,使人更乐意与他人合作,更易于与他人心息相通。”[2]他说:“我们用人文科学去教育人们渴求知识的感人价值在于我们坚信知识是工具,是力量,最重要的是它本身有价值”。[3]施密德特坚持自由教育要为社会服务,他认为名牌大学的学院教育不是为了求职,而是为了生活。

(二)《1828年耶鲁报告》——对自由教育的捍卫

耶鲁自成立以来就以自由教育为理念,以培养领袖为宗旨,到19世纪20年代学生所学的全部课程均为必修课,所设课程以古典课程为核心。但是,19世纪上半叶是美国产业革命的时代,社会的发展和急遽变革深深地震撼了校园,文理教育的传统观念受到了强烈的挑战。改革者希望在传统的文理教育中增加英语、现代外国语言和新科学等课程内容。

针对外界对传统文理课程的质疑,1827年9月,耶鲁董事会任命了一个由州长、校长和其他成员组成的委员会对古典课程和现代课程之间的争论进行专门研究。委员会建议对文理教育的目的进行更加广泛的探究,并于1828年发表了一份报告,这就是对美国高等教育产生了长远影响的《1828年耶鲁报告》。

《耶鲁报告》对自由教育的目的进行了明确界定,认为自由教育的目的是训练和武装(学生的)头脑,扩大头脑的能力和给头脑储存知识,并为古典课程适合于自由教育的目的进行辩护。以杰莱米·戴校长为首的委员会反对对课程进行削减,反对课程更加强调实用性,反对取消"死语言"的学习,反对耶鲁学院模仿欧洲大学的模式。戴校长认为,大学毕业才仅仅是一个人教育的开始而不是结束,大学教育仅仅是打下了一个基础。

《耶鲁报告》标志着一个真正的转折点。自 1828 年以后,耶鲁每一位新校长上任都会重申自由教育的理念,在耶鲁历史上每一个重大变化的关头,都会挺身而出,坚定地捍卫自由教育。19 世纪 70 年代,在哈佛大力推进选修课进而威胁到自由教育时,波特校长著文指出,学院的职责是培养最高的智力和成就,在学院中"两个原则不容质疑:高等教育的目标应该是智力培养而非知识获取,应该尊重长远利益而非眼前的结果"。[4]他反对学生自由选课,认为许多学生还不成熟,不能在学习上做出自己的选择。1941 年,就在美国即将卷入第二次世界大战之时,西摩尔校长在年度报告中还不忘强调自由教育的重要性,他指出,必须保护自由科目,"否则的话将不会有助于我们打赢这场战争,因为我们会失去对于国家灵魂不可或缺的价值"。[5]战后,格里斯沃尔德校长于 1955 年重申耶鲁加强和支持自由教育的决心,他把自由教育视作"高等教育之源"。他说:"如果将自由教育的目的用一句话来概括,那就是,自由教育能够最大限度地扩展个体进行自我教育,在他所从事的每件事中寻找和发现意义、真理和快乐的能力和要求。"[6]

在当代美国社会极度商业化,市场价值弥漫到校园,自由教育受到威胁之时,吉亚迈蒂校长适应时代的要求,重新界定自由教育,在 1984 年对毕业生讲话时指出:"自由教育不是一种不现实的教育,它是一种自我塑造的紧张的实际行动……这种自我塑造的更大目标是学会如何从自我中走出来,实现自我,超越自我,走向他人,从而塑造一个国家,使自己的国人生活得更美好。"[7]

(三) 自由教育理念的实现途径——注重本科教育、强调学院生活

本科生教学是耶鲁大学的中心工作,这也是耶鲁大学一贯坚持的传统。本科教育在耶鲁大学占有重要地位与其自由教育的理念密切相关,其核心是人文教育,通过培养学生的批判性和独立性思维的能力,为学生打下终身学习的

基础。

耶鲁大学的本科教育主要在耶鲁学院进行，该学院是耶鲁大学的核心。耶鲁尤其钟爱传统的古典课程，对选修制进行抵制。耶鲁大学能够追求自由文化的价值不仅是因为它长期反对功利的和科学的价值，而且还因为它一直把谢菲尔德科学学院作为一个“安全阀”。耶鲁学院认为，那些愿意学习有用的知识或科学知识的人可以到谢菲尔德科学学院学习。

耶鲁的教育理论是基于这样的理念：旧时代（中世纪）的课程是年轻人未来生活最好的基础。传统课程强调纪律和训练甚于知识的掌握。耶鲁学院的教学是建立在假设基础之上的，这种假设认为学院教育的更好部分是对良好行为习惯的培养：礼拜和虔诚的习惯；勤勉学习的习惯；良好的品行和行为习惯；举止端庄和富有男子汉气概的行为习惯等。[8]纪律是整个行为习惯养成的关键，班级中产生的凝聚力受到高度评价。耶鲁学院通过对传统课程进行干预，让想学其他实用知识的学生到谢菲尔德科学学院学习的方式使传统课程受到保护。

耶鲁学院的课程长期以来以古典课程为主，课程都是严格固定的，学生没有选择的余地，强调记忆和背诵，一切都由老师按统一的步调按部就班地进行。但是，现在耶鲁的课程已经发生了很大变化，课程由专业课和通选课组成，实行学分制。教师鼓励学生独立思考，在课堂上、作业和考试中表达自己的见解和观点。

分享式研讨会是耶鲁学院教学的基本组成部分。小型“习明纳”的目的是让学生在面对那些不同意其观点的教授和同学时阐明他们的观点并为自己辩护。这种形式迫使学生通过问题进行推理和批判思维，而不仅仅是重复老师告诉他的知识或自己阅读的知识。这些“习明纳”通常伴随深度研究和作业，要求学生进行独立研究并撰写论文。在本科生的许多讲授课中也有某种形式的讨论，参加这些讨论的人数相对较少，主要强调交流观点和发展分析技能而不是记忆和背诵。老师们还通过布置写作任务和考试的形式鼓励学生进行批判思维。学生现在从课程中获得的不仅仅是事实、数据和已经广泛接受的理论，而是一种思维方式——利用事实和数据来支持一种观点、通过批判分析用一种理论来推翻另一种理论的能力。

耶鲁的特色在于它坚持文理学院的教授定期教授本科生，希望通过本科教学，由精于教学的有名望的学者所树立的榜样创造一个有利于教学的环境，同时耶鲁本科生的优秀和认真又回报教师的努力进一步保证了本科教育。

耶鲁在20世纪30年代规模较快扩张时，仿效英国牛津大学建立了住宿学院。尽管这些学院在教育方面的作用并不重要，但在社会化和非正式教育方面这些学院还是非常成功的。住宿学院开始打破教师与学生之间古老的樊篱，耶鲁学院、谢菲尔德科学学院和工程学院的学生相互交流相处，消除了本科生之间传统的界线。学院代表队的成立激发了大批学生对各种体育运动的积极参与。学院报纸、兴趣俱乐部、特殊班级、唱歌和戏剧小组也相继产生。通过住宿学院耶鲁重新恢复了古老的小学院的密切关系，同时维持了学校的大规模。

耶鲁现有12所住宿学院，每所学院由来自不同院系和不同专业的400至450名学生组成。每所学院有一位院长、舍监和若干位住院教授，负责指导学生的生活和学术活动。由于每个住宿学院包括不同背景和兴趣的本科生，所以它使耶鲁避免了其他许多学校出现的社会分裂现象。住宿学院为学生提供一个同伴社区，学生在其中居住、进餐、社交以及从事多种多样的学术和课外活动。学院有自己的饭厅、图书馆、讨论课教室和娱乐室。每所学院有自己的报纸、运动队、兴趣俱乐部、戏剧组、歌咏队和特殊班。住宿学院之间的体育竞赛是大学的大事，在竞赛中培养美国人引以为豪的竞争精神和团队精神。住宿学院1968年开始开设讨论课，这些讨论课促进了教师和学生之间的对话，培养了学生的兴趣，陶冶了学生的情操。耶鲁大学要求大学一、二年级学生必须在住宿学院生活和学习，在三、四年级可由学生选择。但实际上，80%以上的学生仍然选择留在他们的住宿学院中。耶鲁的住宿学院成为自由教育的重要场所，耶鲁学生的精神家园，美国未来领袖的诞生地。[9]

（四）自由教育的培养目标——领导者

在21世纪即将到来之际，耶鲁大学现任校长理查德·C·列文在面向全校发表的题为“为耶鲁的第四个世纪而准备”的演说中指出了耶鲁与其他研究型大学不一样的两条公认理念：一是保证本科教育，二是注重培养领导者。

耶鲁大学1701年的《宪章》指出，学院的任务是教育年轻人，使其“适应教堂和国内各州的公共工作”。从一开始，耶鲁就在探索培养那些具有领导者潜力的人。美国最近的五位总统中有三位拥有耶鲁的学位;耶鲁培养的美国主要公司领导比其它任何大学都多;从科勒·波尔特到马雅·林,几乎没有哪所学校在培养著名艺术家、戏剧家和音乐家方面能与耶鲁相比;耶鲁的校友曾担任过普林斯顿大学、哥伦比亚大学、威廉姆斯大学、康奈尔大学、约翰·霍普金斯大学、芝加哥大学、佐治亚大学、密苏里大学、威斯康星大学和加州大学的第一任校长;耶鲁在法律、医学、自然科学和宗教方面的业绩也并不逊于在政治、商业、艺术和教育方面的业绩。

耶鲁大学培养领导者的教育目标与其始终坚持的自由教育的理念是一脉相承的。要成为具有影响力的领导者,必须具有远见卓识、冷静稳重的性格、丰富的判断力和理解力、开阔的心胸以及独立而批判的思维能力。而耶鲁大学的自由教育正是要培养具有以上性格品质的人才。不管外界发生什么变革,耶鲁大学的办学者们一直坚持自己的价值观:传承和发展知识,保护自由探究和言论自由,培养领导者和有思想的公民,开发人类的潜能,为周围的世界提供实现人类进步的机会。在培养领导者和有思想的公民的过程中,耶鲁大学本身也逐渐成为美国和世界高等教育的领导者,形成了领导者的非凡气度,她沉着稳重、卓尔不群、目标高远,其重价值轻应用、视学术自由为其生命的性格和品质都是值得我们学习和借鉴的榜样。

在全球化浪潮蜂拥而来、高等教育面向社会开放办学的今天,耶鲁大学的自由教育理念显得既保守而特立独行,又难能可贵。在其300多年的发展历程中,虽然外界环境发生了天翻地覆的变革,耶鲁大学却始终如一、毫不动摇地坚守自己的办学理念,而不为外界的诱惑所动,这种执著的精神值得我们好好思考。当前,我国掀起了一股建设一流大学的热潮,但现实和理想毕竟还有很长的距离,一流大学不是短时间可以企及的,其中办学理念的确立和培育显得极为重要。在充满喧嚣和浮躁的大环境中,作为"社会心灵的守望者"和时代引领者的现代大学尤其应保持审慎而冷静的头脑,对自己的办学理念、办学目的和发展战略进行客观、合理地定位,而不能盲目从众,丧失个性,迷失自我。

参考文献:

[1] A. Bartlett Giamatti. A Free and Ordered Space: the Real World of the

University [M]. New York: W. W. Norton & Company, 1988:109—110.

[2][3] 陈宏薇. 耶鲁大学[M]. 长沙:湖南教育出版社,1990:3,8.

[4][6][8] Brooks Mather Kelley. Yale: A History[M]. New Haven: Yale University Press: 240,424,264.

[5][7][9] 王英杰. 论大学的保守性——美国耶鲁大学的文化品格[J]. 比较教育研究,2003(3):6,7.

(本文发表于《比较教育研究》2006 年第 5 期。作者张旺,时属单位为暨南大学教育经济与管理研究所、华南师范大学教育学博士后流动站)

五、大学的创新与保守
——哈佛大学创建世界一流大学之路

在美国有这样一个说法:“先有哈佛,后有美国。”哈佛大学的历史比美国作为一个独立国家的历史还要长一个半世纪。在其360多年的历史中,哈佛大学共培养出7位美国总统;在国会议员、政府部长以及大公司财团的总裁中,大约有1/10是哈佛的校友。在学术界,哈佛大学是美国生产诺贝尔奖获得者最多的大学。哈佛共有40名教师获得诺贝尔奖(截止到2003年),38名毕业生获得诺贝尔奖(截止到1998年)。哈佛大学不仅执美国大学之牛耳,而且是世界上最负盛名的大学之一,其影响力已超越美国国界,成为对其他国家特别是发展中国家大学影响最大的大学之一。当我们探索哈佛大学从一所只有9名学生的小小学院发展成为世界一流大学的奥秘时,我们发现哈佛大学走了一条不断创新的道路。

(一) 创新与哈佛大学的成长历程

哈佛大学成立于1636年,在起初成立时因设校于纽敦(Newetowne)而得名纽敦学院(Newetowne College),1638年 因学院所在地更名为剑桥(Cambridge)而得名剑桥学院(Cambridge College), 1639年为纪念约翰·哈佛的慷慨捐赠而易名为哈佛学院,1780年更名为哈佛大学。哈佛学院的成立是英国人热心教育的体现,更是清教徒传播宗教教义需要的产物。对此,哈佛大学史研究专家莫瑞森(Samual Eliot Morison)指出:殖民地时期,哈佛学院成立的原因有两个:一是为了增进学问以利子孙后代;二是担心从英国迁移来的牧师谢世后会给教会留下一批不学无术的牧师。[1]在建校初期，哈佛的创新主要有以下几个方面：首先，冲破英国只有大学才能授予学位的传统，果敢地授予毕业生学位。其次，哈佛学院公立和私立性质并不清晰。英国的大学皆由王室颁发特许状设立，而哈佛学院是麻萨诸塞议会通过决议并由地方政府首批拨款成立的，在很长时期内政府拨款是哈佛的主要经费来源，然而根据其特许状规定的权力，学院又明显带有私人社团性质，控制权也始终掌握在公理会手中。直到19世纪初"达特茅斯学院诉讼案"尘埃落定之后，哈佛大学的私立性质才明晰起来。第三，在管理上采取与英国大学迥然不同的管理模式。哈佛学院在管理模式上并没有因袭英国大学的做法，而是设立由校外人士组成的校监委员会(Board of Overseers)，全权管理学校事务。为了便于管理，1650年的特许状又规定成立董事会(Corporation)，董事会由校内人士组成，负责学校日常管理工作，这样便形成了独特的由校外人士和校内人士共同管理学校的"双院制"管理模式。哈佛学院在初期的创新，对美国高等教育的发展产生了深远的影响，为美国高等教育日后打破欧洲传统教条和框框的束缚，按照美国自身的特点和实际发展需要进行改革开了先河。美国史学家布尔斯廷在评价哈佛学院颁发学位的影响时说："假如英国那种在正当地获得法人权力并可颁授学位的垄断机构(即所谓"大学")与其他各类学校之间所作的明确区别成功地移植于此，假如为所有美洲殖民地建立单一的皇家大学，假如颁授学位的权力在所有殖民地遭到明确禁止，那么美国高等教育的历史——甚或美国文化中许多其他事物的历史——也许将迥然不同。"[2]

18世纪末19世纪初美国科学技术的飞速发展和工业革命的兴起，给哈佛大学很大的冲击。虽经激烈争论，但哈佛还是选择了后者。1819年，蒂克纳(G. Ticknor)从德国哥廷根大学学成回国，开始按照德国大学模式推动哈佛的改革。蒂克纳在哈佛的改革主要包括以下几个措施：首先，打破传统的"固定课程"，允许高年级学生选修一定数量的科目；其次，以系为单位重组学院，允许学生按照自己的能力和兴趣安排学习进程，允许学生和教授相互选择；第三，摒弃纯粹背诵式的教学方法，倡导研讨式的教学方法，启发学生加入探讨学问的行列，培养学生的学术兴趣；第四，实行住校研究生(resident graduates)计划，为哈佛大学和其他大学的毕业生提供进一步研究学术的机会。蒂克纳的改革计划虽然没有完全实现，但还是使哈佛大学迈出了从传统学院向现代大学的第一步。当代著名教育家克拉克·科尔（C. Kerr）在《大学的功用》中曾给予蒂克纳以高度的评价："现代美国大学发展的实际界线起始于1825年哈佛大学的乔治·蒂克纳教授。"[3]1847年，就在英国大学就古典教育和科学教育争论正酣之时，哈佛大学在北美率先设立了劳伦斯理学院，以发展科学技术，培养科学技术人才为己任。在哈佛的影响下，耶鲁大学、达特茅斯学院、密执根大学、威斯康星大学等相继设立理学和工程学科，开展科学教育。

如果说建校初期的创新使哈佛作为一所学院得以在北美生根发芽，18和19世纪上半叶的创新使哈佛从一所地区性学院成长为地区性的现代大学的话，那么19世纪后期和20世纪初艾略特（Charles W. Eliot）的创新则使哈佛从地区性大学走上了全国性研究型大学之路。1869年10月艾略特出任校长后，便开始对哈佛大学进行一系列的改革。首先，改造专业学院提高专业教育质量。艾略特以法学院为突破口，对法学院、医学院、神学院进行整顿，新建商学院、牙医学院、文理学院，改革教学方法，严格评价制度，将专业学院教育提高到研究生教育层次。其次，创办研究生院，发展研究生教育。1872年，哈佛设立研究生院，但最初并不像德国大学那样把研究生教育与本科生教育隔离开来，而是将研究生院与本科生院交叠在一起，研究生课程也向本科生开放。第三，确立科研职能，加强学术研究。艾略特认为大学不仅具有传授和储存知识的职能，而且具有创造知识和追求真理的职能。他提倡学术研究自由，主张教师承担起教学和科研双重职责。从此，学术自由成为哈佛大学的新传统，科学研究成为哈佛大学的新职能。第四，改革课程体系，建立选修制度。艾略特出任校长后，全面实行选修制，并借助选修制把科学课程、专业课程引人大学课程，哈佛大学开始突破古典教育的传统，形成普通教育与专业教育相结合的课程体系。经过40年的不断改革，艾略特使哈佛大学成为美国最早的研究型大学之一，并为哈佛日后跻身世界一流大学奠定了坚实的基础。

面对耶鲁、芝加哥、霍普金斯等大学的竞争，艾略特之后的哈佛大学校长普遍都把改革的重心放在提高学校的学术水平和人才培养质量之上，首先，制定以学术标准为基础的严格的教师聘任和升迁制度。1933年出任哈佛大学校长的科南特（James Bryant Conant）指出："大学者，大师荟萃之地也。如果一所大学聘任的终身教授是世界上最优秀的,那么这所大学必定是最优秀的大学。"[4]他把学术创造力和学术造诣作为遴选教师最主要的标准,并以学术标准为基础,在教师的聘任和升迁上制定了"非升即走"(up or out)的原则,从而确保了哈佛大学的教授都是杰出的学者,都是本学科的学术带头人,从而保证了哈佛大学在美国乃至世界大学中的领先地位。其次,把科研和研究生教育置于大学的中心地位。科南特指出"必须促进知识并使其代代相传……知识一旦停滞,就会退化并丧失其生命力,对今天和未来的作用也就做乎其微……热衷于学术冒险应该是新大学的特点。我们的教师必须一如既往地在各个方向上扩展知识的疆界。"[5]科南特鼓励教师积极从事科学研究,同时加强研究生教育,不但使原来的专业研究生院得到迅速发展,而且新建公共行政管理和公共卫生两个研究生院,建立博士后中心,使哈佛大学的科学研究和高层次人才培养处于世界顶尖水平。第三,制定普通教育计划,强化普通教育。为了提高人才培养的质量,培养情感和智力全面发展的人才,哈佛大学于 1945 年发表了题为《自由社会中的普通教育》的报告,要求本科生在学习本专业的课程之外必须学习 6 门普通教育课程,以达到普通教育与专业教育的平衡。1979 年,在文理学院院长罗索夫斯基(Henry Rosovsky)的领导下,哈佛大学开始实施"核心课程",要求学生在规定的 6 大类、10 个领域的核心课程中,必须从其中 8 个领域中各选修 1 门课程方可毕业。经过几任校长的不懈努力,哈佛大学逐渐成为一所世界一流的著名学府。

(二) 创新与哈佛大学的办学理念

艾略特曾经说过:"一所大学出现停滞现象是非常可怕的,如果一个良好的过去使我们满足于现状而不思进取,那将尤为可怕。"[6]哈佛大学 360 多年的发展史,就是一部锐意改革、不断进取和创新的历史。

1. 求是崇真的办学宗旨

由哈佛学院时代沿用至今的哈佛大学校徽上面,用拉丁文写着 VERITAS 字样,译为汉语意即"真理"。哈佛大学校训的原文也是用拉丁文写的,译作汉语即"以柏拉图为友,以亚里士多德为友,更要以真理为友。"哈佛大学的校徽和校训,都昭示着该校以求是崇真为办学宗旨。

哈佛学院 1650 年的特许状规定，学院的宗旨是“促进所有有益的文学、艺术和科学的发展，借助所有有益的文学、艺术和科学发展、教育青年人，并为教育本国的青年人提供所有其他必要的东西。”[7]在随后的 360 多年间，哈佛大学虽历经变革，但一直固守着寻求真理的办学宗旨，只是在不同的时期表述及侧重点不同而已。1869～1909 年出任哈佛大学校长艾略特指出：“大学是教师的集合体，是知识的仓库，是真理的寻求者。”[8]哈佛大学第 24 任校长科南特指出：“当建立哈佛学院的清教徒们在校徽上写下‘真理’二字的时候，在他们心目中有两条道路可以通往真理：一是在人类理性的帮助下得到宗教启示，一是增进知识和学问。”[9]因此，“如果我们试图用一句话来概括高等教育的目标的话，那么最好的概括就是寻求真理。”[10]他认为“今天大学的主要任务是寻求真理，这也一直是大学的主要任务；直接运用知识只是大学的次要任务。”[11]1970 年出任哈佛大学校长的德里克·博克(Derek Bok)说：“大学是为达到特定的目的而设的机构，它们的使命在于发现和传播知识。”[12]他同时告诫人们大学与其他社会机构的区别。他说：“大学不是营业性公司，不是国家安全的工具，不是急于在世界上用强力推行自己的社会公正观点的军事机关。许多组织可以提供咨询服务或帮助解决社会问题，或开发新的产品，或推行军事目的，但只有大学或类似的学术机构能够发现为提出创造性解决办法作基础的知识，只有大学能够教育出永远作出批判性决定的人。许多人可以成为企业家、律师或有影响的顾问，但是只有具有安全和自由保证的学者才能去探求科学真理。”[13]哈佛大学第 27 任校长陆登庭(Neil L. Rudenstine)把哈佛大学看作一个“不同寻常的社区”，该社区“把众多卓越非凡的天才聚集在一起去追求他们的最高理想，使他们从已知世界出发去探究和发现世界及自身未知的东西。对于个人和社会而言，没有比此更有价值的追求。”[14]

2. *以教学和科研为中心的多种职能*

在建校初期，哈佛学院基本上是英国大学的翻版，大学的惟一职能是培养人才，最初是培养牧师，后来也为政府部门培养官员。19 世纪后期，为了把哈佛大学办成德国大学那样的研究型大学，艾略特把科研纳入哈佛大学的职能范围。艾略特认为：“大学有三个主要的直接职能。首先是教学；其次是以书籍等形式大量汇集已获得的系统知识；第三是研究，或换句话说就是把目前的知识疆界向前推进一步,年复一年、日复一日地掌握一些新的真理。”[15]艾略特的继任者劳威尔(Abbott Lawrence Lowell)也坚持大学具有教学和科研两个职能,并且认为二者具有同等重要的意义。针对艾略特过分重视科研的倾向,劳威尔指出:“一所伟大的大学的作用绝不会由于教学而受损。大学具有两个职能,二者都是不可或缺的,不能说一个比另一个更重要。一个是储存和传递已获得的知识,另一个是增加知识……应不存在任何困难把保存旧的和好的真理与全力寻求新的真理结合起来。”[16]科南特校长希望把哈佛大学办成研究型大学中的佼佼者,特别重视大学的学术水准和科学研究,并指出教学与科研是不容割裂的。[17]他指出:“我希望永远不要把我们的教师分为专门从事教学和专门从事创造性研究的两组人,不要将教学和科研割裂。”20世纪后期,德里克·博克面对大学职能的泛化倾向,坚守教学和科研或传播知识、发现知识是大学的职能。[18]他说:“大学为实现特定的目的而设,它们的特定使命就是发现和传播知识。在行使这些职能时,它们可能会得到社会许多方面的支持,它们的成员可能会与公立、私立组织建立各种关系,它们的教授可能会通过教学和科研而影响社会的许多领域。然而,与政党、环保组织、民权团体等其他组织不同,大学的目标不是以某些特定的方式改造社会。大学既没有被授权也没有能力去管理外交政策,制定社会和经济优先发展的目标,提高社会行为的标准,或者行使除了研讨学问和发现以外的其他社会职能。”博克承认大学应该为社会服务,但又认为大学为社会所能做的最大贡献就在于教学和科研。他说:“大学的职责是为养育自己的社会所服务,问题是如何才能为社会做出最大的贡献,以及所需的条件是什么。校外集团经常错误地认为,既然大学成功地进行了教学和研究工作,那么它也一定可以操纵政治机构,或者解决社会问题……在这种情况下,问题已不在于人们寻求大学的帮助以解决社会问题,而在于人们要求大学所做的与大学的性质相矛盾,从而对大学基本功能构成了威胁。”[19]

我们常说美国大学具有教学、科研、服务三大职能,但是,教学和科研是哈佛大学的核心职能,服务虽然重要,但尚无法与教学、科研相提并论。

3. 自由教育的传统

初期的哈佛并没有像中世纪大学那样设科或学院,而是所有的学生学习同样的课程,其培养模式具有浓厚的古典自由教育色彩,它培养的是上层社会的

“绅士”和通才。

18世纪末19世纪初，哈佛才出现了真正的专业教育，在人才培养目标上开始重视工农业生产的需要。艾略特指出，传统的哈佛以培养“品格和虔诚”为中心，培养出来的是现实生活的旁观者和批评家而不是实干家，已经不能适应时代的要求。他明确指出：“我们要培养实干家(doer)和能做出成就的人(achiever)，他们成功的事业生涯可以大大增进公共福祉。我们不要培养世界的旁观者、生活的观众或对他人的劳动十分挑剔的批评家。”[20]正是为了实现哈佛人才培养目标上的转变，艾略特通过选课制把科学教育引入哈佛大学。

在大学应该培养什么样的人才这个问题上，艾略特的继任者劳威尔主张重建自由教育和培养全面发展的人。他认为“自由教育的精髓在于使学生具有正确的态度，熟知思考的方法，具有应用信息的能力，而不是记住一些事实，不管这些事实多么有价值在当今复杂的世界中，自由教育的最佳目标是，培养知之甚广而在某一方面又知之甚深的人。”[21]他进一步指出：“学院应该培养智力上全面发展的人，有广泛同情心和判断能力的人，而非瘸腿的专家。”[22]

科南特也认为：“我们生活在一个专业化的时代，学生成功与否往往取决于他对某个专门职业的选择，无论是化学家、医生、工程师，还是某个手工或技术性行业的专家……专业化是推动我们变换社会结构的方式”，“我们无法拒绝专业化”，但又不能一味地强调专业化，因为一个完全由专家统治的社会并不是一个有条不紊的社会。因此，大学应该把“个人培养成既是某一特殊职业艺术的专家，又是自由人、公民的普通艺术的专家。”[23]在科南特看来，大学应该培养负责任的人和公民，培养情感和智力全面发展的人，培养集自由的人与专家于一身的人。

劳威尔和科南特都要求哈佛大学培养全面发展的人，而科南特的继任者普西(Nathan M. Pusey)则提出哈佛大学要培养有教养的人(educated man and women of character)。他说：“哈佛最希望为国家和世界培养的是有教养的人。哈佛希望一如既往地培养一代又一代有思想的人，使他们可以通过自己的信仰和行动继续更新和加强世界生活的优良品质；培养有知识和信念的人，他们乐于向他人学习，诚实地评价自己的文化，认识到文化的优点和缺点，并且能够独立地、公正地看待这些优缺点；他们不是抱怨，不理智地批评，或者傲慢、冷漠地改变方向，而是坚定不移地从自己做起，投入到工作中，去改良文化，将文化的精华而不是糟粕展现给别人。”[24] 自普西校长以后，哈佛大学就致力于培养有教养的人，虽然人才培养的具体要求有所变化，但培养有教养的人的目标一直坚持至今。

无论是培养绅士，还是培养全面发展的人、有教养的人，哈佛大学所要培养的都是自由发展的人。艾略特要求培养实干家和能做出成就的人，则实现了古典自由教育向现代自由教育的转变。360 多年来，哈佛大学一直固守着自由教育的理念。

（三）创新与哈佛大学社会环境的变迁

英国教育家阿什比曾经说过：大学是遗传和环境的产物。在 360 多年的发展史上，哈佛大学在固守自己的大学理念的同时不断创新，正是为了适应不断变迁的社会环境的需要。

哈佛大学最初是按照英国大学的模式建立起来的。哈佛大学史研究专家伯纳德·贝林(Bernard Bailyn)指出：“哈佛的创建者都是教育上的保守派，他们并不想创造新的教育形式，然而事实上他们却创造了新的教育形式。他们即兴创造的模式被证明是永恒的，为美国高等学校树立了一个榜样。”[25] 初创时期的哈佛形同伊曼纽尔学院的翻版，学院更名为剑桥学院，更体现了其遵循英国传统的愿望。然而，新大陆毕竟不同于旧大陆，此剑桥也非彼剑桥。北美殖民地的环境与其宗主国迥然相异，使得清教徒们不得不根据环境的实际特点而有所创新。哈佛学院在管理上采用与英国大学迥异的由校外人士管理学校的形式，主要是由北美殖民地与英国的客观环境的巨大差异造成的。在英国，大学是围绕着杰出的学者产生的，大学是学者的社团，大学在产生后拥有很大的自治权，实际上就是学者控制着学校。而在 17 世纪的北美殖民地根本没有形成学者的社团，创建初期的哈佛学院不但教师人数很少，而且他们一般都是临时聘用的教士，因而往往既无兴趣也无志于参与学院的管理与决策过程。哈佛学院是麻萨诸塞议会设立的，不具备维持自治或独立的财政基础，必须求助于其他社会力量的支持。在这种情况下，学校的管理权就不可避免地落入校外人士的手中。由于校监委员会不能具体管理学校事务，1650 年成立董事会处理学校日常事务。董事会由校长、司库和五位教职员组成，拥有人事、财务、教育政策等权限，但是特许状又赋予校监委员会认可或者否决董事会的决定等权力，校监委员会和董事会互相监督、互相制约，共同管理学校。哈佛学院打破英国大学颁发学位的传统则是出于实际需要和清教徒的叛逆精神。在北美，哈佛之前没有高等学校，没有颁发学位的机构，而哈佛学院是由麻萨诸塞殖民地议会颁发特许状设立的，而根本未得到英王室颁发的特许状，因而无法取得合法的学位授予权。哈佛一直在谋求英王室的特许状但没有成功，在无法通过合法途径获得颁发学位的权力情况下，在通过英国本土的牛津大学和剑桥大学授予学位又不现实的情况下，不甘在旧大陆受压制而移民北美的清教徒才一方面为谋求合法的学位授予权而努力，另一方面自己擅自授予学位。即使如此，哈佛学院授予学士学位和硕士学位的标准、典礼仪式都因袭牛津大学和剑桥大学的做法。在学生生活方面，哈佛学院的缔造者希冀按照英国大学的标准安排学生的生活，实际上几乎完全照搬了英国大学的做法。寄宿制和导师制是牛津大学和剑桥大学的两个相互联系的重要特征。尽管哈佛学院采用了寄宿制，但由于哈佛学院最初没有足够数量的教师，因而没有确立英国式的导师制。

哈佛大学的第二个改革高峰是在19世纪后期，在经过两个多世纪的平稳发展之后，哈佛大学所处的政治、经济、科学、文化环境发生了巨大的变化。在政治上，经过独立战争和南北战争的洗礼，美国不但独立建国，摆脱了宗主国英国的控制和束缚，而且走上民主、平等、自由的发展道路。在经济上，南北战争为美国资本主义工农业的进一步发展扫清了道路，经济发展蒸蒸日上，正在迅速从一个农业国家向工业国家发展。在科学上，科学革命已结出累累硕果，科学技术被广泛应用于工农业生产和日常生活当中，在社会发展中的作用日益凸显出来。在文化上，实用主义哲学从萌芽走向体系化，成为主导美国人思想的一个哲学思潮，一种新型的美利坚文化已经逐渐形成。在这种情况下，带有明显欧洲特别是英国传统和文化烙印的哈佛大学，已经难以适应时代的要求，根据美国社会和文化的现实基础重建哈佛大学，已经势在必行了。重任正好落在年轻的校长艾略特身上。艾略特在上任伊始，就宣布了他重建哈佛大学的宏伟目标："我们要在这里稳步建立一所最伟大的大学。"在如何建设这样一所大学方面，他指出："大学并非空中楼阁，而是在先辈们的生活和文化背景下建立起来的。如果整个大厦需要重建,它必须从根基开始。”[26]“在任何国家,大学都是锐敏反映本国历史和特性的一面可靠的镜子”,因此,“当美国新型大学降临时,它将不是一个外国大学的摹本,而是植根于美国社会和政治传统而逐渐地和自然地结成的硕果。它将是美国所有优良教育阶层的高尚目的和崇高理想的表现。它是富有开拓精神的,因而是举世无双的。”[27]很显然,艾略特想要把哈佛大学建成一所既不同于英国大学又不同于德国大学的美国式的大学。但是,通过对他在哈佛所实施的改革措施的研究可以发现,艾略特并没有完全摒弃欧洲大学的先进经验而闭关自守,他特别推崇德国大学重视科研和学术的新模式,主张超越原来的英国大学模式,把英国大学的传统和德国大学的经验美国化,创造出一种美国大学模式。在这种模式中,英国的学院式教育得到保留,而德国大学的科学研究和研究生教育也融入其中。

在艾略特之后,哈佛大学为了适应社会发展的需要而在结构上不断调整,设立本科生院(哈佛学院),增加专业研究生院,形成了包括 1 个本科生院(哈佛学院)和 10 个研究生院(文理学院、医学院、法学院、神学院、牙医学院、商学院、教育学院、设计学院、公共卫生学院和肯尼迪行政管理学院)的规模庞大的学术帝国。不仅研究生教育规模迅速的扩大,注册研究生与本科生的比例接近 2∶1,而且研究生教育质量大大提高,在 2002 年全美五大类最佳研究生院排行榜中,哈佛大学夺得两个第一名(教育学院和医学院)、一个第二名(商学院)、一个第三(法学院)。哈佛大学由于没有设工程学院而无法参与工程学院的评比。另一个大发展是在科研方面,艾略特之后的每一位校长都非常重视科学研究,哈佛大学是战后美国政府依靠少数研究型大学进行科学研究的政策的主要受益者之一,是美国重要的基础研究基地。2001 年 7 月至 2002 年 6 月,哈佛大学的年科研经费达 5.25 亿美元,科研经费占学校经费支出的 23%,其中从联邦政府获得的科研经费达 4 亿多美元,从政府以外所获得的科研经费也达 1 亿多美元。

哈佛大学的改革与创新不但是与它所面临的社会环境相适应的,而且也是随着社会发展的需要而不断调整的。例如,课程建设是人才培养的核心,也是哈佛大学在人才培养方面改革与创新的重心之一。1642 年,邓斯特(Henry Dunster)校长为哈佛确立了以古典人文学科为主的课程体系,特别强调逻辑、修辞学、希腊语、伦理学、形而上学等课程的学习。18 世纪中期,随着社会发展对专业化人才的需要，哈佛设立神学、医学、法学讲座(后来发展成专业学院)，开始实施专业教育。19世纪后期，为了培养实干家，艾略特在哈佛全面推行选课制，将科学教育引人哈佛大学本科生课程体系。自由选课制在很大程度上满足了各种学生对课程的不同要求，从而为学生的个性发展提供了较充分的条件，同时也满足了社会对实用性知识和技能的要求。但是，自由选课制却导致课程缺乏系统性和过分的专门化。劳威尔早在1909年就任哈佛校长后，便提出要培养全面发展的人，并对艾略特的选课制进行改造，推行“集中与分配制”，使必修与选修、普通教育与专业教育之间达到某种平衡。科南特出任校长后，在1945年组建一个主要由人文学科专家组成的委员会，开始对哈佛大学的本科生课程体系进行改革。该委员会在报告《自由社会中的普通教育》中，要求加强普通教育以培养民主社会中负责任的人和公民。这次改革要求每一位学生必修“经典名著”“西方思想和组织机构”以及任何一门物理学或生物学方面的课程，同时要求学生必须在人文学科、自然科学和社会科学三个领域各选一门全年的课程。1979年，为了培养有教养的人，哈佛大学开始实施核心课程计划，从而形成了由核心课程、专业课和选修课组成的课程体系。所谓的核心课程，实际上是对科南特普通教育计划的种发展。

(四) 创新与保守:哈佛大学的双刃剑

在哈佛大学的发展中，创新与保守携手并进，保守使哈佛大学的创新趋于稳妥，使哈佛大学善于保持优良的传统，善于吸收别人的经验，与创新共同保障哈佛大学的发展。

哈佛大学锐意改革、勇于创新，但创新并不等于激进、冒进，相反思想与制度上的创新往往与行动上的保守或者稳妥相结合，其每一项创新举措都是精心研究和实验的结晶。例如，科南特为了推进他的普通教育计划，于1943年成立一个由文理学院和教育学院的13名专家教授组成的专门委员会，致力于研究“自由社会中普通教育的目标”。经过2年的调查研究，该委员会发表了题为《自由社会中的普通教育》的报告书，揭开了普通教育改革的序幕。哈佛大学并没有立即推开普通教育改革，而是经过5年的尝试，在1951年才正式推行普通教育计划。博克时期的核心课程改革也经历了类似的历程。鉴于本科生教育存在的质量问题，博克决心重建哈佛大学的本科生课程体系。1973年，博克任命罗索夫斯基为文理学院院长，并责成他调查本科生课程设置情况，提出课程改革计划。在罗索夫斯基的领导下，哈佛大学成立了专门的课程改革委员会，经过一年多的调查研究，该委员会公开发表了《致本科生教育全体教师的封信》，列举哈佛大学本科生教育存在的种种问题，并就如何矫正这些弊端征求广大教师的意见。随后，罗索夫斯基组织了7个工作小组，分别负责本科生教育改革中7个方面的问题：学生构成状况；大学的生活；文理学院的指导和顾问工作；教学的改进；人力、物力和财力状况；主修课程；共同基础课程。其中，研究共同基础课程的小组由11名教师和2名学生组成。又经过2年的调查研究，该小组于1976年提出了一项改革方案，即在专业课和选修课之外建立一套共同的基础课程——“核心课程”体系。经过反复的修订，罗索夫斯基于1978年正式推出核心课程计划，经过文理学院教授的讨论与表决，决定用核心课程计划取代普通教育计划，1979年付诸实施。经过3年的实验和总结，哈佛大学于1982年才全面推行核心课程计划。从成立课程改革的委员会到核心课程的全面实施，哈佛大学整整花了10年的时间，而且在20多年的实施过程中，哈佛大学又根据情况的发展变化，多次调整核心课程的具体要求。

创新是哈佛大学的基本个性品质，但是哈佛大学的创新是要与时俱进，而决不是朝令夕改，为了创新而创新。对于被历史证明是正确的东西，不管历史多久，都不会轻易改变。例如，19世纪末哈佛大学法学院开始用“苏格拉底教学法”取代传统的演讲式教学方法，通过教师与学生之间、学生与学生之间的问答辩论，培养学生的分析、归纳和应用能力。哈佛大学商学院闻名遐尔的“案例教学法”始于20世纪20年代，教师在上课时给学生提出一定的个案，由学生分析个案中存在的问题，提出解决问题的措施和方法。这些教学方法被实践证明是有效的，因而仍然是法学院和商学院主要的教学方法。更具特色的是哈佛大学的校长遴选制度。在哈佛大学，选择校长有一个不成文的规定，就是未来的校长必须是哈佛大学出身，就是哈佛大学本科生院的毕业生，哈佛大学研究生院毕业都不行。1971年哈佛大学法学院博士毕业的博克出任哈佛大学校长，成为哈佛历史上除首任校长邓斯特外的第一位没有读过哈佛本科的哈佛校长，因而备受争议，人们往往把他视作斯坦福人（博克在斯坦福大学本科毕业）而不是哈佛人，弄得校监委员会不得不专门授予他一个荣誉学士学位，使其成为一个“真正”的哈佛人。也许由于博克这个不是很纯正的哈佛人干得不错，人们在选择陆登庭（普林斯顿本科毕业、哈佛大学英国语言学哲学博士）和萨默斯（麻省理工学院本科毕业、哈佛大学博士）担任哈佛大学的校长时才没有太多的反对意见。哈佛大学之所以坚持让哈佛人担任哈佛校长，是因为他们认为只有哈佛毕业的人才能真正领会哈佛的办学理念和文化，因而才能带领哈佛大学保持在世界大学中的领袖地位。

（五）结语

在美国的一流大学中，哈佛大学以创新、引领大学发展潮流而闻名，而耶鲁大学则以保守、吸收借鉴他人经验而著称。在大学的保守与创新的矛盾中，耶鲁选择的是保守，在保守中求创新。而哈佛则不然，作为美国历史最悠久和在美国大学史上一直处于领袖地位的大学，哈佛有一种强烈的使命感和舍我其谁的领袖气质，在大学的保守与创新的矛盾中选择的是创新，在创新中求稳定。如果说耶鲁的发展道路蕴涵着后来者的睿智和精明，那么哈佛的发展道路则蕴涵着先行者的胆略和豪气。耶鲁凭借其别具特色的发展道路可以成为世界一流大学，但却很难超越哈佛成为世界一流大学中的“超一流”大学，这就很好地诠释了哈佛和耶鲁在世界一流大学中的不同地位。

哈佛大学注重创新的文化品格源自大学探求真理的理念和大学在社会发展中地位的提升。探求真理，就得敢于向传统挑战，向现实质疑。从工业革命开始，大学逐渐从社会发展舞台的边缘走向舞台的中心，成为社会的“轴心机构”，肩负着引领社会发展的历史使命。从这个意义上讲，创新是大学的题中应有之意。然而，大学不同于公司企业，无论是探求真理，还是培养高水平的人才，都不能过于功利化，需要与社会即时、功利的需要保持一定的距离。正如金耀基先生所说：“大学学者与学生不能萧然物外，对社会无萦念，对生命无热情。但假如急急于走出‘象牙塔’，则不啻放弃了大学之为学习与创建知识的目标。大学之对社会保有一距离是有必需的，此一距离是维持一观照反省的智慧之客观条件……总之大学不能遗世独立，但却应该有它的独立与自主，大学不能自外于人群，但却不能随外界政治风向或社会风尚而盲转、乱转。大学应该是‘时代之表征’，它应该反映一个时代之精神，但大学也应该是风向的定针，有所守，有所执著，以烛照社会之方向。”[28]哈佛大学在创新的同时一直固守着自己的被证明是正确的办学理念，守望着大学精神，保留着自己的优良传统，实现创新与稳定的和谐统一。“在这里，新与旧，传统与创新达到了某种程度完美的和谐和统一。正是哈佛人所创建的这种哈佛精神始终领导着美国高等教育的潮流。”[29]

参考文献：

[1][12][18][20] Richard Norton Smith. The Harvard Century[M]. Cambrige：Harvard University Press，1986:15、303、30、29.

[2] [美]丹尼尔·J·布尔斯廷.美国人:殖民地的经历[M].上海:上海译文出版社,1989:233.

[3] [美]克拉克·科尔.大学的功用[M].南昌:江西教育出版社,1993:8.

[4] M. Lipset. D. Riesman. Education and Politics at Harvard[M] Cambrige：Mcgraw-Hill Book Company，1975:154—155.

[5][8][16][17][22][29] 王英杰.大学校长与大学的改革和发展:哈佛大学的经验[J].比较教育研究,1993(5):1—10.

[6][14][23][26][27] 郭键.哈佛大学发展史研究[M].石家庄:河北教育出版社,2000:109、213、173—175、101、101—102.

[7] Harvard University [EB/OL]. http://www.harvard.edu.

[9][10][11][15][21][24] William Bentinck-Smith：The Hrarvard Book. 350 Aniversary Edition[M]，Cambridge：Harvard University Press，1986:25、25、25、22、22—23、27.

[13][19] 姜文闵.哈佛大学[M].长沙:湖南教育出版社,1988:12—13、5.

[25] Bernard Bailyn，etc. Glimpses of the Harward Past [M]. Cambrige：Harward University Press，1986:10.

[28] 金耀基著.大学之理念[M].北京:生活·读书·新知三联书店，2001:24.

（本文发表于《比较教育研究》2005年第1期。作者刘宝存，时属单位为北京师范大学国际与比较教育研究所）

六、步履蹒跚　依然优秀
——巴黎索邦大学创建800年之思考

1998年5月25日，法、英、德、意四国教育部长在巴黎联合发表声明，表示将进一步推动四国大学学生和教师的交流，促成大学课程和文凭的对等与协调。四国教育部长发表声明之时正值巴黎索邦大学创建800周年。笔者未能找到索邦大学1198年正式创建的具体依据，但其大约800年的历史似乎不容怀疑。索邦大学在800年中历经磨难，由当初的一所大学演变为今天的13所大学，被认为是世界一流大学。仅就其诞生，便在人类文明史上树立起一座丰碑。今天回顾巴黎大学800年历史，会引起人们诸多的思考。

(一) 为自由而诞生

自6世纪以来，基督教开始统治欧洲，非宗教的哲学流派被禁止，一些学者躲进修道院里进行教学活动。查理曼大帝(公元742～814年)之后的欧洲，战乱又起，一些修道院学校纷纷迁往城市，寻求主教的庇护。一些教师和学生离开学校，在巴黎圣母院周围开展教学活动。他们或是感到“西岱岛”的窄小，或是不堪忍受主教的严密监视，因而总是跨越塞纳河到其左岸，即后来的“拉丁区”，进行学术讨论。最初，学者们的聚集不过是单纯的集合，并无正式的组织机构，后来则发展成一个团体：“巴黎教师学生团体”(universitas magistrorumet schdarium Parisiensum)。“universitas”为拉丁文，含有“协会”“团体”“联合会”等义，亦为西文“大学”一词的起源。

巴黎大学刚刚诞生，便引起教皇的注意。教皇企图把它作为培养神职人员的机构。1174 年教皇赛勒斯坦三世发布谕旨，给予大学司法特权。法国国王也希望巴黎大学为自己的政治统治服务。1200 年，一名当侍者的学生被酒店老板殴打，引起了暴力冲突，导致 5 名学生死亡。国王菲利浦·奥古斯特支持学生，并赋予大学师生司法豁免的特权。可以设想，如果当时的学者和学生屈从于教会的控制，就不会有大学的诞生。从这个意义上看，大学的诞生，便是追求自由的结果。

当然巴黎大学最初追求的自由，并不是寻求真理和正义，而不过是在国王与教皇之间寻求生存空间。结果是巴黎大学获得了学位专属授予权，把握着象征法律资格与自主的校印。其成员可享有与教士相同的社会地位，不必纳税，不必服兵役，却有罢工或罢课的权利。1229 年巴黎大学师生罢课，大部分师生撤至奥尔良。1231 年 4 月 13 日，教皇格雷古瓦九世发布谕旨，确认巴黎大学曾经获得的司法特权，最终确立了巴黎大学的法律地位。因而后来的巴黎大学难免有一些不光彩的记录，如在百年战争(1337～1453 年)中，屈从于英国王室，为“圣女贞德”捏造罪名。再如在文艺复兴时期，巴黎大学与教会对拉伯雷等人文主义学者的著作进行了严厉的封杀。

当前巴黎大学的自治符合法国高等教育的法律法规。1968 年的“高等教育指导法”规定了大学自治的原则，1984 年的“高等教育法”又进一步确认了这一原则：“公立科学、文化和职业机构是国立高等教育和科学研究机构，具有法人资格，在教学、科研、行政、财政方面享有自主权”。(第 20 条)

与其他所有大学一样，巴黎大学的行政自主权体现在大学与教育部及大学区间不是一种下级服从上级的等级关系，而只是监控关系，并且这种监护权在法律上有严格规定。但是由于大学经费主要来源于国家，因此实际的财政自主权总是很有限。不过，20 世纪 80 年代中期以来，大学与国家签订 4 年合同的新型拨款模式开始普遍推行。大学通过协商后与教育部签订合同，学校应完成发展目标规定的任务，国家则应提供相应的经费与人员编制。从此，巴黎大学的财政自主权走上了新的轨道。

教学与科研的自主权体现在：第一，法国大学教师是国家公务员，录用时要符合国家相关条例，大学无权随意解聘。大学的教学人事自主权主要在于国家无权向大学强行委派教师。第二，除了国家文凭的颁布必须符合国家相关要求之外，大学的教学活动是自由的。第三，大学教师可以选择任何合适的教学方法，任何人不得干涉。

关于教师与研究人员的学术自由，1984年“高等教育法”的第57条特别规定：“教师—研究人员、教师和研究人员，在履行其教学任务和科研职责的过程中，享有完全的自主权和言论自由。但根据大学的传统和本法的规定，上述人员应遵循宽容和客观的原则。”法律保证了大学教师与研究人员充分的学术自由，但在一定意义上使课堂成为与外界隔绝的个人领地。特别是在高等教育大众化的背景下，评估高等教育的质量成为发展高等教育的重要手段。而一些教师以学术自由为由拒绝外部评估的介入，阻碍了大学教学评估的实施。甚至有些教师对教学中出现的问题不以为然，认为教师不必适应学生需求，而是学生应适应教师的授课。因此如何正确理解学术自由，如何在保证学术自由的同时提高大学教育的质量，是大学教授与管理人员必须共同面对的问题。

（二）首创大学模式

在建校伊始，巴黎大学设立了四个学院：艺术学院、神学院、法学院和医学院。艺术学院相当于文学院，是初级学院，向14～20岁的学生教授“三艺”和“四艺”等学科，颁发学士文凭（Licencia docendi）。获此文凭者，才可以进入其它三所高级学院学习。这种由四个学院构成的巴黎大学，不仅是大学的滥觞，也是后来欧洲大学办学的基本模式。

中世纪以来形成的大学学院，以教师讲授为基本教学方式，基本是传播已知的知识，而不是探索未知的领域，注重传统文化概念，很少考虑其实用价值。学院只关注自身的学科，对毗邻的学科偶有涉及，对新兴学科则通常不闻不问，学院之间几乎是老死不相往来。

在法国大革命期间，资产阶级的国民公会于1793年9月15日颁布一项法令，宣布取消大学，其理由是大学被贵族习气所玷污。1806年，拿破仑设置帝国大学，即中央教育部，把全部教育权力囊括其中。在高等教育中，拿破仑设想在每个学区设置5个学院：神学院、法学院、医学院、理学院和文学院。这些学院都独立设置，并受到中央权力的严格控制，因此真正意义的大学实际已不存在。

直至,1896年7月10日,法律才恢复了大学的合法地位。新生的巴黎大学由5个学院组成:新教神学院(1885年,根据政教分离的原则,神学院被取消。新教神学院也于1906年从巴黎大学分离出去)、法学院、医学院、理学院和文学院。随着19世纪末巴黎大学的第二次大规模扩建,巴黎大学的各个学院都迅速发展,云集了几乎所有传统学科和新兴学科的著名学者,学术水平居世界前列。

但独立设置的学院也蕴含着危机。20世纪60年代,法国大学生人数剧增。1960～1967年,大学生数每年平均增长4万,即以10～15%的速度递增。大学生人数的膨胀,既是由于社会对高等教育需求的增加,又是政府加快发展高等教育政策的结果。法国政府认为,发展高等教育是经济发展的必然要求,而法国大学毕业生,特别是科学与管理方面的毕业生严重缺乏。于是,法国政府在60年代初大力发展高等教育,在短短的几年内创建了20余所大学。然而,由于政府在扩大大学规模的同时没有相应地改革大学的管理,法国高等教育的危机日益加剧,进而导致持续数月的震惊世界的大学潮。这次学潮促使法国政府对高等教育进行大刀阔斧的改革。当时的教育部长埃德加·富尔(Edgar Faure)所提出的高等教育改革方案破天荒地以无人反对的投票结果在议会中获得通过,并由此产生了"高等教育指导法"。

这个法律确立了大学的三项原则:自治、参与和多学科。其中多学科原则,意味着在同一学校集中多组学科。例如,文学院称为文学与人文科学院,法学院称为法学与经济科学院。学院由"教学与科研单位"(UER)(1984年的法律更名为"培训与科研单位")构成,而教学与科研单位再划分成较大"整体",目的在于汇集不同领域的知识,在科学研究中相互补充。而巴黎大学则由原来的一所大学5个学院,分化成13所独立的大学:

巴黎第一大学——先贤祠—索邦大学

巴黎第二大学——先贤祠—阿萨大学

巴黎第三大学——新索邦大学

巴黎第四大学——巴黎—索邦大学

巴黎第五大学——勒内—笛卡儿大学

巴黎第六大学——皮埃尔—玛丽·居里大学(1974年命名)

巴黎第七大学——德尼·狄德罗大学(1994年命名)

巴黎第八大学——巴黎—万森大学(后因学校迁址,改称巴黎—圣德尼大学)

巴黎第九大学——巴黎—多芬大学

巴黎第十大学——巴黎—南泰尔大学

巴黎第十一大学——巴黎—南大学

巴黎第十二大学——巴黎—瓦尔—德—马尔纳大学

巴黎第十三大学——巴黎—北大学

这13所大学的序号,是为了方便实用,并且依据巴黎学区总长重组大学时的顺序,并不标志它们在学术地位或教育质量上的差异。其中巴黎第一至第七大学和第九大学等8所大学位于巴黎城区,不仅一些校园建筑属于几所大学共同所有,如巴黎大学图书馆,而且研究领域也相互交错,可谓你中有我,我中有你,难解难分,因此由巴黎学区总长兼任巴黎大学总监,负责各大学之间的协调工作。因此,今天狭义的巴黎大学是指13所各自独立的巴黎第一至第十三大学,广义的巴黎大学则包含全部这13所大学。而从大学管理的角度看,笔者更倾向于把巴黎城区的13所大学作为一个整体来考虑。

在重新组建的各个大学中,多学科原则的确立和教学与科研单位的设置,打破了原来各学院之间的封闭状态,但学科之间的对立仍然存在。比如,巴黎第一大学设13个"培训与科研单位"4个研究所和4个系。但这些机构都分别与三个学科相关:法学、经济学和人文科学。这三个学科是巴黎第一大学的强势学科,也构成了这所大学颇具特色的管理模式。不仅大学管理委员会中三个学科的代表平分秋色,而且大学校长也由三个学科的代表轮流担任。

大学内部尚存的学院遗迹,对大学发展造成了一定的阻碍。但给大学发展带来重伤的恐怕是18世纪以来大量涌现的大学校(Les Grandes Ecoles)。长期以来,法国官方轻视大学,希望通过建立特殊的学校来培养高级管理人员。从1530年建立的法兰西学院,到1747年建立的路桥学校、1783年建立的矿业学校和1797年建立的综合技术学校,都是遵循这一思路,从而形成了世界上独一无二的高等教育双轨制:一轨是大学体系,一轨是大学校体系。两个高教体系的最根本区别,是实行两种不同的筛选方式。法国高等教育录取学生的条件是获得高中毕业会考文凭。而进入大学校则需要通过严格的审查或考试。因此,大学被称为"开放型"的,是法国高等教育民主化的象征;大学校则被称为

“封闭型”的，作为培养精英的场所。

1997年7月，新任教育部长阿莱格尔委托阿达利组建高等教育改革委员会。该委员会为未来高等教育设计了三个基本文凭：经过3年学习，可获学士文凭；经过5年学习，可获硕士文凭；经过8年学习，可获博士文凭。这一3、5、8学制将取代当前实行的高等教育三阶段学制。学士文凭将成为大学教育的基础文凭，在理论学习的基础上，增加了职业培训，从而提高大学生的就业率。大学校预备班的学生在两年学习之后也必须获得学士文凭，才能继续后阶段的学习。学生获得学士文凭之后，如愿意继续学习，可以不经考试直接注册学习硕士课程或博士课程。

法国的这一改革思路被历届欧洲教育部长会议(1998年，巴黎；1999年，波伦亚；2001年，布拉格)所接纳，即建立一个由“前学士”和“后学士”两个基本阶段构成的高等教育体制，以实现国际间大学课程和文凭的可比性与对等性，促进欧洲各国大学学生和教师的交流。法国前教育部长贝鲁在谈到大学改革的模式时，批评那些“总是看到邻居草地的草更绿”的思想。他指出：“一个首创大学的国家不需要到别处去寻求大学模式”。也许，他的自信有些道理，新的大学模式有可能会在一体化的欧洲诞生。

(三) 教授治校

巴黎大学在建校伊始就是国际性的学校。那时的欧洲人喜欢旅行，乐于了解外国的风土人情，而大学的建立更是他们出行的理由，通用的拉丁语又使游学毫无障碍。巴黎大学当时便集中了许多国家的学生，他们因相近国籍形成4个“民族团”(Nations)：法兰西民族团、诺曼底民族团、庇卡底民族团和英格兰民族团。当一个民族团的学生数量过于庞大时，再划分成省或教区。每个省由选举产生的教师任院长(doyen)负责管理，而4个民族团的首脑是校长(recteur)，由4个民族团共同选举并在艺术学院任职的教师担任，任期为3个月。后来这一职务演变为巴黎大学校长，负责全校的管理。而更早诞生于意大利的波伦亚大学，由学生主导学校事务，未能对世界大学发展产生重大影响。

拿破仑时期的帝国大学，由教育大臣(le grand ma tre)行使全部管理权，完全改变了中世纪大学作为教师与学生团体的性质。作为大学成员的教师，必须宣誓严格遵守学校规则，服从大总管的命令，服务于帝国教育，服务于皇帝。

直至第三共和国，大学的传统才得以恢复。1885年12月28日的法令规定，学院由院长领导与管理。院长(doyen)须由教育部长在学院大会和学院委员会推荐的教授名单中选定并任命，任期为3年。学院大会最初仅由教授组成，后来吸收了其他教师和少数学生，它有权决定学院关于教学的全部事务。学院委员会则完全由教授组成，参与决策并负责教师的遴选。可以说，学院的权力完全操纵在教授的手中。

1896年7月10日的法律在恢复大学合法地位的同时，赋予大学精简的管理机构：学区总长和大学委员会。学区总长(recteur)是共和国总统在内阁会议上任命的高级官员，其任职的唯一要求是具备国家博士文凭。学区总长具有双重职能，一方面代表公共教育部长管理本学区教育事务，另一委员会由学区总长、各学院院长和每个学院选举产生的2名教授、各附属高等学校校长及其各校选举产生的1名教授组成。但是巴黎大学不同于外省大学，其学校主管不是由学区总长兼任，而是由教育部长亲自担任，并委派学区副总长行使对巴黎大学的管理权，由此体现国家对巴黎大学的重视。这时大学的管理体现着国家控制和教授治校的双重特点。

1968年汹涌澎湃的大学潮之后产生的"高等教育指导法"，首次提出了大学的参与原则：新型学校的所有成员可以通过其各种委员会的代表对大学的当前工作和未来发展提出意见。只允许少数知名教授发表意见的局面将不复存在，各层次教师、学生、科研人员以及所有在大学工作的人都应当在大学的审议机构中有其代表。并且在这些机构还必须聘请校外各界的代表，以保持大学与社会间的联系。但是这一法律是在学潮刚刚平息之后匆忙制订的，政府官员和议员们还心存余悸，对参与的规定表现出某些无可奈何。例如教师在大学委员会中的数量"至少应与学生代表的数量相等"，"教授或副教授至少应占教师代表的60％"等规定就是这种心态的反映。

但是，10余年过去，大学生的影响力已明显下降，于是1984年的"高等教育法"对大学决策的三个委员会的功能及其组成做出如下规定：

校务委员会：决定本校的政策，尤其是审定与国家签订的多年合同的内容，决定预算和决算，分配人员编制等。委员会由30～60人组成，其中教师－研究

人员占40～50%，校外人士占20～30%，学生代表占20～25%，行政与服务人员占10～15%。(第28条)

学术委员会：对科研政策及科研经费的分配提出建议，对科研计划、科研指导资格、文凭的设置与变动等方面提供咨询。委员会由20～40人组成，校内工作人员占60～80%，其中教师—研究人员至少占半数，研究生代表占7.5～12.5%，校外人士可以是其他机构的教师—研究人员，占10～30%。(第30条)

教学与大学生活委员会：是新增设的机构，负责各类教育培训方向的指导，帮助学生就业，改善学生的学习和业余生活，保障学生政治生活的自由。委员会由20～40人组成，其中教师—研究人员和学生占75～80%，并且各占一半，行政与服务人员占10～15%，校外人士占10～15%。(第31条)

新的法律虽然保留了参与原则，继续允许学生和其他校内外人士参与大学管理，但更恢复了教授治校的传统，教师(实际是教授和研究员)在校务委员会和学术委员会中的比例都有大幅度的提升。

对于大学的核心领导者——校长的任职规定，1968年的"高等教育指导法"和1984年的"高等教育法"所体现的教授治校的精神是基本一致的。1968年"高等教育指导法"的第15条规定："校长任期5年，不得连任。除非校务委员会以三分之二的多数做出特殊决定，校长必须是本校的正式教授和校务委员会成员。"1984年"高等教育法"第27条规定："校长领导大学"，校长由校务委员会、学术委员会和教学与大学生活委员会全体成员组成的大会选举产生，任期5年，不得连任。校长必须具有法国国籍，并为本校的专职教师—研究人员。作为传统，法国大学校长任职的基本条件是具备教授职称和作为大学委员会的成员。尽管议会在1968年对大学校长任职条件在制度上有所放宽，但同时还做了严格的限定。实际上，非教授人选担任大学校长的可能性是极小的。这说明即使在非常时期法国大学界的传统心态也不允许采取其他国家的校长任职制度。

(四) 风采依旧

巴黎大学因索邦神学院(La Sorbonne)而声名显赫。索邦神学院在传统上几乎等同于巴黎大学。罗伯特—索邦(Robert de Sorbon)于1257年创办，同13世纪初形成的其他学院一样，都曾是接待学生的客栈。索邦学院则因优秀的神学教育而著名,并逐渐成为神学院的教学中心,从而与神学院齐名,并独领风骚数百年。

1622 年,曾任路易十三王朝宰相的黎世留(Richelieu, 1585～1642 年)出任巴黎大学校长,并于 1627 年主持巴黎大学的第一次重建工程。当年 3 月 18 日黎世留亲自放置在索邦神学院小教堂的奠基石至今仍清晰可见。巴黎大学的重建工程由参与卢浮宫建造的建筑大师雅克一勒梅尔西埃(Jacques Lmercier)设计,由小教堂、图书馆、议事厅等建筑构成,其中小教堂至今尚存。

法国大革命之后不久,政府宣布取消大学。普法战争的劫难,则使法国的大学雪上加霜,校舍破败衰微,阴暗窄小,师生寥寥无几。有人用早年著名的缩略词 SPQR(Si peu que rien,意为“聊胜于无”)来形容当时景象。普法战争的失败使法国政府认识到大学系统的落后是战争失败的重要原因之一。于是 1876～1890 年间国家拨款 9 900 万法郎用于大学建设,其中 1 610 万法郎用于巴黎大学的扩建,同时巴黎市政府也向巴黎大学投入与国家等额的资金。巴黎大学的第二次重建和扩建工程历时 16 年,由教堂、巴黎学区总部、圆形大讲堂、图书馆、文学院和理学院等构成的富丽堂皇的崭新建筑群拔地而起,再一次向世人展现了名校的风采。与此同时,新的巴黎大学出现了诸多世界级的学术大师,且不说创建社会学的迪尔凯姆,重建地理学的德拉布拉什,以《约翰·克利斯朵夫》而著名的作家罗曼·罗兰等诸多学科的名家,单说玛丽·居里夫人在物理学上的贡献,就足以令后人肃然起敬。

历经 1968 年大学潮的洗礼,巴黎大学一分为十三。位于巴黎城区的 8 所大学保持了更多的传统,也背负着沉重的历史包袱。富尔在当时分校时曾设想大学的最大规模为 15 000 个学生,但实际上,这一指标很快便被突破。根据 1995～1996 年统计,巴黎一大、巴黎五大、巴黎六大都成为学生人数超过 3 万的巨型大学。校舍紧张成为巴黎大学发展的重要障碍。多数教授在学校没有自己的办公室,而同一所大学的校舍又分布于城市的各个角落,学生经常为赶一小时的课而疲于奔波。即便如此,巴黎大学,或者说位于城区的 8 所巴黎大学仍然是法国乃至世界优秀的大学。它(们)以优秀的文化传统和以“拉丁区”为核心的人文环境吸引着全法国和全世界的优秀学者和青年学生到此,共同为知识社会的建设和发展,为人类的文明的不断前进贡献力量。

参考文献：

[1] Haut Consel de l'Evaluation de l'Ecole, évaluation de l'ensigeinement dans les universities, Février 2002, p. 54.

[2] 李兴业. 巴黎大学[M]. 长沙：湖南教育出版社，1988.

[3] Bach. J.-F. et les autre, Reflexions sur l'enseignement, Flammarion, 1993.

[4] Charles Fourrier, Les institutions universitaires, PUF, Paris, 1971.

[5] Comité national d'évaluation, Rapports:

L'université Pierre et Marie Curie-Paris VI, 1995

L'université Paris I-Panthéon Sorbonne, 1995

L'université Paris-Sorbonne-Paris IV, 1995

[6] Jean-Louis Leutrat, De l'université aux universités, juin 1997.

[7] Ministère de l'Education nationale, de la Recherche et de la Technologie, Jacques ATTALI, Pour un modèle européén d'enseignement supérieur, 1998.

[8] Minot, J. Deux siècles d'histoire de l'éducation nationale, Ministère de l'éducation nationale, 1986.

[9] Prost, A. Histoire générale de l'enseignement et de l'éducation en France, Ed. Nouvelle librairie de France, Paris, 1981.

[10] Prost, A. Education, société et politiques, Une histoire de l'enseignement en France, de 1945 *à* nos jours, Seuil, Paris, 1992.

[11] WANG Xiaohui, L'éducation contemporaine en Chine et en France, étude de pédagogie comparée, Thèse de Doctorat de l'Université des Sciences Humaines de Strasbourg, 1988.

（本文发表于《比较教育研究》2004 年第 8 期。作者王晓辉，时属单位为教育部人文社会科学重点研究基地北京师范大学比较教育研究中心、北京师范大学国际与比较教育研究所）

七、开放与包容
——对芝加哥大学理念的解读

与哈佛、耶鲁等大学相比，芝加哥大学只能算作一所年轻的大学。自1892年创办至今，芝加哥大学仅有110多年的历史。但是，由于芝加哥大学以开放的精神，兼收并蓄地包容了洪堡与纽曼两种大学理念，并结合美国社会的现实，建构了独特而卓越的组织理念、研究理念和教学理念，使其在较短的时间从美国高等教育体系中脱颖而出，成为美国，乃至世界一流大学，并被誉为“第一所美式大学”。

早在1907年，芝加哥大学物理系的米切尔森(Albert A. Michelson)教授就以其对光速测量的贡献，成为美国第一个学术性诺贝尔奖的获得者。在随后不足百年的时间里，芝加哥大学有75位教师、学生或研究人员获此殊荣，其诺贝尔奖得主数雄踞全美第一，在全世界仅次于英国剑桥大学。[1] 1942年12月2日，芝加哥大学物理系的费米(Enrico Fermi)教授成功研制有史以来第一个可控的核子链反应，将人类带入原子能时代，芝加哥大学也由此成为“原子能的诞生地”。在人文、社会科学方面，芝加哥大学在哲学、社会学、经济学、美学、建筑学、文艺批评等领域都取得了骄人的成就，形成了为世人瞩目的“芝加哥学派”。另外，芝加哥大学的毕业生出任美国大学教师的比率在全美高居首位，芝加哥大学也因此荣膺了“美国教师摇篮”的美誉。

(一) 芝加哥大学的组织理念

南北战争以后，伴随美国资本主义的飞速发展，大批美国学者留德归来，在美国掀起了大学运动。以此为背景，1892年，在美国浸礼教派的多方奔走和筹划下，尤其在石油大亨洛克菲勒的鼎力资助下，芝加哥大学终于得以问世。这所大学从一开始就建构了与以往高校迥然不同的组织理念。

1. 三分的组织架构

芝加哥大学创建伊始，首任校长哈珀(William R. Harper)以其创造性的个性，在英国式本科学院和德国式研究生院的基础上，建构了全新的大学组织架构。这种组织架构将芝加哥大学分为大学本部(The University Proper)、大学推广部(The University Extension Divisions)和大学出版社(The University Publication Work)。其中，大学本部包括艺术、文学、科学研究生院与学院(the Graduate Schools and Colleges of Arts, Literature and Science)，专业学院，预备学校和附属学校；大学推广部主要为芝加哥地区的人们开设讲座和课程，为远离芝加哥市的人们提供函授课程；大学出版社则负责印刷、出版大学官方的通知和公告，特别是学术著作和杂志。[2]这种三分的组织架构凸显了推广部和出版社的地位，使推广部和出版社成为大学重要的组织部分。

1930年，为了在各学科之间建立更为有效的关联，校长赫钦斯(Robert M. Hutchins)对芝加哥大学的组织架构进行了改造，将艺术、文学、科学研究生院与学院重组为人文学科、社会科学、自然科学、生物科学和大学学院五个学部，但是，芝加哥大学三分的组织架构没有改变，并且一直延续至今。

2. 双重的学院层次

南北战争以前，美国高等教育大多是英国式学院；南北战争以后，美国效法德国大学在本科之上设立研究生院，由此形成了本科教育和研究生教育的并存。然而，研究生教育的理想与使命毕竟不同于本科教育的理想与使命，两者的文化氛围也截然不同。事实上，这种差异同样存在于本科教育之中。为此，哈珀将本科教育分成“专科学院”和“大学学院”两个部分。在哈珀看来，在4年本科课程中，前2年实际上是中等教育的延伸，应该称为专科学院(Academic College)；后2年则应称为大学学院(University College)。专科学院主要带有专科学校的特性，无论年龄的不成熟还是专业的非确定性都决定了必须在各方面对学生严格要求，课程选择的范围极其有限。而在大学学院，学生开始专业化并有效地选择那些直接或间接与其未来职业相关的学科。

初级学院与高级学院的分野,将大学课程计为明晰的两个阶段,防止不同成熟度的学生修习同样的课程,使每一位学生,甚至规模较大学校的学生享有小型学院的优势,为来自其它学校的学生在三四年级从事更具大学特点的学习提供了机会。尤其是它对美国初级学院和社区学院的建立和发展具有重要的启迪意义。

3. 四季的学年制度

在芝加哥大学之前,美国大学遵循欧洲通行的惯例,在教学组织上采用双学期制度。芝加哥大学建立伊始,哈珀从10月、1月、4月和7月的第1天开始,将全年分为秋、冬、春和夏四个学季,每学季12周,学季之间放假1周。每学年为3学季,教师和学生可从4学季中任意选择1学季作为假期。藉此,哈珀在教学组织上首创了学季制度(Quarter System)。

就学校而言,学季制可以充分利用学校的建筑、场地、图书和设备,而不像以往大学,其建筑、场地、图书和设备大约有1/3或1/4的时间处于闲置状态。从教师来看,学季制允许教师每年有1/4的时间自由处置.教师可在一年中任何理想的季节休假,或者将假期累计起来到国外度过6个或9个月的假期;如果愿意的话.教师也可将其中的6个月用于教学,另外的6个月致力于研究。而所有这些弹性的获得勿需增加任何额外的经费和时间成本。就学生而言,学季制改变每年仅有一次入学机会的惯例,将学生入学机会由一次扩展为多次,学生可以自由地选择任何学期入学或进行相应的课程调整,也可在一年的任何学期末毕业。[3]随着学季制的建立,学生将不再按照"年",而是依据"学季"进行分级(term-grade),学位的获取也不再依据学生在大学的年限,甚至也不一定是每年6月的某一天、而是取决于他所完成的学业。正是这种无以伦比的优势,学季制为美国许多大学所仿效。时至今日,斯坦福大学、加州大学洛杉矶分校等均实行学季制度。

4. 以企业家为主导的董事会

最初,美国大学董事会基本上来源于宗教,或者以教会为主体。而芝加哥大学尽管也是依靠浸礼教派起家,而且其三分之二的董事和校长必须是浸礼会成员,但实际上石油大亨洛克菲勒起着决定性作用。这使得芝加哥大学董事会成为全美第一个以企业家为主导的董事会。而正是基于这一前提,芝加哥大学才得以在开办之初筹募充裕的经费以延聘一流的专家与学者、购买丰富的图书和昂贵的仪器、建设校舍和场馆。

事实上，在芝加哥大学创办与发展的过程中，洛克菲勒为芝加哥大学捐赠了极为丰厚的款项。在大学创办最初的100万美元中，有60万美元来自洛克菲勒的捐款。当哈珀同意出任校长之职并提出追加100万美元之后，洛克菲勒欣然允诺，并且没有任何附加条件。到1910年，洛克菲勒总共为芝加哥大学提供了3 500万美元的捐赠，并将这些捐赠视为他一生中“最好的投资”。[4]而且，洛克菲勒为其捐赠确立一条原则，即只有在大学先筹得相应款项的前提下，他才为大学捐助。正是洛克菲勒充满睿智的策略，调动了大学自身的筹款积极性，也引导更多的工商企业、教众以及社会人士为大学捐款。

尽管作为芝加哥大学的创办者，洛克菲勒对大学倾注了持久的热忱，但他从不干预学校的具体运作，从而既赋予大学以基本的自由，保证大学得以按照自身的规律和抱负发展，又给校长哈珀以充分施展才能的机会。正是洛克菲勒的慷慨捐资和校长哈珀的远见卓识，人们将芝加哥大学称作“洛克菲勒的财富、魄力与哈珀的高瞻远瞩的完美结晶”。

(二) 芝加哥大学的研究理念

芝加哥大学的建立正值美国大学运动的巅峰时期，其创办深受德国大学理念的影响。尽管在当时，无论是创始人洛克菲勒，还是美国浸礼教育学会都倾向于在芝加离建立具有一定规模的学院，但是哈珀却竭力主张创设一所全新的、无以匹敌的研究性大学。正是哈珀及其所聘请教师的鼎力倡导与支持，为芝加哥大学营造了良好的研究氛围，建构了具有鲜明特色的研究理念。

1. 热衷学派建构

芝加哥大学秉承德国大学的研究理念，崇尚大学的学术研究，始终将原创性学术研究和与之相关的教学放在首位，从而在众多学科领域孕育了举世瞩目的芝加哥学派。

就经济学而言，美国著名经济学家、诺贝尔经济学奖得主弗里德曼(Milton Friedman)教授曾经说过：“对于全世界的经济学家而言，‘芝加哥’并不意味一个城市，甚至也不指代一所大学，而是意指个‘学派’。这一术语有时用作一个称谓，有时则是种赞美。尽管它们绝对并非蕴涵同一价值，但却总是相当明确。我所形成的一个印象是芝加哥大学是一块特别适宜‘学派’繁衍的沃土。”

在哲学领域，美国著名哲学家、哈佛大学的詹姆斯(William James)教授曾对杜威等人在很短时间内创立第一个真正意义上的美国哲学学派赞叹道：“在杜威领导下，芝加哥大学在过去 6 个月里取得了其 10 年所积淀的成果。这个成果令人惊奇——一个真正的学派、真正的思想，也是重要的思想！你曾听说过这样一个城市或者这样一所大学吗？这里(哈佛)我们有思想但没有学派，在耶鲁有学派却没有思想，而芝加哥则是兼而有之。”[5]

此外，在神学、文艺批评、社会学、建筑学、美学，甚至生物学等诸多学科领域，“芝加哥学派”都有杰出的表现，它们无论是对这些学科的研究内容，还是研究范式都产生了持久的影响。

2. 关注社会现实

英国大学注重知识的传授与承继，德国大学强调知识的研究与创造，它们对于知识的传承和研究都是建立于“纯粹知识”之上的。而芝加哥大学，正如其校训所昭示的那样，“增进知识，丰富生活”(Crescat scientia; vita excolatur)，不仅秉承德国大学研究的理念，注重探索与发展知识，而且超越英国和德国大学的“纯粹知识”，坚持以问题为导向，关注美国社会现实问题，从而赋予其学术研究以勃勃的生机。

以社会学为例，19 世纪下半叶，第一条横贯美国大陆的铁路的修筑和伊利诺斯——密歇根运河的开凿，使芝加哥成为美国中西部重要的铁路和水运枢纽，有力地促进了芝加哥的经济发展。伴随芝加哥经济的发展和城市地位的提升，美国各地的移民、包括大量的外国移民蜂拥而至，芝加哥一跃成为美国第二大城市。随着移民的纷至沓来，移民问题、城市犯罪问题也日渐彰显出来，并于 1919 年 7 月引发了持续一周的激烈暴乱。为此，芝加哥大学的社会学家以解决社会问题为己任，运用实地研究的方法，深入芝加哥社会的实际，对移民的社会解体、境况界定、边缘性、文化适应以及城市的非法团伙、有组织犯罪、青少年犯罪、职业窃贼等问题进行了卓有成效的研究，形成了令人瞩目的社会学“芝加哥学派”。

3. 注重学术出版

学术性书籍、专著和杂志的发行量一般不太大,具有高风险、低利润的特性,一般的出版商不太情愿出版和发行这类出版物。在这种背景下,非营利性大学出版社就成为学术性书籍、专著和杂志的主要出版者,成为推动学术研究的重要手段。芝加哥大学成立伊始,哈珀就非常重视学术出版工作。他借鉴德国大学学术出版的理念,组建了芝加哥大学出版社,并将它与本部、推广部并视为大学三个最重要的组织维度。

1902 年,为了向芝加哥大学建校 10 周年献礼,芝加哥大学出版社承担了美国学术出版史上最艰巨和最重要的项目,编辑出版 28 卷本的《十年出版物》(Decennial Publications)。为了准备大量的出版材料,出版社特意制定了编辑与校对的标准用法指南,并在 1906 年出版了《文体手册》(Manual of Style),由此创造了美国出版业广泛采用的标准编辑程序。多年来,作为美国最早和最大的大学出版社之一,芝加哥大学出版社先后出版了大量的在世界上享有盛誉的学术性著作,开办了许多卓有影响的学术刊物。这些著作与杂志开拓了许多新的研究方法和研究领域,有力地推动了芝加哥大学的学术发展,为在诸多学科领域创立"芝加哥学派"做出了卓越的贡献。

(三)芝加哥大学的教学理念

伴随美国大学运动的勃兴,一些执美国高等教育牛耳的人都依照德国大学模式建设美国的研究性大学,芝加哥大学也概莫能外。其首任校长哈珀就曾直言不讳地指出:"大学的首要工作是研究生工作从一开始,学院就被视为研究生院的附庸。"[6]有鉴于此,第一次世界大战以后,以美国蓬勃发展的通识教育运动为依托,芝加哥大学对其本科教育进行了重塑,建构了全美最具影响力和创造力的通识教育理念。

1. 推行"名著教育计划"

赫钦斯是永恒主义教育哲学的代表人物,他主张学生应大量阅读西方哲学、文学、历史和科学等方面的名著(Great Book),尤其是古代著作。在他看来,这些著作包含了人类永恒的价值,蕴涵着大量真理性知识和丰富的精神陶冶,是构成西方文化传统的基石。为此,赫钦斯在芝加哥大学极力推行"名著教育计划”。具体来说，从1932年开始，为三四年级学生设立荣誉课程，要求学生在2年时间里阅读60部经典著作。与名著计划相适应，芝加哥大学改变集中授课的教学方式，将分组讨论作为主要的教学方法，并且一直沿用至今。这种方法以原真性材料替代课本，通过学生的相互交流，培养学生深入钻研的精神，拓展学生的理解力与想象力。正如芝加哥大学生物学教授福克斯(Elaine Fuchs)在1999年学校集会上所说:“在这里，我们浇灌和呵护蕴藏于每一个人心中的想象的种子”以至于“芝加哥大学不再是向学生说教，而是与学生一起行进于问题所指向的未知道路上”。[7]

尽管在美国，人们对赫钦斯的“名著计划”众说纷纭、毁誉参半，但它对美国大学的通识教育产生了巨大而深刻的影响。时至今日，美国圣约翰学院(St. Johns College)依然以名著学习为其主导课程。

2. 强调多学科综合

为了适应20世纪20年代以来各学科相互渗透的趋势，推进大学的通识教育，1930年，新任校长赫钦斯对芝加哥大学的学术机构进行了改组，通过不同背景人员的院际合作打破学科之间的隔绝，孕育跨部门、跨学科的综合。到40年代末，芝加哥大学先后组建了人类发展(Human Development)、社会思潮(Social Thought)、种族关系(Race Relations)和传播(Communication)四个跨学科的委员会。这些委员会均具有准学系性质，每个委员会配置专任教师，并有权推荐学位候选人；同时，这些委员会又是超学系性的，每个委员会没有专门学科，其主要目的是将各个领域有共同学术兴趣的学者和学生组合起来，从更广阔的视野研究某一特定问题。

跨学科委员会将不同背景的教师和学者组合起来，建立精神统体(one in spirit)，使学生在跨学科的氛围中对预设于学术研究中的一些基本问题进行广泛而深入的了解，为学生开展某一特定问题的研究奠定坚实的基础。因此，跨学科委员会对于芝加哥大学的通识教育具有重要的意义。这种意义，在芝加哥大学社会学教授莱文(Donald N. Levine)博士看来，足可以与芝加哥学派对芝加哥大学学术发展的意义相媲美。[8]

3. 重视大学推广教育

大学推广教育肇始于19世纪的英国。当时，以剑桥大学为代表，英国一些大学经常为社会的普通民众，尤其是一些小城镇的民众主办各种启迪性、教化性的讲座。受英国大学推广教育的影响，哈珀坚信大学应努力将知识传播于正规教室之外。为此，在著名的“哈珀计划”中，哈珀将推广部作为大学三大重要的维度之一，为芝加哥大学推广教育奠定了坚实的组织基础。

赫钦斯就任校长以后，将推广教育视为大学通识教育的必要构件。正如赫钦斯所说：“经验性学科只有通过经验才能学习，这一教学法原则可以推出这样的结论，即教育最重要的分支是成人教育。我们有时似乎将教育视为麻疹、腮腺炎、水痘、百日咳之类的东西——得过一次，就不需要，的确也不再得。”[9]为此，赫钦斯在全美范围内掀起了名著讨论运动。这场运动在20世纪40年代最后几年达到了顶峰，仅战后第一年就有43 000人参与，分布于近300个社区之中。以后，名著讨论运动也一直是美国最接近成人自由教育的活动。

（四）芝加哥大学的文化品性

芝加哥大学创立于19世纪90年代，并在较短的时间里声名雀起；20世纪30年代以后，芝加哥大学又以其通识教育独领风骚。芝加哥大学之所以能够取得如此卓越之辉煌，在很大程度上得益于洪堡与纽曼两种大学理念。

洪堡主张，大学“立身的根本原则是，在最深入、最广泛的意义上培植科学，并使之服务于全民族的精神和道德教育”，进而提出了“由科学而达至修养”；[10]而纽曼则认为：“大学是传授普遍知识的场所”，并通过普遍知识的传授达成绅士之培养。他断然反语道：“倘若大学的目标是科学与哲学的发现的话，我不明白大学为什么会有学生？”[11]

的确，专业性研究以及派生这些研究的教学毕竟不同于人和公民的培养与造就，两者的文化氛围大相径庭。事实上，在20世纪30年代，芝加哥人就曾用哈珀式大学或者赫钦斯式大学来彼此区分。那么，就其总体精神而言，芝加哥大学究竟是洪堡式，还是纽曼式；或者到底是哈珀式，还是赫钦斯式的呢？芝加哥大学社会学教授莱文博士曾经说过：“如果我不得不冒昧地阐述芝加哥大学的精神的话，我会将芝加哥大学的精神认定为对于那些甚至令人厌烦的矛盾的广泛开放性。或许，我们的精神就在于不遮蔽矛盾，不作委婉的妥协，也不在相互对立的两极中顾及一端而牺牲另一端，而是去包容它们。”的确，芝加哥大学之所以能在学术研究领域成就斐然，同时又在通识教育方面独树一帜，就在于这种广泛的开放性，或曰包容性。

正是这种广泛的开放性或曰包容性，芝加哥大学在其创办和发展的过程中形成了与美国其他大学迥然不同的独特气质与魅力。从人才培养来看，哈佛、耶鲁大学沿袭英国大学的纽曼理念，通过博雅教育，为教会培养神职人员和为社会培养公职人员；霍普金斯大学效法德国大学的洪堡理念，主张通过研究与自由的结合、研究与教学的统一造就献身于科学的学者；而芝加哥大学在哈珀时代注重大学的学术研究以及与之关联的教学，在赫钦斯时代则倡导通过名著教育发展人的理性，培养睿智与至善之人，由此达成了本科教育与研究生教育的融通。从学术研究来看，芝加哥大学不仅秉承纽曼和洪堡“纯粹知识”的理念，注重大学的基础研究，荣获了数量达全美第一的诺贝尔奖项，而且坚持以问题为导向，关注人类生活的现实，在诸多学科领域打造了享誉世界的“芝加哥学派”。从社会服务来看，芝加哥大学在建校初期就非常注重推广教育，尤其是为芝加哥大学周边地区服务，并通过三分的组织架构保障这一功能的实现。从大学组织来看，尽管芝加哥大学是由浸礼教派创办，却形成了全美第一个以企业家为主导的董事会，而且其办学经费并非完全出自洛克菲勒一人之手，在大多数情况下都是由大家按比例共同捐资。

一般认为，英国大学强调教学，德国大学崇尚研究，而美国大学注重服务。因此，服务是美国大学的根本特性。事实上，无论从美国大学的历史演绎还是现实状况来看，美国大学的服务是建立于良好的教学和卓越的研究基础之上的，美国大学实际上是对教学、研究和服务三者的开放与包容。因此，美国大学最根本的文化品性可以归结为广泛的开放性，或曰包容性。而正是这种开放性或曰包容性，使得芝加哥大学得以融通识教育、学术研究和社会服务于一炉，从而赢得“第一所美式大学”的赞誉。

参考文献：

[1] The Nobel Prize Internet Archive[EB/OL]. http://www. almaz. com/nobel/, 2005—01—17.

[2][6] One in Spirit. The Joseph Regenstein Library[M]. Chicago: University of Chicago, 1971:17,39.

[3] Murphy, William M. & Bruckner, D. J. R. The Idea of the University of Chicago[M]. Chicago: The University of Chicago Press, 1976: 9—10,236,77.

[4] 舸昕. 从哈佛到斯坦福[M]. 北京:东方出版社,1999. 462.

[5][7][8][12] University of Chicago[EB/OL]. http://iotu. uchicago. edu/levine. html,2000—11—8.

[9] [美]罗伯特·M·赫钦斯. 美国高等教育[M]. 杭州:浙江教育出版社,2001:69.

[10] [德]威廉·洪堡. 论柏林高等学术机构的内部与外部组织[J]. 高等教育论坛,1987(1).

[11] John H. Newman. The Idea of University: Defined and Illustrated [M]. NewYork & Toronto: Rinehart & Co. Inc, 1960: XXXVⅡ.

(本文发表于《比较教育研究》2005 年第 8 期。作者欧阳光华,时属单位为教育部人文社会科学重点研究基地北京师范大学比较教育研究中心、北京师范大学国际与比较教育研究所、华中师范大学管理学院)

八、小而精:加州理工学院的定位与特色发展分析

(一) 加州理工学院的特色——小而精

1. 加州理工学院的"小"

自建校以来,加州理工学院的规模一直很小,20 世纪 80 年代以后学校才达到两千学生的规模,其师生比保持在 1∶3 的水平。[1] 即使在美国高等教育大众化时期,它的规模也没有扩大,始终保持其小规模的传统。

由于其小规模的发展模式,加州理工学院的机构设置也非常简单。它的院系设置不是校、院、系三级,而是校、系二级设置,只有生物、化学与化工、工程与应用科学、地质与行星科学、人文与社会科学、物理、数学与天文学六个学部(division)。

2. 加州理工学院的"精"

加州理工学院虽然规模不大,但其学术成就和声望却很高。20 世纪 20～30 年代,地质学家伍德发明了地震仪,物理学家里查和数学家伽坦堡把地震学发展成为一门国际性学科。20 世纪 20～30 年代,两次诺贝尔奖得主(化学奖与和平奖)鲍林奠定了分子生物学的基础,1933 年获得诺贝尔奖的托马斯・摩尔根是现代遗传学的鼻祖。

20 世纪 40 年代,物理学家戴尔布拉克对病毒的遗传结构和复制机理做出了重大发现,导致了分子遗传学的诞生,1969 年获得诺贝尔生理学及医学奖。1948 年,该校科学家首次勘测发现了数以千计的行星及星系、彗星,并绘制了

天文图谱，被全世界的天文学家奉为经典。20 世纪 60 年代，物理学家盖尔曼提出夸克理论，1969 年获得诺贝尔物理学奖。罗杰·斯佩里发现大脑两半球各司不同的职能，1981 年获得诺贝尔生理学及医学奖。1986 年，生物学家胡德发明了脱氧核糖核酸序列分析器，现在人类基因项目主要依靠这种仪器来解析基因序列。[2]

在 1980～1990 年间，该校教授平均每人在一流自然科学期刊上发表 3.36 篇论文，排名第二的斯坦福大学仅为 1.21 篇。[3]一所规模如此小的大学取得了世界瞩目的成就，很大程度上归功于其“小而精”的准确发展定位与特色。

（二）加州理工学院“小而精”办学理念的形成

加州理工学院的前身是帕萨迪纳市(Pasadena)郊区的一所艺术和工艺学院，最初以手工训练为重心。1893 年，学校改名为色罗珀多科技术学院，由语法学校、高中、教师训练学校、商业学校、初级学校和一个俱乐部的晚间和暑期课程班构成。1904 年，芝加哥大学教授海耳(Goerge Ellery Hale)来到帕萨迪纳附近的威尔逊山筹建威尔逊天文台(Mount Wilson Observatory)，并于 1907 年正式加入色罗珀多科技术学院董事会。正是海耳的到来使加州理工的命运出现了转变。

海耳看到对色罗珀多科技术学院的有利条件是落山基山脉以西尚没有一流的技术学院，当时美国也没有一家重视全面教育的技术学院。于是，1907 年，他在董事会上建议应把学校建成一所高水平的技术学校，将初等课程去掉，集中精力搞好基础科学和工程学的课程以及适当的人文课程，不重复其他技术学校的工作，把学生培养成优秀的工程师。他的思想很快在该校得到了积极响应。学校董事会决定终止自己的初级、中学和商业学校以及教师培训项目，仅留下可以在电子、机械和民用工程方面授予理学学士学位的部分。董事会通过两项决议，一是将学校的目标定为一流工程技术学校，二是为了达到这一目标，首先开设一门电机工程课。在海耳的努力下，色罗珀多科技术学院开始转型。

1911 年，罗斯福总统到校访问，他发表的讲话对该校的教育方针产生了重大影响。罗斯福总统说：“我希望看到美国的高等学校，包括色罗珀培养出的学生，每 100 人中有 99 人能够出色地完成本职工作；我希望看到能开凿巴拿马运河和在国内兴建大型水利工程的人；我更希望看到剩下的那第100位学生受过良好的科学文化熏陶，成为像你们伟大的天文学家海耳那样的人。”加州理工学院决心致力于培养那第100位学生，其他的99人留给其他学校去培养。

1914年，海耳把他的老师诺耶斯请到了加州理工学院。诺耶斯曾是麻省理工学院(MIT)化学系教授，他认为“工业研究并不是教育机构最主要的研究机遇……教育机构的主战场在纯科学领域——研究基本的原则和现象，而非急功近利的应用性推广”。[5]诺耶斯到达后为学校制定了许多成功的教育政策。加州理工学院早期的物理教授欧内斯特·沃森写道：“诺耶斯不仅一手制定了使加州理工学院获得巨大成功的教育政策，还推敲加州理了每一个细节，使它们能够沿用至今，几乎不用作任何修改。”这些政策包括坚持小规模，精心挑选本科毕业生；注重少而精，不追求大而全；在所有层次，包括本科层次，提倡创新的研究工作；在科学教育之外，坚持对本科生进行人文学科的教育；强调基础科学，而非应用科学。

1921年，学院董事会正式把学院目标定为追求最重要的科学研究，同时继续工程与纯科学的教育，并使之建立在数学、物理、化学等基础学科的坚实基础上；扩充且丰富英语、历史和经济学课程；用研究精神激发学院所有工作。从20世纪20年代开始，这所学校开始沿着一条自己的路走下去，并且一直到现在都没有改变。虽然在发展过程中，扩大规模是不可避免的，但董事会坚持谨慎而稳健的政策，规定只有达到与物理系和化学系同等水平情况下才允许建立新的系。加州理工学院的每一位校长都要向董事会保证遵守学校的传统，把学校办成一个小、但是水平很高的学校。

(三)“小而精”理念下的发展策略

1. 聘请一流的科学家担任教师，创造一流的研究与人才培养环境

要办成一流大学，根本的一点是离不开一流的师资。加州理工学院把学校定位于发展前沿科学，培养一流的科学家和工程师，最根本的是需要一流的教授。它的校长都是著名的科学家，懂得如何发展科学，非常重视聘请一流的人才来学校任教和科研。

海耳来到威尔逊山建立天文台的时候，加州理工学院聘他做董事会成员，

当时董事会成员都是有钱人，就他一个是科学家，懂教育。海耳加入董事会后，请了物理化学家诺耶斯每年到校访问3个月，做客座教授，诺耶斯的到来，使学校在教育上非常重视基础学科的教学和研究。1921年，密里根教授的到来使加州理工学院如虎添翼，他做了18年校长，不仅把加州理工学院的物理系变成了全国最好的，而且把整个学校带到了研究的前沿。有人甚至把加州理工学院称为密里根大学(Millikan's School)。然而，请他到加州理工学院难度很大。当时卡耐基基金会要请密里根当主席，西门·福来克斯纳(Simon Flexner)正在筹建中的全国物理化学中心实验室要请他当主任，密里根任教的芝加哥大学也千方百计要把他留下。1928年他还兼任国家研究委员会主席，1919年兼任美国科学促进学会会长。但海耳知难而上。1919年，密里根要求建立一个耗资达100万美元的研究所和实验室，使物理学家和化学家能够联手从事物质结构的研究。海耳首先建立了“密里根百万基金”，为密里根在加州理工学院建成了超过芝加哥大学的物理实验室。海耳本人甚至将自己的家产押上，保证每年给他研究经费。诺耶斯同意放弃他扩展化学系的一部分资金用于发展物理系，还保证他承担较少的行政事务。[7]从此以后，这三个志同道合的人把加州理工学院变成了今天举世闻名的一流大学。

在加州理工学院，对优秀人才的重视非常突出。20世纪30年代经济大萧条的时候，学校的经济面临巨大的困难，而为了留住鲍林，诺耶斯、密里根、海耳使出了浑身解数。海耳和其他一些董事还从自己的口袋中掏出钱来资助鲍林的研究，而且当化学系新楼停工之后，海耳在他新的天体物理学大楼里腾出教室来作为鲍林的实验室。诺耶斯在30年代中期破格把鲍林升为教授之后，还聘请他当化学系主任。诺耶斯认为在用人上“年龄的大小肯定不是主要的考虑因素，化学系主任超越一切的品质应该是全身心地投入于研究工作……善于接受并发现新的思想，同制定未来科学研究新计划的能力相比，行政能力是第二位的”。[8]由于鲍林在加州理工学院深受器重，学校给他创造了最好的条件，才使这位科学家两次获得诺贝尔奖。

1930年，加州理工学院高薪聘请到了德国著名的地震学家古腾伯格斯(Beno Gutenbergs)，使世界地震研究中心从德国转移到了美国，又使美国的地震研究中心从伯克利转移到了加州理工学院。加州理工学院还聘请了美国航空技术的先驱人物冯·卡门,正是由于聘请了一流的科学家担任教师,才建立了一流的学科,加州理工学院虽然学科不算齐全,但多数学科都是世界顶尖水平。正是有了世界上最好的大师、最好的教授,加州理工学院才有了今天的声誉,一所大学能否成功的关键在于它是否有一流的师资队伍。有了一流的教师队伍才能培养出一流的人才,才会在教学、科研方面取得丰硕的成果。

2. 注重基础学科研究和学科交叉

加州理工学院的三位奠基人都信奉一种较新的观念,即科学研究应该打破并超越旧的学科界限,他们都非常重视基础学科建设和学科之间的交流。在加州理工学院,化学家定期参加物理研讨会,物理学家通过观察宇宙来检验化学演化的理论,天文学家和物理学家、化学家一起破解星球的奥秘。诺耶斯虽然是化学家,但他在1922年致力于生物化学的研究和教学,最先在学校倡导开生物课,他认为生物课是医药学的基础。而密里根坚决要求本科生学习2年物理、2年化学和1年数学,这种课程要求一直保留到今天。加州理工学院的学生都必须完成生物、化学、数学、物理和社会方面的必修课,且课程要求严格。学生直到后2年才把主要精力集中在所选领域和专业中。

由于学校规模小,教师只有300来人,在一起交谈很方便,所以学科容易交叉。例如,20世纪初的化学仍然是扎根于上世纪的许多分支学科的大杂烩,每一门分支都有自己的一班人马和一系列难题。化学家们被分成离子学家、热力学家,后来又新添了量子化学家,每一个团体都有自己的传统、方法、期刊,每年只是在几次全体会议上才坐在一起。在美国,只有加州理工学院和加州大学伯克利分校的化学系才跨越了这些旧的学科限制,强调在教授之间进行交流和沟通,并致力于研究化学学科的基本思想。20世纪20年代末在美国能够把量子力学应用到化学上的科学家屈指可数,而且他们之间的多数人是对化学抱有兴趣的物理学家。加州理工学院的鲍林是独树一帜的,他受的训练是化学,而同时又有渊博的数学和物理学知识。正是由于学科交叉,1931年鲍林基于量子理论创造的化学理论,比当时的思想领先了10年。绝大多数化学家既不知晓量子力学为何物,也不理会量子力学对化学学科的重大意义。他后来又从有机化学转向生物学研究,坚持参加生物学讨论会,同样取得硕果。在鲍林名声鹊起的时候,哈佛大学想聘请他去。但鲍林发现,在哈佛,像有机化学和物理化学这些分支学科已僵化为互不来往的封地；而在加州理工学院，研究人员可以自由地采取自己独特的科学研究方法。

遗传学家摩尔根在加州理工学院时，鼓励研究者同生物化学家协作攻关。当时，这种组织形式在美国几乎是独一无二的。“摩尔根反对给人划框框、戴帽子。加州理工学院之所以取得惊人成就，这种态度起了很大作用。他在加州理工学院反对学科间各自为政，力主把遗传学、动物学、胚胎学、生理学合并为生物学，他还提倡生物学同化学、物理学相结合。”[9] 在加州理工学院，甚至生物学部大楼也被设计成与化学大楼连在一起，以方便两个学科人员的接触。在摩尔根从事科学活动年代里，不但产生了遗传学这门学科，而且已发展到了必须依靠学科间的合作才能继续前进的阶段。摩尔根从人才培养和机构建设两方面推动了生物学革命。迄今为止，曾在他组建的这个部工作过的生物学研究人员中，有 7 人获得诺贝尔奖。

3. 学校领导注重多渠道募集资金

加州理工学院是一所私立大学，学校虽然规模小，但要发展成为一流的培养科学家和工程师的学校需要花费大量资金，因为现代科学的发展需要一流的仪器和实验设备，其成本是非常昂贵的。没有足够的资金，就不可能聘请到一流的教师，就不能提供最先进的实验环境，根本谈不上发展成为最好的纯科学研究场所。

加州理工学院发展的时代是美国西部财富剧增的时代，帕萨迪纳聚集了很多百万富翁，加州理工学院的董事会成员绝大多数都是百万富翁，为筹集资金提供了很好的条件。加州理工学院的历届校长都是科学家，他们为发展科学教育事业倾注了巨大的热情。这些科学精英们利用他们的智慧和人际关系，在筹集资金方面的能力并不比科学研究差。

1921 年出任校长的物理学家密里根，在他 1923 年获得诺贝尔物理学奖之后的一段时间里，代表了美国公众头脑中的科学家形象。密里根也是筹措资金的大师，他能够运用各种方式说服别人为加州理工学院投资。加州理工学院董事会的一个席位，成了当地最富有的人的一种荣誉象征。

在 20 世纪，基金会的资助是大多数私立大学发展的关键因素之一，尤其是卡内基和洛克菲勒基金会开始大规模地资助科学研究。加州理工学院非常重视同其搞好关系，争取资金。加州理工学院的很多科研项目都是这两个基金会资助的。如1928年，在威尔逊天文台工作的海耳及其同事为加州理工学院争取到建立200英寸天文望远镜项目，争取了洛克菲勒基金会国际教育理事会的600万美元拨款，占这个基金会在6年间赠款的35%。[10]天文学与天体物理学的教学和研究从此成为加州理工学院的一部分。

海耳、诺耶斯和密里根都是国家研究理事会的组织者。国家研究理事会从1919年开始设立并管理博士后奖学金。这些博士后多数集中在五所大学：加州理工、伯克利、普林斯顿、芝加哥、哈佛。由于海耳、密里根是国家研究理事会的创始人和主要领导人，也是博士后奖学金评选委员会的主要成员，因此，加州理工学院得到大量博士后奖学金。卡内基集团1915～1933年间为自然科学研究提供了大约1 700万美元，其中600多万给了国家研究理事会，而加州理工学院在1921～1929年间得到了近100万美元。[11]

国防研究也是加州理工的一大财源。1940年，加州理工学院的教授图而曼加入了国家防务研究委员会，任军械部主任，而图而曼自己挑选的副手也是加州理工学院的教授。不久，加州理工学院实际上就成了国防委军械部的一个分支。在第二次世界大战期间，加州理工学院参与国家的军事和国防研究，获得的联邦政府研究款仅次于麻省理工学院。加州理工学院还管理国家喷气推动实验室，每年从政府那里得到巨额管理费。

另外，校友捐赠也至关重要。由于加州理工学院培养的人才是大量的科学家与工程师，他们对学校的回馈也是丰厚的。例如2003年，全球最大的半导体芯片公司英特尔的联合创办人戈登·摩尔(Gordon Moore)，决定向加州理工学院捐款6亿美元，这是到目前为止美国高等院校收到数额最大的一笔捐款。戈登·摩尔是加州理工学院校友，曾经捐赠3 500万美元给加州理工学院的多样化生物应用中心。[12]

(四) 对我国建设世界一流大学的启示

1. “小而精”的优势

加州理工学院的“小而精”发展策略有利于其保持高质量的标准。一方面，小规模直接导致学生入学时的竞争相当激烈，这种高度选择性的招生保证了优秀的生源。同时在教育教学过程中，加州理工学院的所有本科生都由教授亲自授课，就连一年级的新生都有可能参加教授的研究项目，为以后培养拔尖人才打下良好的基础。另一方面，由于它规模小，用于每个学生头上的教育经费在美国是名列前茅的，大量的经费给培养精品人才创造了良好的条件。

"小而精"发展还有利于核心校园文化的形成。一个小学校更利于团结，更便于交流不同的思想，而且不容易陷入派系斗争。同时，教师较少，就能够和精心选拔的学生保持更加密切的对话，便于学生有很多机会和杰出的老师接触和学习，甚至一起做研究。显然，这是规模庞大的大学无法比拟的。思想的碰撞产生许多火花，激发了教师和学生创造的灵感。尤其是在现代科学高度分化与融合的形势下，这种便于学科交流的氛围对学生的成长和教师的科研都是非常有利的。因此，加州理工学院的"小而精"发展模式对于促进学科的交流与融合都是非常有利的。

2. 准确定位并把特色发挥到极致

大学的特色是指在一定的办学思想指导下和长期办学实践中逐步形成的独特、优质和富有开创性的个性风貌。加州理工学院在不同的时代，都能坚持自己的定位和目标，抓住机遇，集中优势发展重点学科。学校在20世纪20重点发展了物理和化学，30年代重点发展生物和遗传学，二战前后重点发展国防科学。由于顺应了时代的要求和科学发展的进程，学校的实力逐渐增强，成为一所可替代、无可比拟的具有鲜明特色的一流大学。

综观加州理工学院的发展，给予我们的启示之一就是一流大学不在于规模大小，也不在于学科之全，关键在于有特色，并把特色发挥到极致。正如该校巴尔的摩校长所说，就像生物多样性一样，大学应该有多种多样的类型，不同类型的学校各有特点，最重要的是在自己类型中保持特色，出类拔萃，就是一流。

参考文献：

［1］ Judith R. Goodstein. Millikinan's School：A History of The California Institute of Technology［M］. New York：W. W. Norton Company，1991：23—278.

[2] 蓝劲松. 小而精的学何以成功——对加州理工学院崛起的分析[J]. 复旦教育论坛,2003(1).

[3][4][7][10][11] 舸昕. 从哈佛到斯坦福——美国著名大学今昔纵谈[M]. 北京:东方出版社,1999:359,365—366,368,372—373.

[5][6] [美]托马斯·哈格. 20世纪的科学怪杰——鲍林[EB/OL]. http://www.med8th.com/readingroom/20sjdkxgj/4-1.html. 2004—6—20.

[8] [美]托马斯·哈格. 20世纪的科学怪杰——鲍林[EB/OL]. http://www.wenhua.jztele.com/jswx/essj/011.html. 2004—12—20.

[9] 夏因·罗伯尔. 遗传学的先驱——摩尔根评传[EB/OL]. http://www.mypeera.com/book/2003new/li/zhuanji/yexdxqmegpz.html. 2004—6—20.

[12] Hillary Bhaskaran. Calibrating Gordon Moore[EB/OL]. http://www.pr.caltech.edu/periodicals/CaltechNews/articles/v36/moore.html. 2004—6—20.

(本文发表于《比较教育研究》2005年第4期。作者李敏,时属单位为浙江工业大学职教学院)

九、牛津大学办学理念探析

牛津大学是英语国家中最古老的大学，也是世界上历史最悠久、影响最大的大学之一，历经800多年而不衰。在我国把创建世界一流大学作为高等教育改革的重要目标时，深入研究牛津大学的办学理念具有积极的意义。本文拟从人才培养的视角，对牛津大学的办学理念进行探讨。

(一) 大学是什么

和中世纪最早的大学一样，牛津大学不是创建的，而是逐渐形成的。早在1096年，在牛津就开始有学者从事学术和教学活动，但这种学术活动时断时续，1167年后才迅速发展起来。是年，英国国王亨利二世同法国国王发生争吵，便把英国学者从巴黎大学召回，并禁止英国学者和学生去巴黎大学讲学或求学。一些著名学者来到牛津，牛津便逐渐发展成为中世纪的大学（stadium generale）。在12世纪末、13世纪初，牛津大学的教学活动涉及文科、罗马法和教会法、神学和医学，成为一所探索当时的普遍学问的场所。也就是在这个时期，牛津大学有了由大主教任命的牛津学长，管理大学事务。在1214～1216年间，杰弗瑞·卢西被任命为牛津大学校长，牛津也开始被称为universitas，这标志着牛津大学在1216年前是由学者组成的团体。至此，牛津大学作为一所学术机构，便具备了中世纪大学的两个涵义：大学是探索普遍学问的场所，是由学者组成的社团。时至今日，这种理念仍然影响着牛津大学，成为牛津大学理念中最有生命力和影响力的一部分。泰德·塔玻等学者指出："牛桥（Oxbridge）信念体系中最持久、最有影响力的信念是，大学是自我管理的学者社团。"[1]

到14世纪中期，牛津大学已超越其他大学成为最著名的学府，并受到教皇、国王和哲人们的称赞。在文艺复兴时期，牛津大学作为英国的思想、学术中心，在英国的文艺复兴运动中发挥了重要的作用，并对英语文学的发展和英语地位的提高做出了重要的贡献。

在国内能找到的中英文文献中，没有发现有关近代牛津大学办学理念的直接资料。牛津大学的校徽上写着“Dominus iluminatio mea”[主照亮(启发)我]，[2]彰显出中世纪宗教对大学的影响，强调“启示”是知识和真理的源泉，但大学毕竟是探索学问(知识和真理)的场所。在19世纪中叶，牛津大学兴起了有关大学理念的讨论，其中最有名的代表人物便是约翰·亨利·纽曼。纽曼在1816年12月进牛津大学三一学院学习，毕业后在牛津大学奥利尔学院担任教师，后来担任大学教会牧师，参与发起过著名的牛津运动，在牛津大学学习和工作近30年的时间。1852年，纽曼当选为都柏林新成立的天主教大学校长，并发表了著名的关于大学理念的演讲。纽曼的基本大学理念是：大学是探索普遍学问的场所，是传授普遍知识的场所。纽曼的大学理念实际就是牛津大学的办学理念。牛津大学史学者谢尔顿·罗斯布莱特指出：“纽曼的大学理念，既是英国的大学理念，也是牛津的大学理念。但是，由于纽曼时代存在着几种相互对立的牛津大学理念，或者更准确地说在大学理念这个共同关心的主题上存在着不同的看法，因此，如果说纽曼关于牛津大学的理念是对他19世纪20年代学院生活的回忆，也许更准确些。”[3]其实，早在19世纪初，牛津大学林肯学院院长爱德华·塔汉姆就提出“大学是探索普遍学问的学府”，大学也是传播普遍知识的场所，并认为传授普遍知识是大学的第一个也是最重要的职责。[4]塔汉姆的这种理念在19世纪上半叶在牛津大学具有一定的代表性，纽曼的大学理念实际是19世纪中期以前在牛津大学占主导地位的理念。

19世纪中叶，以赫胥黎为代表的科学教育的旗手不满于牛津大学的自由教育传统，倡导大学实施科学教育，开展科学研究，对牛津大学的办学理念产生了不小的冲击。牛津大学在社会的压力下不得不进行一系列的改革，加强了与社会发展的联系，扩大了教育内容的范围，增加了科学研究的职能。牛津大学在维持其基本办学理念的前提下，逐步实现了现代化。

现代牛津大学的办学理念可以从该校的使命陈述中得以体现。2000年，牛津大学将自己的使命陈述为:“牛津大学的目标是:在教学和科研的每一个领域都达到和保持卓越;保持和发展作为一所世界一流大学的历史地位;通过科研成果和毕业生的技能而造福于国际社会、国家和地方。为了达到这一目标,大学致力于:适应知识界和社会各界发展的需要,与广大学术界、专业界、工业界和商业界建立密切联系,为教师从事创造性的研究提供设备和支持,以使牛津取得杰出的研究成果;建立教学与研究环境的富有成效的联系,促进具有挑战性的、有活力的教学,通过导师制和小组学习促进思想交流,充分利用大学图书馆、博物馆和科学收藏物资源,培养毕业生在全国和国际上的竞争能力;保持并充分利用各独立学院的优势,通过提供富于激励作用的、多学科的学术社区促进学生智力和人格的发展,通过提供高质量的支持服务加强大学的学术生活;从英国和国际上吸引高素质的学生来牛津大学学习本科生、研究生和继续教育课程,积极拓宽招生渠道,吸收多样化背景的学生,并为牛津及更广大的地区提供更多和更加多样化的终身学习机会。”[5]

(二)大学的职能及人才培养在大学中的地位

虽然中世纪大学中也存在一些研究活动,但这个时期大学里的研究主要是学者个人的事情,科研尚未成为大学的职能,当时大学的惟一职能就是培养人才,或者说就是教学。牛津大学也不例外,“大学不鼓励从事高深的研究,它们只是大学教师作为个人爱好来追求”。17、18 世纪,牛津大学开始显露出对科学实验的兴趣。著名化学家和物理学家波义耳曾当选皇家学会主席,但他拒绝赴任,而是潜心在牛津大学从事研究。威廉·哈威在研究中发现了血液循环的原理,为医学研究做出了重大贡献。皇家学会的主要成员都与牛津大学保持着密切的联系,牛津大学的学者也有一些人当选皇家学会会员。在 19 世纪初德国的洪堡创建柏林大学,把发展科学作为大学的职能时,牛津大学的一些学者也对科学研究职能予以关注。牛津大学林肯学院院长爱德华·塔汉姆虽然承认大学是传授普遍知识的场所,但又认为大学也应该促进知识的发展,并根据科学研究调整教学。但是,塔汉姆的这一观点并不是牛津大学的主流观点。

牛津大学把科学研究排除在外的做法,招致社会各界的批评,皇室成立牛津大学皇家调查委员会对牛津大学进行调查。1850 年牛津大学皇家调查委员会的报告指出:“正如人们所普遍承认的,牛津大学和国家双方都因缺乏一批献身于科学研究和学术教育的学者而蒙受重大损失。牛津大学精深研究成果是如此之少,这一事实既有损于牛津大学的学府声誉,又影响了它在国家的地位。”[7]根据皇家调查委员会委员们的看法,德国大学才是真正的大学,应该成为英国大学的榜样。在皇家调查委员会报告的基础上,英国议会颁布《牛津大学法》,要求牛津大学建立高水平的教师队伍,既从事教学又进行科研,同时按专业设系,使大学的结构从以古典学科为中心的体系转移到以专业为中心并与职业对口的体系,使专业的教学和科研与实际结合起来。此后,牛津大学创建了一批博物馆和实验室,科研逐渐成为牛津大学的一个重要职能。

关于当代牛津大学的职能,牛津大学前副校长莫里斯·博拉指出:“当代牛津的基本任务有四:培养领袖人才,科学研究,培养新型的学者和科学家,通过学院传递文明文化。”[8]博拉这里所说的任务,实际上就是指牛津大学的职能。在牛津大学的使命陈述中,也可以看出牛津大学在当代社会发展中的职能:开展创造性的研究,促进具有挑战性的、有活力的教学,发展学生的智力和人格,提供更多和更加多样化的终身学习机会。

人才培养是牛津大学的重要职能,无论是培养领袖人才、培养新型的学者和科学家,还是教学、发展学生的智力和人格、培养品格。牛津大学曾一度以人才培养为惟一职能,现在仍把人才培养作为其重要职能之一。1998～1999年度,牛津大学在校学生总数达15 745人,其中本科生10 929人,研究生4 816人。19世纪后期以来,特别是第二次世界大战结束以来,牛津大学在坚持人文教育传统的同时,加强了科学技术人才的培养。牛津大学的人才培养质量有目共睹,其毕业生中成长起来的政界领袖、学界泰斗、工商界精英,令其他学校难以望其项背。

自19世纪下半叶科学研究成为牛津大学的职能以来,牛津大学便迅速成为英国乃至世界上的一支重要科研力量,在数学、物理学、医学、经济学、化学、计算机科学、文学、历史等学科领域,都取得了举世瞩目的成就。在20世纪70年代末以前,牛津大学的科学研究主要集中在基础研究领域,因为这样的研究是非功利性的,比较符合牛津大学的理念。但自撒切尔夫人出任教育部长和首相以后,国家对大学的投入大幅度减少,政府鼓励大学加强与工商界的联系,使大学在为工商界服务的过程中获得自身发展所需的经费。因此,牛津大学也开始加强应用性的研究乃至技术开发。牛津大学在积极开展技术转让的同时,自己也创办高科技公司。目前,牛津大学拥有 17 家公司,5 家上市公司。[9]

牛津大学的成人教育和继续教育有着悠久的历史。早在 1878 年,牛津大学就和剑桥大学、伦敦大学一道掀起了大学推广运动,开设应用性较强的课程或讲座,为许多有闲阶级人士(尤其是妇女)、专业人员、商人、小学教师、工匠等提供了接受大学教育的机会。现在,向牛津及其周围地区提供更多的和更加多样化的终身学习机会,也成为牛津大学的一个重要任务,它每年向来自商业、工业和各种专业的个人或组织提供 300 多门课程,有 1 万多名学生注册学习成人和继续教育课程。牛津大学的许多教育设施如博物馆、图书馆,都向社会开放。

从历史发展来看,牛津大学的主要职能就是教学和基础研究。与其他世界老牌大学相比,牛津大学坚持学院制和导师制的传统,一直非常重视本科生教育。虽然大学职能不断发展变化,但其重视本科生教育的历史传统却始终未变。

(三) 大学应该培养什么样的人才

中世纪大学的一个显著特点就是古典的专业教育,大学教育的目的就是培养牧师、教师、律师、医生以及具有一定专门知识素质的公职人员。牛津大学的产生得益于 11 世纪末期开始的在牛津的学术活动,更得益于 11 世纪中期大批学者从巴黎大学返回英国。因此,与早期形成的以医学为中心的萨拉尔诺大学、以法学为中心的波隆那大学、以神学为中心的巴黎大学不同,牛津大学产生不久成为一所包括文科、法科、医科、神科中世纪四大学科的大学,承担着培养牧师、教师、律师、医生和政府官员的使命。由于最初文科是法科、医科和神科的基础,按照现在的标准看,牛津大学在中世纪的人才培养具有普通教育和专业教育相结合的性质。正如英国著名高等教育家埃里克·阿什比所说,它主要是"培养有教养的人,而不是知识分子,就大学毕业生而言,具有教养比具有高深学识更重要"。[10]

牛津大学在发展过程中取得很多特权,它和剑桥大学在英国高等教育中占据长达 600 多年的垄断地位,成为培养领袖人才的场所。长期以来,牛津大学的“主要职责就在于培养良好的公民,它培养将要成为社会各界和学术界未来领袖的精英”。[11]在对领袖人才的培养中,牛津大学又特别重视政治人才的培养。约瑟夫·A·索斯指出:“自中世纪开始,牛津大学就为那些试图进入权力界的人提供了通途,直到19世纪后期,牛津大学实际上就是英国政府的一部分。与君主、议会和英国教会一样,牛津大学是政府机构的一个分支。就是以这种身份,牛津大学为社会权力岗位培养人才。如果把牛津大学说成是英国官僚的预备培养学校,一点也不为过。在过去的几百年间,牛津大学培养出来的高层次的政治家和公务员比其他所有大学(包括剑桥大学)加在一起还要多。”[12]据统计,在1900～1985年间,在受过大学教育的972位部长中,455位是牛津大学的毕业生;在托尼·布莱尔以前的11位首相中,有8位毕业于牛津大学。在1951～1970年间,下议院受过大学教育的人中,保守党成员的48%和工党成员的30%毕业于牛津大学。[13]

在19世纪中期以前,牛津大学的招生规模都不是很大,特别是在17、18世纪,牛津大学处于衰败期,每年招生人数也就200多人。这个时期牛津大学主要培养的是政界(包括教会)的领袖人才。但是,自19世纪中期以后,面对科学技术和社会发展的挑战,牛津大学在社会各界的批评声中开始调整培养目标,在保持培养政界领袖人才传统的同时注重培养新型的学者,特别是在培养人文学科人才的同时注重培养自然科学、社会科学方面的人才,这种趋势在20世纪表现得更为明显。在1923～1974年间,牛津大学人文学科的教师所占比例从70%下降到38%,社会科学教师从3%上升到19%,自然科学和技术教师从27%上升到43%。1923～1991年间,牛津大学人文学科注册的学生比例从80%下降到37.8%,社会科学学生从0上升到22.7%,自然科学和技术学生从20%上升到39.3%[14]。正是由于培养目标的多样化,牛津大学不但培养了大批的政治家,而且培养了更多的文学家、物理学家、经济学家、医学家、化学家、数学家等学术界的领袖,也培养了一批有影响的历史学家、律师、语言学家和社会工作者。

在当代,牛津大学的培养目标是培养统治阶级的领袖人才和未来的学者精英。纽曼曾认为大学应该培养绅士,实际上绅士教育是牛津大学人才培养的传统,即使在今日,牛津大学所要培养的人才仍然是绅士。牛津大学前副校长沃尔特·莫伯利爵士曾经指出:"'牛桥'的主要目标一直是培养有教养的绅士这种精英人才。"[15]在莫伯利看来,像牛津、剑桥这样培养领袖人才的大学,应该培养"全人"(the whole person),应该为培养全人而实施全面发展的教育,这种教育的目的不仅着眼于未来的职业,而更应着眼于整个生活。与英国人相比,德国人和美国人大都认为大学应培养全人或全面发展的人;而英国人心中的全人或全面发展的人便是绅士。因此,美国学者喜欢把牛津大学的培养目标称为绅士领袖(gentleman leader)和绅士学者(gentleman scholar)。

(四)大学应该如何培养理想的人才

和其他大多数历史悠久的著名大学不同,牛津大学在适应社会的同时,并没有丢掉中世纪时期的大学传统,从而形成了别具一格而又富有成效的人才培养体系。其人才培养的特色主要体现在四个方面,即学院制、导师制、独特的专业和课程设置、丰富多样的课外活动。

首先,实行学院制,大学与学院分工协作,共同培养人才。牛津大学在形成之初,并没有自己的校舍,而是租用市民的房屋,1249年,达勒姆的威廉副主教捐款建立了大学学院,使牛津大学有了第一栋自己的校舍。此后,牛津大学又陆续建立了另外38个学院。牛津大学的学院并不是按学科来划分的,而是将不同学科的学生融于一个学院之中。学院的规模不大,都在500人以下。每个学院都是一个独立的法人,拥有自己的教师、职员、校舍、基金、各种学习和生活娱乐设施。学院制是中世纪大学的遗产,它使牛津像一个由众多自治共和国组成的联邦,大学和学院分工协作,共同培养人才。学院的职责是:选拔自己的本科生,为学生提供住宿、餐饮、公共休息室、图书馆、体育和娱乐设施、宗教服务,负责学生的导师制教学和福利。大学的职责是:确定各学院教学的内容,组织课堂教学、讲座和研讨会(seminar),提供图书馆、实验室、博物馆、计算设备等教学资源,选拔、指导研究生,审查研究生论文,组织考试,评阅考卷,授予学位。牛津大学的学生,必须在某一个学院注册,成为学院的一员,同时又属于大学。由于所有的讲座和课堂教学都是由大学提供的,因此,无论注册哪一个学院,都可以选择学习由大学提供的课程。在人才培养方面,大学的职责是学术性的,而学院的职责则是促进学生的品格发展。纽曼曾分析了大学和学院的职能区别:“大学的教学方法是教授式的,而学院的教学方法是导师式的。大学为传授知识而存在,而学院的职能在于发展品格。”[16]今天,牛津大学仍然维持着这种职能分工。牛津大学前副校长莫里斯·博拉也指出:“一所学院如果不能在学术要求之外为本科生提供丰富而富有活力的生活,它就失去了存在的价值。学院理念的核心是学院是一个各种兴趣交融的社团。总之,学院在学生的学术生活之外,为学生提供富有激励的、文明的影响,丰富学生的生活。”[17]正是通过大学和学院作用的相互补充,牛津大学培养出一代又一代高水平的人才。

其次,实行导师制,实现课堂教学与个别教学的结合。和世界其他大学一样,牛津大学也利用讲座、研讨会等教学方法提供教学,这种教学不是由学院承担的,大学的16个学部(faculty)担负起这种教学的组织任务。学部不是大学内的自治单位,它们是跨学院的组织,学部的教师来自各个学院,但其所教的学生未必都是他所在学院的学生。牛津大学在教学上与其他大学不同的,是与其独特的学院制相配套的导师制。牛津大学的导师制源于1379年创办的新学院,迄今已有600多年的历史。学生在牛津大学一个学院注册后,学院就会为他指定一位导师(tutor)。导师是学生所选专业方面的学者,他负责指导学生的学业和品行。一个导师一般指导6～12个学生。导师一般都是学生所在学院的教师,如果本学院没有学生所选专业方面的教师,学院就请其他学院的教师担任导师。学生每周至少同导师见一次面,他可以单独和导师会谈,也可以和一两个同学一同前往,讨论先前布置的论文或问题的解决方案,目的在于评价学生提出的答案和理论,并在讨论的过程中提出新的观点。如果导师对学生提出的问题不能解答,他会安排学生去接受其他导师的指导。导师制成功的秘诀在于它倡导学生与导师和同学间积极的思想交流,要求学生提出并论证自己的观点,并能够接受他人的建设性的批评和建议。通过这种教学方法,可以培养学生的独立思考能力,不仅有助于学生的学业,而且还有助于通过迁移而培养学生的其他能力。[18]导师制使师生间建立了密切的互动关系,在师生间的互动中,导师通过文化的熏陶和耳濡目染,对学生的发展起着潜移默化的影响。难怪美国教育家弗莱克斯纳曾用“陶冶”一词来形容牛津大学和剑桥大学的导师制教学,并认为在本科生和导师之间建立的个人关系,是世界上最有效的教育关系。[19]通过导师制,牛津大学把大学的集体教学与导师的个别辅导结合起来，把学生的学业发展与个性发展、生活价值观教育等结合起来。

第三，建立别具特色的专业体系和多样化的课程体系。牛津大学的学生一入学就要选定专业。该校现设 50 种专业，有些专业是单学科的，如生物科学、化学、计算机科学等；有些则是跨学科的综合性专业，如考古学与人类学，生物化学、分子学与细胞学等。大多数专业学制 3 年，部分专业学制 4 年，医学专业学制 6 年，还有些专业（如物理学、现代语言、数学、地学、经典名著与现代语言等）既有 3 年制的课程计划，又有 4 年制的课程计划。由于专业性质、学科范围，各个专业的课程计划有很大的差异。以颇受欢迎的哲学、政治与经济专业为例，该专业学制 3 年，第一年哲学、政治、经济三个学科并重，主要学习导论课，使学生掌握每个学科的基本工具、方法，发展自己的兴趣，为进一步学习奠定基础。在第 2 年和第 3 年，学生仍可以三个学科齐头并进，也可以集中学习其中两个学科甚至以一个学科为主，但无论怎样选择，都必须修完核心课程。哲学方面的核心课程是从亚里士多德到康德的哲学史、伦理学。三个学科并重者可以只修伦理学。政治学方面的核心课程是比较政府论、20 世纪的英国政治和政府、政治学理论、国际关系、政治生态学，学生可以选择其中 2 门。经济学方面的核心课程是宏观经济学和微观经济学 2 门课程。在核心课程之外，导师会指导学生选修一些课程。但是，核心课程和选修课加起来必须达到 8 门。三个学科并进者修习三个领域的 5 门核心课程和 3 门选修课；而选择其中两个学科者，则学习其中两个学科领域的 4 门核心课程，外加这两个领域的 4 门选修课。[20]另外，在本科期间，学生在学习某个专业的同时，还可以选择其他一两个专业作为辅修。

第四，开展丰富多彩的课外活动，为学生营造富有激励性的学习和生活环境。牛津大学有着丰富的教学与科研资源，它的图书馆、博物馆和其他服务设施在全世界都是一流的。牛津大学图书馆及其附设的专业图书馆藏书 600 多万册，收藏有英国和爱尔兰出版的每一种图书和杂志以及其他国家的出版物。另外，每一个学部、每一个学部下设的系和各个学院都有自己的图书馆，每个学院都设有计算机设施为学生提供服务。更为重要的，牛津大学学生的课外活动丰富多彩，这是牛津大学的重要特色和对学生有吸引力的重要原因。牛津大学现有 200 多个俱乐部和社团组织，既有体育、音乐、戏剧方面的体育娱乐性组织，又有辩论、宗教、学术方面的组织，学生可以根据自己的兴趣爱好参加各种组织，参加各种课外活动。牛津大学主要由各学院组织各种各样的课外活动。这样不但可以丰富学生的课外生活，为学生提供发展兴趣爱好的空间，促进学生的全面发展，而且使得学生在规模巨大的大学中可享受到小学院的人文关怀和文化氛围，在重个人主义的社会中找到集体的感觉，增强学院的凝聚力。

（五）简短评价与思考

牛津大学是一所古老的大学，同时又是一所现代的大学，它以常人难以理解的智慧把中世纪的大学理念与现代大学理念融为一体，在800多年的历史中不断创造辉煌，在国家的政治、经济、文化、科技生活中均发挥着重要的作用。克里斯托弗·拉思伯恩在比较美国大学与英国大学时指出："在研究牛津大学等校的那种显而易见的持久而稳定的意识时，美国人感到，那些学校的基本制度中有一种根深蒂固的智慧，而这一点正是美国大学中所没有的。简而言之，牛津大学不需要竞争，没有哪个挑战者敢于处心积虑地准备把牛津大学从其突出的位置上拉下来。把牛津看成是完美无瑕的大学的力量，主要渊源于它的自信，渊源于它相信自己，认为自己高高在上的地位是理所当然的。因此，牛津大学不像其美国大学同行那样，要努力去证明自己的强大与先进。作为一所著名的大学，牛津在国家生活中拥有坚不可摧的地位。这就使它永远镇定自若，自尊自贵。"[21]拉思伯恩的分析清晰地阐明了牛津大学的地位以及取得成功的原因。

在其漫长的办学历史上，牛津大学一直坚持在中世纪时就形成的大学理念，把大学看作是探索普遍学问的场所，看作是自我管理的学者社团，致力于追求知识和真理。在很久的一个时期内，牛津大学都把人才培养看作它惟一的职能。在19世纪后期引入科学研究的职能后，牛津大学仍把人才培养置于重要的地位。在人才培养目标上，牛津大学虽然也根据时代的发展而进行适当地调整，但其基本培养目标并没有变，那就是培养全面发展的绅士。为了培养理想的人才，牛津大学保留了传统的学院制和导师制，设置了与众不同的专业和课程体系，为学生创设适宜的发展环境。这一切都使牛津大学充满了智慧、浪漫和神秘的色彩。牛津大学的办学理念是独特的，它和剑桥大学一起构成了英国大学乃至世界大学中的一道靓丽的风景线。

牛津大学独特的人才培养制度在现代社会是很难复制的，但是这并不否定它的办学理念的借鉴意义。在大学职能日益多样化和大学教育日益专业化的今天，牛津大学始终把本科生教育放在重要地位，始终把学生个人的发展放在首位，始终坚持培养全面发展的人才，并把人才培养目标定位于培养各方面的领袖，对于我国的大学建设应该不无启示。

从某种意义上讲，牛津大学是保守的。由于它在英国大学和英国社会中的特殊地位，牛津大学并没有像美国大学那样与社会建立密切的联系，而是与社会保持一定的距离，给人一种象牙塔的感觉。大学是象牙塔还是服务站，是当代大学理念中争论较大的命题，牛津大学的成功是否可以说明大学应该具有一定的象牙塔精神呢？这需要做进一步的探索。牛津大学在英国大学和国家生活中的特殊地位，成就了牛津大学的自信、自尊，但也给它带来了消极的影响。哈佛大学文理学院前院长亨利·罗索夫斯基指出："没有竞争的紧迫感和竞争的机会，这可能正是英国的大学在二次世界大战后相对衰落的诸多原因中的一个。"[22]罗索夫斯基这里所说的"英国的大学"，实际上就是指牛津大学。

然而，牛津大学在英国（特别是中上层社会）得到更多的是赞美、认可，而不是指责和改革的呼声。正如美国历史学家莫瑞森所言："在真正了解牛津大学的人中，没有一个理智的人非常希望去改变它。相反，他必须主要考虑的问题是，如何保存那些历经时间检验而保留下来的很有价值和美的东西。"[23]在英国日益强调高等教育多样化的今天，牛津大学（和剑桥大学）作为一种独特的大学模式将会继续下去。

参考文献：

[1][11][24] Ted Tapper and Brian Salter. Oxford. Cambridge and the Changing Idea of the University[M]. London: The Society for Research into Higher Education Open University Press, 1992.

[2] 裘克安. 牛津大学[M]. 长沙：湖南教育出版社，1986：54.

[3][4][16] M. G. Brock and M. C. Curthoys. The History of the

University of Oxford [M]: Oxford: Claredon Press. 1997: 290—291、292、293.

[5] http://www.ox.ac.uk.

[6][7] 徐辉、郑继伟. 英国教育史[M]. 长春:吉林人民出版社,1993:134.239.

[8][12][13] [14][15][17]Joseph A. Soares. The Decline of the Privilege: the Modernization of Oxford University[M]. Stanford: Stanford University Press, 1999:82、5、5、111—112、44、83.

[9] 王晓阳. 大学社会功能的比较研究[D]. 北京:北京师范大学,2000:117.

[10] 阿什比. 科技发达时代的大学教育[M]. 北京:人民教育出版社,1983:9.

[18] University of Oxford. Undergraduate Prospectus 2000—2001[M]. Oxford: University of Oxford. 1999:7.

[19] Abraham Flexner. Universities: American, English, German[M]. Oxford: Oxford University Press. 1930:274—275.

[20] University of Oxford. Undergraduate Prospectus 2000—2001[M]. Oxford: University of Oxford. 1999:85—86.

[21][22] [美]亨利·罗索夫斯基. 美国校园文化[M]. 济南:山东人民出版社,1996:200—201、201.

[23] Alex Duke. Importing Oxbridge[M]. New Heven: Yale University Press. 1996:2.

(本文发表于《比较教育研究》2004年第2期。作者刘宝存,时属单位为教育部人文社会科学重点研究基地北京师范大学比较教育研究中心、北京师范大学国际与比较教育研究所)

十、加州大学(伯克利)学术卓越的生成逻辑与启示

日趋激烈的国际竞争和风靡全球的世界大学排名对大学学术卓越竞争力的强调,驱动着世界各国纷纷把“卓越”作为调整大学学术发展战略的核心价值选择。加州大学(伯克利)在其历史发展过程中,不断追求学术卓越,从一所地方性小型公立院校,成长为一所全美最优公立大学和世界一流大学。加州大学(伯克利)在实现学术卓越过程中,积淀了丰富经验,反思其学术卓越的生成逻辑,有助于我们形成科学认识和正确借鉴。

(一) 加州大学(伯克利)学术卓越的表征

加州大学(伯克利)作为世界公认的全美最好公立大学,学术声望享誉全球。1906 年,加州大学(伯克利)进入全美“六大”(Big Six)大学之列;1934 年,在全美大学排名中,该校被誉为“美国卓越大学”;1964 年,该校又被誉为“美国最稳定的卓越大学”。[1]迄今为止,加州大学(伯克利)已有 21 位教师荣获诺贝尔奖(其中 8 位为现任教师)。该校教师中有美国科技进步协会成员 216 名、美国哲学协会成员 37 名、美国艺术与科学院成员 224 名、福布莱特学者 74 名、美国工程院院士 91 名、美国科学院院士 135 名、12 名国家科学奖获得者。在科技研发方面,仅从 2009 年 6 月至今,加州大学(伯克利)就研发出 2 217 项发明成果,其中获美国专利 569 项、国外专利 465 项,签署专利技术开发许可协议 300 项。[2]

加州大学(伯克利)为世界学术的知名学府,在众多权威大学排名里名列前

茅。2011年,英国《泰晤士报·高教副刊》世界大学学术声誉排名中,该校居世界第4名;[3]上海交通大学2010年世界大学学术排名中居第2名;[4]西班牙教育部高等学术研究委员会Webometrics2011年世界大学排名中居第5名;[5]台湾大学科学论文成绩排名(ESI学门排名)中综合排名世界第6名;[6]2011年《美国新闻周刊》全美最好公立大学排行榜中居第1位,其研究院的很多学科在全美排名也位居前3名之列。[7]

在美国,博士学位研究生项目是评价大学学术质量的关键指标。根据全美研究委员会(National Research Council)2011年公布的结果:在对全美212所研究型大学的5 000多个博士培养项目62个学术领域评估中,加州大学(伯克利)博士项目总体学术质量位列之首;在教师竞争力和所取得的科研成就方面,该校52个学术领域中有48个均排在全美高校前10名,而排在第二位的哈佛大学有46个,斯坦福大学有40个;上述3所著名大学进入前5名的学术领域数量为:加州大学(伯克利)43个,哈佛大学40个,斯坦福大学30个;排名第一的学术领域数量为:哈佛大学19个,加州大学(伯克利)18个,斯坦福大学11个。[8]

(二)加州大学(伯克利)学术卓越的生成逻辑

1. 多元融资渠道与学术卓越生成

在加州大学(伯克利)长期历史发展中,已形成了比较稳定的多元融资渠道,为其学术卓越提供了资金保障。整体看,其学术资金主要来源于州政府、联邦政府、基金会、私人慈善组织等。在20世纪20年代至60年代,加州政府是该校最大的资金来源。而近些年来,随着加州经济不景气,州政府投资在该校学术经费来源的构成比例上有逐年递减的趋势,这就迫使校方逐渐走出州政府庇护,多方筹集资金。

联邦政府是加州大学(伯克利)学术研究经费最重要的来源。1887年加州大学(伯克利)抓住联邦政府颁布《哈奇法案》的契机,在政府向加州拨款建立农业实验站、加强农业科学研究的同时,积极扩展学校学术研究实力。“二战”期间及其后,大批联邦政府资金投入加州顶级研究型大学,加州大学(伯克利)也从中获得大量资金。借助联邦政府投资创办的劳伦斯国家实验室和曼哈顿计划大大促进了该校科学领域的学术实力，成为加州大学（伯克利）学术卓越的最大驱动因素。

另外，加州大学（伯克利）也积极吸纳国内外基金或慈善机构、国内外高校和研究机构、国内外商业协会的学术资助。同时，该校积极与产业部门合作，吸纳产业资金，这些多元外部筹资来源为其学术卓越提供了重要的资金支持。2011年加州大学（伯克利）学术研究总经费为6 736亿美元，在其经费来源结构中，联邦政府资助占62.1%，加州政府资助占14.3%，非盈利性慈善资助占14.1%，产业部门资助占6.5%，学校自身资助占2.5%，其他政府机构资助占0.55%。[9]

2. “卓越”价值追求与学术卓越生成

追求“学术卓越”是加州大学（伯克利）历届校长的办学理念。早在吉尔曼（Daniel Coit Gilman）领导时期，加州大学（伯克利）就提出了“通过开展与加州面临经济挑战相关的科学研究最好地服务于加州利益”的办学理念。随后，惠勒（Benjamin Ide Wheeler，1899～1919）首次提出“创建世界一流大学”的办学目标，通过提升教师薪水待遇，在全国招聘最卓越教师，拉开了加州大学（伯克利）竞争最卓越人才的序幕。斯普劳尔（Robert Gordon Sproul，1930～1958）任职时，利用一切可利用资源招纳卓越贤才，在每个院系组建了一支全美最优秀学术团队，把“鼓励和支持学术卓越”作为他的领导原则。克拉克·克尔（Clark Kerr）被誉为“现代伯克利的设计者”。他的根本目标是将加州大学（伯克利）发展成为一所全美顶尖大学。对此，为了确保学术卓越，他实施了一套非常严格的教师聘任、晋升审查制度，并对相关学系和院系进行直接管理，集中力量改善院系在全美的学术地位。美籍华人田长霖任加州大学（伯克利）校长时，明确了“以卓越为立校之本”的发展理念，指出“伯克利是一所世界级的大学，首先应致力于在师资和学术上的卓越地位”。在面对州政府削减经费、提高学费、学校出现经费不足时，他再次宣布将保持加州大学（伯克利）的“高水平学术卓越”（high level of academic excellence）。依靠外部资金的支持，加州大学（伯克利）继续保持着高水平的研究和学术卓越。[10]可以说加州大学（伯克利）坚持不懈的“卓越”价值追求孕育了其学术卓越。

3. 共同治理制度与学术卓越生成

以学术评议会为核心的共同治理制度为加州大学(伯克利)学术卓越提供了重要保障。1868年加州大学(伯克利)设立了由校外人士构成的董事会。在此基础上,成立了由校长领导、所有教师和各院系领导构成的学术评议会。在任惠勒时期,赋予了学术评议会的多项权力,确立了学术评议会的独立地位。1919年加州大学(伯克利)爆发的"教工革命"(faculty revolt)开启了教师、行政部门和董事会等团体共同治理的模式,大学教师开始成为学校共同治理的主体。自此以后,历届校长对董事会和学术评议会的规章制度与治理结构不断革新和完善,奠定了加州大学(伯克利)现代意义上的共同治理制度框架,形成了大学共同治理制度的基本结构:在董事会下两个既并列又有必要重叠的决策体系,即学术评议会和以校长为代表的行政机构。[11]

加州大学(伯克利)共同治理制度确立了现代大学基本制度。共同治理的核心机构——学术评议会,主要负责学校教学和科研等学术事务。学术评议会代表大会(Assembly of the Academic Senate)主要由各分校代表以及评议会分部主席组成。学术委员会(Academic Council)作为学术评议会的执行机构,主要由校招生委员会、教育政策委员会、研究生事务协调委员会、学术人员委员会、研究与肯定性行动委员会,以及规划和预算委员会等各利益相关部门主席组成。在共同治理过程中,教师和行政人员就共同问题共同协商、共同决策,构成了一种平等对话的学术共同体。[12]在共同治理制度保障下,加州大学(伯克利)人才辈出,不断生产出大量原创性科研成果,从而确保了加州大学(伯克利)世界卓越的学术水准。加州大学(伯克利)前学术评议会主席哈里·N·赛博(Harry N. Scheiber)指出:"现代评议会是一种迷人的制度,它在过去75年的创造性张力中发展……评议会唯一的责任是保持学术卓越的火焰永不熄灭。"[13]

4. 知识生产方式变革与学术卓越生成

为提升学术卓越水平,加州大学(伯克利)不断创新知识生产方式。加州大学(伯克利)高度重视与产业界的合作,创设了"知识产权和产业研究联盟办公室"(The Office of Intellectual Property and Industry Research Alliances, IPIRA),负责评估最新学术成果的商业潜力,订立赞助研究或合作研究协议,为加州大学(伯克利)与产业研发合作活动的顺利开展提供制度保障,从而促进了加州大学(伯克利)学术研究的高情境化,形成了多元利益相关者参与的知识生产共同体,知识生产组织形式灵活多样。

通过学科交叉互涉与知识边界跨越开展的知识生产具有很强的学术活力,这种交叉平台是科学知识原创与技术发明的重要地带。加州大学(伯克利)开创了多种形式的跨学科研究项目,其中最典型的是所谓的"组织化研究部门"(Organized Research Units, ORUs),包括研究所、实验室、研究中心以及研究站等,由教师、专职研究者、博士后与科学家组成,旨在打破学术院系组织形式的局限性。这类跨学科组织形式具有高度异质性,由来自不同学科专业研究领域的科研人员构成,强调以某学科学术带头人为核心,形成优势互补的学者研究团队,是一个集约化的知识生产组织形式。通过 ORUs 跨学科组织形式,大学扩大了学术研究主题的选择范围,但又不影响学术院系的基本教学任务,从而实现了学术卓越。另外,为鼓励跨学科学术研究,加州大学(伯克利)还专门为跨学科学术活动增加了教授岗位。

在长期的学术发展过程中,加州大学(伯克利)内部基层学术组织发生了巨大变化,各种以问题为导向的跨学科、跨学院、矩阵式的研究机构蓬勃发展,建设了一大批综合性实验室和跨学科、跨院系的研究中心,有组织地开展战略性、前沿性、基础性的研究,既为完成国家战略任务和经济社会发展做出了卓越贡献,又为培养创新人才提供了处于科技最前沿的创新平台,同时还大幅提升了学校的学术水平,确保了加州大学(伯克利)的学术卓越。

(三) 加州大学(伯克利)学术卓越的经验与启示

1. 多元筹集科研经费,提高人才竞争力

从加州大学(伯克利)学术发展经验看,充足的科研资金是确保学术卓越的必要条件。我国高校应该采取"走出去"战略,加强与产业部门的科技合作,并积极开拓与国外企业研发合作的新途径,吸纳国内外各产业界的研发资金;同时,应通过各种基金会组织,积极吸引社会闲散资金,并积极探索吸纳国外慈善基金会资助的途径。学术竞争力潜在于人才竞争力。加州大学(伯克利)利用充足的资金引进了一大批来自世界各地的顶级教师,组成了科研实力雄厚、科研配备一流的学术团队。对此，我国高校应提高教师工资待遇，加大对国内外卓越学术人才的引进力度，提高人才竞争力，从而确保学术卓越。

2. 确立“学术卓越”的价值理念

加州大学(伯克利)学术卓越生成逻辑启示我们，只有不断地追求和捍卫“卓越”的价值理念，并以“学术卓越”为践行发展之道，才能不断地提升大学的学术水平和竞争力，才能创建世界一流大学。对此，在政府层面上，正确决策“学术卓越”取向的国家高等教育发展战略应成为顺应国际潮流的迫切需求；在大学层面上，确立“学术卓越”办学理念，营造“学术卓越”大学文化，应成为提升大学学术品位，提高大学核心学术竞争力，创建世界一流大学的价值选择。

3. 通过“共同治理”为学术卓越提供制度保障

加州大学(伯克利)在确保“学术卓越”的发展过程中，通过董事会和学术评议会的形式实现了共同治理的制度保障。我国在完善现代大学制度进程中，首先应科学组建学术评议会这一共同治理的核心机构，深刻理解大学的本质特征，尊重大学教师这一特殊群体，鼓励全校教师代表参与大学治理，创建大学行政与教师共同治理理念的新型制度模式。只有在这种民主的共同治理制度下，才能促进大学人才辈出，保证大学不断产生原创性学术成果，从而实现大学学术卓越。

4. 转变知识生产方式

M·吉本斯(Gibbons)等西方学者在《新知识生产》论著中揭示了当前大学知识生产方式的变革趋势：传统的以理论独尊、试验性科学、学科内部驱动、以大学为核心的知识生产模式(即 Mode Ⅰ)，正在被新知识生产模式(即 Mode Ⅱ)所取代。[14]模式Ⅱ知识生产方式基本特质表现为：跨学科性、应用情景、知识生产参与者的多样性和异质性、知识生产组织形式的敏捷性和灵活性。借鉴加州大学(伯克利)的经验，为提升学术竞争力，实现学术卓越，我国大学必须深刻认识新知识生产观对我国高等教育的影响，加强跨学科学术研究项目建设，积极构建跨学科研究团队，以问题取向或应用取向引导大学学术研究。在学术共同体的组织上，实施项目管理制度，加强学术共同体组织的灵活性和快捷性。

参考文献：

[1] Pelfrey，Patricia A. A Brief History of the University of California. Second Edition[M]. Berkeley，CA：University of California Press，2004：39.

[2] Berkeley Research in Numbers [EB/OL]. http://vcresearch. berkeley. edu/berkeley-research-numbers. 2011—06—06.

[3] THE. Top Universities by Reputation 2011[EB/OL]. http://www. times higher education. co. uk/world-university-rank-ings/2010—2011/reputation-rankings. html. 2011—07—28.

[4] Shang Hai Ranking Consultancy. Academic Ranking of World Universities-2010 [EB/OL]. http://www. arwu. org/ARWU2010. jsp. 2011—08—28.

[5] CSIC. Webometrics Ranking of World Universities 2011 [EB/OL]. http://www. webometrics. info/about. html. 2011—09—09.

[6] The Higher Education Evaluation and Accreditation Council of Taiwan (HEEACT). Ranking of Scientific Papers for World Universities [EB/OL]. http://ranking. heeact. edu. tw/en-us/2011/Page/Indicators. 2011—06—20.

[7] USNWR. Best College Rankings：Top Public Schools [EB/OL]. http://colleges. usnewsrankingsandreviewscom/best-colleges/rankings/national-universities/top-public. 2011—06—25.

[8] National Research Council. A Data-Based Assessment of Research-Doctorate Programs in the United States，April 2011[EB/OL]. http://www. nap. edu/rdp/. 2011—08—29.

[9] Berkeley Coeus. Berkeley Campus Research Funding Reports：Funding by Sponsor Category Report(1995—2011)[EB/OL]. http://coeus. spo. berkeley. edu/guest_report. aspx. 2011—09—21.

[10] Pelfrey，Patricia A.. A Brief History of the University of California. Second Edition[M]. Berkeley,CA:University of California Press，

2004:38—42.

[11][12] 王英杰.论共同治理—加州大学(伯克利)创建一流大学之路[J].比较教育研究,2011(1):1—7.

[13] Gene Brucker. Reflections on Shared Governance [EB/OL]. http://www. university of california. edu/aboutuc/governance. html. 2011. 2011—09—30.

[14] Gibbons, M. Limoges, C. Nowotony, H. Schwartzman, S. , Scott, P. and Trow, M. The New Production of Knowledge: The Dynamics of Science and Research in Contemporary Societies[J]. Sage, 1994(18).

(本文发表于《比较教育研究》2012年第4期。作者武学超,时属单位为河南理工大学高等教育研究所)

创建世界一流大学的政策与规划

一、德国大学“卓越计划”述评

近年来，许多国家都在开展不同形式的世界一流大学建设，这其中既包括中国、印度等发展中国家，也有以现代研究型大学的发源地德国为代表的发达国家。德国 2004 年首次提出打造精英大学的设想，2006 年开始实施所谓大学“卓越计划”，正式加入到这场全球性的竞争中来。

(一) 光荣与梦想:“卓越计划”出台的背景

1911 年，马克斯·韦伯(Max Weber)在为德国高校教师大会所作的演讲稿《美国的大学与德国的大学》中预言，美国的大学因为更适应现代工业社会的大机器生产，因此是未来大学发展的趋势。在德国科学最辉煌的一战前(当年德国的诺贝尔奖获得者人数已经连续 10 年远远领先于其他国家)，他竟然杞人忧天地自问道:他们(德国大学生)将来能与世界上最伟大的力量竞争吗？特别是能与美国人竞争吗?[1]

当年，韦伯的警世之言在大多数人看来无异于胡言乱语，由于德国科技带动经济的迅猛增长，很多人都认为 20 世纪将会是一个德国的世纪。作为普鲁士帝国皇冠上一颗明珠的德国大学曾经是吸引各国精英学子的科学圣地，科学的语言就是海德堡和哥廷根的语言。

但事实真地就被韦伯不幸言中。二战后，德国大学每况愈下，再也没有重铸昔日辉煌的生机出现。大学生们饱受大学财力不足的影响而怨声载道，获得毕业学位的德国大学毕业生平均年龄为 29 岁，居世界首位，大学辍学率更高达 27%。在国际上，德国大学今天都差不多快被世人遗忘了。无论是何种世界大学排行榜，在前50名里面是绝对没有德国大学的。二战后，德国在诺贝尔奖的排行榜上已经远远落后于美国，而且最近几位获得诺贝尔奖的德国人，都是长期在美国从事科学研究的科学家。

政治学者冯·贝伊美(Klaus Von Beyme)感叹道：几乎没有任何其他领域像在大学的组织上一样，德国曾是世界的榜样；同样，也没有在任何一个领域像大学一样，德国如此彻底地失去了它的领导地位。[2]德国科学委员会前主席迪特·西蒙(Dieter Simon)修正了德国教育部长贝克尔(C. Becker)的名句(贝克尔在一战后还曾经自信地说：德国大学的核心依然还是健康的)，西蒙认为德国大学的核心已经腐烂了，它需要重新定位。[3]

为了缅怀曾经的光荣，重塑辉煌，一场革命性的高等教育改革已经在德国拉开序幕，这或将改变德国大学的面貌及其在目前世界高等教育中的尴尬地位。施罗德政府将2004年定为德国的教育“革命年”，改革的主旋律是竞争和差异化，而其中的“卓越计划”(Exzellenzinitiative)是最受德国民众关注的一项重要举措，它也被人称之为“日尔曼常青藤联盟计划”。

(二) 博弈与妥协：从精英大学到“卓越计划”

1. 精英大学

2004年1月，时任德国联邦教育部部长的布尔曼(Bulmann)女士首次提出在德国打造数所哈佛式的精英大学，希望藉此来改变德国大学在世界高等教育乃至科学研究中的二流地位，培养大批世界一流的各类精英人才，再造德国大学的辉煌。[4]这包含两个层面的问题：一是德国要打造一流大学，与美国顶尖大学为代表的世界一流大学竞争；二是德国大学内部要强化竞争，追求卓越，强调拓展高校的多样性和差异化，促进院校纵向分层。在此后的一年里，“精英大学”一词成了德国朝野持续热议的话题。支持的力量主要来自联邦政府和经济界，认为打造精英大学可以提高德国在全球化竞争中的实力，提升德国的国际地位；而反对的力量主要来自两个方面：组织上和文化上。

就组织层面而言，第一，德国是联邦制国家，宪法规定教育权在各州，各州反对联邦干预高等教育事务的行为，而且各州主张建立精英系，而不是精英大学，因此，负责协调联邦与各州教育政策的联邦一州教育规划和研究促进委员会(BLK)长期无法达成一致;第二,由于政治、经济、文化上的差异,德国各州之间的教育水平参差不齐。总的来说,南高北低,西强东弱,各州之间意见不统一,各州教育政策的主要协商机构——各州文教部长联席会议(KMK)难以达成各州都能接受的意见;第三,德国高校的代表——德国高校校长联席会议(HRK)也认为不应该笼统地资助整个大学,而是有选择地资助大学的现有优势项目,资助后备科学人才的培养。

就文化层面而言,由于历史的原因,德国社会大众对"精英"一词十分反感。纳粹就曾自诩精英,认为日耳曼人是精英人群,"元首"希特勒就是他们的代表。此外,德国人通常认为精英是大众的对立面,意味着特权和高人一等,是一个贬义词。尤其在20世纪60年代民主化思潮影响下,很长一段时间内德国人都避免使用"精英"一词;在院校文化方面,德国六七十年代的主流不是差异化和多元化,而是民主和平等,所有大学(UNI)都完全一样,没有高低之分,德国教育系统与英、法、美等国不同,没有所谓的精英学校,打造精英大学就意味着对德国这种传统大学范式的颠覆。

2. "卓越计划"

德国联邦政府与各州在历经长时间的博弈、谈判与妥协之后,于2005年6月23日最终达成一致,根据《基本法》91b款通过了"联邦与各州促进德国高校科学与研究的卓越计划",简称"卓越计划"(Exaellenzinitiative)。联邦及各州将在5年内(2006～2011)对入选"卓越计划"的研究生院、研究项目及大学给予19亿欧元的资助,其中75%由联邦提供,25%由各州筹措。在2011年"卓越计划"第一个五年到期前,2009年各方将讨论是否继续延长或调整该计划。

与2004年提出的"精英大学倡议"相比,"卓越计划"主要的变化有:2004年初,联邦教育部长第一次提出的口号是打造数所"以哈佛大学为榜样"的德国精英大学,最后达成一致时,该计划的名字改了,去掉了敏感的"精英大学"(Eliteuni)字眼,也不再提以哈佛大学为目标;内容也由资助整体大学拓宽为三个部分:研究生院(Graduiertenschulen)、卓越集群(Exzellenzcluster)和未来构想(Zukunftskonzepte)。[5]计划的重点不再是推出几所精英大学,而是大范围地加大对大学科研的整体投入。

研究生院　准确地讲,就是资助一些优秀的博士生培养项目,培养年轻的科研后备人员，为博士研究生进行国际化、跨学科的研究提供良好的科研环境，从而提高德国博士生培养的总体水平。计划将资助大约 40 个博士培养项目，每个项目将获得每年 100 万欧元的资助。

卓越集群　主要是支持大学建立具备国际竞争力的卓越研究及培训机构。同时，利用德国大学校外研究机构实力强的特点，加强促进大学与校外研究机构、应用技术大学及经济界的合作。计划打造约 30 个卓越集群，每个卓越集群将得到每年 650 万欧元的资助。

未来构想　这一部分其实就是最初提出的所谓“精英大学”，帮助德国顶级大学拓展各自强势学科的国际竞争力，并最终奠定德国高校在国际竞争中的优势。计划最多资助 10 所大学的尖端特色科研，当选的条件是大学已至少入选一个研究生院、一个卓越集群以及一个未来构想。入选学校将得到每年 2 100 万欧元的资助。

“卓越计划”由联邦教育部授权德意志研究联合会（Deutsche Forschungsgemeinschaft，简称 DFG）和科学委员会（Der Wissenschaftsrat，简称 WR）组织实施，负责评选的是一个国际化、高水平的学术评审委员会，所有报告必须以英文提交。具体地讲，研究生院和卓越集群两个部分由 DFG 的一个专业委员会负责，未来构想部分则由 WR 的战略委员会负责。整个申请和评选分为两轮，第一轮落榜的项目与学校可以再与其他新加入进来的学校一起进入第二轮的角逐。每一轮申请过程主要分为两个阶段：第一阶段，大学向评审委员会提交理念性设想草案。评审委员会从项目的创新性、学科现有优势特色、目标的实现可能性及可持续研究等诸多方面对申请进行评估、筛选，并要求从中脱颖而出的大学递交正式提案；第二阶段，评审委员会对这些大学的正式提案再次评估、筛选、评定。

（三）灯塔还是风车：“卓越计划”存在的问题

“卓越计划”第一轮评选已于 2006 年 10 月 3 日结束，共有 18 个研究生院、17 个卓越集群以及慕尼黑大学、慕尼黑工大、卡尔斯鲁厄工业大学 3 所大学入选该计划，三个部分都幸运入选的上述 3 所德国南方大学被冠之以“顶尖大学”的头衔。目前，第 2 轮评选也在 2007 年 10 月结束。

德国政府期望通过“卓越计划”提升德国大学的国际竞争力，加强大学的科研实力，打造出引领德国大学复兴的灯塔。但是，这个宏大的计划是否能如愿以偿呢？笔者认为，目前看来还有许多的问题，如果这些问题得不到根本的解决，那么这个计划也许更像唐吉珂德的风车，不会取得实质性的成果。

1. 经费：“卓越计划”的经费总额为 19 亿欧元，这只相当于美国顶级大学如哈佛或耶鲁一年的预算。按照斯坦福大学教授魏勒尔(Hans Weiler)的话，打造一流大学其实一个重要的前提就是钱。有钱就可以请到最好的教授，给教授提供最好的人、财、物，就可以凭借高额奖学金吸引来最优秀的学生。[6] 目前德国大学的经费往往只有同等规模的美国大学的 1/10，一所美国精英大学的预算往往相当于德国一个大州的预算，比如下萨克森州或巴登符腾堡州全部高校的预算。要想凭这么一点经费来打造德国哈佛无异于痴人说梦。

因此，最终出台的计划也不再谈哈佛，即使是最乐观的人也只敢说以进入世界前 25 名～50 名为目标。其实，德国大学的目标不应该是哈佛等私立大学，而是伯克利等美国优秀州立大学。按照德国的国力，民间私人资本巨大，只有不仅依靠国家，同时广泛吸收私人捐助才有可能彻底改变德国大学多年以来的经济窘境。

2. 科研与教学：“卓越计划”不仅投入经费不多，而且还没有用在最该用的地方。该计划的经费指定用于大学的科研，而非教学，德国大学重科研、轻教学的传统非但没有通过该计划得到改变，反而得以强化。德国大学一直声称大学的两根支柱是科研与教学，但实质上教学一直被忽视。尤其是 20 世纪 60 年代大学开放扩招之后，学生人数已近 200 万，而由于经济发展缓慢和两德统一耗费大量资金，德国近 30 年来已不再新建国立大学。

仅就笔者在去年冬天访学期间所见，无论是在首轮当选的顶尖大学慕尼黑大学，还是被海德堡大学前校长特吕格尔(Jochen Troeger)贬为普通教学型大学代表的奥登堡大学，[7] 处处人满为患，部分课程师生比达到惊人的 1∶150，洪堡时代菩提树下谈书论道的情景已难觅踪迹。由于学生得不到老师足够的指导，德国大学生辍学率极高，部分专业甚至高达 90%(比如哲学)。由于常年经费短缺，教学设备老化，例如大学的信息化建设有的地方甚至不如中国的重点大学。

科研方面，以马普所(MPG)为代表的一批校外大型研究机构的成立，直接导致了高水平的科研已经从德国大学漂移到校外。越来越多的优秀人才从大学流向校外研究机构，因为那里经费充足，又无教学负担，而且激励机制远好于大学，因此，近年来德国的主要科研成果越来越多地集中在校外。

以诺贝尔奖为例，德国大学在过去20年里鲜有斩获，而马普所却在自1985年以来获得诺贝尔奖人数前十名的全球科研教学机构排行榜中以9人排在第2位，仅次于MIT，高于其他美国精英大学。海德堡大学教授胡夫纳(Joerg Huefner)也感叹：在海德堡大学周边150公里有4位诺奖得主，但无一例外地全在马普所，而不是在德国最古老、目前在世界上知名度最高的大学——海德堡大学。他说，其实马普所就是一所没有学生的精英大学。[8]

相对于马普所等校外科研机构的巨额科研经费(2006年马普所的经费总额是14.5亿欧元!)，[9]几十家大学分享5年19亿欧元的经费实在是杯水车薪，大学科研的相对弱势完全不可能就此改变。要想真正改变大学科研的弱势，有不少人建议将科研机构重新并入到大学，认为只有一流的科研回归大学，才会有一流的大学。但目前德国大学的组织体系与校外研究机构不同且无法兼容，大学是官僚体制，而校外机构多参照美国的大型研究机构设立，如果回归大学，可能非但不能提升大学的整体实力，也许还会拖累了目前很优秀的校外研究机构。

3. 学科和院校均衡问题：在第一轮评选中有一个突出现象：重理工、轻人文。3所顶尖大学中有2所是工业大学，只有慕尼黑大学一所是传统的综合性大学；全部研究生院中仅有吉森大学(GGZ)一个属于人文社科领域，卓越集群中也只有康斯坦茨大学一个属于人文学科领域。其实，德国作为思想之国，它的人文社会学科，比如社会学、哲学一直是世界一流的，这些学科通常很难得到第三方资金，其实，人文学科相对需要的资金投入不大，而效果却可能很好。联邦政府也注意到这一点，为弥补“卓越计划”对人文社会科学的忽视，特意将2007年命名为文科年，并史无前例地投入6.23亿欧元的巨额经费支持。

由于实施“卓越计划”，德国大学分层中的传统平等范式也将由此改变。德国有近400所大学，总的来说分为两类：UNI(综合性大学)和FH(应用技术大学)。“卓越计划”只针对综合性大学，与重应用研究的应用技术大学关系不大。

德国著名社会学家米·哈特曼(M. Hartmann)说过，德国大学的优势其实是平均水平高；美国 4 000 多所高校中，绝大部分水平不高，水平相当于德国 FH 的约 250 所，而相当于德国传统综合性大学的研究型大学仅 150 余所。[10]

“卓越计划”的实施意味着德国大学“千校一面”传统的终结，有受益的学校就会有更多利益受损的学校，德国大学以后至少将分成 3 等：顶尖研究型大学、普通教学型大学、应用技术大学。“卓越计划”使得资金进一步向少数大学倾斜，所谓马太效应，富则恒富，穷则愈穷。通过向少数学校及项目倾斜的政策无法根本解决目前大学的普遍经费不足问题，德国大学整体的科研实力也未必会得到加强和提升。

另外，该计划与德国大学的绝大多数学生无关，尤其是本科生。无论是“卓越计划”3 个部分中的哪一个，都至少要博士生才可能参与其中的研究，而大学质量的好坏往往用本科生教育质量来衡量。另外，即便是研究生院也往往只是对理工类几十个课题小组的经费支持，而人文学科的博士生培养模式仍然是传统的师徒制，闭门造车，质量并没有保证，也往往很难得到其他人的帮助和经费支持。

(四) 结语

“卓越计划”尽管会提高少数大学的科研水平，提升部分德国大学的国际竞争力和声望，但这个计划也是一把双刃剑，它也会加剧德国大学之间的竞争和差异化，从而导致出现美国大学似的教育公平问题。

至今为止，研究者一般都认为德国没有所谓的精英教育机构(比如法国的大学校或英国的牛津、剑桥)，所有高校的毕业生在就业和升职方面的机会并无太大区别；无论是老牌的学校如慕尼黑、哥廷根大学，还是奥登堡、比勒费尔德等新大学，学生的家庭出身也基本没有差异；但由于顶尖大学的出现，那些入选“卓越计划”的大学就会有更多的学生报考，大学也就会开始挑选学生。

2007 年起，德国大学开始收取学费，这些顶尖大学就有可能收取相对高额的学费，继而会使得一些家庭经济条件差的学生无法进入到这些大学。根据美国的经验，一流大学在录取学生时，除去成绩和学费外，通常还会考虑到申请者的个性，而这往往与其家庭出身有关。由此，汉堡大学教授姆恩辛(Ingovon

Muench)等人认为,德国大学原来相对于美国精英大学的优势——美国大学录取学生时,往往会考虑其家庭的地位,而德国则不会,没有所谓的"老男孩网络"(old boy network),真正是人人平等——将不复存在。[11]

不仅如此,该计划从长远来讲,还将形成就业市场的等级制。某些学校的毕业生会被另眼相待,而同时另一些毕业生将会遭受歧视,而迄今为止,德国大学生的毕业院校与其职场成功与否并无关联。

总的来说,如果想通过"卓越计划"实现德国大学整体飞跃,重温过去光荣的梦想是不现实的。要整体改变德国大学目前的国际地位,还需要各方持续加大投入,特别要重视对教学的投入,并且改善大学的组织治理结构。

参考文献:

[1][德]韦伯编,孙传钊译. 韦伯论大学[M]. 南京:江苏人民出版社,2006:38.

[2][3] Glotz,P. Im Kem Verrottet? Fuen fvor Zwoel fan Deutschlands Universitaeten[M]. Stuttgart:Deutsche Verlags-Anstalt,1996.

[4][11] Von Muench,I. "Elite-Universitaet":Leuchttuermer Oder Windraeder? [M]. Hamburg:Reuter+Kloeckner,2005.

[5] http://www. bm bf. de/de/1321. php.

[6] http://www. stanford. edu/~weiler/M O Z_014. pdf.

[7][10] Michael Hartmann:Die Exzellenzinitiative-ein Paradigmenwechsel in der deutschen Hochschulpolitik[J]. Leviathan,2006(04).

[8] University Heidelberg. Elite Studium Generale[M]. Heidelberg:Universitaetsverlag,2006.

[9] www. m-pg. de.

(本文发表于《比较教育研究》2007年第12期。作者张帆,时属单位为北京师范大学国际与比较教育研究所)

二、日本“21世纪COE计划”：背景、内容及意义

进入21世纪以来，积极发展高等教育已成为各国的战略性选择，日本政府为进一步更明确地建设世界最高水平大学提出“21世纪COE计划”。COE是英文Center of Excellence一词的缩写，意为“卓越研究基地”。该计划是日本文部科学省于2002年根据《远山计划》(即《大学结构改革方针》)将竞争机制引入大学，对大学实行第三者评估制度，主要在国立、公立和私立大学的若干优势尖端学科领域进行重点资助，以建立世界最高水平研究基地而实施的一种资助金制度，其最终目的是通过若干个世界最高水平的研究基地推动有关大学能够成为具有国际竞争力、具有独特个性的世界最高水平大学。[1]

(一)“21世纪COE计划”的提出背景

1. 振兴经济，谋求大国地位的需要

振兴经济，谋求大国地位是日本政府提出“21世纪COE计划”的主要社会背景因素之一。自20世纪90年代初泡沫经济崩溃后，日本经济连年出现“零增长”，甚至负增长。2001年破产企业总数超过1.9万家，为二战后第二个最高年份。2001年12月，失业率高达5.5%，创历史最高记录。[2]日本经济持续多年不见起色，已影响到日本政府对高等院校的投入。因此，加强大学间、大学内部的竞争，优化配置有限资源，就显得越来越迫切。加之，近年来日本的大国意识日益增强，日本渴望能像西欧、北美发达国家一样能为人类贡献出一批世界级的科学家和科研成果。可以说，资助大学重点学科建设是日本谋求科学技

术创造立国的需要，是顺应近代社会高等教育发展、谋求国家发展的需要。

2. 提升科研水平，促进高等教育自身发展的需要

20世纪90年代以后，日本高等教育，特别是大学发展越来越不适应社会发展需要。来自社会的批评之声逐渐增多，特别是产业界的批评更加强烈。日本经营者团体同盟、经济同友会、日本商工会议所等产业界代表接连发表要求大学改革的提案和报告书。这些提案和报告书有其共同之处：一是为进一步活跃教育、研究方面的产学交流，提出大学组织和学术的开放；二是期待大学能培养富有独创性、创造性的高级专业人才，并对不能充分回应这些期待的大学进行批评。[3]另外，经济全球化加剧了国与国之间的竞争，提高了对科技实力与高水平专门人才培养的要求，特别是基础尖端科技的实力提升、顶尖人才的培养。日本政府在《科学技术基本计划》中明确宣示，在21世纪的前半个世纪里，力争使日本的诺贝尔奖获得者人数达至30人。为此，为进一步提升科学研究水平、培养高质量人才，日本提出了"21世纪COE计划"。

3. 面对新生人口负增长，解决高等教育的生源危机的需要

进入80年代后，日本进入少子化时代，传统意义上接受高等教育的适龄人口逐年减少。1992年18岁人口数量达到高峰，为205万人，此后逐年减少，2000年为150万人，2010年预计将减少到122万人，2014年减少到最低点，为117万人。这一减少长达20多年。由于18岁人口变化自身的上述特点和目前高等教育招生规模的日渐庞大及升学率不断攀升，到2009年日本大学将可能进入"全入时代"。不难推测，这种新生人口年年呈负增长的形势必然加剧各大学间业已存在的生源竞争。这种人口变动趋势已经对日本的私立高等教育体系带来了很大冲击。[4]即由此可见，18岁人口数量减少的问题不仅是数量问题，而且它还有可能会影响到日本高等教育的结构、质量等一些更深层次的问题。各大学直面生源危机，大学被淘汰的概率也将偏高。因此，导入竞争机制，逐渐淘汰兼并、重组、整合质量不高的大学已成为必然。

（二）"21世纪COE计划"的主要内容

1. 组织管理

日本文部科学省从2002年起实施"21世纪COE计划"，并为实施该计划

专门设立了“研究基地建设补助金”制度。同时，成立本部设在日本学术振兴会内的“21 世纪 COE 计划委员会”，由 30 人左右的委员构成。“21 世纪 COE 计划委员会”由日本学术振兴会、大学评价学位授予机构、日本私立学校振兴共济事业团、大学基准协会等四大机构共同组成，委员长由著名专家、诺贝尔物理学奖获得者江崎玲于奈担任，日本学术振兴会具体负责。该委员会的工作职责是主要负责评审大学或机构提出的 COE 申请和监督评价 COE 实施效果。“21 世纪 COE 计划”的审查体制实行三级管理制度：第一级是“21 世纪 COE 计划委员会”，第二级是“综合评价部门会”，第三缎是“各学科领域审查评价部门会”。由 20 人左右组成的“各学科领域审查评价部门会委员”专门负责审查 COE 的申请、监督中间评价工作。COE 的申报评审工作由原来的两次增加至三次，每一学科群将成立 20 人左右组成的“审查评价部门会”进行审查评价。COE 的申请立项是针对每一学科群的重点研究方向进行的。通过审查评价的研究基地每年能获得 1～5 亿日元的资助，连续资助 5 年，以 5 年为一个资金资助期，但是，在资金投入资助的第二年将执行中间(期中)评价。对在期中评价中未能获得通过者，将取消“研究基地建设补助金”资助。

2. COE 的申请

日本文部科学省为使有限资源充分发挥其效用，对申请资格、申请者、申请内容、申请经费范围等方面进行了严格规定。关于 COE 的申请资格，“21 世纪 COE 计划”明确规定：原则上规定必须是具有博士课程水平的国立、公立和私立大学，并在研究方面具有巨大潜力的学科方向，且在获得资助金后能够跻身世界最高水平的 COE。不过，申请主体形式多样，主要表现为三种形式：一是大学研究院某学科群单独提出申请或大学研究院多个学科群组合提出申请；二是大学附属研究所或研究中心的研究组织单独提出申请或多个研究组织组合提出申请；三是以第一、第二种形式的某种组合形式提出申请。简言之，COE 申请资格必须是大学中具有博士培养能力的学科或多个学科的组合等。[5]

COE 建设人员构成规定：一是申请者规定一般应该是大学的校长；二是 COE 领导者必须是该研究方向的专职研究人员；三是推进 COE 建设的研究人员，除领导者必须是专职人员外，其他研究人员可以是专职人员、也可以是兼职人员、其他机构或大学的研究人员；四是作为 COE 建设的推进者不能同时提出两项以上的COE申请。[6]

有关COE经费申请范围：主要包括设备费、旅费、人工费及其它费用。设备费是指除购买图书、杂志等以外的费用，但其使用不能超过各年度申请资助金的90%，购买的设备必须给予编号管理。旅费主要指国内差旅费、国外差旅费、招聘外国研究人员的差旅费等。人工费主要是指一些必要支付的补助、各种酬谢金、报酬。其它费用主要是指一些必要的消耗品费（主要指办公用的消耗器材、药品、养育动物的饲料及其它必备的附属品）、土地及房屋租金、印刷费、通信运输费、电费水费、会议费、委托费（不能超过各年度资助金额的50%），等等。[7]

关于COE的具体申请条件，文部科学省主要制定了四项规定：[8]第一，申请者已在某研究方面取得优异成果，且具有良好的发展前景，有条件成为培养卓越研究人才的研究教育基地；第二，在校长负责制下，能够调动全校资源支援基地的重点建设，并通过可行性发展计划和卓越领导有望建成世界最高水平的研究教育基地；第三，能够发挥特色，开拓学科方向，有望取得创造性的、划时代的成果；第四，能够在“21世纪COE计划”结束之后，有望继续作为世界最高水平的研究教育基地开展活动。

3. 建设领域

为提高科学研究水平，实现“科技创造立国”的战略目标，日本文部科学省对COE的申请是按照学科分类进行的，文部科学省在2002年实施时将其划定为10大学科群，但由于客观需要在2004年又增加了“革新性学术领域”。因此，共有11大学科群。COE建设遵循两大原则：一是前沿性，二是基础性。根据“21世纪COE计划”的规定，COE的申请工作于2002年7月启动，分两次进行。但由于2004年临时增加了“革新性学术领域”，因此COE的申请工作也由原计划的两次增加为三次，分步骤进行。每个COE建设是在这11个学科群的范畴内具体开展的。例如，久留米大学在医学科学学科领域建立的“癌治疗尖端研究基地”、京都大学在情报电气电子学学科领域建立的“电气电子技术基础研究教育基地”等。有关COE建设的学科群、具体领域及其建设时间，如表1所示：[9]

表 1

COE 申请受理年度	学科群	具体领域(举例)
平成 14 年(2002)	生命科学	外空生物学、生物学、医用工程学、农学、药学等
	化学・材料科学	化学、材料科学、金属工学、纤维工学、工艺工学等
	情报・电气・电子	情报科学、电气通信工学等
	人文科学	文学、史学、哲学、心理学、教育学、戏剧、语言等、艺术等
	边缘・交叉学科及新领域	环境科学、生活科学、区域研究、能源科学、国际关系等
平成 15 年(2003)	医学科学	医学、牙科学、护理学、保健学等
	数学・物理・地球科学	数学、物理学、地球科学、应用物理学等
	机械、土木・建筑学・其它工学	机械工学、系统工学、土木工学、建筑学等
	社会科学	法学、政治学、经济学、经营学、社会学、综合政策等
	其它边缘・交叉学科及新领域	
平成 16 年(2004)	革新性学术领域	

4. COE 的审批

"21 世纪 COE 计划"实行严格的三级审查机制管理制度。该制度是否客观、公正对于一所大学或研究机构而言,其意义是十分重大的。申请成功不仅意味着国家资助金有形资源的获得,而且大学的声誉和地位等无形资产也会大大增加,并且,大学还可避免因少子化时代的到来所面临的生源危机和大学破产关闭的局面。为保证客观公正性,COE 计划的实施遵循两项原则:一是行政主管部门文部科学省不直接参与评审,而是将评审工作委托于其下属监督管理部门——特殊法人日本学术振兴会执行,由"21 世纪 COE 计划委员会"负责评审规则的制定、事务性操作,摆脱行政部门的直接干预;二是 COE 的遴选评审通过听证会得以实施,体现其评审过程的公开透明性。有关 COE 的整个遴选审批过程的工作程序,如表 2 所示:[10][11]

表 2

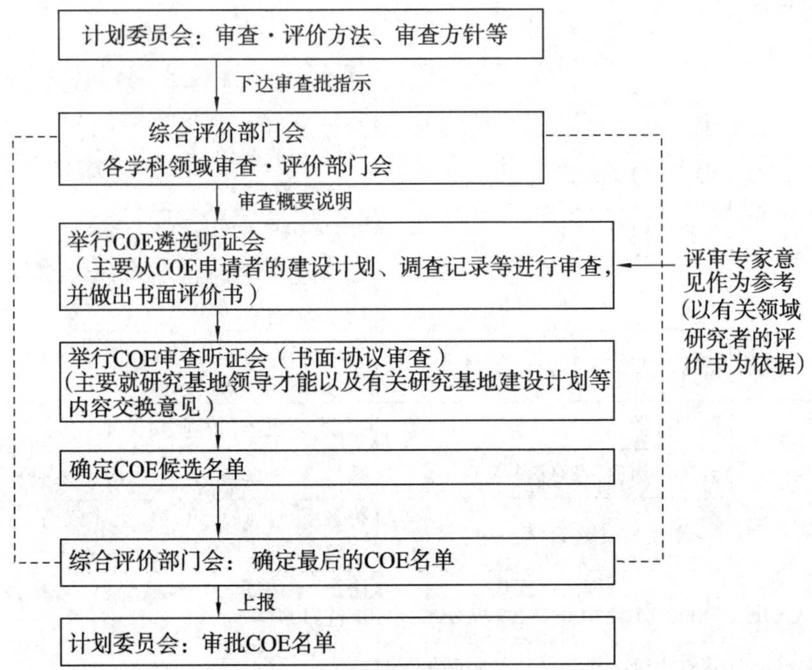

COE 审查基准或着眼点主要从三个方面进行：[12][13]第一，研究教育活动的工作成绩。主要体现在三方面——(1) 研究教育活动从世界水平看在本领域是否优秀；(2) 研究教育活动对卓越研究基地建设计划的实现是否具有可能性；(3) 研究教育活动现状目前虽不完善，但将来是否能够达到世界最高水平。第二，未来计划以及基地建设计划，主要体现在七个方面——(1) 在校长负责制下，是否计划设置了专门的组成机构；(2) 基地建设内容是否以建设世界最高水平为目标；(3) 基地建设计划是否具有现实性和可行性，是否谋求基地的活性化；(4) 是否建设了青年研究者独立并充分发挥其研究能力的基地；(5) 是否制定了使学生将来能成为有用人才的必要制度；(6) 通过开拓具有特色的学术领域是否有望取得独创的、划时代的科研成果；(7) 在大学的整体构想中是否将基地建设计划放在战略性高度。第三，经费是否合理等，主要表现在申请经费是否妥当，是否必需。

另外，大学或研究机构在接受 COE 审查时，需要提交的内容是“三书”。[14][15]所谓“三书”，是指大学将来构想报告书（内容包括以申请内容为中心的大学将来构想和如何推进COE建设)、COE建设计划报告书(内容包括COE的名称、专攻方向、领导负责人、事业经费、建设进程分负责人等,COE建设的目的、必要性,COE建设实施计划,教育实施计划,经费明细安排)、研究教育活动报告书(包括研究教育活动实际业绩、研究成果发表状况及水平、竞争性资金的获得状况、教员的流动性状况、研究生教育状况、COE相关研究人员的报告书等)。

(三)“21世纪COE计划”的意义

“21世纪COE计划”是日本推进大学教育管理体制改革的重要举措。它已在日本社会造成广泛影响,并引起国际社会的关注。它的重要意义将会在以下几个方面得到充分显现:

1. 提高大学科研水平和国家的科研实力

COE评审委员会负责人诺贝尔奖获得者江崎玲于奈指出:日本的大学在科研方面虽然有战术,但缺乏战略,“21世纪COE计划”与大学的战略密切相关。[16]为应对“21世纪COE计划”,各大学派出最强阵容以获得更多的COE建设立项权,并实行强强联合选择最尖端的领域,其中跨学科攻关项目居多,COE计划在此基础上优中选优。目前,已有很多项目取得了卓越的成果,如东京大学的生命科学、青山学院的超导材料、名城大学的纳米技术等。计划的实施不仅能使大学自身在科研方面更具战略性,而且还有助于进一步提高日本科研的整体实力,使一些优势项目继续保持世界领先水平,推进科技创造立国战略的实现。政府把有限的科研经费用于国际领先水平的学科群研究上,不仅可以使日本继续保持科研领先水平,而且能使日本高科技产业加速进入市场,使日本摆脱经济低迷的局面。

2. 促进大学的目标定位

“21世纪COE计划”促进大学根据自身发展明确定位,这不仅使大学科研更具战略性,而且还进一步推动了大学的改革。虽然COE计划在国立、公立和私立大学之间引入竞争机制,公平竞争,最终选择科研力量雄厚的学校及其优势科研项目进行资助，但是，事实表明，最终通过审批的绝大多数是科研力量雄厚的大学。目前审批通过的274个COE为93所大学获得。其中，国立大学占51所、公立大学占7所、私立大学占35所。较为著名的大学（无论是国立还是私立）就占了相当大一部分，如东京大学、京都大学、早稻田大学和庆应义塾大学，等等。政府给予巨额资助势必使这些本已是一流的学校其科研将更加突出，进而更易跃居世界最高水平的科研基地地位。另外，对于那些没有获得政府资助的学校，本来在科研方面就有差距，今后差距将越来越大，因此这一部分大学将定位于教育基地，以普遍提高国民的素质为己任。从这个意义上说，“21世纪COE计划”有助于日本大学在激烈的竞争中找到自己的定位，或偏重科研，或偏重教育，办出自己的特色。

3. 培养顶尖科研人才

如何立足于21世纪发展，培养具有国际竞争力的人才，已成为各国大学共同关注的课题。日本为实现人才大国目标，在2003年初发誓要在未来50年培养30名诺贝尔奖获得者。随着时间的推移，这种人才战略应该说变得逐渐清晰。2003年7月，文部科学省提出要培养综合型人才，具体培养措施包括参加国际学术会议、进入“21世纪COE计划”卓越研究基地参加培训等。众所周知，人才培养不单是主观努力就可以造就的，还需有一定的硬件、软件环境做支撑。COE拥有某研究领域世界一流的研究人员、拥有现代化的设施和设备、学术交流活动频繁、研究人员流动性大、研究氛围浓厚、是某研究领域的国内情报信息中心，这有利于世界水平研究成果的产出和具有国际竞争能力的科研人员的培养。因此，通过世界最高水平的卓越研究基地的建立，为培养世界级科学研究人才不仅提供了较好的硬件环境，而且还提供了良好的软环境。

4. 增强产业竞争力

产业竞争力是一个国家竞争力的基础。在国民经济发展中处于关键地位，起着决定性的作用，特别是其中的支柱产业、基础产业和高新技术产业。虽然各国产业发展竞争优势各有差异，但各国无不为形成自己的竞争优势而全力以赴，日本也不例外。为提高产业竞争力，日本政府采取了以科研促发展提高国际竞争力的举措。为此，政府制定的经济改革计划都蕴含教育改革计划，教育改革计划也同样蕴含经济改革计划。“21 世纪 COE 计划”就是一个较典型的教育与经济改革计划。为使大学在基础研究发挥其先导作用，在 COE 计划实施过程中无论是从前沿性学科群考虑还是具体的 COE 审批，评审委员会都对大学学术研究将在整个国民经济建设中的重要作用给予充分考虑。目前，许多 COE 立项项目就已经引起了产业界的广泛关注。如，大阪大学川全知二教授的纳米技术研究、名城大学饭岛澄男教授的碳纳米管研究等。[17]随着时间的推移，很多 COE 项目将逐渐与产业联合，把尖端技术转化为产品，占领国际市场，提升产业竞争力。这样的方略有可能使日本经济再创历史新高。

总之，“21 世纪 COE 计划”作为《远山计划》的核心内容，不仅对推动日本世界最高水平大学建设和高等教育改革具有重要意义，而且对我国世界高水平大学建设和高等教育改革具有一定的借鉴意义。

参考文献：

[1] “21COE 计划”[EB/OL]. http://www.jsps.go.jp/j－21coe/index.html.

[2][4] 张晓鹏. 日本的“大学结构改革”：进展、背景及意义[J]. 复旦教育论坛，2003(2)：62—70.

[3] 天野郁夫著，黄梅英译. 日本的大学危机[J]. 高等教育研究，1997(5)：1—6.

[5][6][7][8] 21 世紀 COEプログラム委員会.「21 世紀 COEプログラム」公募要領[EB/OL]. http://www.jsps.go.jp/j21coe/01_koubo/index1，平成 14 年度，平成 15 年度，平成 16 年度.

[9] 日本文部科学省.「世界最高水準の大学づくりプログラム」の骨格(案)[EB/OL]. http://www.mext.go.jp.

[10][12][14] 21 世紀 COEプログラム委員会.「21 世紀 COEプログラム」審査要項[EB/OL]. http://jsps.go.jp/j－21coe/01_koubo/index.html，平

成15年度.

[11][13][15] 21世紀COEプログラム委員会.「21世紀COEプログラム」審査要項[EB/OL]. http://jsps.go.jp/j-21coe/01_koubo/index.html,平成16年度.

[16][17] 何德功.日本21世纪COE工程巡礼[N].经济参考报,2003—02—21.

(本文发表于《比较教育研究》2007年第7期。作者龚兴英、陈时见,时属单位为重庆市渝中区教师进修学院、西南大学教育学院)

三、中国台湾地区建设世界一流大学之政策分析

(一) 前言

世界许多国家与地区的高等教育政策在 20 世纪 80 年代之后由“均等的考虑”逐渐被“卓越追求”所取代，从数量的扩充转变为精英人才的培育及学术卓越的追求[1][2]。自 20 世纪末以来，许多亚洲国家与地区先后制订建设世界一流大学的教育政策。根据国际经验，贾米尔·萨米(Jamil Salmi)发现，政府有三种可作为建设世界一流大学的基本策略：(1) 选择具有卓越潜力的一小批现有的高等学校提升成为世界一流大学(picking winners)；(2) 鼓励一些现有的高等学校通过合并转化成协同类型的新高等学校，发展成为世界一流大学(hybrid formula)；(3) 从头新建一批世界一流大学(clean-slate approach)[3]。按照萨米的研究，台湾地区建设世界一流大学政策为第一种类型，于 2004 年出台“发展国际一流大学及顶尖研究中心计划”(The Aiming for the Top University and Elite Research Center Development Plan，以下简称“一流大学计划”，第一期 2006 年至 2010 年)，即“5 年 500 亿计划”；后于 2010 年修订为“迈向顶尖大学计划”(The Aiming for the Top University Project，以下简称“顶尖大学计划”，即该计划的第二期，2011 年至 2015 年)，挑选 12 所重点高等学校。笔者试着以文献研究的方式，分析台湾地区建设世界一流大学之政策内涵，并提出相关评析。

(二) 政策分析

本研究将对"一流大学计划"及"顶尖大学计划"进行政策分析,包括建设目标与任务、审核标准与指标及经费分配。

1. 建设目标与任务

(1) "一流大学计划"旨在建立高等教育的竞争机制,转变学校隶属关系,提高办学质量及绩效

台湾地区"行政院"于2002年组成"高等教育宏观规划委员会",提出《高等教育宏观规划报告》,建议以竞争性经费推动研究型大学整合及跨校研究中心设置计划,发展国际一流大学[4],并于2004年颁布的"新十大建设"。据此,"教育部"制定"发展国际一流大学及顶尖研究中心计划",将以各领域优异大学为基础,藉由学术竞争环境之建置,以发展国际一流大学及以优异领域为导向的顶尖研究中心,其具体目标为5年内至少10个顶尖研究中心或领域将居亚洲一流,10年内至少1所大学跻身国际一流大学[5]。

台湾地区"一流大学计划"实质上包括两个子计划,即"发展国际一流大学计划"和"发展顶尖研究中心(领域)计划"。前者建设任务主要有三个核心要素:① "竞争机制",提升教育质量;② "独立自治",大学法人化;③ "资源整合",发展规模优势。"教育部"通过额外经费,建立高等教育竞争机制,并转变高等学校的隶属关系,建立公立法人的独立办学,鼓励若干学校整并达到规模优势,以提升办学质量与增加绩效责任。后者辅导各类型之优异大学,依其教学研究、产学科技合作、人文社会特色,发展优异领域系所或研究中心[6]。

(2) "顶尖大学计划"旨在加速顶尖大学研发成果创新化、人才培育国际化及教师薪资弹性化,并藉助产学合作回应社会与企业需求

2011年,"教育部"继续推动此计划第二期,并修正为"迈向顶尖大学计划"。"顶大计划"检讨"一流大学计划"执行过程,发现台湾地区高等教育竞争力主要有两个问题[7]:高等学校国际化不足与大学研究领域及资源仍待整合。"顶大计划"以"一流大学计划"为基础,提出五项建设目标:① 加速顶尖大学国际化,扩展学生之世界视野;② 提升大学研发创新质量,强化国际学术界之影响力及知名度;③ 积极延揽并培育人才,厚植台湾地区人力资源;④ 强化产学

合作,促进产业升级及提升台湾地区竞争力;⑤ 回应社会及产业需求,培育顶尖人才[8]。

"顶大计划"补助"跨校整合及回应重点产业领域需求",以引导大学系统整合、推动重点领域跨校整合及强化大学人文社会领域卓越发展;补助"国际学术合作交流与培育优质人才"经费,以延续《顶尖大学与国外顶尖大学学术合作交流试办计划》[9];补助经费中控留 10%的经费,用于发给台湾地区新聘及现职的特殊优秀教研人员及编制外经营管理人才弹性薪资[10]。此计划与先前不同的地方在于,加强了高等学校与社会、未来产业趋势的连结,欲申请补助的学校不但须依本身教学、研发能量及发展重点,以其学术研究回应社会及产业需求,而且以单一领域或跨领域方式,参考台湾未来发展所需之专精领域(如六大新兴产业、新兴智能型产业)作为申请资格条件之一[11]。

2. 审核标准与指标

如前述所示,台湾此两项计划具有政策连贯性。"一流大学计划"原定执行期程自 2005 年至 2009 年,因预算问题至 2005 年底始获"立法院"解冻,执行期程将较原规划延迟一年,实际执行为 2006 年至 2010 年[12]。"顶尖大学计划"于 2010 年重新审核入选之高等学校,2011 年 4 月初公布,执行期自 2011 年至 2015 年。两者审核标准与指标分述如下:

(1)"一流大学计划"

"一流大学计划"中,"发展国际一流大学计划"审请资格必须增加教育资源的投入,以当前韩国首尔大学为比较基准,年生均经费需达 1 万美元之水准为目标,尚具备其他三项条件:① 具有 5 年内发展为亚洲一流大学、10 年内达世界前 100 名、15 年至 20 年达世界前 50 名,且校内有若干世界及顶尖研究中心潜力;② 法人化;③ 规模化[13]。"发展顶尖研究中心(领域)计划"以发展建立优异领域系所或研究中心为学校重点特色,藉由校内重点领域之发展,进而带动全校之教学及研究全面提升,学校发展校内系所、跨校与国际整合之优异领域中心,于 10 年内具有可与世界前 50 名相互比拟之潜力[14]。总体来说,审议标准有三大原则:① 学校经营管理与组织运作制度(含法人化之准备);② 学校基础建设;③ 学校提升教研绩效之具体成果;"发展顶尖研究中心(领域)计划"审议标准针对教研绩效与具体规划分年指标,包含研究中心教研人员素质;

延揽优秀人才之具体成效及相关支持策略；提升教学绩效、学术研究之创新机制与作法；与“国外”相关学校，研究机构合作之具体作法及成效[15]。

“教育部”于2005年3月组成“审议委员会”，10月公布“一流大学计划”共有12所高等学校获得补助，分别是台湾大学、成功大学、清华大学、交通大学、阳明大学、中央大学、中山大学、中兴大学、政治大学、台湾科技大学、长庚大学及元智大学。由于落选的高等学校，如中正大学、海洋大学、台湾师范大学、中原大学与台北医学大学等对审议结果有所不满以及部分学者、立法委员质疑审核过程不够透明，因此“立法院”迟迟未能通过此计划第一年的100亿元台币的预算。12月，“立法院”先通过2年200亿元的经费供各校使用，要求“教育部”正式受理各校申请，同时决议两年后重新办理甄选时，要建立公式化机制，占评分的五成，其余才是审议委员的权责，一改目前全由审议委员决定的方式[16]。

第二梯次于2007年9月间重新接受各校申请时，“教育部”乃建置较为严格之审议结构，设有三个委员会：① 咨询委员会，提供本梯次整体计划发展方向与推动之相关建议；② 考评委员会，遴选各领域学者专家组成；③ 审议委员会，由“行政院”经济建设委员会、“国家”科学委员会及研究发展考核委员会等相关部会及学界与产业界代表共14位委员组成，主要任务是研订本计划之审议方式与审议指标、各校申请计划之内容及进行实质审议与分配各校申请计划之经费[17]。审议委员会另聘8位学者专家组成审查小组，就各校申请书进行审查后，确定15校通过初审[18]。配合“立法院”附带决议及本梯次审议委员会决定，审议基准兼顾不同学校属性，采取量、质化指标各占总分50%，量化指标包括研究(30%)、国际化(10%)、产学合作(10%)等3项，质化指标则包括整体制度与组织运作、基础设施、教学与辅导、重点领域或研究中心、人文社会发展策略、财务规划与永续经营等6项，由审议委员会委员评定[19]。审议原则实行策略拔尖、奖励优异及退出机制，微幅缩减补助校数，并根据学校执行之成效，调整补助额度[20]。第二梯次共有32所高等学校申请，获选的学校与第一次的名单相同，元智大学因为第一梯次欠缺明确发展策略、研究工作亦无明显进展，第二梯次未获入选[21]。

(2)“顶尖大学计划”

“顶尖大学计划”审请资格主要有两项，符合其一，始得提出申请：第一项是

“一流大学计划”第 2 梯次(2008 年至 2010 年)获补助之 11 所高等学校及 4 所研究中心所属之大学;第二项是其他大学应在师资结构、生师比率、研究能力及教学品质 4 项全校性条件中至少 3 项符合标准[22]。符合审请资格之大学,在既有基础上,以单一领域或跨领域之研究中心(领域)形式,宜朝向整合同领域研究中心或以跨领域方式合作,提出申请[23]。

2010 年 4 月“教育部”组成审议委员会,由 15 位各领域具有专业性及声望者组成,包括政府部门、学界及产业界的代表。考虑到各校所提研究领域之差异性及专业性,另由审议委员会委员依领域分组,邀请该领域具声望之专家学者共计 145 名就学校研究中心潜力及优势进行评估,作为审议之重要参据[24]。“顶尖大学计划”审议指标及基准为采质、量化并重,兼顾不同学科属性,实行退出措施,审议重点放在择定优异学校,集中拔尖,学校应具国际一流之条件或潜力,且在国际学术界有一定之影响力与知名度,同时兼顾人文社会与理工医农学领域之均衡为基准[25]。2011 年 4 月,经审议后共有 12 所高等学校,即台湾大学、成功大学、清华大学、交通大学、中央大学、阳明大学、中兴大学、中山大学、台湾科技大学、长庚大学、政治大学、台湾师范大学及 34 个研究中心获得本次补助。

“顶尖大学计划”将为“跨校整合及回应重点产业领域需求”及“国际学术合作交流与培育优质人才”补助经费[26]。前者为引导并强化跨校资源整合、强化大学研究领域与“国家”发展重点产业之合作及人文社会领域卓越发展,推动 3 项整合工作:① 引导大学系统整合:台湾联合大学系统及台湾综合大学系统,旨在推动大学系统跨校整合、资源共享及系统内学校优异研究领域整合发展;② 重点领域跨校整合推动:包括清华大学“前瞻物质基础与应用科学研究中心”整合交通大学“前瞻跨领域基础科学研究中心”,台湾科技大学“台湾建筑科技中心整合”政治大学“创新与创造力研究中心”,中山大学“亚太海洋研究中心”整合台湾海洋大学“海洋生物科技及环境生态研究中心”;③ 强化大学人文社会领域卓越发展:由人文社会与创意设计领域为发展重点之政治大学、台湾师范大学及台湾科技大学等 3 校共同提报人文社会领域卓越发展推动计划[34]。后者为鼓励获得补助的高等学校与国外顶尖大学合作,荐送有发展潜力教学研究人员到国外进修及研究,建立海外学术研发基地[27][28]。

3. 经费分配

(1)“一流大学计划”

“一流大学计划”第一梯次经费分配的原则是:① 集中拔尖;② 具备国际一流及亚洲顶尖之条件及可能性;③ 教学与研究兼顾;④ 人文社会与科技之均衡;⑤ 区域之均衡,以及学校组群之论文数、学校规模等确定经费分配比例率[29]。“一流大学计划”第一梯次按“重点发展领域”,但第二梯次改采“统块式核给”(block-funding)[30],前者总金额为196亿元台币,后者总金额为289.7亿元台币,其中以台湾大学获得年补助30亿元台币最多,成功大学年补助17亿元台币次之,台湾科技大学、政治大学及长庚大学年补助2至3亿元台币最少。“一流大学计划”第一梯次与第二梯次审议结果,皆有4至5校未能通过复审,“教育部”决定提供其部分经费补助作为“顶尖研究中心计划”,发展其规划之部分重点领域。

(2)“顶尖大学计划”

“顶尖大学计划”年度经费预估每年100亿元台币,5年合计500亿元台币,由“教育部”编列年度预算支应,为使学校能作中长期之规划,原则上一次核定5年之经费,分年分期拨付,拨付方式维持采统块式核给(block-funding),使大学可弹性运作[31]。2011年共12所高等学校获得补助,总经费96亿元台币,其中以台湾大学年补助31亿元台币最多,成功大学年补助16亿元台币,其次,台湾科技大学、政治大学、台湾师范大学及长庚大学年补助2亿元台币最少。其中“跨校整合及回应重点产业领域需求”,总经费2.3亿元台币,“国际学术合作交流与培育优质人才”补助,总经费1.7亿元台币。

(三)结论

本研究分析台湾地区建设世界一流大学政策之内涵,就其成效与问题提出相关结论。

1.“一流大学计划”政策彰显务实的工具主义,政策建设目标与任务不易达成,补助高等学校的经费分配不均,短期难以均衡区域发展

有研究指出,台湾地区“一流大学计划”补助的高等学校在国际化指标、发表国际期刊数量及研发经费等皆有成长[32][33],其政策透过各种国际化策略,积

极争取世界一流大学排名，视为唯一的选择，彰显务实的工具主义(a pragmatic instrumentalism)[34]，但其政策建设目标与任务不易达成。例如，高等教育的竞争机制建立需从教育体制的制度层面改革着手，如将“公教研体制”分轨，以建立弹性的薪资制度；若是仅利用额外经费建立竞争机制，其效果有限。鉴于此，“顶尖大学计划”就不再强调高等学校的法人化及整并。“教育部”补助高等学校的经费分配以台北市的台湾大学最多，台南市的成功大学其次。尽管台湾北部及南部各有一所指标大学，但经费分配不均，其过程亦不透明，短期难以解决区域发展重北轻南的问题。

2. “一流大学计划”审核过程由“教育部”主导组织各类委员会，其他利害关系人进行协调与监督，审核标准与指标的制度化与政策旨意相互矛盾

台湾地区由“教育部”主导建设世界一流大学政策，审核过程其政治力量受到“立法院”、其他利害关系人如高等学校、学者进行协调与监督。整个审核标准与指标逐步制度化虽符合公平、公开的精神，却与政策旨意相互矛盾。实际上，部分国家，如韩国“智能韩国 21 工程”、日本“21 世纪 COE 计划”，建设世界一流大学政策是以选择与集中(selection and concentration)方式审核高等学校[35][36][37]，其政策背后隐含精英思想，即要“放弃公平”[38]。有学者认为台湾地区的民主体制重视公共政策“公平”与“透明”作法，与建设世界一流大学政策所欲超越制度的设计背道而驰[39]。

3. 台湾地区补助的高等学校以公立为主，集中于台湾北部，每所学校各有优势的专业领域，但是偏重公立理工农医研究型大学

台湾地区两项政策补助的对象皆是 12 所高等学校，有 9 所高等学校集中于北部(台北市、桃园县及新竹市)，中部 1 所(台中市)，南部 2 所(台南市及高雄市)，包括 10 至 11 所公立大学、科技大学、师范大学及 1 至 2 所私立大学。补助的 12 所高等学校包含综合类、理工科技类、生物医学类、人文社会科学与管理学类。从两项政策补助的高等学校可以得知，就审查机制而言，其审议标准未能考虑类型与规模差异，而以追求国际一流大学之标准要求一体适用，故仍以公立理工农医研究型大学较易申请到经费[40]。

4.“顶尖大学计划”着重改善高等学校的国际化及资源整合不足的问题，整合区域高等学校及其重点领域、人文社会领域，以满足产业发展与需求

“顶尖大学计划”聚焦高等教育目前主要的问题是高等学校国际化不足与大学研究领域及资源仍待整合。为此，另拨款作为补助的高等学校编列国际化策略的经费，包括人才引进的弹性薪资计划，以及强化跨校资源整合与人文社会领域卓越发展，引导台湾北部与南部大学系统整合、重点领域与人文社会的跨校整合，有助于区域的教育资源彼此共享，亦可避免校际间恶性竞争[41]。此外，“顶大计划”强调以跨领域方式结合产业发展，以产学合作的契机促进产业升级，促使高等学校回应社会与产业的需求。

参考文献：

[1] 戴晓霞. 世界一流大学之卓越与创新[M]. 台北：高等教育文化事业有限公司，2006.

[2] 戴晓霞. 高等教育的卓越，国家竞争力的超越[EB/OL]. (2008—06—23) http://top100. nctu. edu. tw/1/showArticle. php? id=15. [2011—07—20].

[3] Salmi, J. The Challenge of Establishing World-Class Universities [M]. Washington DC: World Bank, 2009.

[4][7][8][11][22][23][28][31] “教育部”. 迈向顶尖大学计划(99 年 9 月修正核定版) [EB/OL]. http://www. edu. tw/high/. 2010[2011—08—26].

[5][6][13][14][15] “教育部”. 发展国际一流大学及顶尖研究中心计划 (97 修正核定版) [EB/OL]. http://www. edu. tw/high/. 2008[2011—08—10].

[9][24][25][26][27] “高教司”“技职司”.「迈向顶尖大学计划」审议结果出炉[J/OL]. 高教技职简讯，2011，52[2011—08—25].

[10] “教育部”. 弹薪方案 28 人获奖，每人年薪加 50 万元[J/OL]. “教育部”电子报，http://epaper. edu. tw/topical. aspx? period_num=435&topical

_sn=508&page=0. 2010,435[2011—08—21].

[12]“教育部”. 发展国际一流大学及顶尖研究中心计划[J/OL]. “教育部”电子报,http://epaper. edu. tw/e9617_epaper/topical. aspx? topical_sn=192. 2008, 307[2011—08—21].

[16] 范姜泰基.「顶尖」100亿解冻遗珠可提申覆[N]. 中国时报,2005—12—29(C4版).

[17][18][19][20]“高教司”、“技职司”. 发展国际一流大学及顶尖研究中心计划第2梯次审议结果出炉[J/OL]. 高教技职简讯,http://www. news. high. edu. tw/news015/2008030101. asp? c=0400&vers=015. 2008, 15[2011—08—25].

[21]“高教司”. 发展国际一流大学及顶尖研究中心计划第2梯次审议说明[EB/OL]. http://www. edu. tw/high/itemize. aspx? site_content_sn=1234&itemize_sn=3520http://www. news. high. edu. tw/news052/2011040811. asp? c=0400&vers=052. 2008—02—10[2011—08—25].

[29]“高教司”. 针对报载5月8日「迈向顶尖大学教部滥撒钱」专题报导回应 [EB/OL]. http://www. edu. tw/high/news. aspx? news_sn=662&pages=34. 2007—05—08[2011—08—25].

[30][32][40][41] 陈振远等. 发展国际一流大学及顶尖研究中心计划之评估研析[J]. 研考双月刊, 2011, 35(3):84—96.

[33] Chang, D. F., Wu, C. T., Ching, G. S. & Tang, C. W. An Evaluation of the Dynamics of the Plan to Develop First-class Universities and Top-level Research Centers in Taiwan[J]. Asia Pacific Education Review, 2009(10):47—57.

[34] Mok, K. H., Chan. International Benchmarking with the Best Universities: Policy and Practice in Mainland China and Taiwan[J]. Higher Education Policy, 2008(21):469—486.

[35] Lee, E. J. Brain Korea 21: A Development-Oriented National Policy in Korean Higher Education[J]. International Higher Education, 2000(19):24—25.

[36] M, M. & Kim, K. S. A Case of Korean Higher Education Reform: The Brain Korea 21 Project[J]. Asia Pacific Education Review, 2001, 2(2): 96—105.

[37] Yonezawa, A. Making "World-Class" Universities: Japan's Experiment [J]. Higher Education Management and Policy, 2003, 15(2):9—23.

[38][39] 杨景尧. 域见与异见[M]. 高雄:丽文文化, 2010.

(本文发表于《比较教育研究》2012年第10期。作者刘育光,时属单位为北京师范大学国际与比较教育研究院)

四、俄罗斯《教育优先发展规划》框架下“联邦大学”的组建及问题分析

2005年9月5日，时任俄罗斯联邦总统普京宣布了四项国家优先发展规划，其中国家《教育优先发展规划》居首，旨在加速俄罗斯教育现代化，提高现代教育质量，满足社会和经济发展的需求。该规划的运行基于两项原则，一是支持领先者，二是引进新的管理机制和办法。组建“联邦大学”，引进新工艺，加强技术现代化，从总体上提升高等教育质量，促进高等教育与国家和地区经济的联系，则是俄罗斯《教育优先发展规划》在高等教育领域得以落实的突出体现。

(一)“联邦大学”的组建背景

尽管组建“联邦大学”是俄罗斯政府在《教育优先发展规划》出台后才启动的重要举措，但之前已经酝酿了很长时间，主要动因与新世纪前后俄罗斯高等教育在质量、资源分配、管理模式和资金供给方面积郁的诸多问题以及世界高等教育精英发展模式的变化有关。

首先，在教育质量方面，俄罗斯的高等教育水平越来越不被认可。在近年来各种世界大学排行榜上，莫斯科国立大学一般排在100名左右，圣彼得堡国立大学的排名在100～500之间，此外俄罗斯再无大学进入世界500强。据统计，1993在俄罗斯留学的外国学生有3.4万人，2005年下降为1.7万人；而俄罗斯学生选择到经合组织国家接受高等教育者占俄大学生总数的2%，且这一数字以每年10%的速度上升；与此同时，俄罗斯用人单位对高校毕业生的满意度也不高，他们给毕业生知识水平的打分是3.7分(满分为5分)。[1]

其次，高等教育资源分配不均。莫斯科国立大学和圣彼得堡国立大学无疑是俄罗斯最优秀的大学，这里聚集了俄罗斯最优质的高等教育资源和最优秀的青年学生。俄罗斯在行政上划分为八个联邦区，这两所学校都位于中央区，其他地区没有能与之抗衡的高等教育机构，这一方面使地方经济的发展缺乏高新技术支持，另一方面也促使地方的有志青年纷纷离开家乡，奔赴莫斯科和圣彼得堡求学、工作，从而进一步加剧了资源与发展的不均衡。

再次，高校管理模式陈旧。俄罗斯现行高校管理模式大体上是上世纪90年代确定的。1992年的俄罗斯《联邦教育法》确定了俄罗斯教育管理体制为联邦、地区、地方三级管理体制；1996年的《俄罗斯联邦高等和大学后职业教育法》（简称《联邦高教法》）确定了俄罗斯高等学校内部实行校长负责制与学术委员会制，学术委员会服从校长领导。[2]尽管与苏联时期相比，现行高校管理体制已经表现出较多的去集权化倾向，但是在高校自主地位，高校内部行政与学术管理的开放程度上仍落后于俄罗斯社会的民主化进程，而且不同程度上形成了对高校发展的阻碍。

最后，高校资金供给不足。俄罗斯《联邦教育法》曾明文规定每年将财政预算的3%用于发展高等教育，但即使这一杯水车薪的预算也不能及时到位，2002年和2003年俄罗斯联邦教育经费实际占国民生产总值的1.3%，[3]而高等教育经费只占整个教育经费的1%和2%。[4]经费不足导致一些高校基础设施不完善，教师工资待遇过低，学校运转不力，公费学生名额减少，有偿高等教育比例增大，学费额度增高，贫困家庭学生接受优质高等教育面临更大困难。

总之，解体后俄罗斯的高等教育已失去往日的辉煌，不仅人才流失严重，外来生源减少，国内人才市场也对求职毕业生的水平表示不满，教育质量下滑之势可见一斑；从国家整体布局上看，高等教育资源分配严重失衡所导致的强者愈强弱者愈弱的恶性循环，加剧了各地教育及经济发展的不均衡；从高校自身发展上看，管理制度的落后、资金供给的不足、优质教学科研人才匮乏，使得高等学校之间差距拉大、发展艰难。

而与此同时，进入21世纪以后世界高等教育发展迅猛，许多国家都积极出台专项政策侧重建设优质大学和高等研究机构。2005年德国政府启动精英大学计划，拟建设10所世界一流大学，40个博士研究生院和30个优秀研究中心;2006 年《美国高等教育行动计划》中明确指出,未来 10 年至 20 年间教育领域的主要任务就是提高高等教育的绩效;2007 年 10 月,英国首相布朗在格林威治大学发布的《教育实施纲要》中指出,英国的抱负是建立“世界级”的教育体系,成为全球教育的领头羊;日本近年也对一些大学进行重组和合并,并提出将其中一些大学建成世界一流大学;[5]中国为建设世界一流大学和世界一流重点学科,于上世纪 90 年代先后启动了“211 工程”和“985 工程”。因此,不难看出,国内现实问题和变革需求以及国际高教发展大环境是俄罗斯着手组建“联邦大学”和在高等教育领域实施精英发展与协同提高战略的主要原因。这既是促进高教质量实质性提升的重大举措,也可以认为是顺应国际潮流,对他国经验的一次借鉴与尝试。

(二)“联邦大学”的组建方式

俄罗斯从 2006 年 11 月启动的“联邦大学”组建工程按阶段划分有两种方式,一是尝试阶段的“自上而下”方式,二是推广阶段的“自下而上”方式。

西伯利亚“联邦大学”和南方“联邦大学”是俄罗斯现有 9 所“联邦大学”中最先组建的两个。在普京总统 2005 年 9 月签署的《国家教育优先发展规划》的指导下,俄联邦政府发布组建这两所“联邦大学”的指令,要求分两步完成组建。第一步是使现有大学获得自治教育机构的地位,第二步是使获得自治地位的大学与俄罗斯联邦管辖之下的其他教育机构(包括大学、研究院等)合并。2007 年末,第一批两所大学西伯利亚“联邦大学”和南方“联邦大学”组建完成,并被认为的是成功而富于成效的。于是,政府开始讨论扩大试验,在其他联邦区继续组建“联邦大学”,以便在全国形成“联邦大学”网。这一举措也引起了学术界的极大兴趣,2008 年内,俄罗斯教育科学部多次召开圆桌会议,对先前两所大学的经验与组建新大学的可行性进行了热烈讨论。尽管官员和学者中有拥护者也有反对者,但陆续有 30 多所高校向教育科学部递交组建“联邦大学”的申请,使得继续组建“联邦大学”、构建成网已经成为了必然趋势。2009 年 10 月,总统签署命令,组建北方“联邦大学”、喀山“联邦大学”、乌拉尔“联邦大学”、远东“联邦大学”、东北“联邦大学”的申请获批。至 2010 年第二批 5 所“联邦大学”组建完成。2011 年波罗的海“联邦大学”和北高加索“联邦大学”组建完成。

目前已建成的9所“联邦大学”的基本情况整理如表1。

表1 联邦大学的基本情况

联邦大学名称	组建时间	联邦区	学校前身	学校特色研究方向[6][7]
西伯利亚联邦大学(СФУ)	2007年	西伯利亚区	克拉斯诺亚尔斯克国立大学等	石油天然气、矿业、有色金属、水利工程、可再生与可替代能源
南方联邦大学(ЮФУ)		南方区	罗斯托夫国立大学等	生态安全、纳米技术、无线通讯、土地规划、俄罗斯多民族地区社会和谐发展的人文模式
北方(北极)联邦大学(С(А)ФУ)	2010年	西北区	阿尔汉格尔斯克国立技术大学	北极旅游、海洋、石油天然气
喀山(伏尔加)联邦大学(К(П)ФУ)		伏尔加河沿岸区	喀山国立大学	
乌拉尔联邦大学(УФУ)		乌拉尔区	乌拉尔国立技术大学	原子能、医疗技术、航天系统、信息技术(超级计算机)、生态安全
远东联邦大学(ДВФУ)		远东区	远东国立大学	海洋资源、能源和能源效率工艺、纳米技术与纳米材料、运输及物流、生物医学技术
东北联邦大学(СВФУ)		远东区	雅库茨克国立大学	生态安全、矿产、环境工程、医学
波罗的海联邦大学(БФУ)	2011年	西北区	康德俄罗斯国立大学	俄罗斯语言和文化
北高加索联邦大学(СКФУ)		北高加索区	北高加索国立技术大学等	国民经济、世俗历史文化研究所

(三)“联邦大学”的特殊身份

根据《联邦高教法》,“联邦大学”是俄罗斯特殊的一类大学,在使命、地位、管理模式和财政拨款方面都体现出身份的特殊。

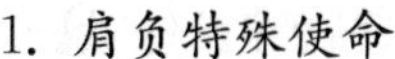

1. 肩负特殊使命

(1) 创建世界一流大学。组建南方“联邦大学”和西伯利亚“联邦大学”时，其目标定位是进入俄罗斯大学排行榜前10名，到2020年时跻身世界大学100强。西伯利亚“联邦大学”和南方“联邦大学”组建之后已经跻身俄罗斯大学前10位，尽管俄罗斯现有的9所“联邦大学”不可能全部进入国内大学排行榜前10名，但其发展目标的国际定位没有变，仍然致力于2020年前进入世界大学100强，提升俄罗斯高等教育在世界上的声望，并成为俄罗斯教育、科学和商业中心以及技术革命与国际性人才培养的中心。

(2) 提升高等教育整体水平。“联邦大学”作为新型教育机构，一方面是其他高等教育机构的楷模，另一方面，其科研、教学与管理等领域的成就将被作为俄罗斯整个高等教育体系的改革经验，影响高等教育整个体系的现代化发展。联邦大学相当于俄罗斯高等教育体系的排头兵，肩负着带动整个体系前进的重任。

(3) 拉动区域经济发展。一方面，组建联邦大学是为了直接优化区域教育结构，加强高等教育机构与地区经济和社会的联系，作为地区经济发展的科学基础，促进地区经济的发展；另一方面，组建联邦大学是为了打造地方性的优秀大学，吸引当地青年以及有才能的外地青年在本地求学和就业，为本地经济发展储备人才，最终实现人才培养与经济发展的良性循环。

2. 拥有特殊地位

每所“联邦大学”都具有“自治”地位，所有“联邦大学”最终在全国形成网络，同时构成俄罗斯高等教育机构“金字塔”的次尖端位置。

(1) “联邦大学”的自治地位。根据2009年俄罗斯议会通过的《联邦高教法》修订案，“联邦大学”是按照俄罗斯联邦总统的决定由俄罗斯联邦政府在联邦国立教育机构、地区学术机构、国家科学院及分院的基础上创建的具有自治地位的教育机构。具有自治地位的“联邦大学”有权按照自己的意愿制定高等和大学后职业教育标准与要求，但是不能低于相应的联邦国家教育标准。[8] 此外，“联邦大学”有权独立授予学位，有权颁发具有“联邦大学”特色的毕业证书；“联邦大学”有权开设公司，有权自主管理本校的收入和拨款，需自负盈亏等。

(2) “联邦大学”在俄罗斯高等教育机构“金字塔”中的位置。莫斯科国立大学和圣彼得堡国立大学在俄罗斯享有特殊权力并承担的特殊责任，这一点非其他高校能比，故居金字塔顶层；其次是承载着特殊使命的"联邦大学"；第三层是能够与"联邦大学"同样有效地实现高等与大学后职业教育规划、完成基础与应用领域广泛研究的29所国立研究型大学，这类大学由联邦政府通过大学发展规划选拔产生（率先获得这一地位的国立研究型原子能大学（Национальный исследовательский ядерный университет）和国立研究型技术大学（Национальный исследовательский технологический университет）由国家指定），有效期为10年，有效期内受政府资助，享有特殊权力，主要职责是为科学、技术、工程、经济领域、社会领域培养人才，发展高技术产业；第四层为综合性大学，这类大学承担着为俄罗斯联邦培养各方面高端人才的重担，是高等教育体系的基础；最底层是普通高等院校，它们以培养具有学士学位人才为主，只是间或培养一些具有硕士学位的人才。

3. 享有特殊拨款

按照俄罗斯大学发展的整体规划，莫斯科大学和圣彼得堡大学、"联邦大学"、国立研究型大学每年都获得来自联邦的拨款，但数额依各类大学在"金字塔"中所处的位置不同而不同，层级越高，拨款就越多。联邦大学的拨款数额介于两所特殊地位大学和国立研究型大学之间，主要用于装备实验室和教室、完善管理系统、教师培训和提高教师工资等方面。

与此同时，根据"联邦大学"发展规划，每所"联邦大学"都会获得来自政府的特殊财政拨款。南方"联邦大学"和西伯利亚"联邦大学"获得联邦政府的财政拨款，2007年为30亿，2008年为23.5亿，2009年为15亿。从2011年起，联邦政府每年为每所"联邦大学"拨款15亿卢布。[9]但实际上，每所"联邦大学"获得的财政拨款并不完全相同，如喀山"联邦大学"长期发展规划拨款总额高达120亿卢布，2012年开始招生的北高加索"联邦大学"将在2015年前共获得70亿卢布。[10]"联邦大学"除获得联邦中央的拨款外，还可获得区域政府的拨款。

4. 实行特殊管理方式

与一般大学不同，"联邦大学"校长不是由选举产生，而是由总统任命，任期5年。学校设督学委员会，对"联邦大学"财务进行审查。督学委员会由国家机关代表、国家权力机关代表、地方自治机构代表、用人单位代表、俄罗斯及国外

商业机构代表共同组成。此外,由于“联邦大学”的自治地位,其在行政管理和学术管理上都具有较大的自主性。

(四)关于“联邦大学”改革模式的质疑与分析

“联邦大学”的组建和发展走的是一条非常规的道路,包括特殊拨款和革新管理模式等,这些特殊的手段能否达到改革高等教育、促进经济发展的目的,迄今答案仍不明朗。俄罗斯学者、官员、及社会人士的观点各异,争论颇多,归纳起来,有以下几方面:

1. 合并——走向强大,还是发展倒退?

有学者指出,大学合并不是俄罗斯首创,世界上已有大学通过合并走向强大的先例,所以“联邦大学”采取若干大学合并的方式切合社会发展趋势。[11]事实上许多大学也希望通过合并获得“联邦大学”地位进而走向强大,但也有例外,如喀山国立大学就不希望走合并的道路,喀山大学副校长指出,合并对喀山大学这样有悠久历史的大学将会起负作用,同时也有国际经验表明,合并后大学的发展将会退步5~7年[12]。

从“联邦大学”组建进程来看,尽管俄罗斯联邦教育部一度收到30多份组建“联邦大学”的申请,其中有的方案是经过周密计划的,但有的明显是在追风碰运气,所以不能排除有些大学追求合并是草率的。笔者认为,由于每所大学的情况不同,所以合并所带来的影响必然有差异,但如果只是为了追求更多拨款而进行的表面上的联合,其最终必定不利于大学的长久发展。

2. 拨款——是救济,还是促发展?

特殊拨款将用于“联邦大学”的基础设施建设、教师培训以及完善管理系统等多方面,同时也是吸引高等教育机构参与“联邦大学”组建的关键因素之一,但并不是所有人都认同拨款这一方式。有观点认为,拨款是为了大学的发展,而不是给大学以救济,如果使用不当,实际上达不到促发展的目的;还有一种观点更加尖锐地彻底否定将拨款和联邦大学发展相挂钩,认为大学的发展不应该只用钱来衡量,更需给他们以自治的地位和发展的自由。此外,为了补偿微薄的国家财政,地方政府需要动用各个方面资源,多有得不偿失之处。[13]

在笔者看来,办学经费固然是大学发展的重要基础,但如果将拨款单纯地理解为发展硬件与改善外观，而不配以真正有创新意义的发展决策，那么，真正的创新型大学可能是有“新”而无“创”，高等教育人才培养的突破性发展也不会实现，加大拨款投入也就没能充分和有实效地达到的目的。

3. 管理模式改革——是放权，还是收权？

关于管理模式改革的有效性，有学者提出质疑，一方面“联邦大学”获得自治地位，在诸多方面权力得以扩大；另一方面“联邦大学”校长从选举产生变为总统任命，又设立了督学委员会，大学受到的国家监管也更多。这样的改革给大学带来的是更多自由还是更多限制，一时还不好确定。

其实，从以下方面看权力的分配还是很明显的：首先，“联邦大学”的组建本身就是政府发起的自上而下的教育改革，无论“联邦大学”有怎样的自治地位，教育机构的创办人仍是唯一的，即俄罗斯政府，其他机构只是完成其创建职能；其次，“联邦大学”的自治地位使得大学在许多方面可以放开手脚，发挥自身优势，但同时其具体行为要受到国家和社会更严格的监督，这说明，自治是国家监管下的自治；再次，现在除中央区外，俄罗斯每个联邦区都至少有一所“联邦大学”，全国“联邦大学”网业已形成，每所“联邦大学”的校长都由总统任命，大学受国家监督，地方的高等教育实力在增强，但领导核心仍在联邦中央。

4. 世界一流——是目标，还是手段？

“联邦大学”在2020年前跻身世界100强的硬性目标被写进《联邦高教法》，这是政府的必达目标还是俄罗斯人的世界一流梦，人们也在思考。联邦教育科学部发展规划司副司长叶甫根尼·科尼亚采夫认为，一方面，排名不能绝对评价大学的工作质量；另一方面，排名又可以作为政府工作成效的间接证据。[14]针对俄罗斯高校无缘泰晤士报最新发布的大学排行榜前100名，俄联邦教育部官员及大学校长们纷纷申明，该排名是以英国古典大学为标准，不符合继承苏联模式的俄罗斯大学，而且还具有浓厚的政治色彩，但这一结果无疑是对俄罗斯高等教育改革敲响的警钟。[15]客观地说，打造世界一流对于“联邦大学”来说是激励也是压力，从当前“联邦大学”的发展情况来看，如果进入100强真是硬性目标，那么2020年前能否实现还真令人堪忧；如果只是激励手段，那么对于“联邦大学”的发展将是机遇与挑战并存。

5. 青年人才——是留在地方,还是继续远走他乡?

"联邦大学"的发展依赖三个因素:吸引有才能的大学生和教师;建立灵活的管理系统;为教学和研究提供最大限度的资金保障。在吸引人才方面,"联邦大学"的重要职能是吸引本地有才能的学生入学,为地方发展储备人才,但事实不容乐观。根据俄罗斯2011年高校录取结果,当年报考首都高校的毕业生增长了1.5～2倍,而报考地区高校的总人数在下降。或者说,莫斯科国立大学和圣彼得堡国立大学仍是全国高等教育的中心,而位于地方的大学、即便是面目全新的"联邦大学"也没有实现留住优秀考生的目标。当然各校具体情况不同:喀山"联邦大学"有追赶莫斯科国立大学和圣彼得堡国立大学的趋势,2011年报考人数达1.7万,录取比例为1∶14,生源覆盖了伏尔加河沿岸的14个地区;其他"联邦大学"的竞争非但没有喀山大学激烈,有的甚至申请人数低于预算名额,如波罗的海"联邦大学"有837个预算名额,申请人数只占预算名额的68%;远东"联邦大学"申请人数是1 917人,占预算名额的73%。[16]

可见,以横向联合构筑强校,以强校吸引强人,为本校、本地区强力发展做好人才准备的初衷,对于身在地方的"联邦大学"来说,还需要时间的考验和经验的探索。尽管上述诸多质疑尚无答案,但总的来说"联邦大学"对俄罗斯高等教育改革的积极作用是不容否定的。

"联邦大学"模式作为俄罗斯国家教育优先发展战略的一项重要举措,一方面是为了解决教育及地方经济的现有问题,另一方面也是为整个高等教育改革开路搭桥。"联邦大学"走的是一条特殊发展的道路,其特殊权力是否有助于其实现其特殊目标,现在下结论还为时尚早,国家对"联邦大学"的政策是统一的,但每一所"联邦大学"都有自身的特点和优势,每一所"联邦大学"都将有自己的前途。

参考文献:

[1] Федеральные университет как средство выхода из крзиса высшего образования[EB/OL]. http: www. hrmonitor. ru/index. php? p=4&theme/.

[2] 李清. 从制度变迁视角浅析转型期俄罗斯教育管理体制变革[J]. 中国

轻工教育.2011(2):13—15.

[3] Образованая политика России современом этапе[EB/OL]. http://www.philippov.ru/news/27/138.

[4] 吕济峰,夏人青.俄罗斯高等教育政策评述[J].上海师范大学学报(哲学社会科学版),2006(3):109—112.

[5] 宋洪雨.俄罗斯高等教育近五年重大改革研究[D].哈尔滨:哈尔滨工业大学.2009.

[6][16] Федеральные университеты России: новые возможности[EB/OL]. http://www.ural.ru/news/press/news-111876.html.

[7][10] Федеральные университеты страны: перспективы[EB/OL]. http://www.u-f.ru/Article/obrazovanie/643677.

[8] "О внесении изменений в отдельные законодательные акты Российской Федерации по вопросам деятельности федеральных университетов"[EB/OL]. http://mon.gov.ru/pro/pnpo/fed/.

[9][13][14] Федеральные университеты: революции не будет[EB/OL]. http://www.vneshmarket.ru/content/document_r_B52EC984－63D2－4D49－8822－7FDC78BD6E47.html.

[11][12] Федеральные университеты: модель для развития высшей школы[EB/OL]. http://www.strf.ru/organization.aspx?CatalogId＝221&d_no＝16397.

[15] Опубликован рейтинг репутации мировых вузов[EB/OL]. http://vedu.ru.

(本文发表于《比较教育研究》2012年第12期。作者王丽伟,时属单位为北京师范大学国际与比较教育研究院)

五、韩国的研究生教育战略：“智力韩国 21 工程”

随着研究生教育作用的增强，世界上大部分国家为了提高自身的经济实力，都在开展与本国国情相符合的各种高等教育改革工程。韩国在新时期为了培养可以引导未来社会发展的高级人才，从 1999 年开始实施了第一阶段的：“智力韩国 21 工程”(Brain Korea 21 工程以下简称“BK21 工程”)，持续近七年时间，总投资为 12 亿美元。第二阶段的“BK21 工程”从 2006 年开始，预计持续到 2012 年，总投资为 21 亿美元。本文将梳理第一阶段“BK21 工程”实施的背景、内容以及成效，以此为基础，重点分析第二阶段“BK21 工程”的实施及预期效果。

(一)“BK21 工程”概述

1. 政策背景

在以知识经济为基础的全球竞争时代，知识创造的质与量成为竞争力的主要标准，国家最重要的课题是培养能够熟练运用新知识和技术的创造性人才。20 世纪末，韩国的高等教育难以适应知识经济的发展要求，主要表现在高校学术研究水平低下。有关统计资料表明，1997 年度，韩国大学学术研究国际水平(SCI)在世界仅排行第 17 位，若按百分比计算，韩国大学的科研总量仅占美国的 3.9%，英国的 13.3%，日本的 15.2%，德国的 15.5%。1999 年，《亚洲周刊》(Asia Week)的一个调查显示，韩国最具竞争力的大学——首尔国立大学在亚洲国家大学中排名为第三位；同年韩国人力资源的国际竞争力在全世界 47 个发达国家中排在靠后的位置。[1]为了摆脱这一尴尬局面，1999年，韩国政府开始实施以“BK 21工程”为核心的大学发展计划。该工程主要以研究生教育数量与质量的提升为宗旨，通过提供奖助学金、海外研习助学金和科研基础设施建设，积极改善韩国21世纪研究人才的培养状况。

2. 政策目标与内容

“BK21工程”有三个主要目标。第一，作为一项基础结构建设项目，有重点地培养一批具有世界水平的研究生院，为社会发展提供优秀的技术和人才。第二，有重点地建设一批优秀的地方大学，加强地方高校的竞争力。第三，提倡和鼓励大学教育机构广泛培养社会所需要的专业人才，创造一个公平的竞争机制。评价某所大学不是以“名牌大学”为标准，而是要看学校科研成果的数量、质量以及研究生的实际能力。

“BK21工程”的内容包括以下几个方面：第一，加大对研究生研究与学习的资助；第二，改善大学学术环境，实施研究生院专任教授制，减轻大学教授负担，减少大学教授指导的人均学生数，建立包括教师升迁、业绩评比、工资报酬等公平的业绩评估制度；第三，改革大学教育的课程，努力与世界一流大学接轨，并加强产学合作；第四，扩充教师的研究室、实验室、电子图书馆和外国人（教师和留学生）专用宿舍等基础设施；第五，改革大学入学制度和大学人事管理制度，缩小本科生定员，扩大招生的地域范围，保障学生对所学专业科目的选择权。[2]

“BK21工程”涵盖了四个学术领域：第一，应用科学领域，包括信息技术、生物工程以及机械与材料；第二，艺术与社会科学领域，重点发展对韩国文化的研究；第三，特色（传统）科学领域，重点发展韩国医药及发酵食品；第四，新兴产业科学领域。

获得“BK21工程”的资助需经一系列的程序，先由各大学单独或联合提出申请，后由直属教育部“BK21工程”的计划调整委员会负责组织评审。第一阶段的“BK21工程”实际投资和选定单位的规模见表1、表2显示。

表 1 “BK21 工程”投资情况(单位:亿美元)

年份	1999	2000	2001	2002	2003	2004	2005	总投资
金额	1.7	2.3	2.0	1.3	1.6	1.6	1.7	12.2

资料来源:(韩)教育人力资源部:《BK21 工程说明资料》,2006.6。

表 2 “BK21 工程”选定单位数目

区分	参与高校	大型研究集团	小型研究团队
科学技术领域	14	26	
人文社会领域	11	18	
优秀地方大学工程	38	13	
特色(传统等)工程	11	12	
核心工程等	92		442
扩充专用宿舍	1		
总计	167	69	442

资料来源:(韩)教育人力资源部:《BK21 工程说明资料》,2006.6。

3. 第一阶段的“BK21 工程”的成果与反思

第一阶段的“BK21 工程”极大地提高了韩国研究生院的研究力度,为构筑研究生院以研究为中心的体制打下了制度性的基础。首先,政府在高等教育资助方面,开始采用以成功为导向的原则,对研究生院形成竞争性的研究风气发挥了决定性的影响。实施“BK21 工程”以后,大学发表的 SCI 论文数从 1998 年 3 765 篇(韩国整体位于世界 18 位)提高到 2005 年的 7 947 篇(韩国整体位于世界 12 位)。同时,尖端科学技术的发展有利于韩国博士进入外国大学或著名的研究所。其次,研究经费的中央管理体制和教授业绩评价制度在大学里得到了广泛的运用。此外,由于研究生可以得到一部分生活补助,他们能够比较稳定地完成学业,并通过参加国际学术大会等海外研修活动增强了国际性及自信心。

在取得这些成果的同时,“BK21 工程”也存在很多问题。该工程实施的初期,在工程团队的选定和中间评价过程中,SCI 论文数等指标占了过大的比重,相对地削弱了高校对学生的教育活动;与工程团队的协作削弱了大学研究的实用性;资助对象集中在地处首都的大学,削弱了地方大学的研究活动,扩大了首都大学与地方大学之间研究能力的差距;工程管理未能构筑综合体制,对运营的管理不够全面系统；与工程计划所期待的相比，其效果比较低，因此留下了需要反省的空间。

(二) 启动第二阶段的“BK21 工程”

1. 重点目标和推进方向

通过对第一阶段的“BK21 工程”的反思，韩国政府为加强研究生院以研究为中心的体制的稳定性，于 2006 年开始推行第二阶段的“BK21 工程”，现正顺利进行。第二阶段的“BK21 工程”的目标包括：第一，从 2006 年开始，每年资助培养 2 万名以上的优秀硕士生和博士生；第二，到 2012 年，SCI 论文发表数量进入世界前 10 位，为此，要建立 10 个以上具有世界水平的研究生院；第三，大学拥有技术的民间转化率由现在的 10.1%提高 2012 年的 20%，大学项目和知识转化率要达到世界前 10 位。[3]

为达到上述重点目标，该工程具体推进实施的方向如下所述。

第一，韩国的教育人力资源部(2008 年改组为教育科学技术部)在此期间将加速推进研究生院特色化的建设。第二阶段的“BK21 工程”要评价研究生院具有什么样的目标，鼓励它们在设定的特色化领域自主地培养研究生。

第二，研究生院作为尖端技术创造及知识生产的基地，为了发挥其作用，应该着重强化生产协作，强化专利、技术转让，强化研究生院与企业共同研究等多种与产学合作相关联的评价指标，培养与工程建设所需相符合的高级人才，推进大学及研究生院不断创新。

第三，为支援所有工程团体能够有效地实现自己提出来的工程目标，必须设立专业评估机构，完善评估管理制度。

第四，与第一阶段的“BK21 工程”相同，坚持“选择与集中”原则，通过公开竞争，选定科学技术、人文社会领域的优秀团队，给予集中资助。

第五，通过与其他国家的科研项目进行有效联系，产生出创造性成果。

第六，为使国家研究生教育均衡发展，新设地方优秀研究生院。所设研究生院可分属不同部门，使之成为培养体制的一部分，并给予资助。为此，尤其要强化研究生院与地区战略项目、零部件所在产业等中心企业的联系。[4]

2. 支持领域及内容

第二阶段“BK21 工程”的总投资为 21 亿美元，从 2006 年起到 2012 年间的投入为 3 亿美元，旨在建设具有世界水平的优秀研究生院，支援地方优秀研究生院，提高高级专门人才的培养水平。

(1) 建设具有世界水平的优秀研究生院。发展基础性的技术、适应未来发展的尖端技术、与老龄化社会相关的产业领域等，集中培养10年后可以引领韩国未来发展方向的相关技术领域(基础科学、应用科学、交叉学科领域)的人才；支持设计、文化和艺术产业等有社会文化价值的实用化领域；支持社会福利研究和地域研究等交叉学科领域；重点培育中小规模的创意性研究团队。

(2) 建设优秀的地方研究生院，缩小首都和地方大学科研能力的差距，使与地方发展战略相关联的优秀地方研究生院得到特色化发展。教育人力资源部为此而支付研究生经费(硕士在读生每月50万韩元，博士在读生每月90万韩元，博士后每月200万韩元)和研究生的海外留学经费等，培养符合海外著名企业用人标准的具有工程家精神的研究人才。

3. 进展情况

教育人力资源部于2006年1月公布实施第二阶段的“BK21工程”，2006年2月收到来自各研究生院的工程申请，经过严格审查后于2006年4月27日确定并公布了受助单位的名单。

第二阶段把工程申请单位分为大型研究团队和小型研究团队。为促进产学合作，确保工程的基本范围，签定培养大学－产业、大学－企业－研究所之间的协作合同，优待进行产学研合作的研究团队。申请条件中，最大的变化是为了给予更多的研究生院参与的机会，每位教授和学生只能参与一个研究团队。评选以教育活动、研究活动、产学合作、研究生院特色化4个领域为主。地方优秀研究生院的项目应能够促进地区发展，科学技术的应用领域则强化产学合作。同时，评选还要考虑基础科学和人文社会科学领域中教育和研究的比重。通过这些程序，选定的结果如表3显示。

(1) 科学技术领域(大型研究团队)。基础科学领域51个，应用(交叉学科)领域107个，总共设立137个项目团队。在此期间，工程为14 000名左右的高级科学技术人才建立了可以专心研究的安定环境。第二阶段的“BK21工程”设立的地方优秀研究生院项目总共59个，每年培养3 000名研究型人才，资助经费为409亿韩元，为减少首都与地方研究力量的差异打下了良好的基础。同时，根据新型产业的需要，工程通过加大对能源、环境、零件素材、BNT、海洋技术(MT)和信息保护等方面的资助，为新兴的交叉学科技术领域培养人才奠定基础。“BK21工程”投资于基础科学436亿韩元，应用(交叉学科)科学

1 302 亿韩元，总共资助为 1 738 亿韩元。

(2) 人文社会领域(大型研究团队)。工程选定了 61 个研究团队，每年资助 1 900 多名研究生，资助经费约 2 801 亿韩元。工程通过建设和发展地区优秀研究生院，选出了 17 个研究团培养人文社会领域的优秀人才，每年资助 400 余名研究生，经费大约为 60 亿韩元。

(3) 核心研究领域(小型研究团队)。主要是指具有创意的各种小规模研究团队，科学技术领域有 246 个研究队，人文社会科学领域有 79 个研究队，分布于 71 所大学，总共有 323 个研究队。“BK21 工程”会给予参与工程的 4 100 名研究生(硕士生 3 000 名，博士生 1 100 名)以资助。资助科学技术领域 484 亿韩元，人文社会领域 90 亿韩元，总额为 574 亿韩元。

表 3　第二阶段 BK21 工程选定的研究单位情况

研究类型	资助领域		建设世界一流水平的研究生院		建设地方优秀研究生院	
			申请	选定	申请	选定
大型研究团队	科学技术	基础科学	38	33	27	18
		应用科学	83	66	65	41
		小计	121	99	92	59
	人文社会		96	44	33	17
	合计		217	143	125	76
小型研究团队	科学技术		227	143	155	103
	人文社会		141	45	60	34
	合计		368	188	215	137
高级专业服务	医学		30	21		
	经营		14	4		
	合计		44	25		

资料来源：(韩)教育人力资源部：《BK21 工程报道资料》，2006.4.26。

(4) 高级专业服务工程领域。医学领域中选定 21 个项目团队(总资助为 168 亿韩元)，每年总共培养 800 名研究生。根据工程团队的不同情况，对每个团队最多给予 5 亿韩元的资助。工商管理硕士(MBA)领域最终选定了 4 所学校。对于聘请外籍教授、使用外国教材以及开发海外学术项目等也给予

资助。[5]

4. 评估与管理体系

为了改进工程评估体系制度设计和运营管理方面的不足，第二阶段的“BK21 工程”更加强化了评估管理，要求教育人力资源部与选定的研究团队、研究生院签订绩效合约。在签订绩效合约之前，教育人力资源部先对研究团队的准备工作进行现场调查，每年评估一次，并对评估结果进行网上公示，对未达标的研究团队在拨款方面予以处罚。尤其是 2008 年和 2011 年，工程在严格的评审过程中实施淘汰制度，通过多个步骤对研究团队进行评估，取消单项未过半或单项排名在最后 20%的团体的参选资格，使排位靠后的研究团队与新投标的团队竞争。“BK21 工程”还对最优秀的研究团队追加投资，以提高工程的效果。之后，为构建具有专业性的持续评估管理体制，该工程设置了韩国学术振兴财团常设组织，聘请具有专业水平的评估专家为常委，不仅重视评估结果，而且对研究团队的专业性也同时开展支援活动。教育人力资源部于 2007 年 9 月 18 日发表了第二阶段“BK21 工程”第一年度即 2006 年度的评估结果，认为在加强研究团队的竞争、优秀研究生的培养、研究成果的产出以及产学合作等方面，该工程都起到了极大的促进作用。[6]

5. 预期效果

第二阶段“BK21 工程”所期待的效果，是要培养引导国家发展的高级人才。

第一，培养引导国家发展的核心高级人才。为了实现在人才培养方面的预期效果，该工程将为大约 21 000 名硕士生和博士生约 2 400 名的博士后，以及新进研究人员(签约教授)提供更多的资助，使他们能够在比较安定的环境中参与教育研究活动。

第二，提高韩国大学的研究能力。在第二阶段工程结束的 2012 年，要使韩国大学的研究能力比现在提高 20%以上，在 SCI 论文发表数量方面进入世界前 10 位。

第三，促进研究生院的产学合作活动。为使产学合作活动获得长足发展，该工程让大部分应用科学研究团队与企业组成产学合作项目团体，运营与产业界有关的教育项目，包括公司与大学签订人力资源交流协议等。

第四，缩小首都大学和地方大学的研究能力差距。韩国地处首都的大学与地方大学在研究能力方面，尤其在科技领域存在较大差距。在第一阶段“BK21工程”的实施中，与首都高校相对比，参与到该工程的地方研究生院的比重仅仅是4%。而地方研究生院的研究团队与地方性产业紧密结合，对于保证区域战略中人力资源的稳定性十分重要。因此，第二阶段工程的预期结果是通过培育地方优秀研究生院，将参与到该工程的地方研究生院的比重提高到24%，促进国家科研事业的均衡发展。

第五，通过第二阶段工程，大幅度地增加对研究生院的资助，大大扩充评审研究团的教员数，促进研究生院的特色发展，在更大的空间内推进教育研究活动。

参考文献：

[1] [韩]教育人力资源部. BK21 工程[EB/OL]. http://mba. mest. go. kr/main. jsp? idx=040201&brdNo=24&mode=read. 2003—03—21.

[2] 李炎清. BK21 工程：韩国建设一流大学的成败得失[J]. 教育与职业，2008(1)：68.

[3] [韩]教育人力资源部. 智力韩国 BK21 说明资料[EB/OL]. http://www. mest. go. kr/me_kor/search/search. jsp. 2006—07—12.

[4] 徐裕美. 第二阶段 BK21：照亮韩国的未来[EB/OL]. http://www. mest. go. kr/me_kor/index. jsp. 2008—11—10.

[5] [韩]教育人力资源部. BK21 工程报道资料[EB/OL]. http: // www. mest. go. kr/ me_kor/ news/ notice/ broadcast/1256560_11163. html. 2006—04—26.

[6] [韩]教育人力资源部. 第二阶段 BK21 工程年度评价结果[EB/OL]. http://www. mest. go. kr/ me_kor/ news/ notice/ broadcast/1256560_11163. html. 2007—09—17.

（本文发表于《比较教育研究》2011年第3期。作者李善雨，时属单位为北京师范大学国际与比较教育研究院）

六、美国杜克大学的发展战略规划研究

杜克大学起源于伦道夫郡(Randolph County)一所私立宗教学校，1892年被命名为“三一学院”。为纪念华盛顿·杜克对学校的捐赠，1924年12月，“三一学院”更名为杜克大学。杜克大学仅用了几十年时间就从一所宗教学校，发展成为在美国国内和国际上都名列前茅的综合性研究型大学和国际性大学，这与它长期以来重视并制定切实可行的发展战略规划是分不开的。

(一) 杜克大学发展战略规划的历史回顾

像其他美国优秀大学一样，杜克大学很早就对其发展进行了战略规划。1964年，校长道格拉斯·奈特(Douglas M. Knight)根据长期规划委员会六年的研究制定了《第五个十年》(The Fifth Decade)报告，提出了四个承诺：杜克的主要功能是提供广泛的、综合的和为职业做准备的教育；在多样化的领域进行研究生教育和职业教育；朝着知识的前沿和国际知识共同体进发；真正参与到当地、地区、国家和国际事务中。[1]这四个承诺为杜克大学的成功奠定了基础。20世纪80年代以来，由于经济紧缩、适龄入学人口减少、高校竞争等原因，定期制定战略发展规划成为杜克大学的必然选择。1987年，杜克大学制定了加强本科生教育质量，确保杜克大学在研究型大学中名列前茅的战略目标，其中师资队伍建设被放在首要位置。此次规划也要求加强研究生项目、鼓励跨学科研究和改进学术设施以加强杜克大学的科学研究。[2]为支持跨学科研究，杜克大学对本校的学科状况进行了大量详细的研究工作，并以此制定了《跨越边界：九十年代的跨学科规划》(Crossing Boundaries: Interdisciplinary Planning for the Nineties)。随后，鼓励跨学科教学和研究成为杜克大学的发展主题，杜克大学并为此建立了新的管理机构和资金机制。

卓越或优秀是世界上许多一流大学的发展目标，也是杜克大学长期以来的追求。20世纪90年代以来，杜克大学制定了三部具有重要影响的战略规划，它们分别是：1994年制定的《形成我们的未来：一个年轻的大学面对新世纪》(Shaping Our Future: A Young University Faces a New Century)、2001年的《追求卓越》(Building on Excellence)和2006年制定的《与众不同：杜克大学的战略规划》(Making a Difference: The Strategic Plan for Duke University)。现代大学处于一个竞争日益激烈的市场中，通过战略目标的调整形成自己的特色和个性是在竞争中取胜的关键所在。1994年杜克大学规划提出要在一切方面都达到卓越，由于资金环境的快速变化、教育和科研方法的革新、教育的多样化和全球化等问题，杜克大学需要重新配置资源以达到卓越的目标，2001年将规划的主题直接定为："追求卓越"(Building on Excellence)。

杜克大学本身是一所很有特色的大学，它是建立在博艺文科教育和职业教育基础上的综合性大学，学术自由、国际化、多样化等是它的传统和特色。在校长理查德·布罗德海德的带领下，2006年杜克大学的规划将发展目标直接定为："与众不同"。杜克大学认为，通过注重质量获得了卓越，通过发展新的领域将帮助他们在知识前沿和社会需求的交叉点上迎接挑战。"为了做到这一点，杜克大学不仅要吸引最好的教师和学生，而且为了迎接教育、发现和服务的挑战，它还要成为一个灵活的机构，我们认为这必定是21世纪大学的特点"。[3]此次规划文件明确规定，"杜克大学的目标不是大学排名，而是要建立我们的领导地位，通过我们向社会提供的教育、教师的科研、毕业生的生活，使我们的社区成为一个更好的工作和生活场所"。[4]校长理查德·布罗德海德说，杜克大学要从根本上在两个领域做到与众不同：一是为教学方法和学生校内外学习方法的创新研究投资；二是把运用所学知识和创造能力解决公众面临的问题，如改善卫生条件、摆脱贫困和保护环境等作为杜克大学教师和学生的一种责任。[5]

（二）杜克大学发展战略规划的主要内容及特色

大学发展战略规划制定的程序和过程具有相同之处，一般都要由环境评

估、战略规划、专项规划、规划的实施、规划的监控等组成，所不同的是各学校的发展目标、具体的规划内容和措施。下面主要以 1994 年、2001 年和 2006 年杜克大学的发展战略规划为重点，来了解杜克大学战略规划的主要内容及特色。

1. 注重本科生和研究生教育质量

为本科生和研究生提供高质量的教育，是杜克大学在国内外大学中产生重大影响的基础。追求大学教育质量不仅为杜克大学赢得了很高的国际声誉，而且也为杜克大学在美国国内与世界大学排名中赢得了好成绩。注重质量是杜克大学的传统，杜克大学一直秉承杜克先生的赠言："本大学的所有部门应该注重卓越而不是规模，要以质量——教师的质量和学生的质量为目标，而不是以数量为目标。"[6]提高本科生的生活质量是 1994 年杜克大学战略规划的五大目标之一，规划提出要加强教师和学生的联系、提高学生居住区的生活质量。为达到卓越的发展目标，在 2001 年战略规划中，杜克大学加强了对新的文理科课程(Arts and Sciences)、新世纪课程新教学方法研究的资金支持；将杜克大学的创新项目——"焦点计划"(为大一新生提供的一种优秀的、培养跨学科领域能力的小组教学模式)模式应用于其他项目。规划提出，杜克大学不仅要成为顶尖的研究型大学，还要成为最优秀的本科生教育机构。杜克大学坚持实践是学生最好的学习，注重培养学生科学研究的素质，强调把科研经验和社区服务结合起来。

2006 年杜克大学的战略规划更加重视学生跨学科的综合能力培养。校长理查德·布罗德海德说："我们面临的挑战是如何培养通用型人才和推动思想创新，这样我们培养的人才在应对十年、二十年甚至是五十年以后出现的问题时仍然能游刃有余。"[7]杜克大学要培养本科生学习的热情和在社会上担负起与众不同的责任，采取的措施主要有：继续杜克大学本科教育的特色——以调查为基础的跨学科学习；利用已有的模式及方法整合、评价课程；为本科生创造实践机会；改善校园文化。[8]杜克大学同时也十分注重研究生教育的质量，认为高质量的研究生项目不仅对实现大学培养未来的学者和具有创造能力的领导者的目标至关重要，而且还是聘用和留住最优秀教师的根本条件。因此，2006 年杜克大学的规划要求继续吸引最优秀的研究生。

2. 师资队伍建设

高水平的师资队伍是获得高质量教育的前提和基础。像其他许多世界一流大学一样，杜克大学很早就重视师资队伍的建设。20世纪80年代初，美国大学把注意力都放在了自然科学和社会科学的发展上，普遍对人文学科重视不够。但从1984年起，杜克大学就聘请了一批人文学科的“超级明星”，其中最著名的是从霍普金斯大学请来的英语系主任费什。接着，杜克大学又吸引来了诸多新潮人物，包括美国当时最著名的马克思主义文学专家詹姆逊，使他成为“全国最富有的马克思主义者”。[9] 1987年杜克大学的战略规划也提出要继续加强师资队伍建设。1994年，教师多样化成为杜克大学提高教育质量重要的战略目标和战略措施，他们认为教师多样化是增强实力的源泉之一，而不是一种挑战。

为提高师资水平而不断投资，是杜克大学制定2001年战略规划的一个基本原则，这也是所有大学达到卓越或优秀的途径。杜克大学不仅通过聘用新教师来提高师资水平，而且认为师资建设的中心任务是留住各学科知识分子的带头人。杜克大学的院长有权奖励利用业余时间开发新研究领域的教师，杜克大学强调把资源集中在减少最优秀教师离开杜克大学到其他大学工作的可能性方面。2006年杜克大学规划的重要目标是每个学院都要建立一支优秀的师资队伍，而且为提高教师的学科及跨学科知识的研发和交流能力制定了具体的措施，如进行“快速雇用”和“群体雇用”，通过师资的雇用、保留和发展促进教师的多样化等。

3. 跨学科的教育和研究

不断加强大学与现实生活的联系，进行跨学科的教育和研究是杜克大学战略规划的永久主题之一。杜克大学成立了各种各样的跨学院、多学科、跨学科研究所和研究中心，如约翰·霍普·弗兰克林人文主义研究所、基因政策科学研究所、社会科学研究所等。1990年杜克大学最先设立了副教务长跨学科研究办公室（Vice Provost for Interdisciplinary Studies），为教师提供跨学科发展机会和大学论坛，鼓励跨学科合作。杜克大学于1994年建立了莱温科学研究中心（The Levine Science Research Center），进行跨学科研究，其建筑也是杜克大学历史上最大的建筑。杜克大学认为他们的人文学科和社会科学十分优秀，发展科学和工程学是他们的最大挑战也是最大机遇。杜克大学在1994年、

2001 年和 2006 年规划中，都把科学、工程学的教育和研究列为发展战略重点。在 1994 年规划中，杜克大学加强了本校进行世界级科学教育和研究的能力，还为此改进了科学和工程学的教学和研究设施、拓展了杜克大学的外部研究基金，招聘了一些国际上的杰出科学家。

杜克大学 2001 年的重要规划目标是促进多学科和跨学科研究项目，继续加强科学和工程学的教学和研究。杜克大学 2006 年的战略规划目标之一是加强大学与现实生活问题的联系。校长理查德·布罗德海德说："在我们即将实施的学校发展战略规划中，我们将会把主要的教育资源投入到学科综合上来，将原先分散的领域和院系联系起来，发挥学科交叉的优势。这也是杜克大学教育改革的中心思想。"[10]杜克大学通过制定具有特色的学术规划加强与现实社会的联系，预见新的知识生成模式，并用于解决面临的社会问题，为学生提供在这些领域成功的机会，从而达到与众不同。为此，杜克大学继续加强了具有杜克特色的 6 个研究机构的发展规划，它们是：基因科学和政策研究所、社会科学研究所、约翰·霍普·弗兰克林人文主义研究所、凯恩道德规范研究所、尼古拉斯环境政策研究所和桑福德公共政策研究所。同时，杜克大学还建立了两个新的研究中心：脑、思想、遗传与行为研究所和全球健康研究所。

4. 多样化

多样化是杜克大学战略发展规划的另一永久主题。早在 1961 年杜克大学就修改了招生政策，规定学生不论种族、信仰和民族出身在入学机会等方面一律平等。1988 年初，杜克大学的一些激进师生抗议杜克大学黑人教师奇缺，"黑人教授委员会"便决定每个"聘任单位"在 1993 年以前至少聘任一名黑人教授，否则就会受到学校的制裁。[11]杜克大学认为，关注多样化能够提高杜克大学的教育质量，因为学生不仅通过历史书籍、实验室、艺术作品等进行学习，而且他们也从一起生活和工作所接触的人那里学习到很多东西。最好的学习经验是与不同地理区域、不同经济背景、不同性别和不同种族的人谈论学问，这样往往能够产生新思想、新观念。杜克大学 2001 年的规划提出，要促进大学各方面生活的多样化，因为多样化是优秀教育和民主的公民社会的根本要求，它为学生将来参与多样化的群体工作或领导多样化的群体做准备，还有利于吸引最优秀的人才。[12]

2006年的规划把教师、学生和全体职员的多样化作为杜克大学的一种责任，并致力于国内少数民族和国外落后地区的历史、文化和当代问题方面的教学和科研。该规划为实现多样化的战略目标制定了更为具体可行的四个战略措施：(1) 必须继续执行《师资多样化规划》，促进师资多样化，支持扩大、保留非裔和其他教师成员；(2) 必须继续改进入学政策，为本科生提供财政资助项目以促进学生的多样化；(3) 必须使校园文化发生永久变化，并通过校内外项目发展其内涵；(4) 必须创造机会，支持科学、社会科学、人文学科等在种族、种族划分、性别问题方面的学科研究及跨学科研究。[13]

5. 国际化

国际化是与杜克大学的多样化、跨学科等战略有交叉的一个规划领域。杜克大学在1964年《第五个十年》的战略规划中就提出"要向知识的前沿和国际知识共同体进发"，桑福德公共政策研究所(Terry Sanford Institute of Public Policy)是为世界各国培养公共政策和管理硕士的重要机构。1994年2月教务长国际事务执行委员会制定了杜克大学的国际化战略规划——《杜克大学在一个相互依赖的世界》。随着全球相互依赖的日益加强，1994年的规划使杜克大学成为一个国际性的大学，成为全球社区的一部分。到2001年杜克大学已有近5%的本科生来自国外，46%的本科生有国外学习的经验。[14]但杜克大学并不满足已取得的成绩，提出要进一步提高外国学生的比例，增加本校学生到国外学习的机会。"扩大杜克大学在全球的范围和影响"一直是2001年～2005年的战略目标之一。规划强调在冷战后的国际新环境里，人们不再仅仅是一个国家的公民，而是一个相互依赖的世界的成员，杜克大学的责任是教育学生与不同民族和文化背景下的人合作相处。杜克大学一直认为没有实现国际化就不能称为一流大学，于是2006年的规划将吸引世界各地的优秀学生、教师，鼓励科研合作定为具体目标，并在国际化问题上提出四个"必须"：(1) 必须将教育和科研资源集中于地域性和全球性的重大问题上；(2) 必须建立国际伙伴关系以提升教育和科研；(3) 必须集中资源聘用、保留和支持有才华的国外教师和学生；(4) 必须扩展、整合学生的全部学术项目和国外学习经验。[15]

(三) 杜克大学对战略发展规划的财政支持

在杜克大学2001年和2006年的战略规划中，周密而详细的投资战略规划成为杜克战略规划的重要内容之一。根据全校整体规划而制定的投资战略规划为杜克大学战略目标的实现提供了强有力的物质保证。杜克大学投资战略规划遵循一定的规划程序，首先要检查主要收入来源的优势和弱势；其次，审查、完善投资战略规划，校长协调战略投资产生真正的中央基金；再次，建立、检查每个学院的五年预算规划模型，确定其财政结构中的基本问题，确定每个学院的内部投资能力，重新配置和发展新的收入资源；最后为中央基金资助的每个战略计划制定单个详细的财政规划。[16] 2001 年杜克大学的投资战略规划目标是：发展师资、改进科学和工程学项目、建立有效的跨学科项目、加强科技、设备等基础设施和为学生提供更有效的教育项目，[17] 总投资 7.27 亿美元，其中基础设备 5.155 亿美元，占总投资的 70.9%，项目投资 1.616 亿美元，占总投资的 22.2%。

杜克大学董事会 2006 年 9 月一致通过了《与众不同：杜克大学的战略规划》，学校准备为以后 5～8 年的学生、教师、项目和设备投资 13 亿多美元。杜克大学各学院在优先支出方面有相当大的自由和强烈的动机来合理地发展资金和分配资源。为保证学院战略重点的实施，杜克大学建立了中央资金机制以补充学院资源。中央资金的支持是完成战略目标的关键，而投资战略规划是将来发展资源和配置资源的蓝图。资源配置以下列几个方面为基础：保证学校或特殊学院的战略投资重点；中央平衡附加资源的能力，包括学院提供的资源或来自外部的资源如慈善事业；加强项目的维持能力。[18] 2006 年杜克大学的战略投资目标是：加强师资队伍，加强研究生项目，提高本科生经验，完善重点设备投资等。

（四）对我国高校发展战略规划的借鉴意义

1. 大学战略目标要具有可行性

杜克大学战略目标一般都十分清晰简洁、具体、可行。学校的远大目标和战略规划成为各部门、各学院制定各年度工作计划的指南，并让这一目标成为激励师生为之奋斗的动力，从而形成凝聚力。现今我国高校制定的发展战略目标往往没有考虑到国情和本校的实际，许多高校提出要创建综合性、研究型、开放性的“世界一流”或“国内一流”大学。这些战略目标往往流于形式，只是不切合实际的口号，缺乏可行性，故战略规划在大学的发展中往往起不到指导作用。

早在1985年，我国某大学第七次党代会上，就提出了要“成为世界一流”的发展目标，直到现在“世界一流”仍是其长期的奋斗目标。现今我国已存在制定大学战略规划的内部动因，如高校负债、毕业即失业、教育经费、国际化等许多涉及到高校生存的问题，因此，制定大学战略发展规划应成为我国高校寻求自身发展的主动选择，而不是仅仅对外部刺激的被动反应。

2. 大学战略规划的连续性

大学战略规划目标的实现本身是一个长期的过程，有时需要全校师生员工几十年持续不断地努力。因此，大学战略规划目标确定后，就应成为师生员工共同追求的目标，不应发生较大的变更。从杜克大学战略规划的历史可以看出，为了达到优秀的目标，注重教育质量、国际化、多样化、跨学科等是杜克历次规划的战略重点。虽然杜克大学经历了九位校长的更替，但杜克大学的这些战略重点和杜克大学的传统并没有发生很大变化。保持战略规划的连续性应该是杜克大学战略规划取得成功的关键。

3. 大学战略规划的特殊性

剑桥大学第344任校长艾莉森·理查德说：“大学之所以卓尔不凡，不仅因为这些大学具备了在世界范围内使它们成名的一致性，还因为它们各有各的独特性。”[19]大学通过战略规划可以保持或形成自己的个性和特色，杜克大学更是将2006年战略规划的目标直接定位为“与众不同”。但追求独特性、特殊性并不是抛弃原来的基础和传统，相反杜克大学认为传统正是他们具有的特色。“杜克大学建立在一个紧密协作的博艺文科教育和职业教育基础上，在今天，这成为杜克大学一个至关重要的、与众不同的遗产”。[20]试想如果我国大学能把蔡元培校长“兼容并包，思想自由”的传统保存下来并不断发展，在继承优良传统的基础上循序渐进，我国大学在世界教育中的地位就可能不会是今天这样了。

4. 大学校长在战略规划中的领导作用

无论是早期《第五个十年》的战略规划报告，还是2006年制定的《与众不同：杜克大学的战略规划》，杜克大学校长在历次战略规划中都发挥了不可替代的领导作用。美国大学校长最重要的职责是领导制定大学战略发展规划、确定学校的发展方向。校长首先是一位大学发展的领导者，其次才是一名教育者和管理者。国外大学的教务长具有很大的管理权限，负责学术等许多大学的具体

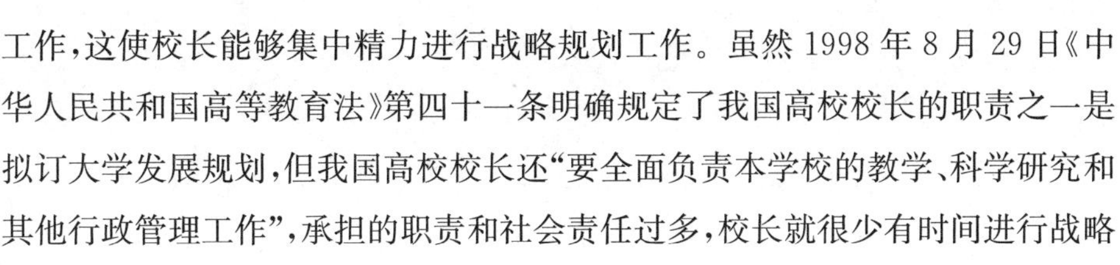

工作，这使校长能够集中精力进行战略规划工作。虽然1998年8月29日《中华人民共和国高等教育法》第四十一条明确规定了我国高校校长的职责之一是拟订大学发展规划，但我国高校校长还“要全面负责本学校的教学、科学研究和其他行政管理工作”，承担的职责和社会责任过多，校长就很少有时间进行战略规划方面的思考。

参考文献：

[1][2][6] Shaping Our Future: A Young University Faces a New Century [EB/OL]. http://www. provost. duke. edu/pdfs/ shaping. pdf. 2007—10—16.

[3][4][8][13][15][18][20] Making a Difference: The Strategic Plan for Duke University [EB/OL]. http://www. provost. duke. edu/stratplan. htm. 2007—10—02.

[5] Duke Trustees Approve New Strategic Plan[EB/OL]. http://www. dukenews. duke. edu/2006/09/strat_plan. html. 2007—10—17.

[7][10] 理查德·布劳德海德. 大学革新：全球化背景下的研究和教育[EB/OL]. http://news. tsing hua. edu. cn/new/news. php? id = 13427. 2007—10—16.

[9][11] 仪垂杰. 寸有所长，尺有所短他山之石，可以攻玉——2006年教育部大学校长赴美培训团培训随笔[EB/OL]. http://www. qdiae. edu. cn/tmp/wenz/fmsb. htm. 2007—09—15.

[12][14][16][17] Building on Excellence [EB/OL]. http://www. provost. duke. edu/pdfs/univupdateII. pdf. 2007—10—06.

[19] 剑桥大学校长. 对世界杰出大学的反思[EB/OL]. http://liuxue. eol. cn/article/20060530/3192479. shtml. 2007—10—18.

（本文发表于《比较教育研究》2008年第8期。作者于凤银、李长伟，时属单位为山东科技大学高等教育研究所发展战略规划处、山东师范大学教育学院）

七、牛津大学财务报表与发展战略的关联分析

(一) 对2006～2007学年和2007～2008学年财务报表的分析

牛津大学的年度财务报表截止于每年的7月31日，即为学年。各年度的财务报表结构也大致相同，本文重点以2006～2007和2007～2008两个学年的数据进行分析。

1. 收入结构分析

与2005～2006学年相比，牛津大学2006～2007学年的总收入增加了11.1%，2007～2008学年比2006～2007学年增长了11.6%。具体收入结构(见下图)。

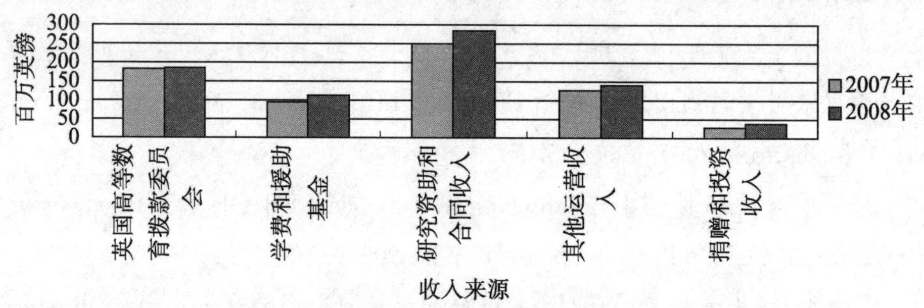

2006～2007学年、2007～2008学年牛津大学收入来源图

资料来源：根据 Financial Statements 2007～2008 University of Oxford[1] 数据整理绘出。

注：学费及援助基金包括全日制学生学费(国内学生和留学生)、非全日制学生学费、其他课程收费、考试费、科研培训收费。

牛津大学收入的最大来源是研究资助和合同收入。2006～2007学年比2005～2006学年上升了16.3%，达到2.482亿英镑；2007～2008学年总计为2.853亿英镑，比2006～2007学年增加了14.9%。该收入的增加与相关成本增加有关。

英格兰高等教育拨款委员会(HEFCE)提供的资金是大学收入的第二大来源。与2005～2006学年相比，2006～2007学年达到1.798亿英镑，增长了7.8%；2007～2008学年达到1.862亿英镑，年增长3.6%。

2006～2007学年其他运营收入上升了11.6%，达到1.262亿英镑。影响因素包括：由于捐赠资金提高了440万英镑带来的运营收入的增加、附属单位特别是牛津大学赛义德商学院有限公司(230万英镑)和Gray研究所(300万英镑)的收入；2007～2008学年其他运营收入达到1.389亿英镑，年增长10.1%，主要是因为牛津大学提供了一些其他的服务项目，包括扩大再教育服务和医疗服务。

2006～2007学年学费及援助基金总额为9 400万英镑，比2005～2006学年增长7.7%，而其中留学生的费用增长幅度是13.9%；2007～2008学年学费援助基金总额为1.104亿英镑，比2006～2007学年增长17.4%，其中留学生费用的增长幅度是16.5%，其他主要来自于英国本国和欧盟国家本科生的学费。

2006～2007学年的捐赠收入及其投资收益为2 830万英镑，仅比上一会计年度上升了0.4%，这是由于未回收的应收利息所引起的收入减少；2008年此项收入达到了3 390万英镑，增加了19.8%，是因为通过投资公司(主要是牛津Catalyst有限公司)实现了较高的应收利息和利润。2007～2008学年的通用捐赠(即捐赠时未指定用途的捐赠)从14.7亿英镑下降到12.6亿英镑。

此外，还包括牛津大学出版社的赢利性收入的捐赠，2006～2007学年是3 220万英镑，2007～2008学年是3 660万英镑。

2. 支出结构分析

2006～2007学年牛津大学总支出为6.742亿英镑，比2005～2006学年增加了11.2%；2008年的支出为7.488亿英镑，年增长为11.1%。具体分析如下：

2006～2007学年人员经费为3.51亿英镑，比2005～2006学年增长了18.7%；2007～2008学年人员费用为4.03亿英镑，年增长14.8%。费用增加的主要原因有：两年来学校各种科研项目的谈判成本均上升了4.3%及配合研究活动的额外工作人员费用的支出。

2006～2007学年和2007～2008学年的其他运营开支总计分别为2.755亿英镑和3.004亿英镑，年增长分别为1.8％和9.0％。2006～2007学年支出增长的主要因素包括：IT资产减值准备的增加、研究合同的额外支出、较高的公共事业费用、上升的奖助学金成本等，这些上升的部分成本被专家费用的减少所弥补；2007～2008学年导致该类成本上升的主要因素包括：与研究合同相关的开支、较高的专家费用、上升的奖助学金等。

3. 节余

虽然大学的收入在增加，但是成本上升的压力一直存在。值得重视的是，牛津大学近年来均有节余。2006～2007学年的节余较上一学年有所减少，为230万英镑（2005～2006学年为250万英镑）。这里的节余是简单地指当年的收入、支出之差，没有包括一些经营活动中所持股份的盈余和一些特定捐赠收益的积累。2007～2008学年的节余有所增加，达到590万英镑。

（二）发展战略规划

“战略”一词原是军事当中的术语，现把它运用于大学发展，是指对学校未来发展进行全局性的总体规划并实施。发展战略规划是根据社会经济要求，调整内部资源配置和行为方式，确定学校的竞争优势，[2]成功地实现学校使命的过程。

2005年9月，牛津大学在其公报中公布了《牛津大学2005～2006学年至2009～2010学年整体规划》（以下简称《规划》）。[3]该《规划》的目的是使牛津大学继续保持世界一流大学的地位，并区别于其他精英大学。为此，明确提出学校发展的如下目标：在各学科和跨学科领域引领国际科学研究进程，为本科生和研究生提供以学院制和导师制为特色的优质教育，通过研究成果、毕业生素质、企业活动、政策导向、继续教育等服务于本地区、国家和国际社会，吸引、培养并留住国际最高水准的教师，通过基于学业成就和潜力的公正程序招收国内外最优秀的学生，为师生提供有效管理且优质的设施和服务。

为达到上述目标，《规划》提出了五项学术性战略（研究、三项教学战略、产业与协作）和五项支持性战略（学术服务和学生服务、人事、资金、校园环境、治理与管理）。每一项战略的实施都有资金的支撑，资金运用的合理程度和效率决定着每一项战略实现的可能性和影响力。

本文将那些与财务紧密相关的战略列举如下：

战略一：研究

(1) 支持那些可能会提高学校研究影响，并保持财务稳定的新兴学科和跨学科研究；

(2) 根据发展潜力和所需成本，有选择地对那些有望达到世界领先水平的系和学科群给予相应支持；

(3) 留住那些最杰出的和最有潜力的学者，并通过选择性的招聘增加这类学者的数量；

(4) 改善研究基础设施并提高使用效率。

战略二：教学——专业与方法

(1) 建立助学金计划；

(2) 建立针对本科生、研究生方面教学成功的奖励系统。

战略三：教学——规模与构成

(1) 确保今后的年度评估向大学提供各专业经济成本分析；

(2) 每5年设定一次学生人数控制目标并逐年评估。

战略四：教学——录取与入学

(1) 确保奖学金体制运行良好，使牛津大学成为那些家境贫寒的英国天才学生最适宜的求学之地；

(2) 采取有力措施，扩大留学生招生；

(3) 大力提高对研究生的资助额度。

战略五：人事

(1) 评估学术薪酬结构，包括工资级别的数量和结构，招募、晋升、挽留现有教师需付的薪酬，按照价值付薪，按照市场价格提供薪酬、津贴、各种额外薪金和福利等；

(2) 在评估基础上，对将来的师资结构提出建议，并考虑下列问题：大学的财政状况、学术薪酬在大学开支中应占的比例、各级别定额工资和不定额薪金之间的平衡、招募挽留和奖励世界最高水平学术人才所需措施的重要性等。

战略六：资金

(1) 拓展收入来源用以支持牛津大学学术目标的实现，包括提高职工薪

金、扩大研究生计划和改善学术基础设施;

(2) 在制定学生数量方面的政策时要充分考虑牛津大学的经济成本;

(3) 采取最好的措施对投资管理进行评估;

(4) 通过提高学校的核心管理程序和规模效益来节约年度开支;

(5) 筹措更多的资金来增加学术投入;

(6) 继续改善财政体系,加强内部控制机制,为改善治理奠定基础,为实现更好的决策提供支持。

(三) 大学财务工作与战略规划的结合

将财务与战略结合,有助于提升资金使用的高效性和灵活性。以上列出的只是与财务部分相关的战略规划,通过分析财务报表,可以更明显地看出财务工作与战略目标的结合。

2005年出台的《规划》背景是牛津大学的总体财政吃紧,加之现有的资金分配制度不合理以及本科学生人数的迅速增长等,使得学校在教学方面的收支不平衡,赤字高达2亿英镑。为扭转这个局面,牛津大学战略规划实施的结果:一方面,计划减少本科生的数量(因为学费规定有3 000英镑/年的上线),据统计每一名本科生每年将给学校带来7 000多英镑的损失,学费发挥的作用极其有限,学校为了保持其国际地位宁可牺牲规模而保教学质量,从而大范围地缩招本科学生;另一方面,增加能使学校盈利的研究生和留学生人数。

表1 2006～2007学年和2007～2008学年牛津大学成本支出表 单位:百万英镑

成本支出	2007～2008学年	2006～2007学年
人员经费	403.0	351.0
其他运营成本	300.4	275.5
资产折旧	42.5	45.1
利息和其他的金融成本	2.9	2.6
总成本	748.8	674.2

资料来源:Financial Statements 2007/2008 University of Oxford。

从表1可看出,人员经费成本从2006～2007学年的3.51亿英镑上升到了2007～2008学年的4.03亿英镑,上升了14.8%,这与战略五中的内容一致。

表 2　2006～2007 学年和 2007～2008 学年牛津大学人员经费支出表　单位:百万英镑

人员经费	2007～2008 学年	2006～2007 学年
工资和薪金	333.2	289.9
社会保险成本	27.6	24.3
养老保险	42.2	36.8
人员经费总计	403.0	351.0

资料来源:Financial Statements 2007/2008 University of Oxford。

从表 2 可以看出,无论是工资、社会保险还是养老保险 2007～2008 学年都高于 2006～2007 学年,这导致了人员经费总体的上涨。具体来说这三者分别增涨了 14.9%、13.6%、14.7%,而工资和薪金上升的幅度最大。这既包含引进新教师所引起的薪酬的上涨,同时又与人事战略和资金战略的具体相关要求一致。

通过进一步分析支出成本发现,奖学金和助学金已经由 2006～2007 学年的 1 350 万英镑上升到了 2007～2008 学年的 1 810 万英镑,这里面有 360 万英镑是来自英国本国和欧盟国家本科生学费的资助。这显然与战略二中提到的相一致。我们还可以看到,研究资助和合同是收入的最大来源,在支出中它同样是最大的一项(具体见表 3),这里与研究战略目标相同。

表 3　2006～2007 学年和 2007～2008 学年牛津大学成本支出分析表　单位:百万英镑

人员经费	2007～2008 学年	2006～2007 学年
学术部门	216.7	178.0
学术服务	47.0	47.2
研究资助和合同	238.4	215.8
居住、饮食、会议	3.7	3.4
奖助学金	18.1	13.5
准备金和管理费	122.9	123.9
其他费用	99.1	89.8
支付利息	2.9	2.6
总支出	748.8	674.2

资料来源:Financial Statements 2007/2008 University of Oxford。

综合上述分析可以看出，财务工作积极配合了牛津大学总体规划的实施。在大学的管理和发展中，财务的作用越来越大，由被动走向主动。

（四）对我国一流大学建设的启示

英国是最早实施免费义务教育的国家，在世界最古老大学和最优秀大学中均有着自己的位置，其教育系统号称是世界上最复杂、严谨，而又灵活的系统。在高等教育方面，大学发展的时间脉络非常清晰，不同层次类型学校的目标使命明确，存在着牛津大学和剑桥大学等著名古典大学与城市大学、新大学、多科技术大学的共同繁荣。其中，一流大学追求卓越，体现学术导向（academic-orientation），真正按精英模式培养人才。牛津大学可称为其典范，如它共培养出30余名首相、40余名诺贝尔奖获得者。牛津大学财务工作与战略规划结合的做法，对我国的一流大学建设有一定的借鉴意义。

1. 加强财务工作对大学发展的支撑作用

当今世界高等教育发展的环境已发生了很大的变化，大学需要实现战略管理以谋求自己的发展，财务工作的作用得以凸显。从记账功能到战略推动，大学财务需要密切配合战略规划的重点，即把财务工作放到实现发展规划的战略地位上来考量，使之成为实现大学发展战略规划的重要支撑。2008年，牛津大学的"研究资助和合同收入"与"英格兰高等教育拨款委员会（HEFCE）根据科研评估而给予的拨款"共占学校总收入的三分之二，即突出了一流大学明显的科研取向。

2. 积极按战略要求对财务管理进行调整

为实现财务工作的战略支撑作用，大学的财务管理需要做出相应调整。2003年8月，英国政府部门提出《继续和高等教育财务制度》建议报告。2004年4月，牛津大学即按要求开始采用新的综合性财务管理制度。它类似于企业财务制度，在大学的整体平台上向各院系适时提供全面的财务信息，以加强对学校的有效战略管理。本文所分析的财务报告就是新制度表现形式的重要体现。新制度的实施具体涉及全校1 500多个用户，内容涉及记账方式、账目结构、运作重组等多个方面。这种变化，需要我们关注。

3. 加强大学财务可持续能力的建设

2002年至2003年，OECD（经合组织）与英格兰高等教育拨款委员会

(HEFCE)组织8个国家参与共同开展了一个有关高等学校财务管理的研究项目,旨在探讨变化了的高等教育政策及拨款环境对高等学校在战略性财务管理方面提出的要求。2004年发布的研究报告《改革势在必行:确保高等教育的可持续发展》(On the Edge: Securing a Sustainable Future for Higher Education),明确提出了高等学校的财务可持续能力的建设问题,认为“盈余是大学财务稳健的指标之一,它提供现金,以便大学能够灵活处理突发事件或者把握发展机遇,账目盈余还有助于大学把握借贷或者使用其他外部资金的机遇”。[4]2005年,我们访问了英格兰高等教育拨款委员会。他们监测高校的财务盈余或赤字状况,认为大学的发展需要保持其收入3%~4%的盈余。牛津大学的财务收支年年有节余,有助于其集中精力推动发展战略规划的实施。

4. 重视财务工作与战略规划的结合

财务战略的取向应符合大学的总体规划目标,财务部门为高等学校的战略发展服务并为其提供资金保证。高等学校对自己的办学成本应有所考量,特别是要进行学生培养成本核算,只有有了成本数据,才能够进行具体的收入和支出结构分析,明确增加经费和提高效益的工作重点。在此基础上,高等学校要加强内部控制机制,防范财务风险,重视资金的使用效率。这是高校实现自主办学、自我约束的重要制度内涵。

参考文献:

[1] University of Oxford Financial Statements 2006—2008[EB/OL]. http://www.ox.ac.uk. 2009—04—15.

[2] 王建学.学校战略管理初探[J].陕西师范大学学报(哲学社会科学版),2000(29):60—62.

[3] The University's Corporate Plan 2005—6 to 2009—10[EB/ OL]. Oxford University Gazette. 2005.

[4] OECD. On the Edge: Securing a Sustainable Future for Higher Education, IMHE-HEFCE Conference, 8—9 January 2004[C],Paris:OECD.

(本文发表于《比较教育研究》2010年第2期。作者罗建平,时属单位为北京航空航天大学高等教育研究所;作者马陆亭,时属单位为教育部教育发展研究中心)

八、国际合作:印度理工学院的一流大学之路

2001年,罗克大学被改造为印度理工学院分校。印度快报的记者认,这是罗克大学学生“莫大的幸运”。[1]罗克大学学生感到幸运是有理由的,因为印度理工学院可以说是印度高等教育最大和最强的品牌,就是在南亚、中东、美国和欧洲,印度理工学院的金字招牌比起哈佛、斯坦福、MIT来也毫不逊色。这也就可以理解为什么毛里求斯、新加坡、斯里兰卡、阿拉伯联合酋长国的领导人也要求在他们的国家建“印度理工学院”。[2]而第一所印度理工学院创建至今才50多年,其成功的奥秘是什么呢?考察和分析印度理工学院崛起的历程就会发现,国际合作、走国际化的道路是其成为世界一流大学的主要法门。

(一)国际合作的开始

印度独立后,满怀希望和憧憬的新政府总理尼赫鲁就认识到,要把一个刚从殖民地独立出来的贫穷落后国家建设成为世界强国,就必须大力发展科学技术和理工教育。为此,印度创建了数所印度理工学院。印度理工学院不仅以国际一流的理工学院为目标,而且直接通过与国际一流的教育和科研机构合作将学院从一开始就置于高水平的平台上,从而为学院向世界一流大学迈进奠定了良好的基础和条件。

1951年创建的第一所印度理工学院卡拉格普尔分校就以麻省理工学院为原型构建起学术、科研和管理制度,从而在制度上实现了与国际一流的接轨。学院又从教师建设着手,聘请印度杰出的科学家戈什(J. C. Ghosh)爵士为校

长，不仅汇聚了印度最优秀的学者，而且在世界范围内招揽最优秀的教师，最先聘来的是欧洲的杰出学者克劳斯（R. A. Kraus）教授和蒂施纳（H. Tischner）教授，蒂施纳教授还是电子学和电子通讯工程系的首任主任。[3]这样，从一开始学校就建设起一支高水平的师资队伍。因此，几年之中学院就发展成为印度教学和科研水平最高的机构之一。

20 世纪 60 年代，印度政府决定在第三个五年计划中重点发展理工教育，并推行质量改进计划。印度政府在办理工教育过程中深刻地认识到，作为技术、教育、人才和经济基础都很落后的发展中国家，要办高水平的高等教育，特别是理工教育，单靠自身的力量是非常困难甚至是不可能的，必须要借助国际组织和先进国家的经验和力量，来帮助印度高等教育的发展。因此，印度政府于 1956 年与联合国教科文组织达成合作，该合作的产物就是 1957 年在孟买建立的印度理工学院。从 1956 年到 1973 年，通过联合国教科文组织，孟买分校接受了大量的前苏联援助。前苏联不仅赠送了大批教学科研设备，还派出专家到孟买指导，共派出了 59 名专家和 14 名技术员。为了培养孟买分校一流的教师和科研人员，联合国教科文组织又提供奖学金让前苏联培养了 27 名印度教师。1965 年，通过联合国教科文组织，孟买分校又接受了前苏联政府提供的额外援助，进一步增强了学校的办学实力。[4]

（二）印德协议与马德拉斯分校

如果说孟买分校是印度与国际合作办高水平理工大学的初步尝试，那么，马德拉斯分校的创建和发展则标志着印度与国际合作的全面展开和深化。1956 年 6 月，印度总理尼赫鲁访问西德，德国联邦政府提出帮助印度建立一所高等理工学院。1958 年，印德政府在波恩签订了在马德拉斯建立印度理工学院的协议。根据协议，德国委派 20 名德国教授和专家、5 名工长到马德拉斯；提供约 1 800 万卢比的科研设备；由德国工科大学为印度培养 20 名特定专业的教师。在德国全方位援助和支持下，马德拉斯分校于 1959 年建成，且在不到两年的时间内（1961 年）就成为全国重点大学。

国际合作还是马德拉斯分校持续发展的动力。1966 年印德签订了第二个印德协议，德国向印度的 20 个实验室提供完备的设备；并为印度提供急需的新实验室;向印度选派教授、专家;由德国大学培训60名印度教师和技术人员。20世纪60年代,德国总统以及柏林工业大学、布伦瑞克工业大学、亚琛工业大学、波恩大学、汉堡大学、斯图加特大学的校长或副校长相继访问了马德拉斯。马德拉斯分校校长也于1967年访问了德国,与德国的学者、官员、政府代表、德国学术海外服务处负责人等进行了深入交流。[5]这些互访强化了马德拉斯分校与德国工业大学之间强有力的联系,拓展了印德援助项目,促进了印德合作的成功。

1974年,印德政府又开始实施第四次印德协议,内容包括通过R&D项目建立印德大学间的合作关系、加强工业咨询服务、启动电机工程研究生项目。1981年,第五个印德协议签署,两国继续加强大学间的合作项目,推动微处理器实验室、低温实验室和高聚合物实验室之间的学术交流,进一步交换访学学者。在与德国合作的同时,马德拉斯分校还与其他国家进行合作,如1976年法国政府签订了一项与马德拉斯分校航空系合作和援助的协议。[6]

(三) 坎普尔印美项目

孟买分校和马德拉斯分校与国际合作的成功经验使得印度政府继续贯彻依靠世界最先进的高等教育办高水平理工学院的方针,印度理工学院继续走国际合作的办学模式,而坎普尔分校的"坎普尔印美项目(1962～1972)"(KIAP)则成为国际合作的又一成功典范。1958年,美国国际开发署(USAID)准备由麻省理工学院(MIT)援建印度理工学院坎普尔分校,为此美国工程教育协会和MIT派出两个考察小组调查印度的工程教育。根据考察小组的报告,美国国际开发署于1961年组建了援助坎普尔分校的9所顶尖大学联盟,成员包括:加州理工学院、卡内基理工学院、凯斯(Case)理工学院、麻省理工学院、俄亥俄州立大学、普林斯顿大学、普渡大学、加州大学伯克利分校和密歇根大学。美国国际开发署与设在麻省的教育开发中心达成协议,联合管理该项目。

坎普尔印美项目为期10年(1962～1972年),其主要贡献体现在三方面:

一是美国大学联盟的专家到坎普尔指导。美国大学联盟的专家虽然不多,但都是专业教师,他们从9所大学带来了较宽广的思想和智力资源。坎普尔印美项目的历任主任都是美国的著名教授。第一批专家共9人于1962年3月到达坎普尔，到1965年12月专家人数达到高峰，共28人，1967年12月递减为24人，1971年12月减为8人。到1972年6月项目结束时，美国共有200人参与到坎普尔项目中。

二是坎普尔分校的教师到美国联盟大学接受科研训练。坎普尔分校先后有50位教师和技术人员在美国联盟大学接受专门训练，其中，5位获得博士学位，1位获得理学硕士学位。该项目还推动了海外学者回印度执教。1963年9月，福特基金会捐出2万美元作为海外印度人在12月31日前回坎普尔分校任教的旅行费用。在此项捐赠下，1963年有11人回到印度。1964年2月到1971年7月，在坎普尔项目本身的支持下（条件是在坎普尔分校服务不少于2年），共有98位海外印度人成为坎普尔分校的教师，而且家属也回到了印度。

三是印度获得的设备、书籍和期刊。到1971年6月，坎普尔印美项目共计花费了750万美元为坎普尔分校的各系和研究中心提供设备。普渡大学图书馆合作项目为坎普尔分校图书馆购买的书籍和过期期刊约4万册，价值720万美元。通过该项目，印度获得了一些难得的珍贵资料，如美国宇航局和贝尔电话实验室的专题报告。[7]

在这些直接的贡献之外，坎普尔印美项目还促成了多项有原创性贡献的合作研究，并使大批学生到美国追求更高学位，其中许多人成长为科学技术重要领域的国际权威。坎普尔分校的毕业生对美国经济的贡献是众所周知的，而对坎普尔分校而言，如果没有印美项目，也许就不会有坎普尔分校今日的辉煌和声誉。

（四）国际合作的全面深化

20世纪80年代后，面对知识经济时代和高等教育国际化的潮流，印度理工学院进一步加强了国际合作的力度，利用已有的基础和机制探索多形式、全方面的合作模式。如在德国学术交流服务中心资助下，6所ⅡT学校与6所顶尖的德国工业大学（亚琛、柏林、达姆施塔特、德累斯顿、卡尔斯鲁厄、斯图亚特）开展研究生合作培养；卡拉格普尔分校在科研、经费、设备、人才、课程等方面广泛深入地开展了国际合作；德里分校开展学生、教师交换，合作研究，博士和博士后奖学金项目等形式的合作。归纳起来，最主要的有以下几方面：

一是利用国外支持实现教学科研实施和设备的现代化。因为科学和技术的快速变化，所以实验设备和设施要现代化，新的实验室也要建立，但这要花费巨额资金，而发展中国家大学的经费都较为紧张，印度理工学院对此并不完全依赖政府和国内，而是大力借助国外的支持。卡拉格普尔分校在20世纪90年代后，学校、各系和研究中心几乎都引进和装备了最先进的设备，如农业和食品工程系的工业酶生产的移动实验室装置等，还建立许多新的实验室，如全印度唯一能制作0.18微米超大规模集成电路芯片的国家超大规模集成电路设计实验室。这些先进的设备和实验室绝大多数都是海外基金会(包括校友会)和跨国公司支持和资助的，如超大规模集成电路设计实验室就是在国家半导体公司和印度理工学院基金会的支持下建立的。现代化的设备和实验室极大地提高了学校的科研水平，利用这些新的实验设施，卡拉格普尔分校开发出的微芯片和相控雷达为印度的国防和空间技术作出了重大贡献。德里分校则采取筑巢引凤的方式，为吸引国际机构提供资金支持赞助研究、合作研究，建立了许多现代化的实验室和支持性的基础研究中心。德里分校认为在创建基础研究中心过程中，一方面会带来赞助研究，一方面也会为一些新出现的技术领域带来先进设备。的确，一些跨国公司都因为看中德里分校良好的研究基础，在德里分校建立了实验室，像英特尔公司的技术实验室、思科公司的高级网络实验室、菲利普半导体公司的超大规模集成电路实验室、IBM公司的高级程序计算机设备实验室等。

二是开展科研合作。卡拉格普尔分校于1982年成立赞助研究与工业咨询中心，不仅是学校与印度国内的政府和各种机构合作的中介，更是学校与国际机构接触的平台。1996～2000年，共进行了300个科研项目，价值6亿卢比。其中来自国际机构的就有：英特尔、德州仪器、北方电讯、联合国开发计划署、福特基金会、国家科学基金(美国)、欧盟等。德里分校开展的国际赞助研究项目非常多，如：西南和东北季风时印度洋大气与海洋的相互作用研究(美国海军办公室)、欧亚大陆雪盖层对印度夏季季风的实际效应(美国国家科学基金会)、湿润热带国家雨季收成研究(欧洲委员会)等。德里分校还为联合国教科文组织、世界卫生组织、摩托罗拉公司等国际组织和公司提供咨询服务。值得一提的是这些合作研究和咨询项目也都是印度的国家重点领域。科研项目的国际合作研究不仅扩大了印度理工学院的国际影响，而且提升了其学术研究能力和水平，更重要的是使印度理工学院和印度分享了研发的经验和知识，占据了科学技术发展的前沿位置。

三是重视学科建设。学科建设是学校发展的核心，也是创建世界一流大学的关键所在。第三世界国家因为高等教育、科学研究、学术环境的基础较弱，单靠自己的力量很难在学科发展上取得突破性的进展，而通过国际合作则有事半功倍之效。印度理工学院正是凭借国际合作的途径使自己的某些学科特别是新兴学科跻身世界前列。孟买分校十分注重与国际一流大学和研究机构合作进行学科建设，如在人类环境工程学和工业设计、粉尘冶金学和太阳能领域与俄罗斯合作；在海岸工程学、运输工程学和城市规划与建筑领域与英国合作，这些合作使孟买分校相关学科的教学和研究达到国际前沿水平。

四是重视师资队伍建设。吸引最优秀的教师可以说是每一所大学的目标，但对第三世界国家的大学来说，存在着许多难以克服的障碍，那么印度理工学院又是如何实现这个目标的呢？首先，印度理工学院通过国际合作的途径培养和提高学校已有教师的水准，孟买分校、马德拉斯分校、坎普尔分校、德里分校等一方面聘请西方大学教授到印度理工学院开设课程以培训教师，一方面选派教师到西方大学学习和攻读学位。其次，多方争取经费，以支持优秀学者到印度理工学院任教，坎普尔分校就利用福特基金会等的支持吸引了很多教师从国外来坎普尔，或长期任教，或作几年的短期教研工作。

（五）结论与启示

1. 结论

综上所述，印度理工学院快速崛起的一个重要动因就是与国际合作，走国际化的道路。而所以如此，是与印度政府的观念和政策分不开的。高等教育的国际合作可以说是印度政府长期一贯的方针政策和发展策略。在印度政府看来，传播和促进知识是大学的传统功能，而国际合作则是大学的另一个功能。所以，印度与苏联、美国、德国、英国、法国等建立了高等教育方面的广泛联系和合作，又与联合国教科文组织建立了与联合国教科文组织合作印度国家委员会(INCCU)，从而又通过联合国教科文组织与各国开展高水平的合作。而且，印度从尼赫鲁政府时就已认识到，发展中国家要提升科学技术和理工教育的水平，就必须借鉴和吸收发达国家的教育经验和技术支持，开展国际合作。

正是在这样的思想指导下，当印度决定创建世界一流的理工大学时，就把国际援助和合作当作一条捷径，先后接受苏联、德国、美国、英国等国的技术援助，创办或合作发展了印度理工学院孟买分校、马德拉斯分校、坎普尔分校、德里分校。由此，印度理工学院与世界上最发达的国家及其最顶尖的大学建立了学术、人员、研究等各方面广泛密切深入的联系；而世界科技发展的最新动态、国际高等教育的最新潮流也随之为印度理工学院所掌握、了解和吸收；也正是通过这个渠道，印度理工学院的毕业生撒向世界各地。到20世纪80年代，当这些60～70年代的毕业生基本成熟，在各自的工作上充分展示出其才干时，印度理工学院也就收获了世界性的声誉和影响。

2. 启示

印度理工学院在不到半个世纪的时间内借助国际合作、走国际化的道路迅速崛起为世界一流大学，对中国高等教育和正在创建世界一流大学的中国大学来说无疑都是有借鉴意义的。发展中国家科技教育都相当落后，但在科技教育上追赶发达国家也是有捷径可循的，曾是殖民地的印度借助联合国教科文组织以及欧美发达国家的经验和援助就是一个成功的范例。而中国在1949年以后，因遭受帝国主义文化教育侵略的痛苦和屈辱的感受，以及1949年以后前苏联援助的切肤之痛，乃断然地摒弃国际援助和合作，坚定地走上独立自主的道路。虽然这在很大程度上有国际环境的因素，而且中国的确也实现了政治经济文化教育的自主，但中国与世界科技和高等教育发展先进水平的差距并未缩小。从建设一流大学来说，中国大学在相当封闭的环境中独自摸索中国大学制度，建立起中国特色的社会主义大学，但因远离国际高等教育的最新发展和缺乏国际竞争，中国大学在理念、制度、功能上都有相当的缺失和不足，虽经20多年的改革发展，但因缺乏必要的人才基础、思想和观念基础、制度基础，中国大学要发展成为现代大学、与世界一流大学竞争仍有相当长的路要走。

我们若把眼光放得更远一些就会看到，印度理工学院和印度高等教育的国际合作，带给印度的不仅是几所世界水平的大学，更重要的是这些大学在国际合作中建立了与发达国家广泛、深厚、密切的人际关系网络和相互认同的情感。

而正是后者使得印度在今天的国际关系中如鱼得水，左右逢源，印度与美国越来越紧密的战略关系，决不单纯是地缘政治的因素，而与一大批印度人进入美国的军事、政治、经济、科技、教育、文化、新闻、智库等领导层有关。印度与俄罗斯的深厚关系，也与两国间各领域绵密的人脉有关。中国政府和高等学校从现在开始应有意识地大力发展国际教育合作，特别是与美国、俄罗斯、欧盟的教育关系，并通过由此建立的与领导层的友好关系。

当然，我们也应看到国际合作的一些负面因素，因为发达国家的文化、科技和高等教育霸权，发展中国家在国际合作时要维护自身利益会遇到一些困难。此外，大学若过分追求国际化，虽然能扩大其国际影响和在世界高等教育界的地位，但常常导致其对国内的贡献不足。印度理工学院就存在这些问题，近年来，印度理工学院也意识到这些，并努力加以改进，如通过留校任教和奖学金等措施吸引优秀学生留在本校读研究生，强调面向国家和地区经济与社会发展的科研和服务。中国大学在进行国际合作时也应把握好国际化与为国家服务的平衡。

参考文献：

[1] Saumya Bhattacharya. The Making of an IIT-Roorkee Univ in the Throes of Transition [EB/OL]. http://www. financialexpress. com/fe/daily/20010329/fco29001. html. 2000—10—3.

[2] Mauritius. UAE ask Govt: Give Us an IIT for Our Country [N]. New India Express, 2003—11—23.

[3] Institute History [EB/OL]. http://www. iitkgp. ac. in/institute/history. php. 2005—1—18.

[4] History of IITBombay [EB/OL]. http://www. ittb. ac. in/about/how. html. 2005—1—18.

[5] History [EB/OL]. http://www. iiitm. ac. in/The 20% Institute/History. html. 2005—1—7.

[6] Landmarks [EB/OL]. http://www. iitm. ac. in/The 20% Institute/

Landmarks. html. 2005—1—7.

［7］Kanpur Indo-American Programme（KIAP）［EB/OL］. http://www. iitk. ac. in/infoce-ll/iitk/history/kiap. html. 2005—1—19.

（本文发表于《比较教育研究》2005年第5期。作者叶赋桂、罗燕，时属单位为清华大学教育研究所）

九、世界知名大学使命宣言的文本解析

(一) 问题的提出

不论东方西方,大学自诞生之日起,就已经具有了在社会中特定的位置和使命。今天我们谈论大学的使命宣言(Mission Statement),或者将大学使命作为一种"宣言"而明确昭示,则是大学日趋现代化的一个标志。

大学的使命宣言是大学精神文化的核心组成部分,是高度凝练了大学的目的、职能、核心价值、信念原则等自我定义的文本。在大学组织内部,使命宣言有助于形成价值认同,促成文化共识,产生组织凝合力,使大学内各部门及亚群体向着同一个目标努力,并传承大学的精神文化特质。从大学与外部社会关系的视角来看,使命宣言既是大学对自身目标、职能和存在价值的宣告与承诺,也是人们对大学必须承担的社会责任的一种认定和要求。[1]

世界上许多大学,特别是一流大学都在其官方网站、简介资料上明确公布了大学的使命宣言。然而,我国绝大多数大学目前尚未有明确的大学使命与功能定位。如今,北京大学、复旦大学、清华大学都已历经百年,虽然中国的现代大学拥有了丰厚的文化积淀,但仍需要跟随时代的步伐调整自己的任务、目标。本文希望通过对世界知名大学使命宣言的归类解读,分析不同大学的发展战略,为我国大学设计自身的使命宣言提供借鉴,并为研究不同社会及文化背景大学的办学理念提供分析框架。

(二) 研究设计与方法

人们探讨大学使命的历史几乎和大学本身的历史一样悠长。有无数伟大的教育家、思想家、哲学家们都讨论过大学的使命应当是什么的问题，它往往与人类如何教育下一代、如何追求真知的最高理想联系在一起。不过，当理念层面的“使命”落实到作为组织机构的大学，关于制定具体“使命宣言”的研究却不多见。使命宣言是一所大学精神文化的核心传播要素，它的表述承载着该大学所处的特定时间、空间以及社会环境等诸多现实要求。理想的大学使命宣言不仅要反映大学存在的经典目的与价值，而且还要能表现特定大学在办学目标与理念上的独特个性；不但能在大学内部形成很高共识，还要能在大学与外部环境的互动中获得很强的认同；不但能承载大学历史积累的精神遗产，还要能激励大学更有目标和方向地走向未来。考虑到大学的使命宣言并不完全等同于大学的使命，本文没有直接套用论述大学使命的既有框架，而是尝试以世界大学发展的历史视角来解读大学的使命宣言。

从中世纪的古典大学发展到直接服务于现代国家的大学是世界大学史上第一次剧变。13世纪左右，欧洲最早出现的大学奠定了其作为探索普遍知识的场所(studium generale)、以教师和学生团体(universitas)开展教书育人活动的基本属性。自大学诞生之日起，不论是否以明确的语汇公诸于世，这就是其经典使命。几百年后，18世纪末法国大革命等一系列社会巨变催生了现代国家的产生，国家治理的变革和经济发展突破了大学的堡垒。现代国家凭借其前所未有的对国内各个局部的动员力和控制力，将大学纳入国家的教育体制，大学的性质、职能、任务随之发生巨变。从洪堡成功改革柏林大学开始，大学被赋予除了古典意义上的教书育人、传承智慧与文化等任务以外更丰富的使命，如学术研究、贡献国家、服务社会等。大学发展至今，规模变得异常巨大，职能也越来越丰富，与其最初的形态已是不可同日而语。当今的大学必须面对社会的多种目标需求。大学管理现代化、管理者职业化以及外部社会对大学的问责也日益加强。随着现代性的推进与市民社会的兴起，马丁·特罗预见的高等教育的大众化、普及化也成为一种普遍趋势。步入21世纪，全球化成为驱使大学调整发展方向的又一次革新的动力。于是，大学的国际化、产官学联动和终身教育等理念成为了新时代的命题。

总之，大学使命陈述以高度浓缩的方式表现出大学的内在品质、文化精髓和独特风格，是大学确立自身地位、赢得社会声望、形成大学稳定特征的标识。通过特定的使命宣言有效地表达、说明、沟通和塑造大学的文化魅力，已经成为现代大学核心竞争力的重要组成部分。事实上，一所大学的使命宣言总是在平衡多种目标和利益需求的基础上形成，人们对大学使命的清晰认识与把握体现在制定并陈述使命时的侧重和取舍。基于上述认识，笔者将大学发展 3 个时期所承载的使命任务分别定义为大学的“古典使命”“现代使命”和“21 世纪使命”，并在此基础上，将 3 类使命具体定义为下列二级 9 项指标体系进行分析研究，详见表 1。

表 1　大学使命宣言的分析指标

3 个维度	9 项可测指标
古典使命	立校精神，校史及文化传统
	大学定位，发展愿景
	教育目标，重视培养学生
现代使命	学术研究目标，重视真知
	服务社会，重视社会责任
	现代大学治理
21 世纪使命	国际化
	产学研、产官学
	终身教育

本文的量化评价方法是依据每所对象大学的使命宣言文本，分别判断其中是否包含了上述 9 项指标，根据文本中对每项指标的表述强调程度打分：未涉及 0 分；略涉及或内含 1 分；明确提及 2 分；重点强调 3 分。

由于大学使命宣言没有严格的格式、篇幅限定，研究大学的使命宣言也不应该求全责备，面面俱到。表 1 中 9 项指标的设定重在对大学使命关键特征的识别，评分高低所体现的不是使命宣言内容的丰富程度或者高下、优劣之分（所以不必作加总计算处理），而是该大学使命的相对倾向。具体操作时，在 9 项指标得分的基础上，对同一大类的指标求和，分别得出“古典使命”“现代使命”和

“21世纪使命”三个维度的得分。

关于研究对象的选定，由于语言和资料的局限，笔者将范围设定在可阅读宣言原文的美、英、德、日和港台地区这几个发达国家与地区的13所顶尖综合性、研究型大学。这些大学至少在其所在国家、地区具有公认的典范表率意义。最终选取的学校是：美国的哈佛大学、耶鲁大学、加利福尼亚大学、麻省理工大学、英国的牛津大学、剑桥大学、德国首批入选该国“卓越计划”的慕尼黑工业大、日本的两所顶尖国立大学（东京大学、京都大学）、两所顶尖私立大学（早稻田大学、庆应义塾大学），此外还有港台地区著名的香港大学、台湾大学。

上述各大学的使命宣言文本主要从其官方网站上获取，也有部分来自于正式宣传册页。由于文章篇幅所限，下面仅以美国加利福尼亚大学为例，具体介绍作者如何通过评分模型对其使命宣言进行识别和分析。

（三）研究的展开

加利福尼亚大学是美国最具影响力的公立大学之一，现已发展成一所拥有10个分校并对加州发展影响深远的巨型大学系统。其使命宣言的直接受众广大，在形式和内容上都较为成熟完备。[2]

该使命宣言的文本清晰地分为教育、研究和服务社会三大方面，详细地阐述了加利福尼亚大学已经做了什么、要做什么以及所负有的责任。全文明显的特点是强调大学对整个加利福尼亚州的公益成就和对州民的贡献，这本身就是大学现代性的烙印。加州大学自诞生就是一所现代大学，这使它的根本属性在大学的使命、功能定位和目标的阐述中与诞生于古典时期的私立大学具有鲜明区别。如明确提出：教育是为了“创造受教育的劳动力”，以促进加州经济竞争力，增进加州人的“工作技巧，优化他们的生活质量”；“研究项目服从于加州各种各样的利益需求”，并以此创造“巨大的经济和社会效益”；服务社会方面更明确提出科研成果转化、农业支援、开放设施、教育协作等对社会的直接贡献。整篇基本未提及大学超越社会世俗需求的理念和目标。现实主义、实用主义可以说是加州大学作为州立大学其使命宣言的重要基础，这种一心为公、知识和技术服务社会需求、教育贡献乡土的价值观正是加州大学值得标榜的核心价值和特色所在。实际上，以公立大学为主体的中国大学与之有不少共同点。

运用上述模式对其余 12 所大学的使命宣言一一分析识别，计分结果见下页表 3。

表 2　加利福尼亚大学使命宣言计分明细

三类维度	9 项分类指标	文本评分
古典使命	立校精神、校史及文化传统	略涉及或内含 1
	大学的定位、发展目标	略涉及或内含 1
	教育目标，重视培养学生	明确提及 2
现代使命	学术研究目标，重视知识	明确提及 2
	服务社会，社会责任感	重点强调 3
	现代管理方式办学	略涉及或内含 1
21 世纪使命	国际化目标	未涉及 0
	产业转化，产学研、产官学	明确提及 2
	终身教育	明确提及 2

表 3　案例大学使命宣言计分表

		美国				英国		德国	日本				中国港台	
		哈佛大学本科生院	耶鲁大学	麻省理工大学	加利福尼亚大学	剑桥大学	牛津大学	慕尼黑工业大学	东京大学	早稻田大学	庆应义塾大学	京都大学	香港大学	台湾大学
古典使命	立校精神，校史及文化传统	2	0	2	2	0	0	0	0	0	3	2	0	2
	大学的定位，发展愿景	1	2	2	1	2	2	2	3	1	2	2	2	2
	教育目标，重视培养学生	3	2	2	2	2	2	2	2	2	2	2	2	2
现代使命	学术研究目标，重视知识	2	3	2	2	2	2	2	2	2	2	2	2	2
	服务社会，重视社会责任	1	1	2	3	2	1	2	2	0	2	2	2	2
	现代大学治理	0	0	2	1	2	2	2	2	0	1	2	2	0
21 世纪使命	重视国际交流、合作与竞争	0	2	1	0	0	2	2	2	2	0	2	2	3
	产学研、产官学	0	0	1	2	2	2	2	2	1	1	0	2	1
	终身教育	0	0	0	2	0	2	0	1	0	0	0	2	0

(四) 大学使命宣言的归类与比较

在上述 9 项指标评分的基础上，按“古典使命”“现代使命”和“21 世纪使命”三项累计得分，可以得到特征一目了然的三向度图型。这 13 所案例大学的图形可以识别出如下三大类。

1. 继承传统型

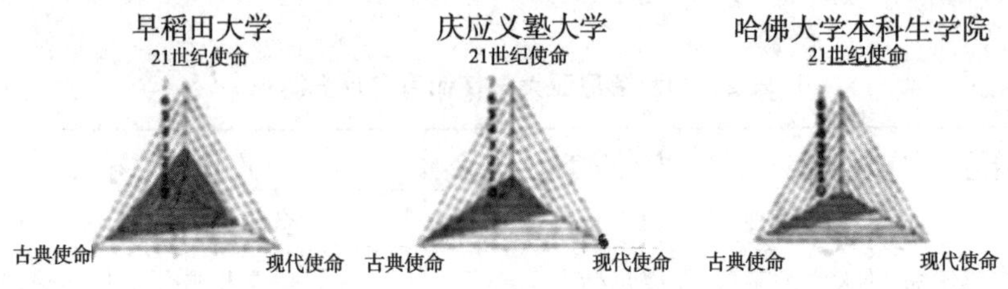

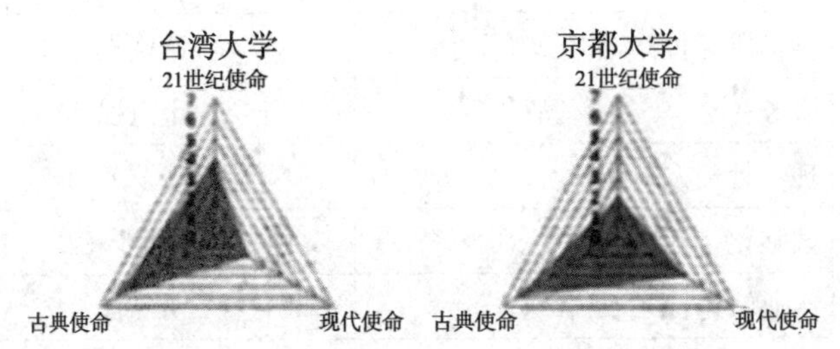

图1 类型Ⅰ—继承传统型

归入这一大类的大学使命宣言从图1看，图形明显呈锐三角型，且最小锐角指向“古典使命”。其中，哈佛大学的使命宣言是本科生学院所提，鲜明表现出该学院在大学内的分工角色，并不一定代表大学整体，可以另当别论。其余的4所：台湾大学、早稻田大学、庆应义塾大学、京都大学，均是地处亚洲，具有百年以上历史的著名学府。其中公立的台大和京大、私立的早稻田大学和庆应大学各占两所。基于上述量化文本分析，我们归纳出此类大学使命宣言的共有特点：

(1) 这些大学拥有卓越的立校传统或伟大的创始人，使命宣言以尊重历史、敬重先辈为亮点，向世人昭示其传统精神、恒久文化与价值观。如早稻田大学秉持创立者大隈重信的精神和价值观：学问之独立(要保持“反骨精神”和“在野精神”)、学问之活用(以“进取的精神”实践早稻田曾经在日本现代化过程中发挥的重要作用)、模范国民之造就等[5]；庆应义塾大学的使命宣言从立校精神、立校目的，到大学崇尚的价值(“义塾精神”“独立自尊”“崇尚实学”“气节品德”“帮助社会”“半学半教”)都源自创始人福泽谕吉。[6]

(2) 从维系和传播大学精神的角度看，这些大学在使命宣言中突出大学的文化根基，强调大学历史传统的表达方式有利于团结、激励组织内成员，形成文化共识；对外有助于塑造大学根基稳健、不为外界所扰，有稳定理想和追求目标的形象。

(3) 使命宣言作为大学向内、外部传播的精神文化信号，过度偏向古典、保守的使命表述也可能意味着该大学在高等教育全球化的地图中处于边缘位置，其有效受众将受局限。如外国人并不容易像本国人那样了解上述大限重信、福泽谕吉的精神遗产意味着什么。

2. 务实进取型

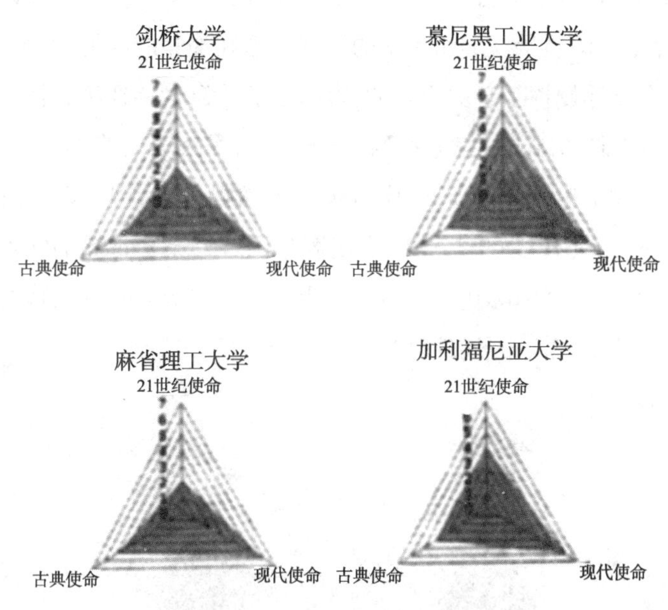

图 2 类型Ⅱ—务实进取型

图 2 中的三角形最小的锐角出现在“现代使命”端，表明这 4 所大学：麻省理工大学、加利福尼亚大学、剑桥大学和慕尼黑工业大学在使命宣言中比较倾向的是现代使命，即“学术研究使命，重视知识”和“社会责任、服务地区”“现代管理方式办学”等。从图表上来看，这种偏向并不严重，体现出这些大学对其余两类使命也有涉及，其使命宣言是多种观点调合的结果。此类大学的使命宣言具有如下特征：

(1) 使命宣言中对现代使命的倾向反映出该大学重视当下的社会需求、重视科研和讲求办学效率，或者可以概括为大学的使命和战略更体现“务实”的价值观。此类宣言行文朴实，这种脚实地、务实进取的姿态，使其与那些标榜人文底蕴、古典象牙塔式的大学明确地区分开来。

(2) 重视社会现实需求、积极服务国家发展是政府和社会对公立大学的基本要求。该特质集中体现在作为美国州立大学的加利福尼亚大学的使命宣言中："通过社会服务和与产业界的合作，我们传播研究结果，将科学发现转化成实用性的知识和工艺上的革新，为加州和国家做出了有益的贡献……这些基础研究项目服从于加州各种各样的利益需求：数以亿计的税收，研发新产品、新技术，创造工作岗位，设立企业，甚至开辟新产业，使农业增产，提升医疗水平等，发展经济，优化生活质量。加州大学的研究曾经在加州的因特网、半导体、软件和生物工程产业等发挥了至关重要的作用，创造了巨大的经济和社会效益。"[7]

(3) 重视科研和讲求办学效率的观念与工科类大学培养工程师、科学家的精神和思维模式不谋而合。比如，麻省理工大学提出"增进知识，在科学、技术等领域教育学生，使他们可以在21世纪服务国家乃至全世界的学术领域"。[8]慕尼黑工业大学提倡"国际化、商业化、世界顶尖的研究，杰出的、执行指向的教学和实践经验并重，富有人性的科学——社会责任"等。[9]

3. 均衡稳健型

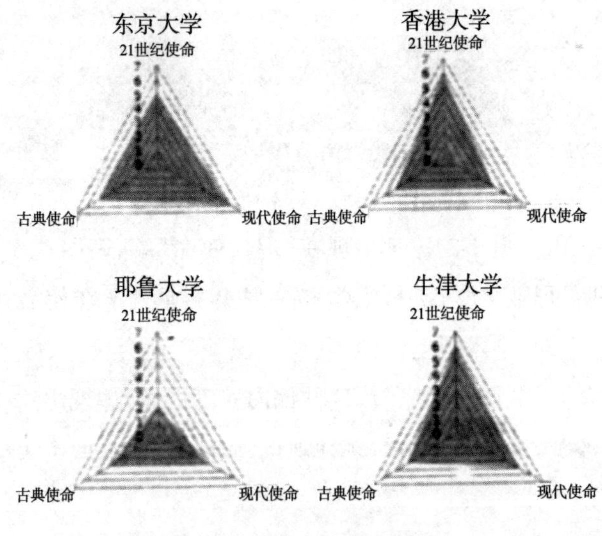

图3 类型Ⅲ—均衡稳健型

归入此类的也有 4 所大学，分别是：耶鲁大学、牛津大学、东京大学和香港大学。图 3 中可见的共性是三角形三边长差距较小，相对接近正三角形状且面积较大。这一类大学的使命宣言三方面兼顾，具有如下特征：

(1) 这 4 所大学在其国家、地区中占据首屈一指的位置，并且学科门类齐全，地位和威望高，因此在发展战略的选择和使命宣言的陈述中均体现出大局观、整体性和稳健的前瞻性。

(2) 这 4 所大学在使命宣言中，对过去、现在和未来的认识体现出较好的完整性和综合性。它们既站在过去的传统精神和成功历史的基础上，又紧跟时代步伐和当下社会的要求，并且有意识地预见未来的发展趋势，以期在今后的发展和竞争中占有先机。如东京大学提出“要在至今为止所积淀的基础上，成为世界级的学术研究的发动引擎，同时为了实现社会公正、推动科学技术的进步和创造文化做贡献。目标是要让学生成为具备世界视野的市民社会的精英”。[10]

(3) 此类大学的使命宣言不仅在“古典使命”“现代使命”和“21 世纪使命”三方面相对均衡，并且得分的绝对值都比较高。可见，这些大学在设计使命宣言时考虑周全详细，落实到文字上则较前两类显得篇幅长。稳妥周全之余，作为一种广而告之的文本，这些大学使命宣言的风格特色不明显，较不利于受众的辨识、记忆和传播，一定程度上弱化了影响力。

(五) 结论

综观上述对 13 所世界著名大学使命宣言的定量研究及其归类分析，我们还特别要强调以下几点：

首先，没有一所大学的使命宣言中未提及“古典使命”部分，特别是珍视大学文化传统，注重学生的人格塑造，强调研习普遍知识，自由探索真理等，均是大学古典使命之精华，也是大学存续和发展之本。有少数大学的使命宣言没有涵盖“21 世纪使命”。但是所有大学均涉及“现代使命”。可见大学发展时至今日，现代化是大势所趋。大学使命宣言中这一部分的突出，表现出大学与时俱进，对履行其职责的承诺。

其次，不论是直接表述，还是间接的隐含，上述大学所崇尚的精神文化都是鲜明的。使命宣言文本与精神文化中反映出的核心价值观互为表里。这些核心价值观有时还以校训的形式呈现，具有巨大的稳定性，而使命宣言的具体文本则在历史的发展中通过对核心价值的不断损益和再阐释，调整最佳的发展战略。比起企业注重“做什么”“怎么做”等任务指向的使命宣言，大学作为人类文化与智慧的载体，其使命宣言具出更强烈的精神文化取向。

最后有必要指出的是，本文所尝试的定量分类研究模型是为了提供一种具有解释力的研究工具。这个工具所分析、归类的是大学的使命宣言，而不是大学所实施的使命和战略本身。对“古典使命”“现代使命”和“21世纪使命”的划分是基于对大学使命发展历程和主要特征的考量，并不具有绝对意义，也不能完全涵盖大学使命（特别是“规定性”使命）的全部，只是提供了一种可供探讨的研究角度。在这个工具的应用中，就9项指标一一打分的方法可以看作对使命宣言文字的编码，但是由于大学的使命宣言并没有一定的格式、篇幅，而且原文来自不同国家、不同语言、不同的文脉，其中的主观因素无法完全排除。在本文结束时，我们只能说这种编码是有意义的，但不能确保纯粹的客观。希望本研究所揭示的特征能提供有价值的发现，为我国大学使宣言的制定以及进一步研究表象下的实质内涵提供启发。

参考文献：

[1] 赵文华，周巧玲. 大学战略规划中使命与愿景的内涵与价值[J]. 教育发展研究，2006(13)：61—64.

[2] University of California's Mission. University of California [EB/OL]. http://www.universityofcalifornia.edu/aboutuc/mission.html. 2012—07—06.

[3] 早稻田大学教旨. 早稻田大学[EB/OL]. http://www.waseda.jp/jp/global/guide/mission.html. 2012—07—06.

[4] 理念と歴史慶應義塾[EB/OL]. http://www.keio.ac.jp/ja/about_keio/history/fukuzawa.html. 2012—07—09.

[5] University of California's Mission. University of California [EB/

OL]. http://www.universityofcalifornia.edu/aboutuc/mission.html. 2012—07—06.

[6] Mission and Origins. MIT [EB/OL]. http://web.mit.edu/facts/mission.html. 2012—07—06.

[7] WIRUBER UNS-DIE ZIELE DER TU MUNCHEN. TU MUNCHEN [EB/OL]. http://portal.mytum.de/tum/wir_ueber_uns/index_html_en. 2012—07—07.

[8] 東京大学憲章. 東京大学[EB/OL]. http://www.utokyo.ac.jp/gen02/b04_00_j.html. 2012—07—09.

（本文发表于《比较教育研究》2012 年第 9 期。作者陆一，时属单位为清华大学教育研究院）

十、世界一流大学发展模式的个性化选择

近年来,世界一流大学研究是高等教育研究的一个热点。在论及世界一流大学时,人们常常列出世界一流大学的一些基本特征,如学科门类比较齐全,拥有卓越的师资队伍,开展高水平的科学研究,能够培养出国际公认的优秀人才,开展以学术研究为基础的社会服务,国际化程度高,拥有充足的办学经费和优越的办学条件,等等。但是,世界一流大学是一个比较性的群体概念,大家公认的世界一流大学并不都是按照一种模式发展起来的,而是经历了多样化、个性化的发展历程,它们探索着不同的发展模式,实现着共性与个性的统一。

(一)学科门类比较齐全与重点发展有限学科发展模式的战略选择

世界一流大学大都一直遵循着"普遍学问"的大学理念,学科门类比较齐全,有若干个专业学院或者学部,并根据各自的传统有所侧重,形成具有世界先进水平的特色和优势学科。从牛津到剑桥,从哈佛到耶鲁,莫不如此。但是,并非所有一流大学都是学科门类非常齐全的综合性大学。

美国的麻省理工学院(MIT)建于1865年,只有140的历史,论历史它难以与牛津、剑桥相比,也不能与哈佛相提并论。但就是这所大学,在《美国新闻与世界报道》一年一度的美国大学排行榜中,多年来一直名列前茅,2005年与加州理工学院并列第七位。截止到2005年,麻省理工学院共有61人获得诺贝尔奖,其中教师40人,毕业生24人(其中3人毕业后在母校任教)。在1 000余人的教师队伍中,有诺贝尔奖获得者9人、美国工程院院士73人、美国科学院

院士72人、美国艺术与科学院院士139人、古根海姆奖获得者91人、富布赖特学者5人、麦克阿瑟基金会奖获得者18人。[1]这所世界闻名的高等学府，在创建初期只有机械系、土木系、化学系三个系，其目标是培养机械师、土木工程师、建筑师、采矿工程师和实用化学师。虽然在20世纪30年代麻省理工学院相继建立了理学院和建筑学院，后来在50年代又建立了人文与社会科学学院、斯隆管理学院，在一定程度上实现了综合化，但仍难以称得上学科齐全。2005年，该校设有建筑与规划，人文、艺术与社会科学，工学，理学和管理5个专业学院(school)以及一个独立学院(college)——怀特克健康科学与技术学院，下设27个可授予学位的学系(department)、课程计划(program)、学部(division)，另外还设有60多个跨系、跨学科的教育和研究中心。无论是学院数还是学科数，麻省理工学院都远远少于哈佛、耶鲁等世界一流大学。但是，并没有人因此而否认其世界一流大学的地位。

与麻省理工学院同样保留着“学院”称号的加州理工学院，也是一所世界闻名的高等学府。加州理工学院是由阿莫斯·色罗珀(Amos G. Throop)创建于1891年的一所艺术和工艺学校发展而来的，最初名叫色罗珀大学(Throop University)，后来改称为色罗珀工艺学院，1920年才改名为加州理工学院。1925年之前，学院仅设物理学、化学和工程学3个学科方向，此后才设立了地质学、航空学、生物学、数学、化学生物学、行星科学、原子核天体物理学、地球化学以及一些人文和社科方面的学科。发展到今天，加州理工学院的学科组织设置仍然非常简单，它的院系设置不是校、院、系三级，而是直接分为生物学，化学与化学工程，工程学与应用科学，地质与行星科学，人类学与社会学，物理、数学与天文学等6个学部。另外这所学院还建有20多个(跨学科)科学与工业中心(实验室)，如生物图像中心、先进计算研究中心、材料的动态响应仿真中心、图像与视觉中心、基因组研究实验室、微机械实验室、分子科学实验室、太空飞船与任务设计实验室、分子材料研究中心等。然而，这所历史比麻省理工学院还短、学科比麻省理工学院还少的“学院”，却与麻省理工学院一样，取得了那些学科齐全的大学都难以望其项背的辉煌成就：在20世纪二三十年代，地质学家伍德(Harry Wood)发明了地震仪，物理学家里查(Charles Richter)和数学家伽坦堡(Beno Gutenberg)发明了里氏地震强度等级(the Richter Scale)，他们把地震学发展成为一门国际性学科；30年代，鲍林(Linus Pauling)进行有关化学键性质的研究，奠定了分子生物学的基础；40年代，物理学家戴尔布拉克对病毒的遗传结构和复制机理做出了重大发现，导致了分子遗传学的诞生；1953年，地质化学家派特森(Clair Patterson)推算出现代科学界公认的地球年龄——46亿年；60年代，物理学家盖尔曼(Murray Gell-Mann)提出夸克理论，罗杰·斯佩里(Roger Sperry)发现大脑两半球各司不同的职能；1986年，生物学家胡德(Leroy Hood)发明了脱氧核糖核酸序列分析器(DNA Sequenator)，现在人类基因项目主要依靠这种仪器来解析基因序列。截至2005年10月，加州理工学院的教师和毕业生共有31人获32项诺贝尔奖，47人获国家科学奖章，10人获国家技术奖章，67名教授当选美国科学院院士，29名教授当选国家工程院院士，77名教授当选美国艺术与科学院院士。[2]在《美国新闻与世界报道》一年一度的美国大学排行榜中，加州理工学院也一直名列前茅。

可见，虽然大多数世界一流大学都是学科齐全的综合性大学，但我们不能说学科不齐全的大学就办不成世界一流大学，像麻省理工学院和加州理工学院这样的一些大学选择有限的学科作为重点发展目标，就成为大家公认的世界一流大学。世界一流大学的学科不在乎有多全，而在乎有多强。一流的大学都有一流的学科。每一所大学应根据自身条件，努力建设好特色学科、优势学科，而不应该一味追求“大而全”，关键在于有特色，并把特色发挥到极致。就像生物多样性一样，大学应该有多种多样的类型，不同类型的学校各有特点，最重要的是在自己类型中保持特色，出类拔萃，这就是一流的真正含义所在。

从另一个方面讲，虽然大多数世界一流大学都是学科齐全的综合性大学，我们也不能说学科齐全的综合性大学都能办成世界一流大学。综合性不是创建世界一流大学的充分条件，过于追求综合性则很可能掉进一个“美丽的陷阱”。因为任何一所大学所拥有的资源都是有限的，如果将有限的资源平均分配到每一个学科，这样会使任何一个学科都难以得到充足的资源支持，从而难以形成核心竞争力。实际上，在知识的疆界不断扩张的今天，世界一流大学中没有一所大学追求成为设立所有学科的大学，所谓综合性也都是相对的，都是根据自身的宗旨和环境决定的。例如，哈佛大学就没有工学院，而麻省理工则没有医学院和教育学院，因为这两所大学同处一城，新建学科短期之内很难超越对方，因此他们没有苛求学科齐全，而是各自重点发展自己的优势学科，力求学科互补。

（二）“巨无霸”与“小而精”发展模式的战略选择

“巨无霸”与“小而精”发展模式的战略选择，同学科门类比较齐全与重点发展有限学科的战略选择相联系，但又不完全是同一个问题。由于许多世界一流大学都是学科门类齐全的综合性大学，因此，各个学科的发展使得世界一流大学大都是规模庞大的“巨无霸”大学，“教师上千，学生上万”则是这种大学的写照。但是，正像并不是所有的大学都是学科门类齐全的综合性大学一样，一些世界一流大学（如加州理工学院、巴黎高等师范学校和普林斯顿大学）规模并不庞大，相反却奉行“小即美”（Small is beautiful）哲学，走的是一条“小而精”的发展道路。

表 1　部分世界一流大学注册学生数量（2003～2004 学年）

大学名称	学生人数	大学名称	学生人数
哈佛大学	18 611	加州理工学院	2 172
麻省理工学院	10 340	普林斯顿大学	6 846
哥伦比亚大学	19 420	巴黎高等师范学校	2 000
加州大学伯克利分校	33 065		
耶鲁大学	11 282		
斯坦福大学	14 846		
芝加哥大学	13 400		
剑桥大学	16 600		
牛津大学	17 249		

资料来源：根据各大学网站资料综合而成。

在建校初期，加州理工学院（时称色罗珀大学）由 6 部分构成：语法学校、高中、教师训练学校、商业学校、初级学校以及一个俱乐部的晚间和暑期课程班，不但办学层次很低，而且发展方向不明确。1907 年，学校董事会决定终止自己的小学、中学和商业学校以及教师培训项目，仅留下可以在电子、机械和民用工程方面授予理学学士学位的科技学院，并将学校的目标定为一流工程技术学校。1919年，麻省理工学院教授诺耶斯(Arthur A. Noyes)加盟，为学校制定了许多成功的教育政策。具体表现在坚持小规模，精心挑选本科毕业生；注重少而精，而不追求大而全；在所有层次，包括本科层次，提倡创新的研究工作；在科学教育之外，坚持对本科生进行人文学科的教育；强调基础科学，而非应用科学。诺耶斯制定的教育政策一直到现在都没有改变。虽然在发展过程中，扩大规模是不可避免的，但董事会秉持谨慎而稳健的政策，指出只有在达到与其物理系和化学系同等水平的情况下才允许新建系。加州理工学院的每一位校长，都要向董事会保证遵守学校的传统，把学校办成一个小但是水平很高的学校。2004年10月，加州理工学院教学科研人员386人。2004年秋季，共注册学生2 127人，其中本科生896人，研究生1 276人。[3]在美国的著名大学中，它是规模最小的。

普林斯顿大学始建于1746年，时称新泽西学院，是美国殖民地时期建立的第四所学院，1896年更名为普林斯顿大学。2004～2005学年，普林斯顿大学教师仅有700人左右，本科生4 678人，研究生2 030人。[4]这所大学只有4个学院：新泽西学院、工程和应用科学学院、建筑和城市设计学院、威尔逊公共和国际事务学院。学院下设34个系。无论是从教师队伍、注册学生数量还是从院系设置看，普林斯顿大学都是一所规模较小的大学。但是，这所大学却有着骄人的成就：15名教师获得诺贝尔奖，14名毕业生获得诺贝尔奖，15名教师获国家科学奖章，2名毕业生出任美国总统，1 000多名毕业生先后担任过美国国会议员、联邦政府高级官员以及州长等职，普林斯顿大学被誉为世界“数学之都”和“美国政治家的摇篮”。在近年的《美国新闻与世界报道》大学排行榜上，普林斯顿大学力压哈佛、耶鲁等大学，位居第一。多年来，普林斯顿大学追求的是“不求大、不求全而求精”，保持小而精的风格。在小而精的办学方针的基础上，普林斯顿大学以重质量、重研究、重理论的传统而享誉世界。由于学校小，研究生人数也少，普林斯顿大学规定所有教师都必须承担本科生的教学任务，并且在本科生中实行“导师制”，使本科生与教授之间建立了密切的关系。今天，普林斯顿大学的目标是：“普林斯顿大学力争成为世界上最好的研究型大学之一，同时成为世界上最好的本科生学院。作为一所研究型大学，普林斯顿大学力争在发现和传授知识方面做到最优，同时保证本科生教学方面在研究型大学中名列前茅。”[5]

可见，虽然大多数世界一流大学都是规模较大的综合性大学，但我们不能说规模大的大学就是世界一流大学，也不能说规模小的大学就办不成世界一流大学。世界一流大学不在于规模大小，而在于教师队伍的强弱、学生质量的高低、教学水平和研究成果的优劣。同“学科门类齐全”一样，“规模庞大”也可能成为一个“美丽的陷阱”。在我国一些大学排行榜中，学生数量、占地面积等因素也成为重要的指标，这很可能把我国大学的改革与发展引入歧途。

（三）创新与保守发展模式的战略选择

在世界一流大学中，哈佛大学以创新、引领大学发展潮流而闻名，她 300 多年的发展史就是一部不断创新的历史。在建校之初，当时的哈佛学院就冲破英国只有大学才能授予学位的传统，果敢地授予毕业生学位；在管理上采取与英国大学迥然不同的管理模式，设立由校外人士组成的校监委员会和由校内人士组成的董事会共同管理学校，形成了独特的“双院制”管理模式；哈佛学院虽然也实行英国式的寄宿制，但并没有实行牛津大学和剑桥大学那样的导师制。19 世纪初，按照蒂克纳（G. Ticknor）的建议，哈佛大学开始打破传统的“固定课程”，允许高年级学生选修一定数量的科目；摈弃纯粹背诵式的教学方法，倡导研讨式的教学方法；实行住校研究生（resident graduates）计划，为哈佛大学和其他大学的毕业生提供进一步研究学术的机会。19 世纪后期和 20 世纪初，艾略特（Charles W. Eliot）在哈佛大学建立选修制度和学分制度，设立研究生院，强化科学研究，使哈佛从地区性大学走上全国性研究型大学之路。20 世纪中叶，科南特（James Bryant Conant）率先确立了“非升即走”（up or out）原则，确保了教师队伍的高水准。此外，哈佛大学在 20 世纪先后实行的“分配与集中计划”“普通教育计划”“核心课程”，也在美国高等学校的普通教育改革运动中独领风骚。但在哈佛大学的发展中，创新却与保守携手并进，保守使哈佛大学的创新趋于稳妥，使哈佛大学善于保持优良的传统，善于吸收别人的经验，与创新共同保障哈佛大学的发展。同时，哈佛大学锐意改革、勇于创新，但创新并不等于激进、冒进，相反，思想与制度上的创新往往与行动上的保守或者稳妥相结合,其每一项创新举措都是精心研究和实验的结晶。创新是哈佛大学的基本个性品质,但是哈佛大学的创新是要与时俱进,而决不是朝令夕改,为了创新而创新。对于被历史证明是正确的东西,不管历史多久,都不会轻易改变。哈佛大学在创新的同时一直固守着自己的被证明是正确的办学理念,守望着大学精神,保留着自己的优良传统,实现创新与稳定的和谐统一。

在世界一流大学中,耶鲁大学则以保守、吸收借鉴他人经验而著称。保守是耶鲁大学文化品格的核心,这种文化品格体现在方方面面:在培养目标上,坚持高起点,高定位,培养领袖人才;在教育上,坚持自由教育,坚持教学优先,本科学院第一;在管理上,坚持教授治校,大学内部分权,校友参与;在制度建设上,坚持学术自治与学术自由;在发展战略上,坚持优质第一,规模控制,累进变革。[6]在每次有争论的改革理论和措施付诸实践之前,耶鲁大学先坚守原来的传统,静心观察改革的成败,然后选择学校的发展方向。在耶鲁大学创建250周年的时候,美国《时代》周刊曾撰文指出:“耶鲁在传统上有意识或无意识地等待其他人去探路,观察他们的进程,然后选择一条中间道路。如果说它的进步不快,其进步却是有选择的和基本上正确的。如果它开拓了新疆界,它就迅速去坚持传统的、实实在在的原则。在最好的和最真正的意义上,耶鲁大学一直胜利坚持从创建就有的保守主义。”[7]耶鲁大学自己对自己的保守主义并不讳言,反而引以为豪。耶鲁的著名教授金丝利曾骄傲地说:“让坎布里奇的人们(哈佛人)去试验吧,我们将努力从他们的试验中获益,他们在试验方面比我们强。”[8]但是,保守并不是意味着耶鲁大学一味墨守成规,对于被证明是正确的东西,它就积极采纳。耶鲁大学建设世界一流大学的道路是在保守中创新,在稳定中发展。保守和稳定是其灵魂,创新与发展是必然之结果。

此外,也有一些大学如斯坦福大学,对于在哪些方面应该与时俱进、引领变化,又在哪些方面应该坚持传统保持不变,能够作出正确判断,它也能在变与不变、创新与传统之间取得动态的平衡,使大学稳步前进。

(四) 秉承传统与适时转型发展模式的战略选择

克拉克·科尔指出:大学“不应该力量均衡地对待每一个学科,每一个学科得到的资助应当与该学科当前所具有的潜力以及这些潜力的变化相一致。没有永恒的重点”。[9]通过分析可以发现，世界一流大学的理工科都非常强，或者是综合性大学，或者是以理工科为主的多科性大学。强大的数学、物理、化学、生物、工程以及政治学、经济学和法学是世界一流大学的重要特征，这似乎表明大学没有高水平的理工科，就难以成为世界一流大学。因为自近代科学革命以来，科学技术的发展推动着社会经济的发展，而且在社会经济发展中的作用越来越大。与人文社会科学相比，理工科与社会经济发展的联系更直接，更容易给大学和社会带来经济利益和荣誉，诺贝尔奖以及国家科学奖、技术奖等理工科方面的奖项，使一些大学声名鹊起。与诺贝尔奖有关的经济学以及与政界密切相关的政治学和法学、与经济界密切相关的工商管理等学科，可以为政府部门培养后备人才，为产业界培养高级管理人才，也可以为大学带来荣誉，因此，这些学科成为世界一流大学的核心学科。一所大学如果不在这些核心学科上做出成就，即使在其他学科成就斐然，也难以被认可为世界一流大学。有些大学在成立之初就具有上述所谓的核心学科或者发展基础，如牛津大学、剑桥大学、巴黎大学等，它们坚持给予这些学科以重要地位，奠定了在这些学科领域的优势，从而也获得了荣誉。

但是，并不是所有大学在成立之初就具有上述所谓的核心学科，一些大学为了提高大学的竞争力，在发展过程中都不断调整自己的学科结构和发展模式，实现大学的转型。在历史上，麻省理工学院和加州理工学院等大学都曾成功地实现了自己的转型，从单一的工程技术大学转向以理工科为主的多科性大学。在美国以外的当今世界一流大学中，转型最为成功的是巴黎高等师范学校。在中国，北京师范大学等重点师范大学是著名的研究型大学，而在西方，“师范”一词即使不意味着学术水平平庸，也决不意味着学术水平卓越。然而正是顶着“师范”这顶帽子，巴黎高等师范学校成功地实现了转型，成为一所世界一流大学。

巴黎高等师范学校建于 1794 年，起初是一所男子高等师范学校，它的使命是培养“已受过实用知识训练的公民，使他们在各方面最有能力的教授的指导下，学习教书的艺术”。[10]当时巴黎高等师范学校的教授由国民议会直接任命，这使得该校荟萃了各行各业出类拔萃的人才出任教授。虽然称作师范学校，但该校的教授对传授教学技巧的兴趣远远比不上对传授在各自领域内最尖端的研究成果与独特发现的热情，这使得该校与一般的师范学校不同，从一开始就建立了它重视学术而不是仅仅培养教师的传统。在19世纪初期，该校取消了宗教课程，反宗教的学术自由精神在巴黎高师取得胜利。此时，被誉为"法兰西科学之光"的卓越的数学家埃瓦里斯·伽罗瓦(Evariste Galois)执教于巴黎高等师范学校，主张纯粹的科学研究，使巴黎高等师范学校确立了重视基础研究的传统；而巴黎高等师范学校的另一位教授、法国微生物学家、化学家、微生物学的奠基人之一路易斯·巴斯德(Louis Pasteur)，则非常重视实用科学，他们不仅使科学研究成为学校的传统，而且更为重要的是，在应用和基础研究之间寻求平衡和互动，使巴黎高等师范学校成为法国最好的高等师范学校和学术研究的重镇。在二战之后，该校一改过去重文轻理的传统，走文理均衡发展的道路，理工科发展后来居上，巴黎高师的面貌焕然一新。1985年，巴黎高师和建立于1881年的巴黎女子高等师范学校合并，师资力量得到加强，不但使原来的化学、物理、考古学、哲学等传统优势学科得到加强，而且创设或整合成立了新的系科，如数学与信息学系、生物系、语言文学系、社会学系等。如果说传授"教学的艺术"(即培养教师)曾是该校的首要任务，那么现在这一理念虽然仍是学校培养新生的基本要求，但其培养目标已经远远超出原来的培养教师的目标。巴黎高师现行章程规定："学校旨在通过科技、文化方面高质量的教学，培养出一批有能力从事基础科学和应用科学研究，从事高校教育、科研培训或中学教育的优秀学生。从更广义上讲，学校也培养一定数量的有能力服务于国家行政机关、社会团体、公共事业机构和公私营企业的优秀学生。"[11]

像法国其它"大学校"一样，巴黎高等师范学校至今仍保持着"小而精"的发展模式。学校设置数学系、物理系、地球－大气－海洋系(TAO)、化学系、生物系、计算机科学系、认知研究系、社会科学系、地学系、哲学系、历史系、文学和语言系、古代科学研究系(Antiquity Science)以及新成立的艺术教育部门(Gateway to the Arts)等学科，40个专业。每年本科生招生200人左右，从本科生到博士生各级各类学生总数在2 000人左右，这在世界著名大学里是规模最小的高校之一。然而就是这样一所小小的学校，不但培养出埃瓦里斯·伽罗瓦、路易·巴斯德、罗曼·罗兰(Romain Rolland)、让·保尔·萨特(J. P. Satre)、雷蒙·阿隆(Raymond Aron)、马克·布洛克(Marc Bloch)、皮埃尔·布尔迪厄(Pierre Bourdieu)和米歇尔·福柯(Michel Foucault)这些在法国甚至全世界人人景仰的学者和传奇人物，而且培养出10位物理、化学、经济学、文学领域的诺贝尔奖得主和6位菲尔兹奖(Field Medals，数学"诺贝尔奖")得主，法国前总统乔治·蓬皮杜(George Pompidou)和包括2位前总理在内的众多政治精英也都出自这所著名高校。在1994年巴黎高等师范学校成立200周年的纪念活动中，各界人士、新老校友齐聚一堂，为学校的进一步发展出谋划策，他们一致认为巴黎高等师范学校应致力于成为欧洲著名的高等学术团体。这既是巴黎高等师范学校的奋斗目标，也是该校办学理念和经验的总结。巴黎高等师范学校招收最优秀的学生，聘请最卓越的师资，研究最尖端的学问。同时该校不仅为师生提供良好的研究环境、先进的实验室和藏书丰富的图书馆，而且定期组织或由个人自发组织一些学术聚会，让全体教师和学生参与其中，对新知识、新理论进行探讨、研究，从而形成活跃的学术氛围，使师生保持创造性，而这正是巴黎高师一直不断前进的重要动力。

参考文献：

[1] MIT. Faculty and Staff[EB/OL]. http://web. mit. edu/facts/faculty. shtml. 2005—11—14.

[2][3] Caltech. Caltech at a Glance[EB/OL]. http://www. caltech. edu/at-a-glance/. 2005—11—14.

[4] Princeton University. Princeton University Opening Enrollment 2004—2005 [EB/OL]. http: //registrar1. princeton. edu/data/oe_ items/tot_oe. pdf. 2005—11—4.

[5] Princeton University. About Princeton[EB/OL]. http://www. princeton. edu/main/about. 2005—11—04.

[6][7][8] 王英杰. 论大学的保守性：耶鲁大学的文化品格[J]. 比较教育

研究,2003(3):1—8.

[9] 克拉克・科尔编,陈学飞译. 大学的功用[M]. 南昌:江西教育出版社,1993.

[10] 巴黎高等师范学院[EB/OL]. http://edu. sina. com. cn/a/college/ENS. html. 2005—11—04.

[11] 俞天颖. 巴黎高等师范大学[A]. 知识就是力量[C]. 2002.

(本文发表于《比较教育研究》2007年第6期。作者刘宝存,时属单位为北京师范大学国际与比较教育研究所)

世界一流大学的人才培养

一、导师制·午后茶·住宿学院与一流大学的人才培养

世界一流大学之间不仅存在着阿什比所说的"类似血族关系",而且在人才培养方式上也有很多相同或相似的地方,都有导师制、午后茶和住宿学院等。探寻这些人才培养方式与一流大学人才培养和一流大学形成与发展的关系,揭示其影响、决定一流大学人才培养与成长的内在因素,不仅有助于我们了解一流大学人才培养的独特之处,也有利于我们从另一个视角认识世界一流大学形成与发展的规律。

(一) 导师制

导师制发端于 14 世纪的牛津、剑桥大学,是随着学院制的产生而产生的,直到今天仍是牛津、剑桥及许多大学教学过程的核心。导师制由学生个人与导师面对面地交流,注重陶冶价值观和思维方式而不注重罗列事实。[1]具体而言:新生一入学,学院便为他们选派一位导师(tutor),每位导师所带学生少则 3～5 人,多则 10 人左右。学生每周见导师一次,导师或评论学生论文,或指点应读之书,该听什么课,了解学生的学习状况,或在与学生争辩、探讨、交流的过程中诱导学生思索,挖掘学生潜能,循循善诱,德智并重。

美国哈佛大学仿剑桥伊曼纽尔学院建立。哈佛建校后,因财政的限制虽未从整体上复制牛津、剑桥的导师制,但仍延续了这一中世纪的教学传统。[2]一名导师不仅负责指导全部课程,而且他的报告还直接决定着学生的升降级。1737 年,哈佛废除了由一个导师教授一个班级全部课程的做法,四位导师分别承担

着不同的科目。18世纪末和19世纪初，哈佛任命了42位导师。1909年洛厄尔(Abbott Lowell)任哈佛大学校长，建立了“集中与分配课程、寄宿制、导师制和荣誉学位”制度。导师制与哈佛实施的集中与分配课程密不可分，这使哈佛的导师制有了新的特点。首先就目的而言，建立导师制是为了帮助学生准备从1914年开始实施的集中与分配课程的考试，因此，每一部门配备导师的数量依学习集中课程的学生数量而定。其次，导师制是一种职能，而不是职称。不但年轻的教师要作导师，教授也要作导师。在洛厄尔离任之前，“导师制不仅使哈佛的导师们树立起了更好地培养有抱负的学者的信念，也使学生们对学习态度产生了巨大的变化，极大地提高了学习成绩，每个毕业班大约有40%的学生在专业领域获得了荣誉学位。”[3] 20世纪50年代哈佛规定每个导师带6个学生，今天的哈佛仍施行导师制。

普林斯顿大学的导师制建于20世纪初。1902年，伍德罗·威尔逊成为普林斯顿大学第十三任校长，引进了导师制。虽然威尔逊的导师制源于牛津，但与牛津的导师制相比又不尽相同。具体的做法是将高年级的学生分成小组，每一小组同一名导师建立密切的联系，在导师的指导下，通过个人阅读和小组讨论来补充课堂教学的不足。学生们按照生活态度、训练背景、学习兴趣和成绩来分组。导师大多是刚刚获得博士学位的年轻学者，他们不仅是学生学习上的导师，更是学生的伙伴和引路人。随着导师制发展，今天普林斯顿的导师制已不再限于高年级的学生，在低年级每个攻读学士学位的学生通常都有一位由本院教授担任的学习指导作他的低年级导师，负责帮助学生制定学习计划，介绍专业情况和选择课程。在生活方面，每二十名新生配有一名由研究生或高年级学生担任的生活指导，负责帮助新生适应校园生活。当学生进入专业学习阶段后，导师则由所在系内专业对口的教授担任，负责帮助指导学生的专业课程安排和独立研究工作，在研究工作中，导师与学生的关系比课堂上教与学的关系要密切得多，学生不仅可以在学业上获得导师的各种启迪，通过导师的言传身教还可以学会在日常生活中如何与他人相处，在学业和为人方面变得更加成熟。

1998年，美国研究型大学本科教育委员会在其报告《重建本科生教育：美国研究型大学发展蓝图》中建议，每个学生都要有一名导师，导师与学生间一对一的关系对学生智力发展会产生最有效的影响，个人的表现受到观察、纠正、帮助和鼓励。这种形式应该在所有的研究型大学推展开来。

导师制尽管可能存在种种局限，然而直到今天仍是这些名校教育过程中的精华，关键便在于：在教学方式上重视个别指导、言传身教、循循善诱；在教学内容上德智并重；营造的教育环境和谐、宽松、自由。这些使导师制超越了作为一种教学手段的功能，而成为一个过程，一个影响学生的过程。正如普林斯顿大学本科生院院长格尔格斯(Girgus)所言，这是现代教育必不可少的部分。“教育不仅仅是知识的传授，更重要的是人格的培养，过分实用的教育不可能产生高层次的人才。自信心、责任心、组织能力和献身精神这样的素质，只有在良好的大环境中长期潜移默化，才能逐渐形成。”[4]对学校来说，这样的环境一旦形成，它便成为学校的品格与灵魂的载体、成为绵绵不竭的办学底蕴；对学生而言，一旦置身于这样的环境，长期浸润其中，从导师的教诲中所获得的不仅仅是要学习的知识，还有研究事物和带着批判精神从事学习的态度及影响其一生的思维方式，并在与导师交流的过程中达到心灵与精神的契合，使学生“在保持尊严、施展能力的同时形成履行社会职责所需的知识、修养、表达能力、性格、风度以及各种相当均衡和成熟的品质。”[5]这些从形式上看似与一流人才或创造性人才培养无直接关系的因素，恰恰是一名学生成为一流人才或创造性人才的基础。

（二）午后茶

午后茶起源于剑桥大学的卡文迪许实验室。19 世纪末期，为了更好地了解国内外物理学的最新进展，与物理学的前沿保持同步，并使实验室的教学和科研人员在相互交流中焕发出创造性的思想萌芽，实验室教授、科学家汤姆逊(Joseph John Thomson)模仿德国习明纳的形式，在实验室组织研讨，每两周一次。与德国习明纳不同的是讨论时还备有茶点，这是午后茶作为一种学术活动的雏形。后来随着实验室规模的扩大，不同学术背景人员的增加，为了使大家达到相互了解和休息的目的，汤姆逊根据他人的建议决定在每天午后英国人习惯的午后茶时在教授的屋子里举行茶时漫谈。由于所有参加的人员不论职务高低一律平等相处，气氛轻松自由，在相互交流的过程中，彼此间不仅建立了深厚的感情，很多人还在交流碰撞中迸发出了智慧的火花，诱发了重要发现的思想萌芽。茶时漫谈变成了卡文迪许最有意义的事，每天每个人必须参加的一项活动。自 1871 年建室以来，实验室共培养出了 25 个诺贝尔奖获得者，上百个皇家学会的会员，数以千计的著名的物理学教授，并成为电磁理论、气体放电理论、原子物理、核物理、晶体物理、分子生物学、超导体、凝聚态理论、非晶体半导体和有机聚合物半导体材料等的发祥地和作出重要贡献的场所。有人说这些是在茶中喝出来的学问。随后，这种方式很快传播到其它的国家，成为这些国家大学或学术机构中的一项学术活动。如美国史密斯研究院、普林斯顿大学和哥本哈根理论物理研究所等。

普林斯顿大学是美国一所小规模的研究型大学，二战后一直被称为世界"数学之都"，其物理学研究也处于世界一流水平。在普林斯顿，要求学生每天下午都必须参加午后茶，与教师一起讨论问题，这种讨论也完全是自由的、平等的。师生之间、不同的人员之间互相争论，甚至争吵。这种自由争论不仅催促、激发大家思考，而且相互之间不同见解的磨擦也成了新发现的温床，使普林斯顿培养出了一批又一批大师级的人才。

午后茶之所以从一项普通的日常活动演变成影响世界一流名校人才叠出的关键原因在于：1. 自由宽松的学术环境和气氛，所有人平等相处，愉快地进行思想交流，这种学术气氛浓厚和新想法迸发的环境和自由的治学气氛有助于人们独立思考和创造性地发挥，因此，易于产生重大的成就。另外，在自由宽松交谈的气氛中，所有人在学术面前一律平等，有助于突破科学的禁锢和权威、偏见的束缚，使每个人保持思想的自由。没有思想的自由便不会有源源不断的智力创新，"一所大学之所以能名扬四海，不是因为它只传授一种'正确'的思想及一种'正确'的价值观，而是它是交流思想的'自由市场'"，[6]并尊重、容忍这些思想，让它们在交流中相长。2. "采用自由和充分讨论不同科学过程的相对价值"有助于"成功地形成一个科学批判的学派和方法论的发展"，[7]批判孕育着创新，而方法论的发展必然推动科学研究的进展。另一方面，不同学术背景、不同性格、气质的人相互交流，吸取与自己专业不同的科学精神和专业知识，有助于在思维方式上相互取长补短、克服狭隘的专业偏见，"使一种思想与另一种思想在最接近真理的点上紧密接触"，[8]而这种不同思想的接触交汇处也就是新思想、新发现、新创见的萌芽处。这是维系个人、学术机构和大学学术生命力生生不息的基础。

（三）住宿学院

住宿学院（residential college）首先出现在剑桥大学。中世纪时，大学并无类似于今天的学籍管理制度，一个学生只要获得一位大学认定的教师的许可便算取得了大学的入学资格，而学校并不管学生的住宿。1284年，艾利（Ely）主教巴尔森（High de Balsham）将一批学生收容到剑桥圣彼得教堂附近的两栋房子中并制定了管理制度，这成为剑桥的第一个学院。到15世纪，剑桥已有15个学院。但是，这时的学院并不是教学机构，只是教师与学生居住生活的场所，也就是说“学院都是宿舍”，[9]教学是大学的职责。到18世纪，学院发展成教学中心，大学成为学院集合体的代称。今天，这种情况再次发生了重大的变化，教学彻底成为大学的职能。学院的职能有：1. 负责挑选、招收本科生。按照剑桥的传统，学生只有先被学院接纳后，才能成为大学的学生。2. 安排学生宿食。3. 为学生指定导师，由导师每周一次对学生进行辅导。然而，就学院对大学的影响而言，几个世纪以来，正是其作为“宿舍”，而不是教学机构的功能对剑桥大学的发展与人才培养产生了重要的影响。

哈佛的住宿学院建于20世纪初，它是洛厄尔对哈佛的突出贡献之一。与剑桥不同的是，由于洛厄尔认为本科生教育是大学的基础，因此，为了不影响哈佛本科生院的地位，他坚持称这些建筑为学舍（house），而不称之为学院。到1919年，哈佛共建有四个学舍。每个学舍都有餐厅、活动室、图书馆等。每个房间住1～5人，为了让最贫穷的学生都能住进学舍，参加学生的各项社会性活动，房间采取不同的价格。每个学舍有一个由教授担任的学舍长，另有若干名导师负责指导学生的学习和生活，使学舍成为学生生活、成长和学习的重要场所。现在哈佛共有12个这样的学舍，每一个都与耶鲁、牛津、剑桥等大学的相应学院结成姊妹院。

耶鲁大学的住宿学院建于20世纪30年代。与哈佛不同，耶鲁称之为学院（college），而非学舍（house）或宿舍（dorm）。20世纪20年代，由于耶鲁学生人数激增，致使教师与学生的接触相应减少，教师不能象从前那样辅导学生，使学生失去了受到全面教育与影响的机会，耶鲁认为这存在着潜在的危险。另一方面,人数的增加还导致了学生年级意识的削弱,相互间交往的减少。为解决这一问题,1925年耶鲁校长詹姆士·安吉尔提议仿剑桥模式建立住宿学院。新生入学后被随机分配到任何一所学院,但与其它学院又非相互隔绝,每个学生都可以随时到其它学院的食堂去用餐、访友或参加活动。这样便出现了学生在自己所在的系吸取专业知识,同时又在学院领略各种人生经验的奇妙景象。目前耶鲁共有12所住宿学院,每个学院都能容纳四五百人。

住宿学院对一流大学人才培养的影响主要表现在以下几方面:1. 由于这些学院都是以与学院有关的人物来命名的,这有助于学生产生对学院和学校的自豪感和归属感,并对学生产生潜移默化的影响。2. 学院具有教育意义的景物与活动的影响。这方面的作用如金耀基先生在描绘剑桥学院时所说:"一个基督学院的新生看到弥尔顿手植的桑树,能否无动于衷?一个三一学院的学生住在牛顿的房间里,焉能没有一丝见贤思齐的激奋?而一个圣约翰学院的学生听到伍尔华滋描写他母院礼拜堂的'一声是男的,一声是女的'钟声,又怎能不生一丁点儿诗人的遐思?"[10] 3. 作为居住生活的场所,住宿学院为在规模庞大的综合性大学中各部门的学生营造了一个小型的学习生活环境,增强了学生间的交往,有利于形成集体、合作的氛围,并对学生性格养成、学术兴趣、价值取向等产生影响。对此英国著名的生物化学家、科学史家李约瑟说:当一名剑桥学子之所以优越,最主要的是那里实行按楼梯安排学生宿舍的制度。可以说,剑桥的每一个学院,都是由学系不同、社会出身不同、政治立场和宗教信仰不同的人混合而成的,这些学院将整个剑桥大学变成了一个奇妙的熔炉。[11] 而在哈佛,学舍也使"学生们从相互间学到的东西比从教师那里学到的东西还要多……作为一个群体,给每个成员的成长提供了无与伦比的机会。"[12]

从导师制、午后茶和住宿学院对一流大学人才培养的影响来看,它们之所以能够起到十分重要的作用是与下列因素紧密相关的。宽松的环境、自由的精神和导师与学生之间、不同的人之间、不同年级的学生之间自由交往而形成的相互影响力量。研究世界一流大学,我们不仅要关注一流大学有形的校园、有形的建筑和有形的人才培养方式,更要关注蕴含在这些东西之中的、使一流大学成为一流的内在的、隐性的力量,这才是一流大学发展与长盛不衰的支柱。

参考文献：

[1] 阿什比著，滕大春译. 科技发达时代的大学教育[M]. 北京：人民教育出版社，1983.

[2][3] Samuel Eliot Morison. Three Centuries of Harvard：1636—1936[M]. Boston：Belknap Press of Harvard University Press，1994：32，448.

[4] 肖木、丽日. 普林斯顿大学[M]. 长沙：湖南教育出版社，1992：126.

[5][9] Abraham Flexner. Universities：American，English，German[M]. Oxford：Oxford University Press，1930：225，218.

[6] 陈宏薇. 耶鲁大学[M]. 长沙：湖南教育出版社，1992.

[7][8] Maxwell J. C.，Introductory Lecture on Experimental Physics，250，252.

[10] 金耀基. 大学之理念[M]. 台湾：台湾时报文化出版企业有限公司，1989：103.

[11] 梁丽娟. 剑桥大学[M]. 长沙：湖南教育出版社，1992.

[12] Henry Rosovsky. The University：An Owner's Manual[M]. New York：W. W. Norton and Company. 1990：96.

（本文发表于《比较教育研究》2003 年 9 期。作者谷贤林，时属单位为北京师范大学教育学院）

二、美国研究型大学本科教育改革新进展
——《博耶报告三年回顾》解读

1998年博耶委员会发表《重构大学本科教育——美国研究型大学的蓝图》(以下简称《蓝图》)报告,指出了美国研究型大学本科教育存在的问题和改革的方向,并从10个方面提出了约50条建议。[1]三年过去了,该报告对研究型大学的本科教育改革产生了怎样的影响?为此,年初博耶委员会要求所属"大学重建中心"组织了一次调查。此次调查由三部分构成:首先对全美123所研究型大学进行问卷调查,并从91所大学(71%)回收了问卷;接着对40多所研究型大学负责本科教育工作的高级管理人员进行一至两小时的后续访谈然后组织多场由来自多所大学教师和管理人员参加的研讨会,并对会上提出的问题和意见进行广泛讨论,以加深对研究型大学本科教育改革实践的理解。最后形成《重建本科教育——博耶报告三年回顾》(以下简称《回顾》)报告,此报告从8个方面对美国研究型大学本科教育改革进展进行了分析,并做出总结(下文所有数字均引自本报告)。[2]报告发表后,全美舆论普遍认为将会对研究型大学本科教育进一步改革产生广泛而深远的影响。现将该报告主要内容简述如下,以期对我国研究型大学的本科教育改革提供某种借鉴。

(一)《回顾》报告的内容

1. 对研究性教学的审视

从《回顾》报告内容看,对研究性教学开展情况的叙述是其核心。调查发现,《蓝图》报告提出的"研究型大学应对其课程和主流教学形式进行重新反思,

建立以研究为基础的教学模式”建议引起了广大教师和管理人员的强烈共鸣，有 15 所大学(16%)给所有或以上本科生提供了参与研究的机会，有 24 所大学(26%)给一半左右的学生提供研究机会，另有 44 所大学(48%)给一部分学生提供研究机会，只有 8 所大学没有确切信息。此外，报告以调查数据为依据从两个方面对研究性教学的开展进行了总结。

(1) 本科生的研究与创新活动。《蓝图》报告发表后，让本科生参与研究与创新活动已成为研究型大学本科教改的一大重点，教师与管理者都认识到本科生参加研究是一种重要的教学资源。为此，他们采取了具体行动实施这一理念。

行动之一是许多大学建立直接负责本科生研究活动的“指导中心”。有 19 所大学(21%)建立了“强力指导中心”，有 1,935 所大学(38%)建立了“松散的指导中心”，这一组织为本科生研究与创新活动提供经费与政策支持、寻找合作研究机构、对其成就进行奖励等，对本科生研究工作的开展负有广泛的直接责任。还有所大学在院系层次建立了本科生研究指导机构，进行相关管理。

行动之二是建立促进本科生积极参与研究的激励机制。调查发现，约有一半的大学每年或每学期在全校或全院(系)范围内为学生研究成就进行宣传、展览。另有 1/3 左右的大学创办网站或杂志帮助发表研究成果，而且许多大学非常积极地在校内外为学生研究工作寻求经费赞助支持。

由此，相当数量的管理者表示在他们学校已建立起相应机制要求本科生参与研究与创新活动，“扩展研究机会或计划”已成为 1998～2001 年间研究型大学本科教育改革中“第二重要行动”(“第一重要行动”是重构通识教育课程体系)，并被 21%的人认为是“最具关注价值的改革成就”。系列访谈和研讨会的结果表明，广大管理人员和教师都对本科生参与研究与创新活动方面的改革成就感到高兴和满意。不过研究型大学本科生参与研究与创新活动的活动并非如被调查者描述的那样乐观。由表 1 可以看出，实际上能获得参与研究与创新活动深刻体验本科生的数量与百分比还是非常少的。

表1 参与研究与创新活动学生的百分比

参与程度区分	回答的大学(所)	百分比(%)
所有本科生都参与	3	3.3%
大部分本科生都参与	12	13.2%
某些专业的所有本科生参与	8	8.8%
约一半本科生参与	16	17.6%
一些本科生参与	29	31.8%
少量本科生参与	15	16.5%
不知道	8	8.8%
总计	91	100%

此外,调查发现,研究与创新活动的机会与计划往往集中于少数尖子生,并常常由学生所学专业决定。62%的大学反映其实验学科本科生有一半以上学生参与研究与创新活动,44%的大学反映其工程学科本科生有一半以上参与研究与创新活动。几乎所有受访者都认定在实验学科和工程学科中,生物化学和心理学专业本科生参与研究活动是最多的。参与研究活动最少的是非实验社会学科和人文学科领域的本科生。在社会学科领域,只有25%的大学反映有一半以土本科生参与研究实践,而有49%的大学认为是低参与;在人文学科这一数据分别是21%和52%。而且有25%的大学难以提供社会学科与人文学科本科生参与研究的相关信息。艺术学科本科生参与研究与创新活动的情况则介于实验学科、工程学科与社会学科、人文学科之间,有36%的大学反映有一半以上本科生参与了研究实践。

最后,博耶委员会总结出研究型大学今后推进本科生研究实践方面所面临的四个挑战:① 如何使所有学科的更多的本科生有机会参与研究与创新活动;② 如何建立一种新的模式和教师激励机制,吸引学生尤其是难以获得研究资助专业的学生参与研究;③ 如何为本科生研究与创新活动提供人力、财力的支持;④ 如何使更多学生自觉自愿地参与研究实践。不过这在众研究型大学看来,明显有困难。虽然有一些大学表示支持为所有本科生提供参与研究的机会,但多数大学表示开展这方面的工作缺乏人力、物力、财力资源,而且有近25%的大学认为让所在大学生参与研究不切实际。

总之，调查发现，自从《蓝图》报告发表后，虽然本科生参与研究仅涉及少数教师与学生，但它已成为研究型大学办学实践与宣传中不可缺少的组成部分。但这也并非表明本科生研究已在大学文化中根深蒂固，也并不说明它已成为大部分学生学习生活的中心任务。而且，虽然已认识到了本科生研究的重要性，但教师指导本科生研究所获支持、报酬仍难以与指导研究生相提并论，仍有许多老师对指导本科生研究消极怠工，将其置于次要地位。

(2) 探究式学习。参与调查与访谈的所有教师与管理人员一致认为他们正在探讨“教学中探究式学习的问题”，有近 65%的被调查者强调所属大学是积极鼓励探究式学习的，并建立了相关机构帮助教师掌握推行探究式学习的技巧与方法。当问及“推进探究式学习的影响”时，17%的认为探究式学习使他们大学的课程与教学发生了“显著”变化；55%的人认为发生了“一些”变化；19%认为仅发生“有限的或没有效果”；还有 9%人没有回答。

人们普遍认为探究式学习所引起的最大变化表现在导论性课程中。39%的人指出探究式学习在“少量”导论性课程教学中已“非常流行”，另分别有 21%和 20%的人认为这种“流行”体现在“几门”和“许多”导论性课程中，仅有 3%的人认为探究式学习在导论性课程中没有推行，还有 17%的人没有回答。

不过，调查结果表明，与指导本科生研究相比，教师觉得推行探究式学习难度更大。人们反映的一个共同问题是对探究式学习这一术语缺乏一个明确的定义或一致的意见。这导致教师难以在教学中把握实施探究式学习的“度”。甚至有教师指出：“近年来探究式学习已成为一个‘强意词’(指一种听起来似乎很重要，但实际上多半不具其意的术语，专用来吓唬外行或用来加深外行的印象。)许多教师说推行探究式学习是其课程教学最大的特点，但人们对什么是探究式学习却未能达成一致”。也有人说：“探究式学习越来越成为导论性课程的一部分，但我们却难以获得这方面确切的系统信息。”

2. 新生体验

博耶委员会号召研究型大学在新生入学第一年就大力开展探究性学习，形成有利于新生成长的学术氛围，使其在研讨式学习中获得学业成长的体验并打下坚实的基础。在诸多做法中，研究型大学一般举办新生研讨班；有一些大学则只给新生提供参与研究计划项目的有限机会；也有许多大学为新生建立“有计划的学习团体”。

(1) 新生研讨班。调查发现，有近76所大学(80%)为新生举办学术性的研讨班，其中有32所大学(42%)新生参加研讨班的比例在一半以上。博耶委员会主张有经验的老教师主讲新生研讨班，以给他们大学四年的学术生活开个好头。调查结果是，有36所大学(47.4%)做到了这一点；而其他大部分大学在任命正式全职教师主讲的同时，往往还辅之以非教学人员、研究生甚至本科生；此外还有4所大学(5%)任用兼职老师，有几个调查对象提到了退休老教师在指导新生研讨班中的作用。

(2)“有计划的学习团体”。为给新生迅速适应大学生活提供支持性的环境，有60所大学(66%)为新生制定了建立“有计划的学习团体”的计划，以使新生在2到3门课程的学习中有几个固定的学习伙伴。在这些大学中，参加这种学习团体的本科生比例达一半以上的有12所(20%)；有28所大学(47%)只给少数新生提供加人团体的机会。另外有人指出，“有计划的学习团体”有时候只局限于非常特殊的群体，如“工程学科的精英”等。在实施这一计划时，一些研究型大学利用这种学习团体为新生提供复合型的跨学科课程。调查发现，有19所大学(31.7%)的教师在主持这种团体时相互之间开展广泛而持续的合作；有17所大学(28.3%)的教师开展某种程度的合作。并且，“有计划的学习团体”成员，还经常在不同学科教师们的指导下开展跨学科研讨，一般指导教师都是全职的正式教师。

3. 构建新生基础

根据博耶委员会的倡议，新生在第一年应有充足的机会参与研究、开展探究式学习和与其他同学开展广泛合作，还应有机会发展自己的书面与口头表达能力，并在以上所有方面获得高峰体验。在某种意义上讲，本科教育应是一个连续体；通过发展本科生发现问题、解决问题的能力为他们一生的持续学习和专业化的工作做好准备。要做到这一点，最主要就是在本科生中开展合作性学习，因为它能使学生致力于探索过程。

在研究型大学中，合作性学习往往由各院系而非大学当局倡导，调查中有43%的被调查者认同了这一点。此外调查发现，有65所大学(70%)将合作性学习主要应用于专业课程的教学还有相当数量的大学将这种教学方式应用于新生教学中；约有49所大学将其应用于新生导论性课程教学中。

应该说，大学一年级学生的学习经验得到了博耶委员会的高度重视，为此，1998年的博耶报告提出了2条改革建议，占10条改革建议的1/5；而到了2001年的调查报告中，对大一学生学习经验和学习基础的关注有2条多的内容（包括研究性学习中对探究性学习的关注），占了1/3左右的比例。这一点是非常值得关注的。

4. 交流技巧

博耶委员会一直主张本科教育计划要使本科形成良好的书面与口头交流能力。实践中，研究型大学虽然大力加强学生书面能力的培养，但对口头交流能力重视明显不足。

(1) 写作训练。所有大学都给新生开设了写作课程。调查发现，有47所大学(52%)为学生提供两学期写作教学；39所(43%)提供一学期写作教学。此外，还有35所大学(38%)开设了针对较低水平学生的写作课程；46所大学(51%)开设了针对较高水平学生的写作课程；29所大学(32%)对较高水平学生还有其他方面的写作训练；另有20所大学(20%)以其他方式将写作训练渗透在其他课程的教学中。因此，有10%的被调查者认为写作教学计划的有效开展是学校近年来取得的主要成就之一，在将来这种趋势还会进一步加强。

(2) 口头训练。虽然几乎所有教师、管理者及雇主都认为本科生缺乏良好的口头表达与交际能力，但没有几所大学对学生这方面能力的发展有特定要求。调查发现，只有17所大学(19%)在其导论性课程中有口头训练；27所大学(30%)没有为学生提供任何发展口头表达能力的课程或训练。

不过，人们普遍认同学生口头训练在一些特殊专业（如工程、商业、教育和农业等）教学中的重要性。46%被调查者回答说在一些特殊场合下为学生提供了口头训练，比如让他们公开报告自己研究的成果等。37%的人提到在专业课程教学中有口头训练的要求。一些受访者认为目前修辞学、公开讲演等与口头训练相关的公选课正迅速增长，这些课程将有助于学生加强口头训练。

5. 顶峰体验

博耶委员会号召研究型大学要以一个顶峰体验作为对大学本科教育的终结，使学生的研究性学习经验，能够通过一个主要的项目内容，完整而充分地体现出来,并在此基础上得到能力和知识上的提升与总结。这一点已被越来越多的大学接受。由于这类课程具有较强的专业性,因此主要由系而非学校来倡导,在被调查的研究型大学中,有 5 所(6%)对所有学生、6 所(71%)将部分专业或学院的学生参加高级学术研讨课或顶峰体验课程作为完整的本科教育的一部分提出来。

6. 训练研究生成为助教

调查发现,研究型大学培养出来的研究生,特别是博士生中的很大一部分毕业后要从事本科教学。因此,博耶委员会强调研究型大学应该在研究生教育阶段,帮助学生做好从事本科教育教学的准备。目前,很多研究型大学注意到了这一点,并采取多种形式帮助研究生提高教学技巧和技能:70%的大学采用了强制性实习教师培训计划,66%的大学为母语为非英语的学生提供特别训练项目。没有采用强制性要求的大学,则通过向学生提供选择性的项目培训研究生作为实习教师。为使这种助教训练贯彻于整个大学生活,近 60%的研究型大学常常为研究生提供持续性的可选择的培训计划和短期训练课程,一些院系还提供长达一学期的训练教学计划。有的大学则是以提供长达一学期的研讨班来开展助教培养训练。

7. 改变教师奖励机制

博耶委员会一直主张建立一套促进优质本科教育的教师奖励机制,这种机制包括在教师职称提升和聘用终身教授时考虑教学因素以及以其他方式激励教师努力开展优质本科教学。调查发现,几乎所有大学都声称已实施了上述主张。具体地说,有 41 所大学(45%)对教师教学工作的重视程度明显提高并已发生巨大变化;32 所大学(35%)表示教师职称提升和聘用终身教职时,教学是一项主要考虑因素;27 所大学(30%)在这方面有所考虑;另有 21 所大学(23%)表示因系而异。

此外,调查表明,几乎所有的大学都为教师课堂教学提供教学津贴,以激励教师投身教学。有 43 所大学(47%)为教师在课堂之外的本科生指导支付奖励。而且,为教师支付课程开发补助也非常普遍,有一些大学还为教授核心课程的教师支付额外津贴。

然而,教师对奖励机制的理解与大学管理当局存在相当大的差异。实际上，尽管管理部门十分努力地促进教师投身教学，但许多老师仍重视学术研究而将教学放在其次地位。教师们主要出于以下几大理由没有充足的时间，对研究更感兴趣（一些教师指出醉心学术研究是他们留在研究型大学主要原因），将职称提升和终身教职与教学挂钩并不能真正体现本科教学价值，还有就是自己确实不知道该如何开展教学等。这表明在改革教师激励机制方面还有许多工作要做。

（二）结论

1998 年《蓝图》报告为研究型大学的本科教育改革敲响了警钟并指明了方向。此后，经过三年的努力，研究型大学的本科教育发生了巨大变化。为此在《回顾》报告中，博耶委员会在一系列调查数据的基础上得出了以下结论：

1. 每一所研究型大学都十分重视本科教育，改革的步伐明显加快，一些宣传也发生了变化，如“本科生研究”已成为大部分研究型大学课程手册的核心词汇。

2. 虽然许多大学为其尖子生提供了参与研究的机会和新生研讨班，但这些计划还没有得到完全彻底地贯彻实施。

3. 在自然学科和工程学科本科教学中采用研究型教学方式远远强于社会、人文及艺术学科。而且，在写作与口头能力训练方面，商业与工程等学科安排的专业计划远胜于艺术和自然学科。

4. 口头交际训练还没有受到研究型大学的重视。几乎在所有大学中，口头交际训练还是个软肋，学生修习各门课程的成绩并不受到口头能力的影响。除少数课程中教师对学生口头表达有特殊要求外，学生在其他课程的学习中口头表达并未受到应有重视。

5. 写作训练已受到重视，这方面的课程正在增加。但是写作教学的方式正在降低学生对这一能力重要性的认识。这一课程往往由助教而非教授主讲。而且，如果教授在其课程教学中对写作没有特定要求，学生就会认为写作技巧对他们今后的专业生活并不重要。学生往往将“及格”作为写作课程的目标，并不理解良好的写作能力是一种重要的生存能力。

6. 许多管理者将学校财政上的拮据当作没有迅速推进本科教育改革的理

由。经费预算是一件重要的事情，但如果大学当局和教师并没有将本科教育当作最重要的事情，它的许多问题就难以解决。如果要提高本科教育质量，来自各院系和相关部门的支持一定就要进一步加强。

参考文献：

［1］Carnegie Foundation for the Advancement of Teaching. Reinventing Undergraduate Education：A Blueprint for America's Research Universities ［EB/OL］. http://naples. cc. sunysb. edu/Pres/boyer. nsf/，1998—05014/. 2004—07—24.

［2］Carnegie Foundation for the Advancement of Teaching. Reinventing Undergraduate Education：Three Years after the Boyer Report ［EB/OL］. http:// www. sunysb. edu/ press/021006-boyer/，2001—03—12/. 2004—07—24.

（本文发表于《比较教育研究》2005 年 2 期。作者伍红林，时属单位为淮阴师范学院教育系）

三、世界一流大学人文课程之比较
——以哈佛大学、斯坦福大学、多伦多大学为例

大学是对“正在成熟的精神”进行养育的场所，通过特定规格的人文课程形塑人文素养则是高素质人才培养的重要方面。

本文选取哈佛大学（Harvard University）、斯坦福大学（Stanford University）、多伦多大学（University of Toronto）这三所位于北美的世界一流大学，主要从其大学网站中搜集关于本科课程的大量而详实的电子文本，在对这些第一手资料的梳理和窥视中，探讨世界一流大学人文课程的目标、结构和内容特征，揭示其人才培养中“人文素质”的内涵，并通过“世界情景”获得附加意义，丰富系统内部的争论，获取世界一流大学建设和人才培养经验，启迪我国大学人文课程的建设与发展。

（一）“人”的培养目标与人文课程

通识教育是世界一流大学本科生教育的重要组成部分，它规定了“人”或“人才”的培养目标，体现了人文教育的育人价值和地位。通识教育目标是人文课程设置的前提和依据。

哈佛大学有两个专门提供本科教育的学院，其中之一是哈佛学院。该学院对于本科生的教育，坚持“选取优秀的文学作品、艺术和科学材料来培养学生；并提供其他有助于培育学生的必须的辅助手段”。[1]简而言之，“哈佛致力于知识的创造，学生心智的开发，使学生能最好地利用他们的教育机会”。为此，哈佛学院重视培养本科生：对思想和自由表达的尊重；从发现和批判性思维中获

得乐趣；在创造性合作中追求卓越；对个人行为后果承担责任；鼓励学生的参与、探索、创造、竞争与领导精神，以提高其能力、激发其兴趣、启迪其智慧、挖掘其潜能，从而为学生建立自立的基础和终身学习的习惯，并最终使之在发展知识、增进理解、服务社会诸方面处于领导地位。[2]哈佛大学通识教育的新规划课程包含了哈佛最新、最具指向性的人文课程。2007年，《通识教育工作小组报告》(Report of the Task Force on General Education)出台，明确规定通识教育必须实现以下四个目标：[3](1) 为使学生成为合格的公民做准备。(2) 使得学生明白他们自己既是艺术、观念和价值传统的产物，也是其中的参与者。(3) 使学生能够批判性、建设性地回应变革，为把握自己的生活做好准备，了解现代生活中产生变革和变迁的力量。(4) 发展学生对自己言行在伦理维度上的理解力，及对伦理道德与价值观进行批判性思考的能力。哈佛大学通识教育的目标也是其人文课程建构的宗旨，从公民、文化、能力、伦理等方面体现了对人文教育的强调，对培养“人”的重视。

斯坦福大学校长约翰·汉尼斯(John Hennessy)说，“当简与利兰德·斯坦福建立这所学校的时候，他们是在投资未来。斯坦福大学所做的正是那样。我们没法预测未来，但是我们能够保证我们的学生会成为最有知识的领导者，他们会做出与众不同的事情，他们会创造性、技术性地领导下个世纪的发展。”[4]斯坦福大学始终坚持本科教育目标的多样化，鼓励学生不断探索和挑战，其校训是“让自由之风劲吹”。斯坦福大学教育不仅传授给学生书本知识，而且激发学生的好奇心、培养他们的判断力和掌控复杂局面的能力，能够用学到的理论做出预见。斯坦福大学的通识教育是其本科教育中的重要组成部分，其目标可以概括为以下两点：[5]一是为本科生提供人文科学、社会科学、自然科学、应用科学和技术等多个领域的广博知识，了解人类知识的主要领域。二是帮助学生成为有责任感的社会成员，使学生认识造就现代世界的重要社会力量、历史力量和思想力量。

多伦多大学自开办以来，坚持以“学校是追求真理、探讨学问和传播知识的地方”作为办学的指导思想，强调“学术自由”。多伦多大学的校训是：像树一样茁壮成长。因此，通识教育是多伦多大学本科教育的核心，强调语言能力、人际能力、领导能力，思维能力、创造能力、解决实际问题、社会适应能力等各种能力的培养，注重加强学生的学习经验，学科知识结合与拓宽。在多伦多大学通过的《迈向 2030》的规划中，在本科生教育上强调要继续激发和培养学生的好奇心，提高和重视学生的创造能力和思维能力，重视学生的实际能力的培养，丰富教室内外的学习环境，给学生提供良好的学习与发展经验。多伦多人文教育课程的目标是培养学生的批判性思维和读写能力，为他们毕业后拥有更广泛的职业生涯、成为充满智慧的全球公民做好准备。[6]

(二) 人文课程的模式

本文对人文课程的探讨在通识教育的框架之下进行，采用广义的人文课程范畴，即包括人文学科、社会科学和语言教育课程，也就是涵盖通常的“文科”课程。洞察这三所世界一流大学的人文课程体系发现：首先，人文课程在本科总学分中的比例不同，分别占 15.6%(哈佛)、22～23%(斯坦福)和 10%(多伦多)，体现了不同大学对人文教育赋予的重要性在“量”上的权重；其次，三所大学对本科生人文素养的培育是通过三种不同的模式来实现的。

1. 哈佛大学——专门设置的人文课程模式

哈佛大学规定本科生必选的人文课程是专门设置的。“通识教育新规划”精心设计了八个课程领域，其中五个为人文教育课程领域，学生必须从这五个领域中各选一门课程。哈佛大学的人文教育课程约占整个通识教育课程总量的 62.5%，每个课程领域都设计了专门的课程系列并制定了明晰的领域目标。(详见表 1)哈佛大学对每个领域的课程实施都做出了明确的要求。[8]

表 1　哈佛大学——专门设置的人文课程模式

序号	领域名称	开课数量(门)	领域目标
1	美学与诠释	32	1. 发展美学反应能力和解读各文化表达形式的能力； 2. 能够批判、睿智地解读文学、宗教、艺术作品； 3. 了解文化融入生活并发挥作用的方式。
2	文化与信仰	33	1. 认识作为文化和信仰产物与参与者的自我与 2. 能够解读艺术和观念、理解与鉴赏文化和思想； 3. 理解社会、政治、宗教、经济、历史现象在思想与艺术的形成中的作用及其影响个体与社会认同的方式。

续表

序号	领域名称	开课数量(门)	领域目标
3	道德推理	19	1. 认识道德问题对人的价值观形成的影响； 2. 了解科技发展与经济全球化所引发的复杂道德议题和不同文化间的道德信念碰撞； 3. 做好应对各种道德问题的准备。
4	世界各社会	34	1. 了解不同的价值观、信仰、行为习俗、社会组织及制度； 2. 克服偏狭的地域观念； 3. 认识作为世界发展主旋律的多元化与全球化。
5	世界中的美国	16	1. 在世界背景下检视美国的社会、政治、法律、经济； 2. 认识美国的多元化和多层级； 3. 为成为合格的公民做着准备。

五个领域的人文课程结构彰显了哈佛大学塑造学生人文素养的规格，反映了哈佛精英人才培养的人文要素：艺术欣赏与批判能力，文化理解与鉴赏能力，道德推理能力，公民素质，全球意识；体现了哈佛大学“求是崇真”、“与真理为友”的大学精神和严谨的学术规范。

2. 斯坦福大学——“专门设置”与“课程超市”相结合的人文课程模式

斯坦福大学本科生前两年主要是知识宽度学习，在给定的范围内自行选择通识教育课程。其中的学科宽度课程包含五大领域，有两个领域属于人文教育范畴。表2是对斯坦福大学人文教育课程的结构、分类、课程数量以及领域目标的概括和归纳，[9] 由人文学科入门、学科宽度课程、公民教育、以及语言与写作等四个部分构成。

表2　斯坦福大学人文课程的结构

序号	类别	课程数量	学分要求	领域目标
1	人文学科入门	20	12	(1) 具备基本的人文素养； (2) 发展人文思想、文化、价值观、信念； (3) 发展分析、推理等思维能力。
2	学科宽度中的人文社科	1160	6	(1) 形成广阔的人文和社会科学视野。

续表

序号	类别		课程数量	学分要求	领域目标
3	公民教育		436	6～10	(1) 在美国文化、国际交流、性别研究、道德推理等方面发展知识、态度和能力。
4	基本语言技能	外语	70	5	(1) 熟悉1门外语并达到基础水平； (2) 接触不同文化和语言中的知识。
		英语		12～13	(1) 提高表达能力； (2) 能进行明晰而有质量的英文写作。

本科新生必须在第一学年进行为时三个学期(即秋季、冬季和春季学期)的人文学科入门课程学习，每学期4学分，共12分。斯坦福大学的人文学科入门课程[10]设立于1988年，由六个学院提供、由人文学科各领域学者共同设计并教授，是斯坦福大学人文教育的一大特色。

学科宽度类别中的“人文与社会科学”课程包括文理学院开设的所有人文社会科学课程，涉及面非常广，还包含了许多跨学科的课程。学生也可以在“学科宽度课程”中修能够满足公民教育要求的两门课程。基本技能教育课程要求本科生必须完成一学年的大学外语学习。写作与修辞课程分为三个水平：[11]第一水平课程为大一学生开设，着重分析性和有理论基础的辩论；第二水平课程要在大二结束时完成，主要是写作与口语方面的训练；第三水平课程由各专业自行开设，进行专业写作能力培养。

如其校训一样，斯坦福大学的人文课程是自由而广阔的，学生可以在大范围人文学科课程“超市”中自由选择。然而，课程超市提供的广泛空间对不少学生来说是加大了选择课程的难度。为了便于学生选课，斯坦福大学除了有专门设置的“人文课程入门”20门课程系列外，还设立了人文课程套餐，称作“结构化的博雅教育课程”，[12]共28学分，可以满足人文学科入门课程、公民教育、学科宽度课程中人文学习科目、语言和写作科目等领域的要求，三个学期的学分分布是9∶9∶10。斯坦福大学精英人才培养的人文要素体现在这两套专门设置的课程系统中。

3. 多伦多大学——“超市型”人文课程模式

多伦多大学的人文课程模式属于“超市型”，即没有专门设置和专门设计的必选人文课程。在此以多伦多大学规模最大、历史最悠久的主校区圣乔治为例。本科生毕业要求修完 20 个学分的课程，其中 4 个学分为通识教育学分。多伦多大学的 1 个学分指开设一个学年的一门课程，0.5 个学分即开设一个学期的一门课程。因此多伦多大学通识教育的课程量为 4～8 门课程，其中人文课程作为通识教育的选修，可在文理学院开设 1 000 多门人文社会课程中进行选择。

每种专业范围中开设的具有人文性质的课程，都可以被全校本科生作为人文教育课程选修。这些专业的人文课程门类数量非常之多，每个专业的课程门类都像"课程超市"。例如艺术学开设 173 门人文课程；东亚研究开设 100 余门人文学科课程；社会学开设 110 门人文课程；政治学开设 178 门人文课程。每个专业"课程超市"关注的范围也非常广泛，在近东和中东文明专业开设的 130 门人文课程中，涉及从新石器时代至今近东和中东文明和文化的研究、语言和文学(阿拉伯语、古埃及、希伯来文、波斯文和土耳其文)、考古学，历史，艺术和建筑等，以及中世纪和现代犹太人历史、文化和思想起源，伊斯兰教的发展及其在伊斯兰文明中的作用等。历史专业开设的 207 门人文课程中含美国史、亚洲史、非洲史、拉丁美洲史、英国史、加拿大史、东欧史、俄国史、欧洲史、国际关系史及中世纪史等。表 3 是多伦多大学人文课程"超市"部分课程分类及科目的举例。

表 3　多伦多大学人文课程"超市"：分类及科目

序号	分类	科目及课程
1	人文(15)	建筑学、艺术学、古典、认知科学、比较文学、戏剧、东亚研究、英语、多种语言、犹太研究、音乐、近东和中东文明、哲学、南亚研究、妇女和性别研究
2	社会科学(8)	考古学、经济学、和平与冲突研究、政治学、公共政策、罗特曼商务、社会学
3	跨学科(15)	原住民研究、美国研究、人类学、亚洲－太平洋地区研究、跨国移民研究、环境学、伦理学、欧洲研究、森林保护、地理学、历史、历史与科学技术哲学、拉丁美洲研究、语言学、宗教

在以上庞大的人文课程"超市"中选课，就像在浩瀚的人文知识的海洋中遨

游，无边无际。然而多伦多大学对在“超市”中的“自由选择”做了规则性要求。一是学分规定：要求 2 个学分，即 2～4 门人文课程。二是领域覆盖面，所修习的人文课程必须覆盖如下三个领域：创造力以及文化表现力；思想、信仰和行为；社会及其制度。在多伦多大学的课表上，凡是属于人文教育的课程名称都注明了所属的领域。三是课程级别要求，每门人文课程都有课程描述，说明该课程适合的年级、是否有先修课程要求等。因此，学生的自由选修是在一定的范围内进行的。这三重要求宽松地规范了本科生的“人文素养”内涵，只要有广阔的人文课程所提供的“阳光、空气和水”，学生就能“像树一样成长”。

（三）人文课程的内容及其特点

1. 丰富性

斯坦福大学和多伦多大学人文课程的范围广泛、种类多样、数量庞大，提供的人文课程门类都达到 1 000 多门，从哲学、历史到文学、社会以及国际研究等方面都涉及，不仅有古典的文学、艺术课程，还有先进的沟通交流课程，为学生提供了选择人文教育课程的巨大空间和灵活性，使学生可以根据个人兴趣选择课程，尊重了学生的兴趣、个体需求和个性发展。哈佛大学虽然没有如此数量的通识教育人文课程，但是专门设置的领域课程也非常充实。例如“美学与诠释”人文领域既有对诗歌、音乐、表演艺术、小说、建筑等文化产物的赏析；也有文化与艺术中的社会现象研究；还有对艺术背后的宗教、哲学、政治的思考等课程。

2. 经典性

哈佛大学和斯坦福大学的人文课程都注重经典名著的学习，其人文和社会科学的许多课程都以精心选择的经典作品为学习文本，以西方文化及文明作为课程的核心和灵魂。例如，哈佛大学开设的“第一夜——5 个首场表演”课程，欣赏和讨论经典作品，其指定研讨的作品包括：贝多芬的《第九号交响曲》和《幻想交响曲》、史特拉汶斯基的《彼得鲁什卡/春之祭》、亨德尔的《弥赛亚》以及蒙泰威尔第的《奥菲欧》等。又如，斯坦福大学开设的“生活的艺术”课程，指定学生要研读柏拉图《会饮篇》、威廉・莎士比亚《拉姆雷特》、弗里德里希・尼采《欢愉的知识》和托尼・莫里森《所罗门之歌》等。而多伦多大学则开设了 125 门哲学类人文课程，学习有代表性的哲学家的经典作品，例如古代的柏拉图、亚里士多德，中世纪的奥古斯丁和阿奎奈，近代早期的卡迪尔、休姆和康德，19世纪的黑格尔、密尔和马克思等。经典作品是经历史检验的人类文化遗产，具有永恒价值和现实意义，其语言往往蕴含真理，能陶冶情操；其思想性往往很强，能传递价值观和道德观，研读经典作品对人文素养有重要作用。

3. 综合性

在这三所大学开设的人文课程中，许多都是跨学科性质的。如非洲及中东国家语言研究、美洲研究等课程，分别跨了人类学、语言学、社会学、历史、文学、艺术等学科。例如："非裔美国人文学概论"课程介绍黑人文学从最早表现为灵魂、奴隶故事到最新发展，如黑人女性主义理论、后现代主义小说以及抒情诗歌；讨论黑人文化历史的主要争议和现象，黑人文学中的写实主义美学之地位，黑人政治斗争中的文化争议，跨国移民问题，种族主义和黑人国际主义；探讨启蒙运动、现代美学以及马克思主义在黑人政治和文学史中的作用。又如："科学、技术与艺术：达芬奇的世界"课程探索达芬奇在绘画、建筑学、工程学、物理学、数学、地理、解剖学以及生理学上的兴趣与成就；分析文艺复兴时期科学、艺术和技术的性质。

4. 多元性

作为人文课程而开设的语言课程的语种是多元的。例如，多伦多大学开设了多达50多个语种的语言教学。[13]其中，东亚研究课程中有汉语、日语、韩语、梵语等语言课程。语言类专业的语言课程有：爱沙尼亚语、芬兰语、法语、德语、匈牙利语、意大利语、葡萄牙语、斯拉夫语、西班牙语。每个语种的语言学习都呈现了文化的多元性。例如：斯拉夫语系课程系列包括：捷克斯洛伐克研究、匈牙利研究、波兰语言与文学、俄罗斯与东欧地区语言研究、俄罗斯语言与文学、俄罗斯文学翻译、塞尔维亚一克罗地亚语言与文学、斯拉夫文化、斯拉夫语言与文学、乌克兰语言与文学等。斯坦福大学虽然只要求学生熟悉一门外语，但为本科生提供了40多个语种的语言课程供其选择。[14]

5. 国际性

斯坦福大学为学生开设了探讨世界许多国家的"国别研究"人文课程：如中国、日本、意大利、法国、德国等，主要涉及文化、社会、代表性的现象、艺术等方面。在其“公民教育”课程领域的“国际交流”模块中,“全球人文地理:欧洲和美洲”[15]课程介绍欧洲和美洲的人口、经济和社会发展,以及政治、文化分化模式和差异。多伦多大学开设了大量具有国际文化视野的人文课程,例如“近东和中东文明”“南亚研究”“意大利研究”“和平与冲突研究”等,帮助学生了解别国社会,把握全球化背景下的运作模式,满足经济全球化发展对知识与文化的要求。哈佛大学的“世界各社会”人文领域课程议题丰富,主要包括对亚洲、欧洲等主要国家的历史进行研究的课程,如“中国文化大革命”课程;介绍现当代世界其他国家和民族课程,如“有条件的平等——现代欧洲犹太人”;全球化问题课程,如“全球化背景下的世界战争”。培养学生成为积极参与当地、国家和国际生活的公民。[16]

参考文献:

[1] Nobel Laurete Harvard at a Glance [EB/OL] http://www. news. harvard. edu/guide/content/nobel-laureates. 2011—2—25.

[2][3] Harvard College Student Handbook: The Mission of Harvard College [EB/OL]. http://isites. harvard. edu/icb/icb. do? keyword = k69286&pageid=icb. page340876. 2012—05—06.

[4] Harvard College Student Handbook: Program in General Education [EB/OL]. http://isites. harvard. edu/icb/icb. do? keyword=k69286&pageid = icb. page343093 # a _ icb _ pagecontent709440 _ 9, 2011—01—21/2012—05—06.

[5] History of Stanford the Twenty-first Century [EB/OL]. http://www. stanford. edu/about/history/history_ch5. html. 2012—05—05.

[6] Stanford Bulletin: General Education Requirement [EB/OL]. http://www. stanford. edu/dept/registrar/bulletin/4877. htm. 2012—05—06.

[7] Department of Humanities[EB/OL]. http://www. utsc. utoronto. ca/-humdiv/index. html 2012—05—06.

[8][9][16] Faculty of Arts and Sciences：Report of the Task Force on General Education [R/OL] http://isites. harvard. edu/fs/docs/icb. topic830823. files/Report%20of%20the%20Taskforce%20on%20General%20Education. pdf. 2012—05—06.

[10] University General Education Requirements (GERs)[EB/OL]. http://studentaffairs. stanford. edu/registrar/students/2012—05—06.

[11] Writing and Phetoric Pequirement (PWR)[EB/OL]. http://www. stanford. edu/dept/undergrad/cgi-bin/drupal_ual/AP_univ_req_IHUM_SLE_ProgOverview. html. 2012—05—06.

[12] Structural Liberal Education Program(SLE)[EB/OL]. http://www. stanford. edu/dept/undergrad/cgi-bin/drupal_ual/AP_univ_req_PWR_Req. html. 2012—05—06.

[13] Languages Offered at the University of Toronto[EB/OL]. http://www. artsci. utoronto. ca/languages/languages/languages-offered. 2012—05—09.

[14] 2011—2012 Languages Offered[EB/OL]. http://www. stanford. edu/dept/lc/language/documents/CurrentOfferings. pdf. 2012—05—06.

[15] Stanford Bulletion Explore Course：Alobal Human Geography. (2011—2012)[EB/OL]. http://explorecourses. stanford. edu/CourseSearch/search? view=catalog&filter-coursestatus-Active=on&page=0&catalog=&q=Global+Human+Geography%3A+Europe+and+Americas+&collapse=%2C5%2C 2012—05—06.

（本文发表于《比较教育研究》2012 年 11 期。作者强海燕，时属单位为华南师范大学教育科学学院）

四、课程理念与大学素质教育

——哈佛大学核心课程之启示

我国大学的素质教育主要是针对高等学校普遍存在的过窄的专业教育、过重的功利倾向和过弱的文化陶冶等问题而开展的。究竟如何实施素质教育，目前相关文章已发表不少，可谓仁者见仁、智者见智。笔者现就哈佛大学本科教育的核心课程进行探讨，期望能够对我国大学目前开展的素质教育有所启迪。

（一）核心课程的历史沿革

究竟是把受教育者培养成为一个有理智、有教养的人，为人们享受完美生活作准备，还是为人们谋求职业奠定基础，一直是高等教育发展过程中一个颇费争议的经典性问题。哈佛大学也概莫能外。

早在殖民地时期，哈佛学院移植英国高等教育的办学理念，主要培养牧师、律师和官员。为此，他们崇尚理性的价值，标榜博雅教育，致力于道德和智慧的训练，建构了一整套古典的学术性课程。

美国建国后，西部的开发和资本主义的发展需要大量的实用人才。因此，18 到 19 世纪，哈佛学院的课程在科学方面得到了一定的扩展。1829 年，昆西(J · Quincy)出任哈佛大学的校长，极力改变哈佛大学的课程方向，大力倡导理科课程。

南北战争以后，资本主义的大发展对科学技术特别是应用科学提出了更高的要求。校长埃略奥特(C. W. Eliot)力主随着科学的发展，大学应当不断扩充、更新课程。为此，他为科学课程进入哈佛大开绿灯。同时，埃略奥特认为，让学生学习一切课程，其结果使每门课程都平易而肤浅，而且妨碍了新课程的增设。因此他在哈佛大学全面推行选课制度，主张在课程增多的情况下，大学应当给予学生选择的自由，通过选课适应学生个性的发展，加深某些知识领域的学习，从而为哈佛大学的课程构成和课程机制增加了新的内涵。

伴随着选课制度优势的不断显现，其缺陷也逐渐暴露出来。因此20世纪以后，在校长洛厄尔(A. Lawrence Lowell)的领导下，哈佛大学对课程机制进行了重塑。从1914年起，开始实行集中与分配(Concentration and Distribution)相结合的课程制度。学生必须集中选修六门主修课程，确保学生形成一定的主攻方向；同时又要从人文科学、社会科学和自然科学三大知识领域各选两门课程，使学生具备比较广泛的知识视野；其余四门课程则由学生自由选择。[1]

正是看到美国高等教育在功利主义、实用主义教育价值观的驱使下，一味迁就社会的一时之需，妨碍了学术的发展和人格的完善；同时过去集中的专业与分配的领域之间的组合未能取得理想的效果，二战以后，校长康南特(J. B. Conant)为哈佛大学创建了一套普通教育计划(General Education Program)。这一计划特别强调普通教育的主要任务是继承西方文明的遗产，使学生对人类已有的知识财富有一个基本的、概述性的理解。为此，除主修课程之外，每个学生必须修习"文学名著"、"西方思想与组织机构"以及一门物理学或生物学方面的课程。[2]另外，学生还必须从人文科学、社会科学和自然科学三个领域中各选一门广博的、概述性课程。普通教育计划不仅扭转了哈佛大学过分重视实用的课程方向，强化了着眼于学生素质的普通教育课程，而且进一步完善了课程的指导与选择机制。

到了七八十年代，鉴于普通教育计划存在着课程内容宽泛等问题，校长博克(Dereck Bok)责成文理学院的院长罗索夫斯基(Henry Rosovsky)对大学普通教育进行改革。经过七年的努力，罗索夫斯基运用更为具体的学科性方式对普通教育课程加以改造，从而形成了独具匠心与特色的核心课程(Core Curriculum)体系，并于1981年正式付诸实施。

透过课程变革的历程可以看到，哈佛大学的核心课程并非是由哈佛大学的某个人随意设计出来的，它可谓是哈佛大学300多年课程探索的结晶。

(二) 核心课程的具体内涵

1. 理论基础

哈佛大学的核心课程不仅体现了对学生的一种基本要求，而且也蕴含着一种教育哲学，即：哈佛大学的学生既要进行某一特定学术性专业的训练，又必须接受广博的教育。它假定学生在实现这个目标的过程中需要一些指导，而教师有义务和责任在知识、技能和思维习惯方面给予指导，使它们成为有教养的人。[3]

核心课程的建构基于以下假设：

(1) 学生应该对他们获取和运用关于自然、社会和自身知识的方式有一些基本的理解。

(2) 应该向学生展示其它文化和其它历史阶段，以便他们在现代社会里更好地解释和理解自己的经验。

(3) 学生应该学会批判地思考道德和伦理问题，检验他们自己的道德假设，客观地评判各种选择性的伦理思想和实践。

(4) 通过一些主题的探讨可能形成对于理解和评价任何领域的知识发展都必需的批判性的辨别能力。学生最好能够掌握课程所提供的必要的工具。运用专家所使用的方法和在专家的指导下解决某一特定领域令人感兴趣的问题，最有可能激发学生的好奇心。

(5) 通过解决不同领域的问题所形成的分析能力对于帮助学生在这些领域里追求其它一些他们今后生活中需要的或者希望获得的知识具有恒久的价值。

2. 课程结构

哈佛大学核心课程涵盖了 7 大领域(Fields) 11 个方面(Areas)。具体如下：

(1) 历史研究(Historical Studies)：其目的是为了发展学生对于作为探究和理解形式的历史的理解。它分成两个方面：① 现代世界的历史研究。主要从全球的维度阐释现代社会主要方面的背景及其发展，帮助学生透过历史理解我们自身世界的一些重大问题。② 历史事件与进程研究。主要集中于历史的文献性资料的研究。

(2) 文学艺术(Literature & Arts)：培养学生对于艺术表现批判性的理

解，阐明人文学科的学术探究方式，包括类型、形式、范围、使用与滥用、阐释模式，使学生了解某一特定时空的主要作品、论题或者创造性的成就，并进行批判性分析和学术论证的实践。它包括三个方面：① 文学作品。着眼于文学文本和文学分析的方法。② 视听艺术。意指非文学的表达形式——音乐与美术。③ 文学艺术的背景研究。研究历史上创造性的文学纪元，探索文学艺术作品在一个特定社会里的运作方式。

(3) 科学(Science)：对于探索世界和我们自身的科学有一个大致的理解，并能够更好地理解当今技术与科学导向的社会。这一领域分成两个方面：① 物理科学；② 生物、进化与环境科学。

(4) 外国文化(Foreign Cultures)：通过对与美国等英属文化明显不同文化的研究，拓展学生对于文化因素重要性的理解，为学生提供洞察自身文化假设和传统的新视角。

(5) 伦理思辨(Moral Reasoning)：探讨在人类经验中产生的显著的和周期性的选择和价值问题，探索进行合理的道德和政治选择的方式。

(6) 社会分析：(Social Analysis)：使学生了解社会科学的基本方法以及这些方法是如何增强他们对于现代社会背景下人类行为的理解的。

(7) 定量推理(Quantitative Reasoning)：向学生介绍思维的数学方法和定量方法，诸如数论、演绎逻辑以及自然科学、社会科学或人文科学运用的定量方法等。

3. 运作方式

从总体架构来看，核心课程并非游离于整个课程体系之外，它与主修课程、选修课程相辅相成，共同构成一个完整的课程体系。哈佛大学规定：每个本科生必须修满 32 门课程(16 个学分)方能毕业。但是这 32 门课程不是随意拼凑的。哈佛大学期望，实际上是要求，课程的选择要形成一种模型，即：大约一半的课程(16 门)必须用于主攻方向；在剩余的 16 门课程中，必须选择 8 门核心课程；其余的则根据各自的学术兴趣自由地选择。

开设核心课程的主要目的是为了拓展学生的知识视野，因此学生必须从离主攻方向最远的八个方面各选一门课程，其它三个方面将根据各自的主攻方向予以不同的免修。例如：对于生理学专业来说，物理科学、生物与环境科学和定量推理为免修领域；而对于历史专业来说，历史研究的两个方面免修，第三个免修领域则在文学艺术或社会分析中任选一个。免修来源于哈佛一种牢固的信念，即：核心课程不应超过课程总量的四分之一。而主修课程从某种意义上可以弥补三个免修领域的缺憾。

同时，哈佛大学的学生在第一学年结束时才确定主攻方向，因此在主攻方向尚未确立的第一学年里，存在着一个核心课程选择的策略问题。为了使三类课程在数量和时间上取得某种平衡，哈佛大学建议学生每年最好选一门核心课程、两门主修课程和一门选修课程。同时，最好在第八个学期前完成所有的核心课程，为此学生必须在前三年的某些时刻多选一门核心课程，以便在第四学年只剩下一门核心课程，理想的话一门不剩。否则，到最后一个学期，既要完成毕业论文又要修习核心课程将是非常紧张的，没有选择的余地。

对于第一门核心课程，学生最好选择与目前的兴趣和可能的主攻方向相距最远的领域。这样，如果学生发现自己对这门课程非常感兴趣，那么它将有助于学生及时地（在专业选择之前）捕捉新的学术兴趣以便进一步深造。即便不是这样，学生至少已经避开了最困难的部分。否则，它将成为今后学习一个令人困窘的累赘。至于第二门核心课程，则可以有多种选择。如果学生已经形成了明确的主攻方向，可以选择与预期的主攻方向间接相关的领域以便进行初步的了解，并能够将自己最感兴趣的课程与最不感兴趣的课程进行比较。

（三）核心课程的理念

从词义来看，核心一词起源于本世纪初，主要是为了防止课程内容的支离破碎和把不同科目简单相加的零碎学习，保证课程体系的紧凑性而提出的，其它科目都要与核心相关并服从它。因此，所谓核心课程包含着“一般和必须”的意味，旨在为学生提供能够在社会中有效发挥作用所需要的共同概念、技能和态度。[4]

与其它高校相比，经过三百多年的探索和积淀，哈佛大学本科教育的核心课程逐渐形成了独具匠心、与众不同的课程理念。

首先，从课程的构成领域来看，与哈佛以往的普通教育课程相比，核心课程增加了以往计划中没有的一些领域，诸如伦理思辩、定量推理、视听艺术，涉及内容非常广泛，基本上涵盖了人文科学、社会科学和自然科学的各个方面。据统计，从1981年核心课程正式实施到现在，哈佛大学已经开设核心课程350门，每年列在课程目录上的核心课程均在85～100门之间。[5]而且，与一般的分配必修课(Distribution Requirement)不同，核心课程不是从各系所开设的课程中选择人文科学、社会科学和自然科学方面的课程，而是在经过特别设计的7个领域11个方面，从离主攻方向最远的8个方面各选一门课程。

核心课程充分体现了哈佛大学对于普通教育一种持续的哲学，代表着现代大学广博、全面和均衡的教育理念，昭示了对21世纪有生机的心智活动的一种基本的要求。

其次，从课程的构成方式来看，哈佛大学核心课程不限定于一定广度的名著的阅读，或者某一特定领域知识的概览；相反地，核心课程运用具体的学科性方式，谋求在那些被认为对于本科生不可或缺的领域里传授给学生探求知识的主要方法。它致力于向学生展示这些领域里知识的存在方式、探究形式、分析工具、运作方式以及价值表现。

与一般跨学科的概论式课程相比，这种学科性方式一方面避免了各种概论式课程的宽泛、浅薄的缺陷，防止学生对于各类学科浅尝则止，使学生能够对某些课程进行深入的探索。另一方面，它改变了单纯重视学科知识的定势，特别突出地强调各门学科的方法论。因此，尽管各个核心课程领域的主题有所不同，但是它们都强调一种特殊的思维方法。

核心课程是专门为那些对某一领域没有或者基本没有背景的学生设计的。与各系的概论课相比，它们并不全面地覆盖一门学科的所有内容，而是从某种深度上探讨一门学科以阐明一些重大的和重要的问题，并告诉学生如何处理这些问题。

最后，从课程的运作机制来看，哈佛大学非常尊重学生，给学生充分的自由选择的权利。为此，在核心课程的7个领域11个方面，每个方面每学期一般都设置10门左右，最低不少于6门的课程供选修，以保证学生有充分的选择机会和弹性。而且，正如埃略奥特所坚信的那样，课程的选择过程本身就具有教育价值，它能够培养和训练学生的自我责任感。而这种责任感本身就是高等教育的根本目的所在。[6]同时，哈佛大学又特别强调学校和教师有义务和责任给予学生一定的指导，并通过核心课程的领域及其选择策略为学生提供了方向性的限定和建议。正因为如此，尽管哈佛大学核心课程对于学生有着严格的规定，但是学生的课程计划却具有广泛的多样性。他们对各自的选择负责，并在课程的限定内遵循各自的兴趣、爱好和愿望。

可以说，哈佛大学将自由和秩序、灵活性和规范化、个人兴趣和学校指导较好地结合为一体，在两者之间形成了必要的张力。

（四）对我国大学素质教育的启示

哈佛大学的核心课程对于我国大学教育的改革，尤其是目前大力推行的高等学校素质教育具有比较好的启发意义。

首先，面对着新世纪对于人才素质的要求，就高等教育来说，素质教育的提出，不仅仅是变换一些教育内容、或者更新一种教育途径，它代表着整个教育理念、课程理念的创新，即高等教育要改变急功近利的思维定势，适应科学技术的发展和社会生活方式的变革，培养“厚基础、宽口径、高素质、个性化、创新型”的高级专门人才。与哈佛大学的核心课程相比，目前我国大学的普通教育课程涉及面过窄、结构比较单一，有待于进一步地调整和拓展。

其次，素质教育的主要载体是课程。如果没有课程理念的整体性变革和课程内容的整体性重构，仅仅在原有的课程体系之外增加一些新的课程，或开设一些人文讲座和科技讲座，素质教育只能是隔靴搔痒、难以取得真正的实效。而且从课程的构成来看，这种课程改革只有“加法”，没有“减法”，其结果无疑只能不断地带来课程体系的膨胀，加重学生的负荷。

再次，学生的素质并非是完全同一的，它应当是多样化的、富有个性的，而且这种个性并非是教师为学生设计或规定出来的。它是在教师的指导下，经过学生自主的选择，逐渐孕育出来的。因此，哈佛大学的课程模型仅仅是一个粗略的模式，其中存在着无数的变式。相比而言，在我们的大学里，就缺乏这种比较灵活的课程机制，使学生能够充分自主地进行选择。在我国，许多学校开展的个性教育，是由教师设计几套不同的个性化方案，然后将它施加于学生。其个性化程度远不及由学生选择所孕育出来的个性化。又次，社会对于人才的需求是多种多样的，因此各个高校的课程体系，即使是普通教育课程也不是千篇一律的，可以有各种不同的课程体系。这样既可以更好地满足社会对人才的需要，又能够使各个高校办出自己的特色。因此，尽管哈佛大学核心课程颇具特色，但美国其它高校却与之不尽相同。相比而言，我国各个高校的普通教育课程基本上雷同，缺乏各自鲜明的特色。

最后，任何一种课程体系都有其独特的功能，同时也有自身的局限性。因此，一个良好的课程体系不应该是封闭的、僵化的、一成不变的，它应当是开放的、动态的、发展的。哈佛大学的核心课程就顺应数字化时代的要求，在过去6大领域的基础上增加了定量推理领域，开设诸如数论、演绎逻辑、概率与统计推理、计算机与计算、选择与机会、决策数学、统计学与公共政策等课程。[7]同时，尽管核心课程已经形成了比较严密的课程体系，但是在哈佛大学仍然有人不断对核心课程进行批评和指责，而这正是使课程永葆活力的一个重要方面。相比而言，我国大学的课程体系一般都持续很长时间，几十年不变，并且缺少课程变革的动力与机制。

总之，哈佛大学核心课程体现了与我国大学完全不同的、独具匠心的课程理念，它能够为我国高校当前蓬勃开展的素质教育提供某种启迪。

参考文献：

[1] 姜文闵. 哈佛大学[M]. 长沙：湖南教育出版社，1988：35—36.

[2][6] 陈向明. 美国哈佛大学本科课程体系的四次改革浪潮[J]. 比较教育研究，1997(3)：20—26.

[3] Introduction to the Core Curriculum [Z]. http：www. courses. fas. harvard. edu/～core/redbook. html.

[4] [美]蔡斯. 课程设计：有代表性的模式[A]. 载瞿葆奎主编. 课程与教材(教育学文集)[C]. 人民教育出版社，1988. 315—316.

[5] Committee Assesses Core Curriculum [Z]. http：www. news. harvard. edu/gazette/1997/03. 13/CommitteeAssess. html.

[7] Quantitative Reasoning Joins Core [Z]. http：www. news. harvard. edu/gazette/1999/09. 16/reasoning. html.

(本文发表于《比较教育研究》2002年2期。作者欧阳光华，时属单位为华中师范大学管理学院)

五、新世纪哈佛大学本科生课程改革及启示

(一) 哈佛为何要改革

哈佛大学本科生课程改革是“几年一小改,几十年一大改”。距离 1974 年启动的大改已经 30 年了,历史的使命和责任再次落在哈佛人的肩上。哈佛大学这次全面课程改革的最直接原因是,核心课程强调“思考的方法”其标准模糊不清,有时被忽略;有的核心课程太难,有的又太容易;开设核心课程的筛选过程低效且不透明,教师和学生都不清楚各个核心课程领域的具体指导方针,筛选标准无法清楚地得到解释;核心课程数量不足;核心课程的领域太过宽泛,核心课程和系里的课程区别不清,现行必修课太错综复杂,教师甚至没有信心在自己的专业领域给予学生指导,极少有余地供教师为学生提供指导和劝告。[1]哈佛大学文理学院院长科比(William C. Kirby) 在致同事的一封信中说:“我们将首次改革一代人以来哈佛学院(哈佛学院为文理学院的本科生学院)教育的内容和结构……我们必须开展自我批评,目的是为了改进。我们力量是强大的,但是我们不能贪图安逸。一所大学和一个人一样,吹捧和自满都是改革的敌人。哈佛大学之所以成为一流大学,是通过连续不断的回顾自我、反思自我和更新自我取得的。”[2]哈佛大学新任校长萨默斯(Lawrence Summers)和监察委员会首次会面的中心议题就是本科生教育,他和许多教师都很重视本科生教育,非常支持改革本科生课程的动议。

(二) 改革的步骤和进程

2002年10月,科比正式宣布启动1978年以来哈佛最全面综合的本科生课程改革。

第一阶段主要是集思广益,收集哈佛学院内外教师、同学、校友和社会同仁的课程改革意见和建议,思考如何最佳地设计改革步骤,确保最广泛的参与。时任本科生教育主任的本尼迪科・格若斯(Benedict H. Gross)征求在读本科生对自己受教育体验的看法,邀请共同承担本科生教学责任的研究生以及其他负有教学任务的教师发表评论,校友可以就离校后的经历来评价哈佛本科生教育的优劣。2002年秋季,格若斯还组织了一系列专题座谈会,讨论核心课程以及其他院校本科生教育模式。2002年11月,科比召集哈佛大学师生一起坦诚地讨论核心课程优点、缺点和需要修改的地方。

2002年学期末,哈佛大学对诸多问题的详尽思考形成了一个框架,任命了4个工作小组和1个课程改革指导委员会来对现行课程展开全面分析和评审。这4个工作小组是:教学法工作小组、普通教育工作小组、专业教育工作小组、完整学习体验工作小组。每个工作小组有2位主席负责,成员包括若干终身教授和普通教师、1～3位本科生、1名研究生、1名与本科生工作密切的管理者、1名来自哈佛大学其他学院的成员,共计12～13名。由于课程各组成部分之间相互制约,各个工作小组的工作可能会重叠,所以又设立了课程改革指导委员会。指导委员会的2位主席是文理学院院长威廉姆・科比和哈佛学院院长本尼迪科・格若斯,成员包括4个工作小组的8个主席,负责协调各个工作小组的工作。各工作小组再细分为若干更小的任务小组集中研究具体的主题和途径,任务小组并不行使工作小组的全部职责,而是建立"经验性数据库"帮助工作小组制定管理原则并提出建议。[3]

2003年4月,格若斯被任命为哈佛学院院长,他随即召开了两次全体教师会议,讨论了改革的目标和结构。2003年12月,课程改革指导委员会主席科比和格若斯提交了"关于课程评审进度的中期报告"。报告总结了过去的工作,重点阐述了4个工作小组探讨的主题和探讨的途径。在过去的两年里,哈佛大学邀请19位校内外教师和专家,就本科生课程改革撰写颇有见解的论文。论文不是集中于具体行政管理结构上必修课的建议，而是关注博雅教育面临的广泛问题，开发基础性的、综合性的哈佛学院课程。2004 年 4 月，课程改革指导委员会公布了《哈佛学院课程改革报告》，总结了过去两年各方提出的课程改革建议，标志着第一个阶段的工作基本结束。

第二阶段工作任务是评论、讨论、辩论、逐步深入、进入高潮，即通过教师团立法(faculty legislation)推出新的课程计划。2004 年 6 月起，哈佛大学文理学院又陆续组建了普通教育委员会、科学技术教育委员会、建议和咨询委员会、说明性写作评审委员会、教学法改进委员会和元月短学期委员会，分别落实 2004 年 4 月报告中提出的相应任务。各委员会成员基本上是重新选择的，和第一阶段工作小组成员并不重合。2004 年 12 月至 2005 年 5 月，哈佛学院先后举办了 5 场教师论坛和 2 场学生论坛，讨论 2004 年《哈佛学院课程改革报告》中提出的课程改革建议：① 普通教育论坛；② 专业和指导论坛；③ 课改全面反馈学生论坛；④ 科学教育、国际体验和元月学期论坛；⑤ 写作、口头表达和有效教学论坛；⑥ 新的生命科学导论课教师论坛；⑦ 新的生命科学导论课学生论坛。

(三) 改革的阶段性成果

面对盘根错节的繁重任务，本科生教育改革委会如何着手工作呢？正如 2002 年“科比院长致哈佛同僚的信”所言：“最简单也是最困难的问题是 21 世纪前 25 年‘受过教育的人’的含义是什么？博雅教育的永恒目标是什么？在现代研究型大学背景下，如何提供相应的教育达到这些目标？如果本科生教育存在一个共同基石，那么应如何构建它，又如何得以最佳的传授？哈佛毕业生对某学科或领域应该了解的深度是多少？我们应该如何通过为学生提供自由的选修课和丰富的学习机会，直接通过哈佛大学教师构建个性化教育？我们如何在美国国内外教育生活和工作在世界各地的新一代学生？我们如何来充分地利用这样的事实：我们学院处在一所伟大的大学里，这里的兄弟学院聚集着杰出的学者，我们如何用坐着听讲演(大班听讲演的教学方式，师生之间不能直接对话，被讥为‘远程教育’)以外的方式为学生提供更好更多的学习机会？怎样进一步推进有意义的师生互动？怎样吸收哈佛文理学院以外其他学院的优势？”[4]经过两年多的碰撞和探讨，初步的共识是新的课程计划要强调知识的综合性，强调国际化学习、研究和体验，强调科学和技术的重要作用。课程改革的目标是增加本科生课程的选择性和灵活性，精心打造较少必修课、较多博雅传统的本科生课程。2004年4月，课程改革指导委员会公布《哈佛学院课程改革报告》[5]宣告第一个阶段工作基本结束。报告全面总结了第一阶段的工作，从“21世纪哈佛教什么，如何教”两个方面概括了课程改革的57条建议。2004年12月至2005年2月，哈佛学院举办4场教师和1场学生论坛，深入讨论2004年《哈佛学院课程改革报告》中提出的课程改革建议。新一轮改革初步认定的本科生教育目标是，培养好奇的、反思性的、经过良好训练的、有知识的、严谨的、有社会责任感的、独立的、质疑的创造性思想家，他们有能力在全国和全球过着奉献性的生活。下面从几个方面分别综述哈佛大学课程改革的阶段性成果。

1. “哈佛学院课程”替代核心课程

哈佛本科生教育应该有一个共同基础，核心课程改革无疑是本次课程改革的重头戏。在2004年4月公布的《哈佛学院课程改革报告》中，有一种提法是用“哈佛学院课程”（HCC）替代现行核心课程，保持普通教育的延续性。“哈佛学院课程”是综合性、选择性、基础性、灵活性的普通教育课程，最显著的特点是跨学科的综合性，教师负责确定学生必要了解的知识，学生如何最好地学习，以便毕业之后在迅速变化的学术领域里继续保持卓越。这种课程将准备有特色的课程材料，开阔哈佛师生的视野，介绍知识、概念和最主要的文本，加强培养核心技能（推理、写作、口头表达等等）。在现行分类结构的基础上增加人文社会科学、生命科学和物理科学必修课，在学生投入时间、课程质量和性质上大力加强国际化课程和科学课程组成部分。与核心课程强调思维方式不同，“哈佛学院课程”更重视教师认为学生有必要知道的事实性知识。部分教师建议，普通教育应该更加重视没有解决的学术问题，最好的体系是让学生提出社会上尚未得到答案的问题。

“哈佛学院课程”不是任何单一学科本身的导论，也不在任何单一学科的保护伞之下。“哈佛学院课程”是革新性和合作性的教学良机，哈佛文理学院内外相关领域的教师将走到一起，用共同语言跨越学科界限进行相互之间或与学生之间对话交流，规定学生应该了解的最重要概念和途径。科学研究是跨学科，“哈佛学院课程”的教学方法也应该如此。这些课程的教学可能是联合教学，也可能是由1位具有广博兴趣和才能的教师教学。他们应该发挥显著作用提升学生批判性技能：精细阅读、逻辑辩论、阐述性写作、口头陈述、适当的量化推理能力，等等。教师建议，“哈佛学院课程”课程应该包括世界历史、种族本质、从塞万提斯到卡夫卡的欧洲小说、艺术等。目前，有2门“哈佛学院课程”正在规划开发阶段，它们是为专业学生和非专业学生同时提供的生命科学和物理科学导论课(全课程)。哈佛大学不倾向把“哈佛学院课程”作为满足普通教育要求的惟一手段，允许学生选修系里的或其他部门开设的课程或者横跨宽广知识领域工作满足普通教育要求。现有核心课程可以作为系里课程或者作为“哈佛学院课程”的基础，“哈佛学院课程”的知识领域比现行核心课程的范围要宽，因此领域数目肯定更少。

2. 科学技术教育

当前，哈佛大学本科生生活在科技汹涌澎湃的革命浪潮中，科学改变了人们交流的方式，改变了人们对生命生物基础工程的理解，对传统人文世界和物理世界的观念提出挑战。科学技术知识受政治和文化影响和干扰最少，更具全球性。哈佛大学正在大力投资补充科学教师，增加科学课程的研究设施，本科生应该成为最直接的受益者之一。哈佛不仅要培养科学专业学生，也要培养欣赏科学及其在现代社会与公共政策中发挥重要作用的人文社会科学专业学生。哈佛要让学习人文社会科学的学生学习物理科学、应用科学和生命科学，作为广泛共享的教育基础。每位本科生的科学教育，在深度和广度上都要和传统的人文和社会科学方面保持一致。改革过的课程应该提高哈佛毕业生的科学素养，哈佛学院毕业生应该通晓前沿的科学知识。哈佛大学科学课程的问题是学生常常花费了前2年学习事实性知识，获得进一步学习学科/专业需要的技能工具箱，直到3年级才建立起学科间的联系。科学技术教育委员会建议，开设生命科学和物理科学导论课为专业学习者提供必要基础，同时为不打算在科学领域学习更多课程的非专业学习者奠定有益的知识基础。导论课既应该为专业者提供必要的工具箱，也应该探索学科之间的联系。

3. 教育国际化

21世纪哈佛大学目标是培养全球性社会公民，为学生生活在文化和文明不断变化的全球性世界做准备。作为美国引领潮流的高校，哈佛学院有责任不仅仅把学生——他们将生活并工作在全世界的所有角落——教育为本国公民，而且要教育为世界公民，不仅要具备理解他人的才能，而且具备理解自身和祖国的才能，就像其他人看待他们一样。报告建议，哈佛本科生课程应该高度重视国际化和全球性研究学习，使更多哈佛学院学生有机会到国外学习研究。国外学习常务委员会正在努力在未来几年把出国学习学生人数增加两倍，期望每位哈佛大学本科生完成一次国外工作、学习、研究的经历，要求所有学生继续学习外语。哈佛大学有许多实力很强的国际研究中心，并且提供60余种外语教学。新校长萨默斯设立了国际项目办公室(OIP)，要求专业课程做出调整，为国外学习提供便利，减少1门核心课程必修课，取而代之的是国外1学年学习的学分。哈佛希望提供世界性的教育和世界中的教育(Of the world and in the world)。

4. 增强本科生教育选择性、灵活性和综合性

目前，哈佛大学要求本科生修满32门课程并达到及格分才能毕业，其中专业必修课占1/2，其他必修课占1/4，选修课占1/4。学生可以从9个渠道获得课程选择：阐述性写作、外语课、核心课程、专业课、新生“习明纳”、出国研修、外语嘉奖、本科生教师教育、跨校选课。改革目标应该是为哈佛学院学生增加更多课程选择，包括其他学院的课程。因为哈佛学院处在一所伟大的大学里面，传统上属于哈佛文理学院的细胞生物学、生物物理学、社会学、经济学、哲学、宗教学等核心学科领域的学者现在越来越多地出现在其他专业性学院里。哈佛大学文理学院将帮助学生在全校范围寻找受教育机会，将带头规划增加和兄弟学院的教育合作，让哈佛学院的学生和教师从中受益。

哈佛学院吸引了最聪明的学生，必须坚持课程高标准，鼓励他们从事广泛探索，尝试不同专业课程以培育广泛的才能。哈佛学院专业必修课数量将再次减少，确定专业的时间将推迟到第2学年中期，赋予学生更多机会在专业学习

之前进行学术性探索。每个专业的目标和结构应该由教育政策委员会评估检查核实。教师论坛上，部分教师认为哈佛学院专业教育太狭窄了，有的专业必修课相当于硕士而不是学士学位的要求，3 年专业学习是博士研究的理想准备，与文理学院本科生培养核心目标相悖。教师们建议，重新审视专业教育目标、结构和要求，减少专业必修课，增加选修课程。不管学生是否准备申请荣誉学位，专业必修课都应该限制在 12 门半课程，让他们有更多时间到国外学习，或学习跨学科课程。

现代科学和人文探索经常是跨越传统学科界限的，大多数公共政策决策需要思考来自许多学科(有时是相互矛盾的)的观点。哈佛大学鼓励学生探索跨学科的主题，让学生接触不同学科间存在的文化冲突。建议为学生提供更充实的“巅峰体验”课程，鼓励学生通过跨越传统学科界限的高级主题学习，面对当代主要的认知冲突。科比院长认为，为了建设性地理解、批判和改造人类世界，学生有必要了解自己没有专长且没有深入研究的领域的重要性和关联性，因为从最根本上看不同领域的知识不仅在学术领域是相互关联的，而且在民事、商业、环境问题、未来的学术发现中也是关联的。

5. 元月短学期(J-Term)

元月短学期委员会认为，元月短学期有利于增加国际研修的机会，实现国际化教育计划。每年把元月空出来用于正式课程之内或之外的试验课程，在 3 周半时间里提供不同能力水平的课程，包括国外课程、医学和科学实习、全课程的延展课程等。科比院长在教师论坛上说，不管哈佛是否增加元月学期，哈佛将会认真地考虑把期末考试提前到寒假之前。现在，哈佛要求学生元月份返校，在最寒冷和黑夜最长的冬季背负着沉重的学习负担，迎接最难忍受的是期末考试。部分教师质疑元月学期是否能够最好地利用师生的时间，还有教师供给和补偿的问题。哈佛学院物理系教师就此投票，结果是 27～0 票表示反对，有 1 人弃权。他们对元月短学期的教育目标感到困惑，认为元月短学期会缩短暑假时间，而物理系认为暑假对于深度研究更有价值。英语系 1 位教授认为，元月学期可以考虑，但是教师团应该谨慎地缩短“阅读时期”的长度。

6. 课程教学法

哈佛将彻底整顿教师借以给学生学术指导的制度，更加密切师生之间接触。为了达到这个目的，哈佛大学要求学生在校 4 年参加小组教学，扩大学生和教师互动机会，教师不仅与学生在课堂内外互动，也评价学生的学习、学术论文、报告、实验结果等等。学生不仅是坐在讲堂里听教师讲演，还应该直接和大师们产生思想碰撞，在“习明纳”或更小的班级里向他们发起挑战。博雅教育是师生共同的努力，因此，建议哈佛大学重视课堂小班教学，其余本科生教育也要注意控制师生比。从小组教学要求开始，一年级教师主持的研讨课，如新生“习明纳”或类似的东西，接着是所有专业的三年级“习明纳”都要小班化。因此，未来十年教师将显著增加。为此，哈佛大学还准备改造现有“习明纳”教室，新建座位环行摆放的小教室，便于师生之间和学生之间的互动。博雅教育不仅在教室和实验室里进行，还应该通过个别谈话和指导帮助学生进步。科比院长在教师论坛上透露，哈佛大学将新增 1 名学生指导主任，准备创建学生指导中心。教师们建议说，目前教师团导师(faculty advisers)只有 30 名，要尽快增加导师数量，除了 1 名学监(proctor)之外还要为每位新生配备 1 名非住校导师。博克教学中心、哈佛写作项目以及哈佛计算机辅助小组都将成为教学法改革和培训的重要基地。

其他方面，哈佛大学也提出改革建议。如，哈佛将重视思考本科生校园生活(住校和课外活动)与本科生教育之间的关系。部分教师建议，为建立更加有力的哈佛学院社区感，应该像耶鲁大学那样新生入学后立即安排到高年级学生住宿楼里居住，更早些接受宿舍楼导师的指导。另外，哈佛大学将强化本科生参与科研。哈佛大学拥有世界一流的不断拓展知识疆域的研究型教师队伍，新课程将充分利用这一优势，从一年级开始鼓励学生与教师共同研究，开设更多探究型课程为学生提供研究学习，帮助学生过渡到独立的研究项目。

(五) 启示

目前很难预料，2002 年启动的哈佛大学本科生课程改革是否能够像 1945

年和 1978 年课程改革那样取得成功，为哈佛大学赢得广泛的赞誉。但是，此次哈佛大学课程改革的组织设计与推进模式已经为我们带来诸多启发。

首先，集思广益科学决策。从管理学角度分析，课程改革过程实际上就是教育决策的过程。决策要建立在科学的情报基础上，哈佛大学十分重视来自哈佛社区内外的信息，努力做到信息全面、及时、真实。改革之初，哈佛大学通过专题座谈会、电子邮件、普通信件、工作小组、宿舍楼讨论会、任务小组、研讨会、专题网站等形式，广泛邀请动员哈佛在读的学生、毕业的校友、校内外专家和教授献计献策。尤其可贵的是，作为美国高等教育的排头兵，哈佛大学没有孤芳自赏惟我独尊，而是虚心地从其他兄弟院校汲取经验。本次课程改革的起始阶段，哈佛大学就邀请了布朗大学、哥伦比亚大学、耶鲁大学等高校相关专家参加座谈，请他们介绍课程改革的经验。哈佛课程改革路径是自下而上和自上而下相结合的，是保持自身发展历史逻辑和汲取外部经验相结合的。第二阶段，哈佛大学先后组织了 4 场教师论坛和 1 场学生论坛，讨论第一阶段收集的意见和建议。与哈佛大学课程改革形成鲜明对比，我国课程改革多是少数专家或领导居高临下的精英决策，是自上而下强行推动的。也许这种改革是有前瞻性的，是高屋建瓴的，但是不一定是符合实际需要的。

其次，精心组织协调得力。本次课程改革，哈佛大学精心设计组织，合理分工协作，第一阶段成立了教学法、普通教育、专业教育、全面学习体验 4 个工作小组。工作小组成员身份和背景各不相同，既代表了哈佛社区广泛的意见，也有利于加强各个学院之间联系。各工作小组的主席充当“联结针”，课程改革指导委员会和下属工作小组就联结起来，各项工作也容易协调一致，提高了工作效率。第二阶段哈佛大学解散了原班人马，重新组建普通教育委员会、科学技术教育委员会、建议和咨询委员会、说明性写作评审委员会、教学法改进委员会和元月短学期委员会，分别落实 2004 年 4 月报告中提出的相应任务。之所以让委员会成员与第一阶段工作小组成员不重合，很可能是希望吸收更广泛的意见和建议，避免以偏代全。

再次，课外活动和显性课程并重。哈佛大学课程改革没有把自己局限在课堂和实验室里开设的显性课程，而是充分关照一切可以利用的课程资源。此次课程改革全面学习体验工作小组任命专门任务小组研究课外活动和合作课程（co-curriculum）的关系以及它们和课堂教学的关系，研究如何扩大学生艺术和公共服务的机会，如何通过研究学生课外活动和合作课程选择加强学术课程的供给。许多学生声称，课外活动更能实现小组合作学习和个性化学习。今后，哈佛将更加重视思考本科生校园生活（住宿制和课外活动）与本科生教育之间的关系。哈佛大学的课程改革把课堂教学和课外活动加以整合，二者双管齐下并驾齐驱，共同为实现培养目标发挥作用。我国高校对校园文化建设重视不够，课外活动接受多重领导，政治色彩较浓，自上而下落实上级文件精神的多，自主开发的少，活动的类型少且不够深入。不少学校没有处理好自主和管理的关系，要么管的过多过死，要么过于放任自流。

最后，把握时代脉搏，适时转移重点。哈佛大学历次课程改革都有侧重点，1869年的选修课改革强调赋予学生自主选课的自由；1919年的集中分配制改革强调必修课程和选修课程的平衡；1945年普通教育改革强调培养自由社会的公民，树立西方价值观，重点是人类文化遗产和变革；1978年的核心课程改革强调赋予学生探索知识的途径；21世纪的课程改革目标是培养全球公民，强调课程跨学科的综合性和灵活性，强调教育国际化和科学技术教育的作用。每次改革都对时代特征和社会发展大趋势进行了透彻分析和整体把握，对教育要培养什么样的人才进行了科学论证，适时调整了教育使命和培养目标。

参考文献：

［1］Dean Kirby. Letter to Community from Dean Kir by April 26，2004.［EB/OL］. http：// www. fas. harvard. edu/ curriculum-review/ essays_ pdf/ Deans_Cover_Letter. pdf. 2005—07—12.

［2］William C. Kirby. Dean William C. Kirby's Comments on Undergraduate Education from the Dean's Annual Letter，2001—2002.［EB/OL］. http://www. fas. harvard. edu/curriculum-review/key _ documents.

html. 2005—07—12.

[3] William C. Kirby and Benedict H. Gross. Interim Report on the Progress of the Curricular Review. [EB/OL]. http://www. fas. harvard. edu/curriculum-review/12. 2003rpt. pdf. 2005—07—12.

[4] William C. Kirby. Dean William C. Kirby's Letter to Colleagues. October 7, 2002. [EB/OL]. http:// www. fas. harvard. edu/curriculum-review/background. html. 2005—07—12.

[5] William C. Kirby and Benedict H. Gross. A Report on theHarvard College Curricular Report. [EB/OL]. http:// www. fas. harvard. edu/ curriculum-review/HCCR_Report. pdf. 2005—07—12.

（本文发表于《比较教育研究》2006 年 1 期。作者张家勇，时属单位为教育部教育发展研究中心教育体制改革研究室；作者张家智，时属单位为滁州学院政教系）

六、美国教育博士培养"学术化"问题的改革和探索
——以范德堡大学教育学院为例

教育博士(Doctor of Education,简称为 Ed. D)最早是由哈佛大学于1920年授予的。作为一种专业学位,教育博士旨在培养教育实践领域的高级专门人才。自哈佛大学之后,美国的许多大学纷纷设置了教育博士学位。发展至今,美国约220家在教育领域授予博士学位的高等教育机构中至少有180家授予教育博士学位;[1]相应地,教育博士学位授予人数也日益增长(具体如图1所示)。但是,美国教育博士的培养也面临着一系列的问题和挑战,其中比较突出的问题就是教育博士培养的"学术化"问题,导致教育博士培养的含金量不高。[2]

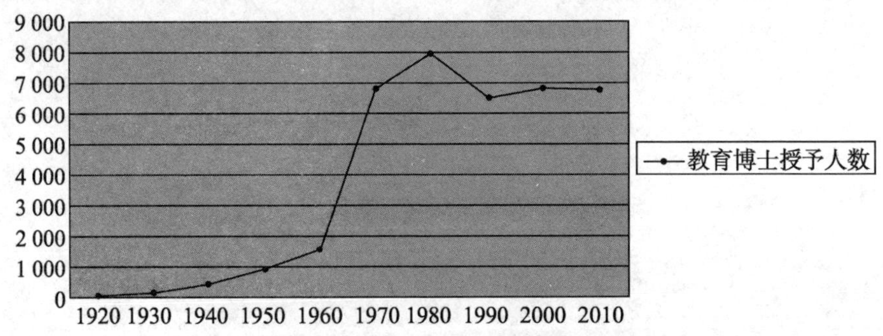

图1 美国1920～2010教育博士授予人数

(数据来源为 Arthur, L 的 Educating Researchers[3])

(一) 教育博士培养的"学术化"

所谓教育博士培养的"学术化"问题就是指教育博士在培养模式上逐渐与

教育学哲学博士(Doctor of Philosophy in Education,简称 Ph. D)趋同。教育博士和教育学哲学博士作为教育领域授予的两种学位,虽有着共同的学科背景和基础,但因为分属于两种不同性质的学位,因而教育博士和教育学哲学博士的培养目标之间存在着根本的差异,其培养模式之间也相应地存在显著的不同。教育博士作为一种专业学位,旨在培养教育实践领域的高层次专门人才,因而有着突出的专业实践性特征;教育学哲学博士作为一种学术学位,旨在培养高校和科研机构中从事教学和研究的人员,因而有着突出的学术研究特征。教育博士和教育学哲学博士培养目标的根本差异决定了二者在入学要求、课程设置、教学模式以及学位论文要求等方面存在着显著区别。

但是,美国相关专业组织和研究人员所开展的一系列调查和研究发现,美国教育博士的培养逐渐偏离了其专业实践性,而走向学术性的误区,教育博士的培养逐渐趋同于教育学哲学博士的培养,教育博士培养的"学术化"问题比较严重。勒德洛(Ludlow)从 1956 年到 1958 年开展了针对 91 所教育学院的调查研究,比较其教育博士学位和教育学哲学博士学位的培养,结果发现两种学位获得者在智力、能力和职业成就方面几乎没有显著差别。[4]美国教师教育学院协会(AACTE)于 1971 年组织的全国性调查表明,美国的教育博士和教育学哲学博士变得越来越相似,许多教育博士学位项目几乎完全照搬教育学哲学博士学位的培养模式,两种学位仅有的不同就是其名称不同。[5]迪琳(Deering) 1998 年对 50 所大学授予的教育博士和教育学哲学博士的论文、研究类型以及毕业生的就业模式进行了实证研究,发现二者没有根本性差别,因而提出了取消教育博士学位的建议。[6]

随着教育博士培养的"学术化"问题日益突出以及由此招致的教育博士培养质量的下降,美国许多教育博士培养机构开始对教育博士培养模式进行了一系列的改革和探索,在关注理论学习的同时更加突出基于教育实践能力的培养,以此凸显教育博士作为专业学位的特性,使之区别于教育学哲学博士的学术学位的特性。例如,哈佛大学(Harvard University)教育领导专业的教育博士项目实施带薪上岗实习(paid residency)的方式取代学位论文的写作,学生在实习单位从事实际的领导工作[7];宾夕法尼亚大学(Unversity of Pennsylvania)则采取模块化的课程设计,每个模块的学习包括核心概念介绍、案例讨论以及以小组或个人形式完成书面作业等三个部分；诺瓦大学(Nova University)的教育领导专业的教育博士项目采用临床诊断研究方案来培养教育博士对管理实践的诊断能力[8]；圣路易斯大学(Saint Louis University)关注教育博士实践技能的培养，以小组共同完成以实践问题为导向的研究报告取代了学位论文的要求。连续多年位居全美教育学院排名首位的范德堡大学(University of Vanderbilt)教育学院也对其教育博士的培养模式进行了积极的改革和探索，本文将从培养目标、招生录取、课程设置、教学模式、教学师资、学位授予等方面对其教育博士培养所开展的改革进行集中研究。

(二) 范德堡大学的教育博士培养

范德堡大学教育博士的培养由其教育学院负责，该教育学院全称为皮博迪教育和人类发展学院(Peabody College of Education and Human Development)，目前开设的教育博士专业学位有两个，即基础教育领导力与政策(basic educational leadership and policy)和高等教育领导力与政策(higher educational leadership and policy)。这两类教育博士学位的区别就在于，一个是关注基础教育及其相关领域，另一个是关注高等教育及其相关领域。为了更好的了解范德堡大学教育学院教育博士培养"学术化"问题的改革措施与成效，本文在集中研究其教育博士培养模式的同时，还将其与教育学哲学博士培养模式进行了比较研究，从而深化理解两种不同性质的学位之间的根本差异，尤其是其教育博士培养的专业学位特性。

1. 培养目标

范德堡大学教育学院的教育博士项目就是培养"有能力的教育人士成长为优秀的教育领导者"。[9]其中，基础教育领导力与政策专业的教育博士是培养"那些有志于领导基础教育机构或从业于基础教育相关领域的专业人员"，而高等教育领导力与政策专业的教育博士则是"培养高等教育领域的专业人员，为其提供理论的和基于研究的视角来提升其对学院、大学、政府机构、专业协会以及教育咨询机构相关运作的理解"。与之相比，该学院的教育学哲学博士项目则是培养"那些对教育和人类发展问题感兴趣的研究人员，关注学术的探究，从而为在大学和学院的工作做好学术上的准备"。[10]以领导力与政策研究专业的教育学哲学博士项目为例，其目标就是培养“有意于成为以研究教育和教育政策为其学术职业的研究者、教授和政策分析人员”。[11]由此可见，范德堡大学教育学院的教育博士培养目标有其鲜明的专业实践性并兼顾学术性，而其教育学哲学博士学位则突出其鲜明的学术性和研究性。

2. 招生录取

范德堡大学教育学院的教育博士项目主要面向那些有志于在教育领域的领导岗位工作的并且有经验的专业人员。根据其招生指南，教育博士项目的入学申请人要求已获得硕士学位且最后两年的课程学习成绩平均积点要达到3.4以上（积点最高为4），要求必须有两年的相关专业领域的工作经验，要求参加研究生入学考试（GRE），同时要求有3份推荐信（推荐信来自于教育人士和专业人士，并且对申请人的学术表现和工作经验有相当了解），还要求提交个人陈述（陈述学术兴趣、研究计划以及职业目标等）。[12]与之相比，该学院的教育学哲学博士学位项目对入学申请人的学位、学习成绩平均积点、GRE成绩和推荐信也有所要求，但对申请人的教育工作经验却不作要求。由此可见，范德堡大学教育学院的教育博士项目与教育学哲学博士学位项目相比，在招生录取方面突出其专业实践经验和能力的要求，有着鲜明的专业实践性，与其预定的培养目标保持一致。

3. 课程设置

范德堡大学教育学院的教育博士项目为期三年，六周为一个学期，因为项目学习者多为在职人员，所以通常是利用周五下午和晚上以及周六白天授课。课程设置坚持理论学习与实践相结合的原则，兼顾了课程的学术性和专业实践性。课程内容都是基于教育专业人员在日常工作中所面临的问题和挑战，以此培养有专业知识和领导力并具备分析和管理技能的教育领导人员，从而最终改进其所在的教育机构和组织。[13]其课程大致分为三类：理论学习课程（旨在培养和发展对于知识和问题的理解力，以此促进管理实践能力）；数据分析技术课程（旨在解答学校管理中所面临的问题与挑战）；背景分析类课程（旨在学习和了解自身和机构所处的背景情况和特定挑战并制定出合理的解决方案）。[14]其具体课程设置如表1所示：

表1　范德堡大学教育学院教育博士项目的课程设置

学年	学期	基础教育领导力和政策专业教育博士	高等教育领导力和政策专业教育博士
第一学年	夏季学期	机构学习和表现 领导力理论与行为	机构学习和表现 领导力理论与行为
	秋季学期	组织理论和行为 教学领导和教育改革	组织理论和行为 学术职业:结构和角色
	春季学期	决策分析(1):系统咨询的逻辑 教育领导力和政策的背景	决策分析(1):系统咨询的逻辑 教育领导力和政策的背景
第二学年	夏季学期	决策分析(2):定量分析 资源的分配与部署	决策分析(2):定量分析 学院和大学管理
	秋季学期	决策分析(3):定性分析 教育职责和学生评估	决策分析(3):定性分析 公共政策和高等教育
	春季学期	基础教育法律(K-12 Law) 政治学和管理	高等教育的本质和功能 大学学生
第三学年	夏季学期	决策分析(4):教育政策和项目评估 不同的学习者以及高危学生	决策分析(4):教育政策和项目评估 学院和大学的财政
	秋季学期	国际/比较教育问题 顶峰体验(Capstone Experience)	国际/比较教育问题 顶峰体验
	春季学期	教师与教学 顶峰体验	教育机构研究 顶峰体验

(资料来源为范德堡大学教育学院官网)

与之相比,该学院的教育学哲学博士项目则一般要求脱产学习4年,帮助学生掌握足够的专业知识、研究方法和研究工具从而能开展前沿的有关教育问题的研究,并最终使其具备娴熟的统计和数据分析技能并兼备实验和准实验的设计、调查研究方法以及质性研究方法等方面的能力。[15]其课程大致分为四类:社会科学核心课程、专业研讨课程(specialty seminar)、研究方法课程以及选修课程。社会科学核心课程包括教育政治学、教育社会学、教育经济学、比较国际教育;专业研讨课程采取轮换(rotating)的形式,包括基础教育、高等教育以及国际教育等方面的专题,研讨课程由导师主持且研讨专题与其所正在开展的研究有关;研究方法课程则包括研究设计、研究方法、统计、回归分析、质性研究方法,同时还有研究实习课程(research practicum);选修课程则是由学生与导师讨论会决定。[16]在全部课程学习结束后,学生要参加一个综合考试,该考试包括方法和内容两部分,其中方法部分考查研究方法、统计和回归分析以及计量经济学,而内容部分考查社会学、政治学以及国际和比较教育。学生有一门不通过可以参加补考，如果补考还不通过，就要停止博士阶段的学习。

综上可知，范德堡大学教育学院的教育博士项目的课程设置兼顾学术性和专业实践性，而其教育学哲学博士项目的课程设置则重点关注学术能力和研究能力的培养。

4. 教学模式

范德堡大学教育学院的教育博士项目在教学模式上同样坚持理论和研究方法学习与实践相结合的原则，突出表现在其顶峰体验课程（capstone experience）。所谓“顶峰体验课程”是指学生开展的为期近一年的独立研究，或学生参与的包含于团队研究中的研究分析活动（团队一般不超过4名学生）。顶峰体验课程首先由校外的合作方提供其教育实践过程中亟待解决的一些实际问题，然后由教育博士的导师根据其专长和教育博士培养目标帮助学生选择其顶峰体验课程要解决的问题，学生对其要解决的问题进行设计和任务分工，学生在课程结束后要提交50～75页的研究报告并就项目内容进行汇报，研究包括中包括语境分析、数据分析、项目推荐、实施策略、结论、附录和参考文献等部分。这种顶峰体验课程将所学的理论和研究方法与实践问题相结合，检验学生对相关概念和方法的掌握和应用。到目前为止，范德堡大学教育学院的顶峰体验课程合作过的机构多达21家，其中有政府机构如田纳西州立教育委员会（Tennessee State Board of Education）；有协会组织如田纳西州高等教育委员会（Tennessee Higher Education Commission）；有高等教育机构如肯塔基卫斯理大学（Kentucky Wesleyan University）、林恩大学（Lynn University）、伊利诺东部大学（Eastern Illinois University）；有科研机构如田纳西州技术中心（Tennessee Technology Center）；有中小学如纳什维尔公立中小学（Nashville Public Schools）等。顶峰体验课程以实际问题为导向，以合作方的问题解决为中心，加强了教育博士培养与教育实践的紧密结合，给学生提供了针对性的专门训练。因而，顶峰体验课程比毕业论文更能培养学生的专业实践能力，诸如其分析能力、专业见解、背景知识和推断能力等。[17]

与之相比，该学院的教育学哲学博士项目则主要采取导师—学徒模式（mentor-apprentice model）。学生除了参加课程学习之外，更重要的是与导师一起开展研究和撰写学术论文，从而获得设计、实施或分析高质量的实验或准实验(quasi-experiment)的技能,并最终设计出自己的论文研究项目,同时还要在学术会上提交研究论文,在期刊上公开发表研究论文。学生在学习的前三年,每年可获得一次参加学术会议的资助。除此之外,学生每周还必须承担约20小时的研究助理或教学助理工作。以领导力与政策研究专业的教育学哲学博士学位项目为例,其教学模式如下表2所示。

表2 范德堡大学教育学院领导力与政策研究专业教育学哲学博士项目的教学模式

	第一学年	第二学年	第三学年	第四学年
研究项目	设计研究项目(与导师协商)			
课程学习	必修课程(成绩保持在B)	必修课程(成绩保持在B)	必修课程(成绩保持在B)	
研究	参与导师或其他教师的研究项目	参与导师或其他教师的研究项目;参与写作研究计划和研究论文	参与导师或其他教师的研究项目;发表研究论文	呈现研究结果;发表研究论文
实习	完成研究实习			
会议	参加一次国内研究会议	参加一次国内研究会议并且发言	参加一次国内研究会议并且以第一作者发言	
考试		综合考试		博士资格考试
论文			成立论文写作委员会;论文研究计划通过答辩	完成论文并通过答辩

(资料来源为范德堡大学教育学院官网)

由上可知,范德堡大学教育学院的教育博士项目的教学模式兼备了学术性和专业实践性,而其教育学哲学博士学位的教学模式则主要是基于学术能力和研究能力的培养。

5. 教学师资

范德堡大学教育学院教育博士项目的师资通常分为专职、兼职和访问3种类型。其中,该教育项目经常聘任具有丰富专业知识和实践经验的兼职讲师来向学生展现教育中的现实问题。例如，该项目的 K-12 教育法课程由当地富有经验的律师负责教授，这些律师在特殊教育、性骚扰、宗教议题、学生纪律、终身教职以及教师权利方面拥有专长；学院与大学的财政课程由州高等教育委员会的执行理事承担，他们基于其一线的专业实践经历来讲解州级财政监管、预算和战略规划。[18]这些富有专业实践经验的兼职教师展示了理论知识与实践问题的结合，扩展了项目的课程范围，增强了课程的实用性，从而强化和保障了教育博士项目的培养目标。与之相比，该学院的教育学哲学博士学位的教师主要是研究型的教师，指导学生开展研究和撰写学术论文，不断提升学生的学术研究能力。

6. 学位授予

范德堡大学教育学院教育博士项目规定，学生入学后不是自动获得教育博士候选人资格，学生必须完成相关的课程学习且无不及格课程，还要通过所在系所组织的教育博士资格考试，然后才会被系主任推荐给院长从而获得教育博士候选人资格。学生只有在获得教育博士候选人资格后，方可参加为期近 1 年的“高峰体验课程”。在课程学习方面，学生在整个教育博士学习期间要修满总共 84 个学分，其中 30 个学分可以从硕士阶段的学习转化而来(transfer)，其余 54 个学分必须是新修的课程，而且还必须包含 12 个学分的研究方法课程而且必须取得 B 或者更好的成绩，从而表明学位申请人已经掌握相关的研究设计、研究方法以及数据分析的能力。在学位论文方面，学位申请人以“顶峰体验课程”的研究报告取代了传统的学位论文的写作，研究报告由专门的委员会负责评审，该委员会一般由三人组成，除了项目的导师之外，其他两位委员之中必须有一位为外系的教师，也可以邀请“顶峰体验课程”的校外合作方的成员担任评审委员，评审委员会最终决定研究报告能否通过审核。学生在完成课程学习要求、通过教育博士资格考试并通过研究报告审核后方可授予教育博士学位。与之相比，该学院的教育学哲学博士在申请学位时除了要完成专业课程的学习并获得规定学分之外，也要通过综合考试和博士资格考试，同时还需要完成学位论文写作并顺利通过答辩，且其学位论文要求必须有原创性的研究成果，以此证明学位申请人具备了良好的学术能力和独立开展研究的能力。

总之，范德堡大学教育学院针对教育博士培养的“学术化”问题进行了一系列改革和探索，改革后的教育博士培养模式凸显了专业学位的特性，在培养目标、招生录取、课程设置、教学模式、教学师资、学位授予等方面都兼顾了学术性和专业实践性，与该学院的教育学哲学博士培养模式相比体现出显著不同。

（三）结语

综上所述，教育博士培养的“学术化”没能有效体现教育博士的专业学位特性，严重影响了其培养的质量和社会认同，而美国高等教育机构针对教育博士“学术化”问题进行的一系列改革和探索，突破了教育博士培养的“课程学习+论文写作”的传统模式，在课程设置、教学模式、学位授予等方面突出了教育博士的专业学位特性，开始将理论学习和实践相结合，开始强调专业实践能力的培养，形成了不同于教育学哲学博士的培养模式，从而有效地提高了其教育博士培养的质量。

我国从2010年开始由北京大学、清华大学和北京师范大学等15所高校开始教育博士的招生和培养，教育博士的发展还处于初级阶段。美国教育博士培养“学术化”问题的改革和探索给我国教育博士的发展带来很多有益的启示。

1. 我国教育博士发展过程中从理论上一定要厘清作为专业学位的教育博士和作为学术学位的教育学哲学博士之间的根本差异，从理论根源上解决教育博士培养的“学术化”问题。教育博士因为具有一定的学术性而与教育学哲学哲学博士有相似之处，但教育博士又因为具有鲜明的专业实践性而与教育学哲学博士存在着根本不同。

2. 我国教育博士发展过程中在实践环节方面一定要凸显教育博士的专业学位特性，教育博士的培养目标、招生录取、课程设置、教学模式、教学师资、学位授予等方面要兼顾学术性和专业实践性。在培养目标方面，教育博士的培养要以教育、教学和教育管理领域的复合型、职业型的高级专门人才为导向。在招生录取方面，教育博士的培养要关注专业经验和专业能力，目前我国教育博士在招生对象上都严格要求有5年以上工作经历并有硕士学位[19]，就较好地体现了教育博士培养的专业学位特性。在课程设置方面，教育博士的培养要坚持专业理论的学习和研究与专业实践并重的原则，专业理论课程要反映最新学术成果和科技动态从而培养学生的思维能力、逻辑推理能力和学术研究能力，同时还应注意专业实践课程的设置，注重培养学生观察问题的能力以及解决问题的能力。在教学模式方面，教育博士的培养要坚持教学与专业实践相结合，将课堂讲授与研讨、模拟、案例教学、实习、实践问题研究等形式有机结合，鼓励学生积极、主动参与教学活动，同时可以通过创建大量的专业实习基地来加强学生理论学习与实际应用的紧密结合，不断提升其实践能力的培养。在教学师资方面，教育博士的培养可以实行多导师制，由来自教学、专业实践以及科研的多位导师分别负责学生的理论学习、专业实践以及科研。在论文写作方面，教育博士的培养可以保留传统的论文写作形式，但对论文内容的实践性和应用性要有明确的要求，同时也可以采用其他更新颖的、专业实践性更强的形式来取代论文写作，如美国大学中所采用的带薪实习、顶峰体验研究项目等；同时，毕业论文或毕业研究项目的答辩或审核委员会在人员组成方面除了高等教育机构的学术性专家学者之外，还应积极吸纳教育实践领域的有经验的专业实践人员。

参考文献：

[1] 文东茅，阎凤桥. 美国“教育博士”(Ed. D.)的培养及其启示[J]. 国家教育行政学院学报，2004(3)：97—100.

[2] 褚艾晶. “教育博士”培养的合法性危机[J]. 复旦教育论坛，2008(3)：70—74.

[3] Arthur, L. Educating Researchers [EB/OL]. http:// fcci. coe. ufl. edu/ web/ files/ 33/ file/ Educating _Researchers_Levine. pdf. 2010.

[4] Ludlow H G. The Doctorate in Education [R]. Washington, DC: American Association of Colleges for Teacher Education, 1964.

[5] Jered, B. K. , Johnston, M. B. , Charles, F. G. Current Perception of the Doctor of Philosophy and Doctor of Education in Counselor Preparation [J]. Counselor Education and Supervision, 1997(3): 207—215.

[6] Deering, T. E. Eliminating the Doctor of Education Degree: It's the Right Thing to Do [J]. The Educational Forum, 1998(62): 243—248.

[7] 顾建民，王霁云. 创建新型毕业环节：美国教育博士学位论文革新的个案分析[J]. 高等工程教育研究，2012(2):107—112.

[8] 张济州. 美国“教育博士”培养的实践、问题与挑战[J]. 高等教育研

究，2009(3)：100—104.

[9] Peabody College. Ed. D. Brochure[EB/OL]. http：// peabody. vanderbilt. edu/ docs/ pdf/ brochure/ Ed. D. % 20brochure% 2009—10. pdf. 2013.

[10] Peabody College. Viewbook of Peabody College [EB/OL]. http：//peabody. vanderbilt. edu/ docs/ pdf/ brochure/ viewbook. pdf. 2013.

[11] Peabody College [EB/OL]. http：// peabody. vanderbilt. edu/ departments/ lpo/ graduate _and _professional _programs/ phd/ index. php. 2013.

[12] Peabody College [EB/OL]. http：// peabody. vanderbilt. edu/ degrees-programs/ masters-edd-programs/ apply _ for _ masters _ or _ edd/ admissions_ checklist. php. 2013.

[13] Peabody College [EB/OL]. http：//peabody. vanderbilt. edu/ degrees-programs/masters-edd-programs/edd_programs，2013.

[14] 吴志芬. 美国教育博士培养模式的研究与启示[D]. 南京：南京大学硕士学位论文，2011.

[15] Peabody College [EB/OL]. http：// peabody. vanderbilt. edu/ degrees-programs/ masters-edd-programs/ edd_ programs/index. php. 2013.

[16] Peabody College. Leadership and Policy PhD Handbook [EB/OL]. http：// peabody. vanderbilt. edu/ docs/ pdf/ lpo/ Leadership_ and _Policy_ Studies_PhD_Handbook_2010. pdf. 2013.

[17] Peabody College [EB/OL]. http：// peabody. vanderbilt. edu/ departments/ lpo/ graduate _ and _ professional _ programs/edd/ capstoneexperien ce/index. php，2013.

[18] Xiu，G.，Ellen G. 美国教育博士学位的背景与发展[J]. 复旦教育论坛，2009(30)：80—85.

[19] 国务院学位委员会. 教育博士专业学位设置方案[EB/OL]. http：//www. cdgdc. edu. cn/ xwyyjsjyxx/ gjjl/ bsszfa/jybs. 2008.

（本文发表于《比较教育研究》2014 年 3 期。作者张秀峰、高益民，时属单位为北京师范大学国际与比较教育研究院）

七、德国大学教育的日常文化与创造力培养
——一项在德国波鸿大学的案例研究

自从吉尔福特在20世纪50年代初呼吁研究者更多地去关注创造力这个此前曾一直被人所忽视的研究领域以来，[1]人们迄今已在创造力研究方面取得了很大进展。一方面，研究者已就创造力的本质、发展和过程提出了不同的理论和模型，如精神分析理论、行为主义理论、认知理论等；[2]另一方面，人们也在创造力研究过程中形成了不同的方法传统，如心理分析方法、心理测量学方法、认知心理学方法和社会人格方法等。[3]经过50多年的研究，研究者不仅已总结出高创造性个体所具有的一系列认知特征和人格特征，[4]而且人们也逐渐认识到，创造力并不只是个体内部的一种“心智过程”，同时也是一种“文化和社会事件”。[5]有关创造力的跨文化研究表明，不同的文化不仅对创造力的理解和定义不同，而且对创造力的发展有不同程度的促进或阻碍作用。[6]例如：集体主义文化强调顺从、合作和接受群体内的权威，不利于个体创造力的发展；而个体主义文化则重视个体的个性、独立和自主，有利于个体创造力的发展。[7]

本文的目的旨在从创造力培养的角度分析德国大学教育的日常文化，并通过中德两国的对比，指出德国大学的日常文化是如何有助于促进其学生创造力发展的。在具体展开这一分析之前，有必要先对本文用到的主要概念“创造力”、“创新能力”和“日常文化”做出解释和说明，然后再对本文分析所依据的一项在德国波鸿大学所做的案例研究做出简要介绍。

(一) 创造力和创新能力的概念

对于“创造力”(Creativity)的概念，国际研究界虽然存在不同的定义和表

述，不过，多数有关创造力的定义都会强调它的以下两个特征，即：新颖性和价值性。[8]例如卢伯特（Lubart）将创造力定义为“产生新颖的、适当的产品的能力”。[9]我国学者对创造力的定义基本上与这一定义传统相一致，如俞国良对创造力的定义。[10]在本文中，创造力指的是“一种提出或产出具有新颖性（即独创性和新异性等）和适切性（即有用的、适合特定需要的）的工作成果的能力”。[11]

“创新能力”指的是一个人或组织提出具有创新性的思想、产品或问题解决方案的能力。尽管不同学科的学者在使用创造力和创新能力时表现出不同的偏好，例如：“创新”（Innovation）这一概念多出现于工商学论文中，且倾向于关注组织层面；而创造力（Creativity）这一概念则主要出现在心理学领域的论文中，且多着眼于个体层面。[12]不过，考虑到这两个概念的涵义基本一致，所以，创造力和创新能力在本文中被当作是同义概念，视语境不同而变换使用。

（二）大学教育的日常文化：概念与特点

大学教育的日常文化指的是大学教育的行为主体（如大学教师、大学生和作为大学意志主要代表者的管理者）在大学日常的教学活动及其组织运行中所表现出来的、为其所在群体多数成员所共享的、典型的感知、思维和行为模式以及行为主体之间特定的关系模式和互动结构。① 例如大学师生在课堂上的互动、教师和学生对自身及对方角色的理解和定位、教师与学生之间的关系和联系、大学对学生的组织和管理等，都是日常文化研究的范畴。

大学教育的日常文化至少表现出以下3个特点：第一，日常性。大学教育的日常文化贴近大学行为主体的日常生活，能被他们直接在教学活动中观察和体验到；第二，实践性。大学教育的日常文化指的是践行中的实然文化，而非理想中和理论上的应然文化；第三，非反思性。因为习以为常，所以对于长期生活在单一文化环境中的人而言，日常文化往往会淡出其明晰意识的感知范围。因此，对日常文化的研究需要一种能够将本土文化陌生化的方法，如跨文化比较

---

① “大学教育的日常文化”是笔者根据自己的实证研究所提出的一个新概念。不过，“日常”和“文化”这两个概念均有其在哲学、社会学、教育学、文化人类学和跨文化心理学等领域的渊源。因为这里的主题和篇幅所限，所以对于概念的背景和渊源以及以此概念为基础的大学教育的日常文化研究，笔者将另撰专文阐述。

和民族志的方法等。

本文之所以提出“大学教育日常文化”这一概念，是因为认识到当前国内外主流的高等教育研究在研究视角上采用的往往是教育规划者/ 管理者(形象地说“教育部长”)的分析视角，关注更多的是高等教育的结构问题，研究的目的往往在于提供用于高等教育机构和结构变革发展的系统的、(在理想状况下)量化且客观的知识。与此相比，大学教育的日常文化研究选取的是行为主体的观察视角，关注的是行为主体在日常活动中的行为、观念、体验及其日常生活经历，研究目的旨在为行为主体提供导向性和反思性知识。因此，大学教育的日常文化研究可以被视为是对上述主流研究方向的一种补充。

(三) 一项在德国波鸿大学的案例研究:研究目的与方法

本文的分析以一项在德国波鸿大学的案例研究为基础。该研究的目的旨在描述和分析中德两国大学在日常教学活动方面的差异。调查的对象是在德国波鸿大学学习的中国留学生。他们因为有在两国大学学习的经验，因此可以通过比较指出两国大学教育的典型特征及其相互之间的差异。

此项研究的实证调查分为质的研究和量的研究两个阶段:在质的调查阶段，笔者访谈了波鸿大学的 16 名中国学生，他们分别来自不同的专业和年级。访谈问题涉及中德两国大学教育在以下几个方面的差异:班级制度、学业组织、课堂互动、考试、写论文、做实验、大学教师、大学生以及师生关系和联系等。在量的调查阶段，笔者在访谈的基础上设计了一份标准化的调查问卷。问卷主要包括 83 个具体的、有待验证的差异描述。此次调查共发放 423 份问卷(该校在 2006～2007 学年共有 423 名中国学生)，回收有效问卷 139 份(回收率约为 33％)。对数据进行的描述性统计分析所用的工具为 SPSS。

(四) 德国大学教育的日常文化与创造力

培养从创造力培养的角度来看，德国大学的日常文化中的一系列教学实践直接或间接地有助于促进学生创造力的发展，如:大学教育对创造力培养的重视，对学生独立自主性和批判性思维能力的培养以及德国大学教学活动和组织安排的个性化取向等。

1. 德国大学重视对学生创造力的培养

在被调查的139名中国留德学生中，有118人(85%)认为，他们所在的德国大学“重视”①对学生创新能力的培养。与此相比，认为他们以前所在的中国大学“重视”学生创新能力培养的人数仅为64人(46%)；而多达70名学生(50%)则认为他们以前所在的中国大学“不重视”②对学生创新能力的培养。

德国大学对学生创造力培养的重视程度可以从其考试的相关要求中体现。在问卷调查中，有78名被调查者(56%)认为，在德国大学，“考试要求学生创造性地提出自己的意见或解决方案”是一种“常见”③的现象。相比较而言，仅有31人(22%)认为，这在中国大学也是一种“常见”的现象，而高达99人(71%)则持相反的看法，认为这在其所在的中国大学是一种“少见”④的现象。德国大学的考试究竟是以何种方式促进其学生创造力发展的呢？对这一问题，被采访者钱某给出了一个具有代表性的回答：

“那个时候考了1门课，我们系所有中国人的成绩都很低，要么就考不过，要不就考好几次才过。因为中国人特别不会对付这种考试，因为那门考试是设计。在中国已经……在脑子里一种根深蒂固的概念，就是……你脑子里只会想可以实现的东西。比如说，让你把这根电线断开，你只会想着用钳子或者什么其他的，反正都是可以实现的东西。在德国不管的，所有的可能性你都可以列出来。你可以想，用激光啊，用打火机啊，就是你用什么方法都行(笑)。但是……就在这种过程当中，我觉得就会培养起人的创造性吧。”(钱某，女，29岁，机械制造专业，第6学期)

通过钱某的回答，我们可以看出，德国大学的考试不仅对学生的创造力提出了具体的要求，同时也给学生创造力的发挥和发展提供了空间。

2. 德国大学重视对学生独立自主性的培养

在现有的创造力研究中，独立自主性被许多研究者视为是与创造力发展积极相关的一个影响因素。[13]本次调查表明，德国大学在多数被调查者看来，是

① “重视”在本文中合并了“非常重视”和“比较重视”两个问卷中的回答选项。
② “不重视”在本文中合并了“比较不重视”和“非常不重视”两个问卷中的回答选项。
③ “常见”在本文中合并了“比较常见”和“非常普遍”两个问卷中的回答选项。
④ “少见”在本文中合并了“比较少见”和“非常少见”两个问卷中的回答选项。

“重视”培养学生的独立自主性的。有 127 名同学(91%)持这一看法。相比而言,仅有 68 人(49%)认为,他们所在的中国大学也“重视”培养学生的独立自主性。

德国大学对学生独立自主性的重视和培养首先表现在他们重视培养学生的独立自主思考能力。绝大多数被调查者(131 人,94%)认为,德国大学“重视”培养学生的独立自主思考能力。而认为中国大学“重视”培养学生的独立自主思考能力的人数则远低于这个比例,仅有 79 人(57%)。

德国大学对学生独立自主性的培养也反映在教师在辅导学生时要求学生独立自主地完成其工作(如论文写作)。有 121 名被调查者(87%)表示,在德国大学,“老师在辅导学生时要求学生独立自主地完成任务”是一种“常见”的现象。而作为一种不利于学生独立性发展的教学实践,如“老师在辅导学生时会告诉学生一步一步如何做”,则在德国大学被视为是一种“少见”的现象,有 91 名被调查者(65%)持有这一看法。

3. 德国大学重视对学生批判性思维能力的培养

在现有的研究中,批判性思维被视为是创造力的一个积极影响因素。[14][15]本次调查表明,在绝大多数被调查者(111 人,80%)看来,德国大学重视培养学生的批判性思维能力。相比较而言,认为其所在的中国大学“重视”培养学生批判性思维能力的被调查者人数仅为 63 人(45%)。

学生是否敢于当面质疑老师的见解被视为是学生批判性思维能力和勇气的一种体现。这一问题在问卷调查中得到了初步验证。92 名被调查者(66%)表示,在德国大学,“学生在课堂上质疑老师的观点”是一种“常见”的现象。与此相比,绝大多数人(113 人,81%)表示,这在中国大学是一种“少见”的现象。

下面这段访谈内容可以说明,在德国大学,学生的批判性思维能力是如何在大学教师的影响下得到培养的:

“好像,以前(在中国时)在我的印象里,一直有一个东西,就是说:什么是绝对对的,什么是绝对错的。在这边(德国)就发现,没有什么是绝对对的。即使老师在说的时候,也说,这争论很多,他也告诉学生,这是有争论的。当然也有一种理论,是被多数人认可的。但是,也不是说,它就是绝对对的。而且我们在论文里也是要把争论(写出来),然后,这个人怎么说,那个人怎么说,他为什么

对，他为什么不对。”（李某，女，25岁，德语语言文学专业，第10学期）

4. 德国大学教学与组织安排的个性化取向

现有的研究表明，“个体和个性化特征，也就是一个人区别自己与他人的意愿，与创造性活动和行为密切相关”。[16] 个体的个性化发展离不开个性化的教育，也离不开允许和促进个体个性化发展的制度和机构环境。本次调查表明，德国大学在教学与学生能力发展方面表现出明显的个性化取向。其特点是：大学的教学安排和教学实践的组织和设计有助于学生按照自己的兴趣、爱好和时间安排来选用和“消费”大学教育所提供的各类资源，从而获得个性化的发展。这种教学实践对学生的知识获取和能力发展无疑起到一种促进个性化的作用，有助于学生在学习中获得独特的、有别于他人的发展。

具体来看，德国大学教学与学生能力发展的个性化倾向一方面表现在课程和教材方面，另一方面表现在学业组织方面。在课程方面，德国大学教师除了像我国定期开设一些固定不变的标准课程之外，还经常同时开设一些全新的课程。有78名被调查者（56%）表示，在德国大学，“老师经常会开设新的课程”是一种“常见”的现象。而认为这在中国大学也是一种“常见”现象的学生人数仅为20人（14%）。在教材方面，德国教师很少使用统一的标准教材，而是倾向于采用自编讲义的办法。对此，有129名被调查者（93%）表示，在德国大学，“老师自己为自己的课程编讲义”，是一种“常见”的现象。而仅有52人（37%）认为，这在中国大学也是一种“常见”的现象。相反，认为“使用统一的标准教材”在中国是一种“常见”现象的人数却高达116人（83%）。除此之外，在访谈中，还有学生指出，他们在中国所看的不同教科书内容均是大同小异，而德国的教材则是侧重点各有不同：“德国的教材……基本上就是一个人一个样吧，侧重点都不同。国内的理工专业的这些教科书，我觉得看10本和看1本其实没有什么区别，大同小异，并且章节都是一样的。”（沈某，男，24岁，电子科技专业，第5学期）

通过不断开设新的课程和自己编写讲义，德国教师个人的专业方向和知识特色，更有可能在新开设的课程及讲义中得到体现，并由此促进学生在知识获取和能力发展方面，获得有别于其他院校或其他学生的个性化发展。除此之外，因为德国学生在学业组织上享有广泛的学术自由，因此，即使是同一学年同一专业的学生，既不必修习同样的专业课程，也不必同时考试和毕业。这无疑都为学生提供了按照自己的兴趣、能力和时间规划来发展自己的可能和空间，避免他们因为受到流水线生产式的标准化教育，而不能形成自己的个性和特色。

（五）总结与讨论

本文从创造力培养的角度分析了德国大学教育中那些有助于促进学生创造力发展的教学实践，如大学教育对创造力培养的重视、对学生独立自主性和批判性思维能力的培养以及大学教学和学生能力发展的个性化取向等。不过，这里需要强调指出的是，与其说德国大学的这些教学实践是有意识、有目的和有计划开展的创新人才培养“项目”或“方案”，倒不如说它们是一种对行为主体而言因习以为常而已淡出其明晰意识感知范围的日常文化实践。这同时表明，在德国大学，创造力培养早已“无声无息”地融入了日常文化。

在以上分析的基础上，我们可以这样总结：创新能力的培养只有在成为日常文化而被明晰意识所“遗忘”时，才算是真正告别了“谈论”（talk）的应然层面，成为现实。换句话说，创新能力的培养要想达到预期的效果，最终取决于大学教育能否作为一个整体形成一种有助于促进学生创造力发展的日常文化。为此，创新能力的培养需要的不仅仅是某些自上而下采取的创新人才培养项目，而是一场建立在大学教育行为主体的集体性自我反思和发展基础之上的、渐进式的日常文化变革。

参考文献：

[1] Guilford，J. P. Creativity. American Psychologist，1950（5）：pp. 444—454[1] [美] J · P · 吉尔福德著，施良方等译. 创造性才能. 它们的性质、用途与培养[M]. 北京：人民教育出版社，2005：8.

[2][4] [美]A · J · 斯塔科著，刘晓陵，曾守锤译. 创造能力教与学[M]. 上海：华东师范大学出版社，2003：8—51，64—79.

[3][11] 罗伯特 · J · 斯滕博格，托德 · I · 卢伯特. 创造力的概念：观点和

范式[A].[美]罗伯特·J·斯滕博格主编. 创造力手册[C]. 施建农等译. 北京:北京理工大学出版社,2005:4—12,3.

[5] 米哈里·奇可森特米海依. 系统观对创造力研究的含义[A].[美]罗伯特·J·斯滕博格主编. 创造力手册[C]. 施建农等译. 北京:北京理工大学出版社,2005:257.

[6][14] Martin Oberhuemer. Kreativität und Kultur. Martin Dresler, Tanja G. Baudson (Hrsg.). Kreativität [M]. Stuttgart: Hirzel, 2008: 216,217.

[7][9][16] 托德·I·卢伯特. 不同文化中的创造力[A].[美]罗伯特·J·斯滕博格主编. 创造力手册[C]. 施建农等译. 北京:北京理工大学出版社,2005. 285,279,285.

[8] 里查德·B·麦耶. 创造力研究50年[A].[美]罗伯特·J·斯滕博格主编. 创造力手册[C]. 施建农等译. 北京:北京理工大学出版社,2005. 370.

[10] 愈国良. 创造力心理学[M]. 杭州:浙江人民出版社,1996.

[12] [美]罗伯特·J·斯滕博格著,王利群译. 智慧,智力,创造力[M]. 北京:北京理工大学出版社,2007:120.

[13] 乔治·J·费斯特. 人格对艺术和科学创造力的影响[A].[美]罗伯特·J·斯滕博格主编. 创造力手册[C]. 施建农等译. 北京:北京理工大学出版社,2005. 234; A·J·斯塔科. 创造能力教与学[M]. 刘晓陵、曾守锤译. 上海:华东师范大学出版社,2003:66.

[15] 雷蒙德·S·尼克尔森. 促进创造力[A].[美]罗伯特·J·斯滕博格主编. 创造力手册[C]. 施建农等译. 北京:北京理工大学出版社,2005:330.

(本文发表于《比较教育研究》2009年12期。作者孙进,时属单位为北京师范大学国际与比较教育研究院)

八、法国工程师学校的学生实习及启示

法国的工程师教育有着两百多年的历史，其独具特色的教育模式、优异的教学质量长期以来享誉全球。文章将重点介绍法国高等工程师培养过程中学生实习的情况，以期为改善我国大学生实习现状开拓思路。

（一）法国工程师学校的培养模式

法国高等教育是由综合大学和大学校（Grande Ecole）双轨组成的，前者承担着高等大众教育的职责，后者则是法国精英教育的代表。工程师学校是“大学校”中的一类，最早的工程师“大学校”是巴黎路桥学院，始建于1747年。这些高等教育机构具有很强的应用性，旨在培养各类高级专业技术人才，满足工业发展的需求。此类“技术学院”起初并未得到人们的重视，然而随着时间的推移，工程师大学校的教育理念和模式吸引了越来越多的优秀生源，特别是几所传统的高等工程师学院，其教育质量和毕业生素质更是在国际上声名远扬。那么究竟法国工程师大学校较之综合大学有哪些特色呢？

1. 招生机制不同。在法国，法律规定凡是具有高中毕业会考文凭（BAC）的人都可以申请进入大学，目前超过80％的高中毕业生都可以通过这一资格考试获得文凭；而要进入工程师大学校则先要经过选拔进入设在高中的大学校预备班或是工程师学校自设的预备班，经过两到三年高强度预科学习后，最后通过严格的大学校入学竞考，因此“小而精”是工程师大学校的特点，其在校人数只占法国大学生总数的5％。

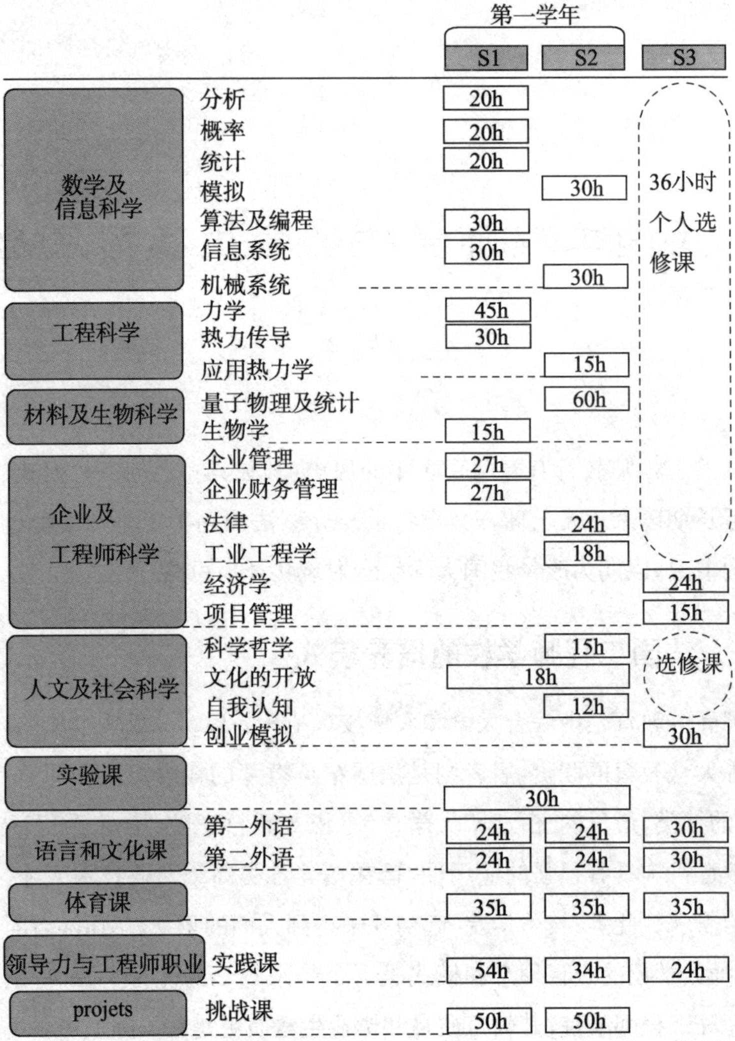

		第一学年		
		S1	S2	S3
数学及信息科学	分析	20h		36小时个人选修课
	概率	20h		
	统计	20h		
	模拟		30h	
	算法及编程	30h		
	信息系统	30h		
	机械系统		30h	
工程科学	力学	45h		
	热力传导	30h		
	应用热力学		15h	
材料及生物科学	量子物理及统计		60h	
	生物学	15h		
企业及工程师科学	企业管理	27h		
	企业财务管理	27h		
	法律		24h	
	工业工程学		18h	
	经济学			24h
	项目管理			15h
人文及社会科学	科学哲学		15h	选修课
	文化的开放	18h		
	自我认知		12h	
	创业模拟			30h
实验课		30h		
语言和文化课	第一外语	24h	24h	30h
	第二外语	24h	24h	30h
体育课		35h	35h	35h
领导力与工程师职业	实践课	54h	34h	24h
projets	挑战课	50h	50h	

图1 巴黎中央理工大学一年级通选课

2. 高等工程师教育既注重学生基础知识的学习也重视学生实践能力的培养。法国最知名的几所传统工程师大学校都是以培养通用工程师为目的的，而作为通用型人才，需要掌握几乎全部工程类学科的基础知识和逻辑。整个预科阶段及2/3工程师阶段的教育都以基础课程学习为主，强度大且课程涉及机械、信息、电子、材料、物理等多门学科，为学生在日后的工作中能够迅速成为某一领域的专家或在某一项目中协调不同专业工程师的工作做准备。在工程师阶段的学习，学生除了要完成300个学时左右的课程外，还要参加企业实习和各种形式的学术活动。课程基本上没有固定教材，内容注重体现学科和行业的最新成果，很多理论课都配有一定课时的实践课。另外，工程师大学校还非常重视培养学生的人文素养，通过开设哲学、社会学等课程让学生懂得尊重社会价值、学会团队合作、树立社会责任感和国际视野。图 1 为巴黎中央理工大学工程师阶段一年级的通选课课程表。[1]

3. 工程师大学校更注重与企业之间的联系。首先，企业派代表参与大学校校委会，参与讨论学校未来的发展战略、教学科研计划及学生培养方案。其次，大学校依据自己的教学大纲邀请执业工程师承担技术类课程的教学并带领学生参观项目现场。另外，企业为在校生提供企业奖学金和助学金，并接收学生实习。

总之，工程师“大学校”的高质量教育成为学生就业的保障，特别是通用型工程师更是受到业界的欢迎。不少学生在完成“毕业实习”后都可以留在实习单位，工作起薪超过 35 000 欧元，远远高于综合大学的毕业生。

（二）法国高等工程师培养中的学生实习

实习在工程师的培养中具有非常重要的作用，法国人曾用“企业的医生”来形容工程师的工作，而临床实习之于医生的重要性自是不言而喻。

1. *工程师大学校有关实习的规定*

在法国，工程师文凭的颁发受到工程师职衔委员会(CTI)的监督，该机构成立于 1934 年，是有权授予学校颁发工程师文凭学位的独立法定机构。按照工程师职衔委员会的规定，至少 3 个月的企业实习是获得工程师文凭的必要条件之一，另外各学校对学生实习还会有些具体规定。如，法国国立先进技术学校(ENSTA)的学生实习日程安排如下：[2]

法国国立先进技术学校(ENSTA)的学生实习日程表

	实习内容	时间及期限
工人实习	在工厂第一线的经验，也称为“劳动实习”或“认识实习”	第一学年末，4 周(预科向工程师阶段过渡期)
实验室科研项目	参与科研项目组，初步了解现代企业生活和职业状况	第二学年末 5 月和 6 月，通常可持续至 8 月底

续表

	实习内容	时间及期限
暑期实习	企业短期实习	第二学年末7月和8月
休学年实习(Césure)	休学一年,进入企业或以其他方式实习	在第二学年末提出休学实习申请,期限为10个月～1年
结业实习	以年轻工程师身份参与企业项目,并最终选择并确定自己的职业规划,是获得工程师文凭之前最为重要的一次实习	最后学期的3月到6月,大部分持续时间为6个月

里昂中央理工大学(ECL)与国立高等先进技术学校对学生实习的要求基本相似,但前者要求学生必须具有国外学习或实习经历方能获得工程师文凭。下图为里昂中央理工大学的实习安排(图2)。[3]

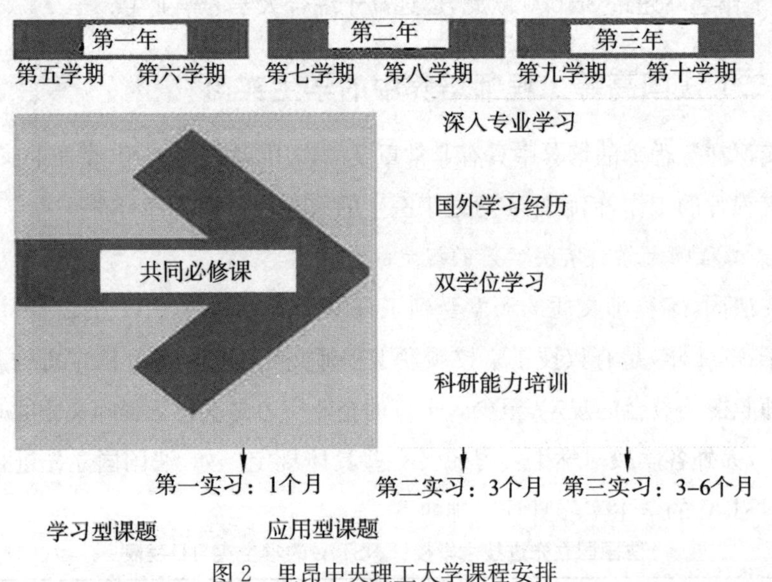

图2 里昂中央理工大学课程安排

2. 实习的过程

学生找实习可以说就是找工作的演练,近些年来由于全球经济萧条,法国学生找实习的难度也越来越大。工程师大学校在帮助学生实习及就业方面有不少可借鉴的做法。

首先,学校与经济和工业界之间建立了密切的合作关系。以巴黎中央理工大学为例，该校与企业建立了多层次的合作伙伴关系，比如独家合作伙伴关系，参与企业包括阿海珐输配电公司（AREVA）、巴黎巴银行（BNP PARIBAS）、法国电力集团公司（EDF）、赛峰集团（GROUPE SAFRAN）、标致雪铁龙公司（PSA PEUGEOT CITROEN）等（2009 年），作为独家合作伙伴的企业不仅可以参与学校教学计划的制定、在学校举办宣讲会、组织学生参观公司，更可以直接与学校各专业的学生进行接触，优先选聘毕业生（该校每年大约 78%的毕业生进入独家合作企业）。学校还组织了“时代加速俱乐部”（Club Time PLUS），作为俱乐部成员的企业可以直接与该校国际双学位的学生接触，国际双学位是巴黎中央理工大学有特色的人才培养模式，每年级大约有 35%的学生可以加入这一项目，作为俱乐部成员的企业为这些学生提供实习机会，了解其他国家工程师培养的情况，并获得优先招聘毕业生的机会。2009 年，参与“时间加速俱乐部”的企业包括巴黎巴银行、法国电力集团公司、瓦卢莱克公司（Vallourec）等。除此之外，学校还定期举办职业圆桌会议、国际实习开放日等活动，邀请企业到校与学生进行面对面的交流。

其次，工程师大学校非常重视校友资源的开发。同样以中央理工大学为例。该校建立了一套校友管理机制，开发了专门的校友网页，经过注册并审核通过后便可以在网站上查询到校友信息、参加校友会组织的各项活动、阅览电子版的“校友专刊”。已毕业的校友可以在网页上发布其所在公司的岗位信息或传授职业经验，而在校生则可以在网上提交个人简历，寻找实习和工作的机会。当然，这些信息资源只供内部使用，不少工程师大学校的校友网站都是付费网站。总之，学校通过开发校友这一可持续开发的资源，建立了庞大的校友网络，在业界创立了学校的品牌，为在校生的实习和就业开辟了一条捷径。

另外，法国对实习生的管理也较为规范。2009 年 7 月政府发布了第 2009～885 号政令，要求所有实习生必须与企业和学校签订三方协议，以明确各自的权利和义务。法令同时规定，实习之目的在于理论应用于实践的教学，旨在让学生初步认识企业的工作、了解企业对员工的要求，同时更好地认识自己。在任何情况下，实习都不能成为廉价雇佣，实习生与企业就实习的期限、作息、节假日是否加班、是否夜间工作、实习评估的方式等具体事项达成一致并写入三方协议。两个月以上的实习应为带薪实习，具体金额及支付方式应在协议中明确。实习生月工资在417.09欧元(每周工作35小时)以下的,企业和实习生均可免税。实习生可享受大学生社会保险,保险内容涵盖工伤事故和职业病,企业和实习生都不需要缴纳养老、生育等保险。

企业对实习生管理大多责任到人,实习负责人有义务带领实习生熟悉业务和环境,帮助实习生解决工作中的实际困难;实习生则应当遵守企业内部的各项规章制度,在必要时与企业签订工作保密协定。实习结束时,学生需要完成一份实习报告并交予企业实习负责人,后者对实习生进行评估,比如法国斯伦贝谢公司(Schlumberger)对实习生的评估标准包括以下内容:1. 工作表现(出勤、仪容仪表、勤奋度、活跃度、个人表达能力);2. 与公司的融合度(对公司的兴趣、适应公司的能力、与实习导师的关系、与其他员工的关系、团队合作能力);3. 个人素质及工作成绩(创新能力、分析能力、综合能力、责任感、工作细致程度及工作成果质量、科研技术学习能力);4. 实习报告(写作水平、报告可行性);5. 实习过程中实习生承担的具体工作;6. 实习生工作的贡献;7. 实习生的优点长处;8. 实习生需要改进的地方;9. 您是否有意雇佣该实习生? 如果是,最适合他/她的岗位是什么?

实习责任人最后会将实习报告(实习项目涉及企业机密时,机密内容可以隐藏)与评估结果交予实习生所在学校。一般情况下,毕业实习后,学生还要参加实习答辩,答辩成员组成员通常包括学校的一位或多位指导教师、企业实习负责人。

3. 企业对学生实习的态度

实习对于人才的培养,特别是工程师、医生等特殊职业人才的培养具有至关重要的作用,然而很多企业尚未将接受实习生作为其人力资源发展战略的组成部分。在法国,工程师专业的学生实习状况相对较好,很大程度上得益于学校与企业建立的密切联系及企业之间的人才竞争,不少大公司通过向优秀工程师学校的学生提供实习将人才精英招致麾下。

壳牌(Shell)地区人力资源负责人塞喀克(Abdelkrim Sekkak)在解释壳牌人力资源战略时表示,公司首先与一些高等院校签订合作协议,定期向学校发布研发项目计划和实习岗位信息,感兴趣的学生就可以向公司投递简历。公司的实习分为两类,一类是提供给低年级学生的教学型实习,旨在让学生初步了解企业生活，另一类则提供给高年级学生，通过让学生参与一个项目小组学习如何解决具体问题，是以招聘为最终目的。

英国电信公司(British Telecom)北非营业部的阿祖伊(Ali El Azouzi)指出：公司的大部分实习岗位都是留给工程师大学校的，提供实习的目的是为了能够更好地招聘。自实习生进入公司的第一天，公司就派出一名负责人监管其整个实习过程，当然，其他部门的同事也大都愿意向实习生介绍公司的情况并在其遇到困难的时候提供帮助。

埃姆斯(RMS)公司总裁依波哈伊米(Ibrahimi)认为，实习生是公司的新鲜血液，常常能带来意想不到的新思路。

工程师"大学校"的学生在完成毕业实习后，大多会留在实习单位，即使没有形成聘用关系，公司也可以确认其招聘到的工程师必定在其他企业做过实习、接受过职业培训，因此，法国企业对于招募实习生常常出于强烈的行业责任感，从而促进了共赢局面的形成。

(三) 几点思考

法国工程师大学校的经验为我国的实习提供了有益的借鉴。

首先，企业应认识到招募实习生对于企业人力资源补充及社会人才培养具有的意义。企业可以通过抢先与学校合作、组织实践教学、招募实习生等措施建立起积极的人才战略，扩大企业知名度，推广企业文化和理念，实现良性循环。同时，企业对实习生的管理应规范化、制度化，责任到人，及时与学校沟通并进行客观评估。

其次，高等院校也应重视学生实习。学校可以积极开发校友资源，尽可能为学生提供岗位信息；同时，学校还可以开展讲座，帮助学生认识实习的意义、了解如何找实习、做好实习、保护个人权益、写好实习报告等。

最后，国家应出台法律法规确保实习生的合法劳动权益，同时可以出台政策鼓励企业——特别是具有先进技术、科学管理体制和优秀企业文化的国有大中型企业支持高校的实践教学及学生实习，促进高校走产、学、研相结合的发展道路。

参考文献：

[1] Les cours de tronc commun. ECP[EB/OL]. http://www.ecp.fr/fr/B_formations/B1_formation_ingenieur/B1b_TroncCommun.htm. 2011—01—03.

[2] Projet de stage. ENSTA[EB/OL]. http://www.ensta.fr/Devenir_ingenieur/Stages_et_projets/Dates_stages/. 2011—01—03.

[3] Projet de stage. EC-LYON[EB/OL]. http://www.ec-lyon.fr/59529454/0/fiche__pagelibre/&RH=1190884291283. 2011—01—03.

[4] Un stagiaire n'est pas un figurant. La vie eco carriere.[EB/OL] http://www.lavieeco.com/la-vie-eco-carrieres/14095-un-stagiaire-nest-pas-un-figurant-il-peut-etre-utile-sil-est-valo rise.html. 2011—01—03.

（本文发表于《比较教育研究》2011 年 9 期。作者刘敏，时属单位为北京师范大学国际与比较教育研究院）

九、奥尔堡 PBL 模式下的课程与教学实践

(一) 奥尔堡 PBL 模式的历史背景

20 世纪 50 年代末，丹麦北部日德兰岛地区激进的政治运动推动了高等教育机构的改革，导致“建立新型大学”成为 20 世纪 60 年代国家议会争论不休的话题。[1]当时的执政党——社会民主党，一直质疑大学的“精英教育”体制，希望可以借助 60 年代的民主运动，打破陈旧的传统教育系统，建立更具有包容性的教育体制，为不同阶层的学生提供接受高等教育的机会。这一运动最终建立了两所实验性大学，即 1972 年建立的罗斯基勒大学中心(Roskilde University Centre)(现在的罗斯基勒大学)和 1974 年建立的奥尔堡大学中心(现在的奥尔堡大学)。

奥尔堡大学(Aalborg University, AAU)建立的提议得到了三方面的联合支持：地方政府希望建立一个新的技术性大学，教育部则希望有更多的学校可以缓解当时大学招生压力，全国的学生运动却希望建立一种可以增强学生学习兴趣的新型大学。[2]

当地的工商界认为大学的教学方式过于守旧，而且效率低下，无法满足大众教育的需求和为社会培养大量的高素质技术人员。[3]这一想法得到当地政府和国家教育部的一致认可。1972 年，丹麦高等教育规划委员会(The Danish Planning Council for Higher Education)指出，劳动力市场要求毕业生具备工作的全局意识和自主更新知识的能力，在既有知识落伍的时候，能够不断灵活地吸收新的知识和技能。[4]产业界的呼声要求推动了新型大学的建立。

在这场政治运动中，学生民主运动是起决定作用的关键力量。当时的学生有着强烈的、激进的，甚至是极端的政治意识。[5]学生表示了对现行课程体系和考试制度的强烈不满，认为这种陈旧的体制是对过时知识和权威知识的考察，学生无法将知识应用于现实之中。学生希望有一种新型大学，采用新的内容和新的形式来组织教学活动。他们渴望在学习中可以有民主决策的权利。当时马克思主义也从理论上和政治上给丹麦学生联盟和学生们带来了革命性的灵感。学生们批判课程中的理论、方法论和一切规范性知识，呼吁一种完全独立的、具有创新性的学习方式。同时，学生们反抗教学中的学术权威主义，要求建立一种共同决策的民主管理系统。学生和非学术类教师、技术和行政教师以及外部的支持力量联合起来，要求建立扁平化的教育组织结构。

在各方的努力下，奥尔堡大学最终建立，开始实施 PBL 模式的人才培养。

（二）奥尔堡 PBL 模式的主要内容

奥尔堡 PBL 模式是一种以问题为核心指导思想、以项目工作为重要环节、以团队合作为主要方式、学生在与社会相互作用的个体经验中自我建构知识的人才培养模式。下面将从课程、教学和评价三个方面，详细介绍奥尔堡 PBL 模式的实践形式。

1. 课程模式

奥尔堡大学实施“3＋2”双层学位制度，前三年为本科学习阶段，毕业后获得学士学位；后两年为研究生学习阶段，毕业后获得硕士学位。

奥尔堡 PBL 模式的课程设置主要由学科课程、项目课程和项目工作三要素构成。每学期大约持续 5 个月，等同于 ECTS①（欧洲学分转换系统）的 30 个学时。课程由学科课程和项目课程两种类型构成，时间大约是均等分配。每学期的课程与项目工作也是时间均等分的，每学期通常以课程开始，以项目工作结束（见图 1）。

① 一个 ECTS 学分被定为学生 30 个工作小时。

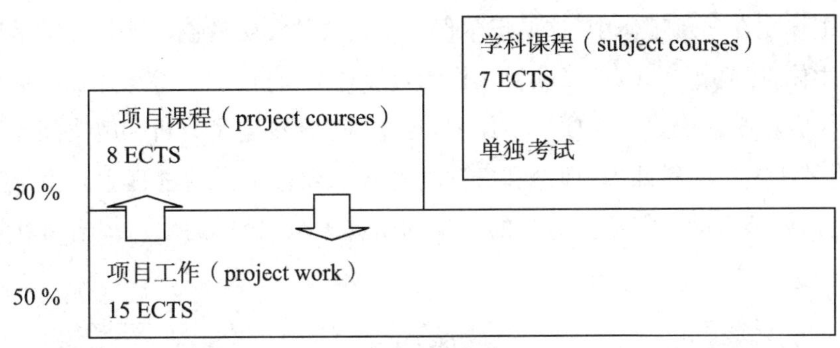

图 1　课程分配模式

资料来源：Kolmos，A.，Fink，F. K. & Krogh，L.（2004）. The Aalborg model-problem-based and project-based learning. In Kolmos，A.，Fink，F. K. & Krogh，L.（Eds.）*The Aalborg PBL Model-Progress，Diversity and Challenges*. Aalborg：Aalborg University Press. pp14.

学科课程是有关基础理论和方法论的课程，帮助学生建立基本的知识框架。项目课程则是与"主题"相关的理论知识和专业技能。每门课程通常分为 6 次讲座，每次需要 4 个小时，这意味着最小的教学时间单位是半天。

项目工作是学生学习的重要环节。学期初，教师将在课程中提出一些与本学期项目工作相关的"主题"。学生可以从课程的主题中或者从上学期完成的项目中获得灵感，然后根据他们各自的专业兴趣进一步讨论项目的选题。最初的 3 个星期，学生将建立预备组，对集体讨论中提出的选题进行分类。然后，通过学生和指导教师的讨论，将项目选题进一步明确。在入门阶段结束时，学生将会自由组合形成项目工作组。这一过程会出现很多问题，通常学生都会根据自己的专业爱好和个人意愿找到解决办法。值得一提的是，学生将会以共同的兴趣为起点，在项目工作中一起分担责任，最终找到令所有组员都满意的解决方案。通常每个项目组由 3 到 6 名学生组成，而且在大学里有自己的项目工作室，方便开展项目工作。工作室中都配有可以连接因特网的电脑。项目小组就是一个工作团队，一起参与研究、讲演、撰写、并最终成功完成项目报告答辩，通过共同的努力获得学分。

2. 教学模式

奥尔堡 PBL 模式中，教学分别以课程教学和项目教学两个方式呈现。课程教学主要指学科课程和项目课程的教学，与传统的教学方式差异不大。项目教学则体现在项目工作中，这是奥尔堡教学模式的鲜明特色。项目教学是以学生为主体，以问题为起点，以项目工作为重要环节，将知识获得与知识应用相结合的探究型学习模式。在项目工作中，问题的性质决定了分析和解决问题的方式，也就决定了学科课程、理论和方法的选择。项目工作的进程主要由学生自己负责，教师帮助他们选择适当的理论和研究方法，最后的项目报告将在期末考试中进行评估。

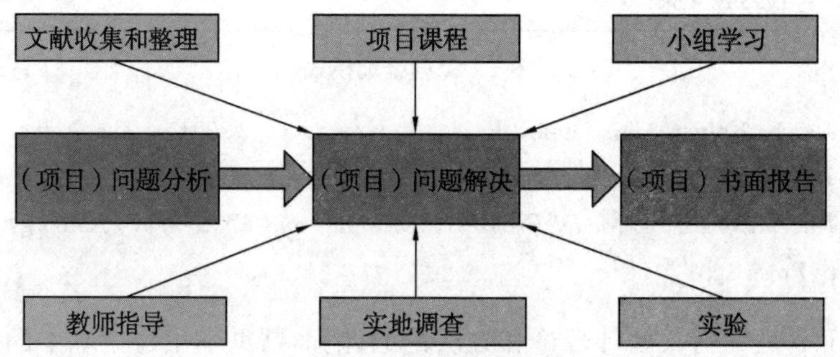

图2　项目教学实施原则

资料来源：Kjersdam，F. & Enemark，S.（1994）. The Aalborg Experiment-Project Innovation in University Education. Aalborg：Aalborg University Press. http://adm.aau.dk/fak-tekn/aalborg/engelsk/index.html [2010—01—18]

整个项目工作如图2所示，通常分三步完成：问题分析、问题解决和书面报告，下面对这三个方面进行详细介绍。[6]

（1）问题分析：这一阶段，学生项目组集体在广阔的背景中提出问题、描述问题、评价问题。该阶段的学习任务主要是小组讨论项目选题，并进行大量相关文献研究，还可以通过对核心人物的初步访谈比较问题与现实的相关度以决定选题的可行性。

（2）问题解决：这一阶段要对解决问题的科学理论和方法进行评估。根据问题的性质和复杂程度，学生可能意识到现有理论无法解决问题，需要一步完善，甚至可能有必要提出新的理论。因此，有时问题会被分成多个子课题分别进行研究，指导教师的重要任务就是把握项目的方向和方法。此时的重点是，能够根据问题，解释方法选择的合理性。该阶段学生可以通过课程、实地调查和方法论分析获得专业知识和专业技能。

（3）书面报告：这一阶段项目组要对整个项目进行回顾，提出研究结论，完成项目报告。报告要呈现出项目研究的完整实施过程，并体现出学生自我构建知识、生成知识的过程。在最后阶段，截止日期逼近的紧迫感是项目工作的典型特点，就像现实的工程项目一样。

以问题为核心的项目教学，决定了奥尔堡大学的课程模式要打破传统的学科界限，将学科教学与跨学科的项目教学紧密结合，通过项目工作培养学生自主学习和建构知识的能力，形成项目与课程相互配合、相辅相成的课程模式。

3. 评价模式

学科课程的考试通常在学期末进行，考试方式与其他大学的考试没有区别，采用传统笔试的方式进行。学生的总成绩将由项目课程和项目工作的考试决定，但学科课程的成绩却是总成绩合格与否的前提。

2006 年以前，项目课程和项目工作以书面项目报告和集体评价（口试）的方式进行考评。在学期末的集体评价考试中，通常会有 1 到 2 名校外考官出席，一位代表工商业的专业领域，一位代表大学的学术领域。考试的重点是评估项目工作。项目组需要在考试之前的一至两周内提交一份 50 至 150 页的书面报告。考试的时候，项目组先进行项目陈述，每个学生分别陈述一部分，共同承担整个项目的汇报工作。然后学生要为自己的项目报告进行答辩，通常他们还会制作宣传海报。最后，项目组的指导教师对项目做整体评价。每个学生平均用时 45 分钟左右，每组考试通常要持续 4 个至 5 个小时。

2005 年，丹麦政府在政府议案中推出了著名的六字法案——“禁止集体评价”。奥尔堡大学最终于 2006 年执行禁止令，实施了 30 多年的集体评价就这样被强行禁止。

禁令颁布后，口试得到保留。但只作为项目进程的最后一部分内容，而不再是评估的主要形式。禁令颁布后，新的考试要求学生单独依次进入房间，详细回答并说明 2 个至 3 个问题；然后，考官对每个人进行投票，给出等级分数。提问、投票和评分的整个过程要在 35 分钟内完成，其中的提问环节要占用 20 分至 25 分钟时间。

（三）奥尔堡 PBL 模式的效果与特点

奥尔堡 PBL 模式在国际和国内的双重质疑中顽强地走过了 30 多个春秋，现在已经成为世界各国研究和学习的成功典范。究其原因，是奥尔堡大学培养出适应社会发展、理论与实践相结合、具有较强综合能力的创新型人才。2002

年的丹麦政府就业市场委员会(Danish government board of job market)发布的一份全国报告指出,与其他工程类院校相比,59%的企业更欢迎奥尔堡大学毕业的工程师,因为奥尔堡的毕业生在团队合作、自主创新、项目管理和吸收新知识等方面显示出更娴熟的能力。2004年丹麦产业界进行一项调查,在500家工程公司中125家对其新入职工程师的能力进行评估。[7]结果显示,奥尔堡大学的毕业生与其他传统大学(如丹麦最好的传统型工程大学①)的毕业生在专业知识与技能上并没有显著区别,但是奥尔堡的毕业生在项目与人员管理、沟通能力、创新能力和业务知识等方面却表现突出(见图3)。[8]

由此可见,奥尔堡大学在保持传统教育中原有培养水平的基础上,提高了学生的沟通、管理和创新能力,这为企业在全球化时代适应知识经济发展的需要提供了人力资本保障。

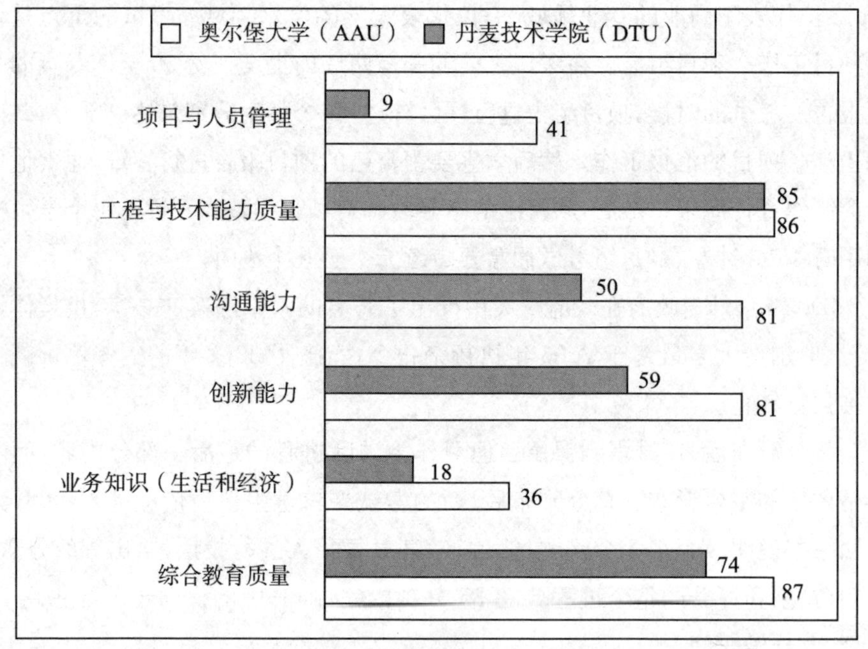

图3 丹麦产业界对新入职工程师的评价

资料来源:Kjaersdam, F. (2005). *Effective methods in engineering education*. Proceedings for 8th UICEE Annual Conference on Engineering Education. UNESCO International Centre for Engineering Education (UICEE) Jamaica..

---

① 指丹麦科技大学(Danish Technology University),简称DTU。

第一，注重意义建构的教学目标。奥尔堡 PBL 模式的教育目的不是让学生形成定论性的认识，不是为了拓展学生的知识存储，而是通过建立一个具有可持续性的师生“对话”平台，以在“对话”中生成的“歧见”或“创见”来促进新认识的生成，实现学习中由知识世界向意义世界的转向。学生在项目工作中与社会互动的过程中，加深了对社会的认知和了解，增强了社会责任感，最终实现个体内部意识和外部生态意识的友好互动，促进不同文化、社会、个体间的和谐共生。

第二，一定范围内的开放式课程与教学内容。奥尔堡 PBL 模式中的课程内容，是在“主题”范围内的开放系统，是一个耗散结构，欢迎变化、干扰、“问题”，在应对外界向它提出的各种质疑、干扰中获得发展的动力。变化、干扰、“问题”成为课程内容与外在社会之间发生联系的纽带，当学生发现自身经验与社会之间产生冲突时，课程系统就会发生转变和重组，这反映出该模式的反思性本质。

奥尔堡 PBL 模式的学习还是一个不断回归课程实践的反思过程，学校要求学生在最后考评的项目报告中必须包含自身的研究经历分析，使学生在不断的反思中获得对课程的深入理解和对课程目标的自我体认。课程被视为一种发展性实践，“鼓励、要求教师和学生通过彼此间联合的交互作用而自由自在地开发他们自己的课程”[9]。

第三，灵活、宽容、民主的教学实施策略。奥尔 PBL 模式强调，学习是学习者通过与社会的互动不断进行身份建构的过程。而奥尔堡师生“对话”的过程，也是师生在教学过程中重建民主、平等的社会关系的过程。

奥尔堡的课程实施过程也是一次理性探险过程。这种被称为“线路迷失”的探险，通常成为人们产生强烈质疑之处。整个过程强调学生在经验中学习，因而带有一定的盲目性、生成性和随机性。但正是学习过程中的种种迷失，使得教学更加富有情趣，成为学生所羡慕的一项活动。正因为教学过程中存在探险中迷失的危险，教师的作用也就更加重要，但不是说教师具有指导的权威。教师既要在“尊重他人，宽容他人”的基础上，给予学生发表歧见的自由，又要确保“对话”能够不断延续下去而不致迷失方向。因此，教师自身作为一种动态的课程资源潜在支撑着课程与教学活动的发展，成为奥尔堡 PBL 模式中不可忽视的重要力量。

第四,反思与发展相结合的教学评价。奥尔堡PBL模式中形成了一套重过程、重对话、重反思、重发展的评价模式。对项目工作的考评是奥尔堡大学最重要的一项考核内容,学生首先需要提交项目报告,项目报告是学生学习进程的完整记录;考试方式是“口头陈述与答辩”,在师生的对话中对每个学生进行打分;答辩过程中,教师的提问就是帮助学生进行反思的一个过程;学生答辩完毕后,教师会针对项目中的不足给出指导建议,以便学生在下一次项目工作中完成得更好。

多元化的教学评价在奥尔堡PBL模式中也表现得尤为突出,这是由其教学目标的多元化所决定的。奥尔堡大学采用笔试与口试相结合、集体评价与个体评价相结合、形成性评价与终结性评价相结合等多种方式。而且从其评价标准也可以看出,奥尔堡的评价不是“用数据说话”的、绝对客观的、静态的评价,而是一种模糊的“描述性”评价。评价中充分考虑到评价者和被评价者的需要,给二者的课程和教学活动做出一种有一定弹性空间的评价。

奥尔堡PBL模式经过30多年的发展历程,培养了大批优秀的工程师,推动了奥尔堡地区的经济发展。目前,该模式在奥尔堡大学的各个学科和领域中实施,但对文科生培养效果的研究数据尚未公布,所以,奥尔堡PBL模式的适用范围和边界仍将是学者们进一步研究和讨论的课题。

参考文献:

[1] Clausen, A. Kampen for et nordjysk universitet[M]. Aalborg: Aalborg Universitetsforlag, 1992.

[2] Østeraas, N. En pressionsgruppe med succes[M]. Viborg: Aalborg Universitetsforlag, 1984.

[3] Illeris, K. Project work in university studies: Background and current issues. In Olesen, H. S. & Jensen, J. H. (Eds.) Project Studies [M]. Copenhagen: Roskilde University Press, 1999.

[4] Ulriksen, L. In the crossfire of tradition and modernization. In

Olesen，H. S. & Jensen，J. H. （Eds.）Project Studies[M]. Copenhagen：Roskilde University Press.

[5] Illeris，K. Project work in university studies：Background and current issues. In Olesen，H. S. & Jensen，J. H. （Eds.）Project Studies [M]. Copenhagen：Roskilde University Press. 1999.

[6] Kjersdam，F. & Enemark，S. The Aalborg Experiment-Project Innovation in University Education[M]. Aalborg：Aalborg University Press，1994.

[7] Kandidat-og Aftagerundersøgelsen 2002[EB/OL]. www. cand. auc. dk or www. ruc. dk/kandidat. 2010—01—31.

[8] Aalborg-Kandidaters Tekniske Vidern er I Top，Ingeriøren，March 3，2004.

[9] 张华等. 课程流派研究[M]. 济南：山东教育出版社，2000:396.

（本文发表于《比较教育研究》2011年11期。作者年智英，时属单位为北京师范大学国际与比较教育研究院；作者杜翔云，时属单位为丹麦奥尔堡大学学习与哲学系）

十、威斯康星大学实践美国大学教学学术思想述评

（一）大学教学学术概念的提出和发展

1990年，卡内基教学促进基金会前主席厄内斯特·博耶(Ernest Boyer)针对美国大学中存在的本科生教学质量下降、对教师工作的评价标准越来越狭窄的情况，提出了要扩大学术的内涵，使其包括发现的学术、应用的学术、综合的学术和教学学术四种学术形式。他在其影响深远的著名报告《学术反思—教授工作的重点领域》中写道，“我们相信古老的对‘教学与研究关系’的讨论已经过时，给予我们所熟悉和崇高的术语‘学术’一个更加广泛、更有内涵的解释的时候已经到来，它将能够给大学教师的全部工作以合理性。不错，学术意味着从事基础研究，但一个学者的工作还意味着走出单纯的问题研究，寻求问题间的相互联系，在理论与实践之间建立桥梁，并把自己的知识有效地传授给学生。具体说来，我们认为教授的工作应该包括四个不同而又相互重叠的功能，即发现的学术、综合的学术、应用的学术和教学学术”。[1]在这里，“学术”不再是一个只为“发现”服务的术语，不只属于大学的科研，大学教学也是学术。博耶从一个更高的层次—大学教学的定位上，扭转了长期以来人们形成的、传统的大学教学观。

博耶博士1995年去世以前，没有再对教学学术这个概念进行深入阐释。其后，许多学者对这个概念进行了进一步说明。其中，李·舒尔曼认为教学之所以能够成为学术，主要是因为以下两点：第一，从过程上说，实践教学学术的

过程是和科研一样的，它都要经过问题的选择、查找与问题有关的相关资源、确定解决问题的方案，实施解决方案，并对得到的结果进行分析和反思；第二，教学学术的成果也同科研一样，具有将成果公开、交流、评价和建构的特点，因此教学应当被视为学术的一种。现在美国学者对大学教学学术的定义是：教师以本学科的认识论为基础，对在教学实践中存在的问题进行系统研究，并将研究结果公开与同行进行交流、接受同行评价并让同行在此基础上进行建构。

1998 年，在卡内基教学促进基金会现任主席，李·舒尔曼(Lee Shulman)的推动下成立了卡内基教与学学术学会，开始正式推动教与学学术在美国的发展，并将博耶所提出的“教学学术”发展为“教与学学术”。

(二) 大学教学学术运动的形成

博耶所提出的大学教学学术使大学理念发生了深刻变革，为大学深化改革提供了思想的引领。自此，美国高等教育界开始了对教学学术的热烈讨论和实践。一些学者和大学开始按照自己的理解对其进行实践。随着美国高等教育界对大学教学学术理解的日益丰富以及卡内基教与学学术学会、美国高等教育协会(AAHE)及其他协会组织的推动，已经有越来越多的大学开始对其进行实践，并逐渐形成一种运动。据统计，目前美国约有 68%的四年制非营利高等院校根据教学学术思想进行了不同程度的改革。需要说明的是，本文之所以把美国大学教学学术理念与实践称作“运动”，是因为这更能体现从 20 世纪 90 年代初发端的美国大学教学学术理念提出并付诸实践的社会意义。英文的“运动”与我国辞书解释有所不同。在我国，“运动”指的是：政治、文化、生产等方面有组织、有目的的、声势浩大的群众性活动，如五四运动等；[2]而在韦氏等英文字典中，“movement”(运动)一词其中的一个解释是指：一群拥有共同思想和信念的人为达到同一个具体目标(如公民权利、女性权益)在一起合作，或是为平等或为让某种理想成为现实而在一起工作所进行的努力以及所取得的成果。[3][4]从中可以看出，在英语语境中所指的“运动”从形式及规模上和我国对“运动”一词的理解存在巨大差异。本文从英语国家对“运动”一词的理解出发，并结合美国大学教学学术实践的发展状况将“大学教学学术运动”解释为：当代美国大学将教学视为学术，并以此为中心来改变偏颇的大学教师评价和奖励体制，提高本科教学质量的一种教育改革。

虽然目前在美国有很多大学在实践教学学术的思想，但如果要真正促进教学学术的发展，那么这些机构就不能孤立地工作，它们必须在各自工作的基础上相互联系和沟通交流。基于上述认识，威斯康星大学发动所有分校来实践教学学术理念，并在大学系统范围内分享和交流教学学术的成果。目前，威斯康星大学是美国惟一一所所有分校都在实践大学教学学术理念的大学。

(三) 威斯康星大学实践教学学术思想的举措

为促进教师专业发展和学生学习质量的提高，威斯康星大学在推动大学教学学术运动方面做了以下几个方面的重要制度安排：

1. 成立威斯康星大学系统教与学学术小组。按照卡内基教与学学术学会(CASTL)的要求，威斯康星大学在系统内建立了威斯康星大学系统教与学学术小组来推进教学学术在大学内的发展。威斯康星大学系统教与学学术小组与全国、本大学系统和校园三个层面的组织都有密切的联系。[5]

首先，在全国层面，威斯康星大学系统教与学学术小组同其他 11 个国家性小组一样，都与美国高等教育协会(AAHE)和卡内基基金会通过会议、演讲以及网站进行联系。每年教与学学术小组都要参加由卡内基基金会和 AAHE 举办的全国教与学学术年会，并对本小组所进行的教与学学术研究进行报告。

其次，在大学系统层面上，威斯康星大学系统教与学学术小组将所有分校中对教与学学术感兴趣的教师联系在一起交流自己的教学实践，从而为各分校的教与学学术项目活动提供信息，并根据需要加强大学对教与学学术的支持。

最后，在校园层面，每一个分校都有教师或教师小组在进行教与学学术项目的研究，如密尔沃基分校开展的“创建研究学习本质的师生小组”项目(Creating Teams of Faculty, Staff and Students to Investigate the Nature of Learning)“跨学科视野下教与学格林湾分校的经验”(Teaching and Learning from an Interdisciplinary Perspective: The UW-Green Bay Experience)项目等。各分校的校园项目通过威斯康星大学系统教与学学术小组和教与学学术领导者网站相互联系，交流关于教与学学术的实践。

2. 建立教与学学术网站。为了通过对学生学习进行学术性探究来提高教师教学实践，并创造一个多院校的合作机制，威斯康星大学建立了教与学学术指导网站。该网站由威斯康星大学密尔沃基分校的专业与指导中心（CPID）和麦迪逊的专业发展与指导办公室（OPID）合作建立。目前，在威斯康星大学系统教与学学术指导网站上能够找到威斯康星大学系统各分校的教与学学术项目（从2003～2004年开始）。教与学学术指导网站也是一个大学系统内的教与学学术研究者传播关于教与学学术信息、发布教与学学术工作报告和发表教与学学术文章的地方，并能链接到威斯康星大学系统教与学网站。[6]目前，指导网站的任务和使命是在大学系统的所有校园增进关于对教和学进行学术性探究的实践知识，推动校园在教与学学术方面的实践，支持分校在教与学学术工作方面的相互合作，选出在课堂探究实践和原则方面的专家教师组成核心小组来推进教与学学术实践。

3. 在系统内发起教学学术项目。促进教学学术在本系统内的发展方面，威斯康星大学不仅建立了教与学学术指导网站，而且还发动各分校建立了校园内和跨院校的教学学术项目。如通过AAHE提供的资金，威斯康星大学在三个学科发起了一系列名为“在学科中的教与学学术”的教学学术项目。该项目是通过将不同分校中的英语、通信和女性研究学科的教师组织起来，共同开发并实施一个教与学学术研究项目。[7]

4. 为教学学术项目提供资金。为让教与学学术更好地为提高教师教学实践和学生学习质量服务，让分校中的教与学学术活动与更大范围系统内的首倡活动和目标联系起来，威斯康星大学专业与教学发展办公室（OPID）向各分校的教与学学术方面的首创行动提供了“本科教与学”基金项目。该基金项目主要关注加强教师实践教与学学术的能力，并提出以下建议：(1) 找出有效的方法对教师实践教与学学术进行培训；(2) 鼓励更多的教师学习如何实践教与学学术让教与学学术的工作变得更加完善；(3) 让教与学学术的工作变得更加完善。[8]在2003年至2005年期间系统内每一个校园都在经费的支持下实施了教与学学术项目。这些项目包括培训教师如何参与教与学学术活动；如何建立学生一教师教与学学术研究伙伴关系，将技术与学生学习联系起来，用批判性思考来提高学生学习；如何将教与学学术与应用的学术联系起来。在2006～2007年，为院校内的教学学术项目提供了3万美元，为跨院校的教学学术项目提供了4万美元。[9]

当然，在系统内实施教学学术也会遇到很多挑战，因为每所分校的使命和文化是不一样的，而且在系统内发起教与学学术运动时，管理者必须根据教师们的意愿，而不能指派。那么，为何威斯康星大学的教与学学术运动能够成功地持续运作呢？这主要有以下几方面原因：

首先，威斯康星大学有重视教师专业发展的传统。威斯康星大学的一些分校自成立以来就有重视教师专业发展的传统。威斯康星大学在建立之初就成立了专业与教学发展办公室，而且威斯康星大学的管理者将教学学术视为教师专业发展的一个重要途径，因此能够很好地促进教师专业发展的教与学学术就很容易被教师和管理者们理解和吸收。

其次，良好的推动机构。教学学术能够在威斯康星大学各分校良好运作与其推动机构是分不开的。威斯康星大学推动教学学术在分校发展的两个办公室（CIPD和OPID）是传统的教师发展办公室，而这两个办公室的工作哲学和项目就集中在教与学的学术性方面。在推进大学教学学术方面，这两个办公室都做出了很多努力。如威斯康星大学专业和教学发展办公室通过为教学学术项目提供资金以及召开教学学术会议，促使威斯康星大学系统的教师和分校对教学学术给予关注，并通过建立教与学学术的基础机构将大学主要项目的重点放在教与学学术方面。

再次，教师对教学学术的接受和大学管理者对此的支持。大学教学学术能够在威斯康星大学持续运作并获得良好的发展，与教师对大学教学学术理念的接受和管理者对此的支持是分不开的。

另外，尽管教学学术这一术语还有待发展，但它毕竟表达了教师对学生学习的深刻思考和对提高学生学习质量的关注，反映了分校和大学系统的管理者对促进学生学业成功的兴趣。因此，教学学术就成为连接教师和管理者之间的一条不可或缺的纽带，得到了分校教师和分校管理者及大学系统管理者的支持。如在密尔沃基分校，教师们将教学学术视为主要的专业发展项目。通过对教学学术性的强调，密尔沃基分校在研究型大学的情景下创设了有效的教学学术模式，并将教师发展基金每年授予五位遵循模式进行系统探究项目的教师。

最后，持续的资金供给。资金对于任何项目的发展和持续来说都是非常重要的，对目前发展时间还不长的教学学术来说就愈发显得重要，没有资金的支持，要实践和推动教学学术只能是一句空话。现在美国很多州都在削减给大学的预算，威斯康星大学还能为教学学术项目提供资金就更加显示出它对教学学术的重视，也反映出教学学术的重要价值。

结语

“教学学术”理念的提出及后来的“教与学学术”，为威斯康星大学的领导者们提供了一个从对学生学习影响的新角度来看待提高教学质量价值的机会。威斯康星大学的领导者们也为大学教与学学术运动在威斯康星大学的推进提供了很多实质性的支持，现在“教学学术”在威斯康星已经变成了“专业发展”的同义词。正如教学与专业发展中心主任安东尼·塞考尼(Anthony Ciccone)所说：“教与学学术能在多校园大学系统中持续下去是因为：一方面，它能够让我们更好地去理解教师的教和学生的学之间的关系；另一方面它又让我们更好地理解了教学和学术性探究的关系。由于‘教与学学术’关注学生的学习，所以它能够最终帮助我们将教师、教学和组织发展联系起来。”现在，大学系统内每一所院校都有教学学术项目。在2003～2004年，有1 000名教师参加了教学学术项目，而且有很多人根据所做的学术项目对一年级学生的课程、服务性学习或学科课程进行设计和实施。如个人项目(Individual project)能够帮助教师理解学生是如何对自己的写作进行修改的，学生们是如何理解参加讨论的价值的，以及他们是如何通过网上讨论进行学习的。

总之，威斯康星大学的教学学术运动为我们提供了一个了解教学学术理念如何在美国大学系统范围内有效运作的范例。

参考文献：

[1] Ernest L. Boyer. Scholarship Reconsidered: Priorities of the Professorate[M]. San Francisco: Jossey-Bass, 1990.

[2] 现代汉语词典[Z]. 北京：商务印书馆，2005. 1688.

[3] Webster's Ninth New Collegiate Dictionary [Z]. Springfield:

Merriam-Webster Inc. , 1987, 776.

[4] Clarence L. Barnhart, Robert K. Barnhart Edited. The World Book Dictionary[M]. LLLinois: World Book. Inc, 1996. Vol. 2, 1360.

[5] University of Wiscorsin-Madison[EB/OL]. http:// www3. uwm. edu/ dept/ leadershipsite/ aboutstructure. cfm 2005—11—23.

[6] University of Wiscorsin-Madison[EB/OL]. http:// www4. uwm. edu/LeadershipSite/ abouthistory. cfm 2006—5—22.

[7] University of Wiscorsin-Madison[EB/OL]. http:// www3. uwm. edu/ dept/ leadershipsite/ aboutstructure. cfm 2005—11—23.

[8] [9] University of Wiscorsin-Madison [EB/OL]. http:// www. uwsa. edu/ opid/ grants/ index. htm 2006—6—12.

[10] Campus Progress: Supporting the Scholarship of Teaching and Learning, AAHE, One Dupont Circle, Suit 360, Washington, DC, 2004. 47—50.

(本文发表于《比较教育研究》2008年1期。作者王玉衡,时属单位为高等教育出版社大学文化研究与发展中心)

世界一流大学的科学研究与社会服务

一、中美顶尖大学科技产出比较研究

为实现经济的持续、健康发展，中国政府将“提高自主创新能力，建立创新型国家”作为新时期国家发展战略的核心。为此，中国政府2005年制定了《国家中长期科学和技术发展规划纲要2006～2020年》（简称《纲要》）。《纲要》中提出要建设“创新型国家”，并制定了包括1项投入和4项产出在内的实施目标：到2020年，全社会研究开发投入占国内生产总值的比重提高到2.5%以上，力争科技进步贡献率达到60%以上，对外技术依存度降低到30%以下，本国人发明专利年度授权量和国际科学论文被引用数均进入世界前5位。

《纲要》也明确提出：“大学是我国培养高层次创新人才的重要基地，是我国基础研究和高技术领域原始创新的主力军之一，是解决国民经济重大科技问题、实现技术转移、成果转化的生力军。加快建设一批高水平大学，特别是一批世界知名的高水平研究型大学，要充分发挥其在科技创新方面的重要作用”。所以，大学在我国创新体系中的主要作用在于产出两类科技创新产品：一类是反映基础科学研究水平的国际科学论文；另一类是反映原始发明创新水平的发明专利技术。

自《纲要》发布至今，在各种政策的支持下，我国大学，特别是以科技创新为己任的顶尖大学的两类科技创新产品产出水平是否有较大提高？本文以美国一流顶尖大学为参照系，分析我国顶尖大学两类科技创新产品产出水平变化状况。

(一) 比较对象与比较指标

1. 比较对象

1998年5月4日，原国家主席江泽民在庆祝北京大学建校一百周年大会上向全世界宣告："为了实现现代化，我国要有若干所具有世界先进水平的一流大学。"由此，中国教育部决定在实施"面向21世纪教育振兴行动计划"中，重点支持国内部分高校创建世界一流大学和高水平大学，简称"985工程"。第一批进入"985工程"建设的大学有9所：清华大学、北京大学、中国科学技术大学、南京大学、复旦大学、上海交通大学、浙江大学、西安交通大学、哈尔滨工业大学。它们是我国最高水平的顶尖大学，也号称中国的"常青藤"大学。

从美国U. S. News历年大学排名看，哈佛大学、耶鲁大学、普林斯顿大学、宾夕法尼亚大学、哥伦比亚大学、麻省理工学院、斯坦福大学、加州理工学院和加州大学伯克利分校均排在前20名，它们是美国最高水平的大学，是美国的顶尖大学，其中前5所为美国"常青藤"大学。

本文主要对以上中国顶尖大学和美国顶尖大学两个大学群体进行比较。

2. 比较指标

(1) 国际科学论文

《科学引文索引》(Science Citation Index，SCI)是由美国科学信息研究所(ISI)1961年创办出版的引文数据库，其覆盖生命科学、临床医学、物理、化学、农业、生物、兽医学、工程技术等方面的综合性检索刊物，尤其能反映自然科学基础研究的学术水平，是目前国际上三大检索系统中最著名的一种。本文选择2个SCI指标：当年发表SCI论文数、SCI论文当年篇均引用数。另外，《自然》(NATURE)和《科学》(SCIENCE)是世界上自然科学研究领域最具权威的两大学术刊物，直接反映了当今自然科学领域研究的最前沿和最尖端的成果。它从一个侧面反映出科研工作者在研究领域所取得的成绩是否具有原始创新性。本文将在以上两种期刊上发表论文数之和作为比较指标。

(2) 专利

专利是由国家专利主管机关(国家知识产权局)授予申请人在一定期限内对其发明创造所享有的独占实施的专有权。它是测度一个学校在一定时间内技术创新能力的重要指标。随着经济的全球化，专利制度也在各国开始建立和运行，技术在不同国家间的流动也在不断加强。许多高校的发明除了在本国申请专利外，也纷纷把申请和持有外国专利作为保持自己技术独占权的一个重要手段。本文将美国专利商标局发明专利授权数、欧洲专利局发明专利授权数、日本专利特许厅发明专利授权数之和作为比较指标。

(二) SCI 论文比较

从数量上看，2006 年至 2009 年中美顶尖高校校均 SCI 论文发表数如表 1、图 1 所示。美国 9 所高校的校均 SCI 发表数一直保持平稳、略有增长趋势，SCI 论文发表数各年都在 5 500 篇以上，2009 年接近 6 000 篇；中国 9 所高校的校均 SCI 论文发表数保持稳步增长，增长速度超过美国，各年都在 2 500 篇以上，2009 年超过 3 000 篇。中美顶尖高校在 SCI 论文发表数方面的差距在逐步缩小，但差距仍然巨大，接近 2 600 篇。中国北京大学、清华大学、浙江大学和上海交大的 SCI 论文发表数均已超过 4 000 篇，浙江大学已近 5 000 篇，超过美国普林斯顿大学、加州理工学院，与麻省理工学院相当。

从论文质量看，2006 年～2009 年中美顶尖高校 SCI 论文当年篇均引用数(见表 1)，美国 9 所高校的当年篇均引用数一直保持平稳、略有增长趋势，篇均引用数各年都在 0.7 次以上，2009 年超过 1 次；中国 9 所高校 SCI 论文当年篇均引用数保持稳步增长，除 2006 年各年都在 0.2 次以上，2009 年达到 0.36 次，说明我国顶尖大学 SCI 论文质量在逐步提高。但与美国相比，这种质量差距在逐步扩大，差距由 2006 年的 0.56 次扩大到 2009 年的 0.58 次。2006 年～2009 年 4 年差距均超过 0.5 次。而且，随着发表时间的推移，篇均引用次数的差距也在逐步扩大。

(三)《科学》与《自然》(S&N)发表数比较

2006 年～2009 年中美顶尖高校校均 S&N 发表数如表 2 所示。美国 9 所高校的校均 S&N 发表数一直保持平稳、略有增长趋势，S&N 发表数各年都在 90 篇以上；中国 9 所高校的校均 S&N 发表数保持增长趋势，但发表数各年都在 5 篇以下，中国顶尖高校与美国顶尖高校在 S&N 发表数方面仍然差距巨大。

从增长速度看，我国9所顶尖高校校均S&N发表数由2006年1.89篇增长到2009年的4.44篇，增长1.35倍；同期，美国9所顶尖高校校均S&N发表数由2006年92.22篇增长到2009年的102篇，增长10.6%。我国S&N发表数增长速度远高于美国。但从绝对差距看，我国顶尖大学与美国顶尖高校校均S&N发表数差距由2006年的90.33(92.22～1.89)篇，扩大到2009年的97.56(102～4.44)篇，差距在不断扩大。从相对数差距看，2006年美国顶尖高校校均S&N发表数是中国顶尖高校的48.79倍，到2009年缩小到22.97倍。

以上分析说明，从总体上来说，中国顶尖高校校均S&N发表数与美国顶尖高校相比存在巨大差距，虽然增长速度很快，但由于基数太小，绝对差距不减反增。巨大差距表明：我国顶尖高校基础研究的原始创新能力远低于美国顶尖高校，并且这种差距还在扩大。中国顶尖高校中表现最好的北京大学，2006年～2009年最高产出只有10篇(2009)，差不多只有宾夕法尼亚大学(美国顶尖高校中表现最差)的1/5。

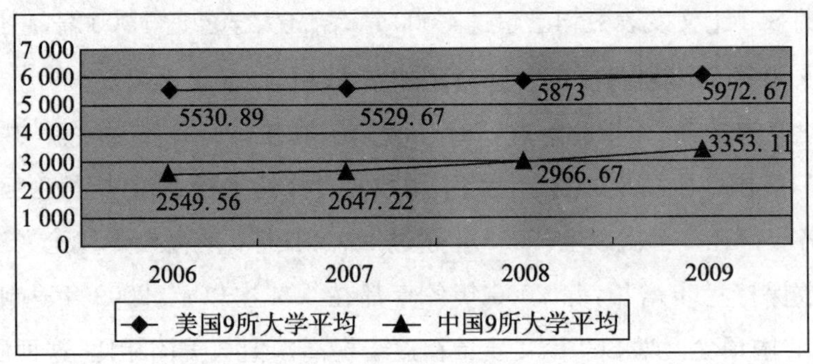

图1　中美顶尖大学SCI论文发表数

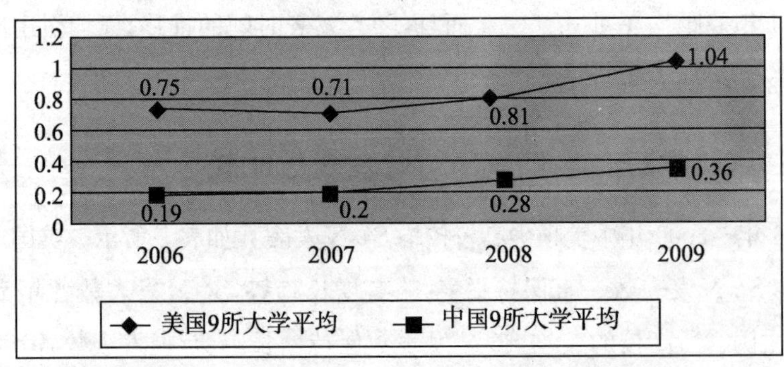

图2　中美顶尖大学SCI论文当年篇均引用次数

表 1　SCI 发表数、篇均论文引用数统计

学校	2006 年			2007 年			2008 年			2009 年		
	SCI 数	当年篇均引用数	2006～2010 篇均引用数	SCI 数	当年篇均引用数	2007～2010 篇均引用数	SCI 数	当年篇均引用数	2008～2010 篇均引用数	SCI 数	当年篇均引用数	2009～2010 篇均引用数
哈佛大学	12435.00	0.81	22.31	12038.00	0.81	17.09	13646.00	0.89	10.43	14141.00	0.97	4.48
耶鲁大学	4860.00	0.61	17.34	4843.00	0.63	13.21	5156.00	0.69	8.15	5243.00	0.87	3.79
普林斯顿大学	2036.00	0.79	19.28	2029.00	0.77	15.04	2192.00	0.87	9.28	2106.00	1.55	5.66
麻省理工学院	4252.00	0.91	23.33	4256.00	0.78	17.78	4343.00	0.93	11.37	4280.00	1.14	5.13
宾夕法尼亚大学	6079.00	0.59	16.16	6017.00	0.59	12.49	6429.00	0.67	7.53	6294.00	0.77	3.63
哥伦比亚大学	5784.00	0.61	15.79	5971.00	0.60	12.86	6052.00	0.63	7.99	6307.00	0.93	3.76
斯坦福大学	6263.00	0.60	17.57	6452.00	0.64	13.93	6668.00	0.74	8.77	6724.00	0.88	3.94
加州理工	2946.00	1.13	24.10	2978.00	0.92	15.95	2903.00	1.05	11.27	2951.00	1.25	4.91
加州伯克利分校	5123.00	0.73	19.75	5183.00	0.62	14.11	5468.00	0.82	9.80	5708.00	1.01	4.42
美国 9 所大学平均	5530.89	0.75	19.51	5529.67	0.71	14.72	5873.00	0.81	9.40	5972.67	1.04	4.41
清华大学	3688.00	0.18	7.23	3493.00	0.21	6.02	3758.00	0.25	4.00	4041.00	0.33	1.75
北京大学	3020.00	0.27	8.80	3175.00	0.26	7.29	3604.00	0.35	5.09	4247.00	0.46	2.09
中国科大	2192.00	0.29	9.47	2302.00	0.30	7.49	2386.00	0.44	5.42	2416.00	0.53	2.35
南京大学	2199.00	0.26	8.08	2198.00	0.21	6.29	2315.00	0.32	4.09	2782.00	0.40	1.96
复旦大学	2443.00	0.21	8.05	2352.00	0.24	7.51	2647.00	0.33	4.65	3151.00	0.38	2.01
上海交大	2859.00	0.14	6.66	3250.00	0.17	5.64	3756.00	0.22	3.57	4270.00	0.31	1.59
浙江大学	3896.00	0.19	6.56	4187.00	0.18	5.69	4805.00	0.25	3.56	4926.00	0.34	1.64
西安交大	1247.00	0.06	4.83	1282.00	0.11	4.47	1618.00	0.15	2.65	1900.00	0.20	1.07
哈工大	1402.00	0.07	4.75	1586.00	0.10	4.65	1811.00	0.19	3.19	2445.00	0.29	1.30
中国 9 所大学平均	2549.56	0.19	7.16	2647.22	0.20	6.12	2966.67	0.28	4.02	3353.11	0.36	1.75

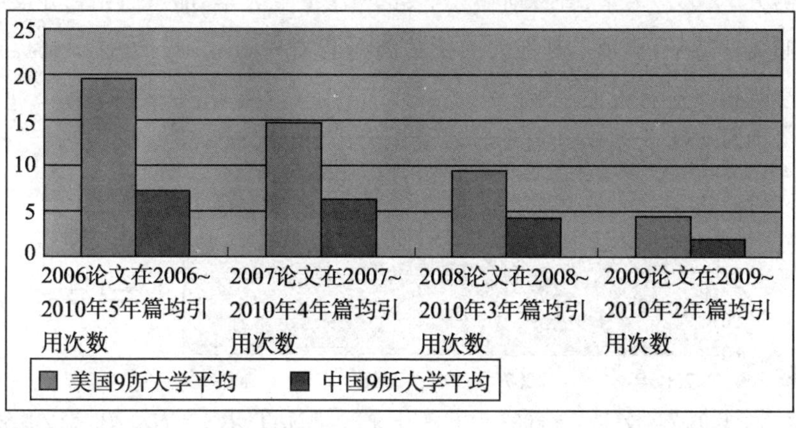

图 3　中美顶尖大学 SCI 论文 2～5 年篇均引用次数

(四)三大授权专利数比较

2006年～2009年中美顶尖高校校均三大授权专利数如表3所示。美国9所高校的校均专利授权件数一直保持平稳、略有增长趋势,专利授权件数各年都在90件以上;中国9所高校的校均专利授权件数保持高速增长趋势,但专利授权件数各年都在20件以下,且以欧洲专利为主,与美国顶尖高校校均三大授权专利数相比仍然存在巨大差距。

从增长速度看,我国9所顶尖高校校均三大授权专利数由2006年的4.99件增长到2009年的15.87件,增长2.18倍;同期,美国9所顶尖高校校均三大授权专利数由2006年的93.3件增长到2009年的102.2件,增长9.54%。我国三大授权专利数增长速度远高于美国。从绝对差距看,我国顶尖大学与美国顶尖高校校均三大授权专利数差距由2006年的88.31(93.3～4.99)件,缩小到2009年的86.33(102.2～15.87)件,差距在不断缩小。从相对数差距看,2006年美国顶尖高校校均三大授权专利数是中国的18.7倍,到2009年缩小到6.44倍。

以上分析说明,从总体上来说,中国顶尖高校校均三大授权专利数与美国顶尖高校相比存在巨大差距,但这种差距在逐步减少。巨大差距表明:一是我国顶尖高校的技术创新能力还很弱;二是我国顶尖高校国际化竞争意识还不强。差距在逐步减少表明:我国顶尖高校的技术创新能力、国际化竞争意识在快速不断增强。特别是清华大学,2006年～2009年间三大授权专利数飞速增长,2009年授权专利数已超过美国9所顶尖高校平均水平,达到106件,超过了哈佛大学、耶鲁大学、普林斯顿大学、宾夕法尼亚大学、加州伯克利分校,与哥伦比亚大学持平,显示了其强大的技术创新能力和国际化竞争意识,但与麻省理工学院相比还有很大差距。

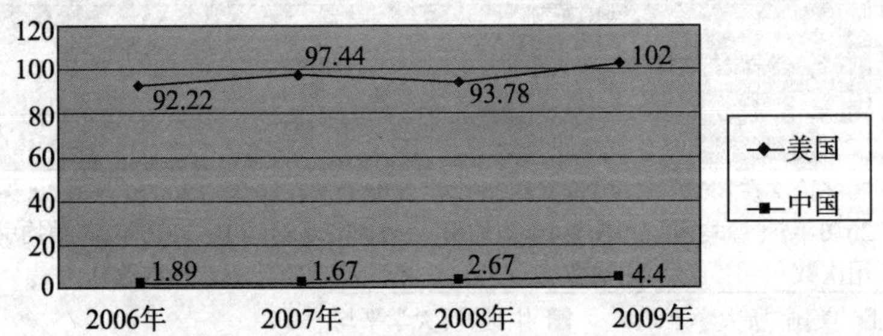

图4 中美9所高校2006～2009年于SCIENCE和NATURE杂志发表的论文比较图

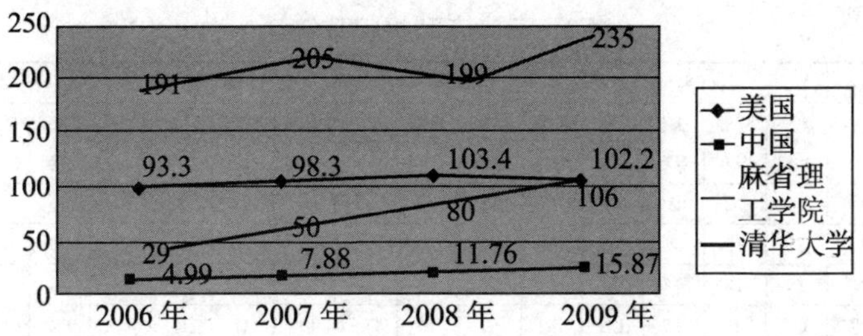

图 5　中美各 9 所高校专利数量比较图

表 2 《自然》(N)和《科学》(S)论文发表数统计

国家	学校	2006 年			2007 年			2008 年			2009 年		
		S	N	合计	S	N	合计	S	N	合计	S	N	合计
美国	哈佛大学	87	105	192	100	120	220	97	129	226	110	100	210
	耶鲁大学	26	37	63	32	26	58	27	34	61	44	32	76
	普林斯顿大学	25	24	49	28	28	56	32	26	58	31	20	51
	麻省理工学院	50	48	98	50	58	108	60	53	113	62	52	114
	宾夕法尼亚大学	32	26	58	18	10	28	25	22	47	26	23	49
	哥伦比亚大学	37	29	66	33	29	62	21	19	40	31	37	68
	斯坦福大学	47	44	91	63	61	124	51	42	93	71	49	120
	加州理工	67	55	122	57	40	97	61	52	113	65	45	110
	加州伯克利分校	47	44	91	63	61	124	51	42	93	71	49	120
美国 9 校平均		46.44	45.78	92.22	49.33	48.11	97.44	47.22	46.56	93.78	56.78	45.22	102
中国	清华大学	0	0	0	1	1	2	0	5	5	4	3	7
	北京大学	2	2	4	2	0	2	2	4	6	5	5	10
	中国科大	1	3	4	1	0	1	0	5	5	1	3	4
	南京大学	5	2	7	0	2	2	2	2	4	1	2	3
	复旦大学	0	0	0	0	3	3	2	1	3	3	3	6
	上海交大	1	0	1	2	0	2	0	1	1	2	6	8
	浙江大学	0	1	1	2	1	3	0	0	0	1	1	2
	西安交大	0	0	0	0	0	0	0	0	0	0	0	0
	哈工大	0	0	0	0	0	0	0	0	0	0	0	0
中国 9 校平均		1	0.89	1.89	0.89	0.78	1.67	0.67	2	2.67	1.89	2.56	4.4

表3 三大专利授权数统计

国家	学校	2006年				2007年				2008年				2009年			
		美国专利	欧洲专利	日本专利	合计	美国专利	欧洲专利	日本专利	合计	美国专利	欧洲专利	日本专利	合计	美国专利	欧洲专利	日本专利	合计
美国	哈佛大学	45	22	2	69	46	35	8	89	51	53	5	109	38	39	6	83
	耶鲁大学	21	19	2	42	21	28	3	52	10	25	3	38	28	22	8	58
	普林斯顿大学	29	13	12	54	31	14	19	64	33	21	12	66	25	16	9	50
	麻省理工学院	142	36	13	191	141	50	14	205	137	47	15	199	142	65	28	235
	宾夕法尼亚大学	50	37	4	91	42	24	3	69	48	27	5	80	40	33	7	80
	哥伦比亚大学	56	54	4	114	57	54	11	122	57	57	10	124	50	48	9	107
	斯坦福大学	89	37	4	130	81	47	7	135	127	43	11	181	113	46	15	174
	加州理工	119	27	3	149	116	30	1	147	103	29	1	133	94	32	6	132
	加州伯克利分校	0	0	0	0	1	1	0	2	0	0	1	1	0	1	0	1
美国9校平均		61.2	27.2	4.9	93.3	59.6	31.4	7.3	98.3	62.9	33.6	7.0	103.4	58.9	33.6	9.8	102.2
中国	清华大学	16	12	1	29	36	7	7	50	49	27	4	80	78	21	7	106
	北京大学	0	0	0	0	2	5	0	7	1	8	1	10	10	6	0	8
	中国科大	0	7	0	7	1	2	2	5	0	2	0	2	2	7	0	9
	南京大学	2	1	0	3	0	2	0	2	0	2	0	2	2	2	0	4
	复旦大学	0	0	1	1	1	2	0	3	1	1	1	3	2	3	0	5
	上海交大	0	0	0	0	0	1	2	3	0	2	0	2	0	3	2	5
	浙江大学	1	2	2	5	1	0	0	1	1	2	1	4	0	1	3	4
	西安交大	0	0	0	0	0	0	0	0	0	0	0	0	0	0	1	1
	哈工大	0	0	0	0	0	0	0	0	0	2	1	3	1	0	0	1
中国9校平均		2.11	2.44	0.44	4.99	4.55	2.11	1.22	7.88	5.77	5.11	0.88	11.76	9.66	4.77	1.44	15.87

(五)结论

2006年～2009年，我国顶尖高校发表SCI论文数在逐年增加，与美国顶尖高校的差距在逐步缩小，但绝对差距依然较大；我国顶尖高校发表SCI论文的影响力在逐年提高，但与美国顶尖高校相比差距较大，且呈扩大趋势。

我国顶尖高校在《科学》和《自然》上发表的论文数量极少，与美国顶尖高校差距巨大。这说明我国顶尖高校严重缺乏重大的原创性基础研究成果。

中国顶尖高校三大授权专利数在逐年增加，与美国顶尖高校的差距在逐步缩小，但绝对差距依然较大。唯有清华大学表现突出。

随着"985工程"的实施，国家加大了对高校科研经费的支持力度。我国顶尖高校积极开展科研活动，取得了显著的成绩，在国际论文、国际专利授权数量上都有快速提升，但与美国顶尖大学相比还有相当差距。所以，应该继续加强政策导向和倾斜，进行科学研究和成果转化方面的立法，鼓励高校积极进行创新,建立良好的科技评价和激励制度,由重数量转向重质量,加大对基础研究的投入,营造自由研究的学术氛围,调动教师独立自主从事科学研究和发明创造。

参考文献:

[1] 黄宁燕,武夷山. 两岸科技产出指标比较研究[J]. 科学学研究,2002(6):604—610.

[2] 杨颉. 中日大学科研投入与产出的比较研究[J]. 清华大学教育研究,2007(2):98—106.

[3] 邱均平,嵇丽. 美国《科学引文索引》与科学评价研究[J]. 科研管理,2003(4):22—28.

[4] 严全治,杨红旻. 美国研究型大学的投入与产出分析[J]. 比较教育研究,2004(4):47—52.

[5] 程莹,刘念才. 从科学计量学指标看我国名牌大学近年来的发展[J]. 科学学与科学技术管理,2007(9):132—138.

[6] 唐崇敏,官建成. 基于科学计量学的我国科学论文产出分析[J]. 研究与发展管理,2007(2):113—118.

(本文发表于《比较教育研究》2011 年第 1 期。作者杨晓明、王兆虹,时属单位为北京科技大学教育经济与管理研究所)

二、“要么发表要么出局”，研究型大学内部的潜规则？

“要么发表要么出局”(Publish-or-Perish)是美国大学，特别是研究型大学中的流行语，它与“Up-or-Out”(非升即走)一起，比较形象、简洁地概括了美国研究型大学内部的教师生存状态、学术和人事管理政策中潜在的价值取向。不过，虽然作为颇为盛行的流行语，但在美国大学中，却极少有行政官员在政策解释中给予“Publish-or-Perish”以正式的认可和认同。也就是说，“Publish-or-Perish”并不存在于大学学术和人事管理的条文性规定中，而毋宁说是一个如反对学术近亲繁殖的惯例或潜规则(事实上，在我国的很多大学中，该规则反而是显性制度)。在此，笔者试图撇开自身的价值偏好和情感好恶，对这个潜规则的形成背景及其现实效应予以尽量客观的分析。

(一)“Publish-or-Perish”的由来

“Publish-or-Perish”的本义，无非就是大家耳熟能详的大学强调研究更甚于教学，但它在本质上反映了大学内部对教师业绩的价值(merit)认可取向。西方自中世纪大学诞生至19世纪德国柏林大学的崛起，教学业绩的优劣基本上是大学内部评判教师资格和水平高低的惟一变量。19世纪德国研究型大学成立后，虽然大学内部强调研究，但是，由于讲座教授是终身制且所有权力基本为讲座教授所垄断，德国大学内部并不存在严格按业绩量化考核进行职务晋升以及各种物质性和非物质性的赏罚制度。

刘易斯(Lionel S. Lewis)认为，到19世纪末，美国部分大学内部对教师业绩的价值观开始发生了变化，它预示着一种新的绩效制（Meritocracy）产生。“Meritocracy”是杨（Michael Young）在20世纪50年代首次提出来的一个新词，它指一种新的组织、管理系统，有时也指一种价值取向，其基本含义是强调“根据能力来分配任务、承担责任、赋予相应的权力、声望和回报等”，[1]也就是奖励和回报应建立在个人才干（ability，merit）和天赋（talent）的基础上，而与个人的财富、家庭、所在阶层、社会关系、社会声望以及社会地位和政治权力等，没有任何联系。[2]在刘易斯看来，大学中，这种能够得以“展示出来”的才能就是“专业成就”（professional performance），[3]它涵盖教师的教学、研究乃至其他方面的业绩。通常，所有这些业绩必须可以被测量出来，而且业绩越具有客观的可测量性，则被认为其越能够真正反映出教师工作的价值。此外，尤为重要的是，这种价值越具有普适性或广泛性（universal），它也往往表明教师的“专业成就”和“才智”越杰出。

仔细分析这种新的绩效观，我们不难发现，虽然它并没有否认传统教师“教学”工作的价值，但与“研究”相比，显然，教学工作的价值似乎要“软”得多。正如刘易斯所言，新业绩观更关注那些实实在在能够被测量的产出，相对于教室中教学产量和质量的“主观”色彩，学术论文和著作的价值更容易被客观测量；而且最为重要的是，对于大学而言，教学永远也只是“地方性”或“局部性”的活动（local activity），它的影响充其量也就局限于某一院系，如在明尼苏达大学化学系有一位教学卓著的教师，而在邻州的威斯康星大学又有谁知道他？[4]反之，学术研究产出就大为不同了，由于学术研究活动及其成果具有默顿（Robert K. Merton）所谓的普遍主义特征，成果一旦被发表，则不仅表明作者的工作价值和才能被人们广泛认可，更为重要的是，它还给大学带来了声誉和声望。而“声誉和声望”又往往是管理者最为看重的，由此，也就不难理解他们对学术研究的热情。1901年，甚至一向保守、“把培养年轻人视为大学的第一要务”的耶鲁大学也开始鼓励教师开展创造性的研究，并直言不讳地说明其目的是为了提高大学的国际“声望”；仿照德国研究型大学模式新成立的霍普金斯大学和克拉克大学，一开始就带有偏重研究的倾向。1892年，芝加哥大学著名的校长哈珀（William Rainey Harper）对理事会宣称，以后芝加哥大学教员的职务晋升将更看重学术研究而不是教学，并首倡减轻教师教学工作量制度。不久，宾夕法尼亚大学甚至警告其教师，不应耗费太多时间在教学上，而以牺牲研究为代价，“那些把太多精力放在教室，而不是图书馆、实验室的教师往往被劝告最好是另谋高就”。[5]

整个20世纪，我们几乎可以认为，世界高等教育的发展进入了一个美国时代。而在这个美国时代中，美国一大批研究型大学的崛起是其最为令人瞩目的特征。美国研究型大学的崛起，代表着一种逐渐远离其英国重教学传统，走向教学与研究并重甚至以研究为主的机构开始诞生。它有两个特点尤其特出：第一，研究生（在美国研究型大学中，绝大多数研究生所扮演的角色其实是学术型或技术型的劳动力）比例大范围提高，本科生的规模比例逐步被压缩。第二，如果说在过去，美国传统英国式的学院还主要依赖本科生所缴纳的学费得以维持，那么，二战后美国的研究型大学，学费额度虽然持续提高，如今，在许多知名私立大学中学费每年甚至高达3万多美金，但是，学费收入在学校总体经费收入中的比例却越来越小，反之，研究经费收入越来越高。以哈佛为例，1996年学生学费收入（实际上，有相当部分还来自研究生的学费）占年度总收入的27%，而到2006年则下降到21%，与研究收入相当；[6] MIT2006财政年度的收入中，学费收入仅仅占9.3%，而研究毛收入（校园内部占27.2%，林肯实验室占28.7%）合计达到55.9%；[7]在小而精致的加州理工学院，2006年度来自学生的年学费收入不过区区2 000万美元，而仅它所拥有的国家空气动力实验室获得的资助就高达16亿多美元。

本科生比例下降、研究生群体规模的扩张，学费在学校经费中比例的下降，学术研究为大学所带来的巨大经济效益，其实无非表明，重视研究不仅是大学理想的选择，而且也可能是比较现实、合乎逻辑的理性抉择。虽然从19世纪末到今天，人们对研究型大学重科研轻教学所予以道义上的谴责从未停息，且至今大学的行政官员们也很少旗帜鲜明、不加掩饰地倡导研究至上论。但是，正如刘易斯认为，当研究者为大学带来名声和金钱，而在此情形下，大学行政官员把研究视为大学教师的基本责任也就丝毫不值得奇怪了。从道义角度，教学的确永远高于研究，而专注于研究的人们似乎更带有“自我中心主义”(egoist)色彩，但是，“研究上的成功显然会影响组织的发展。当大学意识到并从研究中获得回报，它们自然会更垂青于能够给它们带来资助、认可和声望的教师。研究突出的明星级教员的声名所带来的价值、研究资金是不可估量的”，而这种声名在学术界，本身就代表质量，意味着其“主导地位、权力和卓越”。[8] 希尔斯(Edward Shils)甚至认为，正是“研究”，才使得美国大学教师第一次具有了“大学教师”之尊，而不再是传统的那种无足轻重、为校长所任意掌控的教书匠。[9] 反过来，“教学不能带来任何声望，那些仅仅从事教学的教师通常被视为与学术质量很少，甚至没有关联，……教学也不具有交换价值，好教师不会因为培养更多学生和引来更多捐助而知名，换言之，教学业绩缺乏普适意义上的可流通性”。[10]

此外，如果说 20 世纪 70 年代前，美国大多获得博士学位者的就业机构是大学或学院，那么进入 20 世纪 80 年代，特别是 90 年代后，随着学术劳动力市场明显供大于求局面的形成，进入高校变得越来越难。如据美国劳工统计局(BLS)统计，在 2000 年度毕业的高校博士中，仅有 22%进入学院或大学，[11] 大多数人不得不选择其他非学术部门就职，或者从事博士后研究。众多拥有学术性学位的博士的相对“过剩”和博士后步入候选之列，不仅抬高了研究型大学的教师聘用门槛，更重要的是，它无形中也加剧了大学内部教师的可替代性和晋升压力。而这种压力几乎全部转向了对教师学术研究水平的考核上，结果无论是在新人选聘还是现任教师的考核评价，特别是助理教授(assistant professor)的晋升考核方面，研究型大学更加看重申请者的研究产出和在学术界的声名。如刘易斯通过对美国大学化学专业领域招聘过程分析认为，众多大学招聘机构往往非常关注应聘者的工作经验，这包括：发表作品清单；在主要学术刊物发表的重要论文；研究资助记录；在专业领域的知名度，最后一项才是关于教学经验和效果。“显而易见，应聘者的评估和选拔几乎完全是建立在单一标准，即他们已经做过和未来能够做的研究基础上。简单地说，就是仅仅关注他们是否能够为部门带来金钱和知名度。而在教学方面，评估非常随意，通常总是正面的，几乎无人对其特别留意”。[12] 既然教学评估都是“正面的”，换言之，都是相对模糊的、敷衍性的主观判断，显然，研究产出因为可测量的刚性，就成为最重要的指标。更何况，对大学行政官员而言，录用和提拔一位研究成绩突出者，所承担的“风险”远比其他选择低。虽然自 20 世纪 70 年代以来绝大多数研究结论表明，还没有任何充足的证据能够证明教师研究成就与教学能力间存在正面或者负面的相关联系，[13]但是，他们宁愿相信自己的直觉：研究卓越至少反映了才能、潜质甚至天赋上的优异，而教学能力是后天的，可以培养和提高的。

总之，我们发现，“Publish-or-Perish”规则在美国研究型大学中的流行，具有一定历史、现实与逻辑的必然性，正如博耶(Ernest L. Boyer)概括性地分析道，如果说在20世纪早期，问起大学教师是做什么的，人们的回答会是“教学”。那么在20世纪40年代后几十年的和平时期中，由于大量以培养研究人员为宗旨的研究生教育在大学中的发展，“研究”也似乎逐渐成为大学对教师惟一所真正关注的选项。由此，不仅研究型大学，包括其他吸纳大量擅长研究的并拥有Ph. D. 学位教师的综合性大学和本科生机构的内在定位都发生了变化。[14]但是，历史、现实和逻辑的必然并不等于应然，即它也具有价值合理性、合法性和正当性，也许正是因为存在必然和应然间的这种不一致性，我们才可以理解，即使在研究型大学中，为何“Publish-or-Perish”是一个潜规则而不是显规则。

(二)“Publish-or-Perish”的潜规则是如何运作的

“Publish-or-Perish”在表面上看来，是关于教学与研究间的关系问题，但是就其本质而言，它实际上反映了大学内部资源分配的规则和赏罚制度，即大学内部基本的学术制度和规范问题。通俗意义而言，就是谁有资格晋升、谁该得到更多的如薪水和荣誉等回报的依据问题。事实上，除了少数研究型大学，极少有大学行政官员公开倡导这一规则，因为在西方大学传统中，毕竟教学和人的培养才是大学第一要义，所以少有人敢涉险触及这一敏感的底线。那么，既然如此，在众多研究型大学中，这种潜规则又是如何运作的？

自进入20世纪以来，美国大学教师水平评估的基本理念是关于工作中的价值(merit)。“merit”或者“meritocracy”的原义本指比较难以量化的人的才干、能力和潜质，但是随着人们对“价值”可测量性的倚重，研究型大学中的“merit”也就越来越接近于“生产力”(productivity)的概念了。所谓教师“生产力”，霍普金斯(David Hopkins)认为，就是指“某机构把投入(包括劳动力和资金)转换为产出的方式”。鉴于高等教育的特殊性和复杂性，霍普金斯认为，教师生产力的测量因为许多投入和产出的“无形”性而相对困难些。[15]但即使如此，人们还是尽量试图通过如对教师活动研究、教学负担的研究来把产出和产出率与时间的分配联系起来，从而增加可测量性。麦道(Michael F. Middaugh)认为，教师生产力，首先就是根据对教师所做工作的界定和理解，确定他们工作时间多少和如何分配工作时间，并在此基础上进一步确定其所做的究竟是多少(How much)和究竟有多好(How well)的。[16]而所谓的“How much”其实就是一个最直接的“量”(quantity)的问题。在研究型大学中，这种“量”通常是以时间为单位来计算的，即工作量(workload)。狭义的工作量就是“指教师分配在教学以及其他活动上的小时总量”。[17]如哈佛各个学院(对教师的管理一般归属学院)对全职教师都有必须工作量规定。以肯尼迪政府学院为例，它规定教师必须在1年内完成一定的分数或点数(points，大致相当于4门标准课程，为期1学期)以及约占总量20%的兼职工作。许多不同的工作相互间可以进行点数折算，甚至教师如果承担研究或在其他院系兼职，可以买断部分点数。[18]工作量即点数与薪水、奖金(bonus)挂钩，而与个人的晋升以及其他奖励间一般没有太大的关联。因为大学多实行年薪制，不同岗位的薪金大致上是固定的，所以，在完成规定工作量的前提下，教师的回报多少(固定工资)通常与岗位级别相关，而与工作量超额多少、研究经费和发表成果多少等适度相关，即产出高者还可获得一定的奖励工资。不过有趣的是，也有众多美国的实证研究表明，美国研究型大学教师的收入高低与发表成果数量间存在正相关。“一个相当一致的分析结论是，在研究型大学中，学术研究成就是收入回报中的主要决定因素。在达到最基本水平的能力后，教学和服务对收入影响似乎很小”。[19]至于为何出现这种有趣的结论，其实原因很简单，因为高产出研究者往往更容易获得高职位，而职位高低才是真正影响收入的关键因素。

单纯从工作量(时间)的角度来分析，目前在几乎所有研究型大学，教师的教学与研究工作量基本持平，甚至教学比例稍高，如根据美国全国教育统计中心1992年统计，公立研究型大学全职教师的时间分配是教学为40.4%，研究31.5%；私立研究型大学两者比例则分别为34.6%和35.3%。[20]换言之，在工作量时间测算意义上，看起来，研究型大学中教师分别在教学与科研上的精力投入，大致平衡。如此看来“Publish-or-Perish”根本不成立。但真实情形果真如此吗？

其实，所谓“How much”，在研究型大学中只是一个教师履行岗位职责最低且必须的要求，它是大学报酬结构（reward structure）或制度（reward system）中的基本组成部分（收入分配制度），但它通常对教师仅具有保障和适度的激励意义（奖励工资），而真正最具有激励功能的是“How well”。如上所述，“How much”所关注的仅是教师所完成工作的“量”，而“How well”才关涉教师完成工作的“质”，即优劣问题。事实上，恰恰是关于这种在“量”基础上“质”的评定，才最终决定教师在学校所占有的稀缺资源的多少（“promotion”和“tenure”等，且间接地影响收入），甚至社会地位的高低以及其他声誉和名望等。意味深长的是，也正因为存在这种“质”而不是简单的工作量评定，“Publish-or-Perish”的潜规则才得以形成。

大学教师工作的“质”通常分为三个范畴：教学、研究和社会服务，其中主要体现在教学和研究两方面，因为教师社会服务所占权重较低，且其水平大多时候又依附于教师学术研究成就。那么，研究型大学究竟如何评价教学和研究的“质”？米勒（Richard Miller）认为，以下相对具体但又并不十分严格的晋升评价标准，在众多机构中已经被接纳并证明比较成功：讲师，通常要拥有 Ph. D. 或相当于 Ph. D. 的学位，有教学经验；助理教授，拥有 Ph. D. 或相当于 Ph. D. 的学位，通常要求在教学、研究和服务方面已经建立了声望，有一定学术研究成果发表；副教授，有相当数量的研究成果发表，并被同行视为表现优秀，在教学和其他专业服务方面也表现卓越：教授，应该在教学、研究和服务三方面非常杰出，有关研究成果应该非常出色，被国际和地区同行所认可。[21]大致分析以上标准，我们不难发现，虽然以上不同级别都提到教学业绩，但随着级别的递增，学术研究的能力和成就越来越被予以特别强调，而教学上的要求实际上越来越近乎是一种陪衬和点缀。

如此标准所导致的结果正如实际中所普遍看到的，在研究型大学中，往往等级越低的教师，如讲师（instructor or lecturer）和助理教授所承担的本科生教学任务越多，而知名的教授所开设的针对本科生的课程很少，甚至于，其教学对象大多面向研究生。而关于他们教学“质”的优劣评价，虽然所有高校无一例外地做出了高调的姿态，以显示其对教学的重视，但实际上无论是评价内容还是评价过程，对大多数人仅仅具有形式和过程意义。从20世纪70年代以来，教师教学评价内容和方法始终是美国大学争议最多的核心议题，但是直到今天，问题依旧没有解决。主要症结出在评价的实际操作层面上:大学教师教学个性化现象普遍,教学形式多样,不同课程学科间不存在可比性等,导致大学教学评价缺乏刚性统一的标准。故而,大多高校不得不采取最为简单的方法:学生课程结束问卷打分、同行评议、管理者评分。然而这种看似简单易行的方法,实际上却带来了更多问题。如刘易斯在调查中发现,大多评价都带有主观性以及敷衍、应付色彩(当然,也许正是因为其"主观性",所以人们才去应付,而有意思的是也似乎很少有大学把学生的评分与教师晋升挂钩,除非出现极端情况),如他调查中发现,大多被评价的教师多被给予"很好"(excellent)的等级。[22]显然,既然评价结果大都表现"不错"(nice)或"很好",这种评价对于教师晋升和选拔的价值也就大打折扣了,甚至仅仅成为一种例行性的程序或走过场。如此以来,更具有"客观性"的研究水平和实力,自然也就成为晋升和终身资格获取的重要依据了。

从 MIT 一段关于获得终身教职的政策文本分析中,我们不难体会到这一表面重视教学和研究平衡,实则更偏重"研究"的潜规则:"被授予终身教职的人员必须被经由本领域杰出的学者判定其为一流学者,且承诺继续献身于学问。终身职教员也必须在教学和大学服务方面表现突出,但是,教学和服务方面的表现是不足以构成获取终身教职的基础。"[23]

我们甚至不妨说,这里所谓的"一流学者",实际上就是一流的研究者。因为只有在研究而不是教学领域,不同机构学者之间才存在各种正式或非正式的交流(最常见的是通过发表成果方式),从而相互存在沟通和了解,进而在学术圈子形成影响,由此进一步提高学者在大学内部的地位。由于美国研究型大学教师流动性很大,学者一旦在学术界获得研究声誉,他们往往就成为众多大学猎取的目标,所以为留住人才,这些研究卓著的学者通常很快得到晋升。此外在研究型大学中,晋升和终身教职的评定大多由校内外该领域知名学者承担,这些学者往往对被评定者的研究成果印象深刻,关注被评审者的学术贡献、在圈子内的声誉和发展潜力。至于教学业绩很少被重视,故而研究平庸即使教学突出者也几乎得不到晋升和获得终身教职的机会。

一位学者在研究领域的声誉,即在研究上的"How well"首先表现为研究成果的数量,如发表论文和出版专著情况。如图克曼(Howard P. Tuckman)

等人在20世纪70年代的研究表明，即使在一般大学中，研究产出多少与个人晋升机会高度相关。如他通过对经济学学科领域的教师抽样研究发现，在获得副教授资格上，发表1篇论文的晋升概率仅为7.4%，而超过5篇后机会成倍增长，达到22%～55%，发表论文数量越多，晋升机会越高，在获得教授职位上亦然；[24]其次，是研究成果的质量，它也往往通过刊物级别、引用率多少和获奖情况等体现出来，即以大学外部的学术界认可为重要权衡指标。在此，无论是研究数量还是质量指标，显然都是可以具体量化并具有可操作性。这自然也是为何教学评价结果被漠视而研究被看重的主要原因之一。

总之，最终正是通过把研究的"How well"转换为量化的成就指标（而教学的"How well"除非是很成问题才会成为一个显著性的变量，否则基本不构成影响），"Publish-or-Perish"潜规则效应才得以实现。

（三）"Publish-or-Perish"：倍受争议的潜规则

"Publish-or-Perish"始终是倍受人们争议的一个潜规则。即使在研究型大学中，很少有管理者会公开倡导它，一些教师更是对其不以为然，甚至非常反感。多年来，美国众多对高校教师的调查研究表明，在关于哪些能力应该作为晋升和获终身教职资格的基本要求中，绝大多数人们都把教学能力列在第一位。如早在20世纪70年代有研究表明，在所有能力中，教学能力应是第一位，其次是学问（指个人的学养、学术视野和造诣，与研究能力相关，但不包含发表成果），第三位才是研究产出和发表成果。[25]进入80年代后，随着卡耐基教育基金会主导的反思本科生教学潮流的兴起，人们对研究型大学内部重研究轻教学倾向的质疑也曾一度达到一个新高潮。

然而，质疑声浪的迭起，不仅没有颠覆研究型大学中的这一潜规则，反而更印证了它在现实政策实践中的强势。以至于到今天，许多研究型大学中的本科生教学依旧类似于"鸡肋"，甚至被一些教师视为一种分散其精力而又不得不为之的"纷扰"。如20世纪90年代末，有人在对美国一所并不显赫的公立研究型大学进行实地调查研究中发现，与30年前年轻教师尚热衷于教学情形不同，如今年轻助理教授更热心于研究和获得资助，甚至把教学视为"该死的"的侵扰（to hell with teaching）。而实际结果也印证了垂青于研究所带来的"回报"，在极少专注于研究的8位副教授中,无人在合同期内得到晋升,相反,5位活跃的研究者全部获得全职教授职位。[26]

一般的公立研究型大学尚且如此,就遑论那些声名显赫的私立研究型大学了。实际上,所有著名研究型大学的教师选聘基本上都是以研究水准为先,其更为信奉由研究卓越者到学问家、再到名师这样的逻辑,而不是相反。为调动教师的教学热情,管理者也时常采取一些激励甚至刺激性的措施来试图校正人们的行为,但是,这种“校正”其实也仅是针对远离教学行为的“纠偏”,而不是根本性的制度调整。因为在最稀缺的终身职位分配上,研究突出、附带“不错的”、“过得去的”教学业绩,几乎成为研究型大学内部各方基本认可的“潜在”标准,它甚至比政策文本所阐释的显规则还更具威力和效力。

换言之,从道义角度而言,“Publish or-Perish”虽然在“政治正确性”和“一致同意原则”上依旧存有争议,但是,作为一个潜规则,我们却无法否认它在研究型大学内部存在的合理性。在某种程度上,我们甚至可以认为,没有“Publish-or-Perish”,也就很难说会有美国特色的研究型大学模式,有美国最为独特的高等教育分工系统(研究型大学主研究、一般综合性大学教学和研究兼顾、文理学院主教学、社区学院主教学和培训),以及学术劳动力依照机构的分工和分层进行合理分流的机制。在这一点上,甚至许多美国人也认为,最好的教学教授未必在名牌大学,而可能是在独立的小型文理学院中。进而言之,美国研究型大学中的“Publish-or-Perish”潜规则,并非是制度缺失而引起的功能异化,也未必是一种负功能,而毋宁说是显规则有意无意配合的产物,如对教师教学评估虽有时间上(How much)的刚性要求,却无界定严格、清晰的质量标准和要求。但是,不可否认,过于垂青于研究,也不可避免地带来众多的负效应,如教师越来越倾向于为“发表”而研究,不仅教学,而且传统的为知识而求知、满足好奇心、研究的利他主义等精神日益淡漠。

近年来,我国部分大学教师评估和晋升政策中多少出现了“Publish-or-Perish”的倾向,并由此在学术界带来了一片质疑之声。在此,笔者认为,对极少数大学而言,“Publish-or-Perish”体现了其评估和晋升政策中对研究的偏重,这无可厚非,但需要注意的是,重研究取向并不等于研究至上,至少在制度层面上需要注意教学与研究上的相对平衡;其次,“Publish”并不意味着仅注重发表成果“数量”而漠视质量，这是另外一个重要的议题，限于篇幅这里不再展开；第三，教师评估和晋升政策取向是与大学自身的分类定位联系在一起的，在我国众多以本科生教学为教师主导性工作的机构，无论“Publish-or-Perish”是显规则还是潜规则，其结果都会导致政策功能异化甚至恶化；另外，需要说明的是，“Publish-or-Perish”锁定的对象，实际上是初出茅庐的非终身制教员，而不是那些已经功成名就的终身制副教授和教授。这种近乎残酷的制度，的确有其积极意义所在：即它至少使得许多学术新人出于能力或者信心上的考虑而不得不对选择研究型大学教职有所顾忌，因而选择向下流动，这无疑有利于一个合理分工的学术劳动力市场的形成。但是，不可否认，它又势必引发教师研究过程中的短视效应，这对于一些潜心于长远性、基础性研究的学者会带来负面影响。

最后，“Publish-or-Perish”虽然是潜规则，但是，这一潜规则的运作结果需经得起阳光的曝晒。由于在大环境上，美国学术界已经基本形成了一系列比较完善、相对透明的学术制度和规范，所以，“Publish-or-Perish”基本能够达到拒绝平庸，抑制怠惰，消除学术“泡沫”，戒绝亲缘、私人交情和权力介入的制度效应。因而正如我们所看到的，惟有那些被圈内人公认的才华出众且勤勤恳恳的学术精英方能在研究型大学立足。简言之，在美国，这一潜规则的运作过程基本是公平的，即使存在操作的空间，也极少有人敢有所动作，因为“publish”是公开的，学术界自有其内部认可标准（虽然带有民间性），否则，参与者无论是个人和委员会不仅要面对可能爆出的“丑闻”缠身，而且还可能面临遭不公正待遇者的起诉。进而言之，“Publish-or-perish”能够在美国研究型大学中流行，离不开学术界整体相对透明的环境和成熟制度的支持，因为不当提升或辞掉一人都有可能败坏机构声誉。反之，如果学术界本来就缺乏基本的透明甚至丧失了基本的整体性公平，大学内部一切由行政以及学术官员主导，而共同体和机构内部缺乏合理的真正基于“学术标准”的认可机制以及学者的学术道德自觉，则一切就另当别论了。所以，至少在目前我国学术界大环境亟待优化，甚至一些显性制度以及与人员流动相配套的制度尚待完善的前提下，我们不宜盲目跟从美国研究型大学这种取向。正如我们已经看到的某些情形，学术界一系列急功近利的非常态行为应足以引起我们的警惕。

参考文献：

[1][3][4][5] Lionel S. Lewis. Scaling the Ivory Tower：Merit and Its Limits in Academic Careers[M]. Maryland：The Johns Hopkins University Press，1975：9—11,27,7—8.

[2] Modern Language Association(MLA)：Meritocracy. Wikipedia the free encyclopedia. [EB/OL]. [2007-07-31]. http://www.reference.com/browse/wiki/Meritocracy.

[6] Financial Administration of Harvard Universities. Financial Report to the Board of Overseers of Harvard College：Fiscal Year 2005—2006[EB/OL]. [2007-08-01]. http://vpf-web.harvard.edu/annualfinancial.

[7] Financial Data. Fiscal Year 2006，Operational Revenues [EB/OL]. [2007-08-01]. http://web.mit.edu/facts/financial.html.

[8][10][12][22] Linoel S. Lewis. Marginal Worth：Teaching and Academic Labor Market. [M]. New Jersey：Transaction Publishers，1996：51—52,52—53,133.

[9] 爱德华·希尔斯著.李家永译.学术的秩序：当代大学论文集[M].北京：商务印书馆，2007：23.

[11] Elka Jones. Beyond Supply and Demand：Assessing the Ph. D. Job Market：The Path Travelled by Ph. D Students and Workers Promise Challenge and Reward in Varying Degree[J]. Occupational Outlook Quarterly，2002(4).

[13][21] Richard Miller. Evaluating Faculty for Promotion and Tenure [M]. California：Jossey-bassInc，1987：49,93—94.

[14][16][20] Michael F. Middaugh. Understanding Faculty Productivity：Standards and Benchmarks for Colleges and Universities[M]. California：Jossey-Bass Publishers，2001：9,10—24,15.

[15][19] Edited by William G. Tierney，Faculty Productivity：Facts，Fictions，and Issues[M]. London：Falmer Press 1999：18—19,160.

[17] Harold E. Yuker. Faculty Workload：Research，Theory，and

Interpretation[M]. Virginia: ASHE, 1984:1.

[18] Harvard University Office of the Provost. Faculty Guidebooks [EB/OL]. [2007-08-18]. http://www.faculty.harvard.edu/02/0211.html.

[23] MIT. Policies and Procedures: A Guide for Faculty and Staff Members[EB/OL]. [2007-08-27]. http://web.mit.edu/policies/index.html.

[24] Howard P. Tuckman, Robert P. Hagemann. An Analysis of the Reward Structure in Two Disciplines[J]. The Journal of Higher Education, 1976,47(4).

[25] Marvin A. Jolson. Criteria for Promotion and Tenure: A Faculty View[J]. The Academy of Management Journal, 1974,17(1).

[26] Robert C. Serow. Research and Teaching at a Research University [J],Higher Education, 2000,40(4).

（本文发表于《比较教育研究》2009年第2期。作者阎光才，时属单位为华东师范大学高等教育研究所）

三、美国研究型大学跨学科研究中心与大学创新力的发展
——基于制度创新视角的分析

美国研究型大学跨学科研究中心的建立是应现代科学发展高度综合化的要求而产生的，它对促进知识创新，推动大学创新力的发展具有重要作用。跨学科研究中心作为当代大学制度创新的一个具体体现，具有其内在的因素：知识发展的要求、大学作为组织在社会经济发展中的作用、大学内在组织变迁需求等。美国研究型大学正是通过不断的制度创新，推动了知识创新和大学创新力的发展。其中，跨学科研究中心对促进大学创新力的发展具有重要作用。

（一）跨学科研究中心的建立

对于跨学科制度（interdisciplinarity）的概念，克莱恩（Julie Thompson Klein）认为，"跨学科"一词是指学科间互借互换、合作解决问题和保持独立分割的学科之间的沟通桥梁等一系列活动。贝彻（Tony Becher）针对目前各个学科纷纷建立起自己的边界，走向不断的分割状况，极力主张实施跨学科战略，以跨越传统的学科分界，最终实现知识的统一。[1]现代跨学科制度在美国高等教育领域的发展始于20世纪20年代。20世纪三四十年代，地区研究和美国研究这两个领域被认为是跨学科研究（interdisciplinary research，IDR）出现的标志。20世纪80年代，在美国的大学中还出现了一些私人研究小组，如加州大学伯克利分校、莱斯大学、康乃尔大学等都成立了类似的研究小组，很多研究小组成为了极有影响的跨学科知识生产基地。[2]跨学科研究是一种独特的协作研

究方式，是一种密切联系实际的研究活动，为促进科学合作和技术服务提供各种机会。[3]在美国研究型大学中，跨学科研究更为普遍的表现形式是建立各种跨学科研究中心。

盖戈(Roger L. Geiger)从系的组织方式的局限性角度，说明知识的发展要求通过跨学科的组织形式进行研究，并提出了在大学中建立"有组织的研究单位"(organized research units, ORUs)的主张，以适应一些由于规模、时间和目标等而不适宜在系结构中进行的研究形式。ORUs能够进行系所不能进行的研究，能够使大学扩大选择研究问题的范围，而不影响学术系的基本教学任务。这类机构是由来自不同专门研究领域的研究人员组成，还包括一些非科学家人员，并发展出自己的评价标准、声望结构和职业模式。[4]这种研究组织形式通过跨学科研究满足知识发展的要求，在具有克服系的保守性特点的同时，也将社会需求和大学外部资源与大学密切联系在一起。跨学科研究中心强调以某学科的带头人为核心，形成优势互补的学者团队，是一个集约化的知识生产组织。跨学科研究中心的建立是知识生产方式的创新，也是美国研究型大学制度的创新，有利于促进知识创新，有利于促进大学创新力的发展。

(二) 跨学科研究中心与大学知识生产方式创新

美国研究型大学进行着各种各样的活动以营造跨学科语境，促进跨学科制度的建立，并推动知识生产方式的创新。爱默雷大学(Emory University)通过举办鲁斯讲座(Luce Seminar)这一跨学科交流项目，促使教师在广泛的领域内进行深层次的跨学科对话，以寻求一种进行知识交流的机制，实现不同领域之间知识整合的目的。讲座提高了参与者的学术工作(教学、科研和服务)水平，拓宽了参与者跨学科的互动领域，促使参与者在个人的学术努力和大学的使命之间寻求平衡。[5]约翰·海厄姆(John Higham)曾将跨学科制度描述为"住在房间里的人在房门紧闭的情况下，从敞开的窗户里探出身去，与周围邻居愉快地交谈"。[6]事实上，美国研究型大学跨学科研究中心的实践已经远远超出了仅仅是探出身去与周围邻居愉快交谈的现状，更深入的交流与融合不仅成为新知识产生和新研究领域出现的重要源泉，而且也成为知识生产和科技创新的重要途径。哈佛大学肯尼迪公共管理学院(John F. Kennedy School of

Govemment)的“全球环境评估项目”(the Global Environmental Assessment Project)研究中心尝试在科学研究、政策研究和国际关系等当代理论框架中进行研究方法的创新和对研究结果进行全新解释。同时，这个项目中心还通过各种途径确保研究结果能纳入实际的政策考虑范畴，能够通过不同渠道将实践者、客户和学者集聚在一起，进行观念和经验的交流与沟通，在促进科学研究成果倍出的同时，推动全球环境问题的解决。该中心在全球环境评估方面的研究成果卓著，受到来自全球的学者和许多组织机构的重视。其研究成果从全球的视野，应用多学科的理论框架和研究方法，对政治权威、政府治理、实际决策以及国际关系等与全球环境评估等问题之间的关系进行探讨，极大地推动了全球环境问题研究。

美国研究型大学的发展轨迹是一个不断进行制度创新的历程。美国大学最初是以英国大学为模版建立起来的，继承了古典大学的传统。19 世纪，美国大学汲取德国大学科研和教学并重的理念，又一次实现了制度创新。20 世纪 30、40 年代以来，美国研究型大学又在德国模式的基础上，引入了企业的制度，突破了德国大学制度中的学科封闭性和组织封闭性，形成一种大规模和高效率的知识生产模式。通过建立跨学科研究中心，美国大学制度在一定程度上实现了知识的社会化大生产和流通。这是人类知识生产力的进一步解放，[7]也是研究型大学创新力发展重要动力来源之一。

(三) 跨学科研究中心与大学资源整合途径创新

作为一种超越系和学院层次的研究组织形式，跨学科研究中心有效地提高了高等教育资源的利用率，有利于资源的优化整合，实现了大学资源整合途径创新。

1. 跨学科研究中心与人力资源整合途径创新

跨学科研究中心是由来自多个学院、系的教师和学生以及来自大学以外的研究人员所组成的、独立设置的正规学术常务机构，直接向常务副校长办公室汇报，监管人一般为常务副校长或负责研究的副校长，存在于有组织的学院或系之外，有利于整合大学内部、大学之间以及大学与社会之间的人力资源，进行重大科学研究项目的攻关。

加利福尼亚大学的跨学科研究中心和组织一律统称为"有组织的研究单位"(ORU)。加州大学的有组织研究单位包括由一群跨学科教师和学生组成的研究群体,可以设立于一个分校中也可以分布在加州大学不同校园中。这类机构的建立和解散由加州大学校长负责,并要征求各分校校长和学术评议会的同意。加州大学校长要将对 ORU 的任何重组活动汇报给加州大学董事会。ORU 要接受定期评估。ORU 的主要学术负责人是一名具有终身教授职位的教师,其他事务可由校长特别授权。每个分校内部的 ORU 主任由各分校校长指定,整个大学范围内的 ORU 主任由加州大学校长指定。大学制定和规范此类机构的建立、资助、运作和评估的规则。建立此类机构的目标是服务于大学的总体目标,强调由教师所进行的跨学科项目的研究和教学。同时,它也为学生提供研究生和博士后研究的机会、设备和帮助。ORU 的研究内容应重视应用研究和能够解决目前实际问题的研究,要有别于目前已有系的研究内容,避免建立重复性机构。每个 ORU 都要为其他校园的教师提供应用设施的便利条件。各 ORU 的财政资助既可以来自大学,也可以寻求外部资助。ORU 不为教师提供财政资助,也不授予任何学术职位,但这些教师的工作应在各系里得到认可。[8]加州大学的 ORU 虽然名称各异,有的称为"研究所"(Institute)、有的称为"实验室"(Laboratory)、有的称为"中心"(Center),但都具有跨学科研究性质。以加州大学伯克利分校的运输研究所(the Institute of Transportation Studies)为例,来自不同学科领域的研究人员在这个中心从事跨学科的研究工作。目前,这个研究所已经成为一个由对运输各个方面感兴趣的研究人员组成的多样化的大规模共同体。从在运输方面的技术进步,到运输对社会和环境的影响等,囊括了多方面的内容。每年研究所项目的研究资金高达 2 000 万美元,这在大学所有的研究机构和系中,属于资金最为充足的机构之一。该研究所中有 200 多名教师、研究人员和 100 多名研究生。作为一个跨学科研究机构,研究所进行的研究项目都是由来自不同学科的研究人员共同合作进行,有效整合了各方面的人力资源。

跨学科研究中心在其各自设定的研究领域内打破学院、系和学科界限,采用研究团队自组、研究项目自选、学者牵头的方式开展研究,并有技术平台作支撑。哈佛大学的全球环境评估研究中心是由 50 多名高级学者、博士后研究人员以及来自自然科学、社会科学和政策科学领域的学生组成的研究和培训中心。此外,该中心还将研究和培训延伸到大学和学术界以外,组织50多位来自环境评估领域的实践者和管理者进行研讨,发表了40多份工作报告,其中很多报告在同行评议的期刊上发表。

2. 跨学科研究中心与大学物质资源整合途径创新

跨学科研究中心的物质资源整合途径创新主要体现在两个方面:一是资金来源的多样化以及对不同来源的资金进行有效整合;二是对各种实验设备的利用和有效整合。跨学科研究中心的资源具有资金来源多样化的特点。如,斯坦福大学的卡弗里粒子物理、天体物理和宇宙学研究所(KIPAC)由大学、美国能源部以及弗莱德·卡弗里和卡弗里基金会资助。基金会成为资助跨学科研究中心的重要机构。1920年至1930年间,美国一些大的基金会,如洛克菲勒基金会(Rockefeller Foundation)就开始资助研究型大学中的跨学科研究。[9]建立于1998年的斯坦福Bio-X跨学科研究中心主要由基金会资助。凯克基金会(W. M. Keck Foundation)非常支持跨学科研究。如,2004年在该基金会资助下,依利诺伊大学香槟分校出资120万美元建立了跨学科研究项目,研究脑损伤和脑疾病问题。同样,加州大学伯克利分校的运输研究所获得来自基金会、联邦政府和州政府、汽车制造商的资助。哈佛大学肯尼迪公共管理学院的"全球环境评估项目"研究中心主要是由美国国家科学基金提供资助。此外,国家海洋和大气全球项目管理办公室、能源部、国家航空航天局等部门也对它提供资助。这些跨学科研究中心统一支配所有资源,不受大学中各个系和学院的限制,使资金充分发挥其效用。充足的、多样化的资金来源使这些跨学科研究中心能够有稳定的资金保障,进行跨学科研究,实现知识创新。此外,跨学科研究中心的建立提高了大学以及大学之间的资源和设备的利用率。跨学科研究中心通过对大学内部不同学院、系的设备的利用,实现大学内部物质资源的整合。大学之间的跨学科研究中心也以跨学科研究作为纽带,共享了不同大学中的实验室和各种设备,充分提高了设备的利用率。

3. 跨学科研究中心与大学管理资源整合途径创新

跨学科研究中心在管理上突破了传统的院、系管理束缚,具有较大的灵活性。跨学科研究中心一般都是直接对主管教学的副校长负责,不挂靠到某一学

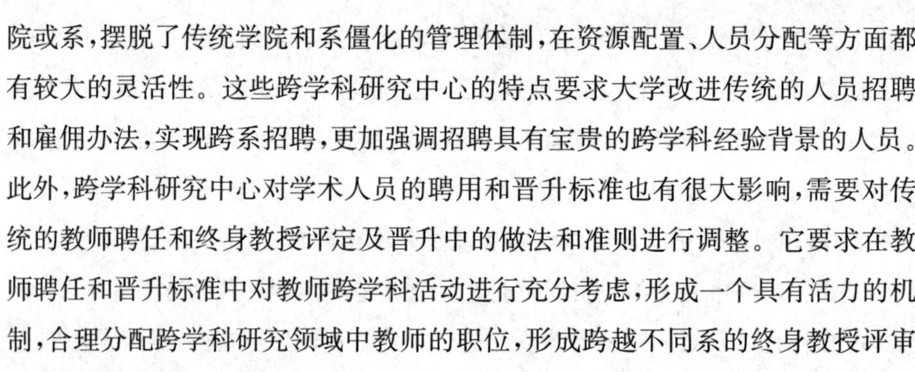

院或系，摆脱了传统学院和系僵化的管理体制，在资源配置、人员分配等方面都有较大的灵活性。这些跨学科研究中心的特点要求大学改进传统的人员招聘和雇佣办法，实现跨系招聘，更加强调招聘具有宝贵的跨学科经验背景的人员。此外，跨学科研究中心对学术人员的聘用和晋升标准也有很大影响，需要对传统的教师聘任和终身教授评定及晋升中的做法和准则进行调整。它要求在教师聘任和晋升标准中对教师跨学科活动进行充分考虑，形成一个具有活力的机制，合理分配跨学科研究领域中教师的职位，形成跨越不同系的终身教授评审和晋升机制。

跨学科研究中心大多采用多样化的激励措施，从而使内部成员的主观能动性得到更大程度的发挥。其中普遍的做法是发放奖金和提供实践机会，哈佛大学国际发展研究中心(Center for International Development)在这一点上做得较为突出。针对学者的激励措施有提供开拓创新奖、初级科研补助、合作研究奖、研讨奖和机动性的小补助等五项，面向正、副教授和博士生、助教等各个级别的研究学者。此外，还提供很多机会，鼓励博士后、研究生以及优秀本科生加入中心的学术队伍。哈佛大学还设立了专门的"教师合作校长基金"(Provost's Fund for Interfaculty Collaboration)，鼓励教师进行跨学科交流和研究。资金主要提供给哈佛大学具有助理教授、副教授和正教授职称的教师，合作教师必须来自两个不同的学院。此外，还向一些来自哈佛大学以外的教师提供类似资助。资助的金额为每年25 000美元，作为种子基金。由于跨学科研究中心的人员来自不同学科，人员的层次组成也是按照跨学科研究项目的需要进行组织协调，不存在所谓的"学术权威"。所有人员通力合作，对共同的跨学科研究项目进行攻关，有利于来自不同学科的学者和研究人员打破学科壁垒，走出学科的偏狭视阈，形成开阔的学术胸襟，促使学者产生思维和研究方法的突破，实现科学创新。这无疑会极大地推动科学研究的创新，对大学创新力的发展具有极大的促进作用。

(四) 跨学科研究中心与大学评价方式创新

这里所涉及的评价包括对跨学科研究中心项目的评估以及对在跨学科研究中心工作的教师的评估。目前评估跨学科项目的过程尚不完善，应该吸引具有跨学科研究经验的专家参加评估，而不仅仅限于单一学科的专家。在对跨学科研究中心的评估中，需要相应的内部评估和外部评估。在外部评估中，要求评估委员会中有来自研究中心研究成果的应用者，比如企业界人士、政府人士和政策制定者。在评估中为了应对跨学科研究的复杂性，评估关注两方面质量机制：一是核心学科和相关学科专家专业知识的精深度，二是完成跨学科研究的过程。评审还对跨学科研究中心的新知识生产能力进行评估，以帮助这类中心确定新的发展战略和研究方向。内部评估即各研究型大学对研究中心的自我评估。自我评估一般包括以下方面：[10]（1）中心的特点。具体涵盖中心的使命、正式合作和相关的附属机构；（2）领导力。包括组织结构、研究项目清单和各项目领导者；（3）研究战略。包括组织背景、短期和长期计划；（4）资源和基金。包括财政状况、研究合同、职业生涯计划和人员流动；（5）研究支持过程。包括团队工作、指导博士生人数、质量保证等；（6）声望。主要表现在引证率、获得奖项和奖励等。此外，大学还对这些跨学科研究中心的学生培养状况进行评估。这些都与传统上大学对系和学院的评估有所不同，是对传统评价方式的创新。

传统的同行评议方式已经不再适用于跨学科背景中的人员评估。由于跨学科研究中心涉及多个学科以及多学科的专家，打破了专业界限，需要对教师跨学科研究成果的评价方式和理念进行突破，形成全新的评价方式，实现对教师跨学科研究成果的科学评价。在评价中要考虑以下一些因素：（1）在跨学科研究中心工作的教师是否在从事高质量的跨学科研究工作；（2）教师所从事的研究议题是否是在其母学科中所不能解决的问题；（3）教师是否拓展了其研究领域和寻找到了新的研究方向；（4）教师在各自的研究工作中能否涵纳来自其他学科的学生和学者；（5）是否参与了新的亚研究领域的建设；（6）是否让跨学科研究中心的学生融合了不同学科的知识；（7）是否参与了多学科咨询和评审委员会；（8）是否接受其所在系、学院的多学科评审委员会的评审；（9）跨学科研究中心的教师的工作是否得到认可；（10）是否受到其学科领域以外的邀请，讲解其跨学科研究成果。

(五) 跨学科研究中心与大学科研成果的转化机制创新

研究型大学的科研成果一般都是通过大学的科研成果转化办公室之类的机构进行的,程序比较复杂,转化的时间较慢。在大学中建立跨学科研究中心打破了僵化的学科和学院结构,将大学内部以及大学以外的学者聚集在一起,研究跨学科的问题。这些跨学科研究中心是将大学与工业领域中的需求联系起来的一个有效的制度形式。跨学科研究中心的研究人员面对同一个问题,进行协作研究,这种研究方式是应用技术研究的最佳模式之一。通过大学、企业、国家实验室等多方的合作,形成了科研成果转化机制的创新,其研究成果很容易实现科研成果的转化,直接为社会和企业服务。同时,这些跨学科研究中心也直接进行应用技术研究,直接为企业服务。此外,跨学科研究中心最有利于培养跨学科领域的博士生。不少跨学科研究中心直接与用户挂钩,提供了建立网络的机会,提供了跨学科能力的培训和氛围,在这样的跨学科研究中心里培养的博士研究生具有很强的跨学科能力,并能够将社会和企业的实际需求与其学习和研究密切联系在一起,成为促进科研成果转化的重要力量。

参考文献:

[1] Tony Becher. Interdisciplinarity and Community in Ronald Barnett. EDs. Discourse or Discord? [M]. London & Bristol: Jessica Kingsley Publishers, 1994:55.

[2][6](美)朱丽·汤普森·克莱恩. 跨越边界:知识、学科、学科互涉[M]. 南京:南京大学出版社,2005:31—32,23.

[3] 刘仲林. 跨学科导论[M]. 杭州:浙江教育出版社,1990:126.

[4] Tony Becher, Paul R. Trowler. Academic Tribes and Territories: Intellectual Enquiry and the Culture of Disciplines[M]. London&New York: The Society of Research into Higher Education&Open University Press, 2001:167—168.

[5] Susan H. Frost, Paul M. Jean. Bridging the Disciplines:

Interdisciplinary Discourse and Faculty Scholarship [J]. The Journal of Higher Education, 2003,74(2):119—149.

[7] 罗燕. 国家危机中的大学制度创新——"世界一流大学"的本质[J]. 清华大学教育研究,2005(5):36—41.

[8] University of California. Policy document [EB/OL]. [2006-12-12]. http://www.universityofcalifornia.edu/regents/policies/6075.html.

[9] Roger L. Geiger. To Advance Knowledge: The Growth of American Research Universities, 1900—1940 [M]. New York & Oxford: Oxford University Press, 1986:157—158.

[10] Committee on Facilitation Interdisciplinary Research, Committee on Science, Engineering, and Public Policy. Facilitating Interdisciplinary Research [EB/OL]. [2008-05-16]. http://www.nap.edu/catalog/11153.html.

(本文发表于《比较教育研究》2008 年第 9 期。作者耿益群,时属单位为中国传媒大学高等教育研究所)

四、美国著名大学院校研究机构解读

现代大学已经逐渐演变为“多元化巨型大学”，管理活动也愈发复杂。因此，现代大学的管理者和决策者需要一个“智囊团”为其提供关于管理、决策等方面的咨询服务。这一任务交给了院校研究。而院校研究的制度化则为履行其职能提供了有力保障。院校研究制度化的显著特征就是各高校设立院校研究机构，聘用专业的工作人员等。美国大学发展之所以迅速与其大学的院校研究不无关系，这也是当今美国几乎每一所大学都设有院校研究办公室或相应机构的重要原因。[1]研究美国大学尤其是著名大学的院校研究机构，对我国高等教育的改革和发展具有重要的现实意义。

(一) 美国大学院校研究机构设置的背景[2]

院校研究机构在美国大学的普遍设立绝非偶然，而是经历了一个发展过程。20世纪以来尤其是美国高等教育进入大众化阶段之后，人们对高等教育的关注也日益增加。政府部门在投入资金支持高等教育发展的同时也在加强对高等教育的控制，并对高等学校提出了“效率”和“质量”的要求。同时，随着美国高等教育领域中的“院校调查运动”和高等教育领域中的“科学管理理论”的变革，美国高等学校的管理从“经验型”向“科学型”转变。在此背景下，美国的各级政府也开展了“院校调查”。联邦政府和州政府首先要求所有的公立高校进行“自我调查”(self-survey)，随后开始了对全国或本州、本地的高校的普查。这一时期，还出现了各种民间的认证机构，定期开展院校认证和专业认证。在这种情况下，美国高校也被卷入了这场运动。为了应对外部的调查和认证，部分大学开始设立了从事院校“自我调查”的专职岗位。在进行调查和认证的过程中，一些高校也意识到自己的管理问题。出于改进教学工作和提高管理效率的需要，一些高校开始设立专门的机构开展相应的专题研究。1924 年，明尼苏达大学成立了一个专门的“教育研究委员会”。此后，密歇根等著名大学也相继成立了专门研究机构以进行“自我研究”。随着“院校研究”这一名词的出现，1947 年，明尼苏达大学也把原来的机构更名为“院校研究办公室”（Office of Institutional Research）。二战后，美国高等教育进入发展的“黄金时期”，高等学校数量和入学人数急遽增加，大学的规模不断扩大，校园面积不断增加，课程和管理问题也日趋复杂。与此同时，美国政府对大学的控制也有所加强。这一时期，美国的高等教育认证制度也日趋完善起来。所有这些外部因素，不仅直接地改变了美国传统高等学校的办学思想和管理结构，而且还直接刺激了学院和大学有组织的院校研究活动的制度化。因此，许多大学纷纷设立专门的院校研究机构。到 1965 年，已经有 115 所大学设有专门的“院校研究室”，尽管刚开始时院校研究机构的规模较小，但还是得到了校长们的重视。

20 世纪 70 年代中期至 80 年代末，美国高等教育走向调整期，规模扩张不再是美国高等教育的主要特征，美国高等教育开始把战略重点转向质量。美国大学的院校研究机构在这一时期有了较大的发展，院校研究机构的职责也逐渐扩大到政策分析和战略规划等领域。20 世纪 90 年代以来，美国高等教育的规模继续扩大，高等教育面临的新问题是“生源竞争”和“说明责任”。美国大学的院校研究机构对高等教育的外部环境变化格外关注，战略规划也逐渐成为院校研究的一个重点课题。相应的，美国大学的院校研究机构也得到了更大的发展。现在，几乎每一所高校都设有专门的院校研究机构，为本校的改革和发展服务。

（二）美国著名大学院校研究机构分析

我们以 2006 年的《美国新闻与世界报道》中的“Top National Universities”为参照物，选取了排名前 50 名的 10 所公私立大学（其中私立 6 所，公立 4 所），并以这些学校的院校研究机构为研究对象，对美国著名大学的院校研究机构作详细的探究。

1. 美国著名大学院校研究机构设置的情况

通过查阅这10所大学的网站，现将这10所大学的院校研究机构设置的基本情况整理如下，详见表1。

表1 美国10所著名大学院校研究机构设置情况

学校	院校研究机构名称
哈佛大学	预算、财政规划与院校研究办公室(Office of Budgets, Financial Planning and Institutional Research)
麻省理工学院	院校研究部门(Institutional Research Section，属于教务长办公室Office of the Provost下的一个部门)
耶鲁大学	院校研究办公室(Office of Institutional Research)
康奈尔大学	规划与预算部(Division of Planning and Budget)
哥伦比亚大学	规划与院校研究办公室(Office of Planning and Institutional Research)
宾夕法尼亚大学	院校研究与分析办公室(Office of Institutional Research and Analysis)
加州伯克利大学	规划与分析办公室(Office of Planning and Analysis)
加州洛杉矶大学	财政与预算办公室(Office of Finance and Budget)
密歇根大学	预算与规划办公室(Office of Budget and Planning)
弗吉尼亚大学	院校评估与研究办公室(Office of Institutional Assessment and Studies)

注：1. 前6所为私立大学，后4所为公立大学。

2. 康奈尔大学的院校研究机构——规划与预算部下设五个部门：预算办公室(University Budget Office)、资金预算和空间规划办公室(Office of Capital Budget and Space Planning)、院校规划与评估办公室(Office of Institutional Planning and Assessment)、院校研究与规划办公室(Office of Institutional Research and Planning)、规划信息与政策分析部(Department of Planning Information and Policy Analysis)。加州洛杉矶大学的院校研究机构——财政与预算办公室设四个办公室：学术规划与预算办公室(Office of Academic Planning and Budget)、分析与信息管理办公室(Office of Analysis & Information Management)、空间管理与分析办公室(Office of Space Management & Analysis)、审计与咨询服务办公室(Office of Audit & Advisory Services)。

资料来源：各大学网站

可以看出，虽然各大学都设有相应的院校研究机构，但由于院校研究机构主要是针对本校的实际情况而言。因此，这些学校的院校研究机构无论从名称上，还是从具体的组织机构设置上都有所差异。就组织机构设置而言，有的院校研究机构是某一个学校办公室下的一个小部门，如麻省理工学院的院校研究部门就设在学校的教务长办公室下面；而有的院校研究机构由于承担的职责较多，因而较为综合，如康奈尔大学和加州洛杉矶大学的院校研究机构分别设有5个和4个下属部门。

2. 美国著名大学院校研究机构的职责范围

高等教育发展内外环境的变化需要院校研究机构承担一定的职责，为学校管理者和决策者提供有效的信息支持。虽然各大学院校研究机构的具体职责有所不同。但是，它们都是紧密结合本校的实际状况进行研究和工作。我们可以概括出院校研究的基本内容：(1) 数据收集与分析，包括对学生、教职员工等数据的收集与分析工作、学校的财政预算、为学校所在的社区提供数据支持等。(2) 专题研究，包括学生事务研究、教师事务研究和一些专题研究等。(3) 政策分析，包括学生政策分析、教职工政策分析等。(4) 战略规划，包括学校整体发展规划、院系发展规划、学科发展规划、校园发展规划等。(5) 评估工作，包括对学校办学效益的评估、学生学业成就评估、大学的教学科研评估等。

综上所述，各大学的院校研究机构都能为学校的决策者和管理者提供有效的信息，以促进学校管理的科学化。对管理而言，信息是决策的依据，是管理的基础。[3]因此，院校研究机构首先要承担学校的数据信息工作，同时进行必要的数据分析，以掌握学校的问题与不足。随着大学内外环境的发展变化，政策分析和战略规划等工作也被纳入到院校研究机构的职责范围。同时院校研究者也会针对一些问题进行专题研究，如学生事务研究、教师事务研究等，以更好地为学校的决策咨询服务，从而推进学校的改革和发展。20世纪80年代以来，美国高校逐渐被认为是一个战略组织，为满足学校生存和发展的需求，战略规划逐渐成为院校研究的一项重要内容。与此同时，随着美国高等教育问责制度(Accountability)的发展和逐步完善，大学也承担越来越多的社会责任，美国高校的重心也开始转移到质量和效益上来，为应对外部不断增加的“说明责任”的压力，评估工作也日益受到院校研究者的重视。

3. 美国著名大学院校研究机构的组织管理

美国的院校研究机构已经内化为美国高校内部的一种“制度设计”。这种制度设计为院校研究能够在高等学校管理与发展中发挥作用提供了必要的体制保证。[4]在这种制度设计中，对其组织管理进行分析尤为必要。

通过查阅这10所著名大学的网站，我们可以发现，这些院校研究办公室基本上是直接向负责学术事务或主管财政的副校长汇报工作，这也意味着院校研究从一开始就是作为高等学校一个重要的管理功能而定位的。[5]由于院校研究办公室直接向副校长负责，因此他们在开展工作时能够很好地得到其他部门的支持。

4. 美国著名大学院校研究机构的工作人员情况

人是组织机构中最为核心的因素。组织的功能履行得如何最终取决于人。由于院校研究的特殊性，在院校研究中，除了强调院校研究工作人员的教育背景之外，其工作背景也是不容忽视的。同时，院校研究工作人员数量的多少和人员配置情况对院校研究工作的开展也会产生很重要的影响。

(1) 美国著名大学院校研究工作人员的专业素养

院校研究能否发挥出应有的作用，在很大程度上取决于院校研究者的专业素质和水平。我们以弗吉尼亚大学院校研究机构人员的教育背景为例，来说明他们所受的科研训练情况。在弗吉尼亚大学院校研究机构工作的9名工作人员中(其中1人的教育背景不明，因此在下面的数据分析中，都按8人来算)，获得博士学位或正在攻读博士学位的有3人，占总数的37.5%(3/8)；获得硕士学位的有2人，占总数的25%(2/8)；获得学士学位的有3人，占总数的37.5%(3/8)。从他们获得学位的学科分布情况来看，以社会科学居多，自然科学较少。从另外一个角度来看，他们所获得的学位不少是从世界著名大学中获得的。这很好地保证了他们在从事院校研究的过程中所必备的科研素养。

作为一个特殊的研究领域，院校研究对其从业者的素质和能力也提出了一定的要求。弗吉尼亚大学9名工作人员中，获得过统计或测量方面学位的人数就占到总数的三分之一(3/9)。由于数据工作是院校研究的奠基石，因此，需要相当的人员具备数据统计与分析的能力。另外，由于院校研究是针对本校实际工作的研究，因此在进行院校研究的过程中需要对本校的情况十分熟悉。8人中有5人在弗吉尼亚大学获得过各种学位。有三人在弗吉尼亚大学的院校研究办公室工作超过20年，有3人的工作经历接近10年。这些都保证了院校研究工作人员对学校的各种情况做到相当熟悉，因此他们进行起院校研究来也显得从容不迫、游刃有余。

可以看出,美国著名大学的院校研究机构的工作人员都具有相当程度的专业素养和能力,以保证他们能够顺利地开展院校研究工作。

(2) 美国著名大学院校研究机构工作人员规模

进行院校研究,必须依托于一定规模的专业人员。下面我们来具体分析一下美国著名大学院校研究机构的人员规模情况。(见表 2)

表 2 10 所美国著名大学院校研究机构的工作人员数量与学生规模

学校	工作人员数	学生规模	学校	工作人员数	学生规模
哈佛大学	20	19 404	宾夕法尼亚大学	6	21 622
麻省理工学院	6	10 320	加州伯克利大学	12	32 723
耶鲁大学	5	11 282	加州洛杉矶大学	32	38 598
康奈尔大学	27	19 518	密歇根大学	10	34 803
哥伦比亚大学	4	19 402	弗吉尼亚大学	9	20 399

注:1. 加州洛杉矶大学的数据统计不完整,有一个办公室工作人员数目不明。

2. 学生数量为 2004 年的统计数据。

资料来源:各大学网站

由于学生事务研究是美国高校院校研究机构最日常性的一项研究内容,[6] 我们将借用学生的规模来说明院校研究机构人员设置的原则之一。从上面的统计数字可以看出,美国著名大学中公立高校由于学生规模比较大,因此,院校研究机构的工作人员相对也较多。我们还可以看出,康奈尔大学和加州洛杉矶大学的院校研究机构工作人员比较多,达到或超过 30 人,据前面的信息,我们知道,康奈尔大学的院校研究机构——规划与预算部下设 5 个部门,而加州洛杉矶大学的院校研究机构——财政与预算办公室设 4 个办公室。而哈佛大学的院校研究机构的工作人员也达到 20 人之多,实际上,这些工作人员是主要由两部分人组成,一部分人从事财政规划工作(Financial Planning Team),另一部分人从事院校研究工作(Institutional Research Team)。[7]

可见,美国著名大学院校研究机构工作人员规模的设置至少受到两个因素的影响:其一是学校的规模尤其是学生的规模;其二是院校研究机构本身的职责范围。

(3) 美国著名大学院校研究机构人员配置情况

院校研究机构作为一个有机的组织，必然承担着一定的职责。而合理的人员配置情况为院校研究机构履行其职责提供了有力的保障。

通过查阅以上10所大学的院校研究机构的网站，我们了解到，这些著名大学院校研究机构的人员配置通常如下：除一般的主任、副主任和助理外，还配有一些专业人员，如数据和信息收集人员、数据和信息分析人员（包括金融分析师、项目分析师和预算分析师等）、计算机和数据库管理人员、项目协调人员等。

(三) 启示与借鉴

1. 理念先行，切实重视院校研究

“理念是行动的先导”，美国高校之所以能在当今世界上享有如此高的声望，与它多年来重视科学管理是分不开的。而院校研究便是美国高校管理系统中的一块重要基石。[8]因此，要提高我国现代大学管理的科学化和民主化水平，就必须重视院校研究。这包括两个层面的内容：其一是大学领导者必须重视院校研究，其二是高等教育研究人员必须重视院校研究，应该转变观念，以本校为基地，重视研究高等教育的实际问题，并把研究结论运用于高等教育的实践，以接受实践的检验。

2. 建立院校研究机构，明确其职责范围

美国高校的院校研究成为高校内部的一种“制度设计”，是美国高等学校“官方”设定的“组织行为”，具有一定的专门化的组织职能。它为改进高等学校决策，促进管理科学化提供了直接的咨询服务。[9]就我国高教研究机构的实际情况而言，需要在原有机构的设置上进行创新。要结合我国高等教育和本校的实际情况，同时根据学校规模的大小和院校研究工作的复杂程度来决定院校研究机构的规模。在建立起院校研究机构之后，要明确其职责范围，将数据收集与分析、专题研究、政策分析、战略规划、评估工作等纳入到院校研究机构的职责范围中来，保证院校研究机构具有不可替代性，从而维护了它们在各高校的地位与作用。

3. 加强院校研究的人员建设

院校研究能否开展下去，关键在人。美国高校的院校研究人员一般都具有高学历、学科背景多元化、专业化的特点。我国的院校研究机构的人员建设应该从以下几个方面来努力：首先，提高院校研究工作人员的学历水平，以保证他们受到良好的科研训练，以便更好地开展院校研究工作。其次，注意院校研究工作人员的学科背景，自然科学领域，尤其是统计与测量方面专业的工作人员必不可少，这样才能保障院校研究得以顺利的进行。同时也要注意吸纳社会科学领域，尤其是教育科班出身的人参与到院校研究中来。再次，院校研究者的背景能力也相当重要。从事院校研究工作必须对院校研究者所在的学校相当熟悉。最后，院校研究者还必须具有院校研究的基本知识和能力，包括一些组织管理学、人际交往等方面的知识和能力。需要强调的是，院校研究的工作人员需要合理的配置，除了行政人员之外，一些专业人员必不可少，如数据收集与分析员，专业的分析师、数据库管理人员等。这样才能保证院校研究机构能够高效运转，以更好地服务于学校的科学管理与决策。

参考文献：

[1] 赵敏等.对中国大学高教研究重新定位的思考[J].南京理工大学学报(社会科学版)，2004(2)：71.

[2] 蔡国春.美国高等教育发展进程中的院校研究[J].清华大学教育研究，2005(4)：34—41.

[3] 刘献君.大学教育研究机构的主要任务是进行院校研究[J].中国高教研究，2005(4)：5.

[4] 蔡国春."院校研究"是什么，不是什么——解读美国"院校研究"[J].比较教育研究，2005(11)：28.

[5] M. W. Peterson. The Role of Institutional Research: From Improvement to Redesign[J]. New Directions for Institutional Research，1999(104)：88.

[6] Knight W. E.，etc. Institutional Research: Knowledge, Skills and Perception of Effectiveness[J]. Research in Higher Education，1997(4)：423.

[7] Terenzini PT. on the Nature of Institutional Research and

Knowledge and Skills it Requires[J]. Research in Higher Education, 1993(1):1—10.

[8] 程星,周川. 院校研究与美国高校管理[M]. 长沙:湖南人民出版社,2003:9.

[9] 周川. 院校研究的职能、功能及其条件分析[J]. 高等教育研究,2005(1):44.

(本文发表于《比较教育研究》2007 年第 1 期。作者朱剑、杨颉,时属单位为上海交通大学高等教育研究所)

五、美国研究型大学科研不端行为
——概念、特点及对策

美国研究型大学在美国高等教育系统和科研体制中占有重要地位。然而，笔者对美国科研诚信办公室（Office of Research Integrity，ORI）1994～2007年的年度报告进行简单数据统计后发现，作为高密度生产和传播科学知识的机构，美国研究型大学科研不端行为的发生率也相当高。在这14年间，被ORI判定为有不端行为的案件总数为173件，其中有132件出自大学，比例高达76.3%。[1]涉案大学绝大多数为研究型大学。这不禁令人感叹，大学似乎不再是圣洁的象牙塔，科学家可能也同样是追名逐利的"俗人"。

科研不端行为现象并非科研竞争激励的美国独有，在其他任何国家同样存在。[2]鉴于美国研究型大学的世界影响力，探讨其科研不端行为对其他国家具有一定的借鉴意义。本文试图对美国研究型大学科研不端行为的概念、特点以及措施进行分析。

(一) 概念

在关于科学界弄虚作假行为的研究中，研究者用以表述弄虚作假行为的核心概念繁多。其中较常见的有"Scientific/Research Misconduct"（科研/研究不端行为）、"Scientific Deviance"（科研越轨行为）、"Scientific/Academic Fraud"（科研/学术舞弊）等。其中，"Scientific Misconduct"和"Research Misconduct"较常出现在美国科研管理机构的文件和报告中，研究者对这两个词的理解差异不大，经常混用。当论及具体弄虚作假行为时，较常见的概念有"Fabrication"（捏造）、

"Falsification"（篡改）和"Plagiarism"（剽窃）、"Duplicate Publication"（一稿多投）、"Gift Authorship"（人情作者）等。除上述从反面表述弄虚作假行为的概念之外，"Scientific Integrity"（科研诚信）从正面强调诚信的科研行为应是怎样。

什么样的行为才是科研不端行为？这是认识问题的关键和基础。美国公共健康服务部（Public Health Service，PHS）、美国国家科学基金会（National Science Foundation，NSF）、美国国家健康研究院（National lnstitutes of Health，NIH）等机构对科研不端行为的界定几经修改，仍未能达成一致。其他一些大学、学会和科研机构也做出了相应界定。PHS，NSF 和 NIH 界定的共同之处在于，它们都将捏造、篡改和剽窃这三种行为明确列入概念中。未能达成一致之处在于，如何把握概念中"其他严重背离科学界常规的行为"或者"其他不合规则的行为"这样的模糊表述，如何进一步界定"捏造、篡改和剽窃"（FFP）这三个核心概念。

为了使科研不端行为处理制度化和规范化，联邦政府制定了统一的定义。该定义由政府 1995 年任命的科研诚信委员会（The Commission of Research Integrity）几经修改最终确定。该委员会于 1999 年推出科研不端行为的新定义，"科研不端行为"指的是"在申报、开展或评议研究项目，以及报告研究结论等过程中的捏造、篡改或者剽窃的行为"。[3]该定义于 2000 年 11 月 6 日以新政策的形式出台，取代了 NSF、PHS 等联邦科研资助机构各自的定义，并应用到其他联邦科研资助机构以及接受联邦资助的科研机构中。

较之其他机构先前的定义，联邦政府的定义将不端行为限定在"FFP"，诸如人类被试和实验室动物的保护、实验室的性骚扰等内容都被略去，作者署名权滥用问题，如果未涉及"剽窃"也将不被视为科研不端行为。对于这一做法，该委员会的解释是，被略去的不端行为可通过别的机制加以治理。[4]该定义还确定了"FFP"详细的二级定义，其中"捏造"指的是编造结果并且将其记录或者写入研究报告中；"篡改"指的是人为操纵研究材料、研究设备或者研究过程，改变或者省略研究数据或者研究结果，研究记录并未准确地显示所做的研究："剽窃"指的是盗用他人的研究观点、过程、结论或者表述方式而未加以恰当的注解，这也包括在秘密评议他人的研究申请或者研究报告时的盗用行为。[5]

美国联邦政府关注科研不端行为问题具有警示作用，管理操作之便亦是其界定概念时考虑的主要因素之一。联邦政府定义中侧重科研过程中违反技术性规范的行为，诸如论文发表、期刊论文审查或同行评议等与科研相关的社会化活动中的一些不端行为，则未被纳入概念中。事实上，与科研有关的社会化活动是科学系统不可或缺的一部分，捏造、篡改和剽窃等不端行为与科学社会系统的其他部分紧密联系在一起，将捏造、篡改和剽窃单列为科研不端行为破坏了科学社会系统本身的整体性，似乎不利于问题的分析和解决。

(二) 特点

科研诚信办公室是美国处理科研不端行为的主要科研管理机构，其采用的不端行为定义几经修改，最终与联邦政府的要求一致。自 1999 年以来将不端行为限制在"FFP"范围内(即捏造、篡改和剽窃这三种行为)，其调查对象限于接受了 PHS 的科研资助或者试图申请 PHS 资助的科研项目。笔者通过分析其年度报告探索美国研究型大学中科研不端行为的特点。

1. 科研不端行为数量

由图 1 可以看出，美国研究型大学科研不端行为的发生频率相当高。1994～2007 年间，被确定有不端行为案件总数为 173 件，其中出自大学的案件数为 132 件，比例高达 76.3%。从报告中还可得知，这些大学绝大多数为研究型大学，其中不乏哈佛、耶鲁、斯坦福、加州理工学院等著名高校。此外，还可以看出，1994～2007 年间，被 ORI 判定有不端行为案件的数量整体呈下降趋势。1997 年后，大学科研不端行为数量基本处于一个较为平稳的状态。由于 1994～1999 年，ORI 所采用的不端行为定义较宽泛，类似研究者捏造学历的做法也被视为不端行为，而 2000 年以后的案件处理中，这样的行为未被视为不端行为，这也可以部分解释为何 1994～1999 年间科研不端行为数量较多。

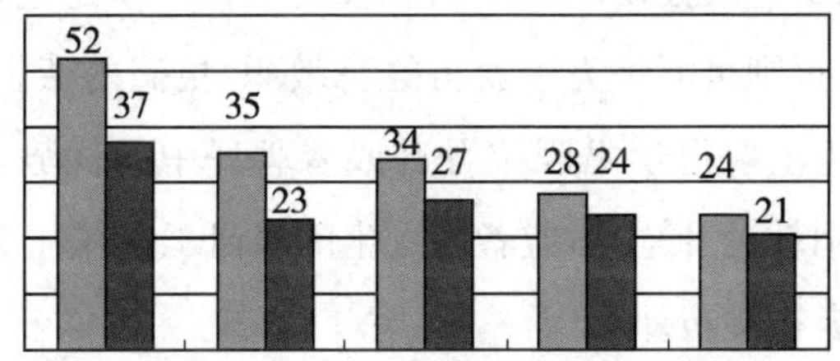

图 1　被确定有不端行为数量及出自研究型大学案件数量(1994～2007，ORI)

2. 科研不端行为类型

图2的数据表明，1994～2007年间，在被判定的132件不端行为案件中，单独的篡改行为数量最高，为48件，所占比例为36.4%。单独的捏造行为数量也较高，为26件，比例为19.7%。发生比例最低的是剽窃行为，单独的剽窃行为数量为5件，比例仅为3.8%。同时发生捏造和篡改行为的案件发生率也较高，数量46件，所占比例34.8%。同时发生剽窃、篡改行为案件数为4件，同时发生捏造、剽窃行为案件数量为2件，同时发生捏造、篡改和剽窃行为的案件数为1件。总得来说，篡改的数量最多，捏造次之，而剽窃最少。

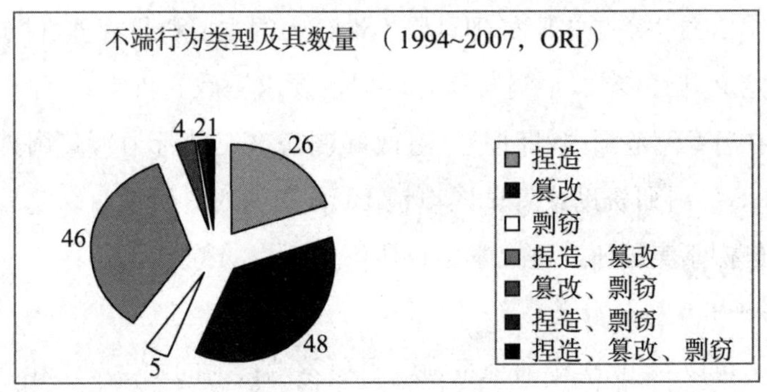

图2 不端行为类型及其数量(1994～2007. ORI)

3. 科研不端行为者的学术地位

图3一定程度上反映出了科研不端行为与大学的晋升、聘任、职称等级之间存在的联系。数据显示，助理教授及副教授被判定有不端行为的数量最高，为34件，比例达25.8%，教授、博士后和博士生的比例也较高。申请课题、发表文章是科研人员实力的体现，也是他们攀爬学术金字塔的基石。除了科研人员自身的道德品质问题之外，“往上爬”的竞争压力是重要的外部推动因素之一。从动机来讲，助理教授及副教授离教授之职仅一步之遥，博士生和博士后面临就业压力，教授则可能是为了获得终身教职、更高的荣誉和地位或者更丰厚的物质回报。为了取得学术职位晋升或者聘任中的优势，他们更易步入歧途。助理教授及副教授、博士后或者博士生的科研工作往往受到上司以及同事的严格监视而极易被举报。

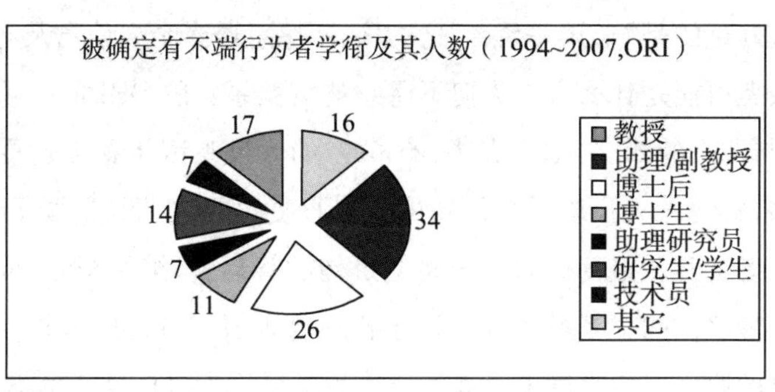

图 3 被确定有不端行为者学衔及其人数

4. 科研不端行为举报

科研不端行为举报是ORI接受科研不端行为案件的重要环节。从1994～1997年的年度报告中可以看出，在ORI接手的案件中，同事以及包括副校长、部门主管、系主任、实验室主管、项目负责人、导师以及其他的机构行政人员等在内的上级管理者举报所占比重较高，分别为26.8%和24.8%，两者比重之和超过50%，他们是最为主要的“告密者”(whistleblower)。此外，“关系未知者”以及博士后、研究生、技术员和助理研究员等下级被管理者所占比重分别是14.8%和10.7%。资助申请评议者以及调查监督人员占举报者总数的比例分别为6.7%和5.4%。可见，除大学研究机构内部人员的监督举报之外，同行评议以及设置专门监督调查人员也是监督和举报科研不端行为的重要机制。

科研不端行为举报一定程度上反映出了大学这种研究体制之下人与人之间的微妙关系。同事和上级管理者成为主要举报者的主要原因在于，上级管理者是机构的权力拥有者，对包括不端行为在内的各项事宜负有监督管理责任，而同事则由于长期的共事合作，发现并举报不端行为的可能性也较大。通过简单的数据比例分析还发现，同事所举报案件的被证实程度较低，在其举报的40件案件中，仅有10件被ORI证实存在不端行为，其他举报者所举报案件的被证实比例则较为一致。同事之间的竞争以及利益冲突或许可以从某种程度上解释这一现象。在一个科研机构中，诸如晋升、资助申请、丰厚的工资待遇等优质资源总是相对稀缺，同事之间除合作关系外，还存在争夺优质资源的激烈竞争，竞争的结果可能导致个体之间的冲突，举报同事不存在的不端行为可能就成为一种不良的竞争手段。

最令人好奇的是“未知关系者”这一项,不愿意透露个人信息及与被举报者关系的举报者可能是什么人?为何不愿意透露关系?在ORI的一项调查研究中发现,参与调查的68名举报者中,有69%的人反映因举报而遭受一次以上的不良后果,25%的人反映受到严重的打击报复,如被撤职、不授予终身教职、不予提薪或者晋升。报复行为源于研究机构的管理者、被举报者、同事和专业学会。其中最严重的报复行为往往源于机构管理者。[6]可见,举报者不愿意透露个人信息的原因很大程度上可能在于害怕举报行为对自身产生不良后果。

(三)措施

20世纪80年代以来,在公众以及新闻媒体等的压力下,美国科研管理机构和联邦政府对科研不端行为问题做出了积极反应,采取了许多应对措施,主要包括召开国会听证会,制定政策法案以及设置专门机构处理科研不端行为案件。其中,科研诚信办公室是美国处理科研不端行为的专门机构,自成立至今开展了一系列有益而全方位的工作。

1. 召开国会听证会,制定政策法案,设置专门机构

1981年国会众议员戈尔(Albert Gore)召开了第一次听证会,公开处理1980年间4个发生在生物医学领域权威研究机构中的不端行为案件,这是科研不端行为成为公共事务的标志性事件。国会对科研不端行为的关注贯穿于20世纪80年代。1985年联邦政府颁布了《健康研究补充法案》(Health Research Extension Act),该法案要求申请政府资助或者奖金的科研机构建立一套管理程序来负责核查涉及不端行为的研究,调查被举报的案件,并向政府提交报告。1989年,健康与人类服务部(the Department of Health and Human Service)补充了《公共健康服务法案》赋予资助机构调查和解决科学科研不端行为的权力。

1989年3月,PHS设立了“科学诚信审查办公室”(the Office of Scientific Integrity Review,OSIR),负责制定PHS处理科研不端行为的政策,监察所属单位的研究活动,审查不端行为调查的最终报告,并提出制裁或进一步独立调查的建议。与此同时,PHS在NIH之下设立了“科学诚信办公室”(the Office of Scientific Integrity, OSI),负责监察接受PHS资助的研究机构是否依照

PHS 制定的政策和程序对科研不端行为进行调查。1992 年 5 月,OSIR 和 OSI 合并改组为"科研诚信办公室"(the Office of Research Integrity, ORI),负责对不端行为的调查和监督,制定相关方针政策和应对的具体措施,并与大学、学会以及专业团体合作开展科研诚信和伦理教育研究,解决调查活动中遇到的相关法律问题。[7]除了 ORI 之外,美国还在 NSF 之下设立了独立于 NSF 的"监察长办公室"(the Office of Inspector General, OIG),受理关于科研不端行为的投诉和举报以及开展专业的科学审计和调查。[8]

2. 处理举报案件,开展调查工作

处理举报案件时,满足以下 3 个条件之后,科研诚信办公室方开展调查:(1) 被举报的科研不端行为发生在 PHS 资助的项目中或者与试图申请 PHS 资助的项目有关;(2) 符合 PHS 有关科研不端行为的定义;(3) 具有充分、真实的信息以开展调查。调查工作由其调查监督部(the Division of Integrity Oversight, DIO)负责,该部门的成员都是由生命科学领域各项专门研究工作的专业研究者构成。调查工作一般分为两个部分:第一部分称为"询查"(inquiry),即研究机构按照要求对机构内可能存在的不端行为自行组织调查。一般情况之下,研究机构无需向科研诚信办公室报告询查结果,但是如果科研机构是在 ORI 接到举报并命其开展询查的情况之下,科研机构需向 ORI 提交询查报告,以确证是否有必要进行正式的调查;第二部分为"调查"(investigation),即一旦案件被确认有必要进行调查时,由 ORI 进行调查。这一部分的调查工作一般情况之下由研究机构进行,并向 ORI 提交报告,报告主要包括不端行为存在与否、谁有不端行为、不端行为的影响有多大等方面的内容。ORI 的主要工作是对研究机构上交的调查报告的彻底性、客观性和全面性等方面进行审查,只有在科研机构拒绝调查或者提供信息,或者调查不利有必要进行新的调查的情况之下,ORI 才会亲自展开案件事实确认调查。[9]

3. 倡导科研诚信,开展科研不端行为教育防范项目

与大学、学会以及其他专业团体合作开展科研诚信教育和不端行为防范项目逐渐成为 ORI 的工作重心,这方面的工作主要由教育与诚信部(the Division of Education and Integrity, DEI)负责。教育与诚信部开展了一系列的"负责任研究行为"(Responsible Conduct of Research, RCR),如 2002 年开展的"资

源发展项目”(RCR Resource Development Program)。此外,ORI还与学会和大学合作开展科研诚信教育项目,如于2002年开始与美国医学院联合会合作开展“专业学会负责任研究行为项目”(RCR Program for Academic Societies),支持学术团体开展提高其成员负责任研究行为的活动;于2004年开始与研究生院委员会(Council of Graduate School, CGS)合作开展“研究生院负责任研究行为项目”,将负责任研究行为教青纳入研究生教育体系中。为促使科研机构有效执行PHS有关科研不端行为的政策措施,ORI还开展了“研究诚信长官培训项目”(Research Integrity Officer Training Program)。参与培训者是机构中处理不端行为的负责人,培训的主要内容包括如何受理举报案件、获取数据、保护举报者、管理询查调查委员会等。

4. 公开化处理调查报告信息,保护相关者个人隐私

ORI公开科研不端行为处理信息的做法值得注意。美国的《信息自由法案》(the Freedom of Information Act)使得公众能够获得联邦机构的大部分信息档案资料,而信息自由局是将政府文稿公开并传递给公众的机关。被ORI判定为不端行为的事例,其内容摘要将发表于ORI的《通讯》(News Letter)中,并通过印刷物和网页广泛公开。ORI的相关报告在公开发表之前都得到了被调查者的许可,报告资料将被视为公共信息,任何人只要提出申请便可获得相关的信息。ORI负责处理获取相关信息资料的要求,同时也处理涉及不端行为者要求保护隐私的请求。

5. 开展相关研究,加强合作交流

在科研诚信办公室研究项目的支持下,ORI机构内部以及外部研究机构就科研诚信和科研不端行为问题开展了一系列研究并取得了诸多成果,发表了许多学术文章和研究报告。研究涉及机构如何处理科研不端行为案件以及提高科研诚信等方面的主体,此外还着重研究了社会、组织、群体和个人等影响科研诚信的因素的消极和积极方面。这方面的研究无疑大有裨益,能够加深对科研不端行为和科研诚信问题的认识,并提出针对性的应对措施。此外,ORI创建了网站,网站上资料丰富全面,来自世界各国的人员都有访问权和下载权。

参考文献:

[1] ORI Annual Report：1994—2007[EB/OL]. [2009-01-05]. http://www. ori. dhhs. gov/publications/annual_reports. shtml.

[2] 山崎茂明著. 杨舰等译. 科学家的不端行为——捏造、篡改、剽窃[M]. 北京：清华大学出版社，2005：4.

[3] ORI Annual Report 2001[EB/OL]. [2008-08-10]. http://www. ori. dhhs. gov/.

[4] Campbell，P. W. White House Release Long-awaited Definition of Research Misconduct[N]. The Chronicle of Higher Education，1999—10—22 (A40).

[5] Ellen Paul. Reviewing the Proposed New Federal Research Misconduct policy[J]. Bioscience，2000，50(3).

[6] ORI Annual Report 1995[EB/OL]. [2008-08-10]. http://www. ori. dhhs. gov/documents/annual_reports/ori_annual_report_1995. pdf.

[7] About ORI－History[EB/OL]. [2008-08-10]. http://www. ori. dhhs. gov/about/history. shtml.

[8] OIG：Our Mission，Vision and Values [EB/OL]. [2008-08-10]. oig. http://www. nsf. gov.

[9] ORI Annual Report 2006[EB/OL]. [2008-08-10]. http://www. ori. dhhs. gov/documents/annual_reports/ori_annual_report_2006. pdf.

（本文发表于《比较教育研究》2009 年第 8 期。作者张银霞，时属单位为北京师范大学国际与比较教育研究院）

六、牛津大学与牛津城
——传统大学与社区间互动的一个经典个案分析

牛津是当今世界历史最为悠久的大学之一,但牛津城的历史远比牛津大学要长。因此,究竟是牛津城创造了牛津大学,还是牛津大学创造了牛津,如果从时空概念和历史内涵角度全面分析,我们恐怕很难得出定论。故而,在今天,当人们谈起牛津的时候,几乎无人意识到:牛津大学与牛津城原来是两个不同的概念。换言之,因为盘根错节的历史纠纷,在人们的心目中,已经感到委实没有必要也不可能把这两者绝然分开,牛津大学属于牛津城,但牛津城又似乎就是牛津大学,仅此而已。然而,一部牛津大学与牛津城的冲突史表明,历史中真实的牛津曾经拥有两个世界(Gown and Town),两个世界间的斗争从未停息过,甚至延续到今天。

(一)牛津大学与牛津城的中世纪冲突史

"牛津"之谓到底起于何时,史学上没有定论。从词源上考证。"oxford"为"Ox/Oxen"(牛之义)与"Ford"(浅滩之义)的复合词。因为牛津所在之地为泰晤士河(Thames)与切沃河(Cherwell)交汇处,由此,人们大致推断:所谓"牛津"很可能是取"牛可以涉水过河的地方"之义。[1]牛津城的历史最早可溯至远古时期,早期的传奇表明:牛津是由公元前1100年登陆英伦的特洛伊人创建的。也有人认为,它是在公元70年由一个叫阿维鸠斯(Arviragus)的国王创立的。[2]牛津真正成为一个有影响的城市是在6世纪古罗马之后的撒克斯人统治时期,一个莫西亚公主圣·弗雷德斯维德(St. Frideswide)(至今她依旧被称为牛津城的保护神)首次在如今牛津的基督教堂所在地建立了一个修道院。在撒克斯人统治后期,牛津作为麦西亚王国(Mercia)与西撒克斯王国(Wessex)之间的一个重要贸易通道,它的地理位置的重要性开始引起人们的关注。领导英国抗击丹麦人侵略并统一了英国的著名西撒克斯国王阿尔弗雷德(Alfred),把牛津作为一个重要军事要塞,并纳入王室的保护之下。1018 年,先后征服了挪威、英格兰,威震四方并显赫一时的丹麦国王克努特大王(Canute)甚至选择牛津作为他加冕之地,当时牛津城地位之显要由此可见一斑。[3]

牛津城作为一个宗教和学术重镇的历史,起于中世纪。一般人都认为,牛津大学的形成是起因于 1167 年英王亨利二世与法兰西国王菲利普二世的交恶,英王召回在法国巴黎大学的学者和学生,归国的师生们自发地在牛津汇集,于是才有了牛津大学。[4]然而,实际上,牛津大学到底兴起于什么时候,至今在史学上还是一团迷雾。有人认为,其实早在 11 世纪末 12 世纪初,牛津就已经成为一个培养牧师、探讨学问的中心,但牛津大学不是某个人或组织创办起来的,因此它的具体创办日期很难确定,毋宁说,它从来就不存在一个确切的建校日期,而是一步步进化发展而成的。[5]到 13 世纪,牛津大学才迎来了它发展的第一个巅峰时期。在此期间,大学学院(University College, 1249)、贝列尔学院(Balliol College, 1263)、默顿学院(Merton College, 1264)和圣·埃德蒙学舍(St. Ed-mund Hall,1278)相继成立。从此,以牛津城内四处分布的学院为基础,牛津大学开始逐步走向仿照巴黎大学模式的组织化、规范化发展轨迹。分散于英国以及欧洲大陆各地的宗教学者、学生由此也把牛津视为家园,纷至沓来,并在牛津城内安顿下来。由于得到王权和宗教机构的双重认可,且因为牛津城中对各个宗教派别相对宽容的氛围,如在 13 世纪下半叶,牛津城内的宗教派系就有多明我、圣芳济、托钵僧、奥古斯丁、西多会和本笃会等,牛津大学的规模也迅即扩大,人口迅速膨胀。这些学者和学生的到来,既为牛津城带来了繁荣。然而,对教权主义(clericalism)的反感和天生的仇外情绪(xenophobia)也导致了城市居民与牛津人间持续的紧张,因而,在学者、学生和城市居民间时时引发冲突,甚至酿成大范围的暴乱。这种冲突和摩擦仅在 13 世纪颇有影响的就发生了多次,如 1209、1228、1236、1238、1248、1272、1289 和 1297 年等。[6]在历史上,人们通常把牛津城内这种或许实在羞于启齿的一系列历史事件称为

“Town(城市)and Gown(长袍)”现象。所谓Town(城市)代表市民一方,Gown的原义为长袍,代表大学一方。

现在来看,牛津的“Town and Gown”实在不是什么值得炫耀和关注的现象,但从历史的角度分析这种现象很有价值,如果忽略或越过它,我们恐怕就很难把握牛津大学独特的文化品格,也很难理解后来的牛津大学是如何在冲突中发展壮大起来的,并使牛津城称为当今世界最有特色的大学城。

1209年发生的冲突完全是出于一种偶然,因为牛津大学的两个学生杀死了一位妇女,引起了居民的骚乱。愤怒的民众吊死了两个学生,并到处追杀牛津大学的成员,于是很多学者和学生逃到了剑桥。但是,学者的外逃自然也让商人们失去了重要的主顾,于是,在1214年,外逃的人们又被邀请回来。不过,虽然人回来了,但从此在大学与城市间积怨日益加重,频繁的摩擦不断。造成积怨愈深的原因有很多方面,哈特勒(Aidan Hartley)认为,在1248年的冲突后,牛津市长被要求发誓尊重“大学的自由和习惯”让市民们感到很不满;而在1297的冲突中,市民们被主教逐出教会7个月,这在人们看来是明显的偏袒和不公的惩罚;另外还有一个让人忍俊不禁的原因,在当时牛津的高街,曾矗立着两座教堂:圣玛丽教堂与圣马丁教堂(即今天的卡菲克斯塔Carfax Tower所在),前者属于牛津大学一方,后者属于市民一方。这两座教堂之间常常是两方交战的主战场。但是,因为圣马丁教堂要高得多,无论是在叫骂(要仰起脸)还是对射中,大学一方往往处于劣势,所以牛津大学感到很不公平,一再要求解决这一问题。有意思的是,1340年爱德华三世竟然同意把圣马丁塔尖拆掉,这自然又让市民们也愤愤难平。[7]

此外,还有一个原因是,由于市民们原本对牛津大学成员平常的养尊处优十分厌恶,而在1349的黑死病肆虐的时候,让他们感到更为不公的是,大批牛津学者因为有条件躲避或得到庇护而幸免于难,但市民却因此而大批死亡,人口迅速下降,这难免更引起市民的嫉恨。故而,在经过13世纪一系列琐碎的小规模冲突之后,在1355年的2月10日,积郁已久的市民情绪终于喷泻而出,导致历史上牛津城内规模空前的一次血腥冲突。这次引发冲突的导火索也是一件俗常小事,一些牛津学生晚上在卡菲克斯塔附近酒栈中喝酒,但他们认为店主卖给他们的啤酒有问题,于是把杯子投向店主。不想,第二天,突然有2 000

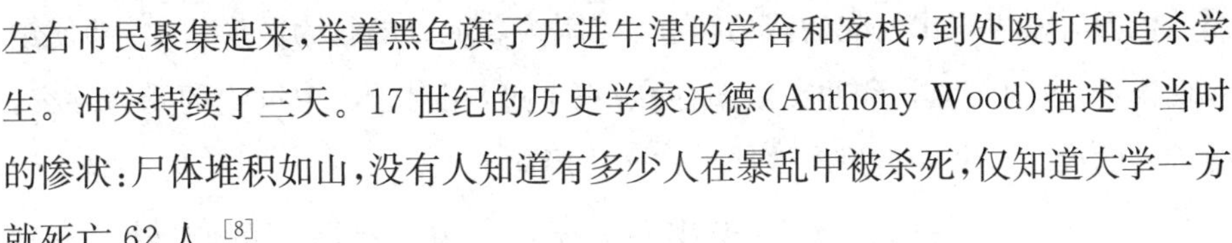

左右市民聚集起来，举着黑色旗子开进牛津的学舍和客栈，到处殴打和追杀学生。冲突持续了三天。17 世纪的历史学家沃德(Anthony Wood)描述了当时的惨状：尸体堆积如山，没有人知道有多少人在暴乱中被杀死，仅知道大学一方就死亡 62 人。[8]

就是在这次大规模的冲突之后，市民一方为此付出了沉重的代价，而大学开始获得了对城市至高无上的管理特权，牛津大学和牛津城之间控制与被控制关系也开始得到确立。在国王和主教的支持下，暴乱之后对市民的惩罚延续了近一年，牛津大学获得了空前强大的权力，地方教堂让位于大学，不仅如此，大学还控制了城市面包和啤酒、称重和量度的立法，并负责管理市场，甚至所有的交易都要由大学来裁决。更过分的是，大学有权对城市实行宵禁，甚至直到 19 世纪，大学警察有权逮捕夜行者，即使没有与大学发生纠纷的罪行，大学也有权审理。而对城市最大的耻辱莫过于一个一年一度节日的确立，为了让市民们把这次大屠杀牢记在心，每年在圣玛丽教堂群众集会上，市长、执行官和 62 位自由民必须要公开思过并表示认罪。这一节日一直持续到 1825 年。[9]也就是说，至少到 19 世纪中叶，牛津城与其说是一个拥有牛津大学的城市，不如说是由牛津大学所控制的城市。一个现象可为佐证，传统上牛津只有校警而没有地方警察系统，牛津警察局直到 1936 年才成立起来。

有控制就必定有反控制，只要两者间不是一种对等的关系，冲突就不会停息。事实也的确如此，即使在相对稳定和和平的维多利亚时代，town 和 gown 间的对峙也时有发生。最晚近的一次著名冲突就发生在 1867 年。[10]

(二) 牛津大学和牛津城冲突在现代的延伸

从 1825 年牛津市长拒绝出现在令城市感到耻辱的纪念节集会后，以此为标志，牛津城算是多少获得了相对独立的地位。此后随着 19 世纪地方经济的发展，特别是在 20 世纪后，如 1913 年莫里斯(William Morris)在牛津建立的汽车制造厂，带动起了整个地方工业的发展，传统上地方产业发展主要依赖牛津大学如出版行业和服务性行业的格局被初步打破，至此，牛津城的地位才开始有了实质性的提高。然而，即使如此，作为一个地方社会的政治和经济利益代表机构，牛津城地方当局依旧不是一个完全自主的权力实体，牛津大学的传统惯性依旧时时表现出巨大的威力，左右或制约着地方的行为。换言之，即使进入现代，两者间的紧张和冲突依旧存在，只不过，相对于与中世纪的暴力冲突，两者间的现代意义冲突更多地体现在文化层面上。

尽管在1945年的普选中，牛津大学在议会中的座席被拿掉，但一直到1974年，牛津大学依旧掌握着市政厅的实质性权力。在此之前，地方所有的交通、市政规划建设、经济发展计划等都无不受到牛津大学的肘掣。作为当今世界上最为保守的学术性机构，牛津大学无法容忍为满足私家汽车需要而对牛津城内交通的盲目改进，因为这无疑会伤及它精心呵护几百年来的各种传统文化设施，更为重要的是它很可能会破坏牛津人典雅、传统的生活方式。因此，牛津市政厅曾多次提交的方案大都遭到牛津大学否决。20世纪70年代后，虽然牛津大学在地方事务中直接介入的权力被削弱，但是，牛津城当局实际上也并没有获得多少的自主性。因为牛津大学有着强大的院外集团，特别是在中央政府中的众多实力派人物的鼎力支持。故而，从20世纪初一直到今天，牛津城的交通运输问题一直是各方争论的焦点，它甚至成为一个复杂的学术问题引起人们广泛的研究兴趣。目前，争论虽然还在继续，但发展趋势显然还是倾向于牛津大学的偏好。牛津城的私家车规模因为种种限制没有出现膨胀，公共交通系统相当发达。[11]制造业相对集中于郊区，城市中的历史遗迹等各种文化设施极少受到不良侵害。因此，相对于英国其它现代化的工业城市，牛津城虽然少了些气派，如牛津城中的出租车司机经常不无刻薄地攻击道“一个拥有二流大学的三流城市”。但距离伦敦仅有60英里的牛津还是那个充溢着浓厚古典神韵的牛津，保持着它的圣·弗雷德斯维德的处女之贞。

进入20世纪后，在整个世界民主化潮流激荡下，英国教育领域传统的精英主义也受到强烈的冲击。特别是在1924年工党崛起之后，在英国政治上的保守主义有所削弱的社会氛围中，牛桥(Oxbridge)的老派精英习性和霸道习气也越来越为平民阶层所责斥。尤其是在牛津这个特殊的大学城中，人们更是不满。他们抱怨大学独占各种文化、体育等设施，譬如运动场，全年有将近半年处于闲置状态，却不对公众开放。然而，牛津大学对此毫不妥协，以致于地方不得不重建自己的文体娱乐设施。[12]尽管自20世纪下半叶以来，牛津大学也发生了一系列的变化，如传统上由富人阶层主导的局面不再，更多的平民子弟涌入牛津;大学也不再是完全意义上的象牙之塔,甚至为了生存牛津也不得不多少地讲求一点实用,注重研究和开发,譬如仿照其兄弟剑桥建立牛津科技园区。但是,促成这种变化的因素主要是来自中央政府的政策,以及整个社会发展的要求,与牛津地方民间社会和政府之间没有太多的关系。

800多年惟我是大的传统,已经塑造了牛津独特的孤僻、自傲甚至有些"狂妄"的个性和品格。这究竟是一种值得人们仰慕的风范,还是一种顽劣的积习?基于不同的立场,人们见仁见智。但是既然是传统和积习,显然就不是近期所能轻易改变的。所以,即使在今天一个民主、平等精神已经深入人心的大环境下,我们所看到的牛津,还是多少有些我行我素的牛津,即使对于中央政府它都显得不是那么的驯服,更不要说地方。因此,文化的冲突必定还会持续下去。

(三)冲突中的牛津与牛津城各自得失

发生于牛津大学与牛津城间的一系列冲突,单就每一个历史事件而言,它的确不值得大书特书,甚至,用现代人的价值标准去审视,每一个事件发生的起因和过程都实在有辱牛津大学的门风。但是,反过来看,如果没有这一系列不雅的争斗,是否还会有现在的牛津?特别是牛津作为一所传统大学它对整个现代大学的贡献?对于地方而言,的确,一部冲突史可能让人感到更多的是屈辱和蒙羞的成份,但是,如果没有这些事件,牛津城是否还有现在典雅的景观以及它在整个世界的知名度?是否有牛津城目前独特的产业结构?特别是在当今浮躁世界中牛津人独特、宁静的生活方式?

冲突为大学带来的最大收获便是它至高无上的特权。这种高度自治的特权即使在其它中世纪知名大学中也不多见,如意大利的波罗尼亚和萨隆纳、法国的巴黎大学等,都因为世俗权力的全面介入而在后期没落了。因此,相对于牛津,他们对现代大学虽然也功勋卓著,但因为缺少稳定的特权保障而不能善始善终,故而,他们已经没有条件成为现代意义上的中世纪大学典范。德国柏林大学模式曾经辉煌一时,但它也不过是在牛津高度自治模式基础上的创新。当代世界大学最为成功的模式是美国的研究型大学,但哈佛、耶鲁等创办时所仿效的范本也是牛津。因此,尽管单独评价牛津城内的每一次冲突,我们感受更多的是消极色彩,但这一系列冲突所造成的客观结果,对于当今世界高等教育的意义却非同寻常。正如现今人们所津津乐道的大学自治、学术自由传统，其实，这种传统之所以能够得以维系，如今世界少数研究型大学之所以能够傲视群雄，都无不与这些历史事件有着直接或间接的关联。

因为拥有特权和保守文化品格的牛津大学存在，的确，牛津城或许失去了一些产业结构调整和经济发展的机会。如牛津没有实现如曼切斯特等工业城市的崛起，牛津城委实缺少些现代化色彩的绚丽。但是，培养出近30位英国首相和数不清的知名学者与文化名人的牛津大学，却为英国和世界留守住了最为灿烂和辉煌的一笔文化遗产，它的三十多个学院每所学院便是一道风景，更不要说还有大量的图书馆、体育场、艺术馆、博物馆、公园、教堂、剧院等等。在人们对现代化为城市所带来的种种不良后果而忧心忡忡的同时，牛津城却以它的小巧、古朴、宁静、典雅和历史文化底蕴丰厚而享誉全球。历史上，因为牛津大学，牛津城形成了最为发达的出版业（目前，它依旧是牛津的主要产业，每年产量占整个英国出版物的15%，在教育与科学出版物方面，它位居世界前列）和服务性行业（如餐饮和客栈）。但是，在今天，无污染的文化旅游却是牛津城最为兴旺的产业。正是为目睹牛津大学风采，每年有500多万的旅游者慕名而来，他们为牛津城注入了2.5亿英镑的经济收入。按照牛津市当局的计划，牛津还将专注于文化经济开发策略，计划到2008年使牛津成为欧洲文化之都。[13]

据统计，2001年牛津城的常住人口仅有134 248人，包括整个牛津市及郊区范围的主体产业结构是服务、公共管理和零售，占整个就业人口的84%，其劳动力人口结构：专业团体占23.41%、管理和技术职业12.80%，熟练非手工职业占15.83%，熟练手工职业占7.63%，半熟练和无技能职业仅占16.92%。失业率相当低，2001年牛津城仅为1.5%。人均周收入水平，牛津城男性为530.47英镑，女性为416.65英镑。[14]可以说，现在的牛津城已经是一个人们生活安定殷实，高文化品位的古典社区。而颇意味深长的是，这一切又很难说不是保守的牛津大学之功劳，历史有时候也颇有嬉戏的味道，恐怕谁也想象不到：早年在与牛津大学的冲突对峙中，城市市民的屈辱会在今天成就了他们后人的福祉！

当然，在今天，我们说牛津大学的保守也是相对的。作为一所研究实力雄厚的知名大学，牛津大学不仅间接地带动地方经济的发展，而且还为地方提供众多的就业机会。如有资料统计表明，牛津大学是牛津城中仅次于健康服务部门的最大雇佣者，它与另外一所大学布鲁克斯(Brookes)大学共同提供了整个地方劳动力市场8%的份额。而且，更为重要的是，通过对高科技如生物科技的开发，它还是多少地直接介入了地方经济的发展。有人曾对牛津大学对于地方经济的影响(产出与可支配收入)专门进行过估算，结果表明：牛津大学对地方经济影响的基本凯恩斯乘数是1.34，这就意味着牛津大学每支出1英镑，便会为地方经济带来34便士的额外增益。[15] 自20世纪90年代以来，在保守党的市场化策略强力推动下，牛津大学自然也未能完全脱俗，传统重学轻术的特征已多少淡化，技术开发应用和市场化也受到重视，可以想象得到，牛津城从大学中得来丰厚收益将更不可限量。

参考文献：

[1] Riverbed and its Bank[EB/OL]. http://homepage2. nifty. com/workshop-alice/.

[2] Oxford History[EB/OL]. http://www. britainexpress. com/cities/oxford/history. htm.

[3] Oxford History[EB/OL]. http://www. britainexpress. com/cities/oxford/saxon-oxford. htm.

[4] 裘克安. 牛津大学[M]. 长沙：湖南教育出版社，1996：21.

[5][10] Oxford History: Town and Gown[EB/OL]. http://www. britainexpress. com/cities/oxford/medieval-oxford. htm.

[6] Tim Lambert: History of Oxford City. England[EB/OL]. http://www. picturesofengland. com/history/ oxford-university-history. htm.

[7][8][9] Aidan Hartley. Town and Gown[M]. Rachel Johnson. The Oxford Myth. London: Weidenfeld and Nicolson, 1988:21—28.

[11][12] Graham Parkhurst. A Case Study of the Transport Debate in a Historic City Since Motorisation[M]. London: Esrc Transport Studies Unit,

2002.

[13] Oxford City Council. Oxford inspires[EB/OL]. http://www.oxfordin spires.org/.

[14] Oxford City Council: Economic/demographic information-facts and figures[EB/OL]. http://www.oxford.gov.uk/oxford/business.nsf/pages/90CDD96AF6CE393080256A1D00285CBB? opendocument.

[15] Helen Lawton Smith. Comparing Oxford and Grenoble: the Growth of Knowledge Clusters in Two Pioneer Regions, Dynamics, Trends and Guidelines. Regional Studies Association International Conference on Regional Transitions: European Regions and the Challenges for Development, Integration and Enlargement, september 15—18, 2001[C]. Gdansk, 2001.

(本文发表于《比较教育研究》2004年第4期。作者阎光才,时属单位为北京师范大学国际与比较教育研究所)

七、大学群落的地域性经济贡献探究
——以美国波士顿地区的8所研究型大学为例

随着社会经济和高等教育的迅速发展，高校聚群的现象越来越明显。众多大学共存于同一个城市或地区，形成了一个大学群落。较之一所大学与所在地区的关系而言，大学群落作为一个整体，对所在地区社会和经济的发展有着更加直接的推动作用。美国波士顿就是这样一个极具代表性的地区。波士顿地区高校林立，波士顿市人口不到60万，却有16所大学，而整个波士顿地区的大学数更是多达52所。众多高校所发挥的整体优势使波士顿地区成为世界上建立人力资本经济区最为成功的案例之一，成为一个充满文化气息的知识经济发源地。

(一) 波士顿经济区和该地区的8所研究型大学

就地理范围来讲，波士顿地区主要是指由波士顿市及其周围的5个县——艾塞克斯(Essex)、米德尔塞克斯(Middlesex)、诺福克(Norfolk)、萨福克(Suffolk)和普利茅斯(Plymouth)所构成的大波士顿地区。2001年，大波士顿商业议会(the Greater Boston Chamber of Commerce)出版的一份报告显示，主要有五大产业群为整个20世纪90年代波士顿地区的经济增长提供了强大动力。它们分别是：(1) 高端技术产业，包括电脑软件和硬件、通讯、生物工程等；(2) 金融服务业，包括银行业、保险业和风险投资等；(3) 知识产业，包括高等教育、咨询行业以及科研机构等；(4) 医疗服务业，包括医院、疗养院、门诊部和家政服务等；(5) 旅游业，主要是指每年来波士顿地区的参观者的食宿、购买、娱乐、参观以及交通花费等。[1]其中第三项所指的主要就是波士顿地区丰富的高等教育资源。

波士顿地区的8所研究型大学是推动波士顿地区社会经济发展的主要力量之一，这8所研究型大学（以下简称“八校”）分别是波士顿学院（Boston College）、波士顿大学（Boston University）、布兰德斯大学（Brandeis University）、哈佛大学（Harvard University）、麻省理工学院（MIT）、东北大学（Northeastern University）、塔夫茨大学（Tufts University）和马萨诸塞大学波士顿分校（UMass Boston）。“八校”在保持波士顿地区经济的持续增长和构建波士顿地区的人力资本方面做出了重要贡献。鉴于人们对哈佛大学和MIT已经比较熟悉，这里只简单说明一下其他6所大学的情况。波士顿学院建校于1863年，是美国最古老的耶稣教和天主教大学之一，以人文学科教育为主。该校以连续获取高额的社会捐赠而著称，位于全美接受捐款额最多的前50名大学之列。波士顿大学建校于1839年，该校第三任校长莱缪尔·默尔林（Lemuel Murlin）将大学定位为“位于城市的中心、以服务城市为其使命”。布兰德斯大学建于1948年，是美国惟一一所由犹太人主办的非宗派大学，崇尚小班教学，是美国著名的“科研集中型”大学之一。东北大学建校于1898年，以“学生中心、实践导向和城市导向”为特色，在“八校”中拥有最大的本科生招生规模。塔夫茨大学建校于1852年，以“培养各个领域——尤其是政界、医学界——的领军人物”而著称。马萨诸塞大学波士顿分校建校于1964年，该校旨在以低廉的收费为波士顿地区的居民提供优质的高等教育，被公认为是全美城市大学的样板。“八校”都是综合性研究型大学，其中马萨诸塞大学波士顿分校属公立，其他7所为私立。

（二）8所研究型大学对波士顿地区经济发展的贡献

2003年，“八校”的相关研究人员联合发表了一份名为《经济增长的引擎——8所研究型大学对波士顿主要地区的经济影响力》的研究报告。[2]该报告从各个方面具体分析了“八校”所形成的大学群落从整体上对波士顿地区的经济影响力。本文以该报告为主要依据，详细分析“八校”对波士顿地区的经济贡献。

1. 发展波士顿地区的人力资本

(1)“八校”为波士顿地区的经济发展提供优秀的劳动力资源

加州大学学者詹姆士·瑞奇(James Rauch)发现,对一个地区而言,如果该地区居民的平均教育年限增加 1 年,那么该地区的总经济产值便可增加 2.8%。[3]作为全美高校最密集的地区之一,波士顿地区的高等教育质量在全美首屈一指。“八校”每年的新生入学人数占整个波士顿地区高校入学总数的 45%。2000 年秋季,共计有 118 000 名本科生、研究生和接受专业教育的学生进入“八校”学习。“八校”吸引了全美乃至全世界的学子就读,2000 年入学学生中的 70%都是来自波士顿以外的地区和国外。具体而言,哈佛大学和 MIT 的学生中有 90%以上是来自波士顿地区以外;波士顿学院、波士顿大学和塔夫茨大学为 70%;东北大学为 60%;马萨诸塞大学波士顿分校为 50%。而这些来自美国乃至世界各地的学生在毕业之后却有相当一部分留在了波士顿地区工作,为该地区的经济发展提供了优秀的劳动力资源。截至 2001 年,“八校”毕业的学生中,共有 31 万人在波士顿地区工作和居住,占“八校”历年来全部毕业学生总数的 31%。

(2)“八校”为波士顿地区的居民提供接受继续教育的机会

在知识经济时代,尤其是像波士顿地区这样以知识和技术为主导的经济增长区,知识和技术必须周期性地不断更新才能跟上知识经济发展的步伐。这就需要人们不断地返回大学接受再教育。而“八校”都设有继续教育中心或者学院。它们所提供的课程当中有为想获取学位的公司员工开设的夜校和周末教育课程;有为需要提升职业技能和丰富自身文化生活的人们开设的专业教育课程;还有为已经受过大学教育的人们开设的职业导向的证书课程。如波士顿大学工程学院的“晚入学加速教育项目”和波士顿学院伍兹学院的“进步学习项目”都办得有声有色,受到社区居民的好评。值得注意的是,与那些接受全日制教育的学生相反,接受继续教育的学生绝大多数都是波士顿地区的居民。以哈佛大学继续教育学院为例,该院 93%的学生都是波士顿地区当地的居民。这个比例刚好是哈佛大学其他学院来自波士顿地区之外的学生所占的比例。“八校”凭借它们强大的师资和科研实力,可以在继续教育方面提供一些其他 2 年制或 4 年制高校所无法提供的专业性、学术性较强的课程。这也正是吸引大量社会人士来“八校”接受继续教育的主要原因。

2. 以强大的科研优势推动波士顿地区的经济发展

(1)“八校”以汇集科研经费的方式拉动波士顿地区经济增长

近年来,“八校”的科研经费一直增长。从1995年到2000年,“八校”的科研经费共增长了25.6%——平均每年增长4.7%。其中增长最快的是波士顿学院和东北大学,分别为每年增长16%和12.4%。“八校”科研经费的80%以上都是由联邦政府各个部门赞助的,包括卫生部、国家科学基金会和国防部等;另外,还有18%的资金来自私营组织、基金会以及私人捐款等;只有仅仅不到0.5%的资金是来自波士顿地区。2000年,“八校”的科研支出是15亿美元。据估算,这批科研经费中有95%都是花在了波士顿地区。也就是说,“八校”起到了一种“聚宝盆”的作用,它们使得大量的科研资金流向波士顿地区。

(2)“八校”与工业界的合作研究为波士顿地区的经济发展起到了积极作用

“八校”与波士顿地区的工商界进行了大量的科研合作项目,这些科研项目直接给波士顿地区的经济注入了活力。如“制造业领头项目”成立于1988年,是MIT的工学院和斯隆管理学院共同主持的一个项目,目的在于改进制造业中的操作流程。除了大学的科研人员之外,该项目的参与者还包括艾克里斯、康柏、柯达、英特尔、摩托罗拉和飞利浦等世界知名企业的相关研究人员。再如,波士顿大学的光子学研究中心成立于1994年,在光子学技术的实际应用方面为大学科研人员和企业中的科研人员提供了一个合作交流的平台。

(3)“八校”通过技术转让等形式积极推动波士顿地区新产业的发展

自从1980年美国国会通过《贝多法案》(Bayh Dole Act)以来,越来越多的研究型大学开始参与到各种形式的新技术转让项目中来,积极寻求专利权的获得。这较1980年以前多出了许多倍。[4] 2001年,“八校”一共签订了280项新科技发明的转让许可协议,专门致力于将大学的科技成果应用于市场,这些协议中包括建立41家新公司。同时,在波士顿地区还有其他112家公司主要依靠大学科研成果的转让来运作。按照一项新技术许可协议可以带来100万美元先期投入来计算,“八校”与公司企业所达成的280项技术转让协议,在未来5年内将会带来14亿美元的先期投入。此外,“八校”还对新注册的公司和处于早期发展阶段的公司提供一种更为直接的支持。如哈佛大学的技术许可办公室和波士顿大学的公共技术基金都为大学科研成果的转让提供专门支持；MIT 的技术转让办公室也为发明者的发明是否具有投放市场的可行性提供建议；波士顿大学的光子学研究中心 23 500 平方英尺的孵化器空间足够容纳 14 家新成立的公司。

3. "八校"自身运转对波士顿地区经济发展的推动

(1) "八校"通过雇佣关系为波士顿地区创造了更多的就业岗位

2000 年，"八校"共提供了 48 750 个工作岗位(包括为学生提供的兼职工作岗位)，其中 36 925 个全日制和 11 825 个部分时间制岗位。这个数量超过了波士顿地区的金融业和信息技术等行业所提供的岗位数量。该年所支付的薪水约为 25 亿美元，其中的 22 亿美元支付给了波士顿地区的居民。并且，由于大学相对于其他行业来讲具有更大的稳定性，所以"八校"是维持波士顿地区经济稳定的一个重要因素。如 2000 年 10 月至 2002 年 10 月，受经济波动的影响，波士顿地区的就业岗位数量减少了约 58 000 个，约占全部岗位数的 2.8%。但是"八校"所提供的岗位数量却增加了 2 000 个。并且，"八校"给其雇员所支付的工资在波士顿地区乃至全美都是最高的。2000 年，"八校"所雇员工的平均年薪是 51 000 美元，比该地区所有行业雇员的平均工资高出 7%。"八校"还给雇员提供了大量的接受继续教育的机会。如在布兰德斯大学工作的非正式全日制员工每个学期可以在该大学免费学习一门课程，并且他们的子女在进入该大学学习时可以享受只交纳 75%学费的优惠政策。

(2) "八校"通过购买和建筑花费推动波士顿地区的经济发展

"八校"不但是波士顿地区最大的雇主之一，也是波士顿地区商品和服务的最大买主之一。2000 年，"八校"从波士顿地区的其他行业部门中共购买了价值 13 亿美元的商品和服务。其中哈佛大学花费为 2.75 万亿美元，波士顿大学为 1.26 亿美元，规模不太大的波士顿学院也花费了 3 400 万美元。而大学的建筑花费通常是通过这样几种方式进行的：(1) 雇佣当地的承包商和建筑工人；(2) 经常性地更新和购买新的教学科研设备；(3) 建造一个好的工作和学习环境，吸引有才能的学者和学生到此工作与学习。2000 年，"八校"在建筑方面花费总额约为 5.5 亿美元，创造了 3 300 个就业岗位。

(3)"八校"作为消费群体的大学生和游客对波士顿地区的经济发展也做出了贡献

"八校"众多的学生本身也是一个庞大的消费群体,他们在波士顿地区学习相生活,每天都会产生大量消费。同样,因各种原因——参加学术会议、探访好友、和学校进行商业合作以及旅游观光等——而访问"八校"的参观者也要在波士顿地区进行各种消费。以2000年为例,该年"八校"的学生和旅游者花费总数为11亿美元。其中,学生在食宿、衣物、娱乐、个人服务以及其他方面的日常开销共花费8.5亿美元;而以各种原因参观"八校"的参观者的花费至少为2.5亿美元。

4. 致力于为波士顿地区的经济发展创造一个良好的空间环境

(1)"八校"利用自身优势改善波士顿地区的教育环境

"八校"对波士顿地区公立中小学体系最突出的贡献就在于为这些学校的教师和学生提供了各种教育和培训的机会。波士顿学院、波士顿大学、哈佛大学、东北大学、塔夫茨大学和MIT都开设有本科和研究生层次的教育类专业课程。更为重要的是,"八校"创建了一系列改善社区教育环境的项目。如波士顿学院的"波士顿合作伙伴计划",每年都支持一些大学教师和大学生到奥斯顿—布赖顿(Allston-Brighton)去,为当地的教育行政人员和教师提供各种培训,提升他们的管理能力和教学水平;MIT的"教师科学和工程项目"是一种带有集中性质的、为期一周的培训项目,在每年的7月末实施,该项目目的在于为波士顿地区的中小学教师讲授数学、物理、化学和生命科学领域的最新进展,提高他们的专业教学技能;波士顿学院的"联五计划",由来自波士顿学院的教育学院、社会工作学院、护理学院、法学院和管理学院5个学院的师生,为波士顿的奥斯顿—布赖顿和米申希尔(Mission Hill)地区的9所公立学校的学生提供各种教育培训等。

(2)"八校"积极改善波士顿地区的社区环境

努力改善大学周边社区的环境,是大学为所在地区的经济发展做出贡献的重要途径之一。大学有时会参与社区的重建项目,与社区的一些基层机构或其他一些参与社区服务项目的机构进行合作,共同致力于社区建设,以保持社区活力。[5]MIT就一直致力于改进学校周边社区的居住和工作环境。它最近的举措包括:为周边社区的公路、信号系统、排水设施等基础设施的建设资助了2 850万美元;马萨诸塞大学波士顿分校的“环境、海岸和海洋科学计划”项目自1980年开始实施以来,就一直致力于海港清理的研究工作。该校多学科合作共同解决海港清理问题,并负责监控整个波士顿港全面恢复工作的进程。“八校”在为中低收入的家庭提供他们能够承担的商品房方面也功不可没。一些大学在它们的社区内,直接给中低收入的家庭提供他们能够承担得起的商品房。如MIT在东坎布里奇、北坎布里奇和坎布里奇港三地为老年人建造了700套单元房;东北大学的达文波特——考门斯项目(Davenport Commons Project)除了为学生提供住宿外,还为社区居民提供75套商品房。

(三)结语

大学在社会进步和经济发展中起着动力源的作用,而众多的大学聚集在同一地区形成一个大学群落,更能对所在地区的经济发展产生持久而深远的影响。大学群落对所在地区的社会进步和经济发展的推动是以其学术性作为基础的,它所发挥的作用是其他任何机构都无法替代的。德里克·博克说:“我们不知道一个没有大学的城市会更富有还是更贫穷,因为谁也无法预知一个没有像大学这样的机构存在的社区会是怎样的一个情况。但是,我们相信,相对来说,很少有其他方式可以像大学那样给一个城市带来如此大的经济效益。”[6]从文中对8所研究型大学对波士顿地区经济发展贡献的分析中可以看出,波士顿地区的8所研究型大学已经影响到了波士顿地区社会经济发展的方方面面,已经成为该地区的一个不可或缺的和极为重要的经济实体,“八校”给波士顿地区带来的各种财富的总和要远远大于从该地区获得的资源的价值。作为一个整体,“八校”所产生的强大经济生命力和竞争优势令全美乃至全世界的任何一个地方都刮目相看。在一个越来越以“月”而不是以“年”为单位来计量竞争优势周期的时代,“八校”可以说是波士顿地区保持其区域经济竞争优势的主要源泉之一。同样,在我国,随着社会经济和高等教青自身的迅速发展,大学聚群现象也越来越明显。如北京、上海、南京、武汉和西安等地都是高校的集中地。在这些城市中已经明显地形成了一个个大学群落。其他一些省会城市、沿海城市等也同样开始出现了高校聚群现象。在“如何与所在地区建立和谐发展的关系”

“如何通过多种途径为所在地区的经济发展做出贡献”方面，我们可以从波士顿地区8所研究型大学的做法中得到些许启示。

参考文献：

[1] Greater Boston Chamber of Commerce. Greater Boston's Leading Industries: Drivers of Regional Economy[R]. Boston, 2001.

[2] Researchers from Eight Research Universities of Boston. Engines of Economic Growth: The Economic of Boston's Eight Research Universities on the Metropolitan Boston Area. 2003[EB/OL]. [2006—07—22]. http://www. community. harvard. edu/economic_impact_report/economic_growth_engines-full. pdf.

[3] James. Rauch. Productivity Gains from Geographic Concentrations of Human Capital: Evidence from the Cities[J]. Journal of Urban Economics, 1993, 34(3):398—399.

[4] Derek Bok. Universities in the Marketplace: the Commercialization of Higher Education[M]. Princeton, N. J.: Princeton University Press, 2003:141.

[5] Tracy M. Sosk, Alice K. Johnson Butterfield. University-Community Partnerships: Universities in Civic Engagement [M]. Binghamton&NY: Haworth Social Practice Press, 2004:26.

[6] 德里克·博克，徐小洲，陈军译. 走出象牙塔一现代大学的社会责任[M]. 杭州：浙江教育出版社，2001:252.

（本文发表于《比较教育研究》2009年第1期。作者李茂林，时属单位为北京外国语大学高等教育研究所）

八、美国研究型大学地区经济贡献评估及其启示

大学地区经济贡献是指大学在地区总支出、地区劳动力收入和工作机会上为所在地区带来的净变化。它经常和大学地区经济影响(university impact to local economy)混为一谈,其实它只是狭义上的大学地区经济影响。广义的大学地区经济影响不仅包括大学地区经济贡献,还包括大学通过为地区生产知识、提供人才以及社会服务等来影响地区经济的发展。由于大学地区经济贡献能够通过数据演算得出结果,因此美国很多研究型大学都十分重视对大学地区经济贡献的研究,并把它作为大学年度报告的一个部分,公布于众,从而提升大学的社会形象,争取地方支持和吸收社会捐款。

(一) 美国研究型大学地区经济贡献评估

在美国,如果从评估的主体来看,对研究型大学地区经济贡献的评估主要分为两种:一种是研究型大学委托校内研究机构或校外专业资产评估和咨询机构对大学的地区经济贡献进行评估,评估结果往往作为例行的大学年度总结报告的一部分;另一种是大学以外的机构对研究型大学地区经济贡献开展的独立评估,主要是一些非政府的思想库针对市场需求完成的专题报告。前者的评估报告作为大学年度总结报告的一个部分,目的是供公众查阅,以提高大学的知名度和美誉度。因此,这类报告的评估标准全面详尽,既有精确的数据分析,又有详细的定性分析。后者的报告主要是供政府和商业界作决策和投资参考,所以往往只是从一个侧面去评估大学对地区的经济贡献,因此评估标准比较单

一，研究方法主要是定量研究，研究结果表现为一大堆数据。后一种评估中比较著名的有1997年波士顿银行经济部针对麻省理工学院（MIT）的研究报告，[1]该报告对麻省理工大学的地区经济贡献，仅仅通过计算其毕业校友所创办公司的销售产值来进行评估。该报告的评估结果指出：如果将所有MIT毕业生及教师所成立的公司集合成一个独立的国家，其所创造的利润可使这个国家成为世界第24大之经济体。4 000个与MIT相关（MIT Related）的公司，共雇用了110万人，年销售值为2 320亿美元，相当于1 160亿的GDP，略小于南非的GDP和大于泰国的GDP。

下面详细介绍Sedway Group公司为加州大学伯克利分校所做的大学地区经济贡献评估，它代表了美国研究型大学地区经济贡献评估的普遍范式。Sedway Group是位于加州海湾地区的一家专业进行经济影响评估的咨询公司，擅长对研究型大学地区经济贡献进行研究，它的客户包括了加州大学所有分校以及哈佛等美国其他著名研究型大学。

首先是评估的项目。每所大学对地区经济贡献的评估报告名称几乎相同，一般都称作“大学对地区经济影响的研究”，评估的项目也大同小异。以加州大学伯克利分校委托Sedway Group公司所作的2001年度的研究报告为例进行说明。这份报告的题目叫“构筑海湾地区的未来：对加大伯克利分校经济影响的研究”。表1是对这些评估项目的分类和说明。

表1中的数据评估项目反映的主要是大学地区经济贡献的内容。这些项目把大学作为所在地区经济体系中的企业组织来看待，通过考察大学这个经济组织的运转所产生的物质资本消费和人力资本消费来评估其对地区经济体的影响，因此选取的评估项目主要分为两个部分：一部分是大学正常运转所带来的对本地区的支出，这主要包括大学及其学院的正常运作支出、大学的基础设施等建设支出，以及大学对其雇员的薪酬支出以及其他预算支出；另一部分是大学的学生在本地区的生活支出。对第一部分的考察需要指出的是这些支出有多少比例留在了本地区，假如大学的某项购买是来自本地区以外，则不被考虑在内。学生向大学缴纳的书籍费用和学费也不纳入考察之中，因为这些费用已被考虑到大学预算中了。

其次是研究型大学地区经济贡献评估的方法。对于数据项目的评估，研究人员主要利用IMPLAN投入—产出模型进行考察。

表1　加大伯克利分校对地区(加州海湾地区)经济影响的研究之评估项目说明

项目名称		项目说明
数据评估项目	大学薪水支出	大学雇佣的来自本地区的劳动力人数,大学为雇员和已退休人员发放的薪水和退休金留在本地的金额。
	大学在本地区的支付	大学在本地区的购买支出(大学预算中大学及其院系的运作支出、大学及其院系的建设支出,其他预算支出),大学支出为当地带来的税收收入和就业机会。
	学生的消费支出(学费和书费除外)	学生的生活费用(学费和书费除外,因为它们已经被包括在大学的预算中)支出,另外大学吸引的来自本地区以外的访客和游客为本地带来的旅游收入往往也计算在内。
非数据评估项目	大学对地区劳动力的贡献	毕业生留在本地区的数量,校友所开的公司为本地区带来的就业机会的数量。
	大学对商业创新的贡献	大学科技成果带来的商业应用,大学技术孵化的企业数量及产值,作为企业研发基地和企业磁石的大学吸引企业形成工业园的工业价值和就业机会。
	大学科技研发的贡献	大学为本地区带来的净科研经费投入,大学获得的专利数量,大学代管的劳伦斯伯克利国家实验室的技术研发和技术转移。
	大学的社区服务和志愿服务	大学艺术、娱乐和教育机构向地区的开放,大学提供的其他教育、法律和公共政策咨询服务、学生的义务和志愿社区服务。

资料来源:Building the Bny Areas's Future: A Study of the Economic Impact of the University of Californaia, Berkeley 2001, http://www. berkeley. edu/econimpactl fullreport. html.

IMPLAN模型全称叫Impact Analysis for Planning,是由美国农业部门的经济学家最先提出来的一种投入—产出模型. 该模型能够估计出一个经济组织的行为对特定地区的间接(Indirect)和诱导性(Induced)支出、工作机会以及个人收入的影响。IMPLAN模型把一个经济体分成528个产业,并且建立了包含美国每个地方详细经济数据的数据库,因此通用性比较强,广泛应用于商业等社会各个领域。美国有公司根据IMPLAN模型开发出一套软件，研究者只需把要分析的经济体的数据进行分类输入，经过程序演算就可以得出结果。Sedway Group由于长期进行美国研究型大学地区经济影响的研究，所以建立了全美每所大学购买和薪水项目的数据库。他们在做加大伯克利分校的研究项目时，只要把加大伯克利分校2001年的雇佣人数（教科人员数量、教辅等服务人员、院系数量）、大学预算、大学薪酬支出（各院系薪酬支出，教辅等服务人员薪酬支出，每院系、每人平均数）、学生人数分类输入IMPLAN模型，很快就能得出结果。

美国的其他研究型大学大都采用IMPLAN模型进行数据分析，比如佐治亚大学系统刚刚发表的对其2004年度为佐治亚州的经济贡献研究、夏威夷大学2003年对夏威夷州的经济贡献研究，[2]尽管没有委托Sedway Group进行评估，使用的评估方法依然是IMPLAN模型。不过IMPLAN模型并不是没有缺陷，和其他投入—产出分析模型一样，它也只能应用于量化分析，无法进行定性的研究，无法分析一段时期内经济体变化所带来的经济影响。

再次是评估的结果。根据Sedway Group为美国一些研究型大学所作的评估报告，我们发现美国研究型大学对地区的经济贡献十分惊人。表2是美国一些著名研究型大学对其所在地区经济贡献的评估结果。

表2 美国一些研究型大学的地区经济影响的数据表达

项目	加州大学伯克利分校（海湾地区）	哈佛大学（波士顿地区）	哥伦比亚大学（纽约市）	约翰·霍普金斯大学（巴尔的摩地区）
财政年度	1999	1998	1997	1999
支出				
直接影响	$842 479 835	81 159 000 000	$925 800 000	$1 216 800 000
间接和诱导性影响	$567 785 416	$523 000 000	$766 000 000	$499 400 000
总的支出	$1 410 265 251	$1 682 000 000	$1 691 800 000	$1 716 200 000
工作机会				
直接工作机会	21 550	15 003	18 400	38 159
间接和诱导性工作机会	17 528	7 843	6 640	24 470
总的工作机会	39 078	22 846	25 040	62 629

资料来源：Uc Berkeley; Harvard University; Columbia University; Johns Hopkins

University and Health System; and Sedway Grap.

注:约翰·霍普金斯大学和医疗系统(Johns Hopkins University and Health System)

从表 2 中可以看出,美国一流研究型大学为所在地区带来了巨大的经济贡献。加州大学伯克利分校 1999 年在海湾地区的采购和薪水支出就达 14 亿多美金,哥伦比亚大学 1997 年对纽约市的采购和薪水支出将近 17 亿,而约翰·霍普金斯大学(巴尔的摩地区)1999 年在这一指标上的数据超过了 17 亿。同时这些大学还为所在地区提供了相当多的就业岗位,这在就业压力巨大、就业机会相对稀缺的美国来说,的确是一个不小的贡献。

(二) 美国研究型大学地区经济贡献评估对我国重点大学的启示

第一,重视大学地区经济贡献评估,并把大学地区经济贡献视为大学整体实力的重要部分大加宣传。

美国的研究型大学普遍重视对地区的经济贡献,每年度都委托专业研究机构或校内研究机构对此进行研究,撰写成报告公布于众。其目的主要有两个:一是提高大学的知名度和美誉度,吸引国内外的优秀学子和访问学者就学和研究,扩大社会影响,从而吸引更多的大学捐款;第二就是密切与所在地区的公共关系,赢得地方政府和民众的广泛支持。因此,美国很多研究型大学十分重视宣传大学的地区经济贡献。

我国的重点大学由于习惯了计划经济体制下由国家拨款办学,只重视大学科研和教育,很少或不重视对自己社会贡献的宣传。我国的重点大学也宣传自己,不过更多的是宣传自己的科研实力和教育实力,目的是吸引素质高的学子,很少从提升自身形象,密切公众关系、吸收公众捐款的角度宣传自己。因此,长期以来,我国的重点大学缺少对大学地区经济贡献的研究,也很少从大学实力的角度来看待大学对地区的经济贡献。

新世纪以来,我国高等教育改革进入了新的历史时期。重点大学作为我国大学群体中的优秀分子,办学自主性不断增强,适应市场经济体制要求的能力不断提高,和地方的合作也不断深入。我国重点大学应该借鉴美国研究型大学重视大学对地区经济贡献评估的做法,不仅重视大学与地方的合作,更应对大学地区经济贡献进行研究,将其作为大学实力的一部分,在年度总结中加以体现。大学还应该在对外宣传上重视大学对地区经济贡献的宣传，密切与地方政府和社会的关系，得到更多的支持和社会助学捐款。

第二，丰富大学社会服务功能的内涵，将大学的地区经济贡献纳入大学社会服务的范畴。在我国，研究大学社会贡献往往只习惯于从大学的三个功能的角度去考虑，把大学的社会贡献分为三个部分：人才、知识和技术发明、大学科技园区和大学技术转移等。美国研究型大学地区经济贡献的研究表明，在一个市场经济体系当中，大学作为所在地区的重要经济组织，和医院、企业一样，既是生产主体，同时又是消费主体，为所在地区提供就业机会和薪水，都同样是大学对地区的经济贡献。费尔滕斯坦(Felsenstien)利用投入—产出模型模拟，比较在有无西北大学的情况下芝加哥都市经济的差异，模拟结果显示，若无西北大学，芝加哥都市地区的就业机会减少 10 447 个，芝加哥都市地区的年收入减少 10 亿美元以上。[3]同样的，如果我们把国内某个重点大学迁出所在地区，则这个地区的就业机会一定会减少，而这个重点大学在原所在地区的采购也必然减少，从而影响该地区的年收入。因此，我国重点大学应该把大学的地区消费和提供的就业机会数量作为大学社会服务的一个部分，并进行评估。

第三，重视对社区的义务服务和志愿服务，把大学建成对社区开放的大学，服务社区的大学。

美国的研究型大学很重视对社区的服务，把它看作大学的义务和大学地区经济贡献的重要组成部分。美国研究型大学对社区的服务主要分为三个部分：一是大学的教育设施、娱乐设施每年免费向社区开放，或者以便宜的租金租给社区使用；二是大学教科人员为社区提供义务的教育培训或免费的法律咨询、商业咨询和培训；第三就是大学的学生深入社区开展的义务支教、义务医疗和志愿服务等。很多研究型大学希望自己变成对社区开放的大学，服务社区的大学。

我国的重点大学都分布在城市，周围有很多社区。但由于我国的重点大学行政级别很高，往往不屑和社区发展紧密关系，也不重视对社区的服务。这些大学的做法很不明智，社区和大学在地理位置上紧密相连，且共享很多城市基础设施，大学应重视对社区的服务，加强双方的感情联系，这对大学自身的发展和形象的提升都有很大的作用。

参考文献：

[1] MIT：The Impact of Innovation[EB/OL].（2002—03—08）[2003—02—11]. http://web.edu/newsoffice/founders/summary.html.

[2] www.iccap.org/pubs/impact/economic_impact_fy04.pdf[EB/OL]. http://www.hawaii.edu/ovppp/inter/interescon830.html.

[3] Felsemstein, D. The University in the Metropolitan Area: Impacts and Public Policy Implications [J]. Urban Studies, 1996(33):1568—1580.

（本文发表于《比较教育研究》2005年第9期。作者王本东，时属单位为中国浦东干部学院科研部）

九、加速科技转化，推进高校和社会经济发展
——美国宾夕法尼亚州立大学的经验

在知识经济时代，大学作为知识创新系统和知识传播系统的主要行为主体，承担着重大责任。据美国国家科学基金会(NSF)的调查，20世纪80年代，美国重要的技术革新有70%是从基础研究中产生的，而基础研究有3/5是在大学进行的。[1]可见，大学的科研创新力在大学创新力的体系中占有重要的地位。大学如何建立科技转化的机制，加快科技转化的步伐，提高科技转化的效率，是提升大学科研创新力的关键。而大学科技园通常是体现大学科研创新力的重要窗口，是大学产学研相结合制造出的科技成果转化器，是大学推动社会经济发展、建设创新型国家的重要途径。

自20世纪90年代以来，我国大学科技园大量出现。其中，许多大学科技园都以美国硅谷作为学习的典范。但是，美国大学的科技园也是多种多样的，而宾夕法尼亚州立大学(以下简称宾州州立大学)的科技园无疑有着独特的影响力。

由于宾州州立大学是一所赠地学院，其资金主要来自本州，因此它义不容辞地承担起促进本地经济和社会发展的任务。2004年和2005年《美国新闻与世界报道》所列出的全美最热门的25所大学名单中，宾州州立大学被评为“培养企业家最著名的大学”。根据美国国家科学基金会(NSF)的数据，在国家科学基金1999财政年度的学术研究和发展支出调查中，宾州州立大学的研究支出为3.794亿美元，排在美国大学第14名，公立大学第9名。宾州州立大学1992财政年度获得企业赞助的研究费用占总研究费用的15.3%，到1999年财

政年度达到 6 570 万美元，占总研究费用的 17.3%，而且还在不断增长。1992 年到 1999 年期间，宾州州立大学的总研究费用增长了 36%，而企业赞助的费用增长了 54%。1999 财政年度，企业赞助费用所占百分比高于全国平均水平 7.4%，在全美前 100 所大学中位居第 5 名。从全美来看，在前 50 所研究型大学中，宾州州立大学的企业赞助研究和发展费用总额位居第 3，仅次于杜克大学和麻省理工大学。与其他大学不同，赞助宾州州立大学研究的企业约有一半是宾州本土的公司。在 1999 财政年度，367 个宾州公司支持了宾州州立大学的 648 个项目。宾州州立大学科技转化的成果还体现在其广泛的社会影响上，其中包括环境保护、滥用化学品、乡村健康关怀和老年性痴呆病等对改善环境和民生有重要意义的领域，[2]以及根据实地需求来培训宾州医生、帮助内城的年轻人等解决本地社会问题的项目。[3]此外，宾州州立大学还以科技园为平台，积极推动大学与工业企业的伙伴关系，大力发展技术转化及推广模式，大力开拓新产业发展、职业教育和培训、职业服务和就业安置，建立与经济发展组织的正式伙伴关系，并在产业/大学咨询团体模式等方面进行了积极探索。

因此，本文选择宾夕法尼亚州立大学的科技园作为案例，介绍这所大学进行科技转化的一些经验，旨在探讨大学科技转化的新模式，为我国大学科技创新力的提升提供借鉴。

（二）宾州州立大学推动科技转化的发展理念

宾州州立大学将通过教育科研及服务推动经济发展和社会进步作为大学发展的核心理念之一。斯潘尼尔校长在一次校园公开演讲中，把宾州州立大学在知识经济时代的新作用与它在教育和学术方面所承担的传统责任相提并论。宾州州立大学的科技园是其科技转化的重要平台。宾州州立大学将科技园命名为“创新园”，这也体现出宾州州立大学认识到创新是大学科研的核心。负责创新园管理委员会的斯潘尼尔校长解释了创新园的作用：“宾州州立大学创新园鼓励大学与企业界的紧密合作。我们很高兴通过创新园使产业界代表加入到我们宾州州立大学这个大家庭中，从而能够拓展和提高我们在经济发展中的作用。”在大学科研与产业的伙伴关系上，斯潘尼尔校长认为：“我们今天做得更多——我们有触角来感知教师的研究是否有潜在的商业价值。过去，许多教师从未在实验室以外看到过他们自己的研究成果。”[4]

上述理念得到宾州州立大学其他部门的认同，并得到进一步的深化。宾州州立大学的产业研究办公室(IRO)就明确提出大学的使命是：“通过提供教学、研究和公共服务方面的整体计划，改进宾州、国家和世界人民的生活。”

从以上的阐述中，我们可以看到，宾州州立大学对其科技转化有两个重要的认识：一是将大学的科技转化和推广活动与大学的教育、研究和学术相融合；二是将科研成果对现实世界的影响作为大学教学与研究的范畴来看待，科技转化和推广活动与大学教育一样，对社会进步具有同样的价值。

(三) 宾州州立大学推动科技转化的组织机构和实体

为建立科技转化枢纽，加强推动科技转化的力量，宾州州立大学设立了一系列组织机构和实体，包括创新园(Innovation Park)、产业研究办公室(Industrial Research Office, IRO)、商业化办公室、本·弗兰克林合作伙伴(BFP)区域办公室、小企业开发中心(SBDC)等。[5]

1. 创新园(Innovation Park)

宾州州立大学创新园的使命是：为公司企业获取宾州州立大学的研究成果、设备和支持性服务提供空间和途径，帮助公司将知识转化到市场并促进经济发展。[6]创新园承担了宾州州立大学科研成果转化实体平台的作用，统一了宾州州立大学主校区所有与科研管理、研究和科技发展、产业联络、企业孵化、企业发展、技术协助和商业化相关的活动，成为一个以技术为基础的经济发展“集成板块”。在此，内外部机构(顾客)能够一站式地获得宾州州立大学的资源和研究成果开发机会。这种集约优势吸引了许多公司和产业团体来此驻扎。

2. 产业研究办公室(IRO)

产业研究办公室(IRO)是宾州州立大学与企业建立研究伙伴关系的门户。IRO 为促进合作伙伴关系，开展了各种活动，包括组织教师和学生去企业，接待企业参观校园，根据项目需求在教师和企业间建立联络关系，维护教师能力资源在线数据库，出版宾州州立大学研究和技术资源指南，收集工业企业的特殊需求，等等。IRO 不仅仅是做简单的信息收集和传播工作，它还对本校的研究领域和能力进行深入研究，把有关信息提供给政府机构和产业部门中潜在的资助方，并创造条件，让企业了解和接触本校的各种研究设施。当企业与本校的合作伙伴关系初步确定后，IRO 开始进行"包装"工作，包括在合作的初期阶段参与协商及相关法律咨询、起草合作协议、协助签订合同以及协助准备项目申请书等。因此，IRO 发挥了将宾州州立大学的科学技术进行"市场销售"的功能。它所开展的工作让工业、企业能够全面深入地了解大学具有的智力财富、研究潜力和设施，大大提高了合作的成功率。通过这种"市场培育"工作，IRO 成为确保大学获得技术创新和转化所需资金支持的重要纽带。2002 年 IRO 帮助建立的合作关系给宾州州立大学带来 150 万美元的研究资助，而 IRO 提供的联络服务都是免费的。

3. 研究商业化办公室

研究商业化办公室的重要任务是以创新技术研究成果为基础，孵化出新公司。它通过了解本大学的教职员工和学生所创造的新知识和新技术，确定潜在的商业机会，并帮助促成这些新知识和新技术的商业转化。其中，特别重要的帮助就是鼓励风险投资公司对宾州州立大学的这些商业化项目进行初期投资。研究商业化办公室还与当地的两个技术企业孵化器和一个社区经济发展组织密切合作，向高科技企业提供信息和管理服务。当前，以宾州州立大学研发的新知识、新技术、新专利为基础，发展起来了几十家公司。

除了上述机构和实体之外，还有本·弗兰克林合作伙伴(BFP)计划区域办公室和小企业发展中心(SBDC)等。

(四) 宾州州立大学的科技转化项目和活动

以这些组织机构和实体为枢纽和平台，宾州州立大学探索出多种促成科技转化的项目活动。

1. 宾州技术帮助计划(PennTAP)

这个计划提供帮助的方式通常包括短期技术咨询、技术信息提供和信息搜索服务，服务是免费的。该计划始于 1965 年，已经向全州 2 万多家机构提供了技术帮助服务。享受到服务的机构中有 48%是小型企业。1999 年该计划给州内 67 个县的 620 家机构提供了 900 项技术服务。这些机构通过这些技术服务获得了 990 万美元的经济收益，并创造或保持了 310 个工作岗位。

2. 以有市场潜力的技术专利为基础，实施技术推广计划

EIEICO国际公司是这个模式的一个成功案例。该公司是以宾州州立大学的三项特许发明专利为“技术平台”而建立起来的，服务于肉类和乳制品产业。发明专利权属于宾州州立大学研究基金会（PSRF），PSRF以“启动专利费”的方式在EIEICO公司持有股份。参与发明的教师和学生则得到一定比例的分红。公司的投资者和管理者则持有剩余的股份。而且，EIEICO还可作为母公司，在技术平台上对专利发明进行不同组合，开发系列产品，进而发展出一系列子公司来。

3. 与本州和各地的经济发展组织建立合作关系

宾州州立大学与本州和各地的经济发展组织建立合作关系的途径有多种：第一种方式是宾州州立大学的行政官员们参与宾州工商联合会和各种经济发展委员会。这些团体组织包括县、市级经济发展办公室、县级产业发展联合会、小企业发展中心、区域规划和发展委员会等；第二种方式是以大学的名义，积极与宾州社区和经济发展部合作，参加各种经济政策与规划的制定活动，或共同实施产业技术发展计划；第三种方式是以大学的名义，与本州各类地方和区域经济发展组织合作；第四种方式是帮助组织建立和管理各种产业咨询委员会、协会和专业团体。通过这些途径，宾州州立大学与宾州各种经济发展机构和企业之间建立了长期的资金和运作伙伴关系，将教育、科研与服务推动经济发展与社会进步的理念转化为现实。

4. 移植现有的成功项目

宾州州立大学还直接移植一些科技转化的成功项目。例如，宾州有一个由联邦和州政府资助的制造业推广计划（MEP）。宾州州立大学与参与MEP计划的许多中心有分包伙伴协议。前面提到的本·弗兰克林合作伙伴（BFP）计划就是一个例子。

（五）宾州州立大学科技转化与大学教育的相互促进

宾州州立大学的科技转化计划和活动与其教育工作之间建立起了相互促进的良性循环。

其一，宾州州立大学将科技转化计划与活动看作是大学教育价值的实践检

验。师生参与项目,使教师的教学案例更为生动具体,也扩大了毕业生的就业机会。为支持教师参与科技推广和经济发展活动与计划,宾州州立大学各单位和学院在教师评价体系中还增加了鼓励科技转化的政策,并设立表彰机制。教师提供的技术帮助和咨询被认为是学术活动、科技发明和专利的变化形式,与教师合作的外界组织则被视为大学合法的"学生"和"听众"。

其二,宾州州立大学的新技术推广计划和活动,使企业产生新的人力资源需求,进而产生了各种面向新产业的教育和培训课程需求。宾州州立大学通过各地的校区及远程教育系统开展这些新的教育和培训课程,重点培养宾州和全国急需的各类人才。

其三,宾州州立大学利用与工商企业团体的伙伴关系,帮助学生拓展实践和工作机会。如与伙伴企业建立本科生教育和实习合作计划,在大学校园召开职业见面会等,为宾州州立大学学生开发各种工作机会。

(六)比较、借鉴与思考

从以上对宾州州立大学在大学科技转化和与大学教育的互动实践中,我们可以看出,宾州州立大学围绕其发展理念,形成了一个非常有特色的、促进大学科技转化的良性互动机制(见下图所示)。

与我国的大学科技园相比较,宾州州立大学的创新园在以下方面独具特色:第一,宾州州立大学促进科技转化的组织机构形式多样,但基本上都是大学组织机构的一部分,而我国大学促进科技转化的组织机构相对较少,大学科技园的管理机构与大学相对独立;第二,宾州州立大学的 IRO 等机构同时面向校内的教师、研究人员和校外的企业,提供多种有效服务。我国大学科技园对外公布的信息中难以查找到具有这样功能的机构;第三,宾州州立大学科技园的管理机构及教师向企业提供的信息咨询服务往往是免费的,教师和研究生为企业服务的时间也有所限制,并依据研究专利参与企业分红。我国大学一般对大学、大学的教师和学生、企业三方在资源投入和成果分享方面缺乏商务合同约束;第四,宾州州立大学将鼓励科技转化的政策纳入教师评价系统中,而在我国的大学管理和评价制度中,对外服务是无法与教学和科研一样计入教师和研究人员的工作成果的,往往被视为是"业余工作"。

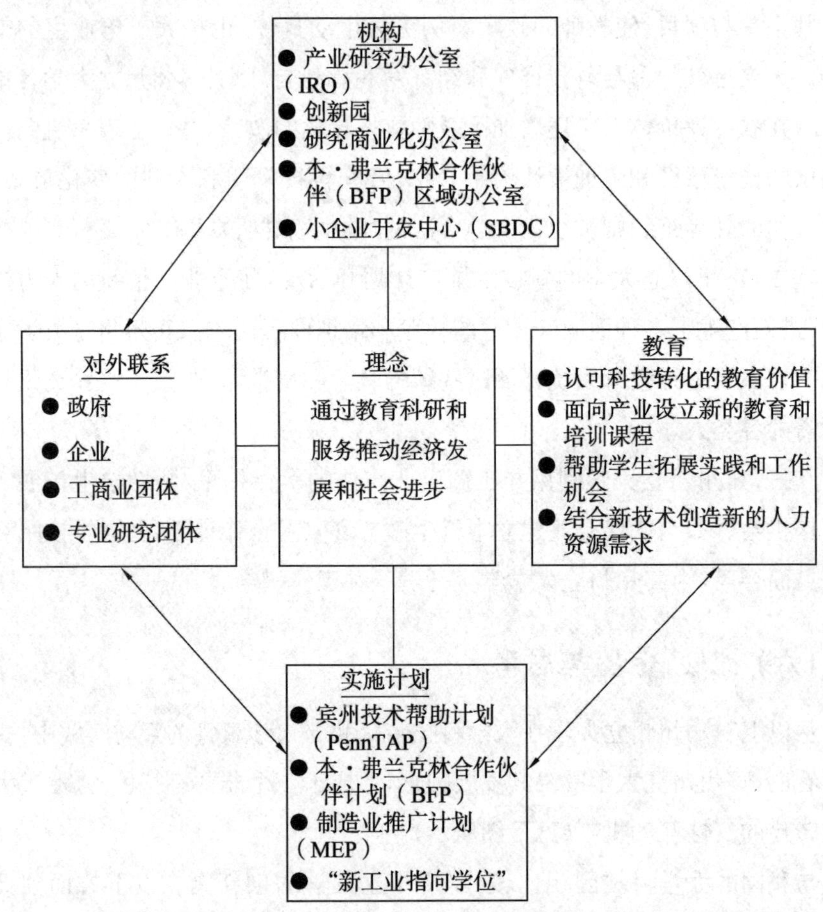

宾州州立大学促进大学科技转化的良性互动机制图

从宾州州立大学创新园的经验中，我们发现对推进我国大学科技转化有所借鉴及思考的方面如下：

1. 通过科技推广，拓宽大学社会服务功能，强化大学推动经济发展和社会进步的理念

宾州州立大学的科技推广和对外服务具有广泛性，包括合作开发、继续教育、远程教育、服务和研究等。在当今知识经济社会中，大学应当将教育、科研和为社会服务的功能有机地结合在一起，贯彻在大学的整体发展计划中，落实在大学组织机构、管理制度和评价体系当中。

2. 创建鼓励科研创新和科技转化的制度环境和文化环境

在宾州州立大学，从校长提出的大学理念到相关机构和制度的确立，都创

造出鼓励科技转化的制度和文化环境。我国大学在此方面应引以为鉴，如人员评价制度中将教师、学生参与科研转化的服务工作纳入评价体系；分配制度中减少科研人员收入与项目经费挂钩的做法；设施管理制度中让师生能够根据需要随时使用科研设施、设备；用人制度中打破地域、单位、学科界限，增强跨学科合作等；在大学文化环境上，要创建自由的学术环境，使科研人员以创新为研究者的天职，独立地从事科研和技术转化，并使其成绩得到公正的认可。自由的学术环境也包含跨学科的自由交流。

3. 建立“顾客友好型”的机构来管理和协调研究与科技成果的转化

科技成果转化机构的建设是大学科技园成功的重要因素之一。宾州州立大学建立了一套“顾客友好型”的机构来管理和协调研究与科技成果转化，并实施有利于大学——产业研究伙伴关系建立的政策和程序。如建立研究商业化办公室使公司设立和项目启动的操作流程更为规范和高效；在项目中通过规范的步骤来收集项目委托人的数据，对计划实施的成果进行系统的跟踪，建立数据库等。

当今知识经济时代，人们对大学这座象牙塔寄予厚望，不仅要求它成为人类理想的引导者、学术火焰的守望者，还期望它成为社会经济的推动者。而大学也在理想与现实的冲突与磨合中苦苦探索、变革着自己的理念与实践。当今大学的教育、科研和服务功能紧密结合、相互促动，而大学的服务功能则从作为科研和教学副产品的地位，提升到推动教学和科研变革转向的地位。现代大学科技园的大量涌现，表明大学迫切需要一个载体和窗口，将其教学和科研的成果转化为推动社会经济发展的创新力量。因此，大学科技园是体现大学创新力的一个重要窗口。

宾州州立大学科技园的成功，与其领导者的发展理念、产学研的有机结合、“顾客友好型”的管理机构、独具特色的项目和相配套的制度文化建设等是分不开的。宾州州立大学将教育、研究和服务三方面职能都作为科技转化和技术推广的基础；以企业和市场需求为驱动力，以产业研究办公室、创新园等组织机构和实体为平台，以技术创新和产品创新为企业带来增值；而大学自身则借助企业的平台，实现了与市场的成功沟通与对接，获得了科研创新的持续推动力，促进了学科的不断发展。宾州州立大学创新园的这种科技转化模式值得我们思考和借鉴。

参考文献：

[1] National Science Foundation Division of Science Resource Studies. Academic Research and Development Expenditures, FY1999 [R]. Washington, D.C.: National Science Foundation, 2001.

[2] Eva J. Pell, Penn State Research: Technology Transfer, A Status Report to the Board of Trustees, Reports from the Senior Vice President[EB/OL]. [2007—08—07]. http://www.research.psu.edu/about/ttreport.html.

[3] Nineteen Ways: Penn State Is Making Life Better, Penn State University Web Page[EB/OL]. [2007—08—07]. http://www.psu.edu/ur/about/nineteen/19ways.html.

[4] Spanier, Graham. 1998 State-of-the-University Address, Penn State University Web Page[EB/OL]. [2007—08—07]. http://president.psu.edu/sou/articles/sou1998.html.

[5] Louis G. Tornatzky, Louis G. Tornatzky, Denis O. Gray. Innovation U: New University Roles in a Knowledge Economy [M]. Carolina: the Southern Technology Council and Southern Growth Policies Board, 2002: 69—73.

[6] What Is the Mission of Innovation Park at Penn State?, Frequently Asked Questions, Penn State University Innovation Park Web Page [EB/OL]. [2007—08—07]. http://www.innovationpark.psu.edu/faq.html#1.

（本文发表于《比较教育研究》2008年第8期。作者杨珂，时属单位为北京师范大学教育学院国际与比较教育研究所、国家环保总局宣传教育中心）

世界一流大学的教师和学生

一、美国研究型大学教授发展的诸力分析

大学能否成功的关键之一在于它是否拥有一支高水平的师资队伍。正如曾任哈佛大学校长的科南特所说:“大学的荣誉不在于其校舍和人数,而在于它一代一代教师的质量。”[1]美国研究型大学致力于满足“高等学习、研究生教育和通过研究促进知识增长”的需求,[2]其高水平的教授队伍是通过促使教授们面对机遇与挑战、在压力与动力下不断进取的一套卓有成效的作用机制,而逐渐积累和发展起来的。“不进则退”的自然法则在美国的研究型大学里得到最充分的体现。当前,我国研究型大学建设正处于起步阶段,如何建立起一种行之有效的机制促进教师队伍尤其是教授队伍水平的提高,是摆在我们面前的一项紧迫任务。因此,借鉴美国研究型大学教授发展的经验,对于我国的研究型大学教授群体发展是大有裨益的。

(一) 选拔聘用中的竞争力

通常,美国研究型大学选拔教师的最基本的条件是具有博士学位。除此之外,各校还根据自身的特点和需求,对选拔的教师作出其它方面的相应规定,例如要求教授有校外从事专业工作的经历。麻省理工学院就极少有拿到博士学位就留校任教的情况。“差不多所有的教授都是毕业后先到实验室、研究所或公司工作了若干年,有了一定的工程应用与科研经验,在自己的工作领域有了一定的名望,然后再到 MIT 任教授的”。[3]美国研究型大学实行的这种教授选拔制度,客观上促进了备选教师在从事教授工作以前作好充分的职业准备,为加入研究型大学打下良好的事业基础。因此,从研究型大学教授的前期选拔来

看，教授的培养与提高是一个自发自觉的过程，这种选拔机制的存在从一定意义上说是教授不断提高自身业务水平的动力。

在教授的选拔聘用过程中，研究型大学始终坚持如下几项原则：① 公开招聘。这首先拓宽了教授人选的选拔范围，从面向全校到面向全国乃至全世界，使全世界最权威的专家、学者能够为“我”所用；而且，公开招聘使机会面前人人平等，排除了其它干扰因素。② 唯才是举。决定教授是否能够被聘用的惟一标准是其学术水平。正如芝加哥大学第5任校长哈钦斯所说，“教授的私生活、政治观点、社会态度、经济理念等都不干学校的事；对学校来说，教授是否胜任他们的工作是决定他们去留的惟一前提”。[4] ③ 杂交优势。美国高校聘请教师时有一条不成文但普遍应用的规定，即一般不招聘刚从本校毕业的博士生，以避免在学术上“近亲繁殖”或从年资上论资排辈，压抑新教员的教学与科研。④ 宁缺勿滥。在教师的选拔过程中，如果应聘的人选中无人符合聘用标准，学校会虚位以待，即使工作暂时无人接替也绝不勉强将就。这既保证了教授岗位受聘人选的学术水平，同时也巩固了研究型大学教授在本学科领域中的权威地位。

教师职业是1993《美国新闻与世界报道》列出的“未来20种最佳职业”之一。根据美国国立教育资讯中心的调查，每一个教师职位都有5～30个人在竞争。而对于一流研究型大学的教授岗位而言，应聘者更是趋之若鹜，有时甚至有上百人竞争。可见，教师职业在当前美国社会中具有较高的竞争力。竞争是事物发展前进的动力。从美国研究型大学教师选拔聘用过程具有很强的竞争性，促使教师必须不断完善自身以满足学校聘用的基本要求。因此，“竞争是通过人才聘任制度的完善这一外部作用，促使人才提出自我要求，实现自我提高的手段，竞争机制的健全亦是一种培养教授的有效途径。”[5]

(二) 职务晋升中的压力

一旦加入研究型大学，教授就要面临巨大的工作压力。美国研究型大学教师职务聘任一般采用定期聘任和终身聘任相结合的做法。在教师的定期聘任中始终坚持“非升即走”(Up or Go)的原则，即教师在任职期间如果不能按照规定期限获得晋升，必须离校。由此造成的高级职位空缺通过人才招聘方式来予以填补。这迫使教师必须全身心地投入工作并不断取得成就,否则就会面临中期淘汰的危险。在职务晋升过程中,研究型大学各自制定了严格的考核标准,并以科研成果的数量及水平作为晋升的主要条件,因此,"出版或者灭亡(Publish or Perish)已成为研究型大学的信条。"[6]"正是在'Publish or Perish'的压力下,美国主要研究型大学的教师不断地参加科研工作,不断更新知识和提高能力,从而最终成为第一流的教师。"[7]

"Publish or Perish"对于美国研究型大学教授的沉重压力可从以下二个事例中管窥一斑。1998 年,美国《宾州日报》在头版报道了"丹尼尔教授事件"并引起轰动:宾夕法尼亚大学文科和自然科学学院政治科学系助理教授丹尼尔博士因申请终身职位被该校拒绝而被迫离校。丹尼尔博士毕业于著名的普林斯顿大学,是国际关系专业的知名权威,是一个被同行认为是知名专家、被学生认为是杰出教师的人才。然而他最终未能通过宾大的终身职位申请,主要原因是他在宾大任教 7 年期间,未能独自出版一本自己的著作。[8]伯克利加州大学光合作用的倡导者麦伦卡利曾获诺贝尔奖,创立了光合作用的研究所。但后来,随着他年龄的增大,思想有些保守,学术上没有新的进展,校方就让年轻的学者当了该研究所的所长,甚至连他的办公室也撤掉了,只是用他的名字命名该研究所,以表示记住他曾经做出的贡献。可见,在美国研究型大学中,无论教授有多高的学术水平,只要在规定期限内没能达到学校规定的职务晋升(或终身职位申请)考核硬标准,就只能被淘汰出校;无论教授曾经取得过多么辉煌的成就,一旦不再进取,最终也只能让位给他人。可以说,研究型大学的教授们面临的这种竞争和压力是残酷的,但同时对于他们自身的发展又起着强大的推动作用。只要教授们选择了研究型大学,那么就预示着今后他们所要面对的不是其自身要不要前行,而是来自各方面的竞争与压力迫使其不得不前行。这种"晋升或淘汰"的制度也是美国研究型大学在激烈的高等教育竞争中所作出的必然选择。当然,针对美国研究型大学教授职务晋升制度的现状,也有学者提出了反对意见。他们认为,这种管理制度缺乏必要的灵活性,需要进一步完善,因为按照这种制度的规定很可能会使大学错失人才。例如前面提到的丹尼尔教授,很快就受聘于著名的霍普金斯大学,该大学表示将以最快的途径解决丹尼尔教授的终身职位申请。以至于宾夕法尼亚大学的学生们发出了这样的质问:"在承认自己的终身职位授予办法不适当、过于死板之前，宾大究竟还想让多少优秀的教师流失？”[9]教授职务晋升制度中问题固然存在，改革也势在必行，但这一制度对教授们所产生的巨大压力，在鼓励他们坚持不懈地从事科学研究、开拓创新等方面所发挥的作用是不可由他物所替代的。

（三）“终身职”的引力

美国大学的“教授终身制”（Tenure）由来已久。其最初产生的原因是为了维护学者们的学术自由，保护教师的合法权益。1913 年，美国大学教授联合会（简称 AAUP）正式宣告成立，并于 1915 年发布《学术自由与教授终身制总报告》，[10]这标志着大学教授的权益和保护措施从制度上得到了确立。此后，AAUP 又不断地对这一报告进行了修订和完善，使这一制度一直延续至今。终身聘用制度是对教授发展的有力的激励和适度的保障，能够为教授的事业发展以及个人生活免除很多后顾之忧。获得终身聘任的教授在经济收入、社会保障、学术权利和参与治校等方面享有更多权利，这对于在激烈竞争的市场经济国家的教师来说是非常具有吸引力的。它能够吸引更多有才华的人投身到大学教师职业中来。终身聘用制度客观上也形成了一种有效的目标激励机制。

然而伴随着时间的推移，由此所引发的问题是，教师们在拼命争取获得终身职位之后，教学与科研工作成绩明显下降，积极性不高，甚至有些教授多年没有成果。加州大学洛杉矶分校高等教育研究所曾做过一项调查，从 1991 年至 1993 年，美国高校中 41%的教授没有发表过任何学术作品。[11]来自美国各界要求废除终身制的呼声愈来愈高。针对终身制产生的弊端，AAUP 近年来也采取了相应的措施。比如建议对获得终身聘用的教师每 5 年考核一次，如果考核表明该教师不能很好地履行职责，甚至不能胜任工作，学校有权依照程序提出警告，或规定考察期，直至取消终身聘用资格。[12]目前，美国很多州的公立高等教育系统采取了一个折衷的解决方法——保留终身聘任制，但是同时进行终身聘任后评审制（Post-Tenure Review），“以此确保终身聘任制的功能与作用，而不是把它当作一种特权、地位和最后防线来捍卫”，[13]并力图使这种终身聘任后评审制成为教授走向完善和变革的重要途径。这说明传统的一旦获得终身聘任就可终身拥有的观念已发生了变化。[14]

从目前情况来看，终身制的改革措施仍需要逐步完善，但完全废除尚有很大争议。虽然终身聘用制度有诸多问题存在，但它对于激励尚未取得终身聘用资格的青年学者在自己的研究领域早出成果、多出成果所起到的促进作用是不言而喻的。同时，它也确实保护了一部分终身教授不受外来干扰而潜心研究学术。这是终身教授制之所以能够长期存在的根本原因。美国伊利诺斯大学专家小组在对终身制问题做了一年多的研究后认为，“终身制度在人为的操作上会出现这样或那样的纰漏，但是这一制度仍然是保证学术自由和教育质量、保证整个教师队伍长期致力于科研和教学的最有效办法。有无终身制，不会影响一些有志于教育的优秀人才的献身精神，但有了终身制，高校会吸引更多、更优秀的年轻人。在目前情况下，如果任何一个高校放弃终身制，就等于把自己推向了人才竞争中的不利地位。”[15]事实也的确如此。无论哪所大学轻言废除终身制，它将要面临的就是大量人才流失的局面。这也许是目前终身制存在的最合理的解释。

（四）科学研究中的合力：教授群体发展的动力

拥有世界级学术权威和大师是一流研究型大学一个重要标志。据统计，1993～1996 年，有 25 名美国科学家获诺贝尔奖，其中 23 名来自研究型大学。1995～1996 年，共有 16 名美国科学家获得国家科学奖，其中的 14 人出自研究型大学。[16]研究型大学因为拥有众多的名师，促使高水平人才不断向它聚集，由此形成了马太效应，使教授群体发展步入良性循环轨道。不同国别、种族、肤色的人才聚集在一起，使研究型大学形成了一种特殊的智力环境，不同学术观点、学术流派、学术思想、学术风格的共生共存、相互切磋、相互砥砺、相互交融，极大地促进了学术的繁荣和教授群体水平的显著提高。

不同专业、不同特长、不同层次教授群体的协作，加以严密的组织、协调，是产生强大创造力的重要源泉。正如芝加哥大学现任校长雨果·宗南沙因所说：“在芝加哥大学，我们引为自豪的是：我们学者团体的成员们深感交流观点和互相评论是我们的重大职责。这不是一个‘斯文’的过程，它会使那些疏懒、软弱、僵化的人感到不安，同时还能活跃一部分人的思维，使他们变得富有朝气和精力充沛。交流观点和互相评论将迫使我们重新审视我们的观点是否合乎逻辑，学会如何坦率地就敏感问题发表意见，并且从旁人的观点中获得启迪。这种做法能够促使大学这一知识混杂物的大锅‘沸腾’起来。芝加哥大学的‘烹饪法’，就是要求我们在这一知识大锅中紧密合作，从而使这一‘火炉’迅速升温。”[17]历史上不少实例证明，随着时间推移，科学领域合作研究的发生率成正比增加。在诺贝尔奖金开设最初的25年中，获奖者的工作中有41%是合作性的，到了1972年，79%的获奖者由于合作而得奖。[18]

此外，高水平人才大量聚集逐渐形成的科学家群落，会产生智力的“迭加效应”和“链式效应”，具有明显的累积优势，十分有利于科研成果的大量产出和科技精英的大量涌现，使研究型大学成为诺贝尔奖和科学家诞生的摇篮。例如，“美国1901～1972年间，物理、化学、生理学/医学三科诺贝尔奖金得主中，教师也有过获奖经历的比例分别为61.3%、57.9%和42.9%。”[19]当我们把目光投向百年诺贝尔奖的超级精英的时候，就会发现他们中间存在着一个个的“人才链”：1906年诺贝尔物理学奖获得者汤姆逊的学生中有卢瑟福、布拉格父子等7人获诺贝尔奖；1908年诺贝尔化学奖获得者卢瑟福的学生和助手中有鲍威尔、哈恩、玻尔等12人获诺贝尔奖；1922年诺贝尔物理学奖获得者玻尔的手下有海森堡、泡利、朗道等8人获奖；1938年诺贝尔物理学奖获得者费米手下有杨振宁、李政道等5人获诺贝尔奖。[20]从科学学的角度看，“人才链”是发挥集团创造力的最好形式。正是通过这种“人才链”，使知识得以积累，学派得以形成，创新得以延续。名家、大师的提携指引和不同领域学者的密切协作，使研究型大学的研究课题组、学术共同体成为知识创新的主要生长点，以名师为核心的集团优势在美国研究型大学中得到淋漓尽致的发挥。他们在对科学作出原创性贡献的同时，也促成了一代又一代科学家的成长，从总体上带动了研究型大学教授群体的发展。

美国是一个典型的以市场化机制运作的国家。“美国高校的激烈竞争产生于美国的价值观念——对自由市场和自治的崇尚，教师间存在着激烈的竞争，每个人都渴望自己的成功，美国的选拔制度、晋升与终身聘用制度等也都创造和鼓励竞争的气氛……高校师资培养也缺少明显而实际的内容，提高完全靠自身的努力与奋斗。”[21]可见，虽然美国的大学没有中国那样的高校教师培训组织体系，但却采用了这种独特的市场化机制促进在职教师及未来教师努力提高自己的业务水平。表面上,美国大学教师培训处于“无组织状态”,但这种培训是一种完全个体性、开放性的“内控”模式。[22]正是由于大学建立了一套比较完善的教师发展作用机制,有效地将教师的在职培训转化为教师学术水平进修提高的内在需要,因而实实在在地保证了美国高校教师队伍总体上的高水平。这是美国大学完善的教师发展作用机制带来的必然结果。

综上所述,竞争、压力、引力与合力构成了美国研究型大学教授发展的整体力量。本文选取四个不同方面对其逐一进行阐述,是为了更清楚、更直观地分析诸力的作用机理,实际上,在运行过程中它们是相互交织在一起共同发挥作用使教授队伍得以优化和发展的。美国研究型大学教授群体发展中的有益经验说明,“大师云集、人才辈出和科研创新不是仅靠经费就能实现的,而主要是一种制度文明的产物。”[23]

参考文献:

[1] 陶爱珠. 世界一流大学研究[M]. 上海:上海交通大学出版社,1993:9.

[2] Roger L. Geiger. To Advance Knowledge: The Growth of American Research Universities 1900—1940 [M]. Oxford: Oxford University Press,1986.

[3] 王乘. 我所经历的 MIT 博士教育[J]. 高教研究简报,1996(15).

[4] 蓝劲松. 世界一流大学的用人标准[N]. 科学时报,2000—11—9(B2).

[5] 眭依凡. 论培养“教授”[J]. 上海高教研究,1996(4).

[6] Jonathan R. Cole. The Research University in a Time of Discontent [M]. Baltimore: The Johns Hopkins University Press,1994.

[7] 马建国. 科研对于美国研究型大学之意义[J]. 清华大学教育研究,1996(2).

[8][9][12] 赵丹龄. 从宾夕法尼亚大学拒聘丹尼尔教授看美国大学终身职位制[J]. 中国高等教育,2000(3).

[10] Philip G. Altbach,etc. Higher Education in American Society[M]. New York: Prometheus Books,1994:38.

[11][15] 李辉.废除还是完善——从明大之争看美国教授终身制的历史使命[J].西安外国语学院学报,2000(2).

[13] 李敏谊编译.美国教授终身聘任制何去何从——终身聘任后评审制浮出水面[N].科学时报,2001—11—29(B2).

[14] Philip. G. Altbach. Comparative Higher Education: Knowledge, the University, and Development [M]. London: Ablex Publishing Corporation, 1998.

[16] Executive Office of the President Office of Science and Technology Policy. A Report to the Congress: Science and Technology Shaping the Twenty-first Century [M]. Washington D. C. ,1997. 14—15.

[17] 张敏,杨援编著.芝加哥大学[M].长沙:湖南教育出版社,1994:2.

[18] 吴素香.科学进步的社会环境特征[J].学术研究.1989,(4).

[19] 哈里特·朱克曼.科学界的精英[M].北京:商务印书馆,1979. 236,140.

[20] 王荣德.诺贝尔科学奖中的“人才链”及其启示[J].科学学研究,2000(2).

[21] 闵铁军.高校师资队伍综合发展问题研究[J].南京大学学报(哲学·人文·社会科学),1999(4).

[22] 教育部高校师资培训与管理考察团赴美考察报告[J].高等教育(人大复印资料),2001(1).

[23] 王英杰.规律与启示——关于建设世界一流大学的若干思考[J].比较教育研究,2001(7).

(本文发表于《比较教育研究》2003年第3期。作者王怀宇、沈红,时属单位为华中科技大学教育科学研究院)

二、院校制度与美国研究型大学学术职业的发展

科塞(Lewis Coser)认为,现代大学对于当今的知识分子来说是最有力的制度背景。[1]美国的研究型大学关于学术职业的各种院校制度,维系了科塞所说的现代大学为知识分子所创造的制度背景。这些大学具有很多的内在优势,是很多学者的理想选择,不仅吸引了很多美国国内一流学者,也吸引了很多来自其他国家的优秀学者。20世纪20年代和30年代,很多的欧洲科学家,尤其是物理学家都被美国研究型大学聘任。20世纪80年代以后,移居美国的专业人员数量不断增长,其中很多人都进入高等院校任教。[2]王英杰教授认为,如此多的科学家和专业人员被吸引到美国的原因可能因人而异,但是美国高等学校的开放性、较少的排他性和较多的学术自由恐怕是最重要的原因之一。[3]在所有吸引优秀科学家和学者到美国研究型大学就职的因素之中,最为关键的是制度因素。美国研究型大学中独特的制度架构,使其成为学术职业人员致力于知识传播和学术研究的重要阵地。

(一)研究型大学学术职业内涵的演化

美国研究型大学学术职业的内涵也是随着大学的发展而逐渐演进和发展的,学术职业的内涵在不同时期呈现出不同特点。研究型大学发展的内部动力之一是研究型大学职能功能的变迁和学术职业自身的不断反省。在中世纪大学中,被勒戈夫称为“知识分子”的大学教师,就以传授高深学问的教学为业,并赖以谋生。英国的牛津和剑桥两所大学继承了巴黎大学的传统,教学是英国学

术职业人员的首要职责。美国的研究型大学是由最初的几所模仿英国牛津和剑桥大学的学院发展起来的，在很大程度上继承了英国大学的传统。而柏林洪堡大学的建立与发展，促使美国研究型大学将教学和科研统一起来，教学和科研同时成为了美国新型的研究型大学中学术职业人员的重要职责。随着社会经济的发展，社会服务成为研究型大学学术职业人员的另一职责，将学术职业人员与更为广泛的社会联系在一起，学术职业的内涵不断发展变化。

在研究型大学的不断演进与发展中，系作为一个基层的学术组织单位在美国研究型大学的形成与发展中的作用极为重要，这对学术职业内涵的不断发展与变化起到了决定性的作用。在美国研究型大学中不存在核心权威，通常是在系中不同学科的学术职业人员具有决定该教什么、由谁教、如何教的权力。学校也没有核心权威拥有全面处理、决定教师聘任、晋升、终身教授聘任及解聘的权力。学术职业人员的职责和权利通过系固定下来，学术职业的奖励机制也通过系得以实现。

研究型大学中，学术职业人员教学与科研职责的发展对学术职业内涵的变化具有重要影响。19世纪后半叶，教学与科研并重成为美国研究型大学学术职业人员的重要职责。在很多院校的终身教授聘任和学术职业人员的晋升中，良好的科研业绩成为重要的评定标准。尤其是第二次世界大战后，研究型大学的学术职业人员更加重视履行其科研职责。

随着科研在研究型大学中的重要地位的确立，这些研究型大学开始奖励科学研究，大学中的学术职业人员也开始向现代学术职业人员转变，强调学术职业人员自治的重要性。权力从董事会成员转移到校长手中，又从校长手中转移到教师的手中。个人的和学院式的特权在系、教师评议会、学术委员会和全国学术协会等环境中制度化。教授通过他们的研究和学术成为学术协会中的领导人物。学术职业自治的特点在这些研究型大学中得到了充分体现。

（二）明确学术职业人员的学术职责和学术权利

1. 明晰学术职业人员的学术职责

院校的制度结构塑造了学术职业人员的角色。学科是学术职业人员身份的首要标识，院校的身份是在学术职业人员完成专业训练和社会化完成之后才出现的。学科提供计划，而院校则施加职责。[4]维布伦(Thorstein Veblen)认为，延续和提高高等教育要涉及两个方面的工作，这两者相互区别但却紧密联系在一起：一是科学和学术的探究；二是为学生讲授课程。前者是最为根本和必不可少的。[5]美国研究型大学都强调科研的重要性，同时，每个研究型大学也都将教学作为学术职业人员的重要职责之一，强调教学、科研和服务三方面职责的统一。但实际运作中，正如维布伦所言，科研是根本的和必不可少的。这也是研究型大学的重要特点之一。希尔斯(Edward Shils)认为，在学术职业人员中存在共同的学术伦理。大学教师的教学、研究和作为学术公民的根本职责对于所有的学术人员来说都是相同的。所有这些活动对于大学来说都是必不可少的，要求每个学术人员尽其所有能力履行这些职责。虽不是所有的学术人员都具有相同的天赋和性向，但学术人员要努力履行这些职责，任何有悖于这些职责的行为都是与学术职业生涯的要求相抵触的。[6]为此，研究型大学明确规定了学术职业人员的学术职责。

首先，研究型大学学术职业人员应履行教学的职责。从理论上讲，研究型大学的学术职业人员一般来说都重视教学。大学通过规定学术职业人员的教学工作量，保证学术职业人员从事教学的时间。此外，大学还通过一些奖励机制，保证学术职业人员的教学质量。比如，实施各种各样的教学奖，奖励教学成绩突出的学术职业人员；在终身教授的评定中对学术职业人员的教学水平进行同行评议，或参照学生对学术职业人员教学水平的评定。

其次，研究型大学的学术职业人员要履行研究的职责。随着以约翰·霍普金斯大学等为代表的新型大学的建立，研究成为教师的重要职责之一。19世纪末，在宾夕法尼亚大学就开始出现了“不发表就走人”(Publish or Perish)的说法。在研究型大学中，教师同时亦是研究者。巴伯(Bernard Barber)认为，新科学家的培养要包括比仅仅传授理论和技巧更多的东西，因此大学又是道德共同体，它不仅实施科学标准，而且吸收新成员进入道德共同体。[7]研究型大学中的学术人员对研究的热情明显高于其他类型院校的原因，也在于他们是美国研究型大学中的博士学位获得者。另外，研究型大学学术职业人员对研究具有很高的热情还缘于研究型大学中的科学奖励机制。研究型大学都将较高的研究业绩作为衡量学术人员终身教授评定和晋升的水准。

再次，学术职业人员要履行其服务的职责。在研究型大学中一般不将服务放在终身教授评审和学术职业人员晋升的重要地位，但这并不意味着服务不重要。在研究型大学中，服务一般指在全国性和国际性的学术学科中通过参与期刊编辑委员会和同行评议的财政拨款委员会中的工作、在全国性的委员会或在本学科的专业协会中担任职务，也包括在本院校各种委员会的服务和社区公共服务。

研究型大学非常重视通过制度建设保证学术人员履行其学术职责。相比较，美国研究型大学的学者和科学家的科研成果明显高于其他类型大学的学术职业人员，[8]这与美国研究型大学对科研的高度重视和巨大投入密切相关。

2. 保证学术职业人员的学术权利

为了使学术职业人员真正发挥促进人类知识发展的作用，院校必须创造适宜的氛围，切实维护好学术职业人员的学术权利。首先，研究型大学都秉持学术自由的原则，维护学术职业人员学术自由的权利，并将学术自由的理念制度化。美国各研究型大学都明确规定学术职业人员享有学术自由的权利。学术自由、学术自治和学术中立的“三A原则”是哈佛大学最重要的传统之一，并成为哈佛大学保证学术人员学术自由权利的基础。作为一种组织，美国研究型大学之所以对于学术职业人员来说具有极大的吸引力，这主要是由于研究型大学尽力减少各种组织的限制，其目的在于通过维护学术职业人员的学术自由的权利，提高学术职业人员的创造力，使学术职业人员能够自由探索和传播知识。

其次，研究型大学通过制定各种制度，使学术职业人员参与院校治理，维护其职业自治权利。学术职业人员既是职业人员，同时又是大学组织中的一员，这是学术职业人员不同于其他职业的从业人员的重要特点之一。传统上，学术职业人员在教学、科研等学术事务方面具有决策权。从职业的角度出发，学术职业人员通常将其自身视为大学的“股东”而不是“雇员”。他们通过行会式的形式行使其职业权利，按照学术原则履行自己的职责，并通过学院式的方式参与院校的治理。但大学作为一种现代组织，具有科层化的特点，从概念上讲，组织旨在施加规则，消除个人的特性，具有追求效率的倾向，不欢迎追求知识本身所要求的创造性和个人主义。管理人员为了提高效率，会不断对学术职业人员施加控制，这势必产生学术职业人员与管理人员之间的冲突，危及学术职业人员的职业自治权利。在这种情况下,院校为了保证学术职业人员充分发挥其创造力,必须维护学术职业人员职业自治的权利。研究型大学保证学术职业人员职业自治权利的有效途径是通过制定各种制度,使学术职业人员参与院校治理。各研究型大学根据各自的历史传统,形成不同的"共同治理"(shared governance)模式,使教师参与到院校治理之中,通过各种制度性的机构和措施,如制定大学章程、建立教师评议会和各种学术委员会等,保证学术职业人员参与院校治理。

(三)健全学术人员奖励和评价机制,促进学术创新

美国研究型大学在其发展的过程中,总是试图通过将各种价值制度化的途径实现大学的使命。这些制度为学术职业人员的学术创新提供了制度保证。

1. 建立严格的学术人员招聘制度

研究型大学都有严格的学术职业人员招聘制度,这是研究型大学保证学术职业人员质量的重要一环。通过建立严格的学术准入制度,保证了研究型大学学术职业的质量,从而保证了研究型大学作为一个整体的质量。

研究型大学有着严格的招聘标准,一般将博士学位作为重要的职业准入标准。20 世纪 70 年代以来,如果要在研究型大学获得学术职位,一般来说必须具有博士学位。1994 年,美国排行前 25 名的研究型大学中,教师具有博士学位的比例为:加州理工学院、布朗大学、莱斯大学、西北大学 100%;96%以上的有 20 所,最低的康乃尔大学也达到 91%。在招聘高级职位的教师时,则非常重视教师的学术水平,要求应聘者具有一定的科研成果。研究型大学一般都在国内外的范围内公开招聘学术职业人员。

研究型大学都具有严格的招聘程序。在招聘教师时,首先由系决定所要招聘的职位和人选特点,得到院长和校长批准后,再成立一个由校、院、系教师代表构成的聘请委员会。该委员会向其他院校教师和全国有关专业协会发出征求推荐信,同时在全国专业性报刊或国际著名学术期刊上刊登招聘广告。美国研究型大学在学术职业人员的聘任中一般都遵循一条不成文的规定,即不在本校毕业的博士生中招聘人员。这主要是为了避免在学术上的"近亲繁殖",或从年限上论资排辈压抑新的学术职业人员的现象,但对于那些在学术上有突出才

华和成就的博士生例外。这种严格的学术职业人员招聘制度，使美国研究型大学能够招聘到具有较高水平的学术职业人员，从而保证大学在竞争中的优势地位。

2. 实施终身教授制度的奖励机制

终身教授制度通过严格的聘任标准规范了研究型大学学术职业人员的学术研究。在某种意义上，终身教授制度还是学术职业自治的制度化形式。[9]美国绝大多数的研究型大学普遍采用终身教授制度。2003 年的一次调查表明，在美国 584 所有研究生教育的高校中，94%的高校实行了终身教授制度，实行终身教授制度的公立高校和私立高校的比例分别为 99%和 87%。终身教授制度通过为学术职业人员提供工作安全和保障学术职业人员的学术自由，有助于美国研究型大学吸引和留住优秀人才，将学术职业人员与院校紧密联系在一起，平衡学术职业人员对学科的忠诚和对院校的忠诚，保障学术职业人员参与院校治理。终身教授制度作为研究型大学中重要的奖励制度，不仅维系了学术职业的高水准，也成为学术职业人员职业发展的不竭动力。终身教授制度更重要的意义还在于，“通过保证教师的发明和发现，以及传播不同观念和观点的丰富多彩的知识和见解，使他们不必担心受迫于世俗的名者和现实的压力而放弃对真理的坚持和良知的忠诚，从而能最大限度地发挥他们的作用，造福于人类社会”。[10]终身教授制度为学术职业人员充分履行其职责和实现其作为一名学者的价值提供了更为深层次的制度性保证，影响和改变了学术职业人员的价值观和态度，使得不惧权威、不惧权势、为学术和真理而奋斗成为学术职业人员的职业特征。

3. 采用同行评议的评价手段

同行评议(peer review)作为学术活动的一种重要评价方式，在科学决策、分配学术资源、教师评聘中发挥着重要作用。20 世纪 30 年代以后，同行评议被引进到美国科研项目经费申请的评审工作中。1950 年美国国家科学基金会(NSF)成立以来，完全采用同行评议的方式受理科学研究项目申请，逐渐形成了同行评议系统。1900 年，美国大学协会成立，开始强调各方面标准的建立。研究型大学教授的学术水平开始在全国范围内作为同领域科学家和教授学术水平的判断标准，并且这种做法得到了大多数大学和相关机构的认可。这种学术上的领导作用提高了研究型大学在高等教育中的地位，同时，也成为美国高等教育领域“同行评议”的历史渊源。研究型大学一般都在学术职业人员的评聘和晋升中采用同行评议的做法。此外，期刊杂志的同行评议也为各院校的学术职业人员的晋升和终身教授的评定提供了可供量化的参考。以同行评议为基础的院校规范措施，对学术职业人员创造力的发挥起到了极大的促进作用。

（四）为学术人员创设实现职业自治之途径

从职业和科层的特点来看，职业主义和科层主义这两者之间的关系必定具有“冲突”的特质。斯哥特（W. R. Scott）认为，职业人员通过依靠其经过训练所获得的专家知识完成任务。他忠诚于同辈的职业人员，作为职业的从业人员，他具有终极的地位，并不追求在组织中获得更高的职位。而一个官僚主义者则不同，他具有一定限度的任务，主要目的在于协调与他人的关系，所受到的训练是在组织中进行的并且是短暂的，要受到上一级官员的监督。如果不遵循既有的规则的话，他就会被辞退，其忠诚以及职业生涯与组织具有密切联系。[11]在研究型大学中，职业主义和科层主义之间的冲突必然会对学术职业产生影响。在美国研究型大学发展的历史上，科层化的进程是与学术职业化的进程同步进行的。学术职业的特点是在职业主义与科层主义之间的互动过程中形成的。

第二次世界大战之后，随着美国高等教育的快速发展，学术生活越来越形式化、正规化，大学也变得越来越科层化，大学中的各种行为越来越受到标准化规则和程序的控制。很多院校发展成为全州范围的高等教育体系，形成了克拉克·科尔（Clark Kerr）所形容的“多元巨型大学”。美国的研究型大学具有学术自治的传统，学术职业人员享有较大的学术自治权，在学术事务上具有一定的决策权。但由于科层主义的渗透，研究型大学中学术职业人员越来越多地受到来自管理人员的干预，科层管理机制已经渗透到研究型大学的学术生活的各个层面。科层管理机制从上到下的权力分布形式，对学术职业的职业自治构成威胁。科层主义的管理方式将企业界和商业界的价值观带到了学术界，对学术职业的价值观也产生了影响。这就提出了在科层背景中如何实现学术职业的职业自治的问题。美国研究型大学通过为学术职业人员创造参与院校治理的途径，在科层背景中实现学术职业的职业自治。

美国的研究型大学中，学术职业人员必须面对长期以来形成的董事会和管理人员的权力问题。在这种权力的博弈中，由于学术职业人员的职业自治权利基于深奥的专门化知识，这种权利具有外部力量不可渗透的特点，故可使学术职业人员能够通过参与院校管理的途径实现其职业自治的权利。此外，研究型大学中特有的文化对职业主义和科层主义之间的矛盾调和具有重要意义。这种文化通过制度化的形式在研究型大学中固定下来，对学术职业具有重要的整合作用，也是学术职业人员将学术奉为自己的使命，并终身致力于学术探索与知识传播的动力所在。

参考文献：

[1] [美]刘易斯·科塞，郭方等译. 理念人：一项社会学的考察[M]. 北京：中央编译出版社，2001:308.

[2] Roger L. Geiger. To Advance Knowledge: The Growth of American Research Universities, 1900—1940 [M]. New York & Oxford: Oxford University Press, 1986:239—240.

[3] 王英杰. 美国高等教育的发展与改革[M]. 北京：人民教育出版社，2002:179.

[4][5][6] Burton R. Clark. Eds. The Academic Profession: National, Disciplinary, and Institutional Settings[M]. Berkeley & London: University of California Press, 1987:332,69,335—356.

[7] [美]巴纳德·巴伯，顾昕等译. 科学与社会秩序[M]. 北京：生活·读书·新知三联书店，1991:169.

[8] Logan Wilson. The Academic Man: A Study in the Sociology of a Profession. With a New Introduction by Philip G. Altbach [M]. New Brunswick and London: Transaction Publishers, 1995.

[9] Talcott Parsons and Gerald M. Platt. The American University [M]. Cambrige, Massachusetts: Harvard University Press, 1973.

[10] William Van Alstyne. Tenure: A Summary, Explanation, and

"Defense". In Philip G. Altbach, Martin J. Finkelstein. Ed. The Academic Profession: The Profession in Crisis,1971:128—136.

[11] Robert Dingwall & Philip Lewis. The Sociology of the Professions: Lawyers, Doctors and Others[M]. London & Basingstoke: The Macmillan Press LTD, 1983:177—178.

(本文发表于《比较教育研究》2010 年第 1 期。作者耿益群,时属单位为中国传媒大学高等教育研究所)

三、中美一流大学人力资源结构与遴选标准比较

笔者将以第一批进入“985工程”的34所大学的人力资源结构作为研究对象，对照《美国新闻与世界报道周刊》2005年美国最好的大学排行榜中，排名前30位大学的人力资源结构与遴选标准进行比较，为中国一流大学人力资源管理提供参考。

（一）美国一流大学的人力资源聘任条件

美国一流大学设教员、助理教授、副教授、教授四个等级。各大学按照职位需要招聘或晋升人员，包括学历学位、学术能力、学缘结构、从业经历等条件。

1. 学历学位条件

美国大学规定的最低学位是硕士，现在进入美国大学工作，一般需要博士学位（除警察和艺术类专业外），排名前30位大学全职博士教师比例平均为96%，其中宾夕法尼亚大学（Univ. of Pennsylvania）、哥伦比亚大学（Columbia Univ.）、西北大学（Northwestern Univ）、埃莫瑞大学（Eomry Univ）、塔夫茨大学（Tufts Univ.）的博士教师比例高达100%，最低为北卡罗来纳大学（Univ. of North Carolina-Chapel Hill），也达到83%。可见，一流大学博士教师的比例普遍很高。

2. 学缘结构

美国一流大学非常重视师资的学缘结构，强调师资的“远缘杂交”，保持原创科研活力。学缘是指教师在学业上的师承关系或所毕业学校来源的构成状

态和比例关系。如果本校毕业的教师所占比例较大，虽然有利于维护本校或本专业已形成的科学研究特色与学术传统，但同一学校毕业的教师同质性较强，知识结构与思维方式类同，缺乏不同学术思想的相互渗透和融合，易导致学术思想僵化。

一流大学聘任的教师一般要求不是本校毕业，或即使是本校毕业，也要有校外其它大学或科研机构或者企业求学工作的经历，尤其是名牌大学工作的经历。作为高度重视学术研究的美国一流大学，非常自觉地把本校毕业的教师比率抑制在全体教师总数的三分之一以下[1]，比如加州大学－圣地亚哥分校(Univ. of California-San Diego)本校毕业的教师只占 6.7%，哈佛大学(Harvard Univ.)本校毕业的学生比例虽然达到 36.3%，但大多数不是毕业直接留校任教，而是先有其它高校或大公司从业的经历。

美国一流大学良好的学缘结构还体现在教师来源的国际化上，选聘具有不同文化背景的世界各国精英协同开展工作，呈现国际化趋势。排名前 30 位大学拥有国外学位的全职教师比例平均达到 8%(缺 8 所大学资料)，有 6 所大学超过 10%的教师拥有国外学位，兼职教师国际化比例平均为 6%，其中，麻省理工学院(Massachusetts Inst. of Technology)全职教师的国际化程度最高，达到 14%；兼职教师国际化程度最高的是普林斯顿大学(Princeton Univ)，达到 17%。拥有跨国学习背景的教师比例更高，如哈佛大学，最高学位在国外授予的教师比例为 9.4%，而拥有留学背景的教师比例高达 34.9%，某些专业拥有跨国学习经验的教师甚至超过 50%，如比较文学专业达到 100%，古典文学专业也达到 77%。[2]

3. 学术成就和其他任职条件

一流大学针对不同的岗位，学术条件要求不同。教授序列是最关键的技术职务，学术条件要求相当高，要求 10 年教龄的博士毕业生，具有高度的学术地位和专业成就，具有创造性进行教学科研工作能力和领导本专业的能力，尤其是原创性研究的能力，具备成为学科带头人的能力；副教授要求教学效果优良，有 6 年以上教龄的博士毕业生，并具有丰富的教学科研工作经验，具有被同行公认的学术地位和专业成就；研究型大学对助理教授的选择也非常严格，首先要考察他们是否有希望晋升为副教授、教授的潜力，其次需要 3 年的教学科研工作经验；教员除学位要求外，没有其他特别的要求。

（二）美国一流大学教师职称结构与形式结构

美国研究型大学教师职称结构由低到高呈倒金字塔型，教授作为衡量一流大学整体学术水平的重要指标，所占比例相当高，稳据金字塔顶，达到50%—80%以上，[3]而且教授拥有博士学位比例为100%。

美国大学还采用专职教师（full time）与兼职教师（part time ）相结合的用人机制。前30位大学专任教师比例平均为79.7%，兼职教师的比例平均为20.3%。专任教师比例最高、兼职教师比例最低为斯坦福大学（Stanford Univ），分别为97.8%、2.2%；专任教师比例最低、兼职教师比例最高为南加州大学（Univ. of Southern California），分别为64%、36%。虽然一流大学同时聘任专兼职人员，但所占比例高低不一。不过，为了保证教学质量，避免兼职教师过多造成的不良影响，美国对兼职教师的数量加强了宏观控制，规定兼职教师的比例不得超过50%。[4]

（三）美国一流大学师资遴选方式

美国一流大学选拔师资采取面向社会公开竞争招聘的方式，通常是几分之一甚至几百分之一的机会。其遴选的程序非常复杂，但是相当规范、制度化。首先，按照岗位的需要确定招聘人员的数量与质量标准，然后经院长、校长批准，成立聘任委员会，委员会成员以教授为主或占绝对优势。由委员会通过以下几种途径发布招聘信息：向其它大学的研究生院和全国的专业学会发求荐信，通知有可能提供应聘人选的企事业单位和科研机构，同时在全国专业性刊物上刊登招聘广告，一般登在《纽约时报》的教育专栏和《高等教育纪事》上；然后，对应聘者进行全面考察，通常要求他们试教或做学术报告，或主持学术讨论会，由聘任委员会评议做出决定，择优选出数名候选人，由院长签署意见并转呈校长和校教授会评议，最后报校董会批准，保证招聘的严肃性与公平性，确认能招聘到真才实学的教师。

（四）中国一流大学人力资源聘任条件与结构

1. 学历与学位条件

中国规定的取得高等学校教师资格，最低学历为研究生或者大学本科。现在进入中国大学工作，一般要求有硕士学位。2003 年全国普通高校专任教师中具有硕士以上学位的教师比例为 62%；第一批进入"985"工程的 34 所大学中拥有博士学位的教师比例平均为 29%，其中较早进入"985"工程的 9 所大学中拥有博士学位的教师的比例平均为 34%。拥有博士学位教师比例最高为清华大学，为 46%；最低为电子科技大学，13%。

2. 学术成就与其他任职条件

中国高等学校教师职务设助教、讲师、副教授、教授四个层次，作为高校教师，要求系统地掌握本学科的基础理论，具备相应职务的教育教学能力和科学研究能力。

教授要求教学成绩卓著，发表、出版过有创见的科学论文、著作或教科书，或有重大的创造发明，在教学管理或科学研究管理方面具有组织领导能力；副教授要求教学成绩显著，能较好地对学生进行启发式教学，培养其分析问题解决问题的能力，发表过有一定水平的科学论文或出版过有价值的著作、教科书，在教学研究方面有较高造诣，在实验及其它科学技术工作方面有较大的贡献；讲师要求具有本专业必需的知识与技能和从事科学技术工作的能力，能顺利地阅读本专业的外文书籍，能胜任和履行讲师职责；助教要求获得学士以上学位，能胜任和履行助教职责。

除符合以上条件之外，晋级有教龄的规定，助教晋升为讲师需要具有 1 年教学工作经验，讲师工作满 5 年方可晋升为副教授，副教授工作满 5 年达到其他条件，可晋升为教授。

3. 职称结构与形式结构

中国大学教师职称结构由低到高呈金字塔型。"985"工程 34 所大学专任教师中教授比例平均为 24%，较早进入"985"工程 9 所大学教授教师平均为 28%，教授教师比例最高为清华大学，为 37%，最低为重庆大学，为 13%。教授拥有博士学位比例平均为 45%，其中较早进入 9 所大学博士教授的比例平均为46%。博士教授比例最高为中国人民大学，为66%，最低为兰州大学，为22%。[5]

中国高校很少甚至几乎没有聘请兼职教师，而且学缘结构单一，“近亲繁殖”严重，保守估计几乎每所大学达到50%，越是重点院校，“近亲繁殖”越严重，教师来源国际化程度低。教师的选拔一般不是采取公开招聘的形式，聘任程序简单：由各院系根据教师缺额情况向学校人事处报送人事计划，学校同意后，一般在求职的应届毕业生中经过简单的面试选用，一经录用，本人如无重大过错，则在本校终身任教，很少面向社会公开招聘。近年来这种情况虽然有所改观，但由于传统用人习惯与招聘信息的不畅通，实质上很难真正做到优中取优。

(五) 研究结论与启示

第一，中国高校教师学历普遍偏低，需要提高教师队伍的学历学位层次。学历在一定程度上反映一个人的知识与能力水平。高校教师高学历化，是高校教师具备应有素质的基本保证。美国一流大学教师博士学位拥有率非常高，中国大学教师博士学位拥有率相对较低。主要是美国实行学位制度时间长、研究生教育很发达，教师中拥有博士学位的比例自然很高。中国实行学位制度时间很短，培养博士数量较少，博士教师的比例自然比较低。中国要建设一流高校，需要在提高教师聘任的学历学位层次方面作出努力，提高教师聘任的学历学位层次，并通过学历补偿教育，提高现任教师学历学位水平。

第二，中国高校“近亲繁殖”严重，需要优化学缘结构。美国拥有世界上公认的优质高等教育资源，各大学有自己的办学特色与优势，大学之间同质性不强，人才质量结构与层次多样化明显，因而教师的来源广阔，学缘结构良好，并拥有一定数量的兼职教师。美国一流大学有合理的薪酬机制，而且具备大学宽容与理解精神，能够吸引到来自世界各国的人员任教。由于历史的原因，中国大学的同质性非常强，且世界一流大学缺乏；受中国传统文化中“孩子是自家的好”的习惯思维影响，不关注师资的学缘结构问题，近亲繁殖普遍严重，尤其是老牌高校，出现师生几代同堂现象。中国较低的教师薪酬制度与不太规范的教师培训机制，难以吸引到优秀的国际人才任教。

高校拥有良好的学缘结构，能够有效促进学术交流与学科交叉，拓展研究领域，消除学阀帮派和自家主义习惯可能产生的弊害。前美国加州大学伯克利分校校长田长霖认为，打破留用优秀本校毕业生当教师的习惯，是伯克利分校成功的主要经验之一，它有效地避免了教学科研领域里近亲繁殖带来的学术退化和走下坡路的现象。中国要建设一流高校，需要优化学缘结构，打破家庭作坊式的、半封闭式的师资遴选方式，吸纳来自不同高校的人员任教，并采用灵活的用人机制，吸引有国外留学背景的人员任教。

第三，中国高校教师任职的学术要求相对较低，有待提高任职的学术条件，并提高高级职称教师比例。中国高校教师任职的学术条件与美国一流大学比较，相对较低，尤其是体现大学整体学术水平的教授聘任条件较低，教授的数量也远远难以满足一流大学发展的要求，虽然近年来经过各界努力，我国名牌大学的 SCI 论文数量已达到较高水平，但原创性研究成果不足，没有诺贝尔奖获得者，也没有被引用率最高的教授。我国要建设世界一流大学，需要提高教师聘任尤其是教授的聘任条件，营造轻松的学术氛围，着力培育有重大原创性成果的杰出教授，大幅度提高教授的数量与质量。

第四，中国高校需要聘请一定数量的兼职教师，弥补人力资源的不足。兼职教师对保持优势人力资源的价值不可低估：兼职教师大多是某个领域的专家学者，或某个领域的杰出人物，拥有很好的专业知识经验与社会实践能力。聘请兼职教师促进了校际之间资源共享，有效利用社会资源，给学校注入新的思想与活力，而且美国实行“最优秀的那些兼职教师可追纳为任期制教授”制度，在一定程度上加强了教师之间的竞争气氛，本校专任教师如果不上进，兼职教师则会取而代之，保持了师资队伍的灵活性与流动性，自发起到调整师资结构的作用。中国高校优秀人力资源普遍缺乏，可采用灵活的用人机制，聘请一部分兼职教师，大学之间、大学与社会之间互通有无，既弥补人力资源的不足，又为大学提供新鲜血液，同时节省财政开支。

第五，要严格规范教师选拔制度。美国形成了一套规范严密的教师遴选制度，尤其是对终身教授的选拔相当严谨，保证择优录取。中国高校长期受计划体制的影响，相对封闭式的选拔机制与不规范的人事管理制度难以选拔优秀人才，需要建立一套规范的制度保证师资选拔的公开与公正。

值得一提的是,美国高校在特定社会背景下形成自己独具特色的师资管理模式,如何移植其先进经验,形成中国“本土化”的高校人力资源管理模式,是需要继续探讨的课题。

参考文献:

[1] Edward Shils, Academic Freedom and PermanentTenure [J]. Mineur,1995(33):17—53.

[2] 姜远平,刘雪.世界一流大学教师学缘研究[J].江苏高教,2004(4):106—108.

[3] 袁祖望.高等教育比较学[M].厦门:厦门大学出版社,1999.

[4] 美国一流大学的有关数据来自《美国新闻与世界报道》[EB/OL]. http://www. usnews. com /usnews/edu/college/rankings/ rankindex. php, 2005—05—08.

[5] 中国一流大学有关数据来自《教育部直属高校2003年基本情况统计资料汇编》(2004年8月)以及中国各大学网站(2005/4/20—29).

(本文发表于《比较教育研究》2006年第3期。作者谢笑珍,时属单位为华南理工大学高等教育研究所)

四、以教学中心为依托，推进高校教师发展
——基于哈佛大学的经验

(一) 哈佛大学教学中心概况

自1636年建校以来，哈佛大学已发展成为拥有10个研究生院、40多个系科、100多个专业的国际一流高等学府。[1]与多数大学一样，哈佛大学对教师职业发展和学生学习成效非常关注，除各学院/系、中心、部门有自己相应的教学与学习帮扶组织、计划或项目外，哈佛在大学层面组建的教学中心主要有两个，即始建于1975年的德里克·博克教学和学习中心及建成于2005年的教师发展与多样化办公室。

1. 德里克·博克教学和学习中心[2]

美国高校早期承担教师发展任务的机构一般是各院系，20世纪70年代逐渐向新成立的专门教学中心或教师发展中心转移。[3]

(1) 成立。哈佛大学德里克·博克教学和学习中心是美国最早的教师发展和促进中心之一。20世纪70年代中期，美国一些慈善机构，如丹佛斯基金会和福特基金会将致力于大学教师发展的教学中心建设作为优先资助的对象。1975年，丹佛斯基金会向哈佛、斯坦福、西北大学等5所大学拨付启动资金，开启了美国大学教师发展专业化的新时代。时任哈佛校长的德里克·博克(Derek Bok)依靠这笔资助建立起本校的教学中心，即“哈佛—丹佛斯中心”，初衷是通过提升教师教学水平从而提高哈佛大学本科生教学质量。1991年，哈佛大学为纪念担任校长职务长达20年之久的博克，而将其改名为“德里克·博

克教学和学习中心”。

(2) 宗旨与职责。[4]自创建以来，德里克·博克教学和学习中心的核心宗旨是通过向哈佛教师提供资源、计划和卓越的教学支持，促进大学本科教学质量的提升；中心还致力于哈佛大学全体教师和研究生助教教学水平的提升；中心教学发展活动内容丰富，形式多样，切合教师教学和学生学习的多元化需要。中心还开展与教学相关的研究，直接服务于教学实践和教学评价工作。德里克·博克教学和学习中心的正式项目包括：秋/冬季教学研讨会；微格教学；个人教学过程跟踪录像；为国际教学研究员或教师举办的英语教学工作坊；主题式研讨会，主题包括领导力、写作、科学和案例教学等；制作教学效果突出教师的DVD课件；公共演讲研讨会；新教师培训；论著出版以及其他一系列改进本科生教学效果的实践与措施。中心通过提供网络资源、公共出版物、教学艺术DVD制品，力争服务于全国乃至国际高等教育。中心多方开展活动的目的就是吸引教师积极参与，满足教师在职业发展过程中的多元需求。

德里克·博克教学和学习中心不是一个孤立的机构，而是作为艺术与科学学院的一个正式协作部门运行，这里囊括了大学半数以上的资源。中心资源可供哈佛大学所有学生、教师、专家、访问学者、教学助理、课程助理获得，没有任何条件限制；中心与哈佛大学其他提供教学支持的机构或部门保持着长期紧密的合作关系。中心并不阐述有关教学的哲学理论，而是直接与教师合作，帮助促进他们全方位教学能力的提升，尤其是通过使用课堂录像，向教师提供反馈、咨询服务；除专职人员外，中心的大部分兼职人员来自不同学科专业领域的研究生教学研究员，最近几年教师兼职教学研究员的数量明显上升。

(3) 经典活动分析——微格教学训练(Microteaching)。[5]德里克·博克教学和学习中心的微格教学训练主要是针对即将走上教学岗位的教学研究员、教学助理开展的一种扶持项目，目的是通过简短的、小型的、模拟的教学情景活动，帮助教学研究员、教学助理克服紧张情绪、学会发现教学重点、界定相关教学问题，以及客观认识自我。项目也为资深教职人员提供观察教学研究员、教学助理教学能力与特点的机会，从而达到互相帮助、相互促进的作用。

在哈佛，每一位教学研究员或教学助理开始真正的教学工作之前，都要进行微格教学演示。演示小组一般由所在学院和博克中心工作人员共同组成；演示人员提前做好准备;演示小组成员主要扮演学生角色,在教学过程中与演示者进行教学互动;最后,演示小组成员与演示者共同讨论教学内容组织、教学方法、讲述技巧、师生互动等相关问题。此外,为使此项活动既具延续性,又具规范性,中心对每一次微格教学活动进行音像录制,并有专门网页供教师回访;中心设置有一些微格教学实验室,供教学研究员、教学助理在此开展实践练习;当有足够多的需求时,中心将会在学期开始时列出“开放”微格教学活动的目录,这些活动的内容往往是教学人员所在学院或部门尚未组织的。

2. 教师发展与多样化办公室

随着大学教学事业的不断发展,教师发展与教学促进逐步趋向多样化、个性化,出现了很多德里克·博克教学和学习中心未涉及或无力涉及的培训领域,如低年资教师、少数民族教师、女性教师的职业发展等。教师发展与多样化办公室便是在这样的背景下设置和成立的。

(1) 成立。2005 年 5 月,女性教师小组和科学与工程学院女职工小组联合提议在哈佛大学核心管理层设立一个高级职位,专门致力于支持教师的多样化发展,职位名称为“教师多样化发展高级副教务长”。基于此建议,2005 年 9 月,哈佛大学正式成立了教师发展与多样化办公室,并任命一名高级副教务长专门负责此项事宜。哈佛大学也希望通过此机构的成立,使教务长办公室在大学教师事务的核心领导与监督事务中发挥更大的作用。[6]

(2) 基本职责。教师发展与多样化办公室以教师事务为中心任务,在全校范围内提供服务,以促进所有教师间的理解与合作。该办公室的主要职责之一便是促进大学自然科学、社会科学以及人文科学领域教师间的有效合作。由于教务长办公室承担着建设大学多样化教师发展梯队的职责,所以教师发展与多样化办公室的设立可以为教师全方位培养与发展提供更加宽广的机会和可能。[7]教师发展与多样化办公室基于提高问责制和促进全校在重要领域取得重大进展的双重目标,监督并引导不同学院有关教师事务在各个领域的政策和实践,同时提供智力支持,协调有关利益关系。

帮助学术团队中低年资、女性及少数民族教师的成长与发展是其首要职责。教师发展与多样化办公室的另一核心职责是系统搜集、分析和公布有关教师任职数据,实施和评估大学有关改进教师生活状况的计划。

(3) 经典活动分析——“哈佛大学双职工援助计划。”[8]“双职工援助计划”是教师发展与多样化办公室为稳定和支持各学院教师队伍建设而设计并实施的一项活动。该办公室与全校职工紧密合作,充分发挥“双职工援助计划”的作用,以增强每个学院招聘和留住其所需教师资源的能力。近年来,双职工家庭已占美国家庭总数的65%,“双职工”问题逐渐成为教师职业发展的重要影响因素之一。“双职工援助计划”的目的就是帮助教师配偶或合伙人获得职业或协调职业与家庭的关系。其中的“哈佛大学双职工研究计划”(The Harvard Dual Career Research Initiative,DCRI)立项于2007年,用于支持、传播相关研究和双职工夫妇的成功案例;该计划也包括一些校友及其他有关人员对校园的赞助活动,这些活动包括:双职工如何分享工作;尖端的变化——哈佛大学女性领导人;解构指导——从他人身上获取经验和智慧;推进和扶持学者——通过教师多样化发展转化美国科学院前景,等等。

(二)哈佛大学教学中心经验分析

第一,哈佛大学教学中心是名副其实的服务机构。从以上分析可见,哈佛大学教学中心以促进教师教学和学生学习为基本职能,通过提供共性与个性相结合的培训服务,改进教师的教和学生的学;不论师生以个人的名义还是学院或部门的名义提出的培训需求,教学中心都会认真对待,并精心设计培训方案;为使接受培训的对象有备而来、满意而归,教学中心总会将培训计划、培训内容、培训方式、培训特殊要求等通过网络或其他形式提前告知;教学中心以开展各种项目活动为主,同时积极主动开展培训资料的录制备份和其他各类教育教学图书资料的收集、整理和归类、上传;教学中心还会利用自身资源,组织开展较大规模的调查研究,研究结果也为教师改进教学、学生改进学习或大学进行其他教育教学改革提供了数据或依据。

第二,哈佛大学教学中心成为大学真正的“中心”。教学中心的建立将教师发展工作提升至学校组织的层面,自教学中心创建以来,哈佛大学给予大学教学中心工作持之以恒的支持。如,大学要求所有有经验的教授、学者、专家成为教学中心的兼职培训人员,成为教学中心培训工作的中坚力量;大学还要求所有教学研究员、教学助理正式承担教学任务前都必须接受教学中心的微格教学演示活动等。哈佛大学教学中心与各院系/部门密切配合，引导着哈佛大学教师发展的基本内容和形式；教学中心与各院系/部门紧密合作，其主要培训资源均来自各院系及部门；教学中心也是大学开展校际间交流和国际教育教学交流的重要平台，通过教学中心开展的活动、提供的服务，加强了国内不同学校和国际不同组织间的交流互动，实现了资源跨校际、跨国界的整合与共享。从教师发展、学生学习，到资源建设、校际国际交流，大学教学中心成为大学真正的“中心”。

第三，哈佛大学教学中心使命与大学使命紧紧相扣，是教学中心职责得以有效落实的内生动力。追求卓越一直以来都是哈佛的使命。哈佛大学始终坚持 1650 年宪法所授予的宗旨，即：“促进所有优秀文学、艺术、科学的发展；使用各种优秀文学、艺术、科学促进青年一代的教育与发展；以及其他所有必要的、有助于这个国家青年人教育的规定。”简而言之，即致力于创造知识、开拓学生的思维，以及鼓励学生最有效地使用他们的教育机会。[9]

在哈佛大学，教师的教学评价是获得终身教职的必要条件之一，这一点反映了哈佛大学视卓越教学与学术研究同等重要，从而将教师的教学评价工作与大学教学中心的教师发展工作紧密联系在一起，从制度上保障了教师发展活动的开展。当然，哈佛大学教师更多是自愿参与教学中心的活动，因为这些活动能切实满足他们的需要，能解决他们遭遇的困惑。

第四，现代教育理念、国际教育视野是哈佛大学教学中心工作持续发展的基石。哈佛大学教学中心始终站在一个国际的视阈分析高等教育的发展趋势和高校师生的成长规律。哈佛大学教学中心自身定期组织开展一些宏观理论研究；教学中心鼓励教师积极开展必要的教育理论探索，引导教师思考课程的哲学基础和教育理念，以先进理念引领教学改革；教学中心尤其关注国际教师与学生的发展与成长，积极为他们开展特色的个性化专题培训活动。因材施教、启发引导、注重实践、寓教于乐等基本教育理念在此得到了充分诠释。

第五，现代教育技术是哈佛大学教学中心职能得以高效履行的重要保障。对现代教育技术的运用是教学中心工作顺利、高效开展的一个重要保障，同时也是重要特色之一。几乎在每一项活动或计划中都能看到对现代教育技术的应用和推广，如基于网络的资源库建设、基于多媒体的课件制作、基于音视频的教学情景分析等；哈佛大学教学中心的所有工作流程、通知公告、报告报表等都是通过网络第一时间向全校师生全景展示；哈佛大学教学中心通过专门平台或软件完成更多、更细、更加个性化的服务项目。与其说哈佛大学教学中心是哈佛大学各级各类教学机构的“中心”组织，不如说这是一个基于现代教育技术的网络化“纽带”。

（三）对我国高校教师发展的启示

教师教学发展是我国高等教育界一个新的研究和改革领域，相比西方国家20世纪70年代前后即开始的有组织、有规模且持续更新的教师教学发展工作，我们可谓起步较晚。哈佛大学的经验值得我们借鉴。

第一，教师队伍建设在管理层面的归口问题。哈佛的经验告诉我们，在哈佛大学，只要是有关教师教学工作的事务，均由德里克·博克教学和学习中心、教师发展与多样化办公室代表学校实施顶层管理。从教师的选择、任命、考核，到教师的培训、职业拓展与科研，再到教师的待遇、子女配偶相关问题等，均在教学中心工作的业务范围之内。各学院开展的教师选拔、管理和培训活动也是教学中心工作的有机组成部分。在我国高校的教师管理中，多数高校教师的招聘、职称和待遇等事务由学校人事部门负责；教学工作安排、教学质量监控由教务部门负责，部分高校成立有专门的质量评估中心；教师业务培训则主要在各学院或教研室，靠的是传统的师徒式的“传帮带”。

两种不同的管理模式带来不同的管理效果。哈佛大学这种顶层管理模式有利于全校教师队伍结构的通盘设计和调整，但管理范围和职责过宽致使工作效率的高低更多取决于各学院、各部门的积极配合。我国高校教师分权式管理的历史由来已久，该模式易导致教师管理头绪多、领导多、办事效率低下等现象；同时还存在管教学的不管聘任、管质量的不管晋升/奖惩、开展培训的不管可持续发展等错位管理现象，部门间职责的逻辑关系不科学、不合理，不利于教师队伍结构的优化和教学质量水平的提高。

第二，教学中心职责的弹性空间。以哈佛大学教师发展与多样化办公室为例，其职责分工及年度报告内容表明，该办公室并不拘泥于教师业务培训和素质提高，而是按年度、分学院深入分析全校教师队伍结构状态、发展变化趋势，分析结构的科学性和可优化的空间，用于指导大学教师队伍未来的规划与建设。该办公室还进一步扩大职责弹性，积极开展纵横向大学教师状态分析比较研究。横向积极开展同行比较，主要就教师队伍总体结构及女性和少数民族教师结构进行深度同行比较；纵向积极开展校内教师资源状况分析，包括按学院制作的以教师规模、男女教师结构、少数民族教师结构等为主题的数据图表，时间跨度均在10～15年，全面翔实地反映不同层面、不同角度、不同学院教师队伍规模及结构的变化情况，同时还统计各学院开展的旨在促进教师职业发展的各类活动，如教师聘任、教师工作与生活的平衡、教师培训、教师继续教育、子女关照、住房就医，以及教师后备力量的培养、教师退休制度等。

如上可见，哈佛大学教学中心没有给自己设定明确的职责界线，凡是有利于大学教师队伍建设的工作，不论宏观、中观或微观，教学中心均予以关注，并认真研究分析。在这一过程中，教学中心实现了职责的高度弹性化，从而使得工作范围、内涵以及方式方法得到了灵活且不间断的拓展。

第三，学校及各学院对教学中心的支持与配合。哈佛大学教学中心自成立之日起其工作就是在大学的支持和各学院/部门的配合下开展和完成的。如上所述，哈佛大学所有有经验的教授、学者都是德里克·博克教学和学习中心的兼职人员，该中心本身不是一个独立机构，而是和艺术与科学学院存在职责互补的一个综合性、辅助性机构；哈佛大学对教师发展与多样化办公室的成立也给予了高度的重视和大力的支持，设立有专职副教务长全职负责办公室日常运行，同时配备有5名专职工作人员。在哈佛，教学中心成为教师队伍建设的一级管理机构，管理着教师从职务任免到业务发展，从生活待遇到子女配偶等各方面日常微观事务，同时还负责教师队伍建设政策制度制定、教师队伍建设效果分析和教师队伍发展规划制定等中、宏观事务；教学中心设立有若干专项基金，专门用于支持教师发展。各学院也给教学中心工作以积极的配合，各学院开展的若干教师职业发展活动本身即是教学中心工作的有机组成部分，比如“双职工援助计划”、“教师研究补助金专项”、初级教师午餐会和学生的“哈佛夏季研究会”等项目都由各学院配合完成，帮助来自不同学院的教师和学生得到均等的培训、资助和发展机会，实现了资源的共享与互动。教学中心在此发挥着纽带和桥梁的作用。

第四，教师对教学中心的认同。从哈佛大学教学中心的工作职责、工作范畴以及工作开展的形式与途径，我们可以了解到，正是因为教学中心得到了广大教师和学生的普遍认可和广泛参与，其工作才得以有声有色、形式多样的开展。教师和学生非常理解教学中心及各学院是其求得自身发展的重要资源平台，参与其中是获得自身充实发展和不断提升的难得机遇。哈佛大学教学中心年度报告的数据也证实了教师、学生参与教学中心项目的可观比例，以及教师、学生参与教学中心项目所取得的个人发展。

教师发展与教学中心工作之间是一种相辅相成、互相促进的统一体，教学中心的宗旨和目标就是为了教师和学生的生涯发展，而教师和学生对教学中心项目的积极参与则又促进了教学中心事业向精深方向不断发展的可能。在哈佛大学，这种相辅相承的氛围已基本形成，教学中心的责任感、使命感以及教师和学生的参与感、主人翁感都非常主动和强烈。

第五，业务范围、类型、途径的持续拓展。就哈佛大学教学中心的业务开展现状来看，虽然已经取得了很好的成效，但依然存在进一步拓展的空间和余地。比如，德里克·博克教学和学习中心对新任教师的系统培训就是近若干年逐渐发展起来的一项新的职责。另外，教师发展内容随着教育理念、现代技术的发展也在不断更新。对此，该中心可以充分发挥资源优势，开展社区互动与公益活动，为社区培训公益人员。再如，哈佛大学教学中心目前仅根据美国大学数据交换协会开展同行数据分析比较。事实上，如果不同高校的教学中心在开展校内活动的同时，能联合开展校际间教师及学生培训活动、研究项目，甚至联动式生活互助，那么一则可以进一步拓宽中心的工作思路和视野，二则也可以实现师生培训资源的校际与国际间互动，为人才的合理、自发流动提供更多的机会和可能。哈佛大学教师发展与多样化办公室高级副教务长在2010年的年度报告中也指出，在未来5年，办公室将与全校师生及业界同行共同努力，继续致力于提供更多的教师需求服务，开展更多有效的、促进教师发展与多样化的实践与探索。

参考文献：

［1］ Harvard University. About Harvard［EB/OL］. http://www.

harvard. edu/about-harvard. 2011—09—02.

[2] Harvard University. Derek Bok Center for Teaching and Learning-Our History & Role[EB/OL]. http://bokcenter. harvard. edu/icb/icb. do? keyword=k1985&pageid=icb. page29729. 2012—02—20.

[3] 林杰. 哈佛大学博克教学和学习中心——美国大学教师发展机构的标杆[J]. 清华大学教育研究,2011,32(2):34—39.

[4] Harvard University. Derek Bok Center for Teaching and Learning-Mission[EB/OL]. http://bokcenter. fas. harvard. edu/icb/icb. dokeyword=k1985&tabgroupid=icb. tabgroup9202. 2012—2—20.

[5] Harvard University. Derek Bok Center for Teaching and Learning-services[EB/OL]. http://bokcenter. harvard. edu/icb/icb. do? keyword=k1985&tabgroupid=icb. tabgroup140805. 2012—03—01.

[6] Harvard University. Faculty Development and Diversity-History of the Office[EB/OL]. http://www. faculty. harvard. edu/about-office/history-office. 2011—09—23.

[7] Harvard University. Mission of the Office of the Provost[EB/OL]. http://www. provost. harvard. edu/. 2011—09—17.

[8] Harvard University. Faculty Development and Diversity-Work-Life, Benefits, and Perks[EB/OL]. http://www. faculty. harvard. edu/work-life-benefits-and-perks. 2011—09—02.

[9] Harvard University. About Harvard College[EB/OL]. http://www. college. harvard. edu/icb/icb. do? keyword=k61161&tabgroupid=icb. tabgroup84748. 2011—12—20.

(本文发表于《比较教育研究》2012 年第 9 期。作者黄睿彦,时属单位为南京大学教育研究院)

五、教学与学习中心：美国大学教育质量的提升机构

——斯坦福大学个案分析

2011年，教育部宣布，将重点建设30个高等学校教师教学发展示范中心，提高教师教学能力。[1]教师教学发展示范中心或类似机构在我国大学尚处于初创期。20世纪80年代和90年代美国大学就已普遍成立了这样的机构，一般命名为教学与学习中心（the center of teaching and learning）。斯坦福大学的教学与学习中心以其先导性、系统性成为其中的代表。

（一）肩负双重功能的斯坦福大学教学与学习中心[2]

在丹佛斯（the Danforth Foundation）基金资助下，斯坦福大学的教学与学习中心始建于1975年。作为全国性的5个教学与学习中心之一，其任务首先是利用本校的教师与学术资源促进旧金山沿海地区大学的质量提升，其次是扩大对本校助教的援助。1978年，丹佛斯基金不再资助这5个中心，斯坦福大学决定自己出资运营，其目标也指向了专门为本校服务。当时的教学与学习中心（下称中心）主要是为感兴趣的助教提供志愿性服务。1979年，该校实施强制性的学期末课程评估，中心也就随之向教师开放。1996年，中心开始为本科生、研究生和教师提供口语交流项目。近来，中心开始帮助教师了解与使用适合教师个人教学风格与教学目标的教育技术。

中心直接向本科教育副校长负责。中心设有人文、科学与工程、社会科学、教育技术、口语交流5个项目，每个项目有专门的负责人。目前，该中心提供的

服务具体有以下几个方面。

1. 教学方面

(1) 教学咨询、评价与提高

对于学生课程评价与新课程开发面临的困惑,教师可以向中心相应学科组的教学顾问咨询。这些顾问与许多教师一起合作过,观察过几百门课,这些不同学科领域的顾问能够给予教师专业化、有针对性的改进建议。

(2) 中期学生反馈

中心提供两种方式获取学生从期中到期末的教学反馈。一是小组评估法。教师把某次课堂的 20 分钟时间交给一个受过培训的评估人员,教师离开教室。评估人员把学生分成若干小组,每一个小组要在“什么有利于课堂学习”、“教师有什么需要改进”、“学生自身能做什么以改进课程”等方面达成一致。评估人员概括这些回应,试图使这些回应尽量具体化,并解决各小组回应中有冲突的部分。随后评估人员把这些结果以私人交流的方式转给教师。二是在线中期评估。中心提供两种在线表格让学生单独匿名对所学课程进行评估。短表格设计的问题少一点,是一些开放性的问题;长表格设计的问题多一点,是比较具体的格式化问题。评估结果会反馈给教师。同时,中心的顾问也可以得到这份反馈,其目的是帮助教师解释反馈,并使之运用到教学实践中。

(3) 课堂评估

中心可以根据教师的申请,为教师提供课堂评估报告。课堂评估报告由 4 个部分组成,即参与课堂评估的学生概况、教学关键要素质量统计表、评估指标等级分布图、比较课堂评估与学院评估(教师所在学院进行的评估)的得分。这个评价报告建议具有很强的实践性,很容易为教师所接受、执行。

(4) 资助教学有关的小组

中心资助几个围绕教学与学习组织起来的教师工作组。参加这样的小组有以下作用:与具有相同教学兴趣及目标的同事交流心得;提供一个新的渠道了解有关学习的研究成果,并把这个研究成果用到教学中;引领更多的人分享中心的信息;为学校各类教学奖励提供建议。这样的小组有两类,即教学设计工作组和大课教学工作组。

(5) 教育技术支持

中心提供的技术支持有多种形式。例如，中心帮助教师把教育技术整合进教学；帮助教师使用教学网络资源与课程管理系统；接受课程设计中的技术咨询；提供教学中教育技术使用效果的形成性评价。

(6) 为助教与研究生提供的资源

助教是美国大学教师资源中重要的一部分，主要由研究生担任。中心运用各种各样的方式帮助助教成为一个成功的教师，为未来的学术职业做好准备。方式主要有：

① 开展助教适应培训。在每一个秋季、冬季、春季学期开始的时候，中心会组织半天的活动，帮助助教履行好岗位职责。秋季学期为助教提供各种主题的工作坊，而冬季与春季则把助教按学科分组，中心咨询人员为助教提供小组问答。

② 提供工作坊。目前有3个主题工作坊。一是帮助助教写一篇出色的教学陈述，以便于求职时找到一份学术性工作；二是诊断助教的教学陈述，提供反馈意见；三是帮助学生进行课程设计。

③ 选拔培养中心联络人和咨询顾问。中心联络人和咨询顾问都是从助教中选拔出来的。中心联络人负责联络、沟通中心与教学部门。中心咨询顾问经过培训，可以承担工作坊、个别交流、学生中期评价、课堂观察与分析等工作。

④ 选拔培养教学导师。教学导师是教学部门从助教中挑选出来的。中心通过工作坊、职业提升机会、同行互动、在线资源等方式培养这些助教，以使其成为教学导师。教学导师一方面帮助助教提升教学技能，另一方面向教学部门反馈助教的信息。

⑤ 开设研究生教学技能与职业发展的课程。这些课程没有学分，可分为两类，一类是由中心提供的5门课，分布在各个学期；另一类是由研究生所在教学部门提供的16门课。

(7) 为所有教师提供斯坦福大学教学手册

教学手册包括有效教学框架、课程准备、教学策略、评价学生、与学生互动、改善教学等内容。在“有效教学框架”中又阐述了如何设定教学的目标、如何把教学与研究相结合、有效教师的特点、促进积极学习等内容。

此外，中心还提供其他教学服务，如，教学奖获得者讲堂：1995年以来，中心邀请本校各专业的教学奖获得者就教学方面发表演讲，演讲每年不少于5

次。课堂摄像：为教师提供课堂摄像，供教师本人观看。课程设计：中心会提供不同学科的课程设计研讨课，教师可以找对应学科的咨询人员，中心为教师提供课程设计指南和教学通讯。资助教师参加教学会议，也资助教学部门邀请专家讲授相关学科教学。新教师援助：中心为新教师提供个别咨询和相关资料、工作坊、教学讨论组，帮助他们了解斯坦福大学的学生、设计课程、教学实践、教学法研究。如果教师对教学与学习某个主题感兴趣，中心可以提供该主题的研究资料。

2. 学习方面

中心为学生提供生物科学等多学科以及口语交流辅导，也为学生提供学术技能工作坊。这些工作大部分是通过同辈辅导（即高年级学生辅导低年级学生）来完成的。具体包括：

一是辅导与学术支持。同辈辅导与学术支持全年面向全体本科生开放。例如，提供某门课程的辅导，帮助完善口语专题陈述，一对一传授新的学习工具与策略。

二是开设促进学生学习的课程。中心从2007年开始开设课程，每年提供约30门课程。这些课程大致可以分为四类。第一类是入学指导性的课程，如大学经历最优化、充分利用大学资源、管理大学生活等课程。第二类是关于演讲的课程，如有效的交流、公共演讲、讲话的艺术等。第三类是了解相关学科的教学，如人文社会学科教学基本原则、科学与工程课程设计、教学发展研讨等。第四类是针对研究生的，讨论学术职业，如未来教师的发展。

3. 演讲方面

1996年，中心口语交流项目建立，实现了斯坦福大学本科教育委员会1994年提出的“给学生提供口语交流指导”的承诺。该项目的服务包括：

(1) 专题陈述辅导。专题陈述辅导由口语交流辅导员提供，他们是一支经过精心培训的学生咨询队伍。口语交流辅导员可以在以下方面提供帮助：头脑风暴、演练专题陈述、演讲摄像、设计视觉教具、减少演讲紧张、练习工作面试等。

(2) 公共演讲课程。公共演讲课程共有4门，每年的每个学期均开设，供全校学生选修。

(3) 口语交流工作坊。学生在准备口语专题陈述时，可以到工作坊寻求帮助。工作坊会根据学生的需要，指导学生如何去架构与表达口语专题陈述。

(4) 把演讲要素整合进课堂。一方面，中心会帮助教师把演讲训练整合进课程现有的结构和内容中；另一方面，为了避免占用教师的额外时间，口语交流项目也任命口语交流辅导员进入课堂。

(5) 演讲中心。演讲中心设立在图书馆，配备口语交流辅导员。这些辅导员为学生提供专题陈述报告反馈建议，也为学生提供各类公共演讲的资料。演讲中心接受学生个体与团体辅导预约，鼓励教师把约见口语交流辅导员作为课程的要求。

(二) 斯坦福大学教学与学习中心评析

教学与学习中心这个名称有着特别的内涵。教学与学习是两个既独立又统一的概念。独立是说，教学的主体是教师，学习的主体是学生，而二者又统一于学生的成长。学生的成长既是教师教学质量的体现，更是学生学习的结果。在这里学习的内涵与外延都有了扩展，既有课堂学习，也有非课堂学习；既有师生互动的学习，也有同学之间互动的学习；既有知识的学习，也有能力的培养。

1. 教学与学习中心是促进教师教学发展、繁荣教学学术的组织化产物

教学能力是教师和大学安身立命的基础。西方学术界在90年代初期，已兴起教学学术研究。这个概念最早由卡耐基基金(The Carnegie Foundation)的高等教育领袖博耶(Boyer, E. L)提出。[3]他将学术的定义扩大，从传统针对学科进行发现探究的学术研究，扩大到针对教学与学习的哲学、理念、过程、方法的探究，鼓励大学教师不但要针对自身学科进行探究，也要针对教学过程进行研究。大学教师必须了解学生是怎么学习的，而且应该学习教学方面的技能，以了解该怎么教学，这样才能促进学生有效地学习，扭转过去重研究、轻教学的现象，这主要是为了强调教学与研究应该同样被重视。[4][5]教学与学习中心作为教师教学发展制度化、组织化的产物，是繁荣教学学术的平台与载体。

教师的教学发展、关注教学学术既是大学的诉求，也是大学教师自身的期待与职责。大学有责任、有义务帮助教师的教学发展。斯坦福大学校长约翰

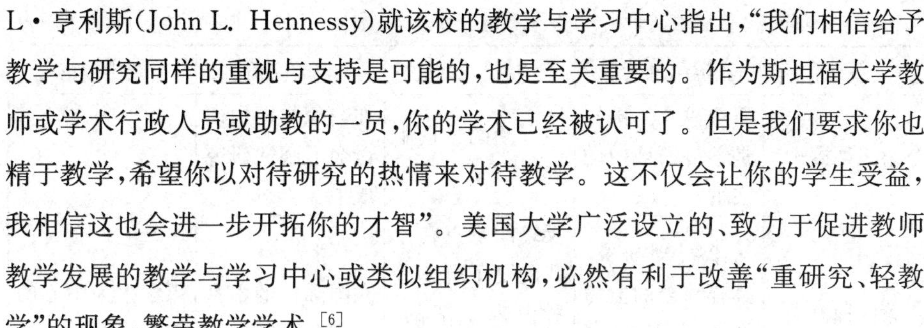

L·亨利斯(John L. Hennessy)就该校的教学与学习中心指出,“我们相信给予教学与研究同样的重视与支持是可能的,也是至关重要的。作为斯坦福大学教师或学术行政人员或助教的一员,你的学术已经被认可了。但是我们要求你也精于教学,希望你以对待研究的热情来对待教学。这不仅会让你的学生受益,我相信这也会进一步开拓你的才智”。美国大学广泛设立的、致力于促进教师教学发展的教学与学习中心或类似组织机构,必然有利于改善“重研究、轻教学”的现象,繁荣教学学术。[6]

2. 教学与学习中心表现出以学生为本的教育模式

有学者指出,教师不只是要“教”,要追求“有效的教学”,有效的教学指带给学生有效及成功的学习。[7][8]对于教学的概念,1997年有学者回顾了13种西方大学的教学方式,发现教学主要分成两种取向:一是教师中心/内容中心取向;二是学生中心/学习取向。教师中心取向指灌输信息及传递结构性知识;学生中心取向指协助学生理解及心智发展。[9]

2000年,有学者[10]构建了多元教学学术模式(见下表),描述以教师为中心到以学生为中心渐进的4种教学学术模式。参与教学学术可能性越小的教师越属于第一种模式,他们的教学更可能是以教师为中心,而不是以学生为中心。他们更可能保守他们的教学与学习观念,把教学作为一项个人的、私自性的活动。参与教学学术可能性越大的教师越属于第四种模式。他们参考使用教学与学习的文献,调查自己的教学,从学生的角度与教学目标角度反思自己的教学,与同行交流他们的教学理念与实践。他们会从4个角度反思他们的教学:学习目标的发展、教学方法的选择、评价学生学习、评估上述过程,并且始终把学生的学习任务与学习环境纳入教学反思。

多元教学学术模式表

模式	教学信息获取	教学反思	教学交流	教学概念
第一种模式	使用非正式的教学与学习理论	无效用或无聚焦的反思	无交流	以教师为中心的教学
第二种模式	广泛地研究教学学习文献		与同事交流	

续表

模式	教学信息获取	教学反思	教学交流	教学概念
第三种模式	研究文献,特别是学科领域中的文献	在行动的过程中反思	在当地与国内研讨会上阐述研究成果	
第四种模式	从事行动研究、具有综合的能力及教育学内容知识	反思的重点在于我需要了解哪些我尚未了解的、我该如何找出那些尚未了解的	在国际性的学术期刊上发表研究	以学生为中心的教学

斯坦福大学的教学与学习中心所倡导的是第四种教学学术模式。该中心教学服务目标集中且鲜明地体现了这一点:卓越的教学能够吸引学生的注意力,使学生相信他们所学内容的重要性。卓越的教学传递的不仅是信息与概念,还包括提升分析、综合、判断、评价等诸多能力。成功的教学留给学生的是独立地学习与提出问题,并加以解决的能力。[11]

以学生为本的教育模式不仅体现在以学生为中心的教学模式上,还表现在促进学生的学习投入。有学者认为学生在教育上投入的时间,是学生学习与发展成果的最佳解释因素。

所谓学习投入,包括:[12]① 学术挑战的程度:为达到学校期待而付出的努力程度;② 主动和合作学习:课堂参与、参加课外讨论课和参与社区活动等;③ 师生互动;④ 丰富教育经验:与不同的同学交流、参加实习、社区服务、国外学习、课外活动等;⑤ 支持性的校园环境:帮助同学学习成功,帮助同学处理非学术问题,帮助同学适应社会,促进同学之间、学生与教师及管理人员之间的关系。

斯坦福大学教学与学习中心的同辈辅导、演讲培训,以及广泛的师生互动,均是促进学生学习投入的有效措施。这和该中心的学习服务目标高度吻合:学生应该为他们终身的职责而培养他们的思维与敏感性,这种终身职责包括批判的、独立的思考,对个人与社区目标的承诺。学生应该对他们自己的努力与教师的努力抱有很高的期待,也应该把学习延伸出教室,把他们所经历的一切都作为学习。[13]

(三) 结语

目前,我国大学教师的来源主要是博士毕业生,他们专精于某个知识领域,而并非像中小学教师那样经历教师养成教育。因此,大学应响应教育部的倡导,积极设立大学教师教学发展中心或类似机构,改变目前广大教师自我摸索教学经验的状况,把教师的教学发展从教师个体自发行为提升到学校战略行为,构建教学学术的平台,培育教学学术的氛围。

我们知道,在高等教育发达国家的大学,助教是一支重要的教学力量。对助教进行教学技能的培养,既是提高教学质量的需要,也对研究生的就业提供了指导。

正如斯坦福大学教学与学习中心的宗旨所说,"通过帮助课堂内外的教师、作为学术新人的研究生、作为学习社区一员的本科生,支持有效的知识交流与对学习的热爱"。该中心致力于促进教师的教学发展,其目的更在于促进学生的学习,有效的"教"是为了有效的"学",这才能优化大学对学生的积极影响、更好地实现大学的人才培养目标。

参考文献:

[1] 教育部. 将建设 30 个高等学校教师教学发展示范中心. [EB/OL]. http://news. xinhuanet. com/politics/2011—07—27/c _ 121731219. htm. 2011—07—27.

[2][6][11][13] Stanford Unviersity Center of Teaching and Learning [EB/OL]. http://ctl. stanford. edu/. 2011—08—28.

[3] Boyer, E. L. Scholarship Reconsidered: Priorities of the professorate. Princeton, N. J.: The Carnegie Foundation for the Advancement of Teaching[M]. San Francisco: Jossey-Bass. 1990.

[4] Hativa, N. Teaching for Effective Learning in Higher Education. Dordrecht[M]. the Netherlands: Kluwer Academic Publishers. 2000.

[5] Shulman, L. S. From Minsk to Pinsk: Why a Scholarship of

Teaching and Learning? [J] The Journal of Scholarship of Teaching and Learning, 2001(1): 50—53.

[7] Donald, J. G. Indicators of Success: From Concepts to Classrooms. Paper Presented at the Annual Conference of the American Educational Research Association[C], New Orleans, 2000.

[8] Ramsdem, P. Learning to Teach in Higher Education[M]. London: Routledge, 1992.

[9] Kember, D. A. Reconceptualisation of the Research into University Academics' Conception of Teaching[J]. Learning and Instruction, 1997, 7(3): 255—275.

[10] Trigwell, K., Martin, E., Benjamin, J. & Prosser, M. Scholarship of Teaching: a Model[J]. Higher Education Research and Development, 2000, 19(2): 155—168.

[12] Kuh, G. D., Kinzie, J., Schuh, J. H., Whitt, E. J., Associates. Student success in college-creating condition that matter [M]. San Francisco: Jossey-Bass, 2005: 13—15.

（本文发表于《比较教育研究》2013 年第 5 期。作者徐波，时属单位为南京审计学院）

六、斯坦福大学的教职员帮助中心及其启示

(一) 问题

随着问责、考评与监管的盛行,高校(尤其是世界著名大学)内所有人员面临的压力都日渐增大,高校也日益多灾多难,大学生自杀、教师过劳死与自杀等成了沉重的话题,令人扼腕痛惜。当下,研究者们对大学生自杀问题已有了一些关注,但高校教师自杀与过劳死却没有得到应有的重视。事实上,高校教师自杀现象已不鲜见,如“中山大学美丽女教授抑郁成疾跳楼自杀”[1]和“北京航空航天大学教授青年科学家茅广军跳楼自杀”。[2]高校教师过劳死也非常严重,如华中师范大学考试研究院院长 53 岁病逝、清华大学 36 岁的焦连伟老师与 46 岁的高文焕老师先后辞世和“浙大 36 岁博导何勇过劳病逝”。[3]据调查,“广东省高校教师有 20%处于各种疾病状态,约 70%属于亚健康状态,其中 1/3 为重度亚健康”。[4]高校教师的自杀与过劳死应该引起足够重视。如果高校只顾问责、监管与考评,使很多教师都不得不奋力前行而长时间得不到休养的话,那么必然会使一些教师成为疲劳奔走在路上的“问题车”,长期下去,少数教师难免会出问题。重要的是,在“问题车”硬撑着前行的途中,现在出问题的仅是冰山一角,还在硬撑着的是多数,这才是更大的隐患。而且具有明显外部表征的身疲身死仅是问题的一个方面,更为隐秘的心灰意冷则更严重,更具危害与杀伤力。“硬撑着前行”既容易出问题,也不利于高校教师出成绩,更不符合以人为本的管理理念,所以有关部门应该予以重视,高校尤其不能消极观望,应该采取相应的救助措施。

斯坦福大学的教师队伍可谓大师云集，拥有16位诺贝尔奖得主、4位普利策奖得主和21位国家科学奖得主，其教师76%是男性，99%都拥有其所在学科领域的最高学位，其竞争之强烈可想而知。在重压下工作，高校教师更需要被给予更多、更细腻、更人性化的人文关怀。在给予教职员人文关怀方面，斯坦福大学的做法比较人性、细腻与周全，尤其是其教职员帮助中心（Faculty and Staff Help Center，以下简称为FSHC）更具有警醒意义与借鉴价值。

（二）斯坦福大学的FSHC

1. FSHC简况

斯坦福大学建立FSHC主要是为斯坦福大学和斯坦福医院等提供专业的、保密的和简单的咨询服务。斯坦福大学的教职员、他们的家人和不满23岁的孩子都可以得到这种服务。FSHC的服务范围非常宽泛，能够提供有关个人的、夫妻的和家庭方面的咨询，能提供工作上的帮助，能提供同伴支持小组方面的帮助，还能提供人际关系问题和工作压力方面的帮助。教职员到FSHC寻求帮助的原因很多，涉及很多方面，如工作压力、人际关系、亲子关系、酗酒与吸毒、照顾老人、不幸与损失以及退休问题等。FSHC提供的所有帮助都是保密的，除非涉及到虐待儿童、虐待老人或危及生命时，才会向有关部门报告。如果求助者需要更保密的话，还可打匿名电话与工作人员交流。

FSHC属于专业的服务性机构，所需经费来源于斯坦福大学雇员救济基金（employee benefit funds）。通常，FSHC提供的服务都是免费的，但特殊情况除外。就最常见的咨询服务而言，因为很多人的问题都能在不超过10次的咨询中得到解决，所以如果一个服务对象，要求为其提供的咨询服务超出10次，超出部分则需要收费。[5]FSHC服务的方式有面谈、电话和电子邮件三种形式。在斯坦福大学网站上，FSHC公布了中心的电话、邮件地址，并以文字与地图两种形式详细地描述了该中心所在位置及乘车路线，还介绍了该中心的工作时间与所有工作人员的基本情况。

FSHC使斯坦福大学更人性，更有“家”的感觉，使斯坦福大学更像斯坦福人充满理解、温情、关爱和体贴的港湾。FSHC的工作成效非常显著，影响也很好。相对于校外的类似机构，FSHC更了解斯坦福大学和斯坦福人，更值得斯坦福人信赖，FSHC 提供的服务更能对症下药、更贴心，让斯坦福人更放心，且该中心提供的服务更方便，所以 FSHC 为那些在工作或生活中曾经遇到困难的斯坦福人提供了很多帮助，为斯坦福人排除了很多工作与生活中的障碍。通过 FSHC 的分忧解难，斯坦福人可以更加心情舒畅地学习与工作，FSHC 有效地促使斯坦福将更多的精力投入到学习和工作中，FSHC 以服务促进了斯坦福人和斯坦福大学的发展。

2. FSHC 的服务特点分析

FSHC 是一个非常值得信赖的组织，能够提供非常专业和人性化的服务，对于解决斯坦福大学教职员的工作与生活难题、清洗疲惫的心灵与缓解压力帮助很大。从 FSHC 及其工作内容看，FSHC 的服务具有以下特点。

(1) 提供人性化服务

FSHC 提供的服务比较人性化，非常周到、体贴与细腻。这主要体现在其服务中的多处细节上：

① FSHC 提供的所有服务都是保密的，教职员还可以打匿名电话寻求服务。② FSHC 提供的服务以宽容为前提，FSHC 明确宣称几乎所有教职员都有可能出现问题，而且出现任何问题都正常、都可以理解。该中心在自己的网页上对外宣称："无论你的问题纯粹属于个人还是与工作有关，我们都希望你能自在、放心地到我们中心来。"[6] ③ 从年龄、性别、种族、外语能力与专业特长方面看，FSHC 是一个多样化的团队，有条件为教职员提供全方位服务。FSHC 共有 11 名专业工作人员和 1 名行政助理，所有工作人员都介绍了自己的专业、学位、毕业时间、所属专业团体、临床兴趣和个人的兴趣爱好，FSHC"鼓励教职员从使他们感觉最舒服的服务者那里获取帮助"。[7] ④ FSHC 网页上的工作人员照片无一例外都是微笑的面孔，面孔里透出的尽是真诚、慈祥与平易近人。⑤ FSHC 考虑到可能会有教职员不愿意或不方便亲自来中心寻求帮助，所以就提供了充分的网络资源，还提供了主动的课程服务和主题活动服务。

(2) 提供专业化服务

FSHC 提供的服务比较专业，这主要体现在其成员和服务内容的专业水平上。FSHC 共有 12 名工作人员，其中 11 名为专业工作人员，全部拥有带编号的职业证书，如玛格特（Margaret）持有的职业证书是：婚姻与家庭治疗师

(Marriage and Family Therapist),编号为MFT27925。在11名专业工作人员中,持有婚姻与家庭治疗师职业资格证书的有5名,持有专业临床社会工作者(Licensed Clinical Social Worker)职业资格证书的有3名,持有心理工作者(Psychologist)职业资格证书的有3名。在11名专业工作人员中,持有博士或专业博士学位者有5名,持有硕士或专业硕士学位者6名,他们大都毕业于名牌院校,如康奈尔大学、耶鲁大学、马里兰大学等,且所有成员都属于美国不同的专业团体。由于人员专业,所以FSHC提供的服务自然也比较专业,如对于"应对精神压力"主题,FSHC针对战争、自然灾害、校园枪击事件和恐怖分子攻击等问题,阐述了成年人该如何引导孩子正确应对上述问题,提到要"允许孩子提问、要耐心倾听、要允许孩子表达全部情感、帮助孩子用艺术和音乐等来调节情感、要帮助孩子采取行动、同时成人也要采取行动并建立对未来的希望",[8]这样的指导就显示了FSHC比较高的专业水准。

(3) 提供主动的服务

FSHC既提供被动服务,又提供主动服务,FSHC的主动服务多以主动提供资源与主动组织各类主题活动的形式进行。在FSHC网页上,我们能找到很多资源,如在"帮助信息(Help Information)中,就有压力评估与管理、精神疾病的诊断、治疗、家庭暴力、性侵犯、爱滋病和有关工作等方面的资源供斯坦福大学的教职员使用"。[9]除了主动提供资源外,FSHC还主动提供一些课程与主题活动,其课程形式的服务如"困难的对话:如何谈论涉关情感的问题",FSHC会提前在网页上发布该课程的时间、地点、主题引语和参与办法,该课程的主题引语是:"我们都知道当与家庭成员、朋友或同事之间遇有麻烦时的困惑与感受,当我们欲讨论并解决该问题时,常会破坏情感、导致怨恨甚至恶化的人际关系。当情感很强时,就更难以一种积极与合作的精神走进对方。本次课将介绍一种解决这种困难对话的可行途径……我们讨论如何去准备、如何开始这样的对话,讨论如何使对话不偏离主题,参与者将有机会与指导教师和其他参与者一起练习你们的技巧。"[10]FSHC经常在自己的网页上公布近期的主题活动,如最近的治怒小组(Anger Management Group),FSHC在网上对外宣称将开始一个为期4周的治怒小组活动,集中讨论如何更好地理解你的愤怒情绪并采取多种措施对付它,并公布了时间与地点等。[11]

(4) 提供便捷和全方位的资源型服务

FSHC提供的服务既全面又便捷。除面对面服务外,FSHC提供的服务主要以网络与电话形式为支撑,非常便捷。教职员有问题可以亲自到FSHC求助,可以打电话(可匿名)求助,可以发电子邮件求助,可以到FSHC的网页里查找资源自己解决,可以查询FSHC提供的斯坦福大学的相关政策,可以选择阅读FSHC给教职员列的书目,还可以到与FSHC协同工作的其他机构求助。当教职员怀疑自己有问题时,也可以到FSHC中心求证,还可以到FSHC网页上利用其资源为自己诊断。当教职员没有问题,但对FSHC提供的某个课程或某项活动感兴趣时,可以积极参与其中。

FSHC提供的服务在很大比重上是资源型的,其资源从家庭生活到生儿育女到子女管教,从工作压力到提高学习能力到提高沟通技巧,服务范围非常宽泛。除前面已经提到的外,FSHC还能提供有关"如何应付工作中的精神压力、改善写作效率、压力与组织的变革、领导与组织的变革、禁止酗酒与吸毒"等方面的信息。FSHC还能提供有关"工作中的压力、工作中的严重疾病、沟通技巧与相互尊敬的交流"等方面的信息。在"如何应对精神压力"主题中,FSHC强调指出精神压力是常见、正常现象,还介绍了产生精神压力时伴随的身体症状、认知症状、情绪症状和行为症状,并介绍了个人可行的应对策略及家庭成员与朋友对其进行帮助的办法等。FSHC还提供了大量专业书目供教职员选读,其主题非常宽泛,有如何提高学习能力、照顾老人、爱滋病、酒精上瘾及戒除、酒精依赖、愤怒与焦虑等方面的,有由于选择或不能生育而造成的无孩者、认知治疗和管教孩子等方面的。FSHC提供的资源服务更体现其所提供的网络连接上,FSHC在业务上与斯坦福大学医院有联系,同时还在网络上为教职员提供了许多其他资源连接,并与一些其他机构协同工作,如健康心理协会、性侵犯政策办公室、斯坦福公共安全办公室等。

(三) 问题的成因及FSHC带给我们的启示

我国一些高校之所以会出现比较严重的教师过劳死和自杀现象,其主要原因有以下几点:第一是高校认识不到位,人本管理口号化。高校在教师管理中没有真正贯彻以人为本的精神,没有深入认识到对教师进行"保养与维修"的必要性与重要性，认为教师的精神压力、抑郁、焦虑等都是个人问题，要自己解决，殊不知关怀教师应是学校的责任。再者，教师管理中的监管、考评与绩效问责盛行，管制远远强于服务，很多高校推行简单的量化管理，冰冷的硬指标既失去了弹性又不问人性，榨干了教师管理中本该有的温情，使教师的工作压力进一步加大、工作环境进一步沙漠化。第二是教师个人认识不足，自我要求过高，不能正确认识和对待生活与工作中的问题。一些教师缺乏心理卫生、职业倦怠、精神抑郁等方面的基本常识，不能正确对待上述问题，认为上述问题应与教师无关，甚至认为为人师者出现上述问题是耻辱的事情。一些教师缺乏生活智慧，缺乏自我身体保健与精神调节等方面的基本常识与能力，不能正确认识与对待工作和生活中的不如意，意识不到自己身心上发出的危险信号，即便能够意识到也无视或无能为力。一些教师自我要求过高，对自我比较苛刻，拼命硬干。第三是高校与社会都缺乏相应的救助机构与得力措施。我国高校为教师提供人文关怀的得力举措还比较少，大学校园中的心理辅导与咨询机构多面对学生，且当前的专业水平还不高。社会上虽然出现了一些类似机构，但出现时间较晚，且多比较业余。高校教师有苦无处诉、有怨无处发。重压之下，高校教师需要更周到、更细腻和更主动的人文关怀。高校教师管理需要彻底贯彻以人为本的管理思想，深入推行人性化管理，提高管理的科学性与细腻性，充分认识教师救助的意义和价值，及早采取有力、有效的举措。斯坦福大学的 FSHC 告诉我们，高校应给重压下的教师以更多、更温情、更细腻的人文关怀，这是高校的责任。我国高校要纠正教师管理中的管制主义，形成校园的服务型教师管理文化，也可以建立类似的 FSHC，为教师提供人性化、专业化、便捷化、主动化和全方位的帮助服务，要依托校园网为高校教师提供资源型的救助支持系统。

(四) 结语

高校教师的校园救助是一项系统工程，需要各项工作的互相配合，才能全方位整体地提升教师的生活与工作质量。斯坦福大学除建有 FSHC 外，还有性侵犯政策办公室、公共安全办公室、民冤申诉办公室(Ombuds Office)等机构。为加强教师的校园救助，我国高校除需建立类似的 FSHC 外，还应成立校园民情民怨民冤申诉与调查委员会，据说某高校最近的教授评选中，条件最突出的一个却没能评上，类似的事情应该有个地方讲理并平反。要充分发挥校医院的作用，加强其主动服务，强化其营养保健功能，提高其保健教育与宣传功能。要深化高校的工会改革，真正发挥关工委的作用。我国一些高校关工委远没有被充分重视并真正发挥其该有的作用。要强化保卫处的职责，也要将居委会的作用落到实处，要调动老干部的积极性，使他们发挥余热，让他们以过来人的身份为年轻教师排忧解难。必须大力提高科学管理水平，全面深入地贯彻人本管理思想，牢固树立服务理念，使校园内的教师服务与救助更全面、更及时、更贴心和更温暖人心，建设充满温情与人文关怀的人性化和谐校园。

参考文献：

[1] 罗雨菱. 中山大学美丽女教授抑郁成疾跳楼自杀[EB/OL]. http://edu. qq. com/a/20070310/000007. htm，2007—03—10.

[2] 杨猛等. 青年科学家之死谁之过拷问当前科研评价[N]. 北京科技报，2006—03—23.

[3] 汪春. 浙大36岁博导何勇过劳病逝[EB/OL]. http://learning. sohu. com/20060116/n241459232. shtml，2007—03—11.

[4] 程墨等. 知名教授“过劳死”为教师健康敲警钟[EB/OL]. http://news. 86ui. com/1/2007/57845. shtml，2007—03—11.

[5][6][7] Stanford University[EB/OL]. http://www. stanford. edu/dept/helpcenter/about_us. html，2007—10—31.

[8] Stanford University[EB/OL]. http://www. stanford. edu/dept/helpcenter/TraumaticStress. html，2007—10—31.

[9] Stanford University[EB/OL]. http://www. stanford. edu/dept/helpcenter/info. html，2007—10—31.

[10][11] Stanford University[EB/OL]. http://www. stanford. edu/dept/helpcenter/schedule. html，2007—03—10.

（本文发表于《比较教育研究》2005年第9期。作者吴振利、饶从满，时属单位为东北师范大学国际与比较教育研究所）

七、美国高校教师发展浅析
——以密歇根大学学习和教学研究中心为案例

高校教师发展和教学改革被认为是美国高等教育为回应社会变革而采取的改革措施之核心。[1]对于保障美国高等教育机构质量以及获得对学校改革的支持，高校教师发展成为一种关键的策略性手段。[2]在美国的实践中，高校教师发展一般包括教学发展、组织发展、专业发展、个人发展等内容，其中教学发展是其核心和基础。密歇根大学学习和教学研究中心开展的活动在全美高校教师发展中极具特色，对我国高校教师培训富有参考与借鉴价值。

密歇根大学建于1817年，是美国历史悠久的著名大学和学术重镇，拥有高额的研究预算、浓厚的学术气氛、优良的师资以及顶尖的商学院、法学院、医学院和工学院，被誉为“公立的常青藤院校”。密歇根大学有3个分校，分别在安娜堡(Ann Arbor)、迪尔伯恩(Dearborn)和弗林特(Flint)。其中，安娜堡是主校区。在2010年《美国新闻与世界报道》杂志的全美大学排行榜上，密歇根大学位居第27名。[3]

1962年，密歇根大学设立学习和教学研究中心(Center for Research on Learning and Teaching)，这是全美最早建立的高校教师发展机构。在近半个世纪的探索和发展过程中，密歇根大学学习和教学研究中心在高校教师发展方面积累了丰富的经验，形成了一套成熟的教师发展项目和运行模式，该中心已逐步成为美国高校教师发展实践和研究的领头羊。

(一)学习和教学研究中心的机构设置与任务

学习和教学研究中心隶属教务长办公室(Provost's Office),由教务长领导。教师咨询委员会在指导学习和教学研究中心与学校其他部门、院系的联系中发挥着重要的作用。教师咨询委员会(Faculty Advisory Board)就中心开展的活动,如项目和研究重点、资源分配、资助项目设立等对中心主任提出建议。在赖特(Wright)对高校教师发展校内组织机构模式划分中①,密歇根大学的学习和教学研究中心组织形式属于典型的校园中心模式。[4]该中心有22名专兼职人员,其中主任1人,项目管理人员12人,以上人员都是各学科的专家,一般都具有博士学位。此外,还有辅助人员9人,包括办公室秘书、财务管理员、项目协调员、主任助理以及项目助理。

学习和教学研究中心在使命陈述中开宗明义地指出,中心的使命是支持和改善密歇根大学的学习和教学。[5]中心的工作人员要与教师、管理人员和研究生助教共同努力,在全校形成重视教学、尊重和鼓励学生个体发展的文化环境,促进形成每个学生都能取得学业成功的积极教育氛围。其具体任务体现在以下几个方面。

1. 教师和研究生发展服务,包括:为教师、系和学院的教学创新活动提供经费;在课程设计和评价方面提供咨询服务;为教师开设多元文化课程提供服务;设立关注学生多样性的教学项目;为教师和研究生助教提供个别化的教学咨询服务;组织全校教师及研究生的教学研讨班和培训;协助院系举办研讨班;促进形成有助于有效教学的环境。

2. 评估与评价,包括:协助教师和院系进行评估,如教学评价、教学技术评价、课程评价等;协助教师对学生进行学习评价等。

3. 教学技术服务,包括:对教师宣传和推广改善学习与教学的技术;提供有效运用教学技术的信息。

---

① 赖特根据高校教师发展中心在院校组织结构中所处的地位和发挥的作用,将这些中心的运作模式分为四种模式:多校区合作项目模式(Multi-campus Coorperation Pragram)、校园中心模式(A Single Campus-wide Center)、特殊目的中心模式(the University with Special Purpose Center)、院系教师发展项目模式(Development Components of Other Academic Program)。

4. 研究和推广,包括:在密歇根大学开展如何促进学习和教学的研究,并形成相关成果;对全校教师、学术管理人员以及全美高等教育界宣传和推广研究成果。

5. 促进教师发展的合作,包括:与学校其他行政管理部门合作;为学习和教学研究中心的工作人员提供充满挑战、合作性、支持性的环境。

(二) 学习和教学研究中心开展的主要活动

密歇根大学学习和教学研究中心服务对象十分广泛,开展的活动和项目非常丰富。由于该中心在高校教师发展领域中处于实践和研究的前沿地位,故中心也对校外和国外的专业人员提供大量服务。从中心提供的2005～2006学年、2006～2007学年的年度报告来看,中心每年提供校内服务都在15 000人次以上,对外提供服务也在3 000人次以上。[6]可见,该中心对密歇根大学和其他高校的巨大影响力。该中心开展的主要活动有以下几种。

1. 学科为基础的个性化服务项目

学习和教学研究中心为校内各学院和研究单位提供以学科为基础的个性化服务,以促进学科教学的改善。服务的内容包括开设学科教学相关的研讨班、评价研究、学院范围内的研究生助教培训、为特定院系教师提供个人咨询以及对院长和系主任开展的教师发展咨询。该中心每年都重点为一到两个院系提供该项服务。如,2006～2007学年,该中心在科学、人文、艺术学院(LS&A)和工程学院的院长请求下,为两个学院的新教师提供第一个学期教学的学生期中反馈。工程学院通过与该中心的合作,在北校区(North Campus)设立了一个教学中心,招聘和培训研究生指导教师。除院系之外,学习和教学研究中心还与管理部门进行合作。2006～2007学年,该中心与拉克姆研究生院合作共同发起“准备未来教师”(Preparing Future Faculty)系列项目,包括举办为期5周的优秀研究生集中研讨班、全体研究生研讨会,以及设立邀请其他大学的教师指导该校研究生教学的项目。

2. 教师与研究生适应项目

教师与研究生适应包括三个部分:① 新教师适应项目。学习和教学研究中心每年都组织全校性的新教师适应培训,其目的是帮助新教师迅速熟悉和适应密歇根大学的环境。新教师参加教学研讨，研讨主题有教学技术运用、教学研究、课堂冲突管理等。新教师还参加信息交流会，以了解密歇根大学 50 个办公室提供的各种服务信息。新教师还能获得校园卡，获得校内停车许可以及其他便利。② 研究生助教教学适应项目。该中心设立全校研究生助教教学适应项目，其目的是提高研究生助教的教学水平。项目分为秋季和冬季两期，每年都有 300 多名研究生参加。参与项目的研究生助教先授课 5 分钟，然后由其他助教评价。通过这种微格教学和即时反馈，提高研究生的教学技能。新任研究生助教还要讨论自身在大学中的角色、向有经验的助教咨询、参加一系列的教学研讨班。③ 英语学院——学习与教学研究中心讨论会。该中心与英语学院联合举行的讨论会，参与者是在非英语国家完成本科、并申请在担任助教的研究生。研讨班和课程目的主要是帮助这些助教熟练掌握英语和教学策略，形成良好的文化意识等。

3. 教师和研究生助教项目

教师和研究生助教项目包括：① 一系列全校性的研讨班。其目的是促进各个院系教师进行教学思想交流，提高教学技能，学习教学方法。2006～2007 学年，学习和教学研究中心组织研讨班 17 次，共有 1 260 位教师和研究生参加。② 教务长教学研讨班。该研讨班从 1996 年开始举办，每学年两次，目的是推进教师与教学管理人员之间进行教学问题的讨论与交流。③ 外籍教师晚宴。该中心每学年都举行外籍教师晚宴，副教务长办公室提供经费，为全校 100 多名外籍教师提供教学交流机会。④ 研究生助教项目。这是学习和教学研究中心与研究生院联合设立的研究生助教项目。

4. 个人教学咨询

学习和教学研究中心为教师、研究生和管理人员提供咨询服务。咨询分为两种：一种是“简短咨询”(Brief Consultation)，主要为咨询对象提供教学相关资源的信息和建议；一种是“深度咨询”(Intensive Consultation)，咨询内容包括课程设计、教学方法创新、学生评教结果解释等深入具体的教学问题。此外，该中心还为那些希望了解学生的评价并改善教学的教师和研究生助教收集学生的反馈意见。该中心的咨询师通过观察课堂教学，了解学生的意见，随后与教师共同探讨改进教学的方法。这种学生反馈对提高跨学期的大课程教学质量尤为有效。

5. 资助

学习和教学研究中心设立了8个资助金项目来帮助教师改善教学。资助项目提供的经费从500美元到15 000美元不等,2006～2007学年该中心共提供经费325 000美元,有96位教师获得资助。教务长办公室和学术副校长提供经费的项目有3个:讲师专业发展基金、吉尔伯特惠特克阶段一和阶段二基金。该中心提供经费的项目有5个:教师发展基金、多媒体教学资助、教学发展基金、教学技术资助以及大班授课资助。该中心的工作人员还帮助指导教师完成项目。

6. 教学技术服务

学习和教学研究中心帮助教师个人和院系进行教学技术的探索、运用和评价。该中心每年与图书馆、信息技术服务中心、多媒体学习资源中心、杜德斯达中心(Duderstadt Center)、科学学习中心等多个校内部门联合召开"丰富学术会议"(Enriching Scholarship Conference)。为期1周的会议包括讨论会、开放参观、教学技术运用演示等,讨论会由该中心组织,讨论主题涉及网络模块与在线课程、教学团队建设、利用网络为学生建立研究日志和档案、课堂评价、"无纸化"课堂教学等内容。该中心还定期与杜德斯达中心联合开设教学技术讲习班,讲习班为期5天,包括个人咨询、实践能力培训和"研究会",以提高教师的教学水平。

7. 评价与研究

学习和教学研究中心为各院系提供课程改革评价、专业评价。该中心的评估专家和教学咨询师为教师个人提供教学评价服务,2006～2007学年,该中心对15个学院进行了课程和教学改革效果评价。教师申请来自校外经费的教学资助时,该中心也帮助他们做好申请材料。

促进教师教学发展需要开展各种活动和培训,同时也需要对教学相关问题进行研究。学习和教学研究中心与院系合作,研究解决影响本科教育质量的问题。如2006～2007学年,该中心与工程学院联合开展"不同类型教学咨询对教师教学的影响"的研究项目,确定了教学咨询的基本要求,取得了良好的效果。该中心的专业人员也进行独立研究,参加高校教师发展专业会议,担任学术刊物的编辑和评审，参与全国性高等教育专业学术组织的活动等。

8. 其他服务项目

除以上开展的常规活动之外，学习和教学研究中心为适应学校和教师需要的变化，每年都提供新的服务。如在2005～2006学年，该中心在福特基金会(Ford Foundation)、卡内基协会(Carnegie Corporation)、陶氏化学公司(Dow Chemical Company)、费希尔国际科学公司(Fisher Scientific International Inc.)的联合资助下，组织举办了有中国知名大学校长和教育部官员参加的论坛，讨论世界一流研究性大学的特点。2005～2006学年，该中心设立的戏剧项目(Theatre Program)获得美国退休教师基金会(TICC-CREF)的赫兹伯格认证优秀奖①。戏剧项目演出学校和课堂中有关教学的剧目，引导观众(教师、学生和管理人员)进行反思。目前，中心编排出了18个短剧，主题涉及教学法、终身教职、教师辅导、多元化观念等。戏剧将教育教学中的事件搬到舞台上演出，引发了人们对教育和教学的思考。这一创新做法吸引了社会的广泛关注。

(三) 启示

密西根大学学习与教学研究中心作为美国高校最早设立的高校教师发展中心，在促进教师发展方面取得了巨大的成就，形成了鲜明的特色，在美国高等教育界影响巨大。该中心通过每年设立的各种项目和提供的完善服务，有效地满足了学校和教师的需要，为改善教学发挥了重要作用，成为密歇根大学的重要服务机构。美国其他院校的教师发展组织纷纷到该中心参观访问，咨询和学习其先进经验。2006～2007学年，该中心为116所院校、15个协会和8个其他组织提供服务3 337人次，有1 143名校外人员参加了该中心组织的讨论会等其他校园活动；中心网页点击达到300万次，其中美国其他高校点击访问达到39%，国外点击访问达到14%。[7]特别是戏剧项目，在美国高等教育界引起了极大的反响。该中心也受到了国外高校的关注，仅2006～2007学年我国先后

① 赫兹伯格奖(Hesburgh Award Certificate of Excellence)是美国退休教师基金会为提高美国高校本科教学质量设立的、奖励为此做出优秀成绩的高校教师发展项目。奖项以圣母大学前校长、美国退休教师基金会监管理事会理事赫兹伯格之名(Theodore M. Hesburgh, C. S. C.)命名，是美国高校教师发展领域主要的全国性奖项。

就有中南大学、人民大学、山东大学、上海交大、四川大学、天津大学、清华大学等先后到该中心参观学习。同时，校内外很多教师和管理人员通过访问中心网址，了解中心开展活动的信息，学习其运作模式。

通过以上分析，结合我国高校的实际，可以发现密歇根大学学习和教学研究中心的几点经验值得我们思考和学习。

1. 为高校教师发展组织配备充足的专业人员，是实现通过教师发展来改善教学的前提

密歇根大学学习与教学研究中心人员配备齐全，为中心的完善服务提供了基础和条件。美国高校中的教师发展机构规模一般为5～6人，而密歇根大学学习与教学研究中心配备了22人，其中大多数都有较长的教学工作年限，在高校教师发展专业领域有各自的专长。中心主任库克(Constance E. Cook)曾担任校长助理，供职美国教育部，具有很强的领导能力。机构和人员是推动高校教师发展的基本条件。我国高校实施教师发展(培训)的部门一般都是在人事处或者教务处下的科室，专业人员少，在开展教师发展活动中存在组织机构薄弱的问题。适当充实教师发展专业人员、提高其专业水平是推动我国高校教师发展的第一步。

2. 为教师提供丰富、全面的项目和服务是高校教师发展活动取得成功的关键

密歇根大学学习和教学研究中心开展的项目覆盖学校的所有学院，提供的服务涵盖各个职业阶段和年龄阶段的教师。其中，既有独立开展的项目，也有与院系和部门联合的项目；既有教师集体参与的研讨等活动，也有个别化的咨询指导。该中心为促进教师改善教学运用的方法也很丰富，除运用传统的咨询、研讨班、短训班等手段之外，还创新发展了戏剧方法。该中心提供的资助项目多，经费较为充足，为教师改进教学提供了条件。我国高校中教师发展项目一般集中在岗前培训、课件制作培训等，方法较单一，针对性不强，特别是为教师个人提供的个性化服务很少。[8]

3. 教师发展校内组织要重视与各方面的联系，获得各方的支持

高校教师发展机构有自身重要的功能，但同时也需要其他各方的资源和支持才能运行。密歇根大学学习和教学研究中心正是因为与其他组织和个人建

立了良好的关系，才保障了它能有效地实现既定目标。首先，要重视和满足教师的发展需要，吸引教师参与中心的项目和服务。要改善教学，吸引教师参与教学发展活动是基础。密歇根大学学习和教育研究中心经常对教师进行需求调查，了解教师在教学过程中遇到的问题和困难，调整项目以吸引教师参与，保障项目和服务与教师教学实践紧密联系。其次，该中心重视将任务与学校的发展相联系。中心通过各种卓有成效的活动有效地改善了本科教学，积极回应了社会对高校特别是公立高校加强教学的要求，为学校赢得了良好的声誉。同时，中心的工作也得到学校领导层的认可和大力支持，为改善教学营造了良好的组织环境。再次，重视与学院和其他部门的合作。学院是教学的第一线，要改善教学必须使院系重视教学工作。密歇根大学学习和教学研究中心成功地与院系合作，使院系认识到教学的重要性和存在的问题。中心还与研究生院、信息技术服务中心、图书馆等多个教学相关的部门联合，共同推出了一系列活动和项目。中心通过合作，促进了各部门的参与，形成了重视教学的校园文化，凝聚了改善教学的合力。最后，与其他高校教师发展组织和协会联系广泛。密歇根大学学习和教学研究中心与其他高校教师发展组织有密切的交流，中心的专业人员也是高等教育专业与教师发展组织、美国高等教育协会、卡内基教学促进基金会等多个全国性高等教育组织的成员。学习和借鉴其他学校的经验有助于改进教师发展的项目和活动。同时，密歇根大学学习和教学研究中心通过为校外人员提供咨询等服务活动，特别是戏剧项目在其他院校的演出，扩大了中心的影响，提高了大学和中心的声誉。

相对而言，我国高校教师发展的校内机构一般都是独立的行政部门，设立培训项目、开展培训活动多数来自上级教育主管部门的要求，活动的内容和形式较少考虑本校教师的实际需要。实施培训时，一般以职能部门的身份对院系下达任务指标，与其他部门联系和合作较少，难以激发院系支持和参与的积极性，也不利于形成合力。在开展教师培训过程中，教师培训机构应注重以学校改革发展目标为指导，以教师需求为基础，与院系和相关部门广泛合作，取得它们的认可和支持，从而形成重视教学的组织氛围，这是提高教师发展效果的基本途径。

参考文献:

[1] 有本章.教师发展(FD)的课题——日本的视角[J].复旦教育论坛,2006,(6):5—11.

[2] Mary Deane Sorcinelli, Ann E. Austin, Pamela L. Erlrly, etc. Creating the Future of Faculty Development: Learning from the Past, Understanding the Present [M]. Bolton: Anker Publishing Company, 2005:35.

[3] US News. com: America's Best Colle1ws 2010. [EB/OL]. http://colleges. usnews. rankingsandreviews. com/usnews/edu/college/rankings/brief/t1natudoc_hrief. php. 2010—11—23.

[4] Mission Statement [EB/OL]. http://www. crlt. umich. edu/aboutcrlt/mission. html. 2008—09—12.

[5] Delivee, L. Wright. Program Types and Protypes. In Kay Herr Gillespie, Linda R. Hilsen, Emily C. Wadsworth. A Guide to Faculty Development: Practical Advice, Examples, and Resources [M], Bolton: Anker Publishing Company, 2001:24—34.

[6] About CRLT [EB/OL]. http://www. crlt. umich. edu/aboutcrlt/abocrlt. html. 2007—10—16. 2008—09—12.

[7] CRLT Annual Report: 2007 [EB/OL]. http://www. crll. umich. edu/aboutcrlt/AnnualRepmt07. pdf. 2008—09—12.

[8] 华东地区高校教师培训专题研究课题组.华东地区高校教师培训现状调查[J].教师教育研究,2005(2):33—37.

(本文发表于《比较教育研究》2011年第11期。作者徐延宇,时属单位为云南大学高等教育研究院)

八、美国传统名校是怎样捍卫学术诚信的
——普林斯顿大学本科生学术规范管理制度评述

普林斯顿大学的前身是1746年设立于伊丽莎白(Elizabeth)的泽西学院(The College of Jersey),也称为英格兰北美第四学院,它是美国历史最悠久的四所学院之一。该学院于1756年迁入普林斯顿(Princeton),后来,随着教育课程计划的不断扩展而取得了综合性大学的地位,遂于1896年正式更名为普林斯顿大学(Princeton University)。[1]经过近100多年的发展,如今的普林斯顿大学是美国最著名的常春藤联盟校之一,享有极高的学术声誉。截至2007年,普林斯顿大学共出过30位诺贝尔奖得主、[2]17位国家科学奖章获得者。[3]普林斯顿大学还是本科教学最出色的大学之一,2007年荣登《美国新闻与世界报道》(U. S. News and World Report)大学排名的榜首。普林斯顿大学在学术研究和教学方面的成就与其悠久而富有特色的院校传统密不可分。其中,对学术诚信的严格遵从和因此而创设并不断完善的学术规范管理制度堪称其院校传统中的精髓。

普林斯顿大学深刻地认识到将自身建设成为一个拥有学术诚信的社区具有重要的意义。普林斯顿大学的学术章程《前言》中写到:“普林斯顿大学是一个知识分子的社区,这一社区拥有丰富的知识、技术与信息资源,可供师生们共同追求学术兴趣。在这一社区中,我们中的所有人都将在成长为思想家、研究者、学者的过程中,因相互学习而受教育,因集体合作而提高,从而丰富人类的知识宝库。我们所有人都将因为相互间能够自由沟通关于观点、理论、方法和解释方面的信息而受益良多。我们可以通过课堂、同伴这样一些非正式渠道检

验自己的思路，或通过更正式的论文或考试，通过分析和评价同学、朋友、建议提供者和老师的种种观点而获益匪浅。从各个方面来讲，诚信是这一知识分子社区的核心道德……我们承诺，你将能表达自己的观点而丝毫不必担心他人窃取此观点的原创性。你也必须承诺，你所出示的文字、数据、观点肯定是你自己所原创的。对原创性学术成果的声称权，是与大学的生命具有相同重要性的个人对自我财产的所有权……我们中的所有人——从新生到饱学的教授都应遵守学术诚信道德，将学术成果归之于原创者。”[4]

基于这样一种信念，普林斯顿大学依据教师和学生类型的不同而分别建立了相应的学术规范管理制度。其中，本科生的学术规范管理制度以其独具特色的管理理念、严格的管理标准（学术规范）和规范的管理程序而最为人们所称道。

（一）普林斯顿大学本科生学术规范管理崇尚自律的管理理念，这集中体现在该校的“学术荣誉制度”中

普林斯顿大学本科生学术规范管理所秉持的基本理念是重视学生个体的自律和学生群体的自我管理。贯穿于这一理念之下的管理实践不仅有助于减少学术规范管理中开展“他律”的管理成本，而且更为重要的是，这种自律与自我管理的一个重要前提是对学生个人（包括学生群体）的期待与信任，它将推进学生人格与学术道德的自我提升。普林斯顿大学的这一学术管理理念集中体现在该校的本科生“学术荣誉制度”（The honor system）上。所谓“学术荣誉制度”是指所有普林斯顿大学本科生在入学前都要做出书面承诺，保证从入校起恪守自己的学术诚信（Academic integrity）。具体包括：自觉遵守和维护普林斯顿大学关于考试的各项制度以及平时提交学术性作业的各项学术规范。此外，普林斯顿大学的学术管理制度还要求学生个人不仅要在考试以及其他的学术活动中保持完全的个人诚信，而且同时还必须担负起监督他人恪守学术活动要求与规范的责任。以考试活动为例，教师只是在考试开始之初在考场中停留片刻，分发试卷，并针对学生的疑问进行解答，随即离开考场，直至考试即将结束时才回考场收集试卷。在整场考试中，学生完全通过自我管理与相互监督来

维持考场纪律。这一“学术荣誉制度精神”(The spirits of the honor system)也同样体现在其他一些学术与准学术活动中。

“学术荣誉制度”的实施赋予所有学生个体以双重责任:一方面他们要在各类学术活动中严格遵守学术制度与规范;另一方面,他们还要主动并切实承担起对学生团体中其他成员的学术失范行为进行严格监督的义务。并且,“每一名学生都明确,即使自己不情愿,但自己对于学术荣誉委员会的责任也要求自己应当汇报其他学生的学术失范行为”。[5]学术荣誉制度的实施不仅为学生严格自律和自主管理提供了途径,而且更重要的是,它在本科生群体中弘扬了遵守学术诚信,抵制学术欺诈的正气。

(二)普林斯顿大学本科生学术规范管理依据于一套严格的学术规范标准,这是从技术层面上杜绝学术机会主义的重要手段

普林斯顿大学设立学术规范标准的严格程度远远超出学术界一般所约定俗成的学术规范要求。以对本科生提交书面或口头学术成果的规范为例,对“转述”(Paraphrasing)的规定为:“任何转述或缩写的内容都要以脚注的形式进行专门说明(Acknowledge),即使某人用自己的语言对原文内容进行叙述或者是对原文进行了重新的排列,也不能免除对资料来源进行说明的责任。偶尔也有学生会坚持说,自己在写论文之前曾阅读了一些资料,在写论文时不知不觉地就复写了原作者的语句和观点。这决不是令人信服的解释。因为该生有责任在当时做恰当的记录,以避免发生引用别人资料而无法说明出处的情况。”又如对“引用观点与论据”(Ideas and Facts)的规定:“任何借用的观点和论据都要以脚注的方式说明出处,即使这些观点或论据已经被借用的学生做了更深入的阐述……偶尔,一名学生在准备自己的论文时参考了同一选题的其他学生的论文或笔记,他要对该事件进行声明,并且明确说明他参考其他学生学术成果的性质与程度。他还要列出所参考人的名字和班级。此外,如果被要求,他要将自己所参考的作品提供给导师。”不仅是公开提交正式的书面学术成果,甚至只是一般的作业和口头报告,普林斯顿大学的学术规范对此也进行了严格的规定。如关于“重复提交作业”(Multiple Submission)的要求是:在有些情况下

(一般不允许学生这样做),允许学生重写一个先前的作品或通过将两篇分别符合某一学术作业要求的作业整合成能符合这两项要求的一篇学术作业。但该生要确保先得到教师的许可,并且需要在呈交的作业开头处加以注明。又如"口头报告"(Oral Reports),学生进行口头报告时要求提交书面概要,对所有非自己原创性的内容进行声明。[6]

以上学术规范的严格程度在我们看来也许过于苛刻,甚至有些不近人情。然而对这一套做法细究起来,却发现其中体现出这样的意蕴:首先,即使是学生(非严格意义上的研究者),即使是在学校的日常生活环境中(非正式的学术环境中),个人的学术"产权"也必须得到严格的保护,否则学术研究中迸发的许多珍贵的思想火花将因为得不到众人智慧的浇灌而熄灭。因为一些研究者会为了避免学术成果被侵吞的风险而不愿及时公布自己的研究进展,从而丧失了开展学术交流的机会,而这却是学术发展与繁荣的大忌;其次,即使只是学生所提交的作业——这样一类"准学术产品",其所包含的成果量也必须得到客观认定,如此才能在本科生中杜绝学术造假与浮夸的恶劣风气,从而形成未来学术世界中的良好风尚。总之,普林斯顿大学针对本科生所设立的学术规范在努力保护学术"产权"的同时,也在积极进行着学术"产权"的"打假",并力图通过创设一个开放、规范和诚信的学术研究环境来不断激发学生的学术热情,提高其学术创造力。

(三) 普林斯顿大学运行一套合理、完整的学术管理程序,这是确保学术管理活动科学性与公正性的重要制度基础

开展有效的学术管理除了要有严格的学术规范之外,还需要建立一套科学、完善的管理程序。在这方面,普林斯顿大学100多年的学术管理实践摸索出了自己独具特色的管理程序。这一管理程序包括四个主要环节:学术违规(Violation of the academic rules and regulations)的界定、学术违规报告、学术违规裁决、学术违规惩罚。

第一,学术违规的界定。普林斯顿大学的《权力、规定与责任2005～2006》(Rights,Rules,Responsibilities,2005～2006)对本科生学术违规行为的界定标准进行了明确的阐释。该出版物是普林斯顿大学对学术违规进行界定,判定当

事人是否违反学校学术规范的惟一书面标准,在大学网站上可以很方便获取。

第二,学术违规的报告。普林斯顿大学规定任何学生、教师都有责任在发现了本科生有违反学术规范的行为时,向本科生学术荣誉委员会(the Undergraduate Honor Committee)或各学科的师生委员会(The Faculty-Student Committee on Discipline)据实以报。前者只受理本科生违反学术荣誉制度的事件,后者还受理除本科生以外的其他人员的学术失范行为。

第三,学术违规的裁决。对学术违规行为的裁决由校内两个机构进行。凡是违犯"学术荣誉制度"的行为由本科生学术荣誉委员会裁决,该机构主要由各年级本科生组成。其他类型的学术违规行为由各学科的师生委员会裁决,该机构由5名本科生代表、4名教师代表、1名院主任助理(作为秘书,不参与投票)和主管校园生活的副校长(作为委员会主席,但仅在裁决投票处于平局时投票)组成。收到学术违规裁决的学生如果对处理结果不服也可以通过上诉(appeal)程序提请对该裁决重审。[7]

第四,对裁决结果的申诉。在普林斯顿大学学术规范管理过程中,所有受到相关惩处的当事人都有一次对自己的裁决进行申诉的机会。这一环节的设立体现了普林斯顿大学对学术规范管理科学性与公正性的追求。鉴于学术规范管理必然会带来对违规行为的惩处,因此,它在作为一种强制力来维护学术公平的同时,一旦因某些原因未能做出公正的判定,也将意味着对当事人的极大伤害,并且这些伤害的影响甚至可能是不可消除及终身的。申诉这一环节的设立是确保管理程序科学、公正的重要举措之一。拥有一套科学、完善的学术管理程序是确保普林斯顿大学学术规范管理成功的重要基础。

(四)普林斯顿大学对学术违规设定多种惩处手段,但其主旨是治病救人

在普林斯顿大学,凡是违犯学术规范标准的学生要受到惩罚,惩罚的类型依据严重程度的不同而分为以下几种:

1. 警告(Warning) 警告不会成为学生的永久性记录,但如果后来又发生其他违犯学术规范的事件时,会成为考虑该事件严重性的判断标准之一。

2. 缓期惩戒(Disciplinary probation) 缓期惩戒会成为对学生的永久性

记录,并会被公开,它是指在一个特定的时间内(一般是两年内),如果接受该惩罚的学生有再次违反学术规范的行为(不论其严重程度),将会受到程度更严重的惩罚,如退学、开除等。

3. 学位延缓授予(Withholding of Degree)　学校推迟一段时间授予学生学位,但允许该生留在校内完成获取学位所要求的课程。

4. 惩戒性休学(Suspension)　在一段时间内被要求离校,且当事人在此段时间内不具有学生资格。

5. 有条件的复学(Required withdrawal)　指接受惩戒性休学后必须要经学校某一特定机构(实施该项惩罚的机构)认定达到一定的要求或标准后才能复学。

6. 永久性开除(Expulsion)　指被开除学籍,并丧失重新考试入学的机会。

7. 严重性的强调(Censure)　它代表了校方的意愿,即对该学生违规行为严重性的强调和将这种对严重性的强调延续到任何在今后可能遇到的对该生行为或品德的调查中,该项惩戒可以与除了警告之外的任何一项惩罚并处。[8]

值得关注的是,以上惩戒手段中的多数都是可恢复性的,即学校着眼于通过行使惩罚手段来使那些失足者逐渐形成对学术规范问题的正确态度,其目的是治病救人。当然,对于那些屡教不改的"学术机会主义者",其最终的惩戒将异常严重——永久性开除。而在美国,凡是受到某一大学永久性开除惩处的学生,就很难再被其他类似大学(尤其是一些声望高的大学)录取。可以说,这样一套由轻到重的惩戒手段的设立既体现出对初次失足学生的包容,又体现出对那些执迷不悟违规者的毫不姑息。

五、普林斯顿大学对学术违规行为的惩戒采用公开报告的制度,这不仅彰显出学术管理的威严性,而且对以后可能出现的"学术机会主义者"进行了有力威慑

普林斯顿大学每年都要就本科生学术违规的处理情况进行公开报告(Discipline report),如2003～2004年的报告显示:"本年度有22名学生被发现有违反学术规范的现象,他们所呈交的有问题的学术作品包括家庭作业、实验

报告、学期论文、电脑程序(设计)和学位论文。这些问题作品多数是抄袭,包括抄袭别的学生的作品,抄袭其他人的学术成果和将互联网上的资料进行剪切、粘贴等处理……”对他们学术失范行为的惩戒为:9 人受到系主任的警告处理(dean's warning),尽管其中的两人是在不完全知情的状况下对别的学生的剽窃行为给予了方便——把自己的作业借给别人;2 人受到缓期惩戒(disciplinary probation);8 人被阶段性剥夺学籍(suspension);1 人被延缓授予学位(withheld degree);2 人被永久性开除学籍(expulsion)。[9]对学术失范行为进行公开披露的做法不仅表明了普林斯顿大学对学术失范现象决不姑息的态度,维护了学术管理的严肃性,而且更重要的是,这一做法乃是惩前毖后、避免学术机会主义不断孳生的重要举措。

普林斯顿大学在本科生学术管理实践中能关注学生自律精神的培养,追求学术规范标准的细化,实现学术规范管理的规范化与制度化,决不姑息对学术失范行为的惩治,所有这些方面的努力为普林斯顿大学孕育出了保护知识产权、捍卫学术诚信的积极学术道德风尚,也成为确保并不断推进普林斯顿代代学人学术产出的重要基础。普林斯顿大学的实践也再次向世人昭示出高等学校的文化责任,那就是:高等学校不仅要承担繁荣学术的重任,而且更应肩负起发扬学术规范精神、培养品学兼优的学术精英的光荣使命。

参考文献:

[1] Princeton University[EB/OL]. http://www.princeton.edu/main/about/history/2007—05—20.

[2] Princeton University[EB/OL]. http://www.princeton.edu/pr/facts/nobels/2007—5—20.

[3] Princeton University[EB/OL]. http://www.princeton.edu/pr/facts/nms/2007—5—20.

[4] 普林斯顿大学学术章程前言[EB/OL]. http://www.princeton.edu/pr/pub/integrity/pages/community.html. 2007—5—20.

[5] Princeton University[EB/OL]. http://www.princeton.edu/pr/

pub/rrr/05/33b. htm. 2007—5—20.

[6] Princeton University[EB/OL]. http://www. princeton. edu/pr/pub/rrr/02/59. htm. 2007—5—20.

[7] Princeton University[EB/OL]. http://www. princeton. edu/pr/pub/rrr/04/01. htm#1a. 2007—5—20.

[8] Princeton University[EB/OL]. http://www. princeton. edu/pr/pub/rrr/04/01. htm#1a06—6—18. 2007—5—20.

[9] Princeton University[EB/OL]. http://www. princeton. edu/odus/about/docs/Discipline%20Report%202002—2004. pdf. 2007—5—20.

（本文发表于《比较教育研究》2008 年第 7 期。作者郭洁、郭宁，时属单位为陕西师范大学教育科学院）

九、中美研究型大学学生规模、层次结构的比较研究

研究型大学作为我国大学一种重要类型已经被广泛认同,成为我国大学分类发展的重点。作为国内一些已经具备建设研究型大学条件的高校来讲,如何以科学发展观为指导,根据研究型大学的特点对自身进行规划建设是至关重要的因素。

在建设研究型大学的过程中,我国大学大多将规划的重点放在学科建设及人才队伍建设上,而对大学自身一些基本的办学指标,如学生规模和学生层次结构的规划并未给予充分的研究和重视。事实上,学生规模和学生结构是研究型大学特征的基本衡量指标,学生规模和学生结构是研究型大学在发展规划中首要的策略选择,这两项指标的量化研究对研究型大学自身的规划具有一定的现实意义。

美国是较早明确划分研究型大学的国家,美国的研究型大学在世界高等教育系统中具有重要的地位,他们在发展研究型大学中积累了成功的经验。下面我们就以中美研究型大学的比较作为视角,探讨研究型大学的学生规模和学生结构问题。

(一) 学生规模和学生层次结构是我国研究型大学在发展规划中首要的策略选择

研究型大学是美国卡内基教学促进基金会(Carnegie Foundation for Advancement Teaching)大学分类中的一种类型。2000 年的分类标准中将美

国研究型大学分为两类:一类为研究型大学Ⅰ类,即博士学位授予/研究拓展型大学(Doctoral/ Research Universities-Extensive),这类学校学位专业设置覆盖面广,开展研究生教育,有权授予博士学位,在1995～1998年间,每年至少在15个学科领域授予50个以上博士学位。另一类为研究型大学Ⅱ类,即博士学位授予/研究密集型大学(Doctoral/ Research Universities-Intensive),这类学校学位专业设置覆盖面广,开展研究生教育,有权授予博士学位,在1995～1998年间,每年至少在3个学科领域授予10个以上博士学位或在1个学科领域授予20个以上博士学位。[1]

其实研究型大学的概念是一个相对的概念。参照卡内基教学促进基金会,2000年研究型大学标准,从大学的功能角度来考虑的话,我国的多所大学已经具备研究型大学的特征,如强调大学的研究职能、研究生教育规模、科研水平等。所以,从高等教育机构层次分类的角度,中国无疑是存在研究型大学的。[2]

1999年开始的扩招使我国的高等教育规模迅速扩大,高等教育毛入学率从9%提高到17%,在此期间,我国的重点大学也进行了不同程度的扩招,在校生规模有了较大幅度的提高。有学者从经济学的角度研究高等教育规模与效益之间的关系,提出高等教育规模的扩大使生均成本下降,有助于提高高等教育的效益。[3]但学生规模的扩大导致了高校资源的短缺,生均占有资源等一些基本办学指标水平的下降也是客观存在的事实。在一些研究型大学中,学生规模尤其是本科生规模过大,使得学校的生师比、本科生与研究生的数量比例这两项指标偏离了研究型大学的特征要求。

潘懋元先生曾指出,大众化的高等教育需要多样化的质量观。作为我国高等教育系统塔尖的研究型大学,不应过多承担大众高等教育的任务,应该坚持精英教育的理念,突出大学的研究功能和培养精英人才的理念,这也是多样化高等教育质量观的要求。在人才培养方面,研究型大学通过选择高质量的学生生源培养具有创新意识、领袖才能和研究素质的精英人才,这一点应成为大学分类发展中研究型大学区别于其它类型大学的主要标志之一。克拉克·克尔在担任卡内基金会主席时曾说,卡内基的分类标准把高等教育机构的功能和学生的特点以及教师情况作同样的考虑。[4]卡内基基金会的分类标准更为强调的是大学的"功能",以及大学基于此功能的行为和表现,更为关注学校功能以及学生和教师的特征,2000年的分类标准把人才培养因素作为主要的衡量依据,这从一定意义上说明学生层次结构是研究型大学特征的重要因素。所以我们认为,从学生规模和层次结构的角度解读研究型大学的基本特征是有一定依据的。

(二) 研究型大学的学生规模选择策略

研究型大学的学生规模多大较为合适,并无一个明确的数量界定。各个大学的情况不尽相同,作绝对数量的比较也就没有意义。但是,大学的生师比是一个相对的比较性的指标,我们认为可以作为较为客观的判断的标准,由此来确定研究型大学学生规模发展策略。

根据美国教育统计中心的资料表明,美国私立研究型大学的生师比①较低,一般低于10∶1,而公立研究型大学的生师比相对来说比较高,平均为16∶1。美国公立大学在提供入学机会方面,比私立大学面临更大的压力和责任,所以美国的公立研究型大学的规模比较大,本科生规模一般都在万人以上,如加州大学(伯克利分校)的本科生有21 942人,密歇根大学有23 312人,弗吉尼亚大学有13 050人,加州大学(洛杉矶分校)有24 598人,弗罗里达大学有31 217人,德克萨斯大学有34 601人。[5]这样就导致了美国公立研究型大学的生师比高于私立研究型大学。同时,根据教育部统计数据和各大学网页所公布的数据表明,我国部分重点大学的生师比平均为18∶1,和美国公立研究型大学的生师比大体相当。

教育部在高等学校基本办学条件指标中规定综合性大学的生师比的标准为18∶1,超过18∶1即为过高。我国部分重点大学的生师比平均为18∶1,只是相当于高等学校基本办学条件指标中规定的生师比最低标准,同建设研究型大学的长远目标和要求不相适应,与这些大学在我国高等教育系统中的地位也是不相称的。但是我们应该看到,我国部分重点大学的生师比过高是有其现实原因的。重点大学在高等教育大众化过程中也承担了相当的任务,基于社会扩

① 生师比的计算方式:生师比=标准生数/专任教师数,其中标准生数=全日制本科生数+博士生数*2+硕士生数*1.5+成人教育学生数*0.3+留学生数*3。

大入学机会的要求进行了扩招，同时为了缓解大学经费短缺的压力，这些大学的在校生中还有较大规模的成人教育学生，而大学的教师队伍并没有进行较大的补充，教师数量的增长相对于学生数量的增长较为缓慢，这在客观上形成了目前我国具有研究型大学特征的大学较高的生师比。

研究型大学注重研究功能和培养精英人才的性质决定其规模不能过大，反映在生师比这项指标上，即生师比不能过高。大学的规模过大、生师比过高会对研究大学的研究水平、精英人才的培养质量产生一定的影响。

美国研究型大学，即使是规模较大的公立大学，每年的招生数量在一定时期内总是保持一个相对稳定的水准。针对我国研究型大学学生规模较大的现实，要实现研究型大学的发展目标，培养高素质的精英人才，控制学生规模是必要的。控制规模的目的是为了更充分地发挥研究型大学的研究功能。控制规模的措施一个是稳定或缩减每年的招生数量，选择优秀的生源，保证生源的高素质；一个是压缩与研究型大学目标特征不符的成人教育规模。美国公立研究型大学和我国大学具有一定的可比性，如果参照它们的生师比标准，我国研究型大学的生师比保持在14∶1到16∶1的水准较为合适。

（三）研究型大学的学生层次结构选择策略

研究型大学注重研究生教育。在卡内基基金会2000年的大学分类标准中，把大学授予博士学位的数量作为研究型大学标准的重要依据。美国研究型大学中，本科教育与研究生教育并重，采用院系垂直的本科生教育与研究生教育的并行模式，既有利于加强本科的普通教育，又有利于加强研究生的高级训练和研究。本科普通教育的加强，为研究生教育提供了良好的生源；研究生教育的提高，又为研究型大学的科学研究提供了充足的人力支持。[6]但是美国研究型大学重视研究和研究生教育的传统使得本科教育处于相对薄弱的地位，并受到社会的指责，因此，美国高等教育本科教育委员会在1997年发表了一份报告，针对美国研究型大学本科教育存在的问题，提出重建美国研究型大学本科教育的十种对策。[7]这从一个侧面表明，在大学中尤其是在研究型大学中，教学与研究似乎总是一对矛盾体，反映在大学教育的模式选择上，作为普通教育的本科教育与作为专业教育的研究生教育的结构比例同样是一个不太容易做出判断的问题。这里我们只是想对二者的结构作一个较为简单的量化比较，通过比较中美研究型大学的学生层次结构，可能对我国研究型大学的本科教育与研究生教育的结构做出初步的框架选择能有所帮助。

由相关资料可以看出，我国部分重点大学的在校本科生与研究生之比平均为2.3∶1，[①]美国公立研究型大学在校本科生与研究生之比平均为3.5∶1，私立研究型大学在校本科生与研究生之比平均为1.8∶1。[②] 需要说明的是，在计算中，为了统一计算标准，在校学生数仅计入了全日制本科生和研究生，未计入成人教育学生的数量，如果将成人教育学生数量计算在内，我国大学的在校本科生与研究生的平均比值比现在的结果要高。仅以现在的计算结果来看，我国重点大学的研究生数量占在校生总数的比重高于美国公立研究型大学，说明我国研究型大学已经有意识地按照研究型大学的标准规划学生结构，将大学教育的重心放在了研究生教育方面，研究生教育规模有了较大增长。据教育部的统计公报，2003年我国的研究生招生人数和在学研究生人数分别比上年增长32.72%和30%。但是由于教师数量增长较慢，研究生规模的迅速扩大同样带来了生均占有资源减少的问题，导致研究生培养质量下降。同时由于研究生数折合标准生的权重较大(博士生折合2个标准生，硕士生折合1.5个标准生)，也使生师比升高。

近年来，我国一些研究型大学开始缩减本科生规模，扩大研究生教育规模。虽然研究型大学以研究生教育为重，但是研究生数量并不是研究型大学惟一的标志，不注重培养质量而单纯扩大研究生教育规模不意味着一所大学具有了研究型大学的特征。近几年来，我们对国外研究型大学有了初步的认识，但同时又陷入了认为大学的研究生数量越多就越具有研究型大学特征的误区。在此认识的引导下，我国研究型大学有一种单纯追求研究生数量的倾向，研究生规

---

① 如2003年，北京大学在校本科生14 240人，博士生4 234人，硕士生8 498人，二者之比为1.1∶1；清华大学在校本科生14 177人，博士生4 212人，硕士生7 921人，二者之比为1.2∶1；山东大学在校本科生与研究生之比为4.3∶1。更多数据可查阅教育部统计数据及各大学网页。

② 如2003年，普林斯顿大学本科生人数4 676人，研究生人数2 012人，二者之比为2.32；麻省理工学院本科生为4 070，研究生为5 928，二者之比为0.69；加州大学伯克利分校本科生为21 942人，研究生为9 194人，二者之比为2.4∶1；密歇根大学本科生为23 312人，研究生为10 153人，二者之比为2.3∶1。更多数据可查阅 http://www.nces.ed.gov 和 http://www.petersons.com.

模的发展速度过快。目前,我国研究型大学中研究生的规模已经占到在校生的30%,左右,本科生与研究生的数量之比为2.3∶1,研究生的比重已经达到了一个较高的数值,如同本科生教育规模一样,研究生教育的规模也需要在一定时期内保持相对稳定的水平,将研究生教育发展的重点放在提高培养质量上。

从中美研究型大学研究生数量的比重比较来看,美国私立研究型大学由于深厚的学术研究传统和非政府渠道的财政支持,研究生教育较为发达,研究生数量占学生总数的比重较大;公立研究型大学对政府和民众负有更多的社会服务责任和义务,因而本科教育的规模较大,研究生数量占学生总数的比重相对私立研究型大学较小。我国研究型大学在某些方面和美国公立研究型大学有相似之处,二者的学生层次结构具有一定的可比性。有学者在设计我国研究型大学本科生与研究生数量指标之比时,将其门槛值设定为2∶1,[8]另有清华大学21世纪发展研究院的评价指标体系建议将其定为3∶1。[9]综合中美研究型大学研究生比重的比较以及国内相关的研究,更多的参照美国公立研究型大学的数据,我们认为,我国研究型大学在发展规划中将本科生与研究生数量之比设定在3∶1或3.5∶1是较为合理的选择。

我国的大学与美国的研究型大学相比,在许多方面有自己的现实特点,不能简单地照搬美国的经验,所以,关于研究型大学的学生规模和结构,本文所做的国际比较以及策略选择建议只是一种探讨和尝试,只是期望能够从中得到一种参照。按照研究型大学的基本标准进行战略规划是我们建设研究型大学首先要迈出的重要一步,学生规模和学生结构这两项战略规划的基本因素是我们不可避免的策略选择。如何根据自身现状和特点做出选择在一定程度上影响着大学发展的走向,有一点可以肯定,这种选择策略应该能充分体现研究型大学注重研究和精英教育的理念。

参考文献:

[1] 美国卡内基基金会网页[EB/OL]. http://www.carnegiefoundation.org. 2004—11—03.

[2] 沈红.再议中国建设研究型大学的必要与可能[N].科技导报.2002—

6—20(3).

[3] 闵维方. 高等教育运行机制研究[M]. 北京:人民教育出版社,2002:213.

[4] 美国卡内基基金会网页[EB/OL]. http://www. nces. ed. gov. 2004—11—03.

[5] 美国教育统计中心网页[EB/OL]. http://www. neces. ed. gov. 2004—11—03.

[6] 沈红. 美国研究型大学形成与发展[M]. 武汉:华中理工大学出版社1999. 228.

[7] 翁伟斌. 重建美国研究型大学本科教育的十种对策:来自波伊尔本科教育委员会的建议. 全球教育展望[J]. 1999(6):50.

[8] 王战军. 中国研究型大学建设与发展[M]. 北京:高等教育出版社,2003:231.

[9] 何晋秋等. 提高创新能力　加速建设研究型大学. 教育部科学技术委员会专家建议[C]. 2001(7):60.

(本文发表于《比较教育研究》2005 年第 9 期。作者李卫东、刘志业,时属单位为山东大学高等教育研究中心)

世界一流大学的管理

一、大学校长与大学办学方向
——麻省理工学院的经验

麻省理工学院是美国著名的研究型大学，美国科学研究的中心，也是美国科学家、工程师和工业家的摇篮。它的建立与发展对美国科学技术的进步、社会的进步和工业生产力的提高都产生了至关重要的影响。1992 年在其教师队伍中有国家工程科学院院士 92 名、国家科学院院士 91 名、美国文理科学院院士 205 名；有 16 人获得过美国最高科学奖——国家科学奖章，9 人获得过诺贝尔奖金。它的教师和科研人员参与发明和制造出对整个人类文明产生了重大影响的雷达、半导体、激光和第一台大型电子管计算机等；一些重大的理论，如信息论和控制论的创建也与麻省理工学院密切相关。它还培养出了巴尔获莫(David Baltimore)等若干位诺贝尔奖金获得者，人类首次登上月球的两位宇航员之一——小阿尔德林(Edwin E. Aldrin Jr.)，以及著名的建筑家贝聿铭等诸多学科的专家；美国的一些著名工业家，如通用汽车公司的斯隆(Alfred P. Sloan Jr.)、通用电气公司的斯沃普(Gerard Swope)和杜邦公司的几位杜邦(Du Pont)兄弟等都毕业于麻省理工学院。

麻省理工学院建校不过 130 年，在这不算长的历史中之所以能取得如此巨大的成就，是与其不断地调整办学方向，适应社会经济发展的需要，跟上科学技术进步的步伐分不开的。

(一) 三位奋斗不息的校长与麻省理工学院的崛起

美国南北战争(1861～1865)以北方资产阶级的胜利而告终，解放了生产力。资本主义现代化的大潮势不可挡,荡涤着封建贵族文化,以摧枯拉朽之势向传统高等教育席卷而来。

麻省理工学院的奠基人威廉·罗杰斯(William Barton Rogers,1804～1882)是一名科学家,毕业于威廉玛利学院,1828年始任该院教授,1835年转至弗吉尼亚大学任教,1847年当选美国促进科学协会主席。他对当时美国高等学校置身于沸腾的社会变革之外,仍以传授古典语言和贵族道德规范为主十分不满,决心创建一所全新的学院。罗杰斯相信工业革命需要一种新的教育,这种教育要比传统的古典教育更实用,但要比当时狭窄的技术教育更广博。他意识到,技术的进步取决于科学的进步,把基础学科和应用学科结合起来的教学更有利于培养出正在兴起的工业经济所需要的有创造性而又务实的领导人。1853年罗杰斯辞去了弗吉尼亚大学的教授职务,迁到了美国当时的知识之都波士顿,寻求实现其梦想的机会。罗杰斯三次上书州政府,申请建校许可证和土地,他在一份报告中写道,这所学院"将有助于整个州的工业技术和科学的进步"[1]。麻州议会最终通过了授予麻省理工学院许可证和拨出建校土地的法令,1861年4月10日州长批准该法。1862年法人团首次开会,选举罗杰斯为校长。同年,联邦通过了土地赠与法案,州政府将所获联邦土地的十分之三拨给筹建中的麻省理工学院,成为学院重要的财政来源。1863年学院奠基,阿基米德和牛顿的名字被镌刻在大楼的中楣上。1865年2月20日,在南北战争行将取胜的号角声中,麻省理工学院正式开学,教授"适用于机械师、土木工程师、建筑师、采矿工程师和实用化学师等若干行业"的知识。当时共有15名学生注册入学,聘用了5名教师,罗杰斯亲自教授物理。一所全新的、适应劳动力市场需求的学校终于诞生了。

在建校最初的十几年中,罗杰斯为学院筹集了资金,建筑了校舍,聘用了优秀的教师,以培养专业技术人员为主要目标,设计了以科学和技术为主的课程,特别提倡实验室教学和实地考察,在美国高等教育界引起了强烈反响,受到了新兴的工业资产阶级的热烈欢迎。因此,在短短的十几年后,他就能够宣布,"麻省理工学院已执美国理工学院之牛耳"。学院在不断地发展,但罗杰斯本人却积劳成疾,1868年在主持一次教授会议时突然中风,于1870年不得不辞去校长职务。他在病中仍时刻关心麻省理工学院的发展,在1878年学院陷入财政危机时又毅然应招复出，领导学院走出低谷。在1881年法人团选出新校长沃尔克(Francis A. Walker，1840～1897)之后，他才安心的离职。次年5月30日，在参加毕业典礼发表演说时，猝然逝世，为其学院理想而鞠躬尽瘁。

新任校长沃尔克是位政治经济学教授，1873年起即在耶鲁大学教授政治经济学。他上任之后，适应市场需求调整专业，新设立了电气工程、化学工程、卫生工程、造船工程和地质学等专业。在组织上，他发展和建设了学院的基础单位——系，从而使教师队伍专业化。在财政问题上，沃尔克在州议会进行了大量的游说活动，说服了州议会给学院以年度拨款，从而相对稳定了学院的经费来源。在课程方面，他拓宽了普通教育课程，将普通教育的重点确定为经济学、政治学、工业史、公法和商法、英语和其他现代语言。这样，到1897年，麻省理工学院发展成为最大的应用科学和工程学院，聘有50名教师，共有1 000多名学生，其中40%来自外州和国外。在他任校长期间，学院培养出了若干著名的工业家，如斯隆、斯沃普和杜邦，以及美国工业界科研的先驱——通用汽车公司实验室的第一任主任怀特尼(Willis R. Whitney)，从而实现了罗杰斯培养工业经济领袖的理想。不幸的是，1897年沃尔克亦因中风死于工作岗位上。

对麻省理工学院的发展产生重大影响的第三位校长是麦克劳林(Richard C. Maclaurin，1870～1920)。他出生在英国爱丁堡，自幼随父移居新西兰，在那里完成本科学业，后在剑桥大学获博士学位，然后受聘于新西兰维多利亚大学，1908年应聘到美国哥伦比亚大学教授物理学，在美国不到一年就被麻省理工学院法人团选聘为校长。麦克劳林1909年上任时宣称，“这所学院不能倒退”，“它已成为国家的财富，今后要成为国家更伟大的财富”(同上页注[1])。麦克劳林一上任就提出了加强科研和研究生教育、优化本科生学习环境、加强自由教育和建设新校园的目标，要把麻省理工学院从一所技术学院转化为一所真正的理工学院。为了实现他的目标，麦克劳林要为麻省理工学院寻找一处更有发展空间、更有学术气氛的理想的新校园，他选中了查尔斯河北岸与哈佛大学毗邻的一片土地，为了购买这片土地并建设新的校舍，他加强了与工业界巨子的联系，以筹集款项。一些企业家也开始意识到大学对经济发展的重要性而解囊相助，杜邦公司总裁杜邦捐赠50万美元，柯达公司总裁伊斯特曼(George Eastman)捐款250万美元，终于使学院于1916年迁到了新址。

第一次世界大战的爆发中断了麻省理工学院向其目标的正常进展。1917年2月美国与德国一断交，麦克劳林就致电战争部，表示学院要全力以赴支持打赢这场战争，从而开创了学院直接为国家服务的新纪元。学院为陆海军飞行员、航空工程师、无线电工程师和其他专业人员建立了培训学校。麦克劳林亲任大学生陆军训练队教育主任。世界大战结束时，麻省理工学院陷入了财政危机，麦克劳林再次转向工业界，一方面积极筹款，目标为400万美元；同时制定了“技术计划”，与工业界签订合同，由公司支付年费，由学院提供智力资源，解决公司的技术难题。财政上的巨大压力使得麦克劳林不得不更依从于工业界，更注重应用研究。当时一个引起轰动的事件典型地说明了麦克劳林偏离了他上任时制定的办学方向。当时化学系有两个实验室，一个是以全国知名的化学家、国家科研委员会成员、曾担任过麻省理工学院代校长的诺依斯(Arthur A. Noyes)为主任的化学实验室，另一个是以与工业界有密切联系的沃尔克(William H. Walker)为主任的应用化学实验室。由于前者重基础科研，后者重应用科研而矛盾重重，最后达到不可调和的地步。1919年沃尔克向麦克劳林发出最后通谍，如果诺依斯不离开化学系，他就辞职。结果，由于沃尔克与工业界的联系对麻省理工学院财政的重要性，麦克劳林不得不请诺依斯离开化学系。诺依斯很快辞职赴加州理工学院，并使该院向全国一流大学迈进了一大步。

1920年麦克劳林英年早逝，其继任者继续大力执行“技术计划”，使学院把全部人力与物质资源交给工业界使用。但具有讽刺意义的是，工业科研活动的增加并没有对学院的繁荣做出预期的贡献，与公司的合同基本上刚够支付合同科研的费用，甚至连应用化学实验室都得由学院给以补助才能正常运转。无疑，工业界控制了学院的一些重要科研，但是工业科研当时过于关注工业界的眼前利益，而忽略了工业发展所必须依赖的长远的、战略的基础科研。

麻省理工学院由于过分注重工业科研，而影响了从其他渠道获得经费。1926年学院曾向洛克菲勒基金会争取资助，但遭到拒绝，因为基金会认为它只是一所技术学院，不从事基础研究，应向工业界寻求资助。由于经费不足，造成学院教师工资在当时著名大学中处于最低的状况，这样又促使教师投入更多的时间从事工业咨询，从而影响了教学和科研，使得学院处于一种恶性循环。

麻省理工学院虽经过三位校长的持续努力，已具有了发展的基础，成为美国技术学院的佼佼者，但到二十年代末，麻省理工学院走到了发展的十字路口，迫切需要确定方向实施改革。

（二）一名科学家校长与麻省理工学院的腾飞

麻省理工学院法人团成员通用电气公司总裁斯沃普和贝尔电话实验室总裁朱埃特（Frank Jewett）意识到时代对这所学院的要求，认为当时的校长未能适应这种要求，致使学院停滞在技术学院的状况，声誉有所下降。他们与法人团其他成员取得共识，开始寻找一名新校长，他们选中了普林斯顿大学物理系主任，在美国广受尊敬的物理学家，美国物理学会主任（1927～1929）康普顿教授（Karl T. Compton）。康普顿当时年仅43岁，正是在物理科学中大有作为的时期，因此对是否出任校长犹豫不决。朱埃特向他强调指出，由于传统的工程教育只教授即刻有用的知识而过时，麻省理工学院作为一所主要的工程院校有责任把基础科学引入到工程学中，这正是对一名理论物理学家的挑战。这样，他说服了康普顿教授接受了麻省理工学院校长的职务。1930年康普顿出任麻省理工学院校长。他办学的方向很明确，就是要加强基础学科，把基础学科提高到与工程学科同等的地位，强化应用学科与基础学科的联系，使应用科学的发展建立在基础科学的基础之上。他上任后立即着手进行改革。首先，他着手加强物理系，以物理系为突破口来加强基础科学。他从哈佛大学聘任了年仅29岁的理论物理学家斯雷特（John C. Slater）为系主任，斯雷特随之又聘用了哈里森（George Harrison）和格雷夫（Van de Graaf）等，大大充实加强了物理系。1931年建立了光谱学实验室，1932年建立了伊斯特曼理化实验室。这样，到1937年就使麻省理工学院物理系跻身于全国最优秀的三个物理系之中。在斯雷特任系主任的20年间，就培养出了三名诺贝尔物理学奖获得者。

其次，他在教师中积极提倡学术性科研，采取行动加强学院对工业科研的控制。他修改了教师聘用合同，规定教师要将额外收入的50％贡献给“教授基金”，学院用这笔基金来支持教师的学术休假。合同还将“工业咨询”放在教师工作职责的最后，并且规定“工业咨询”要“具有重要性和尊严，进行这种咨询应能提高学院的声誉，搞活教学，使学生增加有益的接触”[2]。他还在学院建立了统一的工业合作部，统一管理工业科研合同，统一制定有关科研成果的保密、收费和专利权等项政策。由于采取了这一系列措施，使教师更注重学术性科研，同时，由于学院把工业科研限制在具有科学意义和教育潜力的项目上，而没有使工业科研受损，只是把一般性的应用研究交由商业研究机构进行了。这样就克服了学院对私人工业的过度依赖，使其不仅能从工业界，而且还能从慈善基金会等机构获取资助。

第三，他扩大了研究生教育，提高了本科生录取标准，限制了本科生教育的规模。他相信扩大研究生教育，特别是理科研究生教育是"保持麻省理工学院的声誉所绝对必要的"[3]，因为研究生给本科生树立榜样，帮助学校获得最有创造性的教师。因此，他把研究生处升格扩大为研究生院。他提高了本科生录取标准，提出麻省理工学院要造就"能够处理涉及组织、生产和开发的困难问题的领袖"[4]，而非学院传统上培养的"技术员"。他减少了新生招生数量，压缩了本科生课程中技术和专业课的比重，增加了基础学科课程和非科学课程。据统计，1929 年学院共有 2 949 名全日制学生，到 1939 年仅上升到 3 100 名，所增部分都是研究生。

第四，在组织上，他进行了分权制的改革，设立了学院这一中间层次。这样，一方面减轻了校长行政管理的负担，使自己能够集中于重大政策性问题，同时还使相关系增强了合作。此外，由于建立了理学院、工学院和建筑学院，使基础学科具有了与工程学科同等的地位。

康普顿知人善任，任命了布什(Vannevar Bush)，后任罗斯福总统的科研和开发办公室主任)为工学院院长和副校长。布什不仅是学有所成的优秀工学教授，而且还是出色的管理者，他脾气火爆，与性格平和的康普顿几乎各方面都形成鲜明的对照，但他们相得益彰。布什离任以后，他又聘任了年仅 34 岁毕业于工业管理专业的学院学术刊物"技术评论"的编辑吉利安(Jame R. Killian Jr.)任校长执行助理，从而使麻省理工学院的管理具有了连续性。

由于康普顿采取了以上一些改革措施，麻省理工学院的学术声誉很快得到了提高，1934 年被吸收进入了美国精英大学的组织——美国大学联合会，这说明其声誉已为其他优秀大学所承认。30 年代，美国受经济大萧条的打击，多数高等学校停滞不前，而康普顿由于办学方向明确，领导麻省理工学院取得了令人瞩目的发展,麻省理工学院在三十年代的发展对全国来说都起了举足轻重的作用,因为它促进了美国科学技术的发展,帮助美国经济从低谷爬出,为美国参加第二次世界大战做好了一定的准备。

1940 年 6 月 14 日德国占领巴黎,第二天,罗斯福总统就签署命令成立国防科研委员会,由布什任主席,康普顿任委员会 D 部主任,负责解决"监测"问题,完善雷达设施。委员会决定把雷达实验室建立在麻省理工学院。实验室在全盛时期占地 15 英亩,工作人员达四千,其中包括全国五分之一的一流物理学家(其中四名后来获诺贝尔奖)。雷达的研制和发展全有赖于这一实验室。美国人夸张地讲,原子弹结束了战争,雷达打赢了战争。在雷达实验室之后,还在麻省理工学院建立了研制火力控制和武器侍服系统的实验室和仪器实验室。在战时,麻省理工学院与联邦科研和开发办公室签订了 75 项科研合同,总值达 1.17 亿美元,居全国高校第一。麻省理工学院著名历史学家莫利森认为,"第二次世界大战是麻省理工学院的分水岭。有些院校在战后要极力恢复到战前的状况,而与此相对照的是,麻省理工学院则看到了它战后可能的转变"[5]。

其中,一个重要的转变就是麻省理工学院积极争取联邦政府的科研合同,为高等学校树立了大学与联邦政府合作的范例,用美国著名高等教育家克尔(Clark Kerr)的话来说,就是开创了"联邦大学"的新时代。由于联邦政府对高校的支持,高等教育在战后取得了巨大的发展。第二个变化是,战时的实验室成为科研的一种新的组织形式,在麻省理工学院生根开花,同时也为其他大学树立了典范。这样的实验室能集中经费,集中各相关学科的专家,集中解决急迫的问题。今天这样的实验室在麻省理工学院已达 50 个之多。第三个变化是文化方面的,由于战时科研的巨大规模,使得科研文化在麻省理工学院扎下了根。科研成了教师的主要工作,教师的聘任和晋升都以科研水平为主要标准,教师越来越多地参与了学院重大问题的决策。总之,麻省理工学院的技术性逐渐淡薄,科学性逐渐浓厚。

1948 年,康普顿由于在华盛顿任职,同时意识到他的得力助手吉利安有可能到其他院校任职,而主动提出辞职,让吉利安出任校长,自己改任法人团主席。康普顿在任 19 年,实现了他的理想,把麻省理工学院由一所技术学院发展成为真正的理工学院。学院的一名教授给予他高度的评价:"康普顿博士是聪明能干的管理者……他在各方面都是一位领袖，不仅具有聪明才智，同时还具有光彩照人的人格。当我们回首他的领导时，很容易看到学院有形的物质的进步，但是他给我们的最好的礼物是他的精神，他生活的光辉榜样……”[6]。

（三）一名高瞻远瞩的校长与麻省理工学院的升华

1949 年 4 月 2 日举行了吉利安就任校长的典礼，在此前两天麻省理工学院召开了一次重要的国际会议《世纪中会议》，讨论科学进步的社会意义，英国首相丘吉尔和其他 40 余名著名学者和公众领袖参加了会议。这次会议的议题实际上为麻省理工学院的发展确定了方向，正如吉利安谈到这次会议的重要意义时所说的：“这次会议提到许多与教育和麻省理工学院的目标……相关的论点，让我只列举两点：第一，在过去半个世纪中，专业化是学术和专业活动的显著特点，推进知识进步的战略和战术要求专业化……后半世纪的战略要求同样的专业化，但在学者间要减少隔离，在学科间要增加联系。我们知道，在科学方面，学科之间的界限正变得越来越不确定，诸如生物化学和地质物理这样的交叉学科的蓬勃发展反映出专门化科研间的相互依赖。我们还发现，在我们的大学组织中，必须设计新的组织方法，例如跨系实验室和专业计划，从而提供研究诸如核科学、国际关系、电子学和社会科学等学科领域的一种整体性的方法。拉什代尔（Hastings Rashdall）在其权威著作《中世纪欧洲大学》中认为，一所真正的大学是‘把不同知识分支带到一起使其相互接触并相互协调组织的地方’。我们今天的目标就是实现这种协调的结合和相互交流”。“如果我们能实现这样的知识结合，那么普通教育和专业教育之间冲突的基础就会消失。事实上我们早已跨越过辩论专业教育和普通教育孰优孰劣的阶段，两者都是至关重要的，仅仅普通教育可能导致肤浅和浅尝辄止，而仅仅专业教育则可能会导致狭隘和缺乏远见”。“由这次会议而引发的我的第二个观点是，教育如果要为自由社会服务的话，绝不能仅仅培养那种仅能从事社会中复杂的专门工作的人，还要培养他们尊重人的个人尊严……民主社会中的教育只有在加强个人尊严、自我依赖和自我认识这些有教养的人的特征时才最有效”[7]。

实际上，吉利安早在 1946 年作副校长时就考虑了麻省理工学院的培养目标和发展方向。他建议成立了一个教授委员会，由刘易斯教授（Warren K.

Lewis)任主席,对学院的教育政策、方法和目标进行了两年的综合研究,并提出了具有历史意义的刘易斯报告。报告强调在科学和人文科学这两种文化间架设桥梁,把二者融为人类的一项伟大事业;要求提高人文科学和艺术在学院中的地位,扩大自然科学和人文科学的疆界。报告的中心论点是,“麻省理工学院应该不仅能够创造新的科学和革新技术,而且还应该能够把它们与人的价值观念和人类的希望联系起来。学院有责任预见科技发展对社会的影响,学会如何以人道的方式处理新的技术问题”[8]。吉利安上任后开始实施改革,首先根据刘易斯委员会的建议,建立了人文科学和社会研究学院,把人文科学和社会科学提高到与科学和工程同等的地位,不仅为全院各专业的学生开设普通教育必修课和选修课,并且在多数人文和社会科学中颁发各级学位。但是,吉利安深知学院的文化传统,没有全面发展人文和社会科学各学科,而是重点突出了与自然科学和技术学科联系密切的学科,逐步使经济学、政治学、语言学和哲学等学科的质量排在美国各大学中最优之列。此后,他逐步扩大了麻省理工学院的知识疆界,在斯隆的支持下,建立了斯隆管理学院。

其次,吉利安进行了课程改革,他支持刘易斯报告所提出的主张,“特别是对本科生,研究的科学精神和对生活的开放态度可以通过在真正创造性的环境中生活而获得”[9]。因此学院为学生开设了音乐、文学、历史和哲学等课程,向他们提供了参加科研的机会;还设置了双重主修课,使学生有获得全面知识的机会,用二分之一时间学习科学和基础工程学,用另一半时间学习人文和社会科学。吉利安还强调,学生要有机会和时间进行思考,使自己的智力成熟起来,他认为智力上的成熟只能来自自我教育,因此“我们必须小心避免排课过满,给学生填塞过多的东西。技术学院总是对于它们要求学生刻苦学习的声誉感到骄傲……。但是学生需要时间掌握大量的信息,培养判断能力,拓宽生活面。他们需要时间来避免韦布伦(Thorstein Veblen)所说的‘受训而致的无能’”[10]。

第三,吉利安大力促进和提倡了跨学科科研。在他的指导下,雷达实验室改建成电子实验室,这个实验室积极推进了跨学科的研究,研究了信息论和控制论,并且集中了神经科学、心理学和语言学等不同学科的专家,对脑科学和认知科学进行了研究。吉利安强调跨文理科的科研,例如当时学院集中了社会科学、人文科学、艺术、材料科学和工程学各科的教师开展了考古和人类学的研究，取得了突破性的成果。

第四，吉利安强调发展研究生教育。他在1955年指出，“当前迫切的需要是发展科研和研究生教育，以建立第一流的有想象力的教师队伍。工程专业不能再依靠本科专业教育体制了”[11]。他决定冻结本科招生人数，同时增加研究生人数，在他任校长的10年中，研究生人数增长了65%。1940年本科生与研究生之比为4∶1，到60年代后期研究生人数就超过了本科生人数。

第五，吉利安继续执行康普顿的政策，不断争取联邦政府的科研资助。他指出，“我们丰富的经验告诉我们，受助科研可以丰富我们的教育计划……此外，我们还认识到，在危机时期，承担科研支持国家安全是我们的当然责任”[12]。1957年麻省理工学院与联邦签订的科研合同比1952年翻了一番，达到5 900万美元。50年代，联邦合同的经费占学院整个受助科研费用的93%至95%，学院从联邦项目获得的收入从未低于日常收入的70%。这使学院的科研得到极大的发展。

第六，吉利安积极调整学院与工业界的关系，既加强管理，又积极支持。他组织了一个专门委员会来研究学院与工业界的关系问题，由索德伯格教授(Richard C. Soderberg)任主席。索德伯格委员会认为，一所理工学院要从与工业经济和社会生活的现实接触中获得反馈，这样教学才能生机勃勃，但同时又指出，必须依据教师和管理者共同的伦理标准来控制和管理学院与工业界的合作活动。委员会认为，教师的第一忠心应该献给学院，如果教师失去了这种忠心，就不应该享有永久受聘。教师应及时向系主任通报自己的校外活动，以便使系主任能够根据学院有关规定判断这些活动是否具有教育意义。教师的校外活动如果不能使教师保持全部精力从事全日制的校内工作，就应该审查其永久受聘的地位。另外，委员会还要求学院保持教师较高的工资，以使获得额外收入不成为从事校外活动的主要动力。

吉利安制定了新的工作联系计划，由工业公司向学院按年度拨款，学院可以不受限制地将这笔经费用于科研和教学。同时，学院建立了一个办公室向公司提供各种服务，如公司可以参加学院的学术会议，学院向公司提供行将发表的论文复制件，从而使公司了解学院的基础科研情况；学院还安排公司与有关教师接触。这样做既密切了学院与工业界的关系,获得工业界支持,促进技术转让,又可避免20年代"技术计划"的弊病。

吉利安继续了康普顿的努力,大力支持科学园区的建设,促进波士顿128号公路沿线的高技术产业的发展。他鼓励麻省理工学院的实验室迅速将新的科研成果转让给这些高技术公司,鼓励麻省理工学院的毕业生到这些高技术公司去创业。根据罗伯兹(Edward Roberts)的研究,在波士顿地区的215家高技术公司中,156家是在麻省理工学院的系和实验室中创建的。

1955年吉利安从校长职位退下来时,麻省理工学院在教师的质量、文理工各科的教育质量、获联邦政府科研经费的数额和捐赠基金额等方面都排在了美国高等学校的前列,经过近百年几代人的艰苦努力,麻省理工学院终于从一所技术学院发展成一所世界著名的研究型大学。吉利安在总结麻省理工学院的发展道路时指出,麻省理工学院科研与教学的密切联系,基础科学与应用科学的密切联系,本科生教育与研究生教育的连续性,战时发展起来的科研中心和后来创建的跨学科中心以及各系之间的相互渗透所导致的思想交流,相对集中的中央管理,战前和战后从欧亚两洲移民来的教师所带进的新鲜学术思想等,都是促进麻省理工学院从一所技术学院转变成一所研究型大学的重要因素。

这里,我们还应指出,几位校长的办学指导思想和个人素质也起了重大的作用。他们高瞻远瞩,审时度势,既了解时代的需要又放眼未来,既熟谙学院的历史又胸有国家乃至世界的大局,因此他们能把握时机,适时地提出新的办学方向;他们既了解麻省理工学院的文化传统又勇于创新,从而能够将他们提出的办学方向化为全院各方的奋斗目标;他们都知人善任,从而使学院的办学方向具有连续性,引导学院从技术学院走向理工学院,又从理工学院发展成研究型大学。

麻省理工学院的发展模式影响所及已超出了美国的国界。50年代,在丘吉尔的大力倡导下,英国在剑桥大学仿照麻省理工学院的模式创建了丘吉尔学院。60年代,印度大工业家伯拉(G. D. Birla)在麻省理工学院的帮助下,以麻省理工学院为模式,将一所文理学院改造为具有大学地位的伯拉理工学院。80年代,韩国仿照麻省理工学院建立了韩国理工学院。

当前,我国改革开放和现代化建设进入一个新的阶段,建立市场经济体制,进一步解放和发展生产力,使国民经济迅速发展。这对高等学校的发展既是难得的机遇,又提出了新的要求。大学校长们必须把握时机,研究和提出本校的办学方向,使本校取得长足的发展。在这方面,麻省理工学院为我们提供了可供参考的经验。

参考文献:

[1] Francis E. Wylie. MIT in Perspective-A Pictorial History of the Massachusetts Institute of Technology [M]. Boston: Little & Brown Company, 1975.

[2] Roger L. Geiger. To Advance Knowledge-The Growth of American Research Universities[M]. Oxford: Oxford University Press, 1986.

[3] [4] [11] [12] Richard M. Freeland, America's Gold Age: Universities in Massachusetts[M]. Oxford: Oxford University Press, 1992.

[5][6][7][8][9][10] James R. Killian, Jr., The Education of A College President-A Menioir[M]. Boston: The MIT Press, 1985.

(本文发表于《比较教育研究》1994 年第 3 期。作者王英杰,时属单位为北师大外教所)

二、校长与一流大学的形成和发展：加州大学伯克利分校的经验

加州大学伯克利分校建于1868年。建校后30年它就进入了美国著名大学的行列，60年后获得诺贝尔奖，并成为美国顶尖的研究型大学。此后随着基础学科，尤其是物理、化学的崛起和工程技术实力的增强，伯克利不仅获得了多项诺贝尔奖，还在工程技术领域作出了很多开创性的贡献，成为一所享誉世界的一流大学。伯克利之所以能够在不太长的时间内取得如此辉煌的成就，与它历史上几位杰出校长的贡献是密不可分的。

（一）惠勒：使伯克利进入美国著名大学行列的校长

1899年，加州大学董事会决定聘请在学术界已有广泛声誉的惠勒(Benjamin Wheeler)担任校长。由于此前董事会在大学日常运行过程中行使的权力太大，只有“当他们的政策或指示失败的时候，才让校长负责”，[1]因此，在接受校长职务之前，惠勒向加州大学董事会提出了下列四点要求：① 校长是董事会和教师之间惟一交流的渠道；② 在推荐教师的任命、提升和其它学术事务方面，董事会必须给予校长绝对的权力；③ 在讨论与教师有关的问题时，不管意见如何分歧，董事会应该在所有的事情上支持校长；④ 校长应该在董事会的监督下，领导全校所有的管理者和雇员。1899年7月董事会接受了惠勒的条件，10月惠勒就任加州大学校长。他对加州大学的影响主要表现在以下几个方面：

1. 重视研究

与他同时深受德国高等教育理念影响的大学校长一样，留德经历也使惠勒特别重视研究在大学中的地位。他明确提出大学应该是高水平的研究中心，并把研究放到大学发展的中心位置。为此他一方面利用校外的捐赠，另一方面在校内设立研究基金以支持教师的研究工作，并保护他们自由探究的权力和在校内形成的自由风气。尽管吉尔曼是第一个提出研究的加州大学校长，然而，将这一理念变成现实的则是惠勒。除其个人因素外，内外环境的变化也是一个重要的原因。惠勒执掌加州大学时代，在内部，由于他明确了校长与董事会之间的关系以及校长的职责与权力，这为其实现自己的大学理想提供了制度保证；在外部，这时美国的第一所研究型大学约翰·霍布金斯已经有了20余年的历史，而且一批以约翰·霍布金斯为榜样的大学像芝加哥、克拉克、内布拉斯加、坎萨斯和范德比尔特也都建立起来；而与此同时以哈佛为代表的传统大学及以密歇根、威斯康星为代表的州立大学也正在向研究型大学转型，惠勒成功地把握住了大学发展的这一趋向，使加州大学自开办以来第一次成为了一所真正的大学，使加州大学的教师也具有了学者的特征。

2. 重视选人

重视选人是加州大学的传统。在惠勒之前，无论是以吉尔曼为代表的早期领导人，还是随后的约翰·乐康特、爱德华·霍尔顿、霍拉斯·戴维斯以及他的前任马丁·凯洛格都将吸引学者放在学校一切工作的首位。他们深知，大学的建设不在校舍而在教师。惠勒也一如既往，在选用教师时除对言行举止、表达能力、古典知识、文学修养和工作热情有一定的要求外，他最看重的是学术成就。其中，聘请刘易斯就是一个典型的例子。刘易斯于1896年、1898年和1899年在哈佛先后获学士、硕士和博士学位，1900年去德国莱比锡大学和哥廷根大学进修，是继加州理工学院教授诺伊斯(Alfred Noyes)之后美国最著名的物理化学家。为了能让他到加州大学工作，惠勒不仅同意他带来4位年轻的教授，还同意他带来8位助手。刘易斯没有让惠勒校长失望，他在加州大学工作的30年里，不仅推动了学科的发展，而且培养了大批的博士，在他的学生和助手中出现了杰克逊(R. F. Jackson)、迈耶(J. E. Mayer)、麦克唐纳(R. T. Macdonald)、西伯格(G. T. Seaborg)和卡尔文(M. Calvin)5位诺贝尔奖获得者。加州大学教授会评价他是:在记载对科学作出重要贡献的科学家的史册里,名字排在最前列之中的科学家。

3. 鼓励学生自我管理

与对教师管理的专权不同,惠勒鼓励学生实行自我管理,让他们在自立自治中得到发展。他告诫学生说,应该把对大学的忠诚看作像在家里对待祖母那样,他要求学生在考试中培育一种"廉耻的精神",并鼓励学生为此建立程序,以强化这种精神的形成。在他的鼓励下,加州大学的学生建立了"加州大学学生联谊会",为学生提供服务,开展各种活动,组织跨校之间的体育比赛。惠勒希望通过这种方式一方面让学生得到锻炼,另一方面减轻教师承担的管理学生的任务,使他们可以更好地专注于研究和教学。

经过惠勒的努力,加州大学到他 1919 年卸任时已发生了重大变化。在校生总数从他就职时不足 2 600 人(伯克利不足 2 000 人)增加到 12 000 多人(伯克利近 1 万人),教师从 202 人增加到 693 人。20 个新的学系开始教学,伯克利校园里新建筑增加了 11 栋,依靠私人捐赠,在位于戴维斯(Davis)和河边(Riverside)的大学农场里建立了科学实验站,在拉约拉(La Jolla)建立了斯克瑞普思(Scripps)生物技术研究所,在旧金山建立了胡珀 (Hooper)医学研究基金会。大学推广部与研究生部也建立了起来,并得到了快速发展。加州大学进入了全国著名大学的行列。它的收入列哈佛、哥伦比亚、耶鲁等校之后居全国第 6;入学人数第 7;教师规模第 5;学生中研究生的百分比并列全国第 8。在这些有形的数据、建筑和机构之外,更为重要的是加州大学在威望、学术声誉、研究、国内、国际地位方面所获得的无形收获和在校内形成的重视研究、追求卓越的风气。"这种风气是惠勒给予加州大学的最伟大的礼物"。[2]

(二) 斯普劳尔:使伯克利成为研究型大学的校长

斯普劳尔(Robert G. Sproul)于 1930 年任加州大学校长。在执掌加州大学的 28 年里,他延续了他的前任们重视研究和吸引有才华的学者到加州大学来工作的传统,积极支持加州大学其它分部的发展并对大学的管理体制进行了改革。

1. 鼓励研究

尽管斯普劳尔本人不是学者,但他特别重视大学的研究成果,或许这与他经常在加州范围内巡回演讲，说服公众支持加州大学有关，大学的研究成果和源于大学在农业与医学方面的发现所带来的无形收益总是他说服公众的最好理由。同时这些学术成就所带来的声誉不仅让加州感到自豪，也引发了东部名校对加州大学态度的变化。这使斯普劳尔自然而然地把鼓励研究和支持学术进步作为他总的领导原则。[3]

2. 精心挑选教师

建立一支高水平的合格的教师队伍既是加州大学追求学术卓越的具体要求，也是斯普劳尔工作的中心。为此他一方面花费大量的时间审查聘用与晋升教师的档案材料，另一方面通过提供与同类学校相当或更高的职位来吸引杰出的或有前途的教师。将西伯格“抢”回加州大学就是一个典型的例子。西伯格于1937年在伯克利化学系获得博士学位，在1942年被美国原子能委员会聘请去芝加哥大学冶金实验室主持曼哈顿计划中钚的研究工作之前，是伯克利的助理教授。二战结束后，芝加哥大学开出了10 000美元的年薪试图挽留他，这比当时美国大学教授的最高年薪还多4 000美元。为了让西伯格能回加州大学工作，斯普劳尔在劳伦斯和化学系主任拉迪玛(Wendell Latimer)的建议下，直接给予了西伯格教授职位，并许诺提高大学对化学研究的投入。1946年西伯格放弃了芝加哥大学的优厚待遇回到了伯克利，担任劳伦斯放射实验室核化学研究部主任，主持核化学研究工作，并在1951年和麦克米伦(E. M. Mcmillan)一起获得了诺贝尔化学奖。斯普劳尔还以同样的方式聘请了温德尔·斯坦利(W. Stanley)和约翰·诺斯罗普(J. H. Northrop)等学者，伯克利很多学系的学术地位都藉此得到了稳步的改善。

3. 改革管理体制

斯普劳尔上任之前，加州大学除校本部(home campus)伯克利外，已经建立起来的分校有洛杉矶、戴维斯和旧金山。在其任内又先后建立了圣巴巴拉、河边和圣迪哥分校，另外还有很多附属的研究机构，已发展成为一个以伯克利为基础的庞大的高等教育帝国。[4]大学规模之大、行政管理事务之繁重已使总校校长难以承受。在这种情况下，1951年斯普劳尔对加州大学的行政组织进行了改革。大学设总校校长1人(president)，副校长4人，分别管理农业科学、行政事务、医学和卫生科学、大学推广。各分校学院的院长，不再需要向总校校长汇报，直接对分校校长负责。在预算范围内，教员的人数编制和年薪水平以及教员的聘用、晋升或永久聘用由各分校校长决定。1958年，总校进一步规定：在尽可能的最大程度上，把权力下放给各分校的校长，大学校长不再插手各分校的行政事务。这种校内分权与分校独立的方式，不仅确保了各分校的高效运转，也“使资金的消耗发挥出了最充分的效益”。

在斯普劳尔1958年卸任时，加州大学在校生总数已达到46 381人。其中，伯克利为18 744人。全校教师中已有8人获得了诺贝尔奖。伯克利分校不仅已经发展成为世界核物理学的圣地，而且物理、化学等学科也是世界一流。在8位诺贝尔获奖者中，伯克利分校5人。1957年，在美国大学研究生项目排名中，伯克利进入前10名的系科为24个，超过哈佛的23个，列全国第一。对于斯普劳尔在这一发展过程中的作用，有人评价说，“加州大学发展成为一个规模巨大的研究型大学，主要靠他”。[5]

（三）克拉克·克尔：现代伯克利的设计者

克尔于1952年被伯克利教授会推选为首任校长。在伯克利的历史上，这是一个非常特殊的年代。

第二次世界大战期间，加州大学因为存在几个言行直率的教师被加州政府认为是在包容共产主义。在这种极端的背景下，终于演绎出了“忠诚宣誓”这样一出闹剧。1949年，加州大学的主要领导者和董事会要求，加州大学的教师除对联邦和州宪法宣誓忠诚外，所有的雇员还必须再明确宣誓自己不是共产党员。对于不宣誓者，学校将不再聘用。对于这种不信任，尽管很多教师和非学术人员觉得他们受到了伤害，但他们还是在宣誓书上签了字，而没有签字的31位教师则被大学拒聘，这其中有24位是伯克利的教师。虽然这件事在1952年10月因加州最高法院的裁决而结束，但在董事会、校领导和大学教师之间由此而引发的不信任已“动摇了大学的根基并留下了需要花时间治愈的伤痕”。[6]克尔就是在这样的背景下担任伯克利校长的，他在任期内采取了以下措施。

1. 消除忠诚宣誓的影响

在“忠诚宣誓”期间，作为大学教授会中特权与终身教职委员会的年轻成员，克尔在加州大学董事们面前，以其强有力而合理的理由捍卫大学教师的地位,反对忠诚宣誓。这也是他被教授会提名为伯克利校长的主要原因。上任后,他做的第一件事就是设法减轻伯克利的教师们对失去学术自由的恐惧,最大限度地保护他们的言论自由,努力恢复受到损害的学术规范。同时,为保证伯克利能够聘用到最有才华的学者,克尔还注意在伯克利潜在的应聘者中消除“忠诚宣誓”的负面影响,消除他们的误解与担忧。

2. 追求卓越

将伯克利发展成为一所全国顶尖的大学,这是克尔的目标,也是伯克利教师和教授会的共同愿望。为此他采取了以下两种方式以确保这一目标的实现。一是严格选人。20 世纪 50 年代中期,正是大量战后招聘教师的晋升阶段,为了确保学术卓越,克尔认真地审查每一份聘用、晋升、给予终身教职以及教授职称的人的档案材料,在很长的一段时间里,经他审查获得通过的人只有 20%。二是对相关学系进行直接管理。作为一个校长,克尔给伯克利各个学系制定的发展目标是处在全国前 6 的位置。只有达到这一基本要求的学系才享有自己管理自己事务的权利,而对那些没有达到这一基本要求的学系则处在托管的状态,由校长直接管理,相关人员也由校长直接任命。每年克尔都选择 3～4 个这样的学系进行直接领导,集中力量改善它们在全国的学术地位。

3. 制订学术规划

克尔上任后,发现在伯克利存在着很多项目建设与学术发展远景不协调的情况,于是在 1954 年任命了一个大学规划委员会,为今后大学的发展制订规划。1957 年,《伯克利学术规划》发表。《规划》指出:从 1954 年到 1965 年,伯克利的入学人数将从 15 000 人增加到 25 000 人,考虑到初级学院的发展情况,伯克利仍应该将重点放在发展大学高年级教育和研究生教育层次上,并将教师的规模从 1 055 人提高到 2 110 人。教师应该与东部一流大学哈佛、耶鲁、哥伦比亚、芝加哥和密歇根等校保持同一水平,并同它们一样面向全国招收研究生。虽然主要的学系不可避免地会进一步扩张,但仍应该强调探究的职能。作为一份纲领性的文件,这个规划对伯克利在 20 世纪五六十年代的学术发展起到了指导性的作用。

1952 年,在一次学术名人聚会上,哈佛大学教务长保罗·巴克(Paul Buck)曾经问道:“哪一所大学将取代伯克利在美国研究型大学中前 6 的位置?"[7]巴克之所以这样问是因为当时大多数人都认为,"忠诚宣誓"将使伯克利就此沦落为美国二流大学。然而,出人意料的是,伯克利并没有衰退,到1957年时,它在美国前10名大学中列哈佛、耶鲁之后位居全国第3,这一令人敬佩的成绩也把克尔送到了加州大学第12任校长的位置上。不过,就总体而言,克尔对美国和加州高等教育的贡献要远远大于他对伯克利的贡献。20世纪60年代由他主持制定的加州高等教育总体规划直到今天还被美国和OECD视为典范,而他对现代高等教育前景与问题清晰而又合理的认识也影响了从加州州长布朗(Edmund G. Brown)到总统艾森豪威尔、肯尼迪和约翰逊等几代教育与政治领导人。[8]

(四) 罗杰·海恩斯:上天送给伯克利的礼物

罗杰·海恩斯(Roger Heyns)于1965年被加州大学董事会一致提名为伯克利的第四任校长。

在伯克利的历史上,20世纪60年代是一个多事之秋。自由民权运动、美国介入越南战争、青年的理想主义以及国际共产主义运动的兴起使伯克利成为美国60年代学生运动的发起者、自由言论运动的诞生地和反越战中心。种族与战争、学生示威游行以及政治操纵问题不仅干扰了学校的日常生活,也对大学管理自身事务的能力提出了严峻的挑战。一方面是在大学校园里政治积极分子对大学权威的蔑视,另一方面是愤怒的校友、立法人员和董事,大学校园里到处弥漫着紧张与对峙的气氛。海恩斯就是在这种背景下担任伯克利校长的,上任后他采取了以下措施。

1. 阻止政治活动对大学教学与研究的干预

海恩斯认为,指导大学发展的应当是源于大学自身的规则与价值观,这当中最为重要的是学术自由和学术过程的完整。大学是一个社会机构,它的自由依赖于更大的社会。为保护它的自由不受政治的操纵,不能把大学变成一个众人争求的政治活动工具。因此,在和董事、教师和立法人员会面的时候,他情愿采取一些通常是不受欢迎但又必要的措施来保护大学的完整,并支持教师和学生无拘无束地探究知识,对无论来自何处的观点持一种开放的态度。他认为这种职责的自由是大学最终获得自由的基础。

2. 关心学生

对学校不满是20世纪60年代学生运动爆发的重要原因之一。学生的不满主要源于以下两个方面:一是大学教育缺乏人性,大学如同工厂;二是课程过多、过细令他们无所适从。海恩斯就任校长后,为了对学生关心的事情给予回应,他建立了意见调查员办公室;同时,开展各种各样的本科教育试验,并在他的办公室设立了教育发展委员会。在1966年,他还建立了教育机会项目,这是一个学生肯定行动项目,也是美国同类项目中的第一个。海恩斯的这些创新之举直至今天仍是伯克利校园生活中必不可少的部分。

除此之外,他还全力维护最高的学术标准,挑选在教学和研究方面最出色的教师,他的努力也使伯克利的研究生教育在其任内于1966年和1970年两次被美国教育协会排在全国第一的位置。海恩斯还以他的低调、平和的方式、内在的力量、均衡的意识以及大型组织中领导人几乎不可能做到的、对所有接触到的人的关心,重新建立起了大学领导的威信并为高尚而理智的生活树立了一个精神榜样。在他1971年卸任时,他不仅将伯克利从一个冲突、互不信任的学校改造成了一个接受学术准则的场所,而且在学术完整、组织稳定和个人文明方面也为伯克利留下了丰厚的财富。所以,克拉克·克尔评价他说:"他来领导伯克利像上天送给伯克利的礼物。在太多的人表露恶的时候,他却是一个善的使者。"[9]

(五) 田长霖:最人性化的校长

田长霖于1990年到伯克利担任校长,是第一个担任美国主要研究型大学校长的亚裔美国人。

在他上任时,由于经济衰退的影响,加州政府给伯克利的拨款4年间减少了7 000万,占拨款总数的18%;同时,在加州大学鼓励退休政策的刺激下,伯克利有453个(约占总数27%)的在任教师选择了提前退休或离校。资金短缺与人员不足已成为影响伯克利卓越与发展的关键因素。为此田长霖在他任内发动了美国高等教育史上规模最大的公立学校筹款运动,并通过人性化的管理,重视本科生教育,加强与中学联系等措施使伯克利继续保持在美国顶尖研究型大学的行列。

1. 以卓越为立校之本

田长霖在任期内不断地强调卓越。1990 年 7 月 1 日，他在就任伯克利校长的新闻发布会上说“伯克利加大是一所世界级的大学，首先应致力于伯克利加大在师资和学术上的杰出地位，并在此基础上发扬光大。我深知自己的责任，因为伯克利加大不是一所地方学校，而是一所全国性甚至是世界性的大学。我愿与我的上司同仁一道，齐心协力，继续在学术上保持领先的地位。”半年多后，1991 年 2 月 7 日在面对州政府削减经费、提高学费、学校出现经费不足时，他再次掷地有声地宣布将保持伯克利“学术卓越的高水平”(high level of academic excellence)，其后在伯克利 123 周年的校庆纪念日上，他又一次表达了同样的信念。他还说：对于伯克利，“不是我们能否生存的问题，而是是保持卓越还是趋于平庸的问题”。为避免平庸，他一方面发动筹款运动，另一方面亲自招聘年轻的、杰出的教授，并为他们的成长创造条件。到 1997 年田长霖卸任时，伯克利的筹款达到了 9.75 亿美元，这一运动在 2001 年结束时，伯克利共获得捐赠 14.4 亿美元。依靠外部资金的支持，伯克利继续保持着高水平的研究和学术卓越。

2. 采用人性化的管理

田长霖曾说：我很高兴自己是一个美国人，但我同样也为自己是一个中国人感到自豪。不同文化的影响，加之作为一个少数民族裔的大学校长使田长霖对如何管理大学有着自己的理解。他认为“在大学里边要注入更多的人性化的东西，使之富有人情味，充满关心。”[10]他经常穿行在斯普劳尔广场上与过往的学生、同事打招呼，并在很晚的时候给仍在图书馆学习的学生送一些甜点心。在他任内，他还任命了伯克利的第一个女副校长和教务长，大学政策部的第一个女主管，在伯克利的管理层中，他有意吸收进了很多少数民族背景的人。对于田长霖的领导风格，加州大学总校校长理查德·阿特金生(Richard Atkinson)说“田长霖是一位目光远大的领导人、杰出的学者。他对其同事非同寻常的热情与善意的关心已经在伯克利校园里留下了永久的印迹，并为他在伯克利长长的校长行列中获得了一个极其特殊的位置，他对伯克利的发展与卓越作出了无法估量的贡献。”[11]

3. 重视本科生教育与科研

田长霖极为重视本科生教育，他经常强调研究型大学的发展不能以本科教育的丧失为代价。在就任一个半月后，他便在伯克利建立了“平稳过渡”项目，让伯克利的顶尖教授和大学新生、高年级学生一起组成小型的研讨班，通过更加密切的接触让新生很快适应学校的生活和学习环境。除此之外，他还制定了很多其它的计划以提高本科生的保留率。田长霖还亲自给大一新生主讲一门指导课，并要求伯克利的顶尖教授每年都要拿出一定的时间为本科生讲课。田长霖也十分重视本科生科研，在他任内伯克利不仅设立了本科生科研学徒计划、校长本科生研究奖学金计划、哈斯学者计划等本科生研究项目，还于1997年设立了一个专门负责本科生科研的办公室，并要求学生在毕业时修满的120学分中必须有20分为科研学分。对本科生科研，伯克利的学生们说：这是他们最满意的经验、最有价值的经历。

此外，田长霖还极为重视学科建设、重视工程研究成果的实际应用以及与中小学的联系。由他在加州发起的大学/中小学伙伴关系项目目前正成为美国其它州效仿的典范。作为校长，他领导伯克利度过了持续的加州预算危机，并继续保持着在美国研究型大学中卓越的位置。在1995年美国研究协会(NRC)的调查报告中，伯克利97%毛的研究生项目排在全国前10名以内。在他任内伯克利获得了第16个诺贝尔奖，建立了Hass工商学院、大学健康服务中心，并完成了Doe图书馆和Soda礼堂的建设。作为一个学者，他获得了加州大学130余年历史上授出的第29个“加大教授”荣誉称号，在1976年，他成为美国工程院最年轻的院士之一，他还是美国文理学院的院士、美国科学促进会、美国机械工程协会以及美国航空、航天学会的会员。美国人评价他是：教授、导师、科学家、学术带头人、万能筹款家、牵线搭桥专家、最有能量的亚裔美国人。

(七) 结语

在伯克利的校长中，除斯普劳尔外，其他校长都是杰出学者。早期的校长或来自于东部名校，或留学于德国，或二者兼备，后来的校长都具有博士学位。虽然他们的专业和经历不同，但在治校方面却有一些相同的特点。他们都追求卓越，都重视挑选人才。他们笃信大学的建设不在校舍而在教师，因此都把挑选杰出的学者作为自己的主要工作。在面对转型或困难时，他们都能够审时度势并采取一些合适的措施，避免大学在发展过程中出现大起大落，从而使伯克利能够在较短的时间内发展成为一所世界一流大学。

参考文献：

[1][2] Verne A. Stadtman, etc. Berkeley At Mid-Century: Elements of a Golden Age[M]. Berkeley: Berkeley Public Policy Press, 2002: 11, 23, 36.

[3][4][7] Roger Geiger. Research and Relevant Knowledge: American Research Universities Since World War II[M]. Oxford: Oxford University Press, 1993: 74, 73, 73.

[5] 顾宝炎. 美国大学管理[M]. 武汉：武汉大学出版社，1989：79.

[6] Russell H. Fitzgibbon: The Academic Senate of the University of California[M]. California: Office of the President, UC, 1970: 42.

[8] Berkeley University of California[EB/OL]. http://www.Berkeley.edu/news/media/releases/2003/12/02-keer.shtml, 2004—12—04.

[9] Earl F. Cheit, etc. University of California: in Memoriam[EB/OL]. [2004—12—04]. http://www.Berkeley.edu/about/history/chancellor.shtml.

[10][11] Chang-Lin Tien, Rememberances[EB/OL]. [2004—12—07]. http://www.Berkeley.edu/about/history/chancellors.shtml.

（本文发表于《比较教育研究》2005 年第 8 期。作者谷贤林，时属单位为北京师范大学教育学院）

三、美国研究型大学校长面临的形势及治校走向分析

美国学者考利(W. H. Cowley)认为,1870年至1910年是美国高等教育史上巨人辈出的时代,当时涌现出了一批"伟大校长"(great presidents),如哈佛大学的查尔斯·艾略特(Charles W. Eliot)、康奈尔大学的安德鲁·怀特(Andrew D. White)、芝加哥大学的威廉·哈珀(William R. Harper)、约翰·霍普金斯大学的丹尼东·吉尔曼(Daniel C. Gilman)等。[1]另外,罗伯特·赫钦斯(Robert M. Hutchins)、华莱士·史德龄(Wallace Sterling)等校长在大学发展的关键期也起了很大的作用。他们的教育理念及治校实践对美国高等教育、甚至世界高等教育都产生了很大的影响。当代的美国研究型大学中,很难再看到像艾略特、哈珀等那样的"伟大校长"了。本文通过分析当代研究型大学校长面临的形势揭示了"伟大校长"难以在当今时代出现的原因,并分析了美国研究型大学校长治校的未来走向。

(一) 当代美国研究型大学校长面临的形势

因为20世纪中后期以来美国研究型大学的内外环境发生了很多革命性变化,因此今天的大学不同于几十年前的大学,现在大学校长面临的任务更为艰巨,困难也更多。

1. 时代和社会环境的变化使得研究型大学的问题复杂化

21世纪随着全球化和公司化趋势的发展,研究型大学董事会努力通过采取商业化的方法使高等教育变得更为有效和高效。大学校长接受委托,采取各

种措施使大学在更广大的社会范围内发展。例如，在管理中引入商业技术，并发展一些营利性附属机构，聘用许多廉价的、临时教师劳动力，等等。结果，大学变得越来越公司化。达种变化趋势需要校长具有很强的适应性和多方面的技能，以便在多元化的时代、在不可预测的环境中治理大学。另外，美国的经济在经历了20世纪50、60年代的空前繁荣之后，在70年代发生了严重的经济危机，虽然80年代美国经济发展有所好转，但已经失去了往日的辉煌。21世纪初，美国经济面临着另外一次不景气的局面。2001年9月11日世贸中心遭到的灾难性攻击以及后来的一系列事件降低了大众的信任，经济出现了明显弱化的趋势。目前，不管是公立的还是私立的机构，都面临着巨大的预算赤字，他们都在降低成本和寻求新的收入来源。许多研究型大学也在努力增加大学的学费，并千方百计地筹集资金，创造经济发展项目。现在的研究型大学校长面临着全国经济增长速度下滑、大学筹资模式不稳定、学生入学人数波动较大、人们对高等教育事业的合理性进行抨击等局面。应对这种局面需要校长集中于外部的和非学术的事务，并日益充当企业家、经理、筹资者和经济发展伙伴、说客(lobbyist)以及公共人物等角色。[2]这对任何一位校长来说都是一个不小的挑战。

2. 研究型大学规模的扩大和机构的复杂使得校长治校的难度增加

20世纪中叶以前，即便是那些授予博士学位的大学，也不如现在研究型大学的某些学院规模大。现在的研究型大学，尤其是公立研究型大学，其规模都非常庞大，机构设置也很复杂。例如，密歇根大学有5万名学生，3 500名教师。其中作为旗舰校区的密歇根大学安阿伯校区就有超过3.7万名学生和2万名教职员工，而整个城市的人口也不过10万。[3]而私立的研究型大学如哈佛大学、耶鲁大学等规模也很大：哈佛大学共有13所学院，其中研究生院有11个、本科生院2个，正式注册有1.8万名学生，以研究生为主，也包括本科生。另外还有1.3万名非学位学生在其扩展学院学习一门或更多的课程。哈佛大学的教职员工超过1.4万人，包括2 000多名教师。[4]耶鲁大学共有12所学院，拥有2 400名教职工，1.1万名学生。其中，耶鲁学院拥有5 200名本科生，为规模最大的学院；其次是文理研究生院，在册学生2 300名，攻读文理硕士和博士学位；其余3 000多名学生分布在建筑学院、艺术学院、法学院、医学院、音乐学院等10所专业研究院。[5]丹尼斯·朗认为,权力对象数量越大,监视他们一切活动的困难就越大,而且为控制他们所需的指挥链就越长、越分散,他们对掌权者的态度差异出现各种可能性也就越大。[6]可以说,大学的规模越庞大、机构越复杂,校长对大学治理的难度也就越大。

3. 研究型大学内部特征的变化使得校长面临新的困境和难题

目前研究型大学的内部特征发生了很大的变化,主要表现在:

(1) 美国主要的研究型大学在科研方面非常依赖于外部资助研究(Externally Funded Research)。如果没有这些外部的支持和资助,大学将不能继续他们大部分的科研以及推进教学的发展,严重的情况下甚至大学还会面临破产。大学的科研随着外部资助的减少而缩减,这几乎超出校长的控制能力。

(2) 研究型大学开始采取公司治理(company governance)的模式。这种模式使大学从集中单一的实体转变为一个控股公司,因而大学中经常出现冷门院系捉襟见肘,热门院系财源滚滚的局面。例如,南加州大学推行"资源管理下放"的管理制度,要求各学院自负财务盈亏,导致课程变质,院际公共设施的经营品质下降。每一所学院的成员都重视他们院长的领导而不是校长的领导,导致校长大权旁落。

(3) 学生成为"消费者"的观念深入人心。在主要的研究型大学中学生都需缴纳学费,因而学生被看作为大学的消费者或顾客。大学的各项政策要考虑到消费者或顾客的需要,校长职位经常受到学生态度和行为变化的影响,因此,校长处理众多的学生问题存在着潜在的困难,有时是极为困难的。

(4) 大学内部变得日益松散。随着大学企业家身份(entrepreneurship)的增长,"支付你自己的费用"的哲学(pay-your-own-way philosophy)在大学里得到重新解释,导致大学比以往更分散、更松散,大学中的各院系像独立的机构一样运作。大学校长处在一个高度分散的管理环境中,其他的管理者和教职员工并不一定都认同大学的理念。[7]这使得研究型大学校长面临新的困境和难题。

4. 研究型大学的各项制度模式和运行机制相对稳定,使得校长很难取得突破

美国研究型大学经过一百多年的发展,已经形成了相对稳定的制度模式和

运行机制。如研究型大学一般都实行董事会领导下的校长负责制以及评议会制度。这样,董事会是大学的最高权力机构,具有最终决策权,而校长执行日常的行政管理事务,评议会则对学校的学术事务负责。另外,终身教授制、重视程序的制度、职责分工制等在美国研究型大学中都已基本成熟,虽然这些制度有些不够完善,但校长只需对此进行简单的改进,不会出现大规模的改革。因此,可以说研究型大学的重大管理制度以及各项运行机制都已经稳定下来。正所谓“前人栽树,后人乘凉”,上个世纪的大发展是“栽树”阶段,目前树已成长为参天大树,所以现在的大学校长可以享受前人的成果,在“无遮拦的荫庇”下生存。伯恩斯(Burns)曾经指出,英雄式的领导通常都是在社会遭遇深刻的危机时才出现的。环境和危机造就英雄式的领导,当危机过去,形势和社会就需要一个能在平静的海面上驾驭轮船的船长了。[8]这个比喻同样适合于大学校长。确实,在历史的很多转折时期产生了人人钦慕的具有传奇色彩的大学校长,而现在研究型大学并不需要英雄式的大学校长,需要的是具有足够智慧实现大学的理念,能确定大学是否需要渐进的还是激进的变革,并根据形势调整领导方式的校长。因此,可以说目前制度和机制的稳定在某种意义上阻滞了校长发挥作用的空间。

5. 研究型大学的市场在一定程度上存在垄断,影响了大学校长充分发挥其作用

很多研究型大学凭借着他们自身的品牌、卓越的师资以及前沿的应用研究、雄厚的基础研究等就能吸引到更多的资金、教师和学生。比如哈佛大学、耶鲁大学、麻省理工学院、加州伯克利大学等都有它们在学科专业、科研等的强势,它们的强势就是它们吸引资金和资助、优秀生源和师资的“杀手锏”。除此之外,主要研究型大学都有数额庞大的基金(endowment)。哈佛、斯坦福等大学都有超过百亿美元的基金,仅仅这个基金的利息就已经超过很多学校多年的经费。只用利息,学校就可以雇用最好的教师、补助不充足的经费、或者用于学校的扩大再发展。实际上,它们甚至根本不需要动用这笔资金,这些研究型大学凭他们的品牌和实力就能拿到天文数字的科研经费,基金只会年复一年像雪球般越滚越大。[9]因此,这种垄断在一定程度上使得很多研究型大学不需要为生源、师资、经费等进行激烈竞争,就可以有优秀的学生、教师以及经费来源。

现在研究型大学的作风和政策早已固定，在没有挑战的情况下，很难出现大规模的改革。这种垄断的环境在一定程度上影响了大学校长主动性、积极性的充分发挥。

(二) 美国研究型大学校长治校的未来走向

由于大学校长面临的研究型大学内外环境的变化，大学校长在治校中必然出现一些不同于原来的趋势和走向。

1. 大学校长在治校中将更侧重说服、劝导、建议等方式，而不是强制和控制的方式

目前，知识已成为社会经济发展中的关键因素，作为知识的创造者、传播者和应用者的大学已经从社会经济舞台的边缘走向舞台的中心，在社会经济发展中发挥着愈来愈重要的作用。大学作为创造、传播和应用知识的机构，自然具有内在的学术性，研究型大学更是如此。在研究型大学中，学术活动的探究性、自由性、自主性以及学科性等基本特点，规定着研究型大学必须是一个充分自由与自主的机构。大学教师处于大学的核心地位，学生是大学存在的理由，而行政管理者是为教师和学生服务的。因此，大学校长在治校中宜侧重说服、劝导、建议等方式，而不是强制和控制的方式。因为“教师成员和学生希望在所有重大的决策面前需要有他们的声音，希望对每一件影响他们的重大事情与校方进行商讨。他们希望被倾听而不是有人用高人一等的语气跟他们说话”。[10]当然，当校长与大学成员的观点不一致时，康奈尔大学校长大卫・斯格顿(David J. Skorton)认为，“校长需要重新考虑大学成员的观点，并且对这些观点给予回应”。[11]哈佛大学原校长萨默斯(Lawrence H. Summers)在2006年被迫辞去哈佛大学校长的职务与他强硬的处事风格有很大关系。

不管校长手中的职权有多大，最好的办法是说服、开导，以理服人；同时要跟大学成员商讨，以平等的方式进行沟通，探讨解决问题的办法，通过商讨达到一定的协调，最终促成事情的圆满解决。只有这样，才能使领导者的目标成为组织成员的共同目标，才能使大学成员倾其全力为大学的目标奋斗。

2. 大学校长在治校中将更加注重发挥专长权和参照权的作用

组织行为学专家约翰・弗伦奇(John R. French)和柏崔姆・瑞文(Bertram

H. Raven)在《社会权力的基础》中，把组织中的权力分为强制权(coercive power)、奖赏权(reward power)、法定权(legitimate power)、专长权(professional power)、参照权(referent power)，前三类属于职位权力，后两类属于个人权力。[12]一个人如果拥有精深的专业知识和广博的基础知识、丰富的工作经验和社会经验以及运筹帷幄的能力，就必然使人产生信服力和钦佩力，而专长权正是由这些信服力、钦佩力综合而形成的权力。由于领导者的表率作用，赢得被领导者发自内心的信任、支持和尊重的权力就是参照权。由于研究型大学庞大的规模和复杂的结构以及财政资助的减少等原因，大学校长对大学的管理难度增加。现代领导理论认为，依靠职权地位发号施令，只能让下属口服，不能让下属心服。对于一个领导者而言，如果他的个人权力的影响力较大，那么他的职位权力的影响力也会随之增强；反之，如果他的个人权力的影响力较小，他的职位权力的影响力就会降低。所以，大学校长在治校中将更加注重运用专长权和参照权，让其他管理者及教职员工心甘情愿地追随。

在当前生源竞争、师资竞争以及资金竞争不断加强的新形势下，校长要充分运用自身的知识、技能、经验以及品格、声望等，使得高级行政管理者和教职员工认同大学的理念，并为此理念而努力。一个领导者如果知识渊博、品德高尚、严于律己、平易近人，就易在人们的心目中产生潜在的说服力，从而把组织的意志转化为人们的自觉行动，并成为一种无形的、巨大的道德力量，具有很强的感染力和最可靠的威信。

3. 大学校长在治校中将更加倾向于宏观管理和协调

首先，由于公司治理模式的出现以及各专业学院的数量和规模的增长，大学的每一个部门越来越具有法人的特点。这不仅表现在每一个部门都有自己的预算，也表现在它的内部管理上，结果导致了大学的法人结构，其特点是在大学有一些相对自治的学术部门，逐渐地，这些法人实体也在财政上自治。这种模式使得整个大学变得太分散，而每一部门都要求自己的"势力范围"(turf)，在这种情况下，校长不得不在大学中从一个部门到另一个部门进行"授粉"(pollinate)。因此，校长日益被看作是大学的交流者，协调各部门之间的关系成为发挥其作用的重点之一。[13]其次，由于美国研究型大学中有董事会、评议会以及董事会下属的执行委员会和评议会下属的各种委员会等，在治校过程中校长必然要协调董事会以及评议会之间的关系，协调董事和教师之间的关系，协调高级管理者之间的关系以及高级管理者与教师之间的关系等。总之，校长越来越不会参与微观的具体事务。可以说，随着研究型大学的日益扩展，宏观管理和协调将是校长在治校中最经常、最复杂的一个重要内容。

4. 大学校长在治校中将更重视对外关系的处理

大学所面临的需求主体日益多样化，社会各方面对大学的要求越来越多、越来越复杂，大学自身也成为规模庞大、人员众多、结构复杂、耗资巨大的庞然大物。现代大学比以往更加依赖于它所处的社会环境，学校的运行和发展越来越离不开外部的支持。大学组织内部与外部环境及其结构的复杂化对大学校长提出了新的角色期望。作为一校之长，自然要处理校内的各种事务。但大学校长更多的是把校内事务的权力和责任交给教务长以及副校长等，而把更多的时间用于筹集资金、引进高层次人才以及处理与政府、社区领导者以及捐赠者、基金会、商业机构等的关系上。贝辛杰(Basinger)认为，大学校长更像一个企业的CEO，他直接指向外部的责任，而教务长是主要的操作官员，是集中于内部的学术领导人。[14]因此，大学校长都称作外部事务校长，他需要有经济头脑，很强的经营意识和良好的社交能力，成为善于从事“外交”的社会活动家。校长对外联系的能力强，就可以为学校的发展创造一个良好的外部环境，外部环境的优化在一定程度上对于学校的生存和发展更加具有直接的、决定性的意义。因为在市场调节为主的条件下，经济资源总是受着价值规律的驱使，向最能发挥其作用、能够取得最大经济效益的地方集中，教育市场的资源配置也同样如此。良好的学校形象就如同教育资源的吸收器，能够使教育资源源源不断地流入学校，从而使学校在教育市场的竞争中处于十分有利的地位。

从发展趋势来看，大学面临的环境日益复杂，竞争也日益激烈。研究型大学校长在治校中将更重视对外关系的处理。因为大学校长只有不断扩大社会影响，提高大学声誉，树立大学形象，才能得到社会各界的支持，吸引到更好的教师和优秀的学生，才有利于实现大学的快速发展。

参考文献：

[1] Cowley, W. H. President, Professors and Trustees [M]. San

Francisco: Jossey-Bass Publishers, 1980:60.

[2] Bomstein, Rita. Legitimacy in the Academic Presidency-from Entrance to Exit[M]. Westport, Conn. : Ptaeger. 2003:11.

[3] [美]詹姆斯·杜德斯达著,刘彤等译. 21 世纪的大学[M]. 北京:北京大学出版社,2005:213.

[4] 哈佛大学简介[EB/OL]. http://campussohu. com/20040823/n22168284l. shtml. 2005—07—08.

[5] 美国耶鲁大学校长理查德·莱温教授[EB/OL]. http://www. china. org. cn/chinese/zhuanti/dx/625780. htm. 2005—06—23.

[6] [美]丹尼斯·朗著,陆震纶,郑明哲译. 权力论[M]. 北京:中国社会科学出版社,2001:21.

[7] [13] Cole, Jonathan R. , Barber, Elinor C. ,Craubard,Stephen R. The Research University in a Time of Discontent[M]. Baltimore: The Johns Hopkins University Press. 1994:116—128,120—123.

[8] [14] Bomstein, Rita. Legitimacy in the Academic Presidency-from Entrance to Exit[M]. Westport, Conn. : Praeger. 2003:90,13.

[9] 李开复. 美国大学的成与败 [EB/OL]. http://tech. sina. com. cn/it/2004—09—22/1916430082. shtml. 2005—10—19.

[10] Bennis, Warren. & Movius, Hallum. Why Harvard Is So Hard to Lead[J]. The Chronicle of Higher Education. 2006, 52(28):20.

[11] Wilson, Robin. The Power of Professors. The Chronicle of Higher Education[J]. 2006, 52(26):10.

[12] French, John R. , Raven, Bertram. The Bases of Social Power. In Steven Ott, Sandra J. Parkes, & Richard B. Simps on. Classic Readings in Organizational Behavior (Third Edition). Wadsworth, Thomson Leaming, Inc. 2003.

(本文发表于《比较教育研究》2008 年第 5 期。作者李巧针,时属单位为中国传媒大学高等教育研究所)

四、美国加州大学系统捐赠基金运作实践及启示

英汉辞典中，Endowment 为“捐赠”“捐赠的基金”；Donation 则为“捐赠”“捐赠物”“赠款”，二者中文译文很接近，字面上区别不大。但在美国的实际用法中，Endowment 外延较小，属 Donation 的一种方式，专指捐赠人指定捐资本金不得动用、只能利用其投资的收益从事某项慈善用途的捐赠方式，其数额一般较大，本文中译为“留本基金”。Donation 外延较大，涵盖各种类型的捐赠，形式多样，可以是现金、有价证券、不动产等有形资产，也可以是版权、著作权、专利权等无形资产，但侧重指非留本基金。本文简译为“捐赠”。

（一）加州大学系统及其捐赠管理机制

加州大学系统（University of California System）建于 1868 年，是全美最好的公立高等教育体系，加州大学系统现包括加州大学伯克利分校、洛杉矶分校等 9 所著名学府，分布在加州南北各地。最高权力机构是校董会（Board of Regents）。校董会之下设加州大学总校长（President）一人，九所分校各设一名校长（Chancellor），代表总校长管理本校区事务。

加州大学系统非常重视捐赠工作，建立了负责基金筹措、管理和经营运作的机构并制定相应的管理规章。在筹措和管理方面，加州大学总校设有发展政策和行政管理办公室、总校会计办公室，各分校设发展办公室和私立捐赠和资助办公室以及基金会等。

总校长办公室制定统一的管理制度，严格规定了各校在捐赠接收、审核、转

帐、估价、减税、运营等各个环节的具体做法和程序，指导各校发展办公室和基金会具体筹措和管理捐赠基金(《捐赠和基金手册》)。

在捐赠基金的投资经营方面，校董会内设投资委员会(Committee on Investments)(以下简称“投资委”)，负责制定基金运作中的管理、投资、风险、支出等宏观指导政策；总校设立三个共同投资基金，由校董会下的司库办公室负责具体投资经营，各分校的留本基金和准留本基金相当大部分归入总校留本投资总基金，由总校统一运作。

由于机构完整、制度健全，加州大学在捐赠筹措与管理、投资与经营方面都取得了非常突出的成效。截至 2002 年 6 月 30 日，司库办公室经营的总资产市值 510 亿美元，总校也以 42 亿美元的留本基金[1](注：不包括各分校委托外部公司或其他方式经营的 11.53 亿美元[2])，总额名列全美大学第九。

(二) 加州大学系统捐赠的筹措与管理

1. 捐赠的筹集

各分校校长均把筹款作为一项重要任务，把筹集一定金额的捐赠列为自己任期内的目标之一。

加州大学总校和各校基金会通过每年举行定期的或者项目性(如专为某一项目筹款)的筹款运动(Fundraising campaign)来吸引捐赠。筹款活动在总校由总校长发展政策和行政管理办公室协调，在分校由发展办公室或私立捐赠和资助办公室负责，同时，各校基金会或其他学校支持组织也通过各种渠道，利用各种方式筹款。

加州大学各分校的筹款活动面向校友、面向中小捐赠人，具有广泛的群众基础。据加州大学洛杉矶分校基金会的报告，每年给该校提供捐赠的校友和朋友超过 2 万人。2002 年，该校 97% 捐赠人的捐款额在 10～10 000 美元之间。[3]

2. 捐赠的分类

(1) 现金/支票类：现金、支票、银行汇票等。

(2) 非现金类—有价证券：如上市交易的股票、公司内部股票、各类债券、人寿保险单；不动产：如土地、建筑物；有形资产：个人或公司资产，如艺术品、书籍、科学仪器；无形资产：包括著作权、专利权、合同权等；人寿保险：捐赠人把人寿保险的受益人指定为大学；廉价转让(Bargain Sale)：捐赠人的某一资产(如早期购买的艺术品)获得巨大升值，该资产价格之高让他难以全部无偿捐赠，因此以远低于实际市场的价格贱卖给学校。

(3) 延后捐赠类(Deferred Gifts)：赠品本身被划分为当前收益和未来收益，捐赠人只捐出其中一种收益而保留另一种收益，又称为"收益分割捐赠"。延后捐赠一般是捐赠人购买各类养老保险而捐献出其中的部分收益。如：养老年金信托。指捐赠人生前把现金或有价证券以不可逆转方式捐赠给托管人(大学)，但托管人每年需向捐赠人支付固定数额的养老金以保障其生前的生活水平(一般占捐赠资产的5%)，其固定期限不超过20年。加州大学校董会要求此捐赠的数额一般为5万美元以上。类似的捐赠还有：养老单一信托、集体收入养老基金、年金捐赠信托。这种捐赠方式充分适应了美国金融市场的复杂特点，从方便捐赠人、保证其生前生活不因捐赠受影响的原则出发，拓宽了大学的捐赠来源，也吸收了大量的社会闲资。

3. 捐赠的分配权限

如果捐赠人已指定了接收大学、捐赠用途、资金类型，则满足了加州大学规定的捐赠三要素，其捐赠经过申报、纪录、批准、检查(针对不动产)、估价(针对不动产和有形资产)、接收等环节之后，计入总校和各校的捐赠收入并直接进入执行阶段。

在捐赠的分配及执行中，如需改变资金用途时，校董会要求首先征求捐赠人的意见，如捐赠人已辞世，则分别由分校校长、总校长、校董会按相应权限，慎重作出重新改变用途的决定。但是，对留本基金的管理非常严格，如变更用途需提出详细的理由和建议，并申请地方法庭最后裁决批准。

4. 捐赠资金的类型

如捐赠人未指定捐资使用方式，加州大学系统一般把捐资指定为以下几种类型：

准留本基金(Funds functioning as Endowments)：大学以行政方式指定把数额较大的捐资(一般10万美元以上)按照留本基金方式来经营和使用，目的是为学校提供长期的经费来源。它与留本基金的区别在于：必要时可通过行政决定方式使用本金,而留本基金的本金则不能动用。准留本基金一般被归到留本投资总基金(GEP)进行投资。

财务资助金:专为学生提供财务资助,由各大学保管,其未使用资金被投入短期投资基金(STIP)获取增值收入。

经常性资金:指用于经常性项目,且将在较短时间内使用完毕的资金,一般被保存在短期投资基金(STIP)中。

设备金:用于设施建设、维修,或用于购置不动产、房地产。因这种资金一般需几年时间才能用完,故往往被投入短期投资基金中。

5. 捐赠的用途

加州大学系统一般推荐捐赠人捐资于以下目的:支持研究;提供奖学金和研究奖学金;提供学生贷款;支持举办学术会议、研讨会、讲座和颁发教学金等教学活动;提供设施、场地和设备所需的运行与维护费;购置大学教育教学所需的土地、建筑物、设施和仪器;指定给某个系、学术单位使用;指定供图书馆购买书籍、期刊或抢救手稿、地图使用;用于支持展览、博物馆等公益设施的非教学服务等。

2002 年,加州大学留本投资基金的资产按用途划分的比例为:学生资助 22%,研究资助 17%,各系学术资助 15%,经常性用途资助 13%,其他用途资助 7%,演讲和图书馆资助 3%。[4]

加州大学系统重视筹款捐资,筹措得法,管理有效,以各种形式吸引捐赠以方便捐赠人的具体财产形式;建立严格的捐赠管理制度,让社会各界充分相信捐资不会被挥霍乱用;树立了尊重捐赠人意愿、承诺有信、精心支配每一分钱的可靠形象,为其吸引更多捐赠创造了良好的内部条件。

(三)捐赠基金的投资与运作

1. 基金的投资运作机构

如前所述,加大校董会投资委负责制定捐赠基金投资经营的宏观政策。投资委根据不同的回报率、风险、本金增长要求,为投资运作捐资而在总校陆续设立了留本投资总基金、高收入共同投资基金、短期共同投资基金等三类投资基金。根据资产市场的状况,对各类基金的收益目标、风险水平、投资组合比例等提出具体的指标要求。

司库办公室负责具体执行投资委制定的投资政策，管理总校的投资事务。司库由负责投资事务的副总校长兼任。下设投资服务处和投资管理处，共有46名职员。投资服务处下设顾客联络部、运作部、项目管理部、信息系统部、行政事务部。投资管理处下设公共资产投资部、固定收入投资部、其他方式投资部、投资风险管理和分析部、交易部。

2. 加州大学系统三类投资基金分述

(1) 留本共同投资基金(General Endowment Pool，简称GEP)

GEP是加州大学校董会经营留本基金的主要投资工具，其投资目标是实现本金的增长、逐年增加分红收入，以保证执行留本基金支持的各项活动所需。目前，GEP吸收了总校和各分校的5 000多个留本基金捐款。各留本基金以参股形式加入，年底分红。截至2002年6月30日，GEP总市值为42亿美元，每股15.56美元，当年的投资总收入是1.439亿美元，平均每股收益0.54美元。[5]

① GEP资产投资组合及运作

由于美国金融投资市场发达，投资渠道和方式众多，其收益和风险也不同，加州大学校董会根据捐赠人的要求和大学任务，认真对资产市场研究分析后订出投资收益目标，提出资产投资的组合比例，指导司库办公室进行投资操作，并给各分校提供参考。

2000年，加州大学校董会把不同资产类型的投资组合比例调整为：投资于美国国内资产市场的资金占总资金的目标比例为53%，浮动范围为48～58%；投资于国际资产市场资金的目标比例为7%，浮动范围为5～9%；私人资产市场资金的目标比例为5%，浮动范围为3～7%；固定收入资产市场的目标比例为35%，浮动范围为30～40%。至2002年6月30日，GEP资产投资组合的实际比例为：国内资产市场53%，固定收入类资产36.3%，国际资产市场6.8%，私人资产3.4%，现金0.5%。[6]其中，投资于国内资产市场资金的70%由司库办公室直接运作，主要投资于美国大型跨国公司绩优普通股。

② 投资收益及长期绩效

自创立以来，加州大学的GEP超过了预定的投资收益目标。根据历史资料，投入 GEP 的资金在 15 年后可以翻倍。在 1983～2002 年的 20 年间，GEP 的累计回报率高达 1 472.3%，平均年投资回报率达 14.8%，同期，从投资分红中提供给大学使用的资金以平均每年 7.8%的速度增长。[7]

例如，1982 年捐赠 10 万美元在加大设留本基金，1983 年 1 月 1 日投入 GEP，至 2002 年，本金市值已增到 668 274 美元，支付管理费用后，其每年所获的分红从 1983 年的 7 962 美元上升到 2002 年的 33 254 美元，20 年间累计的分红总数高达 318 306 美元。[8]

(2) 高收入共同投资基金(High Income Pool，简称 HIP)

HIP 是针对某些留本捐资每年要求使用的分红较高，或某些延后捐赠项目要求大学按合同承担支付责任(例如，替捐赠人在一定年份内支付保险费等)，需要有稳定的收人来源者。因此，HIP 投资的目标是获得相对较高的、但稳定的经常性收入，以支付履行责任所需要的资金，同时保证投资收入每年有一定程度的增加，资本价值得到保存。

目前，该基金的资产主要是投资于收入固定类有价证券，其资产投资组合的比例为：固定收入资产市场 84.2%(其中美国政府债券占 59.6%、工业债券占 13.2%、金融债券占 17.3%)，普通流通股票 11.1%，现金 4.7%(投入加州大学短期投资基金)。

从 1988～2002 年的 15 年间，HIP 基金的累计回报率(连本带利)达 393.8%，其平均年投资回报率达 11.2%。同期，从投资分红中提供给大学使用的资金以平均每年 3.2%的速度增长。截至 2002 年 6 月 30 日，HIP 总市值为 8 490 万美元，其当年的总回报率为 6.8%、投资收入达 600 万美元。[9]

由于设立时间短，兼之遭遇 2000 年以来的连续大熊市，目前 HIP 基金的投资回报率还暂时低于 GEP 基金。

(3) 短期共同投资基金(Short Term Investment Pool，简称 STIP)

设立 STIP 的目的是利用投资规模经济效应，吸收各分校、各类资金和帐目(包括退休金和留本投资基金)上暂时结存的现金，合理搭配投资期限，取得现金在短期内(以天计算)的收益(interest)最大化。

STIP 主要由各校等待发放的工资、日常运行费和建设费，以及尚未投入长期基金中的现金组成。由于 STIP 资金的流动性较高，不宜进行长期投资，因此，其投资的主要对象是货币市场和不超过5年期的固定收入资产。在投资中，司库办公室精心搭配，较好地构筑了期限不同的投资组合，既实现了投资收益最大化的目标，又保证了流动资金能够满足大学对现金的需求。

至2002年6月30日，STIP资产总额为64亿美元，其不同投资期的组合比例如下：0～3个月到期资产的比例占40.6%，3～12个月到期资产的比例为9.8%，1～2年到期资产的比例为20.1%，2～3年到期资产的比例为7.7%，3～4年到期资产的比例为3.2%，4～5年到期资产的比例为18.6%。[10] STIP基金20年的累计回报率达325.2%，平均年投资回报率达7.5%。

3. 基金经营和管理费用

根据加州大学校董会的有关政策，各校基金会也可参照总校投资基金的管理经营目标模式，自行运作其保存的捐资资产。但为了取得规模效益，大部分分校多把筹资归由总校统一运作，也有几所学校主要通过委托外部公司管理(externally managed)或自我投资运作其基金。

据全美院校商务官协会(简称NACUBO)的统计，美国大学基金规模越大，其收益越高，当投资基金的规模逐渐从2 500万美元提高到5 100万～1亿、5.01亿～10亿和10亿美元以上时，其10年年均投资回报率依次上升为8.1%、9.1%、10.4%和12.8%。[11]

由于加州大学校董会设立的投资基金吸收各分校的各种资金参加，数额庞大，资产高达510亿美元。因规模大，分摊成本低，经营有方，投资收益高，其产生的规模经济效益非常明显。

以基金管理费为例，加州大学校董会GEP基金和HIP基金的投资管理费仅为基金市值的0.04%。其中的0.025%用于投资管理和托管费，其余的0.015%用于支付行政成本。STIP基金的投资管理费占收入的1.5%。

加州大学各分校基金会委托外部公司经营投资的管理费更是远远高于总校的基金管理费，外部公司经营投资的管理费占基金市值的比例为：伯克利分校0.56%，洛杉矶分校0.52%，圣塔芭芭拉分校0.7%，欧文分校0.37%。[12]

4. 基金投资收益的使用政策(spending policy)

社会经济发展有其周期性，股市和资产市场有牛市也有熊市，因此，基金的投资收益在不同年份会有多有少。在保证基金收入能履行捐资人要求的情况下，加州大学校董会合理而科学地确定了每年基金投资收入的支出比例，绝不多收多支，其2002年的支出比例为4.45%。[13]

丰年产生的盈余或返回投资以增加本金，或用于冲抵其他年份的亏损，平抑收支，既保障了支出水平相对稳定，又实现了基金本金的不断增值。2001～2002年，美国股市惨淡，股市投资亏损，但因加州大学的平抑措施有效，支出并未出现太大波折，避免了大起大落、无米下锅的尴尬局面。

因此，加州大学基金投资与经营运作的特点可概括为：经营有方、支出有度。

（四）影响大学基金捐赠的税收制度

美国税法规定：按照有关法律创设的专门以支持教育、科学、图书馆、宗教等为目的的非营利性机构，可向国税局申请免税待遇，如获批准即享有501(C)(3)法律条款规定的免税代码(Code)，个人或公司向该组织提供的捐赠可获得减税。

美国大学的基金会一般都有501(C)(3)免税代码，向其捐赠可以冲抵收入、减少需缴纳的个人收入所得税或公司收入税和遗产税。因此，捐资教育和慈善事业，可说是一举两得、名利双收。

1. 通过高收入累进税制，鼓励中产阶级和富人阶层向公益事业捐赠。个人收入税方面，2003年美国联邦个人可调节收入税率分为六档，依次为10%、15%、27%、30%、35%和38.6%。联邦限定个人每年捐献的可减税慈善赠款不得超过其收入的50%[14]（捐赠范围限定于宗教、慈善、教育等目的）。对中产阶级和高收入人士来说，一定数额的捐赠可将其从较高档税率降到低档税率。如某人可调节收入为150 000美元，则联邦征收的个人税率为35%，但当向具有501(C)(3)代码的公益慈善机构捐出8 750美元后，其税率锐减为30%。

公司收入税与个人收入减税类似。2003年美国联邦对一般公司（指纯收入）征收的税率根据不同收入水平分为八档，依次从15%到38%不等，公司给慈善机构的捐赠同样可以带来冲抵收入税的好处。联邦限定公司每年用于可减税的慈善公益捐赠不得超过其纯收入的10%。[15]对小公司而言，业主主要通过个人收入申报方式缴纳交税，一般不再单独缴纳公司收入税。

2. 通过征收高额遗产税,鼓励富有阶层向公益慈善事业捐赠。美国遗产税最早可追溯到独立初期的 1797 年。20 世纪以来,美国遗产税的税率非常高,如 2001 年,遗产税开征起点是 67.5 万美元,联邦对 67.5 万美元至 300 万美元之间的遗产征税 37.5%,对超过 300 万美元部分遗产征收的税率高达 55%。[16]不过,向教育慈善机构捐赠遗产同样可以冲抵税额,故高额遗产税的征收促使美国富人向公益慈善机构捐赠,“特别是在最富有的家庭中,用慈善捐赠来减少遗产税额,使非营利性机构获得的捐赠大幅度增加”(Willam Gale &Joel Slemod)。

据统计,1997 年,美国有 15 500 名需缴纳遗产税的富翁向公益慈善机构捐赠了遗产,合计捐赠额为 140 亿美元! 而在遗产超过 2 000 万美元的 329 个巨富中,有 182 人进行了公益捐赠,其平均捐赠数达 4 100 万美元,共提供 75 亿美元之巨的捐赠。[17]。

五、加州大学基金运作的核心精神及其给我国高等教育融资的启示

根据 2002 年统计,在美国大学留本基金排名榜前十位大学的基金总额合计达 743.19 亿美元之巨。加州大学 1872 年接受的第一笔留本基金(注:当时的捐赠物为 47 公顷土地,加州大学在后来土地升值之后才售出,共获得 5 万美元收入)至 2002 年已经升值到 4 114 604 美元。[18]

不难想象,如果美国的大学仅把筹集到的捐赠基金以定期或活期储蓄的方式存入银行、收取利息,那么过不了几年,恐怕通货膨胀率就会使留本基金实际价值多少发生贬值。[19]而加州大学把筹集的基金捐赠尽可能用于投资、通过投资运作使资产增值、通过适度支出的政策计划开销,成功使捐赠基金如雪球般越滚越大。学校从基金运作中获得的投入越来越多,基金收入也逐步成为大学的稳定来源之一。

研究加州大学捐赠和基金运作的案例,笔者认为美国大学基金规模庞大、实力雄厚的主要原因是:捐赠和基金不被大学单纯作为一次性简单“消耗品”使用,而是作为具有高度金融价值的资源来开发;不被作为静态资金存入银行提取利息,而是作为股本来源、投入动态金融资产市场产生投资收入。

剖析加州大学捐赠基金运作成功的内外因素，可以得出两点启示。

1. 尝试逐步建立向高等教育事业捐资倾斜的收入税和遗产税制度。

随着社会经济的进一步发展，我国社会的财富以及民间资金的积累将会大幅度增加，国家经济的繁荣为教育事业开辟了更多潜在的捐赠来源。如果借鉴发达国家的成功做法，利用税收杠杆，对提供教育捐赠的公司和个人给予减税优惠，必定可以从私有企业、跨国公司、富裕阶层为高校筹集更多资金。

建议考虑通过制定相关法律，明确对捐赠高等教育事业的税收优惠政策，通过适度的税率倾斜，鼓励企业、个人捐赠教育事业，使教育捐资者“名利双收”。这不仅可望减少社会闲散财富用于吃喝玩乐的无为消耗，还可引导其流向教育事业，逐步改变高等教育投资来源结构，使高等教育融资渠道多元化。

2. 应全面认识教育捐赠和基金的功能，建议在发挥捐赠基金近期直接使用价值的同时，更应重视和发挥其中期、长期的金融资源价值，实现基金的自我增值。

加州大学把捐资分为注重长期保本增益的GEP、注重高收益的HIP基金、集合大学日常运转中暂时待用的现金组建STIP基金以争取较高短期收益的做法，一方面，把筹措的经费迅速投入金融资产市场，最大限度地寻求基金的增值，另一方面，精打细算，把学校帐上可以利用的每一分闲钱都变成了股本，最大程度发挥其投资价值，争取较高的投资收益，源源不断地给学校带来更多的收入。其利用所筹集的捐赠基金进行商业性投资的市场运作模式，拓宽了捐资和基金的功能，实现了基金的自我增值。

笔者以为，应对我国高等教育的捐赠和基金功能进行全面的认识，在强调捐赠基金短期的直接使用价值的同时，应更重视和发挥其潜在的、中长期的金融增值价值。建议制定相关管理办法，选择一些试点，逐步放宽社会捐资的储存方式，允许试点学校把筹集的社会捐款用于投资信用等级高的国库券或国家债券，或进行其他商业运作。在积累微观运作、宏观监管经验的基础上，完善有关办法，成立高校基金投资管理委员会，稳步、全面推动高校基金的市场化运作，提高我国大学的自我融资和发展能力。

参考文献:

[1] Ranking of Participating Institutions by Total Market Value as of FYE 2002[R], NACUBO,表 8.

[2] University of California Annual Endowment Report[R]. California: University of California, 2002.

[3] 2001—2002 Annual Report [R]. Los Angeles: the UCLA Foundation,2002.

[4] Treasurer's Annual Report Fiscal 2001—2002 [R]. California: University of California, 2002.

[5][6][7][8][9] Treurer's Annual Report Fiscal 2001—2002 [R]. California: University of California, 2002.

[10][11] Average Compounded Nominal Rates of Return Over 1, 3, 5 and 10 Years,2002[R]. NACUBO, 2002.

[12][13] University of California Annual Endowment Report [R]. California: University of California,2002.

[14] Department of the Treasury. Tax Guide 2002 for Individuals, Internal Revenue Service, 75. 165.

[15] Department of the Treasury. Tax Guide 2002 for Companies, Internal Revenue Service, 17.

[16][17] Willam Gale & Joel Slemrod: Resurrecting the Estate Tax; Policy Briefing,The Broking Institution,June 2000.

[18] Treasurer's Annual Report Fiscal 2001—2002 [R]. California: University of California, 2002.

(本文发表于《比较教育研究》2004 年第 6 期。作者张云,时属单位为教育部国际合作司)

五、英国卡迪夫大学筹资策略及启示

大学资金是否充足，成为影响大学事业发展的一项基础性、关键性的因素。[1]我国《国家中长期教育改革与发展规划纲要（2010～2020年）》指出，要“健全以政府投入为主、多渠道筹集教育经费的体制”，“完善捐赠教育激励机制，落实个人教育公益性捐赠支出在所得税税前扣除规定”。[2]这些政策表明，我国政府将大力支持和鼓励社会力量捐资办学，拓展高等教育经费筹措渠道。2009年，全国110多所中央级普通高校共接受社会捐赠收入15.6亿元，同时财政部根据各高校捐赠收入情况，财政配比10亿元。[3]捐赠资金在我国高校非财政收入中比例逐年上升，从2002年的1.29%提高到2007年的3.32%。[4]但是，与西方国家高等教育捐赠收人情况相比，仍有很大差距，高校经费的多元化尚未形成。

卡迪夫大学（Cardiff University）位于英国威尔士首府，是英国著名大学。在2008年的政府研究评估（RAE）中，卡迪夫大学在全英排名第21名，该校也是“罗素集团”（Russell Group）的成员。在中长期发展规划中，卡迪夫大学将筹措资金、扩大资金来源作为一项重要的战略任务。近年来，卡迪夫大学通过多元化筹资获得1.4亿英镑来扩建校园，学生生活和教学设施因此获得很大的改善。而且，充裕的基建和教学、科研经费保障也为提高该校的国际声誉提供了物质基础。

本文着重阐述该校筹资上所采取的各项卓有成效的策略及手段，希望为国内高校提供针对性的借鉴。

(一) 大学发展愿景与筹资目的、策略

1. 大学发展目标及愿景

进入世界一流大学的行列一直是卡迪夫大学富有挑战性的发展目标,使研究和教学具有显著的国际影响力已成为全体卡迪夫人的共同使命。“在各项活动中追求优异、完美和创新;达成更广泛、更强有力的合作;形成更开放、有效的交流与基于尊严、礼貌和尊重之上的包容性文化是该校的发展愿景[5]。”大学的一切活动都指向于实现国际最高水平的科研、教学,确保学生和教师处于研究导向的环境之中,发挥其最大潜能,以早日实现一流大学的战略目标。

2. 大学筹资目的及用途

卡迪夫大学在“Supporting Cardiff University”网页上公布了大学优先资助项目(Priority Funding Projects)。[6]这些优先资助项目主要是根据学校发展规划,为满足学校教学、科研发展需要而设立。卡迪夫五大筹资优先目标是:

(1) 为家庭经济困难学生或有特殊需要的学生提供学费和奖学金

英国自1998年起征收学费。学费政策的改变增加了低收入家庭大学生的困难。学校为家庭经济困难的学生设立了一般性“贫困基金”,帮助他们解决短期经济困难,完成学业。在校友捐赠的“Student Support”网页上,大学公布了需要资助的学生情况,如来自农村低收入家庭学生和有特殊需要的残疾学生,或父母意外亡故的学生等。这些资助可提高学生高等教育的毕业率。

(2) 为研究或创新项目提供特殊资助

在大学校友捐赠网站上刊登急需校友捐助的创新研究项目计划,如能源时代的新材料研究、2007年诺贝尔医学奖得主马丁·埃文斯教授(Martin John Evans)主持的基因靶向技术实验室等。创新科研项目的开展逐步提升了学校的科学研究水平,使其具有广泛、显著的国际影响力。

(3) 为社区服务创设机会

卡迪夫大学研究和商业发展部为社区企业提供专业和技术支持,并组建商业支持团队,在大学与企业之间建立网络联系,帮助企业解决困难和抓住机遇,使企业获得技术创新,超越同类行业。此外,该校医学院已成为国民健康研究和服务中心,在促进国民健康与医疗保障方面发挥着重要作用。

(4) 为新建教学和研究大楼而募捐

来自政府的基建资金远远不足以应对大学快速发展的需要。卡迪夫大学在网站上向校友及社会各界筹募建设资金,以适应交叉学科及新兴学科的基本建设要求。

(5) 为购置研究设备提供资助

为一些特定研究项目进行募捐。如,卡迪夫大学工程系的麦克·洛维(Mike Rowe)教授带领的研究团队从事全球气候变暖问题研究,需要组建一个1.5千瓦的热电偶系统。学校从社会筹集善款,为其提供了相关费用。

3. 大学筹资策略

为实现世界一流大学的目标,卡迪夫大学在5年发展战略规划(STRATEGIC PLAN2006/07 to 2010/11)中将筹措社会善款、扩大资金来源作为重要的战略任务。

首先,在5年融资战略中,卡迪夫大学将为可持续发展的学术和其他活动提供充足的资金储备、促进资金来源的多元化同时列为首要任务。其次,为维持和提升学校固定资产与人力资源的价值,要确保投资满足学术生产力快速提高的需要,保障学校使命和学术目标的实现。其三,要确定合适的资本投资和其他投资项目,包括出租学校场地和各项资源,以及利用外部投资。其四,建立一个投资项目效益评估和管理体系,对投资项目进行绩效评估和效益分析。其五,建立一个监控体系,考察法定任务以及常规任务的完成情况。[7]

为落实上述融资战略目标,卡迪夫大学在筹资策略方面积累了不少经验,特色之处如下。

(1) 利用大学合并引入价值投资,加快进入国际一流大学的步伐

为加快步伐进入国际一流大学的行列,2004年卡迪夫大学与威尔士大学医学院合并,在联合战略投资模式下,学校规模与发展潜力不断上升,成为更有活力的大学。从教学到支持服务系统,合并带来了更多的交叉学科,学生也因此而获得了更广泛的职业发展前景。合并为大学赢得了6 000万英镑的巨额投资,包括来自威尔士高等教育基金会、威尔士地方政府、英国科学研究投资基金以及其他机构的投资。这些投资资金的融入进一步加快了合并的步伐,使学校能够引进新教师,扩建研究基础设施,建造生物医学大楼,使各项具有国际先

进水平的研究项目得以顺利开展。例如，埃文斯教授主持的基因靶向技术研究已经取得了举世瞩目的成就，他个人也因此而获得诺贝尔医学奖。

(2) 创立大学国际化社区理念，加强大学同社区的互动与合作

卡迪夫大学不仅与地方政府和社区保持很密切的联系，而且还将其“大学社区”的概念扩大至世界范围。为实现大学发展目标和愿景，卡迪夫大学致力于扩大合作与交流，不断增加与国际一流大学的科研合作、互派访问学者以及学生交换项目。此外，该校还同IBM、SONY等国际知名企业合作，增强学校与企业和商界的合作伙伴关系，在研发高科技产品等方面成效卓著。卡迪夫大学在促进国民健康与医疗保障方面占据极其重要的地位。该校医学院和生命科学学院等承担着许多重要的国际研究项目，并提供有关专业的教育及培训。

(3) 发挥校友会的沟通与联络作用，利用校友资源库发掘校友资源

卡迪夫大学在世界各地有10多万校友。为发挥他们的作用，该校于1997年设立了校友会，负责与校友建立良好的联系，发掘他们对于大学未来发展的潜能。校友会的中心工作是建立大学与海内外校友之间的双边联系，鼓励校友重新融入大学，参与大学目前的重要活动，并为促进大学发展提供捐赠、资助和投资。校友会已建立一个校友资源库，存储了10多万名校友的信息，为发掘校友资源提供方便。而且，大学还在“Alumni Programme”网站上公布各种捐赠和资助方式及投资项目信息。每一个卡迪夫大学学生都是这些捐赠和资助的直接受益者。这些捐赠和投资在促进大学保持传统以及创新发展方面也发挥着极其重要的作用。

(二) 大学筹资成效及贡献

以上筹资策略的顺利实施，为卡迪夫大学可持续发展和日常教学科研活动提供了充足的资金。由下表可知，2006～2007学年至2008～2009学年间，该校总收入稳步增长，由2006～2007学年的3.673亿英镑，增长到2008～2009学年的4.148亿英镑，增长了12.9%。近年来，该校逐渐拓宽收入渠道，收入来源多元化，也使政府投资不再占据主导地位，政府投资比例逐年减小，由2006～2007学年的34.7%下降为2008～2009学年的31.2%。捐赠、社会服务收入以及研究基金与研究合同收入平稳增长，尤其是研究基金和合同收入增

幅较大，由 2006～2007 学年的 8 000 万英镑，增长为 2008～2009 学年的 8 900 万英镑，增长率为 11.3%。社会服务收入增长率也较高，达到了 11.3%。捐赠和利息收入在 2007～2008 学年有较大增幅，比前一学年增长 24%，收入的稳定增长保障了基建、教学和科研活动支出的逐步增加。2006～2007 学年总支出为 3.573 亿英镑，2008～2009 学年上升为 4.004 亿英镑，增长了 12.1%，略低于总收入的增长率。

2006～2007 学年至 2008～2009 学年间卡迪夫大学总收入与总支出表　(单位:百万英镑)[8][9][10]

学年	2006～2007	2007～2008	2008～2009
总收入	367.3	393.5	414.8
捐赠及利息	5(1.4%)	6.2(1.6%)	5(1.2%)
社会服务收入	53(14.4%)	64(16.3%)	59(14.2%)
研究基金及合同	80(21.8%)	79.7(20.3%)	89.1(21.5%)
政府拨款	127.5(34.7%)	126(32.0%)	129.5(31.2%)
总支出	357.3	379.9	400.4

充裕的基建和教学、科研经费保障该大学提供高质量的教学服务以及产出高水平的科研成果，在国内外获得了良好声誉。2007 年，该校首次进入世界前 100 名大学行列；2007 年，医学院的遗传学研究所获得女王年度杰出奖；2009 年，暴力与社会研究团队(violence and society research group)荣获女王年度杰出奖；2007 年，该校年度科研经费首次突破 1 亿英镑；学校为眼保健研究投入 2 100万建立视角科学研究大楼；交叉学科发展获得重大进展，卡迪夫大学新建了多个重要的研究中心，如脑科学图像研究中心、国际声学研究所，等等；国际合作交流也获得重要发展，提升了大学在教学、科研上的国际知名度；社区服务领域逐渐扩大，为社区经济、文化等各项事业发展做出了显著贡献。[11][12]

(三) 大学筹资机构及筹资方式

1. 大学筹资机构

卡迪夫大学设有一个发展部(development office)，致力于和各种慈善机构和基金会保持密切联系。其中心工作是与捐赠者沟通，帮助捐赠者选择资助项目，并确保满足捐赠者的心愿。另外，卡迪夫大学还下设一个校友会分部(Development & Alumni Relations Division)，主要负责与校友建立联系，接受校友的慷慨捐赠与资助。副校长兼任战略发展部主任(the Director of Strategic Development)，负责大学投资协调工作，保障大学有充足的资金实现其发展目标。为保障捐赠者和机构的利益，使各项捐赠和资助发挥应有效益，学校还承诺为所有的资助提供快捷、精确的信息分析报告；为面见受资助的学生、研究人员以及学术团队提供接待；在学校年度报告、学校网站以及其他出版物上对各项捐赠和资助致谢；对巨额捐赠与捐赠者协商以合适的方式酬谢，等等。

2. 筹资方式

卡迪夫大学在"Alumni and Supporters"网页上公布了对大学提供资金支持的多种途径和方式。对于个人捐赠，该校主要是采用方便快捷的网络捐赠和电话、邮寄捐赠方式。对于慈善机构和基金会，该校发展部为其提供信托捐赠服务(trusts and foundation)。为保障慈善机构和基金会的利益，学校不仅在学校年度报告、学校网站以及研究成果出版物上对各项捐赠和资助致谢，而且还为它们提供资金管理、使用及效益评估报告。针对企业和公司，发展部下设的企业筹资处提供合作性或支持性的捐赠项目。

(四) 结论及启示

进入21世纪以来，英国高等教育经费稳步上升，从2000～2001学年的144.9亿英镑，增加到2008～2009学年的253.7亿英镑，年均递增7.25%。[13]但近年来，由于国际金融危机的影响，政府对高等教育的拨款呈下降趋势，2004～2005学年政府拨款占总经费比例为38.72%，而2008～2009学年已降低为34.8%，下降近4个百分点。因此，高校不得不面向社会筹措善款。卡迪夫大学围绕学校发展目标制定筹资战略，利用大学合并引入价值投资，创设国际社区理念，扩大与社区互动合作，以及发挥校友会作用，增加捐赠收入，这些举措为我国高校筹措资金提供了有益借鉴。

1. 建立专门的筹资机构

不仅卡迪夫大学设立发展部，负责学校的筹资活动，以保证学校的筹集活动有组织、有计划、有领导的开展，而且英国许多大学都建立了由副校长负责的学校发展部，作为学校筹集奖金的专门机构。发展部由若干名全日制工作人员和一些志愿人员组成，下设有企业筹资处、基金会筹资处和个人筹资处，并将筹资的总目标分解到各个院系，根据其完成情况作为分配学校资金的依据。研究表明，[14]在机构设置上，分散的组织更能提高学校的筹集效果，因为将机构分散给各学院或部门的办法比学校集中管理更为有效。分散的筹资机构在不需要增加太多专职人员和费用的情况下，能很快地扩展他们的人员与活动。

2. 重视校友联系，发掘校友资源

学校的历届毕业生走上社会，他们的工作成就不仅是学校水平和声誉的重要体现，而且校友本身就是学校的一笔巨大财富。校友对母校通常都有一种浓厚的感情，因而国外高校对校友十分重视，并拥有校友工作的传统。国外高校普遍有校友跟踪制度，不断更新校友通讯录，通过各种方式与校友保持不断联系，以最大限度地挖掘校友资源。因此，我国高校应逐步建立校友的档案和跟踪联系制度，建立校友支持网站，并定期赠送校刊、召开座谈会等。

3. 建立完善的筹集捐款内外机制

我国虽然有优良的社会捐赠的文化传统，但是与发达国家相比，还有很大差距。相关的政策也有待完善。我国的税制对捐赠事宜没有相对优惠的规定，企业或个人对教育和公益事业的捐赠不能免税，而且不能从企业的税前利润中支付捐赠，这样的捐赠实际上是一种净利润、净收益的捐赠，制约了捐赠的积极性。再者，捐赠在相当程度上要依靠校友，校友的捐赠是高校获得捐赠的重要来源，所以存在捐赠对象单一的现象。

另外，在吸收捐赠筹资活动中，我国高校也应该学习国外同行，建立一套良好的运行机制。特别是要建立一支专业化的募捐队伍（如成立学校发展筹资处），在学校网站上公布学校急需资助的项目，利用网络技术简化捐赠程序、维护可持续捐赠系统，并宣传捐赠事迹，积极鼓励可能的捐赠者参与捐赠活动。而且，要建立捐赠资金管理监审制度，评估资金使用效益，向捐赠者和机构及时公布资金管理和使用情况，保障捐赠者和机构的利益，使各项捐赠和资助发挥应有效益。外在机制主要是政府必须对捐赠活动给予鼓励性的政策支持，一是给捐赠人或企业提供适当的税收减免；二是制定政策鼓励大学募捐，如对于大学捐赠资金给予配套资金等。

4. 鼓励高校通过提供社会服务获得收入

目前，虽然中国有些高校都在通过基金运作筹募的善款，但是还不普遍，仅见于少数知名高校。很多高校仍习惯于依靠财政拨款和收取学费来维持运转。而英美等国许多高校通过提供社会服务获得的收入在学校总收入中已占相当大的比例，而且这一比例还在逐年增加。卡迪夫大学通过组建商业支持团队为社区经济发展提供服务，既可以建立大学与企业之间的网络联系，帮助企业解决困难和抓住机遇，使企业不断技术创新，也为大学获得了丰厚的回报。

最后，大学募捐是一项专业活动，不仅涉及到如何建立信用、如何选择筹资运作模式、如何确定筹资战略、如何使用筹资等，而且也涉及到公共关系学、营销学、新闻学、广告学、心理学、社会学、法律等多学科的知识领域。因此，要借助各学科的力量，综合研究富有我国特色的募捐举措，加快我国高校募捐事业的发展速度。

参考文献：

[1] 胡娟，张伟. 哈佛大学资金来源、筹资模式与经验启示研究[J]. 高等教育研究，2008.(5)：104—109.

[2] 国家中长期教育改革和发展规划纲要(2010～2020年)[Z]. 北京：人民教育出版社，2010. 56.

[3] 中国教育新闻网[EB/OL]. http://www.jyb.cn/high/gdjyxw/201003/t20100306-344442.html. 2011—01—14.

[4] 吴国生主编. 中国教育经费统计年鉴2002～2007[M]. 北京：中国统计出版社，2002—2007.

[5] Vision and Mission[EB/OL]. http://www.cf.ac.uk/about/visionand-mission/index.html. 2010—01—18/2010—10—25.

[6] Cardiff University[EB/OL]. http://www.cardiff.ac.uk/for/alumni/giving/priorityfundingproects/index.html. 2010—07—24/2010—10—25.

[7] Cardiff University Strategic Plan 2006/07 TO 2010/11[EB/OL].

http://www. cardiff. ac. uk/plann/strategicplan/index. html. 2006—08—30/2010—10—25.

[8][11] Annual Review 2007[EB/OL]. http://www. cardiff. ac. uk/about/annualreview/index. html. 2008—02—13/2011—01—12.

[9] Annual Review 2008 [EB/OL]. http://www. cardiffabout/annualreview/index. html. 2009—02—15/2011—01—12.

[10][12] Annual Review 2009[EB/OL]. http://www. card. ac. uk/about/annualreview/index. html. 2010—02—10/2011—01—12.

[13] Statistics-Finances of UKHE Institutions and HE-BCI Survey Results[EB/OL]. http://www. hesa. ac. uk/index. php? option = com _content&task=view&id=1900&1temid=239. 2011—01—5/2011—01—12.

[14] 刘淑蓉,章新蓉. 国外高校筹资渠道分析与借鉴[J]. 重庆工商大学学报(西部论坛),2005(1):93—97.

(本文发表于《比较教育研究》2012 年第 7 期。作者洪成文、胡咏梅,时属单位为北京师范大学高等教育研究所,北京师范大学教育经济研究所)

六、美国一流大学捐赠基金管理的特征

大学捐赠基金是大学将所获捐赠积累起来而形成的基金，其设立目的是通过有效管理、投资运作实现捐赠基金保值增值，进而服务于大学的发展需要。规模庞大、管理成熟的捐赠基金对大学可持续发展具有非常重要的意义。第一，捐赠基金作为相对独立的收入来源，降低了大学对政府拨款、学费收入以及校友资助的依赖，增强了大学资金上的自主性。第二，捐赠基金为大学提供了稳定的收入来源，有利于大学实施长期规划，增强了大学实力。第三，捐赠基金有利于大学创建优越的教学、科研环境。[1]

美国一流大学捐赠基金规模庞大，投资回报率高，为大学发展提供了重要的资金来源，以"财富积累"的途径成就并持续着大学的卓越。本文试图分析美国一流大学捐赠基金管理的典型特征，以期对发展我国大学的捐赠事业提供借鉴。

（一）以捐赠基金的规模优势保证大学的可持续发展

美国一流大学捐赠基金规模庞大，其他国家均无法与之相比。以哈佛大学为例，2009年该校捐赠基金达到257亿美元（详见下页表1），仅哈佛大学一家的捐赠基金就超过了澳洲高等教育的经费总额。同属世界一流大学的剑桥、牛津等英国大学在捐赠基金方面逊色许多。以剑桥大学为例，其2008年捐赠基金市值仅为79亿美元，仅相当于哈佛大学（365亿美元）的1/4。[2]规模庞大的捐赠基金使美国一流大学在人才招聘、学生选拔、科研条件、校园设施、应对资金危机等方面具备了显著优势。以学生选拔为例，大规模的捐赠基金可以为学生提供高额奖学金，优秀的师资和优越的研究、住宿及运动条件，使学生有更多机会取得更好的学术成就，从而吸引了更多的优秀学生。以哈佛大学为例，借助庞大的捐赠基金优势，2008 年其奖学金资助面已覆盖了 1/4 的学生。其中，法学院规定，3 年级学生只要承诺毕业以后从事法律工作 5 年，就可免除学费；医学院规定家庭年收入低于 12 万美元的学生可以免除学费。2001 年至 2008 年间，哈佛为学生提供的奖学金总额翻了一番，从 1.56 亿美元升至 3.21 亿美元。[3]

哈佛大学、普林斯顿大学、耶鲁大学的捐赠基金是美国一流大学的领头军，3 所学校的捐赠及投资收入在学校总收入的比例已近 1/3。[4]庞大的捐赠基金为大学带来一流的师资、一流的学生、一流的设施，强有力地助推了大学的卓越发展。由此可见，美国一流大学捐赠基金对于实现可持续发展、确保大学未来招生优势具有重要意义。

表 1　美国大学捐赠基金市值排名前十位的院校(2008 年、2009 年)[5]

排名	院校	2009 年(1,000 美元)	2008 年(1,000 美元)
1	哈佛大学	25 662 055	36 556 284
2	耶鲁大学	16 327 000	22 870 000
3	斯坦福大学	12 619 094	17 214 373
4	普林斯顿大学	12 614 313	16 349 329
5	德克萨斯大学系统	12 163 049	16 171 184
6	麻省理工学院	7 982 021	10 068 787
7	密歇根大学	6 000 827	7 571 902
8	哥伦比亚大学	5 892 798	7 345 226
9	西北大学	5 445 260	7 243 948
10	宾夕法尼亚大学	5 170 538	6 211 622

(二) 以募捐战略助力捐赠基金规模的持续扩大

捐赠者持续的捐赠贡献是捐赠基金规模不断扩大的主要途径。美国一流大学基于良好的外部环境和专业的内部管理，获得了社会大量的捐赠，不断扩大捐赠资产的累积。这样，即使投资市场不景气，大学也可以通过募捐来弥补捐赠基金对大学预算支持的不足。从外部环境上说，良好的文化传统和政府政策为大学捐赠事业发展奠定了基础。美国大学募捐历史悠久，早在 1641 年，马萨诸塞湾殖民地当局就派出 3 名牧师到英国为哈佛学院（哈佛大学前身）募捐。之后，许多大学纷纷效仿，前往英国募捐。很多宗教组织不仅创办大学，也努力向社会募捐来资助学校。由此形成了大学捐赠事业的良好传统。另外，美国联邦政府和州政府针对教育捐赠制定了系统的法律法规，为捐赠提供了完备的法律依据，同时通过一系列免税、减税、配套资金（配套资金是政府对个人捐赠提供一定比例的配套资金以刺激捐助者，此配套资金算在个人捐赠者名下）等优惠政策鼓励社会各界向大学捐赠。良好的政策因素为大学获得捐赠提供了外部条件。

但是，大学捐赠事业成功的关键在于大学能够认识到捐赠的战略意义。斯坦福大学退休校长卡斯帕尔（Gerhard Casper）曾说募捐时间几乎占了他全部工作时间的 1/3。卡斯帕尔任校长期间，为学校筹得 30 多亿美元的捐赠，他几乎每天都在募捐，所获得的日均捐赠额竟超过百万。[6]由此可见，美国一流大学已将募捐视为重要使命，并通过募捐战略规划、募捐项目设计、募捐活动实施为学校募捐，而高效、持续、可行的募捐项目保证了大学持续的捐赠资产流入。一流大学的募捐成就还要得益于丰富的校友资源。学校通过良好的教学条件、优秀的师资培养出优秀的学生。之后，这些学生又以更深的感恩之心和更好的财富创造能力回报母校，使学校得以持续地为一代又一代学生提供更好的服务。一流大学的募捐事业由此进入良性循环的轨道。

（三）以专业化的管理队伍赢得捐赠基金投资的高收益

高度专业化的投资队伍是大学捐赠基金有效管理和成功运作的关键。有研究发现，美国捐赠基金排名前 1 至 10 的院校中，投资委员会成员平均人数是 8.9 人，其中平均有 4 人是投资专业人士，平均有 2.5 人有另类资产（alternative asset）投资的经验，顶级院校另类资产投资经验的平均人数高达 5.5 人。[7]例如，哈佛管理公司董事会 12 名成员中，有 6 名成员是校外专业人士。在美国，像哈佛、耶鲁大学这些捐赠基金规模大的院校另类资产的投资比例非常大。另类资产投资流动性差，风险高，这对投资经理人的专业素质要求非常高。所以,美国一流大学十分重视其投资经理人在这一领域内的成熟经验。有研究对一流大学投资经理人的特点做出如下总结:[8](1) 良好的个人品质,例如麻省理工学院首席投资官巴弗尔德挑选投资经理人的标准就是智慧、幽默、正直,并且能够致力于成功;(2) 具有创意、发现机遇、搜集信息等方面的优势;(3) 能够与别人合作,交换投资创意;(4) 具有成熟的投资能力;(5) 拥有好的业绩;(6) 其业绩与薪酬相匹配。除以上标准外,一流大学都有自己选人的秘诀。以耶鲁大学为例,其选择外部投资经理时坚持两点:一是不聘用近期业绩表现最好的基金经理;二是不解聘近期业绩达到低谷的基金经理。耶鲁一般会选择事业刚刚起步的基金经理,因为这样就可以将基金经理的激励机制与耶鲁基金的长远发展目标更好地结合起来,而且基金经理可以获得不断被赋予重任的满足感。高素质、专业化的管理队伍为耶鲁大学基金管理带来了出色的业绩。

(四) 以多元化投资策略降低捐赠基金的管理风险

美国一流大学的规模优势得益于其能够保持较高的投资回报率。如表 2 所示,捐赠基金市值排名前五位的大学投资回报率均在 16%以上。高收益意味着高风险,为此美国一流大学以多元化投资为主要策略,来降低捐赠基金管理的风险。其中,主要体现在注重另类资产的投资,例如绝对收益、实物资产、私募基金等。这既是大规模捐赠基金投资的优势领域所在,也是为其带来丰厚收益的领域所在。因为另类资产的投资回报率高,而且可以摆脱对传统资产类别的依赖,实现投资组合的多元化。与捐赠基金规模小的院校相比,研究型大学更少选择传统资产类别。从投资比例上看,研究型大学投资于股票、债券、货币等传统资产类别的资产约为 60%,但是小规模的院校这方面的投资比例则平均为 93%。一流大学的投资重点是另类资产领域,哈佛大学 2009 年投资于另类资产的比例为 87.7%,[9]耶鲁为 80.6%。[10]这是由于另类资产投资可为这些大学带来两个方面的益处:一是可以通过投资组合多样化,充分分散大学投资风险;二是从长期来看,可以为大学投资带来高回报,例如耶鲁大学私募基金投资从 1978 年到 2007 年 30 年的年平均回报率超过 30%。[11]通过投资另类资产来获得高收益、分散管理风险已经成为一流大学捐赠基金成功运作的公开秘密。

分散投资带来的丰厚收益为提高大学竞争力提供了强有力的资金支持，同时成为大学在捐赠市场上获得更多募捐的关键因素。因为大学能否妥善管理捐赠是捐赠者捐赠意向的关键考虑因素。一流大学能够使捐赠基金保值增值，进而服务于大学的发展，使得捐赠者更加信任其管理捐赠的能力。

表2 2005、2006年美国一流大学投资回报率[12]

院校	捐赠基金市值(1亿美元)	2006年回报率(%)	2005年回报率(%)
哈佛大学	292	16.7	19.2
耶鲁大学	180	22.9	22.3
斯坦福大学	152	19.4	19.5
普林斯顿大学	130	19.5	17
麻省理工学院	84	23	17

(五)以科学的支出政策保证捐赠基金使用的代际平等

与一般基金管理相比，大学捐赠基金的管理更为复杂。大学捐赠基金管理目标主要包括两点：第一是保持捐赠资产购买力的长期目标；第二是为大学提供稳定预算支持的中期目标。在管理过程中，这两个目标会发生冲突。如果保持捐赠资产的购买力，也就是使其能够持续向大学提供财力支持，这需要实现捐赠资产的长期保值，那么捐赠基金的投资必须保证较高的收益率。但是，高收益伴随着高风险，所以这可能会出现由于市场条件恶化而对捐赠基金造成巨大损失的局面，进而损害了未来受益人的利益。同时，因为大学不能轻易地缩减教学研究项目，所以捐赠基金必须为大学日常运营提供稳定的资金，故大学应当选择收益相对稳定的投资组合，降低捐赠基金投资的波动性，保证大学资金来源的稳定性。但是，投资市场的低风险通常也意味着低收益，在市场条件恶化的时候，可能会出现“寅吃卯粮”的现象，同样会有损于未来收益人的利益。所以，捐赠基金必须同时兼顾上述两个目标，才能既满足大学财政的当前需求，又保证代际之间的平等。美国一流大学捐赠基金缓解这一矛盾的主要途径是采取科学的支出政策。合理的支出政策要求既不能完全依赖捐赠基金投资所获得的实际收益，又不能完全遵循上一年的支出比例，只有兼顾历史支出情况和当前收益情况，才能最好地兼顾学校当前需要和未来受益人的利益。以耶鲁大学为例，其支出政策包括两部分：第一部分等于上年支出额的 80%，即历史支出情况；第二部分等于上一年末捐赠基金市值乘以长期支出比率所得金额的 20%，即当前收益情况。两部分相加后根据通货膨胀率进行调整得出当年的目标支出水平。[13]这一支出政策很好地兼顾了投资目标之间的矛盾。

（六）启示

科学的管理捐赠基金为美国一流大学赢得了财富，这些财富为创建这些研究型大学的卓越提供了重要条件。目前，我国正在大力推进高水平大学的建设，而经费问题是高水平大学建设的关键。美国大学的经验为我们提供了一个新的思路，即通过发展大学捐赠事业，实现资金来源多元化，提高大学办学自主性，促进高水平大学的建设。基于我国大学捐赠的现状，需要从以下方面入手。

第一，协同政府、社会各界构建完善的社会捐赠体系，服务于大学的捐赠事业。我国大学捐赠事业面临两个困境：一是缺乏成熟的政策、法规支持，导致社会向大学捐赠热情受阻，大学基金会的合法性、组织治理等问题难以解决；二是缺乏相关金融服务体系为大学捐赠基金运作提供保障，致使大学的捐赠基金尚处于低水平运作。为此，大学协同政府、社会各界构建完善的社会捐赠体系是大学捐赠事业发展的重要基础。

第二，强化募捐战略，提高募捐实力，实现经费渠道的多元化。目前，我国大学主要经费来源是政府拨款和学生学费。虽然政府逐步加大了投入，但是经费问题仍是大学可持续发展的重要阻碍。募捐收入是我国大学最有潜力的资金来源渠道，但是很多大学尚未认识到捐赠的战略意义，甚至将募捐作为可有可无的点缀。美国一流大学的经验告诉我们将募捐作为大学的重要使命及战略重点，会使大学经费问题有新的突破。

第三，提高管理队伍的专业化素质，保证捐赠基金的高水平运作。目前，我国大学捐赠基金管理队伍的专业化水平较低，缺乏财务、金融、投资、法律、宣传策划、项目活动等方面的专业人才。提高我国大学捐赠基金管理人员的专业化素质，必须完善机构治理及相关激励约束机制，这样才能保证大学基金管理尽快进入高水平轨道。

第四，借鉴成熟投资经验，制定符合我国国情的捐赠基金运作策略。捐赠基金的保值增值是大学捐赠事业的关键部分，我国大学基金的投资运作水平较低，甚至是采用银行存款利息的简单投资策略，在股票、证券、债券、房地产等领域的投资十分有限，这大大影响了捐赠基金本身的效益。美国一流大学为我们提供了成熟、丰富的投资经验，我国大学应基于我国金融体系的特点，制定大胆、有效的投资策略，获得更好的回报，服务大学的发展。

参考文献：

[1][4][11][13] 大卫·F·史文森著. 张磊等译. 机构投资的创新之路[M]. 北京：中国人民大学出版社. 2010：9，18—20，224，31.

[2] The University of Cambridge Facts and Figures [EB/OL]. http://www. jbs. cam. ac. uk/aboutus/downloads/ cam_ facts_ figures_ in teractive. pdf. 2010—10—11.

[3] Harvard Endowment Posts Solid Positive Return [EB/OL]. http://news. harvard. edu/ gazette/story/ 2008/09/ harvard-endowment-posts-solid-positive-return/. 2010—10—22.

[5] All U. S. and Canadian Institutions Listed by Fiscal Year Endowment Market Value and Percentage Change in Market Value from FY 2008 to FY 200 [EB/OL]. http://www. nac ubo. org/Documents/research/ 2009_ NCSE_ Public_ Tables_ Endowment_ Market_ Values. pdf. 2010—10—20.

[6] Gerhard Casper Has Exceeded Our Every Expectation [EB/OL]. http://news. stanford. edu/news/1999/ september22/trustees-922. html. 2010—04—28.

[7] Shanta Acharya and Elroy Dimon. Endowment Asset Management [M]. Oxford: Oxford University Press. 2007：59.

[8] Lawrence E. Kochard. Philosophies and Strategies of Top Investors and Institutions[M]. Hoboken: John Wiley& Sons, Inc. , 2007：267.

[9] 2009 Harvard Management Company Endowment Report[EB/OL]. http://www. hmc. harvard. edu/docs/ 2009% 20HMC% 20End owment% 20Report. pdf. 2010—10—10.

[10] The Yale Endowment2009 [EB/OL]. http://www. yale. edu/investments/Yale_Endowment_09. pdf. 2010—10—10.

[12] Cecily. MIT Returns Get "A" Among Big Funds[J]. Pensions & Investments, 2006,34(23):3—53.

(本文发表于《比较教育研究》2012 年 1 期。作者燕凌、佟婧、洪成文,时属单位为北京师范大学高等教育研究所)

七、美国大学评议会制度研究
——以斯坦福大学为例

评议会(又称教授会)制度是西方国家大学里普遍存在的一项基本制度,它背后体现的是"教授治校"的理念。在当今美国大学中,评议会制度已经相当成熟,它确保了学术共同体对学术事务的有效控制,促进了学术进步。通过研究美国大学评议会制度将给中国大学管理改革带来启示。

(一) 历史与现状:评议会的地位与法律性质

1. 评议会的发展史

纵观美国评议会的发达史,大致可以分为三个阶段。第一阶段是初建期,从耶鲁大学创立第一个评议会到19世纪中期。美国早期大学如哈佛学院(1636)、耶鲁学院(1701)等的主要任务是培养教派人士和官员,几乎不从事学术研究,学术力量并不强大。董事会是大学的最高权力机构,董事会选出校长具体管理大学,当时并没有评议会。耶鲁学院在建校90多年后,第8任校长德怀特(Dwight,1795～1817年任职)深受欧洲大学教授治校理念的影响,利用校长特权指定了三名教授组成评议会,与他们商议学校大事。后经过70多年三代校长的努力,评议会才得到董事会的正式认可,成为学校的基本制度。[1]哈佛大学于19世纪20年代仿效耶鲁建立起评议会。第二阶段是成熟期,从霍普金斯大学的成立到20世纪初。1867年霍普金斯大学的成立标志着美国大学时代的开始,研究首次成为美国大学中的首要任务,大学转型促进了大学学术水平的提高,学术力量的增长,也预示着大学内部管理要发生变革。由学术共同体管理学术事务不再是校长和董事会的恩赐，而是学术发展的必然要求。19世纪后期以来建立的大学从诞生起就成立了评议会。1915年，“美国大学教授协会”正式成立，学术力量空前高涨，评议会制度得到了进一步巩固。第三阶段是繁荣期，20世纪五六十年代，随着政治民主化进程加快，大学内部的管理也在向多元民主化迈进，有些州开始把评议会制度纳入州立法。在政治民主化浪潮影响下，不论是高水平的研究型大学，还是一般的教学型大学，几乎所有大学都建立起评议会，评议会本身也经历了一些组织上的变革。

2. 评议会在大学治理结构中的地位

1967年，美国大学教师联合会(AAUP)、美国教育委员会(ACE)和美国大学董事会联合会(AGB)三家联合发表了《大学和学院治理声明》(又被称为《联合声明》)，[2]由此确立了美国大学和学院“联合治理”的基本模式。董事会是大学的最高权力机关，主要负责制定大学的宏观发展政策和大政方针。董事会将管理大学内部日常事务的权力委托给由它任命的法定代表——校长，把管理学术事务的权力交给评议会，评议会接受董事会的领导。大学治理结构如图1所示：

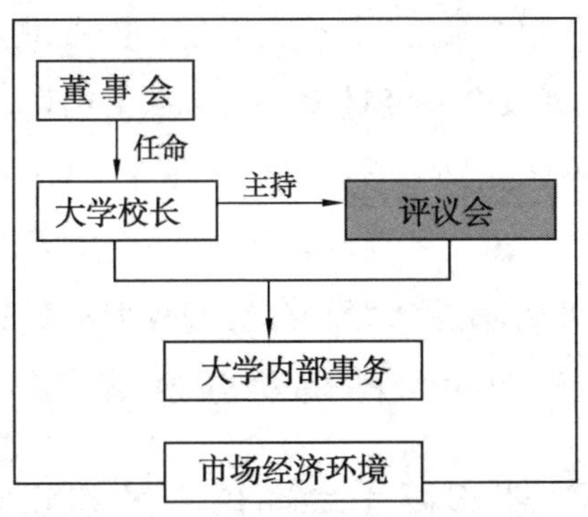

图1　美国大学治理结构图[3]

在美国大学内形成了以校长为首的行政权力系统和以评议会为代表的学术权力系统。大学内的学术事务和行政事务往往交织一起，很难截然分开，有些学术事务决策后还要通过行政系统去实行，校长成为协调、沟通学术系统和行政系统的关键角色。因此，校长一般是评议会的职能成员，主持和召开评议会会议。一般而言，评议会负责管理学术事务，但是，评议会也任命教师参与一些重要的行政管理委员会，从而保证教师能参与某些重大行政事务的决策。由此可见，在美国大学中虽然形成了学术权力系统和行政权力系统的划分，但是它们之间存在着相互渗透，形成了“管理共享”的良好机制。

校评议会负责的学术事务主要包括制定全校的学术政策、学科建设和发展、教师的聘用、考核和晋升、本科生和研究生的教学、课程设置、学位事项、对外学术交流活动等。学院评议会负责的事务更多，权力更大，几乎包揽了学院的全部事务。一般而言，越往基层，学术事务越集中，评议会的权力和权限就越突出。

3. 评议会的法律性质

权力是法律中的一个重要范畴，弄清评议会的法律性质，主要是探讨评议会的权力来源。通常，州立法或大学特许状授权大学董事会管理大学，董事会把部分管理权力授予评议会。1904年斯坦福大学董事会发布的“评议会组织章程”(Articles of Organization of the Faculty)，正式确立了大学评议会对学术事务的管理。加州伯克利大学评议会于1902年通过董事会发布的第105号委托书正式获得管理权力。从这个意义上说，评议会是董事会立法的产物。评议会的成立需要董事会授权，就连评议会的解散也需董事会批准。另外，在美国某些州中，公立大学的评议会是经过州立法产生。例如，波多黎各州立法律规定所有的大学和学院必须建立大学评议会。还有少数一些大学的评议会是依据大学行政机构的决议行事。评议会只是一个依附性机构，从行政机构处得到一些管理权力。由此可见，美国大学评议会的权力来源是多样的，或来自州立法授权，或由董事会授权，或由大学行政机构授权。

(二) 案例透视:斯坦福大学评议会的组织制度

大学评议会作为一个管理实体，有自身的组织制度。当前国内研究界对这方面关注较少。下文选择以斯坦福大学评议会为例，具体探讨一下评议会内部的组织构架和议事规程。

斯坦福大学评议会成立于1904年，董事会发布的名为“评议会组织章程”的文件中，既规定了大学评议会的管理权限，也规定了评议会内部组织构架。当时所确立的评议会模式沿用了60多年，1968年，评议会在组织上发生了重大变革，内部成立了一个代表性的议会机构。后来，评议会章程屡遭修改，直到1977年，大学评议会第9届议会通过了一个评议会章程修正案，修正案所规定的内容沿用到了今天。依据这个章程修正案，可以大致了解到评议会内部情况。[4]

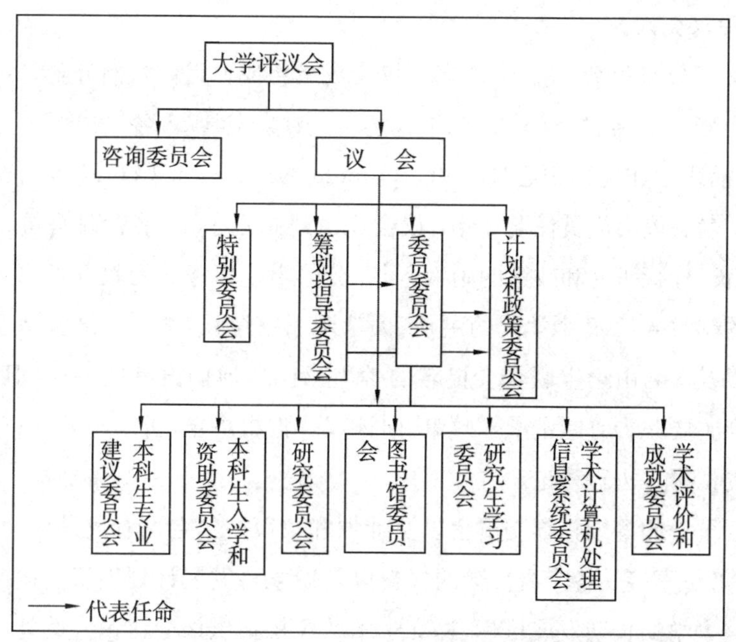

图2　斯坦福大学评议会组织结构图(注:依据斯坦福大学评议会章程绘制)

上文给出了评议会的组织结构图，还有必要对它进行具体的说明。

1. 大学评议会

评议会由三类人员构成:一是全校终身任职的教授(包括教授、副教授和助理教授);非终身任职教授(包括从事研究的助理教授、从事研究、表演、教学和科研的副教授和教授);专门政策中心和研究机构的资深人员以及负责学术管理的领导。评议会每年定期召开会议，审议议会的决策报告和校长传递的报告。

2. 咨询委员会

咨询委员会是评议会的下属机构。1904年评议会成立批文就规定要成立咨询委员会，在以后评议会历次组织变革中，咨询委员会的机构和功能都得以保存下来。咨询委员会由7名教授组成，他们分别由7个专门的评议会选举小组选举产生。委员任期3年。校长、教务长、院长以及其他类似具有管理职务的评议会成员不能任委员。咨询委员会的主要职责是接受并审议由院长和教务长批准的聘任教授名单；就教师聘任、学术晋升、解聘以及系的建立和废撤向校长提供建议；就违反教师纪律声明、学术自由声明以及教师投诉程序声明等案例听取意见。

3. 评议会议会

1993年以来议会一直由55名评议会成员组成。具体名额分配是：商学院3名、地球科学2名、教育学2名、工程学10名、人文学25名、法学2名、医学9名、斯坦福线性加速器中心(Stanford Linera Accelerator Center)1名、特别管理小组1名。议会成员任期2年，议会宪章还指定了13名行政官员(包括校长、教务长、分管研究和政策的副教务长、分管学生事务的副教务长，分管本科生教育的副教务长、7个学院的主任、大学图书馆馆长、学术信息资源主任、学术秘书以及3名由学生联合会提名的学生)列席，他们没有选举权，但可以发言。议会主要职责有制定学术政策，向评议会汇报决定，听取与教师有关的重大事情的汇报并进行讨论。

议会下设的筹划指导委员会以及计划和政策委员会可看成是议会的咨询机构，前者负责接受各个委员会的报告以及做学科发展计划供议会讨论，后者负责检查大学的长期发展目标，提交学术政策议案供议会讨论。此外，议会下面有一个委员委员会，专门负责评议会的人事工作，它任命教师担任评议会各委员会成员，提名教师参加大学管理委员会、管理小组和董事会等。

4. 常设学术委员会

评议会下还设立了7个常设学术委员会，它们是学术评价和成就委员会(CAAA)、学术计算机处理信息系统委员会(C-ACIS)、研究生学习委员会(GS)、图书馆委员会(C-Lib)、研究委员会(C-Res)、本科生入学和资助委员会(C-UASA)、本科专业建议委员会(C-US)。常设委员会的主要职责是就各自委员会中负责范围内出现的问题向议会的学术决策提供建议。

5. 系教授会(Departmental Professoriate)

斯坦福大学各系成立了系教授会。系教授会由系里的教授、副教授、助理教授以及非终身任职的拥有教授系列头衔的教师构成，只有他们才有表决权。系教授会负责系里全部学术事务和内部管理事务，只服从由董事会、校长和评议会授权的控制。

系主任主持系教授会，作为系的行政负责人，系主任对学院分管财务和人事事务的院长负责，并担负起系和校长、评议会以及与其它系之间就系里事务正式沟通的责任。

各个系教授会可以建立自己的规章来管理内部事务，所有内部管理事务都将由教授会大会决定，如有必要，全体成员依据相关法则表决。

斯坦福大学建立了从系到大学的评议会制度。大学评议会已经发展出相对复杂和完备的组织结构。评议会内部出现了一个小型的立法决策机构——议会。议会成员由来自 7 个学院民选的代表组成，考虑到了学科分布和学科差异，具有广泛的代表性。议会内实行少数服从多数的民主决策制，使得评议会的决策效率大大提高。

评议会下单独设立了负责教师聘用和学术晋升的咨询委员会，可见教师管理事务的重要性。正是因为教师质量和水平对一所大学的发展有着不可估量的作用，所以在管理中被放到了显著的位置。

议会下设立了两类委员会，一类是咨询性质的，如筹划指导委员会、计划和政策委员会；一类是负责日常工作和人事工作的委员会，如委员委员会。

评议会下设立了各类常设学术委员会，所有具体类别的学术事务都有专门的学术委员会负责，可见，评议会对全部学术事务的管理是深入而细致的。

在评议会的内部机构中，大学行政人员（校长、教务长等）参加的只有议会和筹划指导委员会，并且规定这些职能成员没有表决权。可见，评议会在内部事务上不受行政力量制约，校长和教务长加入评议会中，是作为协调力量存在。另外，评议会对大部分学术事务拥有决策权，只有少数事务，如教师聘任等还需校长或董事会的批示。

系教授会体现了学术共同体统治的原始模式，到了大学评议会，更多表现出学术联盟的形式，富有明显的现代政治民主制度中代表制色彩。

（三）比较与借鉴：美国大学评议会制度对中国大学管理改革的启示

近年来，中国大学内部以扩大学术权力参与为基本诉求的管理体制改革取得了进展,东北师范大学、中山大学、苏州大学材料工程学院、复旦大学管理学院以及上海财经大学等相继建立起院系一级的教授会。美国大学的评议会制度是美国大学民主治校的一大特色甚至比欧陆大学更显示出作用,美国经验将带给我们有益的启示。

1. 评议会制度的发展有其自身逻辑

美国大学评议会的产生和发展显示出不同于欧洲大学的逻辑。欧洲是中世纪大学的诞生地,中世纪大学就已经有了教授会。在巴黎大学,教师按照所教学科组成行会性质的教授会,教授会负责管理学校内全部事务,从而表现出学术共同体自治。尽管在后来大学的发展中,大学中的政府势力、行政势力等不断膨胀,大学处在了多重势力支配之下,但是教授会制度一直得以保存下来,成为学术力量统治的制度保障。在欧洲学术传统深厚的德、英、法等国大学里,教授会制度一脉相承,根基深厚。美国大学评议会的产生和发展表现为一个由无到有、由弱小到强大的渐进历史过程,学术水平提高和学术力量增强是内生力量,政治民主化是外部推动力量。

在中国大学的历史上,评议会制度也曾鼎盛一时,蔡元培主持下的北京大学以及梅贻琦主持下的清华大学都实施了评议会制度。当时的清华和北大,大师云集、学者林立,清华有四大导师,北大汇集了一批如胡适、梁漱溟、钱玄同、陈独秀等学贯中西的顶尖级学者。越是学术水平高的学者越要求享受充分的自由和负责学术事务的权力,两位校长正是深谙此理,顺势推行评议会制度。新中国建国后,在政治化氛围中,学者的光环退去,权力意识萎缩。后来,在很长时间内,中国的大学成为一个简单的教育机构,学术性的剥离使大学失去了生气,委身为一个行政附属物。

当前教授会制度重新回到中国大学,在很大方面归功于大学的学术水平提高,学术力量增强。中国大学和美国大学一样,缺乏学术自由的传统,学者们要赢得权力必须以自身的实力和水平不断提高为前提。同时,随着中国政治民主化进程的加快,中国大学将逐渐淡化其官僚色彩,回归学术组织的本来面貌。教授会制度作为学术组织基本的学术管理制度将得到更大的发展。

2. 建立现代大学治理结构,理顺大学内部权力关系

在美国大学中已经形成了董事会领导、行政人员和教师合作管理的治理结

构，这种治理结构既符合学术组织固有的特性，也反映出了时代的要求。大学发展到今天，出现的一个突出问题就是效率目标对学术目标的侵害，美国大学的治理结构在某种程度上既维护了学术权力，确保学术目标的实现，又能使大学高效运转。

相比大学的世界性问题，中国大学还存在着“本土”问题，那就是官僚体制对学术性的侵害。中国大学实行的是党委领导下的校长负责制。从一般管理意义上讲，中国大学仍然是一个政治行政机构，行政制约无处不在，学术权力不彰。如今教授会制度走进大学，面临的突出问题就是如何处理和党政的关系，归结到底是如何理顺大学内部权力关系。从现有实行教授会制度大学的做法看来，“教授会是院(系)学术事务和建设与发展中的重大事项的决策机构，党总支参与决策，担负思想政治上的保证监督责任。院长(系主任)负责，关键是教授委员会行使决策权，院长(系主任)行使行政管理权。”[5]由此可见，在院系一级，教授会的权力最大。但是，在这些实行改革的大学中没有成立一级的校教授会。一旦要成立校教授会，管理全校学术事务，如何处理和党政关系的问题会显得更加突出。教授会制度的出现必然要引发建立现代大学治理结构的探索。

3. 评议会的有效运转有赖于自身的组织制度建设

美国大学评议会制度的成熟外在表现为评议会在大学治理结构中处在了重要的一级，内在表现为评议会建立起了完备的组织制度。评议会普遍拥有章程，上文介绍了斯坦福大学评议会章程在实践中不断得到改进，今日的章程已经相当完备。加利福利亚大学评议会章程长达 18 页共 235 条，另有 7 个说明附录，具体规定了评议会的人员组成，成员的权利和义务，评议会总体职责，内部组织结构，下属各分支机构的职责、人员、运行方式等等，从而保证评议会活动有章可循。

反观中国现有的学术委员会之所以没能发挥实际作用在很大程度上归结于自身组织制度不健全。由于没有章程，明确管理权限和议事规程，因此工作随意性大，缺乏严肃性，最后导致很多该归其负责的事情由党政领导代办可见，一个管理机构要发挥出管理实效，首先需要建立起一套规章制度，明确本机构开展活动的方方面面事项。

中国大学教授会的发展还处于起步阶段，还没有建立起相应的组织制度，因此应尽快建章立制，设立议事规程。组织制度建设中最重要的是组织机构的设立，从美国大学评议会组织机构设置可以看出，评议会职能的分化促使组织结构分化，此外，评议会里有集中的决策机构，有分门别类的咨询机构。这些都可做借鉴。总言之，中国大学教授会作为一种新的制度探索还要大力借鉴国外成熟的经验。

参考文献：

[1] 陈宏薇. 耶鲁大学[M]. 长沙：长沙湖南出版社，1990:22—25.

[2] American Association of University Professors. Statement on Government of Colleges and Universities[EB/OL]. http:// www. aaup. org/ govern. htm. 2004—04—22.

[3] 郎益夫，刘希宋. 高等学校治理结构的国际比较与启示[J]. 北方论丛，2003(1):117—121.

[4] 斯坦福大学教师手册(Faculty Handbook)[EB/OL]. http:// www. stanford. edu/ dept/ provost/ faculty/ policies/ handbook. 2004—05—20.

[5] 曾毅. 教授治学的力量——东北师大教授委员会带来的启示[N]. 光明日报,2003—12—12(8).

(本文发表于《比较教育研究》2005 年 3 期。作者郭卉，时属单位为华中科技大学教育科学研究)

八、弗吉尼亚大学的共同治理
——一条追求卓越之路

1819 年，托马斯·杰弗逊（Thomas Jefferson）在故乡夏律第镇（Charlottesville）正式创办了弗吉尼亚大学，成为美国公认的“第一所真正的州立大学”，[1]也是美国历史上第一所无宗派背景的大学。在它获得设立许可之前，美国并没有真正意义上的大学。耶鲁大学校长提摩太·德怀特（Timothy Dwight）在 1816 年审视美国高等教育时，哀叹美国没有大学，只有学院和神学院。[2]两百年的发展历程中，弗吉尼亚大学从一所只有 8 名教师、68 名学生、8 个专业的州立大学，发展成为美国东南部的重要大学，并成长为拥有 11 个学院、1 个分校、1 个医学中心和 21 095 名学生的世界一流大学。2013 年，美国《新闻和世界报道》在大学的排名中，弗吉尼亚大学排名美国公立大学第二位，仅次于加州大学。

创校之初，杰弗逊就希望将弗吉尼亚大学建设为具有“全国性地位”的培养实务和公共服务领导人的地方。为实现此目标，他坚持“大学将建立在人的思想的无限制的自由上面”，[3]要“在最高程度教授所有有用的科学”，[4]并须由最优秀的教师来进行教学，为此他在世界范围内寻找当时各领域内著名的教师。弗吉尼亚大学也正如杰弗逊所愿，培养出一代又一代优秀的毕业生。校友遍布全美 50 个州，其中有 1 位美国总统、1 位美国副总统、9 名州长和多个州的数名最高法院法官。今天，弗吉尼亚大学仍将实现卓越作为大学教育的中心，并写入董事会章程。

弗吉尼亚大学取得举世瞩目的地位，固然与其创建人有密切的关系，但更重要的是其共同治理的制度。该大学有悠久的教师和学生参与大学治理的传统，教师既负责教学，也负责行政。正如教师手册中对教师在治理中角色的描述一样，“从大学建校至今，教师都在协助董事会完成其职责中发挥着重要作用”。学生被认为是有独立管理自己能力的人，因此学生有进行自我管理和规训(student discipline)，而不是由教师和行政人员规训。正是将大学“建立在人的思想的无限制的自由上面”，成就了弗吉尼亚大学卓越的学术自由的品质。因为“不惧怕追随真理所带领我们所到之处，也不能容忍任何错误，并要自由地为此斗争”的精神，[5]确保了真理和知识至高无上的地位，保障了学校在学术上的卓越。也正是因为坚信教师和学生应该拥有学术自由，弗吉尼亚大学才形成了独特的共同治理制度，成为其卓越的重要保障。

(一) 弗吉尼亚大学共同治理制度的创建与发展

1. 早年间董事会与教师共治

1819 年州议会通过以杰弗逊为首的大学委员会提交的议案，授权建立弗吉尼亚大学。该议案包括大学选址、校园建筑、大学课程、教授、董事会的规模等，是杰弗逊对大学的完整设计。1819 年州法令规定弗吉尼亚大学设立由州长任命 7 名，并经过州议会的批准的校外人士组成董事会，作为大学的治理主体。董事会拥有通常法定代表人所行使的全部权力，但任何时间都需服从州议会为大学制定的法律，且大学在所有事务上均服从州议会的控制。

与美国其他学院聘用校长作为大学行政首脑负责管理大学的做法不同，弗吉尼亚大学在建校后近一个世纪都没有校长，而由教师主席承担校长的某些管理职责，与董事会共同治理大学。这种治理模式是杰弗逊政治思想在教育领域的体现。杰弗逊深受启蒙思想的影响，坚信权力必须得到制约，并提出对政府进行“三权分立”，实现对权力的制衡，且要从任期上限制掌权者防止暴政出现。当时学院的校长几乎掌握大学所有管理权力的情况与杰弗逊所坚信的权力制衡思想相悖，因此他拒绝设立校长，而建议由教师轮流担任教师主席与董事们共同治校。

在杰弗逊的“学术村落”中，教师被视为一个同行组织享有学术自由，既负责大学的教学,也负责行政,教师有权力选择教材,并享有终身职。教师是董事会的下属,协助董事会完成大学治理。它负责执行董事会制订的条例,就条例实际执行情况向董事会建议,在董事会批准下采纳章程,完成董事会所设定的目的。教师主席由教师轮流担任,任期1年,是教师全体在公共或私人场所的代言人,负责大学管理的合法性;监督学监、旅店管理员和其他下属机构;制止学生的不良行为,并每月向其父母报告;召集并主持全体教师开会;向董事会提交学期综合报告。教师主席职责的完成需要其他教师的协助,特别是学期综合报告和学生管理事务。遗憾的是杰弗逊去世两年后,教师们被繁重的教学任务所累,轮流制度变成为由教师全体选举有能力的教师担任,有时任期也不止1年。直到19世纪末,董事会与教师们共同治理的模式都没有太大变化。

2. 1842年学生荣誉系统建立

杰弗逊认为学生应该同教师一样拥有学术自由。因此,他赋予弗吉尼亚大学学生在当时美国独一无二的选课自由。此外,他还把其政治理念中好政府就是管得最少的政府的原则应用在学生管理事务上,认为学生应该有不受董事和教师干涉的管理自己的权利,设计并实施了一个学生自我管理计划。由学生组成的检查委员会(Board of Censors)负责裁决和惩罚学生的不良行为。其成员由教师从学生中选出具有最良好声誉的、最有判断力的学生组成。检查委员会的决定最终需要董事会的批准。不过,学生自我管理实验仅持续了一年,就因多次学生动乱被迫停止。他不得不承认需对学生严加管理,并由董事会赋予教师管理和惩罚学生的权力。

1840年11月12日晚,两名学生在校园内持枪射击引发了学生混乱。当时教师主席约翰·戴维斯(John A. G. Davis)在制止动乱中遭到一名蒙面学生的枪杀。该事件成为荣誉系统建立的前奏,学生要保证不仅对自己的行为负责,同时负责报告其他学生的不良行为。1842年,弗吉尼亚大学建立起全美最早由学生负责的荣誉系统,负责管理学生的不良行为。南北战争之后,欺骗、撒谎或偷窃等行为被归为不良行为,有此行为的学生将被大学开除。这期间并没有一个正式的控诉程序,违背荣誉的行为只是被一个学生小组或全体学生进行处理。之后,荣誉系统在美国各大学得到广泛发展,开始应用于考试,并在1865年～1895年间达到了顶点。

3. 学院和院长的出现

19世纪晚期,由于管理方式的问题,弗吉尼亚大学与其他同类型高校相比学生注册人数增长缓慢。教师之间缺少必要的联系和沟通,也不能作为一个整体与董事会沟通。缺少校长统一负责行政事务的问题变得越来越明显。时任董事会主席阿米斯泰德·C·戈登(Armistead C. Gordon),提议任命一个人直接负责所有事务,为避免人们的反对,他没敢使用"校长"一词。之后的董事会主席鲁道夫(W. C. N. Randolph)也认为由于大学外部联系、校友关系和高校之间联系的增加,须任命一位校长来专门负责这些在杰弗逊时代不需要关注的事务。但教师们强烈抵制,并发布了一份关于教师们地位的宣言,宣称教师们有能力胜任大学的日常管理和外部关系需要。董事会被迫推迟设立校长,但此次争执造成了教师和董事会之间的间隙。

1899年,为了缓解教师主席过重的负担,同时也保证学院教授控制本学院的事务,教师全体(General Faculty一词,在20世纪之交时开始在大学中使用)建议董事会应该正式地确认各个学术部门,而且(1)承认教师是该学院教师的一部分;(2)赋予少数教师(教授)拥有监管本学院事务的权利,并行使教师全体授权给他们本院学生的出席、奖学金和行为等方面的权力;(3)在少数教师(教授)与教师全体之间设立一个申述程序,确保学生不经过教师全体的审查不被开除;(4)授权少数教师从其成员中通过无记名投票选举本学院院长。院长的职责包括主持本学院的会议;在大学的一般回应性事务上协助教师主席;录取学生;代表整个学院。该提议虽然被少数老教授所反对,但最终于1899年5月被教师全体所采纳,并被董事会批准。弗吉尼亚大学正式开始院长负责学院管理的进程,原本由教师全体负责的事务,逐渐转移到代表四个学术部门的教授手里,院长掌握了之前由教师主席掌握的权力。

4. 1904年第一任校长就职

1902年,在财政来源和学生人数的缩减以及董事会与教师间的间隙等合力作用下,董事会最终决定遴选大学校长。与几年前完全否定董事会的决定不同,教师们也开始意识到校长负责行政管理的必要性。教师全体召开会议通过了一份文件承认教师全体在教授和雇员、大学开支、基金的管理和公众的交流四个方面,无法像一个单独行政管理人那样有效,并建议董事会分别向校长和教师授权。同时，教师全体还建议董事会提请州议会（Virginia General Assembly）修改法律，允许大学董事会创设校长一职。1903年，弗吉尼亚州议会修改了有关弗吉尼亚大学董事会的法律条款，授权董事会设立校长一职，教师主席制度被废除。

1904年，校长提名搁置一年多后，43岁的杜兰大学校长埃德温·A·奥德曼（Edwin A. Alderman）出任弗吉尼亚大学第一任校长。奥德曼入职后，董事会召开会议设定校长在大学事务中的管理权限。首先，校长是董事会与教师、董事会与下属办公室之间的沟通媒介。其次，校长负责规范学生。第三，校长仅仅负责宏观的大学事务监管。第四，校长向董事会推荐教师和行政人员的人选。此外，为了提高校长的办公效率，校长成为大学董事会的无投票权成员，并是执行委员会的主席；他还被授权确定被授予奖学金的学生的职责；在符合董事会设立的标准下，任命院长；通知教授的失职。随着时间推移，校长开始负责调整年度预算，教授负责起草各个部门和学院的预算，而校长负责综合。至此，学校行政工作置于校长之下，而不再是教授之下，教师们的权力受到大幅削减和限制。奥德曼的任职成为弗吉尼亚大学走向建立董事会、校长、教师与学生共同治理大学具有历史意义的一步。

5. 1925年成立教师评议会

奥德曼就任后，教师全体继续作为一个整体参与治理大学。教师参与行政的主要方式是从教师全体中抽出部分成员组成各种工作理事会（working council）。教师全体被分为几个行政委员会，每个委员会负责特定的职责，这些行政委员会都通过下设的委员会开展工作，下设委员会直接向委员会报告，然后才向校长和教师全体报告。大学几乎每件重要事务都在委员会的看顾之下。

随着向理事会和委员会授权的增加，教师全体举行会议的次数逐渐递减。1925年，教师全体决定建立大学评议会（University senate），即教师评议会（faculty senate），并授权评议会行使教师全体除授予学位之外的全部职权：(1) 修改学位要求；(2) 制订体育方面的规则；(3) 相关学生社团的规则制订；(4) 确定假期；(5) 接受学生荣誉委员会的建议与交流；(6) 制订有关考试的规则；(7) 影响大学所有部门的规则的制订；(8) 影响一个部门或以上的规则制订；(9) 校长可召集教师全体的会议，听取其对影响大学利益的建议和观点。

但教师全体并没有消亡，仍然作为大学教师群体的代表，教师评议会由其设立，是其下属机构。至此，弗吉尼亚大学建立起董事会、校长和教师评议会的共同治理结构。

6. “二战”后学生自我管理的发展

“二战”后，弗吉尼亚大学的学生自我管理开始发生了一些变化，以适应大学新的需要。原有的荣誉系统继续保留，并得到扩充，如组建了空头支票委员会，负责学生签下的空头支票事务。之外，还成立了两个重要学生自治机构。其一是1945年成立的学生理事会，是学生(本科生和研究生)的治理机构，在大学中代表学生的声音，并在1969年通过了自己的章程。学生理事会的权威来源于弗吉尼亚大学学生和董事会、校长及大学行政管理者的合意。其二，1955年由大学董事会和学生理事会提出并被全体学生批准的同意书，授权司法委员会(University Judiciary Committee)对破坏大学政策的行为行使审判权。不良行为是指所有破坏学生行为标准(Standards of Student Conduct)的行为，不限于偷窃、撒谎等。学生理事会、荣誉委员会和司法委员会都是大学代理组织(Agency Organizations)，即大学的机构。至此，学生掌握了完全的审查学生行为的权力。

(二) 弗吉尼亚大学当前的共同治理

目前，弗吉尼亚大学主要由董事会、校长、教师评议会和学生共同参与大学治理。

董事会由17名董事组成，董事由州长任命，并需要经过参议会和众议院批准。此外，还有1名无投票权的学生董事。董事会的权力主要有：保存大学传统；制定教育政策；批准新的学位和部门的设立；决定教师的等级、薪水等级和福利项目；批准教师晋升；批准年度预算；负责大学财产等方面的事务；经校长同意并提名，选举大学副校长，等等。

大学校长是大学的首席执行官，还必须是大学教师的一员，同时是教师评议会的主席。校长由董事会遴选，其任命、废除、要求辞职或者修改聘用合同需要有董事会多数同意。校长参加所有董事会会议，主要行使下列权力：保证大学的运行符合董事会的目标和政策；并就提升大学利益的方案、长期的教育目标和项目、新学位等向董事会建议;负责内部行政管理结构,任命副校长之外的行政人员;负责校友的关系;保护学生的利益并负责学生的行为规范;提交年度预算,并负责捐赠。

教师评议会是纯粹性评议会,共由大约 80 名来自各个学院的教师代表组成,在一切学术事务上代表所有教师。如批准学科的设立与取消、现有学科的重大修改、其他影响全体或部分教师的事务。教师评议会可以向教务长、校长、董事会主席就教育政策和影响大学利益的相关事务进行建议。大学校长是教师评议会的主席,与副校长们和院长们共 20 人,成为教师评议会中因其职务的当然成员,可以表达自己的声音,但无投票权。教师评议会与校行政在大学的重要决策和咨询机构中相互交叉,相互影响和制约。教师评议会的主席或代理主席作为没有投票权的教师代表参加董事会会议;教师评议会主席作为教师评议会和校长内阁联络人,参与校长内阁会议,探讨共同关注的问题;教师评议会还在学术事务上向教务长和各副校长提供咨询意见和建议。最重要的是,教师评议会有权向董事会就大学校长遴选提出咨询建议。教师评议会在确保大学卓越中具有独特的重要性,通过学术计划、行政改革和慈善募捐等方式,教师评议会发挥了不可估量的作用。

此外,学生作为弗吉尼亚大学共同治理中重要的一个部分,主要通过学生理事会参与大学治理。学生理事会在大学中代表学生的声音,在学生参与影响学生的政策起草和问题讨论中,以及为大学的交流提供服务方面,拥有非常宽泛的权力范围。此外,学生还通过荣誉委员会和司法委员会行使对学生不良行为的规训、审判及处罚权力,进行自我管理。

可以简单地归纳弗吉尼亚大学的共同治理为:董事会负责大学的重大事务的决策,校长负责行政,教师负责学术,而学生负责管理学生行为。四者之间相互影响,教师评议会、学生、校长都作为无投票权的人员参与到董事会会议中,表达自己的声音。

(三)共同治理所面临的挑战

近些年,随着弗吉尼亚州政府向弗吉尼亚大学拨款的减少,以及因科技和互联网的发展而兴起的网络教育,给弗吉尼亚大学的共同治理带来严重压力和挑战,并引发了轰动美国高等教育学界的董事会要求校长辞职的风波。

2012年6月,董事会声称校长特蕾莎·沙利文(Teresa A. Sullivan)与董事会有"不同的哲学观",要求其辞职。董事会认为,在面临外界环境快速变化、经费紧张、网络课程和高科技迅猛发展的情况下,大学需要有一个"勇敢"的校长,并且董事会要积极参与治理,从事托管。当发现校长是一个"渐进主义者"时,董事会主席认为其不能领导大学应对面临的众多挑战。故此董事会决定快速撤换校长,使得大学能回应外界的压力。校长被辞退的决定在教师、行政管理人员、学生、职工、校友、捐赠人中引起了轩然大波,并遭到利益相关者们史无前例的反对。教师评议会也马上对该事件作出回应,要求与董事会会谈,并提出4条建议。之后,教师评议会和学生还组织了全校师生、校友的静坐以支持校长。16天后,董事会全体成员一致同意复聘特蕾莎继续任校长。该事件暴露出弗吉尼亚大学共同治理中所面临的问题。

1. 治理与管理的边界模糊

美国公立大学董事会与校长的职权并没有统一的划分。虽然人们一致认为大学董事们的职责是进行决策,校长的职责是进行管理。美国大学教授联合会(AAUP)、大学和学院治理委员会协会(AGB)以及美国教育理事会(ACE)1966年联合发布的《大学和学院治理宣言》以及AGB 2010年再版的《院校治理宣言》也都试图对董事、校长、教师的权限做出一个相对清晰的划分。但实践中,董事会与校长的权限通常纠缠在一起。时常发生的是,一方试图去压制另外一方。上述案例中,董事会试图更多地参与治理,但是却侵入了管理的领域,导致了与校长管理的冲突。校长复任后,董事会主席与其达成共识,要对董事会与校长的职责进行沟通。校长在给董事会的邮件中列出60多条属于"微观管理"的内容,澄清校长的职责;而董事会主席则删减了很多条,认为董事会在这些事务上也有责任。不难看出,要严格区分董事会的治理职责和校长的管理职责是何等困难。

2. 教师参与大学治理的困境

目前,弗吉尼亚大学教师参与大学共治的方式是通过学校和学院一级的教师评议会和教师理事会,参与大学决策的讨论和制定。但事实上,这些教师评议会和教师理事会的力量非常薄弱。上述事件发生不久后,AAUP针对该事件设立一个特别调查委员会，进入学校调查事件的经过。调查委员会发现，由于教师们认为在评议会中的服务不重要，因此原本应该由部门选举的教师评议会代表，不得不由院长或系主任指定。在学院和系层面，教师参与治理根本没有什么发展。而且，随着终身教职的减少，无法参与大学治理的兼职教师、非全日制教师和学生助理的人数增加，教师参与大学共同治理的前景堪忧。

3. 商业与政治对董事会制度的冲击

外行董事会制度被认为是美国高等教育最具特色的制度。[6]但此事件却真实地暴露出商业化的浪潮和政治影响对董事会的冲击。首先，由于弗吉尼亚大学董事会是由州长任命的，因此董事会受州政治的影响很大。上述案件中，州长曾提出要尽快看到"最终结果"，否则他将马上要求董事会成员提交辞呈。其次，董事们缺乏时间、热情、经验来实际参与管理大学。对一些董事而言，董事职位意味着一年 4 次左右出席会议，必要的时候进行投票。商业浓厚的外行董事缺乏学术管理经验，容易把大学作为一个商业实体进行治理，正是此思想的影响，董事会才希望快速撤换大学校长。再次，董事会的议事程序缺乏透明度。上述事件中，辞退校长的议案未曾提交到全体董事会会议上公开集体讨论，仅董事会主席通过私下与个别董事进行单独协商、游说获取董事的默认，这完全是一种政治手段而非公开坦诚的集体决策。

弗吉尼亚大学对所面临的挑战迅速做出回应，并在持续改革中。首先，董事会在校长复任之后，积极与校长就两者的职权进行进一步协商。2012 年 8 月董事会召开会议讨论董事会的组织机构和如何支持积极的改革，其中着重讨论了委员会的结构，以及董事会和校长两者角色的不同。董事会还任命了一个治理与参与特别委员会，力图对董事会和校长的权力做一个相对清晰划分，2013 年该委员会再次被任命。此外，完成培训新董事的材料，以引导他们更清楚地认识两者的关系，从而促进大学的共同治理。其次，增加董事会决策的透明度。2012 年 11 月董事会手册中增加了会议公开条款，允许公众进行旁听，增加董事会决策过程的透明度。再次，增强教师评议会在大学治理中的作用。校长和教务长都对 AAUP 调查委员会表示，要加强教师评议会在大学治理中的作用。同时，董事会各常设委员增加 1 名无投票权的教师代表，以增进董事会和教师评议会之间的交流。最后，新的董事会手册增加了对校长的年度评估，以考核校长的工作绩效，真正发挥校长的支持者和监督者的作用。

（四）结论

追求卓越是弗吉尼亚大学的核心理念，而共同治理则是保障卓越的重要制度。我们从弗吉尼亚大学的发展经验中可以得出以下结论：

1. 共同治理是现代大学追求卓越的重要保障制度。回顾弗吉尼亚大学的发展历程，不难看出，杰弗逊设计的由教师主导大学的“学术村落”不得不聘用校长，是在社会经济快速变革的压力下，对管理效率和大学发展追求的结果，并最终形成了董事会、校长、教师和学生共同治理大学的格局。正是共同治理为弗吉尼亚大学的持续卓越提供了制度保障。

2. 共同治理需要董事会、校长、学术评议会、学生等多方共同参与。共同治理不是指分隔式治理，行政与学术完全分离，而是指董事会主要负责大学重要根本性问题，把握学校的传统气质与发展方向；而行政主要负责管理，特别是组织、财政等；学术评议会负责所有与学术相关的事务，主要是科研与教学；学生负责自我管理。这些机构相互依存，相互影响，相互尊重，共同协商，共同决策，真正形成了一个既能保持学校的传统气质，又能保障教师和学生的学术自由，还能兼顾到管理效率的治理制度。

3. 教师评议会是大学共同治理中不可或缺的部分，应该得到大学所有利益相关者的共同支持。教师评议会是大学教师的利益代表，是教师们参与大学治理的重要途径，应该得到大学所有利益相关者的尊重与支持，特别是教师的支持。因为很多教师无心服务于教师评议会，也就是说无意于参与大学治理，等同于直接放弃了自己的权力和权利。这种趋势的出现，更导致了学术权力的式微。

4. 共同治理在大学内部形成了有效的权力制约机制。正如美国宪法学者罗德尼·A·斯莫乐（Rodney A. Smolla）所说“（美国）宪法中关于权力的分立和制衡被高等教育通过传统和共同治理所生动模仿”。[7]共同治理本身就是一种对以权力制约权力的践行。董事会、校长、教师和学生分别掌握部分大学权力，相互分立，相互制衡，搭建起了以权力制衡权力的制度框架，从而限制了腐败的发生。

5. 交流与协商是共同治理制度成功的关键所在。董事会会议对外公开，校长、教师评议会成员和学生参与；大学委员会中有学术评议会成员和学生；学术评议会中有校长等依职权的成员。通过成员的交叉，董事会、行政团队、教师和学生之间有了交流的平台，保障了共同治理制度的成功。也许共同治理减缓了决策的速度，却使大学重要利益相关者形成合意，为决策的实施铺平道路，减少决策实施的阻碍。

回顾弗吉尼亚大学追求卓越之路，我们可以看到，不论是早期的董事会与教师的共同治理，还是现在的董事会、校长、教师和学生四者共同参与的共同治理制度，正是此治理制度即保障了学术自由，又保证了管理效率，从而使弗吉尼亚大学始终能站在一流大学的行列。弗吉尼亚大学的发展对要建立现代大学制度的我国大学，提供了重要的借鉴。

参考文献：

[1] John S. Brubacher, Rudy Willis. Higher Education in Transition: A History of American College and University[M]. NewYork, Evanston & London: Harper & Row Publisher, 1968: 147.

[2] Dabney Virginius. Mr. Jefferson's University: A History[M]. Charlottesville: The University Press of Virginia, 1981: 1.

[3] Thomas Jefferson to William Roscoe, December 27, 1820. In: Jennings L. Wagoner. Jefferson and Education[M]. Monticello: Thomas Jefferson Foundation, 2004: 9.

[4] Jennings L. Wagoner. Jefferson and Education[M]. Monticello: Thomas Jefferson Foundation, 2004: 46.

[5] Thomas Jefferson to William Roscoe, December 27, 1820. In: Jennings L. Wagoner. Jefferson and Education. Monticello: Thomas Jefferson Foundation, 2004: 9.

[6] Clark Kerr, Marian L. Gade. The Guardians: Boards of Trustees of American Colleges and Universities[M]. Washington, D. C.: The Association of Governing Boards of Universities and Colleges, 1989: 8—9.

[7] Rodney A. Smolla. The Constitution goes to college: Five Constitutional Ideas That Have Shaped the American University[M]. New York: New York University Press, 2011: 190.

(本文发表于《比较教育研究》2014年第7期。作者赵丽娜，时属单位为华中科技大学教育科学研究院)

九、世界一流大学的管理及制度建设
——以巴黎十一大为例

(一) 巴黎十一大的组建及其学科竞争力的形成

巴黎十一大(Université Paris XI)成立于1971年1月,虽然其历史相对较短,但如今它已成长为法国最大和最富盛名的综合性大学之一。在2010年上海交通大学世界大学的排名中,巴黎十一大位列第45位,在法国高校中名列第2位,其科研能力在欧洲大学中排名第10位,基础数学和基础物理的研究在全世界的大学排名中分列第9位和第18位。

早在20世纪40年代初,居里夫人的长女伊莱娜·约里奥-居里(Irène JULIOT-CURIE)就向国家提出发展核物理和化学的建议。1954年,法国与其他欧洲11个国家联合成立了欧洲核子研究中心(CERN)。次年,法国政府在巴黎南部的奥赛地区兴建研究中心和实验室。同一时期,政府为了解决巴黎市内索邦校区用地紧张的问题,推出了"圣贝尔德计划",将市内一些大学的理工学院也逐渐迁至南部郊区。随后,法国国家线性加速器实验室、法兰西公学加速器学院、艾美·克顿(Aimé Cotton)实验室、国家光学研究院、地球科学研究中心等机构相继迁移至奥赛,逐渐形成了巴黎南部科学城(Cité scientifique de l'ile de France Sud)。1965年5月,国家颁布法律明确了奥赛地区的学院和研究中心具有独立身份,1968年"五月风暴"之后,法国政府出台的《高等教育方向指导法》(即《富尔法》)打破了过去学院的建制,成立了若干"教学与研究单位"(UFR),继而按照"自治、参与、多学科"的原则将这些单位组建成立新大学。奥赛地区“教学与研究单位”的组合即形成了巴黎十三所大学之一——巴黎十一大。

美国大学联合会常务副主席约翰·冯先生在谈到何为世界一流大学时曾说过:“首先,我认为一所世界一流大学要有足够广泛的学科领域,基本应当涵盖所有主要的学术和人文领域。另外,我认为世界一流大学就意味着其教育质量应该是世界顶级水平的。”[1]巴黎十一大近乎完美地诠释了冯的观点。

一方面,自20世纪70年代末,巴黎十一大就适时地将奥赛地区的学院纳入其中。目前,学校的学科设置涵盖了基础科学、医学以及社会科学的多门学科,下设法律-经济与管理学院、医学院、药学院、科学学院、体育与运动科学和技术学院5个教学与研究单位;电子工程、工业信息、机械与生产工程学院、信息、物理与化学控制学院、管理与商学院6个大学技术学院(IUT)以及1所综合理工工程师学院。2006年,巴黎十一大同其他法国大学一样按照“博洛尼亚进程”的要求完成了LMD(学士-硕士-博士)学制改革。其本科教育提供法律、经济与管理、科学技术与医疗、运动学4类文凭;硕士点31个,提供法律经济与管理、科学技术与医学两类硕士文凭;“博士校”(Ecole doctorale)20所,在校博士生2 700人,平均学习年限为45个月。另外,本着“让人人都有学习的机会,满足企业对员工的要求以及促进知识成果转化”的宗旨,巴黎十一大的继续教育学院开设了科学技术、医疗、经济市场与管理、法律经济与管理、体育4种学历教学以及DAEU备考课程。

另一方面,巴黎十一大坚持以自然科学和医学为自己的主体学科和强势学科,明确定位、突出本校办学特色。巴黎十一大能够在较短时间内跻身于世界一流大学之列也正是归功于其优势学科的科研竞争力。巴黎十一大是法国校园面积最大的大学(567 331m^2),其面积的47% 都用于科研实验室,在学校近3 000名的教师和研究人员中,56%都集中于生物医学和物理学科。在20所“博士校”中,有10所都是物理、生物、医学学科的博士点,学校的年科研预算在4 000万欧元左右。在建校短短几十年中,巴黎十一大已有2名诺贝尔物理奖的获得者、4名菲尔德数学奖获得者。另外,还有多人获得物理沃尔夫奖、法国国家科研院奖等。近些年,应用生态学和宇宙科学也逐渐发展成为巴黎十一大的强势学科。2005～2006年,这两门学科的世界影响因子分别为2.15和

1.69。

（二）萨克雷高科技集群的领头羊——研究与创新的巴黎十一大

法国大学具有悠久的历史和良好的教育传统，然而在世界大学排名中的表现却差强人意。其主要原因有二：一是高等教育体制中大学和“大学校”双轨制的存在；二是法国大学的校园常常非常分散，特别是高校数量最多的巴黎大区。其中，不少大学的校舍陈旧，早已不能满足新的教学需求，进而影响了教学和科研的发展。2004年，法国国家研究状况报告提议将高等院校和科研机构在地理上进行整合，建立多学科的“高等教育与研究中心”(PRES)，从而更好地发挥两者的创新潜力。2006年4月，法国颁布《研究项目法》(Loi de programme sur la recherche)，正式批准了“高等教育与研究中心”提案。截至2010年7月，全国已有18个“高等教育研究中心”相继成立，中心成员之间采取“加强合作”的弹性工作方式，各单位保持高度自治并尊重各自的文化理念和特色，在全球框架下的行动。“高等教育研究中心”可以联合各成员的资源，增强了法国高等教育和科研的实力和国际“能见度”。“巴黎南大”(UniverSud Paris)是第一批成立的“高等教育与研究中心”之一，该中心集合了巴黎南部郊区数所重要的高校和研究单位，而巴黎十一大不仅是该中心的重要创始单位，也是中心科研的领头羊。

2008年2月法国高等教育与研究部又推出“校园行动计划”(Opération Campus)，支持校园改造、整合科研资源，加强科研基础设施建设，改善大学教学与生活条件，增强法国大学的国际竞争力。在80多所法国公立大学中，共有66所大学提交了申请。2009年2月，法国高等教育与研究部对外公布了入选的校园，“萨克雷高科技集群”正是其中之一。虽然说“萨克雷高科技集群”项目的出发点是整治校园不动产，但其目的仍是法国高校科研实力，它集合了以巴黎十一大为主的2所大学、1所高等师范学院、9所工程师学院、1所管理学院和6个研究机构，其研究潜力在与其他世界一流大学的对比中可见一斑(见表1)。2009年巴黎十一大确定迁址萨克雷高地，标志着这项校园计划的正式启动。同年，法国政府向该项目共拨款8.6亿欧元，2010年政府拨款总额将达到10亿欧元。法国总统萨科奇还承诺政府将进一步加大对萨克雷高地的支持力度，以打造法国的“硅谷”。

表1

	MIT	斯坦福大学	剑桥大学	萨克雷高科技集群
面积	0.7 km^2	33.1 km^2	16 km^2	9 km^2
注册学生总数	10 220	19 800	18 500	22 000
毕业博士生数量	599	720	997	1 300
教师与研究人员数量	4 500		5 500	9 500
出版物数量	4 530	6 503	9 610	5 991
文章平均被引用次数	14.46	11.30	11.44	9.14

(三) 巴黎十一大的治理结构

20世纪60年代末《高等教育方向指导法》的出台标志着法国大学由传统模式向现代模式的转变，20世纪70年代政府鼓励大学与企业界合作，越来越多的校外人士开始参与到大学的决策与管理中来。巴黎十一大与企业共建“巴黎地区大学教学科研与促进联合会”，成为当时校企合作的典范。20世纪80年代，受新管理主义的影响，法国政府逐渐改变了过去过于集中的管理制度，倡导地方分权，通过建立4年合同拨发教育经费，同时建立并完善评估监督机构，加强对大学的宏观监管。最近的一次变革是在2007年，这一年法国推出了《大学自由与责任法》(简称《大学自治法》)，重新定义了大学与政府之间的关系，赋予大学更多的自治权，大学内部的治理结构也随之改变。

1. 校委员会[2]

根据法国《高等教育法》的规定，巴黎十一大设有3个校委员会，分别为校行政委员会(CA)、科研委员会(CS)和大学学习及生活委员会(CEVU)。校委会每4年换届一次，只有A、B、C、D类人员(人员分类参见表2)可以成为行政委员会和大学学习及生活委员会的候选人，而A、B、C、D、E、F、G各类人员都可以成为科研委员会的候选人。

表 2

<table>
<tr><td rowspan="7">大学教师
及研究人员
分类</td><td>A 类</td><td>教授及副教授或具有同等资格人员</td></tr>
<tr><td>B 类</td><td>具有博士资格，具有指导研究工作资格的教师或研究人员</td></tr>
<tr><td>C 类</td><td>具有非大学颁发的博士文凭的教师或研究人员</td></tr>
<tr><td>D 类</td><td>其他的教师或研究人员</td></tr>
<tr><td>E 类</td><td>工程师及技术员</td></tr>
<tr><td>F 类</td><td>其他工作人员</td></tr>
<tr><td>G 类</td><td>博士研究生</td></tr>
</table>

行政委员会类似于美国大学的校董会，是个具有决策和执行功能的机构。它主要负责制定学校发展的政策，特别是审议与学校相关的各项合同、批准学校的预算决算，审批校长签署的合同和政策等。1984 年，法国《高等教育法》规定校行政委员会的成员数量为 30～60 人，2007 年的《大学自治法》规定其成员数量为 20～30 人。巴黎十一大校行政委员会有 30 人。科研委员会主要负责制定大学科研发展及科研预算分配计划，巴黎十一大科研委员会共有成员 40 人。大学学习及生活委员会是咨询机构，就大学生学习和生活相关的事务向校行政委员会提供信息和建议。同时，该委员会的重要职责之一就是保障大学生联合会的独立性，巴黎十一大该委员会共 40 人。根据巴黎十一大的学校章程，每个校委员会每年至少与校长会谈两次。在 1/3 以上委员要求召开全体会议的情况下，校长应召集会议并确定会议日期。校委员会的会议不对外公开，委员会的决议将通过对外发言人予以公布。

另外，2007 年《大学自治法》提出法国大学要建立技术均等委员会(Comité technique paritaire)，这一新的咨询机构旨在就人力资源、管理政策提供咨询。巴黎十一大的技术均等委员会成立于 2008 年 7 月，其成员包括 20 名行政人员代表和 20 名其他工作人员代表。

2. 校长

1984 年，法国《高等教育法》[3]规定校长的遴选应由 3 个校委员会共同组成大会，按照法令规定的方式，以绝对多数选举产生。大学校长必须具备法国国籍，且应是本校的专职教师-研究人员。校长任期为 5 年，不得连任，不得兼任“教学与研究单位”、学校或学院的领导职务及其他公共科学、文化、职业机构的领导职务。2007年《大学自治法》对校长的遴选程序进行了调整，校长不再由3个委员会组成大会共同选举产生，而改成由校行政委员会选举产生，校长任期也由过去的5年缩短为4年，但可以连任。校长人选不一定具有法国国籍，也不限于本校人员，但是必须是教授-研究人员或讲师，校长退休年龄为68岁。3个校委员会各自选举1名副校长，另外分管具体工作的副校长由校长提名、校行政委员会选举产生。副校长任期自校长上任后30天算起，校长任期结束其职务也自行结束。巴黎十一大现任校长为生物物理学家库拉则（Guy Courraze）教授。除了3个校委会选出的副校长之外，巴黎十一大还设有6名副校长分管学生工作、科技成果转化及企业合作、国际关系、人力资源、评估与绩效、学校资产。巴黎十一大校章程还规定校长、副校长、各学院院长、秘书长、总会计师、1名工程师行政服务工作人员代表、1名教师-研究人员代表共同组成校领导班子办公室，校长有权随时召开办公室会议。

校长领导大学，代表本校处理对外事务，签署具有法律效力的合同和文件，审核大学收支，主持3个委员会的工作，听取其意见和建议，准备并执行其决议，对本校全体工作人员具有权威，分配大学各服务部门工作人员的工作，任命各种考试委员会的成员，负责维护校园秩序，并按照行政法院法规寻求警力的介入。2007年《大学自治法》赋予校长更大的人事和财政权，特别是有权决定教师与研究人员的聘用（并选择与教师签订长期工作合同CDI或短期工作合同CDD）、调动、安置、委派、晋升，调整每个人的教学、研究和行政的最低工作量、决定教师的奖金发放；校长可以代表大学自行支配其预算经费，包括员工工资的发放。而此前的大学只能自主支配25%左右的预算，作为国家公职人员的大学和研究员的工资则全部由中央政府统一发放和管理。

3. 财务及人力资源管理的变化

《大学自治法》改变了国家对大学的调控模式，将国家预算的拨发与学校的业绩评估挂钩，依据教育与科研成果拨发的经费占全部预算的比例由3%提高到了20%。学校享有管理所有教职员工收入分配的权力，大学内部的全部预算由学校各组成部门协商制定。在巴黎十一大内部，财务中心（Agence comptable）是最重要的财务管理机构，财务中心预算及财务事务处是学校的公共服务部门，负责向校领导提供预算和财务政策的建议，组织并监管日常财务状况，均衡各学院预算，改善学校的财务状况。目前，巴黎十一大的日常备用金可供 4 个月日常运转，自供资金为 1 000 万欧元，大约为学校年支出金额的一半。

为了能够实现财务“管理的透明化、细致化和绩效化”，[4] 自 2010 年 1 月起，巴黎十一大引入了 SIFAC 财务管理系统，取代了过去的 NABUCO。

法国大学的教师及研究人员属于国家公务员，在过去，岗位数量、薪金工资都由中央政府统一管理，大学无权解聘教师。2007 年的《大学自治法》将人事管理权下放到大学，校长在教师和研究人员的职业生涯中开始扮演重要的角色。为了更好地管理人力资源，巴黎十一大先是设立了分管该项工作的副校长，并配备 3 名专员，研究工作激励机制及工资制度的制定。2009 年，巴黎十一大又设立了人力资源办公室负责日常工作。

（四）结语

法国高等教育与研究评估中心（AERES）在 2009 年对巴黎十一大的评估报告中写到：未来几年的十一大仍将定位于研究型大学。其发展的主要方向有三：一是按照学科主题将现有实验室进行整合，以促进临近学科合作研究尖端课题；二是加大人力资源投资，聘请优秀教授和研究人员，提高巴黎十一大的吸引力和竞争力；三是将巴黎十一大的发展与“萨克雷高科技集群”的建设相结合，借助萨克雷平台推广巴黎十一大的校园文化及科技理念。而在管理机制方面，随着校长权力的扩大，如何能够建立公平、有效的权力监督机制，如何建立合理可行的绩效工资制度，如何协调各学科之间的预算和资源将成为巴黎十一大未来面临的挑战。

总之，巴黎十一大具有明确的办学定位和学科发展理念，在去行政化的自治改革中能够积极建立配套机制，将自己的发展置身于更广的科研集群中，这都是其能够跻身于世界一流大学的重要因素。今天，如何通过体制机制改革促进我国建设世界一流大学和高水平大学已成为全社会关注的问题，巴黎十一大的发展历程和办学特色无疑为未来我国一流大学的建设提供了有益的经验。

参考文献:

[1] 王晓阳,刘宝存,李婧. 世界一流大学的定义、评价与研究——美国大学联合会常务副主席约翰·冯访谈录[J],比较教育研究,2010(1):13.

[2] 巴黎十一大学校官网[EB/OL]. http://www.u-psud.fr/fr/l_universite/organisation_generale.html. 2010—12—11.

[3] 巴黎十一大学校官网[EB/OL]. http://www.legifrance.gouv.fr/affichTexte.do?cidTexte=LEGITEXT000006068841&dateTexte=20101217. 2010—12—11.

[4] 巴黎十一大学校官网[EB/OL]. http://adonis.u-psud.fr/depot/1780/Paris-Sud_Infos_SIFAC.pdf.

(本文发表于《比较教育研究》2011年5期。作者刘敏,时属单位为北京师范大学国际与比较教育研究院)

十、美国研究型大学的投入与产出分析

(一) 美国研究型大学的经费投入

1. 美国研究型大学的在校生规模和精英教育模式

美国整个高等教育系统的在校生规模从1967年到1997年,三十年间共增长了107%。2000年,美国研究型大学为259所,其中151所为公立的,108所为私立的,私立中只有2所是营利的,美国研究型大学占高等院校的6%。美国研究型大学的在校生规模从1967年到1997年三十年间共增长了40%,远低于美国整个高等教育在校生规模的增长速度。这说明在美国高等教育大众化的进程中,研究型大学仍保持精英教育模式。同时仅占美国高校总数3%的研究型大学,其在校生规模却占到美国整个高等教育在校生规模的19%左右,[1]说明研究型大学平均规模大于其他类型大学的平均规模。

2. 美国研究型大学的教育经常费和生均成本

教育经常费是美国高校财政统计中常用的指标,相当于我国的教育事业费,不含基建投资。

总的来说,美国高校教育经常费收入总额的绝对值近年来一直处于上升态势,1995~1996年为197 973 236美元,比1980~1981年增长了201.86%。[2]据美国教育部预计,美国高校教育经常费的稳定增长势头还将延续到21世纪,从1995~1996到2009的10多年间增长率预计为50%。[3]美国高校的教育经常费支出总额的绝对值。近年来也一直处于上升态势,1995~1996年为189 986 238美元,比1980~1981年增长了196.81%。[4]

据卡内基高校分类(1994版),美国公立研究型大学为87所,约占研究型大学总数的69%。占公立大学总数的5.29%。因为关于美国私立研究型大学的教育经费统计数据暂缺,本文主要对公立研究型大学1996～1997年的教育经常费作详细分析。

1996～1997年美国公立研究型大学(包括Ⅰ型和Ⅱ型)的教育经费收入为56 167 578美元,占美国公立大学当年教育经常费收入总额的43.19%。在公立研究型大学的经费来源中,各级政府占第一位,为44.19%,其中联邦政府占14.17%,州政府占29.62%。学杂费占第二位,为16.64%。学校各项服务收入占第三位,为16.19%。美国公立研究型大学的生均教育经常费收入为26 361美元,是公立大学教育经常费收入生均平均值的158.02%,其中公立研究型大学Ⅰ型的生均教育经费收入为33 723美元,是公立大学教育经费收入生均平均值的202.15%。[5]

1996～1997年美国公立研究型大学(包括Ⅰ型和Ⅱ型)的教育经费支出为54 346 313美元,占美国公立大学当年教育经费支出总额的43.14%。美国公立研究型大学(包括Ⅰ型和Ⅱ型)的生均教育经费支出为25 655美元,是美国公立大学教育经费支出生均平均值的158.74%。尤其是公立研究型大学Ⅰ型,它的生均教育经费支出为32 512美元,是公立大学教育经费支出生均平均值的201.16%。[6]这说明美国公立研究型大学的生均教育经费支出远远高于美国其他公立高等教育院校,它们的生均教育成本必然也随之增大。

教育成本既包括以货币形态支出的教育资源的成本,也包括因资源用于教育所造成的价值牺牲。一般来说,在教育支出中减去科学研究支出和附属企业支出等与教学较少相关的项目才是教育成本。生均成本就是平均每个全日制学生所耗费的教育成本。美国加州大学伯克利分校高等教育研究中心的罗杰·L·盖革选择了97所研究型大学进行详细的统计和研究,分别计算出不同类型研究型大学的生均成本。根据他的有关数据,制成表1。由表l可以看出,1980～1996年间美国研究型大学生均成本的增长速度超过了经济增长速度,其中私立研究型大学生均成本增长率是美国人均GDP增长率的2.53倍,公立研究型大学生均成本增长率是美国人均GDP增长率的1.11倍,私立研究型大学生均成本增长率是公立研究型大学生均成本增长率的2.19倍。1980年私立研究型大学生均成本比公立研究型大学生均成本高 743 美元，而 1996 年私立研究型大学生均成本比公立研究型大学生均成本高 6 055 美元，两者差别明显增大。

表 1 美国研究型大学生均成本与美国人均 GDP 比较表

大学数量	性质	1980 年	1980～1990 年	1990 年	1990～1996 年	1996 年	1980～1996 年
64	公立	9 205	33%	12 259	6%	13 035	42%
33	私立	9 948	63%	16 169	18%	19 090	92%
美国人均 GDP		22 007	25%	27 504	10%	30 261	38%

资料来源：生均成本数据来源于 Roger L. Geiger 的 Politics，Markets，and University Costs：Financing Universities in the Current Era，http://ishi. lib. berkeley. edu/cshe/publications/papers/papers/PP. Geiger. UnivCosts. 4. 00. pdf

美国人均 GDP 的数据来自美国劳工部数据统计，US Department of Labor，Bureau of Labor Statistics，http://www. publicpurpose. com/lm-ppp60＋. htm

3. 美国研究型大学 R&D 经费的投入与支出

2000 年美国大学 R&D 经费支出共计约 30 亿美元，联邦政府的科研拨款是其主要来源，占总支出的 58%，州和地方政府、工业界、高校自身和其他来源的经费合计共占 42%。需要说明的是，虽然联邦政府一直为美国大学提供了大部分的科研拨款，但是所占份额却从 1966 年 73%的高峰值开始逐年下降，工业界和大学自身所占的份额却相应地上升，尤其是来自工业界的 R&D 经费从 1970 年的 2. 6%升到了 1999 年的 7%左右。[7]这说明为了寻求外部技术支持和技术转移，资助大学从事应用研究项目的公司越来越多。

美国大学所获得的 R&D 经费主要集中在研究型大学，1999 年前 100 所研究型大学获得了 22. 1 亿美元的 R&D 经费，占美国大学所获得 R&D 经费总量的 80%。联邦政府的科研拨款无疑是最大的来源，虽然自 1971 年以来获得联邦政府科研拨款的高等院校数量大体上保持增多趋势，范围也不局限于研究型大学和有博士学位授予权的大学，但是由于研究型大学拥有较强的科研实力，联邦政府的科研拨款仍然集中在研究型大学。如 1999 年，获得联邦政府科研经费的大学总数为 559 所，获 2 000 万美元以上的研究型大学有 154 所，占总数的 27. 5%，正是这 27. 5%的大学分享了 91%的联邦政府科研拨款。

(二) 美国研究型大学的产出及对经济发展的贡献

1. 美国研究型大学教育产出及对经济发展的贡献

如前所述,研究型大学在校生规模仅占美国整个高等教育在校生规模的19%左右,然而在授予科学和工程学位方面,无论研究生层次还是本科生层次,美国研究型大学都发挥着巨大的作用。1998年美国研究型大学授予了占全美41.89%的科学和工程学士学位、占全美51.57%的科学和工程硕士学位和占全美82.09%的科学和工程博士学位。因此,高级科技人力资源是美国研究型大学教育活动的主要产出。

研究型大学培养的高级科技人才通过研究与开发、创建高新技术企业、扩大就业机会等途径,对国家和地区经济发展产生了巨大影响。一个典型的案例是麻省理工学院(MIT)。波士顿银行曾对麻省理工学院的毕业生及教职人员在各州内的创业经济特征作了一次调查研究。结果发现这些与麻省理工学院有关的公司约有4 000个,共雇用了一百多万人,创造年销售额为232亿美元,创造的国民生产总值大致等于116亿美元。如果把麻省理工学院人员创业的公司组成一个独立的国家的话,这些公司创造的总收入将使这个国家成为介于泰国和南非之间的世界第24大经济强国。麻省理工学院毕业生创办的公司集中在软件业、电子产品制造业、生物技术产品制造业等高科技产业,能为各地区带来大量工作机会和更高的产品出口额,强有力地推动了地方经济的快速发展。每年都有近150家与麻省理工学院有关的新公司诞生,因此麻省理工学院被誉为"创业家的摇篮"。[8]另一个著名的例子是斯坦福大学。许多分析家指出,硅谷的成功因素之一就是斯坦福大学等成为硅谷"新思想、新建议和新的科学家和工程师的来源,并能成为终生教育的来源。"[9]由于人才培养和学术研究方面的成功,美国研究型大学还从全世界吸引了大批留学生。对于作为人才主要流入国的美国而言,接收留学生所得到的利益远远大于其为留学生提供的学习费用和各种机会。除了留在美国工作的留学生为经济所作的贡献外,留学生还为美国高等院校带来直接的经济利益,有人曾指出美国高等院校已成为美国第五大从海外获取利益的行业。

美国研究型大学对高级科技人力资源的培养不仅为美国经济增长做出了

突出贡献，而且为个人带来了较大的经济收益。这种个人经济收益主要表现在工资收入上。研究型大学高级科技人才培养的教育背景，成为毕业生进入主要就业市场的依据，使毕业生能有机会到大公司、大企业和大机构中工作，环境相对稳定，工资较高，晋升前景良好，从而获取最大的个人收益。例如 1998 年，美国 25 岁以上全日制劳动者的年收入水平随着教育程度的不同而有很大差别。其中，拥有博士学位的劳动者收入水平最高，年平均收入达到 62 400 美元。低于高中程度的劳动者收入水平最低，年平均收入仅为 19 700 美元，是博士年平均收入的 31.57%(见表 2)。

表 2　1998 年美国 25 岁以上不同教育程度的全日制劳动者年收入表

教育程度	平均年收入($)	失业率
博士	62,400	1.40%
硕士	50,000	1.60%
学士	40,100	1.90%
准学士	31,700	2.50%
无学位的大学毕业生	30,400	3.20%
高中毕业生	26,000	4.00%
低于高中程度	19,700	7.10%

资料来源：US Department of Labor, Bureau of Labor Statistics, http://www.stlcc.cc.mo.us/ccdocs/in-stres/item5.htm

虽然研究型大学培养的高级科技人力资源为美国经济增长作出了巨大贡献，但近年来有批评说博士和硕士等高级人才已过量生产，超出了社会就业市场的需要，在一定程度上造成人才的浪费和个人收益的减少。美国大学协会的有关研究人员对此进行了回应，认为从近年统计数字来看，虽然博士和硕士研究生在校生规模处于稳定上升态势，但博士和硕士学位毕业生的总体失业率一直保持着低水平，1998 年仅为 1.40%和 1.60%。从不同学科来看，人文科学博士学位毕业生失业率在 1995 年为 3.3%，而物理学、工程学和社会科学等学科的博士学位毕业生失业率在 1997 年仅为 1.2%。[10]这反映出对高级人力资源的需求仍在增长，特别是在科学和工程领域。当然，随着经济和社会的发展，研究型大学的教育体制根据就业市场需要进行相应的改革也是必然的，只有建立人才培养和市场需要的有效互动机制，才能保证教育资源的最优配置。人们呼吁研究生教育在教学理念和教育内容上要有很大的改变。1995 年，科学、工程和公共政策委员会(COSEPUP)建议扩展博士研究生在科学研究训练之外的课程教育，因为超过 1/2 的博士研究生毕业后就业到非学术研究部门。该委员会建议博士研究生进行广博的基础知识教育，对相关分支领域要更熟悉，要有更强的与非专业人士交流的能力和团队合作能力。[11]

2. 美国研究型大学科研产出及对经济发展的贡献

美国研究型大学中的科学研究中，基础研究占据其中最重要的地位。大学基础研究经费占大学研究总经费比例从 1953 年的 43%，上升到 1964 年的 79%，在这之后虽有所下降，但仍保持着优势，20 年仍为 69%。[12]基础研究的发展水平已成为各研究型大学学术水平的重要标志。所以当我们说到研究型大学的科研产出及其对经济发展的影响时，应该主要是指其基础研究方面。人们通常认为在基础研究、技术创新和经济发展之间存在互动的线性联系，基础研究是技术创新的根本源泉，是经济发展获得持久动力的基础。许多学者都曾试图计量基础研究的收益率。例如曼斯菲尔德曾估计基础研究的社会收益率为 28%。但是这些对基础研究收益率的计量都备受争议，目前还很难找到一种公认的比较合理的计量方法。

我们还可以从研究型大学科研活动的主要产出，即论文和专利来观察研究型大学对经济发展的贡献。

美国大学的专家学者产出了美国大多数的科技论文和专著，1988～1991 年发表的科技论文与专著中，来自大学的作者占总额的 71.99%，1992～1994 年为 72.44%，1995～1997 年为 73%，1999 年为 73.5%。[13]20 世纪 80 年代中期以来，美国发布的工业专利对科技论文引用出现了增多趋势，这说明一些科研领域正在努力接近实际的商业应用，科研和创新之间的联系正在加强。来自美国大学科研部门的论文得到工业专利最广泛的引用，大学科研论文在被工业专利引用的论文中所占的比例在 1987～2000 年间从 48%上升到 60%，[14]从中可以看出基础研究的经济价值。

在专利方面，被授予专利的大学数量在 1970 年代的增长还很缓慢，从 1980 年代起开始处于快速上升趋势，从 1982 年的 75 所增加到 1997 年的 184

所。大学专利授予数量的增长则更快，从1970年代的每年大约250～350件上升到1998年的3 151件。大学新授予专利占美国新授予专利总数的比例在二十年前还少于0.5%，而现在已接近5%。与工业界不同的是，大学专利集中在一个很小的研究领域范围。大学专利的大幅上升是在生命科学领域和生物技术领域，所占比例从1980年的15%，上升到1998年的41%。在1997年和1998年，除了大学专利申请数量和授予数量快速增长外，大学对工业企业发布许可数量和来自许可的收入以及新创公司的数量也出现了相应的快速增长趋势。1999年大学来自专利以及许可活动的收入达到64 100万美元，这虽然与大学科研经费支出相比仍很少，但与1995年该项指标相比则增长了两倍多。[15]

埃维莱特·罗杰斯等人以美国研究型大学1996年和1997年为AUTM的技术转移年度报告提供的数据为基础进行了调查(见表3)。参加调查的美国研究型大学1996年数量为131所，1997年为132所。他们的调查目的是要研究美国研究型大学技术许可办公室在以许可技术的形式将科研成果转移到私人公司过程中的作用，结果表明在技术转移有效性上领先的美国研究型大学有更多的研究资源，更高的雇员薪金和更积极的技术转移。从表3可以看出：1996年美国研究型大学的许可收入为36 500万美元，由大学技术转移引起的美国经济增长为24.8亿美元，1997年美国研究型大学的许可收入为48 300万美元，由大学技术转移引起的美国经济增长为28.7亿美元。而美国1995年GDP总值为7.543.8亿美元，1996年GDP总值为7 813.2亿美元，比前一年增长了269.4亿美元，1997年GDP总值为8 159.5亿美元，比前一年增长了346.3亿美元。[16]也就是说，由美国研究型大学技术转移引起的美国经济增长占美国当年GDP总值增长的比例在1996年为9.21%，在1997年为8.29%。这样的比例已相当可观。

表3　1996、1997年来自美国研究型大学技术转让办公室的技术转移情况表

技术转移指标	FY1996	FY1997	%增长百分比
	(N=131)	(N=132)	1996～1997
1. 发明(disclosures)数量	8 119	9 051	12%

续表

技术转移指标	FY1996	FY1997	%增长百分比
	(N=131)	(N=132)	1996～1997
2. 美国新专利申请数量	2 734	3 644	33%
3. 美国专利授予数量	1 776	2 239	26%
4. 新专利许可数量	2 209	2 707	23%
5. 新创公司数量	184	258	40%
6. 许可收入	$365Mil	$483Mil	32%
7. 由大学技术转移引起的美国经济增长	$24.8Bil	$28.7Bil	16%
8. 由大学技术转移创造的工作数量	212 500	245 930	16%
9. 向小公司发放技术许可数量	1 099	1 135	3%

资料来源:Everett M. Rogers、Jing Yin、Joern Hoffmann. Assessing the Effectiveness of Technology Transfer Offices at U. S. Research Universities, The Journal of the Association of University Technology Managers, Volume XⅡ(2000), table3

(三)美国研究型大学面临的挑战与应对措施

综上所述,研究型大学一方面需要政府和社会的大量投入,另一方面能通过高质量的教育产出和科研产出来促进社会经济发展,并能为个人提供更多的收入和发展机会。但近来美国研究型大学面临着严重的财政紧缩的困境。冷战结束后由于政府把重点转移到社会福利等问题上,除了继续保持医学研究的高投入外,联邦政府急剧减少了包括国防研究在内的所有研究投入,州政府也随之削减了对研究型大学的拨款,从对研究型大学经费投入的分析中我们可以看出,各级政府对教育和科研的拨款比例出现下降趋势。而保持高质量的教学和科研水平,必然需要高额的投入,研究型大学在承受由此带来的高额成本的压力的同时,还要面对来自一般大学在生源和经费等方面的激烈竞争。

为摆脱这种财政上的困境,美国研究型大学大多采取了成本负担多元化的策略。具体措施主要有以下几种:一是向学生及其家庭收取高额学费;二是寻求工业界更多的财政支持;三是积极进行私人募捐;四是为社会提供各项服务带来收入增长等等。但是学费的上涨可能会使一些高素质的学生放弃进入研究型大学的机会,长此以往就会带来研究型大学学生质量下降问题,虽然美国研究型大学实行“高学费一高资助”政策，以学生财政资助和助学贷款等形式来扩展人们特别是低收入家庭的学生进入研究型大学接受高等教育的机会，但问题仍未完全解决。从1978年到1996年研究型大学教育成本上涨部分的三分之二左右是通过联邦贷学金来满足的。[17]联邦贷学金代表学生和政府的双重负担；对学生来说将来必须偿还，只不过是把学生未来的收入(在一些情况下包括父母的未来收入)通过联邦贷款转化为现有支出；对政府来说，运行这些贷款计划需要付出一定代价，并且最终由纳税人承担。

随着美国研究型大学与工业界合作的加强，学术自由与商业利益之间的矛盾变得越来越突出。许多人认为大学专利活动和与工业界合作的增多带来了不良的“非预期后果”。例如：大学基础研究性质和方向的扭曲，由于合同条款规定造成科研成果公布在时间上的延迟和在范围上的限制以及大学研究人员与工业界在经济利益上发生的冲突等等。在现代社会中科学家接受越来越多的经济报酬，这种经济报酬主要有两种实现形式：一种是科学家由于转让其科学成果的专利权而获得经济收益，另一种是科学家作为一种人力资源因拥有高素质的人力资本而得到高薪。有的科学家对这种经济报酬的追求甚至超过了对科学奖励即科学成就和科学才能得到承认的渴望。默顿提出的科学规范成为一种理想化的标准，完全遵守这些规范的科学家几乎是不存在的。当科学家过分追求经济利益的时候，学术自由往往就成为了牺牲品。学术自由问题不仅影响到研究型大学中的科学研究，而且还关系到研究型大学的办学理念和教育观。研究型大学的奠基人，德国教育家洪堡将学术自由看作是研究型大学的办学原则，虽然在美国功利主义思想传统影响下，大学不容置疑地成为国家发展的工具和实现个人功利的途径。然而这种功利主义不能毫无节制。斯坦福大学校长卡斯帕尔不无忧虑地指出，“如果我们不对此进行限制，甚至接受它，终有一天我们将会抱怨大学正在失去作为一个公共学术机构的特征，偏离它的主要任务，这种‘分心’是一种世界范围的现象。”[18]因此，如何真正实现大学自身与社会经济可持续的协调发展，需要对美国研究型大学进行更深入的研究。

我国实施“科教兴国”战略，创建研究型大学，更要借鉴美国研究型大学的经验，处理好投入与产出的关系，提高办学效益。

参考文献：

[1][7][14][15] NSF. S & E indicator 2002 [EB/OL]. http://www.nsf. gov/sbe/srs/seind02/pdf/volume1. pdf，92，figure 2—4. 246—261，appendix table 2—5.

[2][4][5][6] The Digest of Education Statistics 2001 [EB/OL]. http://www. nces. ed. gov/programs/digest/d01/，table 330，335，341，342.

[3] Projections of Education Statistics to 2010 [EB/OL]. http://nces. ed. gov/pubs2000/2000071. pdf,25,27，101.

[8] MIT：the impact of innovation [EB/OL]. http://web. mit. edu/afs/athena. mit. edu/org/t/tlo/www/pubs. html.

[9] Kent H. Hughes. Partnerships for Innovation from Start-up to Success to Sustainability [EB/OL]. http://www. rand. Org/scitech/stpi/Partnerships/hughes. pdf，2.

[10] AAU. 1998 年 11 月 11 日新闻[EB/OL]. http://www. tulane. edu/-aau/AAUPolicy. html.

[11] Committee on Science，Engineering and Public Policy (COSEPUP)，Reshaping the education of scientists and engineers[M]. Washington，D. C.：National Academy Press,1995.

[12] 沈红. 美国研究型大学形成与发展[M]. 武汉：华中理工大学出版社，1999：90.

[13] NSF，S&E indicator 2000 [EB/OL]. http://www. nsf. gov/sbe/srs/seind00/frames. htm.

[16] 美国 1995～1997 年的 GDP 值来自美国商业部经济统计[EB/OL]. http://www. bea. doc. gov/bea/dn/gdplev. xls.

[17] Roger L. Geiger，Politics，Markets，and University Costs：Financing Universities in the Current Era [EB/OL]. http://ishi. lib. berkeley. edu/cshe/publications/papers/papers/PP. Geiger. UnivCosts. 4. 00. pdf，2—3.

[18] 别敦荣、黄爱华、刘亚敏、康全礼、田恩舜. 大学推行学研产“一体化”的思考[J]. 高等教育研究，2002(1)：53—63.

（本文发表于《比较教育研究》2004 年第 4 期。作者严全治，时属单位为北京师范大学教育管理学院；作者杨红旻，时属单位为河南职业技术师范学院职业教育研究所）

英文目录
(Contents)

The Pathway to World-class Universities in Policies and Plans

The Cultivation of Talents in World-class Universities

Scientific Researches and Social Services of World-class Universities

Teachers and Students of World-class Universities

The Management of World-class Universities

后记

《比较教育研究》(Comparative Education Review)(原名《外国教育动态》)创刊于1965年,是受中央宣传部委托创办的新中国第一本教育学术专业刊物。半个世纪以来,《比较教育研究》虽历经坎坷,但不断成长。1966年,《外国教育动态》在创刊仅一年之后就被迫停刊。在党和国家领导人的关怀下,1972年,《外国教育动态》作为内部资料重新得到编辑,1980年正式复刊,并公开发行。1992年,《外国教育动态》更名为《比较教育研究》,2001年由双月刊改为月刊。《比较教育研究》现兼作中国教育学会比较教育分会会刊,多年来一直是CSSCI来源期刊、全国中文核心期刊、中国人文社会科学核心期刊、教育类核心期刊。2013年,《比较教育研究》成为国家社科基金首批资助期刊。

50年来,《比较教育研究》共发表了近5 000篇文章,它“立足中国,放眼世界”,引介国外重要的教育理论与思想,追踪世界各国的教育政策与实践,持续关注我国比较教育学科的发展,促进比较教育学领域学者的成长,助力我国教育改革。2015年,《比较教育研究》创刊50年,我们根据刊物多年关注的重点,以及当前我国教育改革的热点,选编了这套“中国比较教育研究50年”丛书。

本套丛书选编历时一年,是教育部人文社会科学重点研究基地北京师范大学国际与比较教育研究院各位同仁集体合作的成果。2014年9月至12月,《比较教育研究》编辑部成员对50年来所刊文章进行了阅读与分类,提出了丛书选题建议,又经过顾明远教授、王英杰教授、曲恒昌教授等专家反复讨论,并征求出版社意见后,编委会最终确认了现有的12本分册主题。2014年年底,确认各分册主编。2015年年初到6月,各分册主编完成选稿工作。

《比较教育研究》创刊50年，不同时期的稿件编辑规范不同，这给本套丛书的选编带来巨大困难。除参与选编的老师外，北京师范大学国际与比较教育研究院的众多学生也加入到这一工作中，牺牲了宝贵的寒暑假和休息时间，为此付出了艰辛的劳动。在此，特别感谢以下同学(以姓氏笔画为序)：

丁瑞常　卫晋津　马　骜　马　瑶　王玉清　王向旭　王苏雅
王希彤　王　珍　王　贺　王雪双　王琳琳　尤　铮　石　玥
冯　祥　宁海芹　吕培培　刘民建　刘晓璇　刘　琦　刘　楠
孙春梅　苏　洋　李婵娟　吴　冬　位秀娟　张晓露　张爱玲
张梦琦　张　曼　陈　柳　郑灵臆　赵博涵　荆晓丽　徐　娜
曹　蕾　蒋芝兰　韩　丰　程　媛　谢银迪　蔡　娟

在丛书即将出版之际，我们衷心感谢山东教育出版社对本套丛书的出版给予的最热忱的支持。

特别感谢国家社科基金对《比较教育研究》的资助！

本套丛书的选编难免存在一些瑕疵，敬请专家和读者批评指正！

“中国比较教育研究50年”丛书编委会

2015年10月